Katalog zur Großen Landesausstellung 2013
Baden-Württemberg

DURCH NACHT ZUM LICHT?

GESCHICHTE DER ARBEITERBEWEGUNG 1863–2013

herausgegeben vom
TECHNOSEUM
Landesmuseum für Technik
und Arbeit in Mannheim

Mit freundlicher Unterstützung

Baden-Württemberg

Impressum

Konzeption der Ausstellung:
Horst Steffens (Leitung), Torsten Bewernitz (Assistenz), Franz Jungbluth, TECHNOSEUM
Mitarbeit:
Rita Müller, Chemnitz; Gunnar Gawehn, TECHNOSEUM, sowie Constantin Beck, Eva Biereder, Bernadett Groß, Rabea Limbach, Dominik Seredinski

Wissenschaftlicher Beirat:
Josef Mooser, Basel, Peter Steinbach, Mannheim, Thomas Welskopp, Bielefeld

Ausstellungsgestaltung und -realisierung:
Hühnlein & Hühnlein I Die Architekten der Marke, Eching am Ammersee
unter Mitarbeit der Werkstätten des TECHOSEUM und ABB Robotics, Friedberg/Taunus
Ausstellungsszenographie und Produktionsleitung:
Matthias Hühnlein, Bärbel Reimold
Ausstellungs- und Infografik:
Edith Münch, Katrin Schumann, Stefan Zinkl

Katalogredaktion:
Horst Steffens, Torsten Bewernitz, Gunnar Gawehn, TECHNOSEUM

Kataloggestaltung:
Heike Morath, TECHNOSEUM

Fotografie:
Klaus Luginsland, TECHNOSEUM, und die im Bildnachweis Angegebenen

Bildredaktion:
Regina Lesniewski, TECHNOSEUM

Schlussredaktion:
Wolf-Diether Burak

ISBN 978-3-9808571-7-8

Inhalt

Winfried Kretschmann
Ministerpräsident des Landes Baden-Württemberg
Grußwort S. 6

Hartwig Lüdtke
Direktor des TECHNOSEUM
Vorwort S. 8

Horst Steffens et al.
Einführung in die Ausstellung S. 10

Matthias Hühnlein
Die Arbeitermaschine – Einführung in die Gestaltung S. 24

Ausstellungsrundgang

1863

Thomas Welskopp
„Wir nehmen unsere Angelegenheiten selbst in die Hände ...“ S. 31

Weitere Exponate S. 58

1890

Thomas Welskopp
„Die Einigkeit, das ist der Funke, der alles zusammenschmilzt ...“ S. 77

Weitere Exponate S. 108

1919

Franz Jungbluth
„Muskelkräftig und wettergehärtet“ S. 131

Weitere Exponate S. 160

1945

Peter Steinbach
„Nicht Amboss, sondern Hammer!“ S. 187

Weitere Exponate S. 216

1980 BRD

Peter Birke / Heiner Dribbusch
Bewegtes „Wirtschaftswunder“ S. 239

Weitere Exponate S. 268

1989 DDR

Renate Hürtgen
„Niedergang und Neuanfang einer autonomen Arbeiterbewegung in der DDR“ S. 287

Weitere Exponate S. 308

2013

Hans-Günter Thien
„Von der Sozialpartnerschaft zu neuen Konflikten?“ S. 341

Weitere Exponate S. 368

Essays

Werner Plumpe
Kapital und Arbeit in Deutschland von der Mitte des 19. Jahrhunderts bis zur Gegenwart S. 386

Frank Engelhausen
Sozialdemokratie und Staat S. 408

Sylvia Schraut
Arbeiterbewegung und Geschlechterverhältnisse S. 424

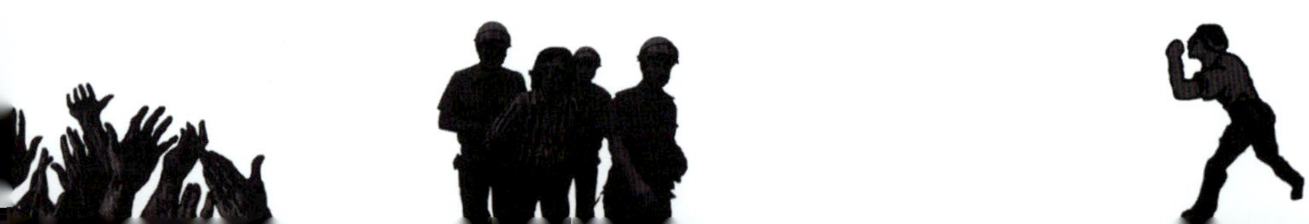

Eine Ausstellung ist nie zu Ende ... S. 440

Die Autoren S. 442
Danksagung S. 444
Die Leihgeber S. 446
Bildnachweis S. 448

Grußwort

Vor 150 Jahren wurde der Allgemeine Deutsche Arbeiterverein in Leipzig gegründet – aus diesem Anlass zeigt das TECHNOSEUM die Geschichte und die gegenwärtige Situation der Arbeiterbewegung. Arbeiter – später auch Arbeiterinnen – schlossen sich zu einer politischen Interessenvertretung zusammen, um ihre Anliegen und Forderungen zu formulieren und öffentlich wirksam zu machen. Damit nahm eine der bedeutendsten und wirkungsmächtigsten gesellschaftlichen Bewegungen unserer Geschichte und Gegenwart ihren Anfang. Wir verdanken ihr wesentliche Errungenschaften unserer freiheitlichen Demokratie, unseres Sozialstaats und unserer erfolgreichen Wirtschaft.

Die Große Landesausstellung „Durch Nacht zum Licht? Geschichte der Arbeiterbewegung 1863 – 2013" dokumentiert diese wechselhafte Geschichte von den Anfängen der Arbeiterbewegung in der ersten Hälfte des 19. Jahrhunderts bis in die Gegenwart. Sie legt zugleich Zeugnis ab von der großen Tradition des Vereinswesens und der Selbstorganisation der Zivilgesellschaft in Deutschland. So organisierten sich die Arbeiterinnen und Arbeiter nicht nur in Parteien, sondern mehr noch in Gewerkschaften, Genossenschaften, Selbsthilfe-Organisationen wie dem Arbeiter-Samariter-Bund oder der Arbeiter-Wohlfahrt, Verlagen wie der Büchergilde Gutenberg, und anderen Vereinen und Vereinigungen.

In meiner Regierungserklärung 2011 habe ich die Politik des Gehörtwerdens zu einer Säule der Regierungsarbeit gemacht. Die Landesregierung befürwortet und unterstützt die Einmischung der Bürgerinnen und Bürger. Sie ist für uns kein Ausdruck einer Dagegen-Haltung oder eine Bedrohung, sondern bereichert vielmehr das Gemeinwesen.

Blicken wir zurück, so stellen wir fest, dass viele der „neuen sozialen Bewegungen", die seit den 1970er Jahren unsere Demokratie beleben, Vorläufer in den alten sozialen Bewegungen gehabt haben. Seien es die Frauen- oder die Friedensbewegung, die Anti-Atom-Bewegung oder die Kampagne „Mehr Demokratie!" – in vielen Bereichen lassen sich Kontinuitäten bis in die Gegenwart unserer Zivilgesellschaft erkennen.

Der Großen Landesausstellung „Durch Nacht zum Licht? Geschichte der Arbeiterbewegung 1863 – 2013“ wünsche ich den verdienten Erfolg sowie den Besucherinnen und Besuchern spannende Einsichten!

Winfried Kretschmann

Winfried Kretschmann
Ministerpräsident
des Landes Baden-Württemberg

Hartwig Lüdtke

Vorwort

Der Titel unserer Ausstellung „Durch Nacht zum Licht" ist eine Verszeile aus dem Internationalen Knappenlied, das der Bergarbeiter Heinrich Kämpchen 1889 anlässlich damals aufsehenerregender Streiks dichtete. Für ein Museum, das den Wechselverhältnissen von Technik und Arbeit von der Industrialisierung bis in die Gegenwart oder gar in die Zukunft hinein verpflichtet ist, ist es in Kenntnis der seitherigen Entwicklung eine Frage der Redlichkeit, hinter diese optimistische Aussage von vor mehr als 100 Jahren ein „?" zu setzen. Leben wir heute tatsächlich im „Licht"?

Seit der jüngsten Finanzkrise kehren in den Nachrichten immer wieder die gleichen Bilder und Krisenmeldungen zurück. Sei es in Portugal, Spanien, Frankreich oder Griechenland, in Bengasi, Tripoli, Kairo, Aleppo oder an anderen Brennpunkten: Überall geht es auch um zwei Voraussetzungen unseres heutigen Lebens – „Arbeit" und „demokratische Mitsprache". Dies waren auch die Kernbegriffe, die die Arbeiterbewegung umtrieben.

Das TECHNOSEUM nimmt den 150sten Jahrestag der Gründung des Allgemeinen Deutschen Arbeitervereins deshalb zum Anlass, in der Großen Landesausstellung „Durch Nacht zum Licht? Geschichte der Arbeiterbewegung 1863-2013" einen Rückblick zu bieten, der sicher nicht unumstritten sein wird. Aber im Kern geht es um die Frage, die durch die Allgemeine Erklärung der Menschenrechte 1948 im Artikel 23.1 geklärt zu sein schien: „Jeder hat das Recht auf Arbeit, auf gerechte und befriedigende Arbeitsbedingungen sowie auf Schutz vor Arbeitslosigkeit." Dabei geht die Ausstellung auf die wechselnden historischen Kontexte ein und beleuchtet nicht zuletzt auch die Frage, in welcher Art und Weise vermeintliche Anliegen der Arbeitnehmerschaft durch diktatorische Systeme instrumentalisiert und missbraucht wurden.

Die Konzepterstellung und Ausformulierung dieser Ausstellung erlebten eine lange Vorlaufzeit mit Diskussionen innerhalb und außerhalb des Kollegiums des TECHNOSEUM. Horst Steffens entwickelte im Verlaufe mehrerer Jahre die Konzeption; ihm zur Seite standen Torsten Bewernitz und weitere Kolleginnen und Kollegen. Ein spezieller Dank gilt sowohl dem Beirat des TECHNOSEUM, der sich unter der Leitung von Christa Habrich mehrfach mit diesem Projekt beschäftigte, als auch – und besonders – dem eigens für dieses Vorhaben gebildeten wissenschaftlichen Beirat, dem Josef Mooser, Peter Steinbach und Thomas Welskopp angehörten. Zugleich entwickelte sich eine konstruktive Kooperation mit dem Industriemuseum Chemnitz; dort wird nicht nur der zweite Präsentationsort der Ausstellung sein, sondern von dort wurden auch wesentliche Bausteine für das Gesamtprojekt beigesteuert.

Zahlreiche Archive und Institutionen unterstützten das Vorhaben in den vergangenen Jahren. Stellvertretend für viele seien hier die Friedrich-Ebert-Stiftung genannt und für die regionalen Partner das Institut für Stadtgeschichte Mannheim. Mit dem Gestaltungsbüro Hühnlein & Hühnlein konnte ein Team für die räumliche Inszenierung gewonnen werden, welches dem zum Teil durchaus sperrigen Thema eindrucksvoll Gestalt verlieh und eine Bühne bereitete. Tatsächlich ermöglicht wurde die Realisierung der Ausstellung schließlich durch die großzügige finanzielle Förderung seitens der Landesregierung und durch Aufnahme in die Reihe der Großen Landesausstellungen Baden-Württemberg.

Allen an der Ausstellung und am Katalog Beteiligten sowie allen Unterstützern, sowohl innerhalb des Teams des TECHNOSEUM als auch außerhalb des Hauses, gilt es, einen herzlichen Dank auszusprechen. Den Besucherinnen und Besuchern der Ausstellung wie auch der Leserschaft dieses Bandes wünsche ich viele gedankliche Anregungen, nicht nur im Hinblick auf eine Rückschau auf die vergangenen 150 Jahre, sondern auch für den Blick auf die Gegenwart und auf die gemeinsame Zukunft.

... 1863

In der ersten Hälfte des 19. Jahrhunderts verändert sich Europa: Im Zuge der Neuordnung der Staaten und ihrer restaurativen Ausgestaltung entstehen Freiheitsbewegungen, die in den deutschen Landen im Zug auf das Hambacher Schloss 1832 und in der Revolution 1848 gipfeln. Übergänge von der Hand- zur Maschinenarbeit und zahlreiche Revolten von Handarbeitern weisen auf die Industrialisierung hin. Das „Ancien Regime" verabschiedet sich mit den Hungerjahren 1816/17 und 1846/47.

In den politischen und sozialen Bewegungen entstehen visionäre Gegenentwürfe und erste Organisationen für jene, die von der Teilhabe an Gestaltung von Gegenwart und Zukunft ausgeschlossen sind. Ob Liberalismus, Frühsozialismus oder Katholizismus – alle greifen auf Erfahrungen von Gesellenbewegungen zurück, die bei hoher Mobilität eine gegenseitige Unterstützung und das Streben nach Bildung gelebt haben. Trotz der Niederlage 1849 geht die Saat auf: Um 1863 entstehen hunderte Arbeiterbildungsvereine in allen großen deutschen Staaten.

Horst Steffens, Torsten Bewernitz,
Gunnar Gawehn, Rita Müller

Einführung in die Ausstellung

Entgegen dem landläufigen Verständnis von Arbeiterbewegung als Produkt der Industrialisierung beginnt unsere Ausstellung untypisch und verstörend: Die ersten Objekte, die ins Auge fallen, sind ein hölzerner Pflug, eine Handdruckpresse sowie Pokale und Überreste von Gesellenkultur aus vorindustrieller Zeit. Was haben sie mit „Arbeiterbewegung" zu tun? Und am Ende vollführt ein Industrieroboter ausdauernd, fleißig, präzise und unbeirrt sein Program, während neben ihm Kolleginnen und Kollegen bei der Koenig & Bauer AG in Frankenthal um einen Sozialtarifvertrag kämpfen. Die ersten und die letzten Objekte der Ausstellung stehen beispielhaft für die Zeit, aus der heraus sich Arbeiterbewegung entwickelt, sowie für die Herausforderungen, vor der Arbeiter- und soziale Bewegungen heute stehen.

Der große Bogen über fast zweihundert Jahre ist nicht einfach zu schlagen. Er erfordert zunächst eine Verständigung darüber, was wir überhaupt unter „Arbeiterbewegung" verstehen. Die Ausstellungsidee basiert auf einem sehr weiten Begriff von „Arbeiterbewegung"; sie versteht darunter nicht nur politische und gewerkschaftliche Organisationen, sondern gleichermaßen auch soziale und kulturelle Bewegungen. Zugleich berücksichtig sie so unterschiedliche Impulse, die für die Konstituierung von Arbeiterbewegung etwa von liberalen Genossenschaftsideen oder einem sozialethisch geprägten Christentum ausgegangen sind. Während zwei Gemälde des Gothaer Vereinigungsparteitags 1875 die Sozialdemokratie noch als reine Männerbünde zeigen, deutet August Bebels „Die Frau und der Sozialismus" vier Jahre später bereits an, dass Arbeiterbewegung und Frauenbewegung sich zumindest nicht mehr ausschließen. Schließlich und endlich formulierte sich der Solidaritätsgedanke immer als internationalistischer, so dass wir im Ausstellungstitel auf den Hinweis „deutsche" Arbeiterbewegung verzichtet haben, obwohl unsere Ausstellung hauptsächlich davon handelt.

Ausgehend von diesem Verständnis von „Arbeiterbewegung" erzeugen unsere historisch-chronologischen Erzählstränge – wie übrigens jede historische Ausstellung – „Geschichten" und verstehen diese als „Deutungen möglicher Vergangenheiten auf der Basis unseres Wissens über menschliche Praxis und gesellschaftliche Strukturen anhand von Überresten, die in sozialer Praxis produziert worden sind" (Thomas Welskopp).

Die Struktur der Ausstellung

Da wir die „Arbeiterbewegung" in ihre drei Wortbestandteile – nämlich „Arbeit", „Bewegung" sowie als deren Scharnier die „Arbeiter(innen)" – zerlegen und gleichzeitig davon ausgehen, dass es ohne „Arbeit" keine Arbeiterbewegung gäbe, gliedert sich unsere Ausstellung in sechs Zeiträume, die nicht unbedingt einer klassisch politologisch begründeten Chronologie folgen. Unsere Zeiträume werden vielmehr geprägt durch typische Produktionsmilieus, denen in der Ausstellung sogenannte „Leitobjekte" zugeordnet sind. Sie bilden gleichsam die Folie, vor deren Hintergrund wir die Geschichte der Arbeiterbewegung in der jeweiligen Periode darstellen. Damit wollen wir darauf hinweisen, dass weder „Arbeiterbewegung" noch „Produktionsverhältnisse" statisch sind, sondern einer permanenten Veränderung unterliegen und sich gegenseitig beeinflussen: Formen und Träger von Bewegungen in einer Dienstleistungsgesellschaft sind andere als in einer fordistischen Fabrikgesellschaft oder gar in Zeiten von Handarbeit.

Die erste Hälfte des 19. Jahrhunderts, die Zeit vor Gründung des Allgemeinen Deutschen Arbeitervereins (ADAV) **1863**, ist geprägt vom Übergang von der Hand- zur Maschinenarbeit. Dafür stehen die Columbia-Handdruckpresse sowie eine Schnellpresse. Für die Arbeitenden ist der Einsatz von Maschinen, die ihnen die mühsame, viel Körper-

1863 … 1890

Mit dem Allgemeinen Deutschen Arbeiterverein wird 1863 in Leipzig die erste deutsche Arbeiterpartei unter dem Vorsitz von Ferdinand Lassalle gegründet. Auf die politische Konstituierung der Arbeiterbewegung folgt die Gründung von Gewerkschaften, denen zunächst vor allem Handwerker und Facharbeiter beitreten. Mit der Sozialdemokratischen Arbeiterpartei entsteht 1869 in Eisenach auf Initiative von August Bebel und Wilhelm Liebknecht eine zweite Partei. Der Zusammenschluss beider sozialdemokratischer Parteien wird 1875 in Gotha vollzogen.

Dem „roten Gespenst" – in der Reichstagswahl 1877 stimmten bereits eine halbe Million Wähler für die Arbeiterpartei – begegnet der Staat mit dem Sozialistengesetz, das der Reichstag 1878 verabschiedet und bis 1890 verlängert. Sozialdemokratische Vereine, Versammlungen und Schriften werden verboten, tausende Sozialdemokraten emigrieren, werden ausgewiesen oder inhaftiert. Lediglich die Kandidatur zu Wahlen wird Sozialisten als Einzelpersonen gestattet.

kraft erfordernde Arbeit abnehmen, Segen und Fluch zugleich: Zum einen erleichtern Maschinen die Arbeit, zum anderen bedrohen sie die traditionellen Arbeitsplätze. Nun können auch angelernte Hilfskräfte oder gar Frauen solche Arbeiten verrichten. Der Begriff „Brotdiebmaschine" macht in Deutschland die Runde. Der sich formierende Widerstand findet seinen Ausdruck in unorganisierten „elementaren Arbeiterbewegungen". Gleichzeitig reagieren die Handwerksgesellen, deren Karrieren im Zuge von Gewerbefreiheit, Aufhebung von Handelsschranken und Zunftverfassungen ebenfalls bedroht sind, durch verstärkte Organisations- und Bildungsbestrebungen und tradieren ihre Bräuche in die entstehende Arbeiterbewegung.

Obwohl der Zeitraum 1863 bis **1890** in Deutschland den Eintritt in die Hochindustrialisierung umfasst, ist die Arbeitswelt dieser Periode immer noch handwerklich und von qualifizierter Facharbeit geprägt. Dafür stehen in unserer Ausstellung Utensilien einer Schneiderwerkstatt sowie ein früher Markenkontrollapparat. Mitglieder und Führungspersonen der sich seit der ADAV-Gründung 1863 formierenden politischen und gewerkschaftlichen Organisationen entstammen meist dem handwerklichen Mileu. Sie können verfolgen, wie sich Fabrikarbeit rasant ausweitet und die Frage der Kontrolle von hunderten oder tausenden Menschen in einer Fabrik immer dringlicher wird. Erste Versuche, die zeitraubende vorindustrielle Betulichkeit persönlicher Kontrolle durch eine effizientere Markenkontrolle zu ersetzen, die möglichst viel Anwesenheitszeit in produktive Schaffenszeit umwandelt, gerät zu einem Desaster: Der Streik der Bergleute in Königshütte 1871 verhindert zwar zunächst die Markenkontrolle, kostet aber zahlreiche Todesopfer und Verletzte. „Strike" wird zu einem Massenphänomen, die Unterdrückung und Domestizierung von Arbeiterbewegung zum hauptsächlichen Gegenstand staatlicher Politik: Zuckerbrot und Peitsche, Sozialgesetzgebung und Sozialistengesetz.

1890 … 1919

Ein Massenstreik, an dem 1889 rund 150.000 Bergarbeiter im Deutschen Reich teilnehmen, läutet das Ende des Sozialistengesetzes ein. Die Sozialdemokraten gewinnen bei der Reichstagswahl 1890 mit knapp 20 Prozent die meisten Wähler. Freie Gewerkschaften etablieren sich reichsweit, professionalisieren ihre Strukturen und werden zu gleichrangigen Interessenvertretungen neben der SPD. In der Arbeiterschaft verstärken sich emanzipative Tendenzen: Die Stellung der Frau in der Gesellschaft wird zu einem Kernthema der politischen Programmatik. Vereine und Genossenschaften beginnen zunehmend, das Alltagsleben der kleinen Leute von der Wiege bis zur Bahre zu prägen. Gestärkt durch diese „dritten Säulen“ der Arbeiterbewegung wird die SPD 1912 erstmals größte Fraktion im Reichstag. Seit Ende des 19. Jahrhunderts nehmen die Auseinandersetzungen über praktische Reformarbeit und marxistische Theorie zu. Die Abstimmungen über die Kriegskredite münden in die dauerhafte Spaltung der Sozialdemokratie, die sich im Verlauf der Revolution von 1918/19 manifestiert.

Massenstreiks der Bergleute läuten den Zeitraum 1890 bis **1919** ein: Deren Geschichte erzählen wir in einem stilisierten Bergwerk, das gleichzeitig dafür steht, dass der Motor der Industrialisierung „vor Ort" immer noch durch reine Handarbeit angetrieben wird. Handgeschriebene Drohzettel der Bergleute aus dem Ruhr- und dem Saarrevier zeigen die „elementaren" Traditionen der Arbeiterbewegung, glutrote Arbeiterfahnen mit aufgestickten Slogans wie „Bergmann erwache" oder „Weltverbrüderung" weisen den Weg zu stabiler Verbands- und Gewerkschaftsorganisation samt internationalistischer Ausrichtung. Papst Leo XIII. und seine Enzyklika „Rerum Novarum" bringen Licht unter Tage und wirken organisationsfördernd bis hin in das Milieu polnischer Bergarbeiter Nun beginnt nicht nur die Zeit der Mechanisierung von Bergarbeit, sondern auch der Professionalisierung von Arbeiterbewegung und ihrer „dritten Säulen" wie Kulturvereinen und Genossenschaften als Wirtschaftsunternehmen, sowie gleichzeitig der ideologischen Auseinandersetzungen um Ziele und Visionen, die schließlich unter dem Druck der Kriegspolitik des Kaiserreichs zur Spaltung der Arbeiterbewegung führen.

1919 ... 1945

Meuternde Matrosen und revolutionäre Arbeiter stürzen das Kaiserreich. Doch die Republik, die unter Führung des Sozialdemokraten Friedrich Ebert entsteht, ist von innen wie außen hart umkämpft. Ein demokratischer Konsens fehlt. Gleichwohl festigen sich neue Strukturen, die die Teilhabe der Arbeiterbewegung am neuen Staat ermöglichen. In der Zentralarbeitsgemeinschaft akzeptieren die Unternehmer die Gewerkschaften als gleichberechtigten Verhandlungspartner, das Frauenwahlrecht wird eingeführt, das Streikrecht in der Verfassung verankert, der achtstündige Arbeitstag zeitweise Realität. Mit der Forderung nach „Wirtschaftsdemokratie“ versuchen die Gewerkschaften das politische System gegen die Feinde von links und rechts zu schützen.

Doch sowohl die unversöhnliche Spaltung der Arbeiterbewegung als auch die in der Weltwirtschaftskrise stark anwachsende nationalsozialistische Bewegung geben der Weimarer Republik keine Chance: Hindenburg, Hugenberg und Hitler lassen sich nicht durch zahlreiche Schutzverbände der demokratischen und Arbeiterparteien aufhalten.

Nach den Reichstagswahlen im März 1933 kommt es zu Übergriffen auf Arbeiterkulturvereine und Gewerkschaften. Obwohl die Gewerkschaftsführung am 1. Mai, nun „Tag der nationalen Arbeit“ kooperiert, besetzen SA und SS am 2. Mai die Gewerkschaftshäuser. Die Freien Gewerkschaften werden verboten – Partei- und Gewerkschaftsaktivisten werden in „Schutzhaft“ genommen und in die ersten Konzentrationslager deportiert.
An Stelle der Gewerkschaften tritt die „Deutsche Arbeitsfront“ (DAF). Sie verfolgt keine gewerkschaftliche Interessen, sondern ist eine völkische Einheitsorganisation von Arbeitgebern und Arbeitnehmern, deren Zweck die Kontrolle der Betriebsgemeinschaft ist. Durch Unterorganisationen wie „Kraft durch Freude“ (KdF) ist die DAF auch Mittel autoritärer Sozialpolitik.
Trotz polizeistaatlicher Kontrolle finden sich Zeichen des Widerstands in den Betrieben, im Untergrund und im Exil. Aus der Emigration führen Sozialdemokraten und Gewerkschafter auch strategische Debatten und bemühen sich um eine Reorganisierung für die Nachkriegszeit.

Die Revolution 1918/19 spült die ehemals „vaterlandslosen Gesellen" der Sozialdemokratie an die Macht – und obwohl sie diese nur bis zum Tod Friedrich Eberts 1925 innehaben, haben wir den vierten Zeitraum unserer Ausstellung von 1919 bis **1940/45** völlig untypisch definiert. In den 1920ern wächst die Rationalisierungseuphorie bis hin zur Anpassung der Motorik des menschlichen Körpers an die möglichst effektive und kräftesparende Bedienung von Maschinen für einzelne Arbeitsschritte. „Fordismus" und fließende Fertigung finden eine große Anhängerschaft auch in der Arbeiterbewegung, die „neue Zeit" wird zum Topos des Fortschritts in Wirtschaft, Kunst und Kultur – vor allem auch in der vielfältigen Arbeiterkultur. Parallele Lebenswelten entstehen zwischen bürgerlichem und proletarischem Lager, aber auch in der Arbeiterbewegung. Deren Spaltung trägt zu Hitlers Machtübernahme bei. Zersplittert in Exil, Widerstand und Anpassung kann sie kaum noch Einfluss ausüben. An ihre Stelle tritt innerhalb Deutschlands die „Volks- und Betriebsgemeinschaft" und Hitlers Kriegswirtschaft perfektioniert die Rationalisierung – vielfach um den Preis von Entmenschlichung z.B. in Form von Zwangsarbeit und Vernichtung durch Arbeit. Zukunft, wie sie von der Arbeiterbewegung erstrebt wurde, kann nur „heimlich" oder im Exil gedacht werden.

1945 … 1980

BRD

Im Oktober 1949 wird der Deutsche Gewerkschaftsbund (DGB) als Dachverband von 16 Gewerkschaften gegründet. Die Lehre aus der Geschichte: Einheitsgewerkschaften statt Richtungsgewerkschaften. Die Arbeiterbewegung lehnt zunächst die Politik einer Westbindung und der Wiederherstellung der kapitalistischen Wirtschaftsordnung ab. Sozialisierung, Mitbestimmung, Wiederbewaffnung, „politischer Streik" und „Notstandsgesetze" sind Konflikte, die mit dem „Godesberger Programm" der SPD 1959 und dem DGB-Grundsatzprogramm 1963 zugunsten der sozialen Marktwirtschaft entschieden werden.

Damit öffnen sich einer Außerparlamentarischen Opposition neue Handlungsfelder. Studentenrevolte und vor allem „wilde Streiks" 1969 und 1973 zeigen auf, dass der Verlust gesellschaftspolitischer Visionen nicht einfach hingenommen wird. „Neue soziale Bewegungen" beginnen sich zu formieren. Die Streiks in der Druckindustrie 1976/78 weisen in die digitale Zukunft: Rationalisierung verändert und vernichtet Arbeitsplätze. Gehen der Arbeiterbewegung die Arbeiter verloren?

Mit Kriegsende 1945 beginnt auch schon die Spaltung Deutschlands: Während im Osten eine zentrale Gewerkschaft und eine zwangsvereinigte Arbeiterpartei früh entstehen, sind die Westalliierten uneins und der DGB kann sich erst nach zahllosen lokalen und zonalen Gewerkschaftsgründungen, Streiks und Hungerprotesten im Oktober 1949 für das Gebiet der Bundesrepublik konstituieren. Für die Ausstellung bedeutet dies, dass die Geschichte ab 1949 zweimal erzählt werden muss. Eine Gemeinsamkeit gibt es jedoch: Im Ausstellungsraum 1949 bis **1980** bildet ein Pittler-5-Spindelautomat die Demarkationslinie und spätere Mauer zwischen DDR und BRD. Dessen „Ironie der Geschichte" ist, dass er 1939 in Leipzig konstruiert wurde, in der Kriegsproduktion effektiv funktionierte und nach 1945 ein Symbol des Aufbaus und Wirtschaftswunders in der Bundesrepublik war. Dieser Automat lässt nach und nach erkennen, dass Rationalisierung, egal ob hüben oder drüben, „im Dienste der arbeitenden Menschen stehen muss" – so ein Kampagnenmotto des DGB von 1956. Leistungs-, Neuerer- und Rationalisierungskampagnen werden in der DDR noch intensiver geführt, geht es doch darum, die Bundesrepublik in der Produktivität zu überholen. Bis in die 1970er Jahre ist „Rationalisierung" deshalb Hauptthema und Hoffnung zugleich, begleitet vom Auf- und Ausbau eines Sozialstaats und der „Humanisierung von Arbeitswelt" im Westen, bis der Streik 1978 in der Druckindustrie zeigt, dass das alles nicht mehr unbedingt zusammen passt. Die 1980er Jahre weisen in der DDR dann darauf hin, dass der betriebliche und demokratische Aufbruch jetzt nicht mehr zu stoppen sind.

1945 … 1989

DDR

Aus der Sowjetischen Besatzungszone entsteht im Oktober 1949 die Deutsche Demokratische Republik. Beherrscht wird der zweite deutsche Staat von der SED, die ein diktatorisches Regime mit den Anspruch errichtet, den ersten „Arbeiter- und Bauern-Staat“ auf deutschem Boden zu verkörpern. Die SED-Führung beruft sich auf Marx und Lenin und errichtet ein stalinistisches System, das sich auf den antifaschistischen Gründungsmythos stützt und zugleich beansprucht, die Tradition der Arbeiterbewegung zu verkörpern. Die Gewerkschaft wird zum Transmissionsriemen der SED und hat deren Weisungen zu folgen. Betriebsräte werden abgeschafft, Löhne und Arbeitsnormen von der Partei festgelegt. Aus der eigenständigen wird in der DDR eine „verstaatlichte Arbeiterbewegung“.

Mit dem 17. Juni 1953 und dem Bau der Mauer 1961 ist in Ostdeutschland das Ende der alten Arbeiterbewegung besiegelt. Die Menschen, nun eingesperrt, arrangieren sich mit dem Regime. Weder Prager Frühling (1968) noch Solidarność-Bewegung (1980) bewirken ein spürbares Wiederaufleben kollektiver Interessenvertretung. Erst als in den 80er Jahren die sozialen, wirtschaftlichen und politischen Verhältnisse unerträglich werden, fassen die Menschen den Mut zu kollektiver Regelverletzung.

Die Spaltung und Wiedervereinigung Deutschlands zwingt uns Ausstellungsmacher zu unkonventionellen Periodisierungen, weshalb wir die Geschichte der Bundesrepublik mit einer Zäsur um 1980 und die der DDR bis zur Wende **1989/90** erzählen. Im Westen bereits seit den 1970er, im Osten vor allem in den 1980er Jahren entstehen neue soziale Bewegungen, die auf den ersten Blick wenig mit „Arbeiterbewegung" zu tun haben: Frauen-, Friedens- und Ökologiebewegungen stellen neue Fragen, entwickeln Visionen und Utopien, die mit dem sozialpartnerschaftlichen Konsensmodell kaum noch kompatibel sind. Während im Westen die traditionsreiche Gewerkschaftsbewegung in eine Krise schlittert, deren Kürzel auch „Neue Heimat", „Coop" oder „Bank für Gemeinwirtschaft" heißen können, zerbröselt im Osten mit Hilfe Gorbatschows nicht nur der Staatssozialismus, sondern mit diesem auch die verstaatlichte Arbeiterbewegung.

Erosionserscheinungen waren in der DDR schon länger erkennbar: Im Laufe von vierzig Jahren fliehen etwa vier Millionen DDR-Bürger in den Westen. Die Abhängigkeit von der Unterstützung durch die Sowjetunion vermag zwar das politische System am Leben zu erhalten, aber der innere Zusammenhalt wird immer brüchiger. „Warte nicht auf bessre Zeiten" sang Wolf Biermann und Rudolf Bahro beschwor „Die Alternative", zunächst scheinbar folgenlos und mit stalinistischen Methoden – Ausbürgerung und Haftstrafe wegen Landes- und Geheimnisverrats – beantwortet. In den 1980er Jahren fördert dann die desaströse Entwicklung in Wirtschaft und Arbeitswelt den Ausbruch aus der verordneten Friedhofsruhe: Häufig unter dem Schutz der Kirchen entwickelt sich ziviler Ungehorsam und in den Betrieben eine zunehmende Bereitschaft zu kollektivem Handeln.

1980 ... 2013

Seit den 1980er Jahren verändert sich Europa: Eine neo-liberale Wirtschaftspolitik entfesselt die Finanzmärkte und beschleunigt Rationalisierung, Deindustrialisierung und Globalisierung. Der Dienstleistungssektor wird bedeutender Faktor europäischer Arbeitskraft, die industrielle Produktion von Massengütern wird in die Schwellenländer verlagert. Der Zusammenbruch des Staatssozialismus scheint den Sieg des Kapitalismus über Systemalternativen zu bestätigen und die Arbeiterbewegung in die Geschichte zu verbannen.

Seit der Jahrtausendwende eröffnen sich in den alten wie neuen sozialen Bewegungen jedoch überraschende Perspektiven: In Deutschland entfacht die rot-grüne Sozial- und Arbeitsmarktpolitik den Widerstand der zunehmend verunsicherten Arbeitnehmer. In Europa führt die Weltwirtschaftskrise seit 2007 zu einem Zusammenbruch des Arbeitsmarktes vor allem für junge Arbeitssuchende. Weltweit führt diese Krise zu einer Zunahme von Streiks und anderer Protestformen gegen das Primat der Finanzökonomie.

Unsere Produktionsmilieus für den Zeitraum 1980 bis 2013 sind Roboter, Call-Center-Arbeitsplatz und Maquilladora – eine Dreieinigkeit, die für die Zeiten der Globalisierung und die Veränderung und Verlagerung von „Arbeit" steht. Diese Entwicklungen fordern alte wie neue soziale Bewegungen weltweit heraus. Das in den 1980er Jahren prognostizierte „Ende der Arbeiterbewegung" ist nicht eingetreten, im Gegenteil: Untersuchungen zur internationalen Streikentwicklung weisen darauf hin, dass nach der Jahrtausendwende eine massive Zunahme von Arbeitskämpfen zu verzeichnen ist. Gründe und Ziele dieser Bewegungen sind noch völlig heterogen, es ist (noch) keine neue „Internationale", die sich hier artikuliert. Allerdings erfordern die Verflechtungen von Unternehmen und Finanzmärkten immer deutlicher die Überwindung von nationalen Arbeiterbewegungen. Angesichts des völlig unterschiedlichen Standards von „Sozialstaatlichkeit" ein riskantes Unterfangen. Ford-Arbeiter aus Genk, die die Zentrale des Unternehmens in Köln angreifen und griechische Arbeitslose, die deutsche Politiker attackieren, deuten darauf hin, dass die einstmals beschworene „Weltverbrüderung" noch in den Sternen steht – zumindest für die kleinen Leute. Unsere Ausstellung endet deshalb auch mit einer Frage, die die Besucherinnen und Besucher beantworten sollen: „Glauben Sie, dass es 2063 noch Gewerkschaften gibt?" Eine Sonderausstellung zum 200. Jahrestag der Gründung des ADAV wird davon abhängig sein!

Das Lied der Ausstellung

Die Ausstellung zur Geschichte der Arbeiterbewegung trägt den Titel „Durch Nacht zum Licht?". Mit Ausnahme des Fragezeichens ist dieser Titel ein Zitat aus dem „Internationalen Knappenlied", das seit 1889 sehr populär war. Viele Überwachungsprotokolle der Polizei vermerken, dass es zum Abschluss von Streikversammlungen der Bergleute gesungen wurde. Seine erste Strophe lautet:

„Glück auf, Kameraden, durch Nacht zum Licht!
Uns sollen die Feinde nicht kümmern:
Wir hatten so manche verzweifelte Schicht
Und sahen die Sonne doch schimmern.
Nur einig, einig müssen wir sein,
So fest und geschlossen wie Erz und Gestein!"

Autor des Liedes war Heinrich Kämpchen (1847-1912), selbst aktiver Bergmann, der als „Streikführer" 1889 entlassen wurde, von da an auf einer schwarzen Liste stand und keine Arbeit mehr auf den Kohlegruben fand. Seinen Lebensunterhalt verdiente er nun mit seinen Liedern, Gedichten und Texten, die er in zahlreichen Arbeiter-Zeitungen unterbringen konnte: Aus dem Bergmann wurde einer der frühen Arbeiterdichter in Deutschland, dessen Texte die harte Arbeitswelt, die schlechte soziale Lage der Arbeitenden und immer wieder ihr Aufbegehren thematisierten.

Seine Popularität verdankte das „Internationale Knappenlied" nicht alleine seinem mutigen Text. Zur mobilisierenden Wirkung des Liedes gehörte auch die Melodie: Sie war schon fast 100 Jahre alt und zur Vertonung von Versen aus Friedrich Schillers „Wallensteins Lager" geschrieben worden.. Unter dem Titel „Wohlauf, Kameraden, aufs Pferd" avancierte diese Melodie in den antinapoleonischen Freiheitskriegen ab 1803 zu einem richtigen Soldaten-Hit. Bis zur Jahrtausendwende wurde das Lied in fast allen Soldatenliederbüchern tradiert.

Friedrich Schiller war für die aufstrebende Arbeiterbewegung ein Freiheitsdichter – und da Bergleute gedient haben mussten, ehe sie ihre Arbeit aufnahmen, war ihnen die Melodie geläufig. In unserer Ausstellung können Sie das Lied im Bergwerk der Station 3 hören. Der ABB-Roboter IRB 140 interpretiert eine moderne Fassung des Liedes am Ende des Rundgangs durch die Ausstellung ganz neu und fordert Sie damit auf, an unserer Umfrage zur Zukunft von Arbeit und Gewerkschaften teilzunehmen.

Matthias Hühnlein

Die Arbeitermaschine – Einführung in die Gestaltung

Arbeiterbewegung? Schon das Wort selbst wirkt heute auf uns überaus befremdlich. Erwachsenen kommt dabei vielleicht Turnvater Jahn in den Sinn, Betriebssportvereine oder die sich synchron bewegenden Fabrikarbeiter beim täglichen Frühsport im fernen China.

Bei Jugendlichen löst es, wenn überhaupt, Schulterzucken aus, obwohl gerade sie, als die kommende Generation Erwerbstätiger, zunehmend unter der sozialen Kälte einer egomanischen Ellbogengesellschaft leiden werden, die sich im globalen Wettbewerb mehr und mehr als dominierende Gesellschaftsform herauskristallisiert. Es sei denn, sie selbst setzen neue Maßstäbe im Umgang miteinander.

Wir haben uns gefragt, wie vermittelt man das den wohlbehüteten Rentenzahlern von morgen? Können Schüler, die möglicherweise in den Komfort-Container der Mittelklasse hineingeboren wurden, überhaupt nachvollziehen, was es für sie bedeuten könnte, wenn sie eines Tages nicht auf der Sonnenseite der immer weiter auseinander klaffenden sozialen Schere zu stehen?

Nicht zu vergessen, dass sich die Lebensumstände eines Werktätigen unserer Zeit, von denen eines Arbeiters vor 150 Jahren doch so sehr unterscheiden wie ein Handkarren von einem Automobil.

Diese Diskrepanz zu überbrücken und die Besucher in die bedrückende Situation zu versetzen, die zur Entstehung der Arbeiterbewegung als Vorläufer der modernen Gewerkschaften und letztlich zur Gründung der sozialen Parteien geführt hat, war mit eine der wichtigsten Aufgaben bei der Entwicklung der Ausstellungsgestaltung.

Charlie Chaplins Film „Moderne Zeiten" hat viel später, aber dafür in umso eindrücklicheren Bildern, gezeigt, wie sich die Arbeiterklasse vor dem Schreckgespenst der Industrialisierung gefürchtet haben musste, Angst hatte unter die Räder zu kommen, von monströsen Maschinen in dunklen Fabrikhallen verschluckt zu werden.

Ein wenig von diesem Gefühl beschleicht den Besucher, wenn er vor der gewaltigen, die gesamte Ausstellungsfläche beherrschenden „Arbeitermaschine" mit ihren schwarzen, teilweise übermannsgroßen Zahnrädern steht. Im Bauch der allumfassenden Maschine wird, in sechs Themenräume untergliedert, die 150-jährige Geschichte der Arbeiterbewegung erzählt, während der Betrachter durch das Labyrinth aus Gestängen, Rollen und Zahnrädern auf Entdeckungsreise geht.

Verstärkt wird das Gefühl der rauhen Arbeitsumgebung durch die verwendeten Materialien, wie das verzinkte

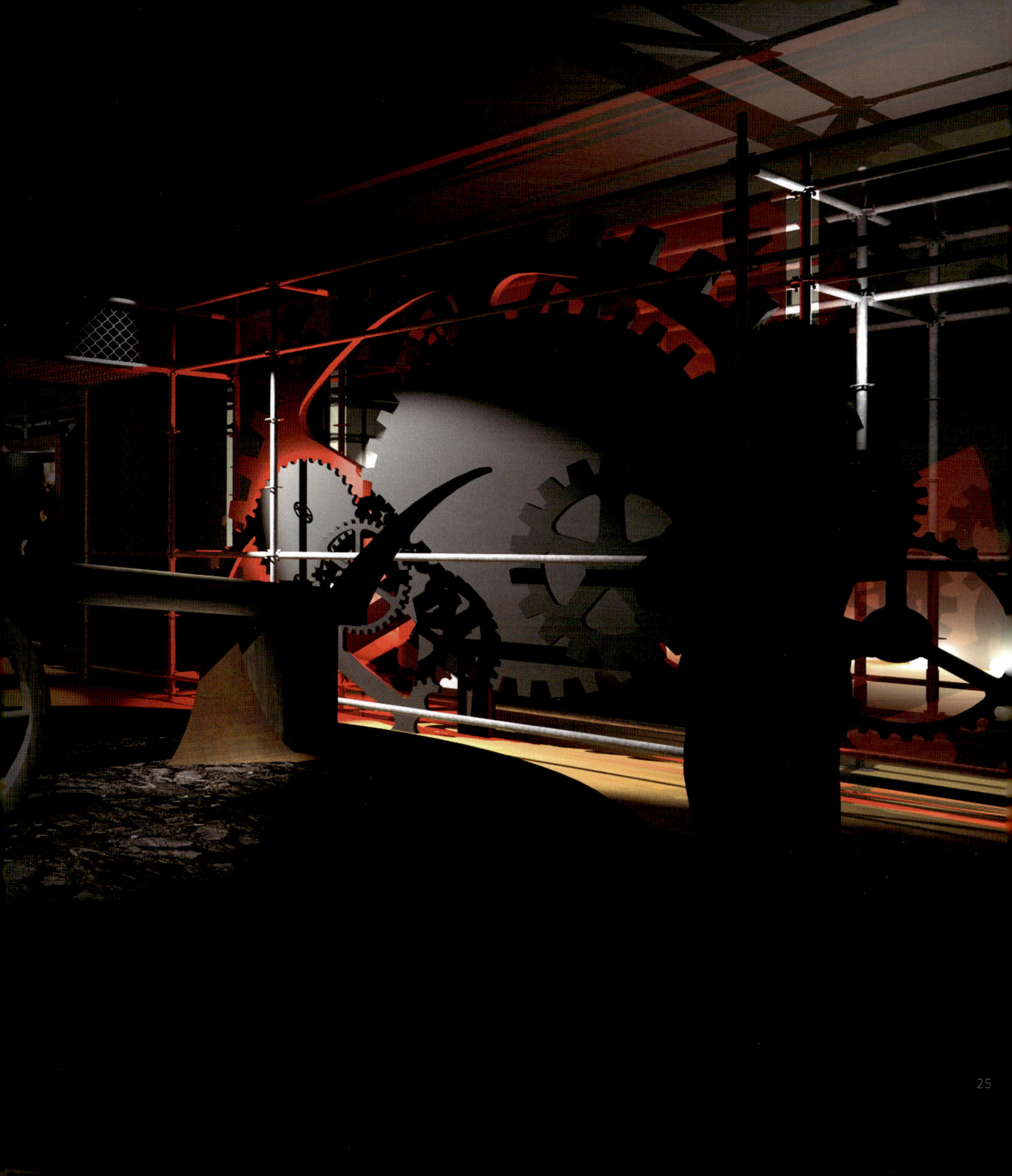

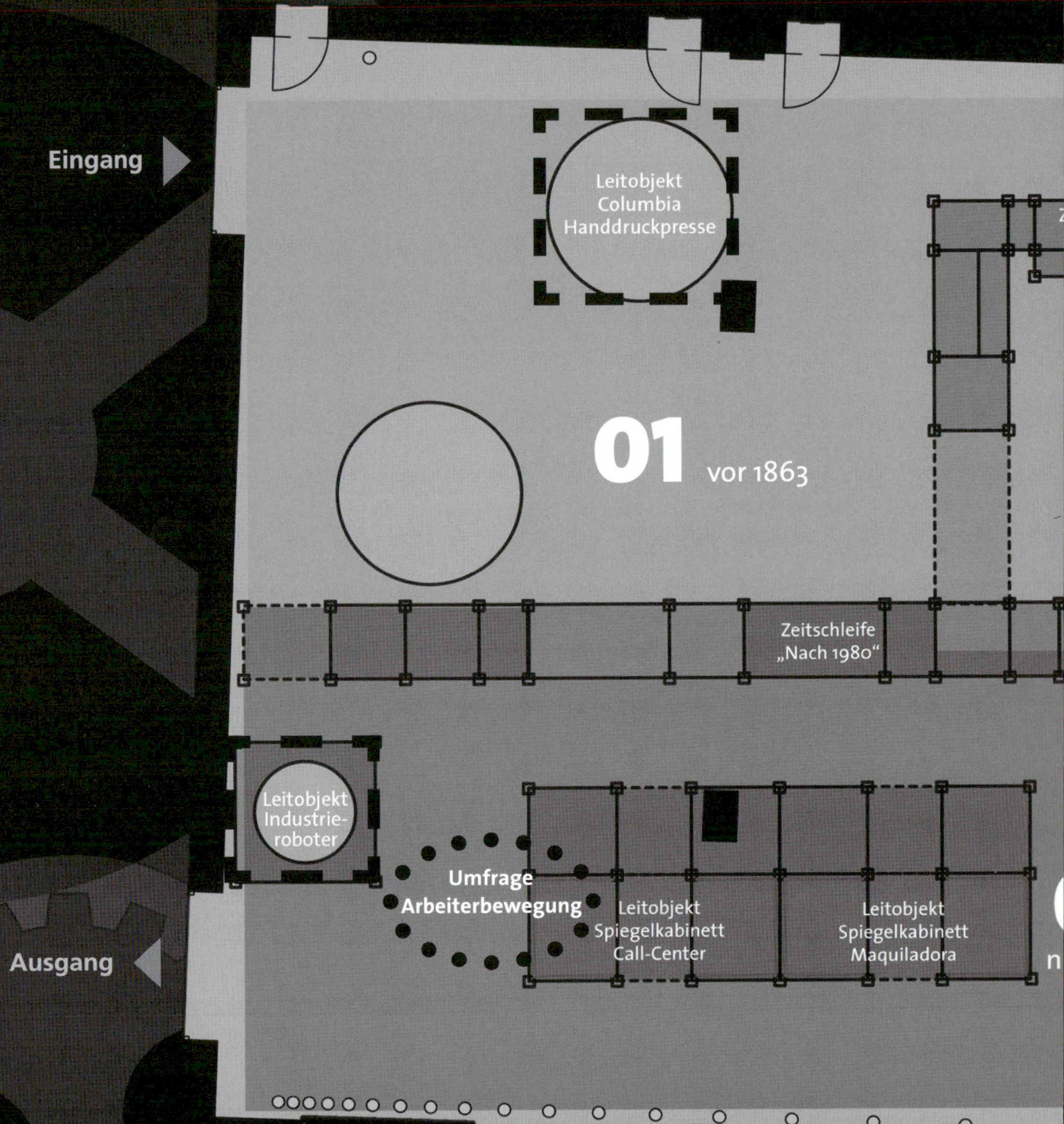
Eingang
Leitobjekt Columbia Handdruckpresse
01 vor 1863
Zeitschleife „Nach 1980“
Leitobjekt Industrie-roboter
Umfrage Arbeiterbewegung
Leitobjekt Spiegelkabinett Call-Center
Leitobjekt Spiegelkabinett Maquiladora
Ausgang

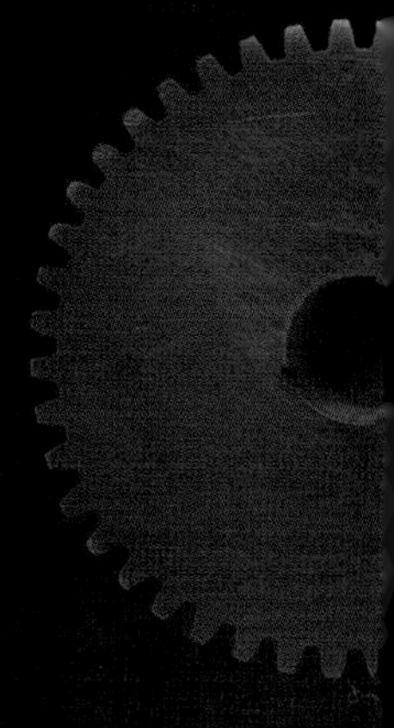

Fassadengerüst, das die räumliche Struktur und das statische Rückgrat der Maschine bildet, die roh belassenen Zahnräder und Ausstellungsvitrinen aus rußschwarzem MDF oder der Maschendraht, der immer wieder als trennendes Element auftaucht.

Auch das Licht – und vor allem der gezielte Verzicht auf eine gänzliche Ausleuchtung aller Flächen – trägt zur Dramaturgie der geheimnisvollen Maschinenwelt bei. Fokussiert dadurch den Blick. Schafft Trennungen und Übergänge gleichermaßen. Neben dem neutralen, weißen Licht zur Beleuchtung der Exponate und der Ausstellungsflächen, setzt rotes Effektlicht, stellvertretend für die Leitfarbe der Arbeiterbewegung, zusätzliche Akzente.

Gleichzeitig führt eine Reihe von Bodenleuchten, die die Maschine umgeben, und deren Abstand zueinander in Richtung Ausgang immer enger wird, den Besucher sinnbildlich von der dunklen Vergangenheit in eine möglicherweise helle, freundliche Zukunft. Eben durch Nacht zum Licht?

Auf dem Weg in diese hoffentlich humanere Arbeitswelt der kommenden Generationen begegnen den Ausstellungsbesuchern eine Vielzahl von Original-Exponaten: vom kämpferischen Flugblatt über schwere Arbeitsgeräte neben Papst Leo XIII. in einem abstrahierten Bergwerksstollen oder einem Kunstrad, das bei Arbeitersportfesten so manchen Sieg und sicher ebenso viele Niederlagen miterlebt hat, über ein Original Ford Model T bis hin zu einem Roboter und einer Streiktonne samt Protestplakaten von heute.

Große Leittexttafeln führen mit übersichtlichen Kurztexten in die jeweilige Themeninszenierung ein und werden durch „Schlaglichter", die auf besonders bemerkenswerte Ereignisse hinweisen, ergänzt.

Zusätzlich informieren Zeitschleifen, eine Maschinenkonstruktion, mit der man lange Informationsbänder antreibt, in jedem der insgesamt sechs Themenbereiche über die geschichtlichen Hintergründe des jeweiligen Zeitabschnitts.

Und wie bei einer realen Maschine kommt auch bei der Arbeitermaschine am Ende etwas heraus: Im Idealfall ein aufgeklärter Mitmensch, der sich seiner Gestaltungsmöglichkeiten für eine humanere Arbeits- und Lebenswelt bewusst wird und damit verhindert, dass die Errungenschaften, für die die Arbeiter seit mehr als 150 Jahren kämpfen, nicht wieder verloren gehen.

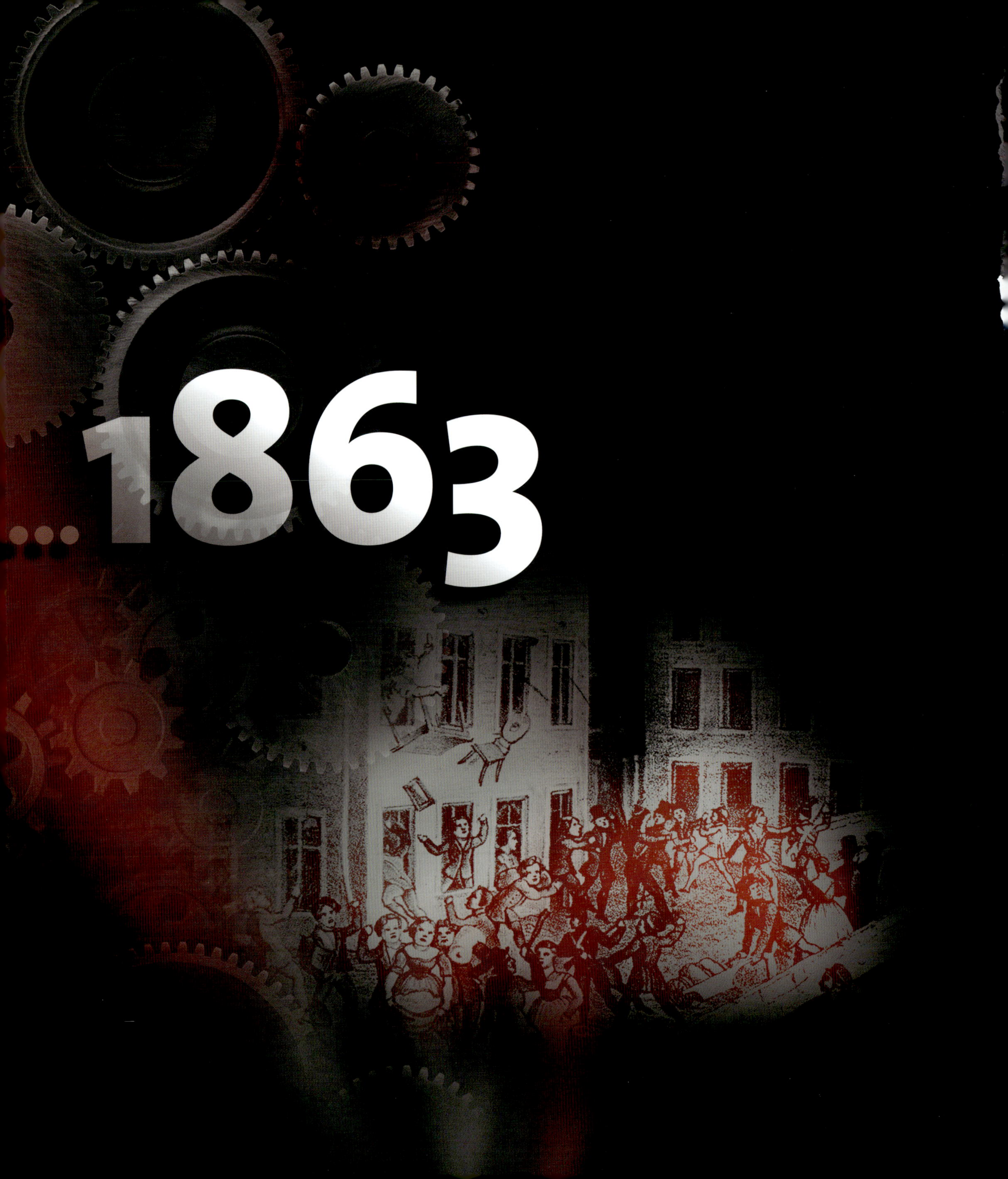
1863

1863

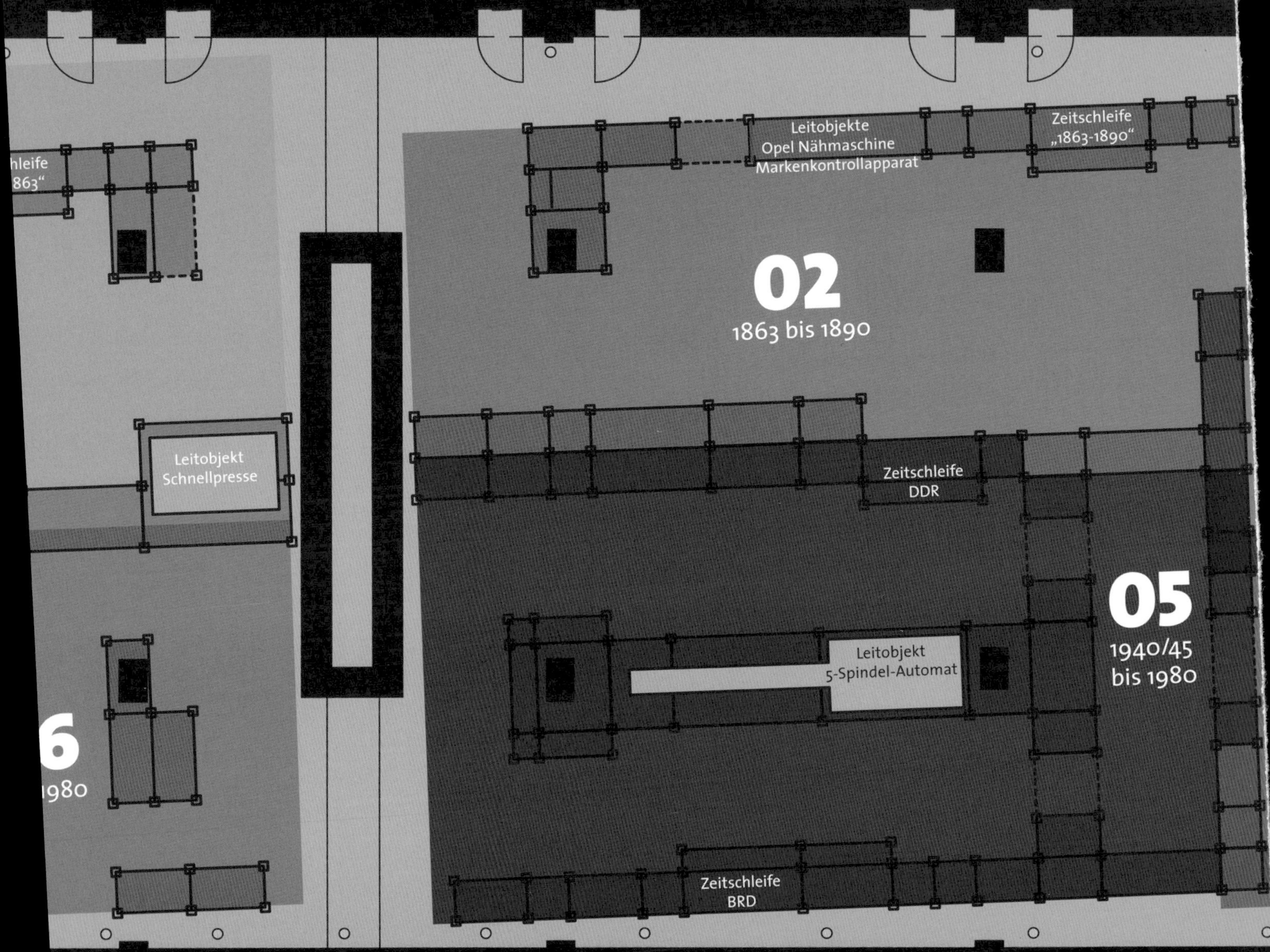
hleife
863"
Leitobjekte
Opel Nähmaschine
Markenkontrollapparat
Zeitschleife
„1863-1890"
02
1863 bis 1890
Leitobjekt
Schnellpresse
Zeitschleife
DDR
05
1940/45
bis 1980
Leitobjekt
5-Spindel-Automat
6
1980
Zeitschleife
BRD

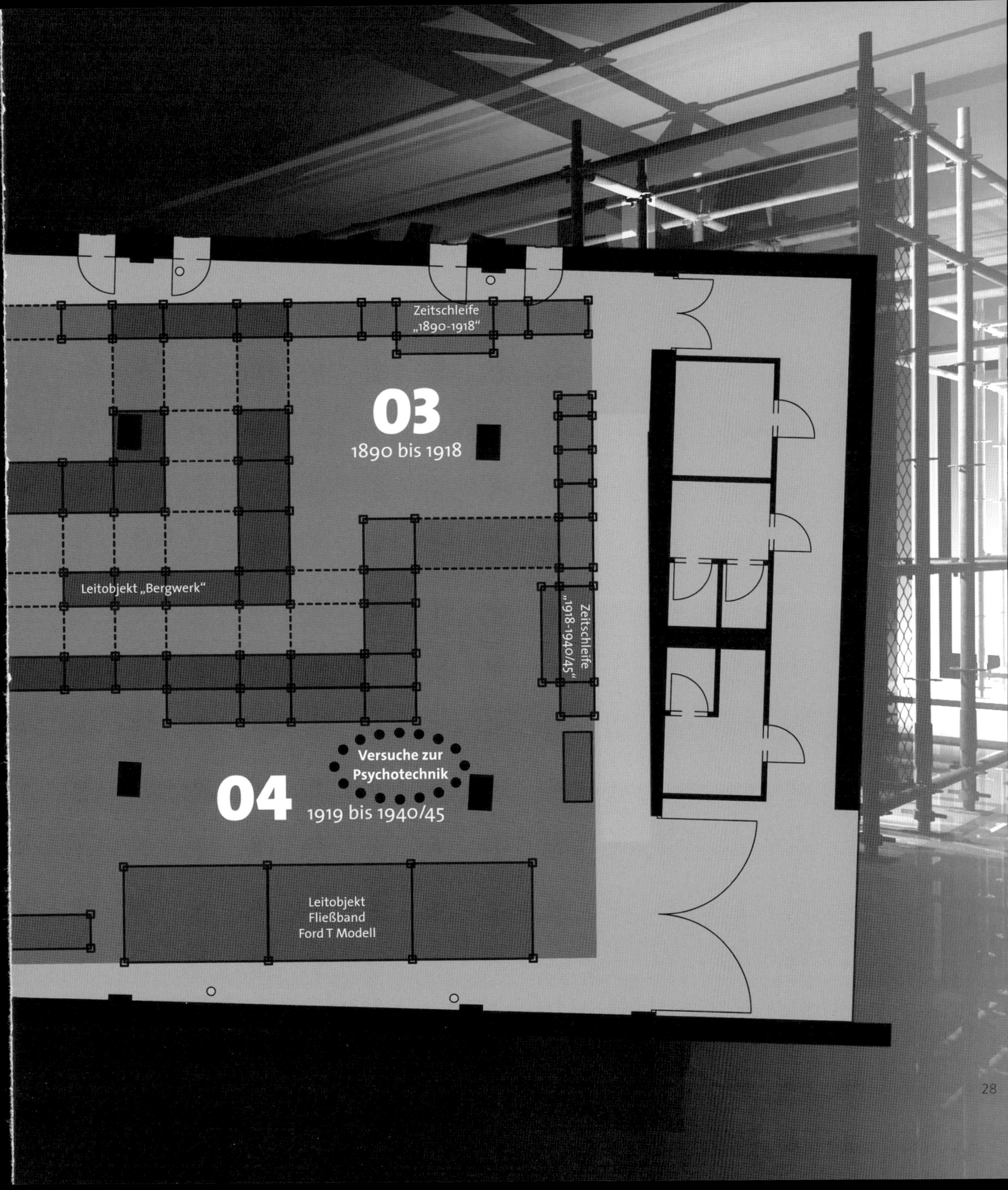

Zeitschleife „1890-1918"
03
1890 bis 1918
Leitobjekt „Bergwerk"
Zeitschleife „1918-1940/45"
Versuche zur Psychotechnik
04
1919 bis 1940/45
Leitobjekt Fließband Ford T Modell

Fassadengerüst, das die räumliche Struktur und das statische Rückgrat der Maschine bildet, die roh belassenen Zahnräder und Ausstellungsvitrinen aus rußschwarzem MDF oder der Maschendraht, der immer wieder als trennendes Element auftaucht.

Auch das Licht – und vor allem der gezielte Verzicht auf eine gänzliche Ausleuchtung aller Flächen – trägt zur Dramaturgie der geheimnisvollen Maschinenwelt bei. Fokussiert dadurch den Blick. Schafft Trennungen und Übergänge gleichermaßen. Neben dem neutralen, weißen Licht zur Beleuchtung der Exponate und der Ausstellungsflächen, setzt rotes Effektlicht, stellvertretend für die Leitfarbe der Arbeiterbewegung, zusätzliche Akzente.

Gleichzeitig führt eine Reihe von Bodenleuchten, die die Maschine umgeben, und deren Abstand zueinander in Richtung Ausgang immer enger wird, den Besucher sinnbildlich von der dunklen Vergangenheit in eine möglicherweise helle, freundliche Zukunft. Eben durch Nacht zum Licht?

Auf dem Weg in diese hoffentlich humanere Arbeitswelt der kommenden Generationen begegnen den Ausstellungsbesuchern eine Vielzahl von Original-Exponaten: vom kämpferischen Flugblatt über schwere Arbeitsgeräte neben Papst Leo XIII. in einem abstrahierten Bergwerksstollen oder einem Kunstrad, das bei Arbeitersportfesten so manchen Sieg und sicher ebenso viele Niederlagen miterlebt hat, über ein Original Ford Model T bis hin zu einem Roboter und einer Streiktonne samt Protestplakaten von heute.

Große Leittexttafeln führen mit übersichtlichen Kurztexten in die jeweilige Themeninszenierung ein und werden durch „Schlaglichter", die auf besonders bemerkenswerte Ereignisse hinweisen, ergänzt.

Zusätzlich informieren Zeitschleifen, eine Maschinenkonstruktion, mit der man lange Informationsbänder antreibt, in jedem der insgesamt sechs Themenbereiche über die geschichtlichen Hintergründe des jeweiligen Zeitabschnitts.

Und wie bei einer realen Maschine kommt auch bei der Arbeitermaschine am Ende etwas heraus: Im Idealfall ein aufgeklärter Mitmensch, der sich seiner Gestaltungsmöglichkeiten für eine humanere Arbeits- und Lebenswelt bewusst wird und damit verhindert, dass die Errungenschaften, für die die Arbeiter seit mehr als 150 Jahren kämpfen, nicht wieder verloren gehen.

Thomas Welskopp

„Wir nehmen unsere Angelegenheiten selbst in die Hände ...“

Die deutsche Arbeiterbewegung vor 1863

Die frühe deutsche Arbeiterbewegung – internationaler Vorreiter oder Sonderfall?

Immer seltener schreiten sie „Seit' an Seit'", die deutschen Sozialdemokraten und die Gewerkschaften. Die Genossenschaften als dritte Säule hatte man schon länger abgehängt, spätestens seit den Skandalen der Gemeinwirtschaft in den 1980er Jahren. Und doch hat dieser Dreiklang aus politischer Partei, Gewerkschaftsbewegung und Genossenschaften bis heute den Horizont bestimmt, an dem sich Vorstellungen von dem, was „Arbeiterbewegung" war, ist – und vielleicht sein sollte – orientieren. Lange Zeit waren in anderen Ländern, wie vor allem in England und den USA, die Gewerkschaften weit früher und stärker entwickelt als in den deutschen Territorien und dem späteren Deutschen Reich. Das sollte sich erst im frühen 20. Jahrhundert ändern.[1] Anderswo, etwa in Frankreich oder Australien, war der politische Einfluss von Sozialisten zumindest zeitweilig größer als in Deutschland mit seiner früh eigenständigen Arbeiterpartei. Erst ein verlorener Weltkrieg sollte der Sozialdemokratie kurzzeitig Zugang zu politischer Regierungsgewalt verschaffen. Karl Marx hätte sich zudem über die Rede vom „deutschen Musterschüler" seiner Lehren amüsiert – oder doch eher geärgert.

Vom Standpunkt der Forschung über soziale Bewegungen aus erscheint der institutionelle Dreiklang im Begriff der „Arbeiterbewegung" weder zwingend noch typisch, sondern eher sonderbar, so als hätten die Deutschen über lange Zeit nicht gewusst, was sie denn mit ihrer „Bewegung" eigentlich wollten. Nicht, dass andere soziale Bewegungen das von vornherein gewusst hätten oder wüssten. Vielmehr sind Bewegungen notorisch dafür bekannt, zugunsten der Mobilisierung von Massen auf Märschen, Demonstrationen, Kundgebungen und anderen Manifestationen ihrer numerischen Stärke Organisationsfragen in den Hintergrund zu schieben – manchmal bis es zu spät ist. Denn Organisationsfragen sind Machtfragen, und wenn man sich doch gerade erst an der Ermächtigung berauscht, sich als Teil eines machtvollen Kollektivs zu fühlen, dann scheut man sich vor der ja schnell endgültig wirkenden Delegation von Entscheidungsgewalt an Repräsentanten, die einem das Gefühl der Ermächtigung nur zu rasch wieder austreiben müssen, will man als organisatorische Kraft mit einem entscheidungsfähigen Zentrum ernst genommen werden. Soziale Bewegungen sind deshalb typisch durch einen Überschuss an Formen kollektiver Praxis gegenüber organisatorischen Kernen gekennzeichnet, die es gleichwohl gibt, weil es nie gelingen kann, ein Kollektiv spontan zu mobilisieren.[2] In der deutschen Arbeiterbewegung scheint es schon bald viel „Organisation" gegeben zu haben, phasenweise mehr als „Bewegung", und daher muss man sie vielleicht gerade in ihrer Frühzeit gegen Romantisierungen in Schutz nehmen und sie weniger als typische denn als besondere Erscheinung behandeln, die sich speziellen deutschen Bedingungen verdankte.

Die Forschung sagt auch, dass soziale Bewegungen immer etwas mit Politik zu tun haben, genauer, dass sie dafür da sind, Positionen gleich welcher Art politisches Gehör zu verschaffen, in politischen Systemen, in denen dies weder institutionell noch thematisch vorgesehen ist. Sie sind demnach die designierten Träger offensiver „Herausforderungspolitik" (contentious politics) und haben ihre Aufgabe als „Bewegung" erfüllt, sobald sie im Konzert der politischen Stimmen auf Dauer eine mehrheitlich akzeptierte Rolle gefunden haben (oder sämtliche Konkurrenten beseitigt, was auch vorgekommen ist) und ihre Themen in der allgemeinen Debatte Widerhall finden.[3] Insofern muss befremden, dass die deutsche Arbeiterbewegung im allgemeinen Bewusstsein und auch weitgehend im Selbstverständnis „Bewegung" blieb – mindestens bis zum Godesberger Programm der SPD –, selbst als sie in politische Partei, ein straff organisiertes Gewerkschaftswesen und in wirtschaftlich höchst kompetente Konsumgenossenschaften ausdifferenziert war und mittlerweile mit konkurrierenden Organisationen – den Kommunisten, den christlichen Gewerkschaften – zu tun hatte, die sie bekämpfte und deren eigenen Bewegungscharakter sie leugnete.

Dass die deutsche Arbeiterbewegung in ihrer frühen Zeit eine soziale Bewegung in diesem Sinne war, steht außer Frage. Das zu zeigen ist die Aufgabe dieses und des nächsten chronologischen Teils. Dass es dabei so vielfach um „Organisation" ging, verdankt sich der Tatsache, dass dies eher eine Frage war, die man auf den unzähligen Treffen und Kundgebungen verhandelte, als dass sie im Sinne eines strikten hierarchischen Aufbaus in Form einer Pyramide irgendwo eine Tatsache wurde. Wenn es um „Organisation" ging, meinten die Zeitgenossen vielfach einfach „Assoziation", freien Zusammenschluss, und damit das, was sie gerade taten. Insofern war der Überschuss der „Bewegung" gegenüber den organisatorischen Kernen zumindest bis 1890 in jedem Fall gegeben. „Bewegung" war die deutsche Sozialdemokratie auch in ihrer Ausrichtung auf „Herausforderungspolitik". Die Gewerkschaften waren bis zum Auslaufen des Sozialistengesetzes nirgendwo institutionell dauerhaft verankert. Während man nach der Aufhebung des Koalitionsverbotes 1824 für England mit der Überführung älterer Gesellenbruderschaften in Trade Unions und für die USA mit der Überwindung der Conspiracy Laws seit 1842 von einer gesetzlichen Etablierung von Gewerkschaften sprechen kann, der eine Vielzahl zumeist beruflich eng spezialisierter Gewerkschaftsgründungen folgte und insofern eine Entpolitisierung der Gewerkschaftsfrage einsetzte, blieb die Frage, wozu Gewerkschaften gut seien, wie man sie organisieren müsse und ob sie nicht vielleicht vom politischen Kampf ablenkten, in Deutschland lange Zeit virulent. Man kann auch zuspitzen und sagen, dass die deutsche Arbeiterbewegung so früh in die parteipolitische Arena drängte, weil sie nicht in der Lage war, eine starke Gewerkschaftsbewegung auf die Beine zu stellen und im System zu etablieren.[4]

Die so früh parteipolitische Ausrichtung kennzeichnet die deutsche Arbeiterbewegung in ihrer Anfangszeit im internationalen Vergleich als eine gewerkschaftlich eher schwache Variante. Andere Symptome kommen dazu, um am Nimbus ihrer weltweiten Vorreiterrolle zu kratzen: Die deutschen Territorien waren über das 19. Jahrhundert hinweg von 80 Prozent Landbevölkerung besiedelt, zu denen die deutsche Sozialdemokratie nur verschwindend geringen Zugang fand. Eine in Südeuropa und noch in Teilen Frankreichs so geläufige Erscheinung wie den Anarchismus findet man deshalb im deutschsprachigen Raum nicht einmal in Spurenelementen. Die deutsche Arbeiterbewegung war mehrheitlich sozialistisch, wenn man den Unterschied zu den Kommunisten Anfang des 20. Jahrhunderts nicht überbewerten will – wofür viel spricht. Ihre konfessionellen Widerparte konnten dem nicht besonders viel entgegensetzen, und es muss betont werden, dass die deutsche Sozialdemokratie in den städtischen Milieus auch mehr katholische Anhänger hatte, als jede auf konfessionelle Spaltung abhebende Theorie wahr haben will.

Was also gefordert ist, ist eine vorbehaltlose Historisierung der deutschen Arbeiterbewegung vor allem in ihrer Frühphase, in einer durch Schwäche eher als durch Stärke gekennzeichneten Zeit. Das bedeutet alles andere als eine Denunziation aus Sicht historischer Besserwisser. Im Gegenteil wird die Leistung der Männer und Frauen in diesen ersten Jahrzehnten umso bewunderns- und erinnernswerter, in einer Zeit knapper Ressourcen, ohne politischen Ort und mit der selbst gesetzten Herkulesaufgabe, für eine nur verschwommen wahrgenommene neue soziale Ordnung Kollegen aus ihrer gewohnt gewordenen Lethargie zu reißen und als Mitstreiter zu gewinnen.

Revolutionsfolgen, Kommerzialisierung und gefühlte gesellschaftliche Desintegration

Die Anfänge der deutschen Arbeiterbewegung vor 1848 sprechen für diese spezielle Schwächesituation, dafür, dass soziale Belange nur sichtbar gemacht werden konnten, wenn man sie zu politischen machte. Gerade diese Schwäche machte die deutsche Arbeiterbewegung, anders als in England, Frankreich oder den USA, besonders früh zu einer politischen Bewegung – politisch hier in dem Sinne, dass die speziellen sozialen Belange und mögliche Formen ihrer Bearbeitung in sehr früh

eigenständigen Foren als politische behandelt wurden.

Seit der Zeit der Französischen Revolution und dann noch einmal beschleunigt seit der napoleonischen Ära war die deutsche Gesellschaft in Bewegung geraten. Ein erstes nationales Aufwallen, verbunden mit vielfältigen Hoffnungen auf neue politische Rechte, auf Chancen bürgergesellschaftlichen Engagements, auf die Anerkennung individueller Bürgerrechte, hatte sich mit dem Bruch von Verfassungsversprechen und anderen neuartigen Legitimierungsbemühungen zugunsten stumpfer Restauration, niedergelegt in den berüchtigten Karlsbader Beschlüssen von 1819, erschöpft. Auch in den ehemals französisch besetzten Zonen Deutschlands, in denen bürgerliche Freiheitsrechte in nennenswertem Umfang eingeführt worden waren, griffen Zensur und Verbot öffentlicher politischer Betätigung um sich, selbst wenn sie, wie in der nun bayerischen Rheinpfalz, formell unangetastet blieben. Neue Freiheiten boten dem wirtschaftenden städtischen Bürgertum eher die vielerorts erfolgte Abschaffung des Zunftwesens und andere Vorboten der Gewerbefreiheit. Immerhin beseitigte die Gründung des Deutschen Zollvereins am 1. Januar 1834 die Zollschranken zwischen 18 deutschen Staaten. Kommerzielle Gepflogenheiten sickerten in das alte Handwerk ein und veränderten es schleichend von innen – ganz ungeachtet dessen, ob zünftige Regelungen und Verkehrsformen fortgalten oder nicht. Das betraf in erster Linie eine stärkere Polarisierung der Be-Betriebsgrößen. Große Meisterwerkstätten, die zunehmend für einen anonymen Markt produzierten und nicht mehr auf Bestellung, hatten die Tendenz, noch größer zu werden. Die Baugewerbe und der Buchdruck waren hier Vorreiter. Auf der anderen Seite des Spektrums vermehrten sich die Kleinmeistereien (bis zu vier Gesellen) und Geschäfte von Handwerksmeistern, die gar keine abhängig Beschäftigten hatten, um ein Vielfaches. Von einer chronischen „Über-[be]setzung" der Handwerke war bald die Rede.[5]

Vielfach geriet das produzierende Gewerbe unter den Einfluss von Kauf-

Zunftbrief der Schmiede und Wagner, Mannheim, 1807
Technoseum
Avz: 1987/0205

mannskapital. Kaufleute schoben sich im Handwerk zwischen Produzenten und Kunden und profitierten davon, den Herstellern von Ware Marktzugang zu bahnen – und dabei ihre Preise nach Kräften zu drücken. Andere Handwerker mussten sich in ihrer Kapitalarmut bei Kaufleuten verschulden und verpfändeten zeitweise ihre ganze Produktion. Das Textilgewerbe war seit langem regional konzentriert und zumeist in ländlichen Regionen beheimatet. Es waren Kaufleute, die hier die Produktion dezentral in Heimarbeit organisierten, in komplexen, mehrstufigen Systemen wie vor allem dem Verlagssystem, das eine weit entwickelte Form eines betriebslosen Kapitalismus verkörperte.[6] In diesen Regionen löste das Wachstum transnationaler, ja vielfach bereits sogar globaler Märkte einerseits eine Intensivierung der ohnehin schon mörderischen Produktionsverhältnisse mit sechzehn und mehr Arbeitsstunden pro Tag unter Einbeziehung zunehmend aller Familienmitglieder aus. Die formell selbständigen Betroffenen ihrerseits nutzten – gewissermaßen in Selbstausbeutung – buchstäblich alle Möglichkeiten, einen Geldlohn zu erwirtschaften, von dem sie in dem Maße zunehmend abhängig wurden, je weniger Land sie selbst besaßen oder nutzen konnten und je weniger Zeit sie auf ihre eigene Subsistenz zu verwenden in der Lage waren. Dieser Trend kollidierte andererseits mit einer zunehmenden Konkurrenz durch britische und dann auch belgische Maschinenproduktion, deren günstige Preise nicht nur einen gesteigerten Druck auf

Es zeigen sich bereits die bekannten Berliner Industriellen. — Weshalb die Anmeldungen zu Concessionen sich in bedenklicher Weise mehren.

die deutschen Produktionssysteme ausübten, sondern die immer mehr auch auf dem Gebiet der Qualität punkten konnte.[7]

Dies alles war in den meisten deutschen Territorien noch keine Frage der Fabrikproduktion. Im Übergang zur zentralisierten Fertigung mit Maschineneinsatz hinkten die meisten wirtschaftlichen Regionen des späteren Deutschen Reichs ihren britischen und auf dem Kontinent vor allem ihren belgischen Konkurrenten weit hinterher. Das hing mit der althergebrachten ständischen Trennung von Produktion und Handel in Deutschland zusammen, die erst mit der Auflösung der Zunftverfassung aufweichte. Infolgedessen existierte eine stärker kleinbetriebliche Struktur ohne Kapitalausstattung, aber auch eine langfristige Bindung von Kaufmannskapital etwa im Verlagssystem, wo zwischen Ablieferung der Ware und Einstreichen des Verkaufspreises schon einmal zwei Jahre

AUSZUG AUS:
„DIE GEWERBEFREIHEIT UND IHRE CONSEQUENZEN", 1862

Maschinensturm der Weber, 1844
Fotothek Dresden

vergehen konnten. Der Gründe nicht genug: Die Expansion des Binnenmarktes würde im 19. Jahrhundert die Industrielle Revolution auf dem Kontinent auslösen – aber vor dem Ausbau des Eisenbahnnetzes seit Mitte des Jahrhunderts waren dort die Transportwege über Land mangels ausgebauter Fernstraßen mühselig, es gab kein eindeutiges wirtschaftliches Zentrum, und die politischen und ökonomischen Schwerpunktregionen deckten sich lange Zeit nicht. Das politisch einflussreiche und militärisch-strategisch so zentrale Berlin galt bis Anfang der 1870er Jahre in wirtschaftlicher und kultureller Hinsicht als ödes, stinkendes Kaff – völlig zu recht.[8]

Die Produzenten in den Handwerken und Gewerben in Deutschland sahen sich deshalb zunächst mit einem Kapitalismus konfrontiert, der nicht das Gesicht des Fabrikunternehmers trug, sondern das des ungerechten Kaufmanns. Das stand auch hinter dem von Gerhart Hauptmann zur Hochliteratur geadelten schlesischen Weberaufstand in Peterswaldau und Langenbielau vom Juni 1844. Dort ging es um die vermeintliche Aufkündigung einer althergebrachten sozialen Ordnung, die der lokalen Weberbevölkerung trotz Armut zumindest ein Überleben ermöglicht hatte. Mit der Verweigerung von Stoffaufkäufen und einer absurden Preisdrückerei war diese konsensuale Ordnung nun zerbrochen. Interessant ist, dass im Angriff auf die Villa des Unternehmers Zwanziger zunächst die Dokumente kapitalistischer Abhängigkeit zerstört wurden – das Hauptbuch, die Lohnliste – und danach das Mobiliar als Zeichen einer Lebensweise, die anerkannte Größenordnungen ständischer Hierarchie gesprengt hatte.[9] Eine Beschädigung von Maschinen im angelagerten kleinen Fabrikbetrieb, der für die kalte Ausgliederung der Handweber aus der alten Produktionsordnung eine nachgelagerte Rolle spielte, kam für die Protestierenden offenbar nicht in Frage. Das galt auch für die meisten anderen, insgesamt wenig zahlreichen Fälle von „Maschinensturm" auf deutschem Boden. Anders als im englischen Luddismus (1811 – 1814) blieben Proteste gegen Maschinen rar und lokal beschränkt. Vielmehr ist bedeutend, dass auch dort in den seltensten Fällen tatsächlich Maschinen den Protesten zum Opfer fielen. Im Ziel standen stattdessen die Insignien kapitalistischer Übermacht und die lebensweltlichen Trophäen unternehmerischen Profits. Während der „Maschinensturm" als solcher zumindest für Deutschland somit eher ein Mythos war, verbarg sich hinter ihm eine zahlenmäßig massive, Bewegung von Bitt- und Protestschriften gerichtet an so gut wie jede politisch einflussreiche Stelle auf dem Gebiet des späteren Deutschen Reichs. Was noch immer als rückwärtsgewandte ohnmächtige Wut gegen eine unaufhaltsame technische Entwicklung bei uns in der kollektiven Erinnerung kursiert, stellte tatsächlich eine sehr aktuelle Aufforderung dar, soziale Verhältnisse unter Einbeziehung der Betroffenen neu zu verhandeln, die so offenbar zerrüttet waren, dass die Betroffenen kaum überleben konnten.[10]

Das einsetzende Bevölkerungswachstum in den deutschen Territorien vor der Industrialisierung schuf zwar kein so flächendeckend verbreitetes Massenelend wie zwischenzeitlich in England oder, verbunden mit furchtbaren Hungerkrisen, in Irland. Trotzdem kann man auch hier von einer zeitlich nicht genau fassbaren Verelendungskrise, von Pauperismus, sprechen, der eine Begleiterscheinung demografischer und wirtschaftlicher Umbruchprozesse war. Zwischen 1800 und 1848 nahm die deutsche Bevölkerung von 23 auf 36 Millionen Einwohner zu. Die ländlich angesiedelte Heimindustrie vor allem im Textilgewerbe geriet zunehmend unter Druck. Die Landbevölkerung wuchs über den zusätzlichen Spielraum an Agrarland hinaus, der sich durch die endgültige Ablösung von Abhängigkeiten in der langfristigen Folge der Bauernbefreiung aufgetan und einen letzten „Landhunger" erzeugt hatte. Infolgedessen waren zahlreiche wirtschaftlich nicht lebensfähige bäuerliche Betriebe entstanden, während die ostelbische Gutswirtschaft mit ihrer Expansion rationalisierte und Arbeitskräfte freisetzte. Alle diese Vorgänge ließen einen wachsenden Personenkreis aus hergebrachten sozialen Ordnungen herausfallen, was wiederum traditionelle politische Ordnungen in ihrer Legitimation untergrub, die so etwas zuließen oder nicht verhindern konnten.

In der ländlichen „Überschussbevölkerung" setzten zunehmend viele Menschen auf die Auswanderung. Andere gingen in die Städte und verschärften

Schraubthaler mit Schatulle „Die Hungerjahre" 1816/17
Sammlung Beringer

Philipp Hoyoll: „Zerstörung eines Bäckerladens, 1846
Kunstforum Ostdeutsche Galerie Regensburg, Inv.-Nr. 13336

Der Brotkrawall bei der Langmühle in Ulm, 1. Mai 1847
Lithografie
Stadtarchiv Ulm
Chr. Zb. 1847.5.1. Nr. 1

ARBEITSZEUGNIS FÜR EINEN HUT-
MACHER-GESELLEN, OFFENBURG 1808/09
TECHNOSEUM
AVZ: 2010/0262-0001

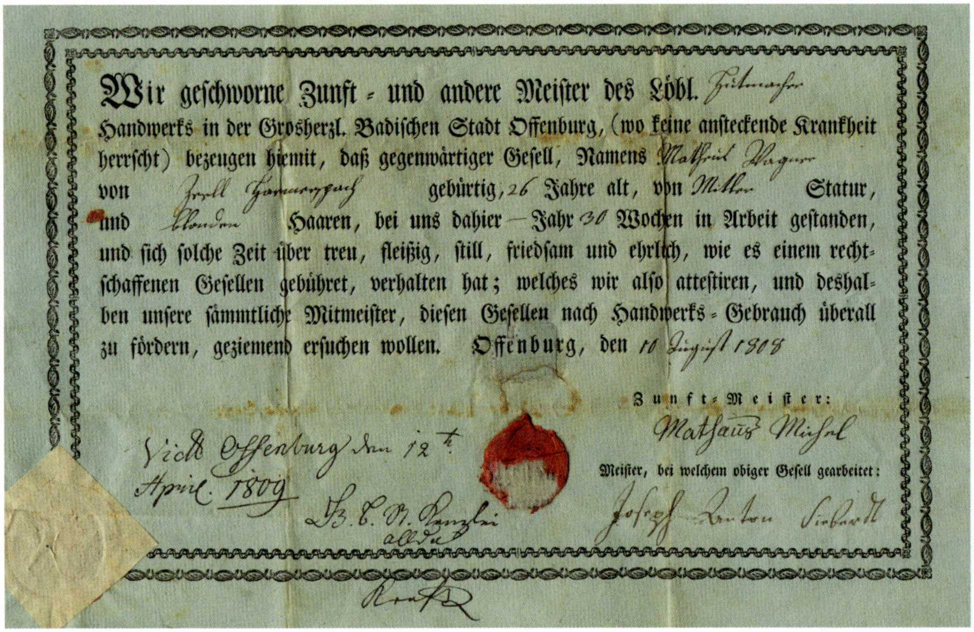
Wir geschworne Zunft- und andere Meister des Löbl. Hutmacher Handwerks in der Grosherzl. Badischen Stadt Offenburg, (wo keine ansteckende Krankheit herrscht) bezeugen hiemit, daß gegenwärtiger Gesell, Namens [illegible] von [illegible] gebürtig, 26 Jahre alt, von Mittler Statur, und blonden Haaren, bei uns dahier — Jahr 30 Wochen in Arbeit gestanden, und sich solche Zeit über treu, fleißig, still, friedsam und ehrlich, wie es einem rechtschaffenen Gesellen gebühret, verhalten hat; welches wir also attestiren, und deshalben unsere sämmtliche Mitmeister, diesen Gesellen nach Handwerks-Gebrauch überall zu fördern, geziemend ersuchen wollen. Offenburg, den 10 August 1808

Zunft-Meister: Mathäus Michel

Meister, bei welchem obiger Gesell gearbeitet: Joseph Anton [illegible]

Vidi Offenburg den 12t April 1809

LADE DER KRANKEN-UNTERSTÜTZUNGS-
KASSE DER SCHUHMACHER-GESELLEN, 1690
STÄDTISCHES MUSEUM BRAUNSCHWEIG
INV. NR. CGA 355

die demografischen Probleme weiter, die dort herrschten. Nach Fortfall der meisten Zunftbeschränkungen drängten zahlreiche prekäre Existenzen in die übersetzten Gewerbe und machten sie zu Massenhandwerken. Die Arbeitskräftezahlen vor allem in den Gewerken der Schneider, Schuhmacher und Tischler sowie in anderen Holzbearbeitungs- und manchen Metallberufen schwollen unübersehbar an. Die Chancen der Gesellen auf einen auskömmlichen Meisterstatus verschlechterten sich spürbar; viele blieben lebenslang Gesellen oder fristeten als Allein- oder Kleinmeister Existenzen am Rande einer härter werdenden Marktgesellschaft. Angesichts dieser Erosion älterer wirtschaftlicher Ordnungsmuster versagten auch die eingeführten Institutionen ihrer sozialen Regelung. Zünfte boten schon lange keinen Schutz mehr und dienten in ihren Reststrukturen nur den Interessen der reichsten Meister. Die Unterstützungs- und Hilfskassen der Gesellenschaften zeigten sich vom demografischen Druck überfordert; die alten Wandersysteme der Gesellen vermochten regionale Ungleichgewichte im Arbeitsmarkt nicht mehr aufzufangen, und die gezahlten Wanderunterstützungen waren viel zu bescheiden und unzweckmäßig, um hier im Sinne einer systematischen Regelung Anreize zu setzen.[11] Viel ältere genossenschaftliche Ordnungen zerbröselten also unter dem Ansturm des demografischen und ökonomischen Wandels und hinterließen etwas, das die Zeitgenossen als soziales Chaos und politisches Vakuum empfanden.[12]

Handwerkliche Wurzeln der deutschen Arbeiterbewegung

Aber genau in diesem unter Druck befindlichen und sich in seine individuellen wirtschaftlichen Bestandteile aufzulösen scheinenden städtischen handwerklichen Milieu entstand die deutsche Arbeiterbewegung. Wenn man sich die Lebensläufe aktiver, zum Teil später prominenter Sozialdemokraten ansieht, dann fällt nicht nur auf, dass sich ein großer Prozentsatz aus den kommerziell überformten Massenhandwerken rekrutierte, sondern dass auch überraschend viele als Söhne vom Land zugezogener Eltern oder als Kinder aus Familien mit prekären Lebensverhältnissen von der „Pauperismus"-Generation abstammten.[13] Für sie muss die Lehre in einem bei aller Überbesetzung „ehrbaren" Handwerk die Chance auf einen sozialen Aufstieg bedeutet haben, mochte sich dieser auch noch so bescheiden und zweifelhaft ausnehmen. Dafür sprechen die zeitgenössischen Idealisierungen von Arbeit, auch wenn die konkrete Arbeit gegen kümmerlichste Löhne, in der düsteren Enge einer Kleinmeisterwerkstatt, unter den Augen eines mitarbeitenden, selbst in seiner Existenz bedrohten Meisters, alles andere als eine selbstwertsteigernde Erfahrung gewesen sein muss. Und dafür spricht die anders gar nicht recht verständliche starke Bildungsorientierung vieler Handwerksgesellen, die diese dann in ihre Organisationen überführten. Man wollte sozialen Aufstieg durch Arbeit und Arbeit an sich selbst, durch Selbstvervollkommnung, durch Bildung. So hieß es etwa beredt in dem „Liederbuch für Handwerker-Vereine" aus den 1850er Jahren:

„Wir hämmern, sticheln frisch drauf los
Und keiner hält die Hand im Schooß,
Denn woll'n wir essen ehrlich Brod,
Muß es verdienet sein.
Drum in der Arbeit Lobgesang
Stimmt Alle ein mit frohem Klang,
Denn sie erweckt die Lebenskraft
Und zeigt des Mannes Werth.
Und wenn am Tag die Arbeit schmeckt,
Wird abends für den Geist gedeckt,
Das Herz ist leicht, der Kopf ist hell,
Der Arbeit danken wir's."[14]

Das mag andeuten, dass in den Bildungsbestrebungen deutscher Handwerksgesellen wenig anpasserische Mimikry bürgerlicher Ideale und wenig bevormundender bürgerlicher Patriarchalismus steckte, so sehr sich bürgerliche Liberale in den 1860er Jahren auch um einen Führungsanspruch bemühten. Und ebenso wenig romantische Betulichkeit wurzelte in dieser Orientierung, wie manche Arbeiterbewegungshistoriker der 1960er und 1970er Jahre aus ihrer Kaderperspektive auf die Frage der Organisation unterstellt haben. Vielmehr barst sie fast vor politischer Brisanz. Denn die Selbstvervollkommnung sollte die Gesellen nicht nur als Männer gelten, sondern zu politisch urteilsfähigen Bürgern heranreifen lassen, die in der Neugestaltung verfallener Verhältnisse ein gehöriges Wort mitzureden beanspruchten. Hier berührten sich nicht nur Arbeit und Bildung, sondern auch

Einlasskarte des Bildungs-Verein für Arbeiter in Stuttgart, 1851
Staatsarchiv Ludwigsburg
F201, Bü 618

Nicht ausgefüllte Mitgliedskarte des Arbeiter-Bildungs-Vereins Leipzig, ca. 1860
Stadtgeschichtliches Museum Leipzig
D11419

Fahne des Arbeitervereins „Frohsinn"/ Eintracht 1848, Reutlingen 1848
Heimatmuseum Reutlingen
L 2012/1

Assoziation, Organisation und Demokratie. Schließlich buchstabierte das Wortfeld, sollte man auf politischen Widerstand gegen eine als unerlässlich betrachtete grundlegende Neuregelung der Verhältnisse stoßen: „Revolution". So hieß es, um zeitlich etwas vorzugreifen, konsequenterweise noch im Juli 1874 auf dem Coburger Kongress der Sozialdemokratischen Arbeiterpartei: „Man sammelt wider uns bewaffnete Schaaren, allein wir sind nicht zu finden auf den Straßen, nur in den Werkstätten, und die Führer der Arbeiter im ärmlichen Stübchen, wo sie nach schwerem Tagewerk für den Vortheil reicher Leute, an sich selber arbeitend, nämlich an ihrer Bildung, gefunden werden. – Das unterscheidet die gegenwärtige Bewegung von allen früheren; sie wird nicht mit Waffen gemacht, sondern mit dem Arbeitszeug; mit der Arbeit haben wir vor, die Welt zu erobern, und sind gewiß, dass wir es vollbringen."[15]

Vor dieser pathetischen Formulierung, die sich sicher auch schon der Absicht verdankte, der eigenen Bewegung angesichts steigenden staatlichen Verfolgungsdrucks Mut zu machen, stand allerdings die Erfahrung einer bewaffneten Revolution – die 1848 folgenreich scheiterte. Zuvor aber ergaben sich vielerorts lokale Ansätze, vor allem unter Handwerksgesellen und Kleinmeistern, sich unabhängig von den bevormundenden zünftigen Restregelungen „frei" zu assoziieren und so zum Beispiel die Kontrolle über regionale Wandernetze zurück zu erringen, denn obwohl der Deutsche Bund 1835 Gesellenwanderungen verbot, vor allem wenn sie ins „Ausland" führten, blieb die Wanderung in den meisten handwerklichen Berufen fester Bestandteil eines auf das Sammeln von Erfahrung als Teil von Bildung ausgerichteten Lebensentwurfs. In diesen Assoziationen, von denen ein guter Teil konfessionell gebunden war und die Rückkehr zu einer „modernisierten" Zunftordnung über die Forderung nach politischen Veränderungen privilegierte, ging es noch um wenig mehr als konkrete berufliche Belange und Geselligkeit. Aber die Anrede „Bruder" kam in Umlauf – manche der Assoziationen nannten sich Gesellenbruderschaften – und das meinte schon einen ganz anderen, letztlich nur emanzipatorisch zu denkenden Anspruch auf Mannestum und Bürgerrechte, als das hergebrachte Bild vom abhängigen, gegängelten und polizeilich drangsalierten Gesellensubjekt ohne eigenen Hausschlüssel hergab.[16]

In einem Abschiedslied für Gesellen von 1849 mit dem Titel „Auf's Neue geht ein Bruder in die Ferne" heißt es bezeichnend:

„Und daß wir Männer sind, das kannst Du sagen,
Und daß wir Einer für den Andern steh'n;
Denn unser Bund vereinet alle Stände,
Und im Panier steh'n die verschlungenen Hände."[17]

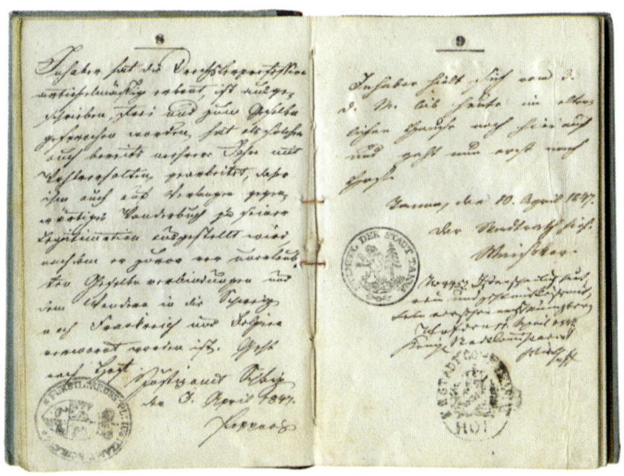

Wanderbuch für den Drechslergesellen Zaengel, Schleiz, 1847
Sammlung Grit Arnscheidt, Mannheim

Demokratische Gärungen, neue Verfolgung und die Gründung von Auslandsvereinen

Die Behörden betrachteten die Praxis des Gesellenwanderns mit Argwohn – völlig zu recht. Denn viele traditionelle Wanderrouten berührten das „Ausland", vor allem die Schweiz, Frankreich, England und die Niederlande, und von

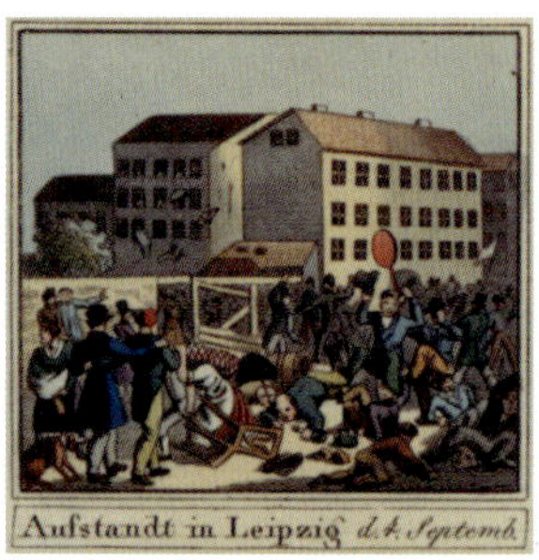

AUSZUG AUS:
NEURUPPINER BILDERBOGEN:
„DIE DENKWÜRDIGSTEN TAGE DES JAHRES 1830 IN 12 TABLEAUX"

ihren Touren „auf der Walz" nahmen die Gesellen politische Eindrücke mit, schnappten Neuigkeiten auf – und brachten sie zurück in den durch seine restaurativen Gesetze nicht hermetisch abzuriegelnden deutschen Raum. So beobachtete man aufmerksam die Pariser Julirevolution von 1830, die belgische Revolution 1830/1831 und den polnischen Novemberaufstand von 1830/1831. Die Revolution in Frankreich regte die deutsche Nationalbewegung vor allem in den ehemals französischen Territorien wieder an, wobei hier, vor allem in Südwestdeutschland, bürgerliche Republikaner und Demokraten federführend wirkten, so in dem von den Publizisten Philipp Jakob Siebenpfeiffer und Johann Georg Wirth aus Protest gegen Zensurbestimmungen gegründeten Deutschen Preß- und Vaterlandsverein. Dieser stiftete am 27. Mai 1832 das Hambacher Fest, eine als mehrtägiges Volksfest getarnte politische Kundgebung für die nationale Einigung, für Bürgerrechte und in brüderlicher Anlehnung an die Vorkommnisse in Polen, Belgien und Frankreich. Rund 30.000 Teilnehmer aus allen sozialen Lagen, doch mit wahrnehmbarem Schwerpunkt in den studentischen Burschenschaften, zogen unter Aufbietung der schwarz-rot-goldenen „deutschen Trikolore" vom Neustadter Marktplatz zur Hambacher Schlossruine. Trotz seiner Signalwirkung für die deutsche Nationalbewegung, zu der sich alle zeitgenössischen republikanischen und demokratischen Strömungen entschieden zählten, hatte das Fest unmittelbar nur negative Folgen, da sich der repressive Druck im politischen Dampfkessel Deutschland erhöhte: Der Bundestag, das ansonsten so schwache gesetzgebende Organ des Deutschen Bundes, verbot umgehend alle Volksversammlungen, politischen Vereine und die politische Presse, nahm sich eine engere Überwachung der Studenten vor, untersagte wenig später Auslandswanderungen der Gesellen und trieb die „Rädelsführer" des Fests nach mehrfachen Gerichtsprozessen gemeinsam mit Hunderten von bürgerlichen Intellektuellen, Studenten und Handwerksgesellen ins Exil.[18]

Vor allem in Frankreich und England, zunehmend aber auch in der Schweiz, hatte sich ein reiches Assoziationswesen entwickelt. In den Pariser revolutionären Klubs konnten durchreisende deutsche Intellektuelle und Gesellen staunend erleben, wie einfache Arbeiter mit dem selbstverständlichen Gestus von Mitregierenden auftraten: eine Lektion in Sachen demokratisches Selbstbewusstsein. Nach deren Verbot konnte man lernen, wie solche Zusammenschlüsse als geheime Gesellschaften politische Verfolgung überdauerten.[19]

In England mit seiner bereits ausdifferenzierten Assoziationslandschaft boten die öffentlichen Kundgebungen der chartistischen Bewegung (Chartismus als Bewegung zur Unterzeichnung der Charta für ein allgemeines Wahlrecht) demokratischen Anschauungsunterricht. In der Schweiz rückten Handwerker und Arbeiter zunehmend ins Interesse bürgerlicher Demokraten und wurden schnell Bestandteil einer demokratischen Strömung, die in Deutschland erst Anfang der 1870er Jahre sozial eindeutig enger wurde als hier – in der dann typischen Zuspitzung auf die Sozialdemokratie. Auf jeden Fall wurden in der Schweiz seit 1833 zahlreiche Handwerkerklubs und Handwerkerlesevereine gegründet, die recht unverblümt eine politische Färbung, die Farbe der Demokratie, annahmen. Der Begriff „Demokratie" erlangte erst in diesen Jahren politische Salonfähigkeit unter denen, die sich unter diesem Banner dann aus verschiedenen Gründen versammeln sollten.

Die Flucht politisch Verfolgter ins europäische Exil und die beharrliche Fortdauer der Wanderbewegungen deutscher Gesellen über „Auslandsgrenzen" hinweg führten in der Repressionswelle nach 1832 zu einer Vielzahl eigenständiger Vereinsgründungen an den Stätten, an denen man zuvor schon demokratische und revolutionäre Luft hatte schnuppern können. Typischerweise als Geheimbund schlossen sich deutsche Handwerksgesellen 1834 in Bern als Junges Deutschland zusammen und gründeten in der Folgezeit Handwerkervereine in mehreren Schweizer Städten. Ein von Flüchtlingen im Februar 1832 gegründeter Deutscher Volksverein fiel 1835 unter das allgemeine Verbot politischer Vereinigungen und versuchte sich flugs nach französischem Vorbild als Geheimbund – unter der Bezeichnung Bund der Geächteten, was unfreiwillig viel von der noch fortgeltenden Diskreditierung der „Demokratie" und Anklänge an religiöses Geheimbund-

Fahne „Schwarz, Rot, Gold" vom Hambacher Fest 1832, die von Johann Ziegler aus Weyher getragen wurde.
Historisches Museum der Pfalz, Speyer

WILHELM WEITLING (1808 – 1871)

wesen, das Frühchristentum, verriet. Mit der Konstituierung des Deutschen Arbeiterbildungsvereins in London im Februar 1840 vollendete sich die Bildung eines Netzwerks deutscher Auslandsvereine, in denen exilierte Intellektuelle und reisende Handwerksgesellen den Ton angaben – ein Kaderreservoir für die Revolution von 1848.[20]

Vereinsprinzip, Geheimbund und Frühsozialismus

Seit Mitte der 1830er Jahre existierten somit, vor allem im Ausland zwei Prinzipien der „freien" Assoziation, also der institutionellen Antwort auf das erfahrene soziale Chaos und politische Vakuum. Das lud beide Assoziationsprinzipien von vornherein mit politischem Sprengstoff auf und richtete sie zugleich politisch universell aus. Sie konnten nur punkten, indem sie allgemeine politische Belange behandelten und nicht beruflich konkrete, und sie konnten nur als legitim auftreten, indem sie vorgaben, für die Mehrheit des Volkes zu sprechen. Die Allgemeinheit des „Arbeiter"-Begriffs trug dem in der Folge Rechnung: Man wollte demonstrativ weg von der egoistischen Enge der Zunft, weg auch von dem rein beruflichen Dünkel, den jedes Handwerk für sich in zünftigen Zeiten sorgfältig gepflegt hatte, und hin zu einer politischen Allgemeinheit aller Produzenten, dem arbeitenden Volk, dem Selbständige angehörten, soweit sie glaubhaft selber tätig waren und andere Produzenten nicht ausbeuteten.[21] Für die Landbevölkerung – immer noch 80 Prozent aller Einwohner – fand man keinen Begriff. Das sollte in der deutschen Arbeiterbewegung lange so bleiben.

Die konkurrierenden Assoziationsprinzipien hießen Verein und Geheimbund. Der Verein war ein Bild im Kleinen, was Demokraten sich als formatives politisches Prinzip im Großen vorstellten: gelebte Demokratie im „Volksstaat". Ein Verein trat offen auf. Er ließ seine Organe, deren Befugnisse eng beschränkt waren, in allgemeiner, gleicher (Männer-) Wahl auf jeweils äußerst kurze Amtszeiten bestimmen – eine Art Rotationsprinzip. Bei repräsentativen Veranstaltungen sollte das imperative Mandat der Basis gelten. Beschlussfassung sollte am Ende einer kathartischen „parlamentarischen" Debatte stehen und letztlich weniger Mehrheitsverhältnissen als einem Rousseau'schen Konsensfindungsprozess entspringen. Ein Verein konnte aber nur offen auftreten, wo er nicht verboten war. Das eröffnete dem Geheimbund seine vorübergehende Chance.

Aus dem Bund der Geächteten spaltete sich 1846 ein „radikaler" Flügel unter der Führung des damals 38jährigen Schneidergesellen Wilhelm Weitling ab und nannte sich fortan Bund der Gerechten. Weil die Bezeichnung offenbar an Klarheit vermissen ließ, reiste Weitling durch die Schweiz und versuchte, die dortigen Auslandsvereine zu missionieren. 1839 verlegte die furchterregende Geheimorganisation, die um die 400 Mitglieder zählte, ihren Sitz nach London. Nach dem Bruch mit Weitling lud der Bund der Gerechten im Januar 1847 Karl Marx, den Publizisten, und den

Friedrich Engels (1820 – 1895)

Wuppertaler Fabrikantensohn Friedrich Engels, die 1846 in Brüssel ein „kommunistisches Korrespondenz-Komitee" gegründet hatten, zum Beitritt ein. Man sei geneigt, sich ihren veröffentlichten Auffassungen anzuschließen. Im Juni 1847 benannte er sich auf einem Kongress, den Marx aus Geldmangel gar nicht besuchen konnte, in Bund der Kommunisten um. So wenig bedeutend alle diese Entwicklungen für den Fortgang der Arbeiterbewegung in organisatorischer Hinsicht sein sollten, so eindeutig waren jedoch der ideologische Abschied vom Frühsozialismus und die fast erregte Aufnahme einer Idee vom Geheimbund als Assoziationen stiftende Assoziation, die eine revolutionäre Massenbewegung in die Hände zu bekommen träumte. Das Programm dazu sollten Karl Marx und Friedrich Engels ausarbeiten, die dies in beeindruckender Rhetorik und aufpeitschendem Schwung taten. Für die Revolution von 1848 aber kam das „Manifest der Kommunistischen Partei", das Ende Februar des Jahres in London erschien, zu spät. Der Bruch mit Weitling war nicht nur dessen eifersüchtigem Führungsanspruch geschuldet. Er bedeutete auch den Abschied von einem ins Religiöse abdriftenden Frühsozialismus. In seinen frühen Schriften hatte Weitling einen ethischen Sozialismus als wiedergeborene Religion verfochten, die die Menschheit in eine neue organisch-harmonische Gemeinschaft überführen sollte, welche auf Gütergemeinschaft gründete. In seinen Hauptschriften „Die Menschheit, wie sie ist und sein sollte" von 1838 und „Garantien der Harmonie und Freiheit" von 1842 forderte er die

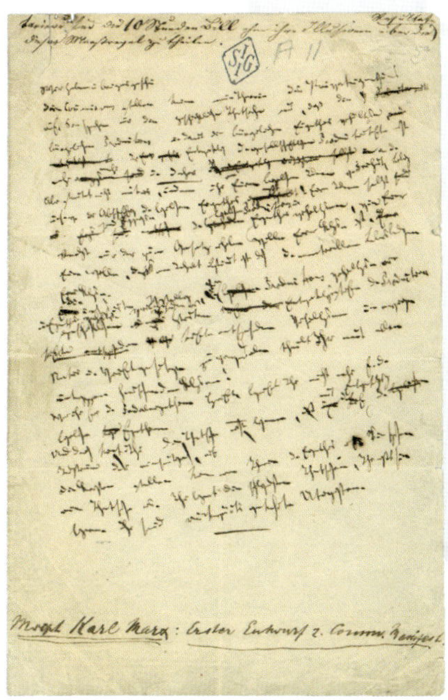

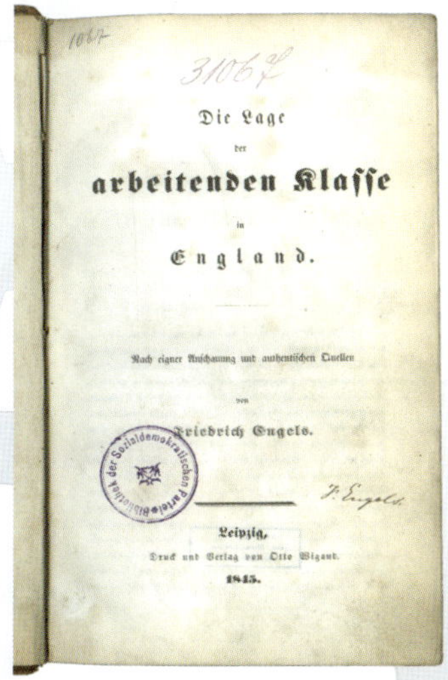

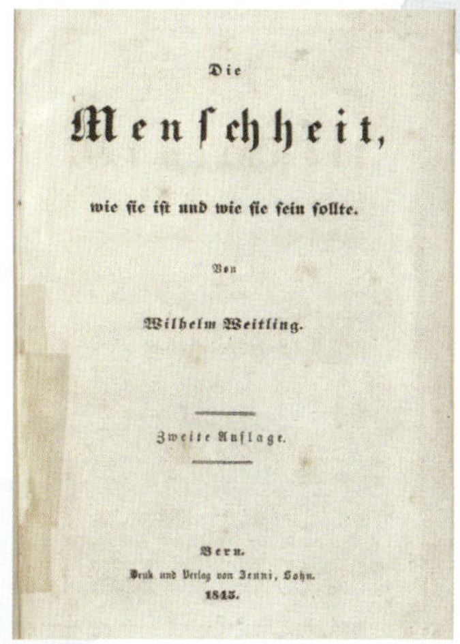

Friedrich Engels: „Die Lage der arbeitenden Klasse in England"
Leipzig 1845 (Erstauflage)
International Institute of Social History Amsterdam (IISH)
Marx-Engels-Library D 1180/3 k

Wilhelm Weitling „Die Menschheit, wie sie ist und sein sollte", Bern 1845
Bayerische Staatsbibliothek
Pol.g. 996 e

Karl Marx: Entwurf zum Manifest der Kommunistischen Partei, 1847
IISH Amsterdam
K.Marx/F.Engels Papers A22

Einführung einer solchen utopischen Zukunftsgesellschaft durch die Diktatur einer „messianischen Gestalt" und ihre „Verwaltung" durch Experten.[22]

Doch auch in den kleinen geheimen Zirkeln, in denen junge, radikale Intellektuelle im Exil und nicht minder junge Handwerksgesellen auf Wanderschaft zusammenkamen, stieß sich die charismatische Schwärmerei an dem Bedürfnis nach „parlamentarischer" Debatte. Die „freie Aussprache unter Männern" war emotional nicht weniger besetzt, kam aber dem Drang nach „demokratischer" Emanzipation eher entgegen, zumal hier leidenschaftlich für das rationale, überlegene Argument geworben werden konnte, wohingegen die religiösen Anleihen doch in sentimentales „Liebesschmachten" abzugleiten drohten. So formulierten es jedenfalls Zeitgenossen, die das gleichberechtigende Vereinsprinzip einer Unterwerfung unter neue Autoritäten bevorzugten. Solche neuen Autoritäten hatte der Frühsozialismus en masse im Programm. Frühsozialistische Entwürfe in großem Maßstab hatte man bei den Treffen seit langem diskutiert, so von Gracchus Babeuf, Henri de Saint-Simon, Charles Fourier, Robert Owen, Etienne Cabet, Pierre-Joseph Proudhon und Auguste Blanqui. Sie konvergierten bei allen Unterschieden im Einzelnen in einem mit der heraufziehenden Moderne offenbar möglich gewordenen völligen Neuaufbau eines kompletten Staatswesens, das fortan, ob unter der Führung einer Elite, wie es der Adelige Saint-Simon vorschlug, oder in genossenschaftlicher Form, wie bei Owen, zugunsten der eigentlichen Produzenten im Volk, der Arbeiter und Bauern, organisiert sein solle.[23] Letztlich blieb von allen utopischen Panoramen die eher französisch geerdete Idee von der „Organisation der Arbeit". Sie bildete den Kern des frühen Sozialismus. Die später in so vielfacher und ganz anderer Hinsicht in der deutschen Arbeiterbewegung virulente Organisationsfrage bezog sich also zunächst auf eine rationale und planmäßige Neuordnung der Produktionsverhältnisse, die das Leben und Gedeihen der Arbeiter auf Dauer sichern sollte. Neben dem Aspekt der freien Gestaltung schwang auch das Ziel der Harmonie im Begriff mit. „Organisation" hieß in der zeitgenössischen Deutungsweise ebenso „organisch" wie planvoll und aktiv gestaltet.

Wie eine solche „Organisation der Arbeit" aussehen sollte und vor allem wie sie ins Werk gesetzt werden konnte, blieb im Dunkeln, weswegen man den frühen Sozialismus ja auch „utopisch" schalt. Aber es wurde im Zuge der politischen Auseinandersetzungen im Vormärz zunehmend deutlich, dass dies gegen den Widerstand der Staaten unmöglich war, also eine grundlegende Umwälzung der staatlichen Verhältnisse erforderte, die notfalls deren Widerstand brechen würde. Die Orte, das zu diskutieren, waren die geheimbündlerischen Zirkel und in den 1840er Jahren zunehmend die wieder in Erscheinung tretenden Arbeitervereine. Vielfach auf Initiative bürgerlicher Liberaler und Demokraten gegründet, die sich in der wiedererwachenden Nationalbewegung eine Massenbasis verschaffen wollten, erwiesen sich diese Arbeiterbildungs- und Handwerkervereine schnell als Schulen demokratischen Verhaltens. In Hamburg, Sachsen, dem Rheinland und in Südwestdeutschland nahm die Vereinsbasis die Geschäfte schnell in die eigene Hand und schuf sich damit ein Forum, in dem die oben angesprochenen Probleme zumindest einigermaßen frei verhandelt werden konnten. Damit rückte der Frühsozialismus in den Hintergrund, weil nunmehr die vereinsinterne Demokratie zu einem Wert an sich wurde, die Debatte des politischen Prozesses hin auf eine gesellschaftliche Umgestaltung in den Mittelpunkt rückte und für die „Organisation" der künftigen Gesellschaft modellhaften Charakter gewann.

Die Revolution von 1848, Arbeiterverbrüderung und erste Gewerkschaften

Das war die Ausgangslage im Frühjahr 1848. Die revolutionären Unruhen flammten im Februar in Frankreich auf und flackerten im März in die deutschen Territorien hinüber. Als der preußische König in Reaktion auf den Aufstand in Wien vom 13. März, in dessen Gefolge es zu ersten Zusammenstößen zwischen Militär und Zivil in Berlin gekommen war, auf liberale Forderungen einging, lösten zwei scharfe Schüsse der Schlosswache bei einer Dankeskundgebung auf dem Berliner Schlossplatz am 18. März Barrikadenkämpfe aus, die am 19. März mit dem Abzug der Truppen aus der Stadt, öffentlichen Leichenzü-

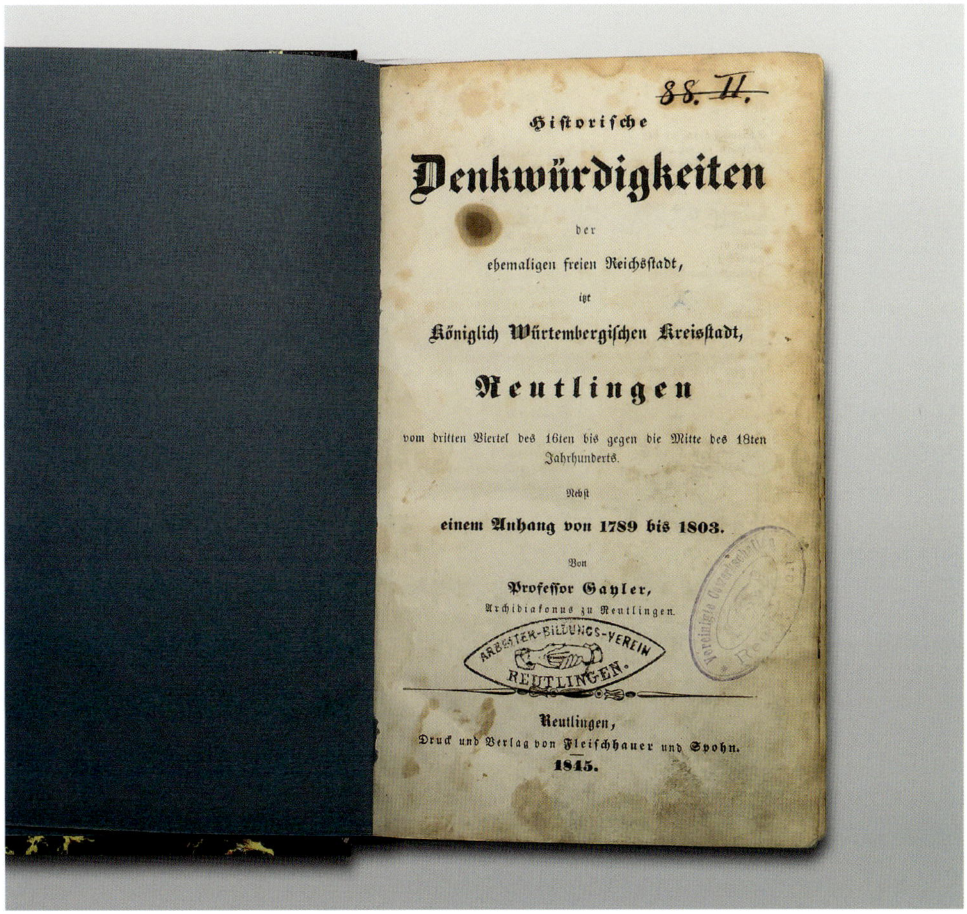

Christoph Friedrich Gayler: „Historische Denkwürdigkeiten der ehemaligen freien Reichsstadt Reutlingen", 1845. Mit Stempel „Arbeiter-Bildungs-Verein Reutlingen"
Heimatmuseum Reutlingen
RT FC Gay

Probe-Nummer.

Das Volk.

Organ des Central-Komites für Arbeiter.

Eine sozial-politische Zeitschrift.

Herausgegeben vom Schriftsetzer Born.

Erscheint: Dienstags. Donnerstags. Sonnabends. | Donnerstag, den 25. Mai. | Monatspreis: 5 Sgr.

Was wir wollen.

Woher wir dazu gekommen, unser Blatt „das Volk“ zu nennen, das wollen wir zuerst erklären, und in dieser Erklärung gedenken wir zugleich die Tendenz anzugeben, in welcher wir dasselbe redigiren werden.

Sprechen wir vom Volke, so rechnet sich nur zu oft alle Welt dazu, und doch soll diese Zeitschrift hauptsächlich nur eine bestimmte Klasse im Staate vertreten, die arbeitende Klasse. Wir wählten den Titel „das Volk“ unter der Voraussetzung, daß, so lange noch Klassenunterschiede existiren, man unter diesem Namen immer diejenige Klasse der Gesellschaft meinen wird, die die unterdrückte ist, die in Lohn und Brod steht, deren Existenz selbst so lange noch eine ungewisse ist, als ihr Arbeit und Lohn geboten wird, — diejenige Klasse, die nur für den kommenden Tag lebt und die keine Zukunft hat als das Elend oder den verzweifelten Widerstand.

Wir haben es so oft erfahren, daß man denjenigen, welche für die Interessen des Volkes schreiben, zum Vorwurfe macht, sie nur setzten diese Klassenunterschiede, sie allein sähen nur Gegensätze zwischen Besitzenden und Besitzlosen, zwischen Kapitalisten und Arbeitern, die in einem freien Lande, wo Allen eine gleiche Berechtigung an der Ausübung der Staatsgewalt zugesichert sei, in der That nicht existiren. Der Verfassungsentwurf, den unsere Minister uns in diesen Tagen vorgelegt, belehrt uns eines Andern; wir sehen, daß es in unserem Staate noch eine Nobelgarde durch das Unterscheidungszeichen des größeren Besitzes geben soll und selbst, wenn dies nicht der Fall wäre, wenn unsere Volksvertreter das Einkammersystem ohne Census durchsetzen, die Gegensätze, die die geschichtliche Entwickelung aller Völker, die wir nicht gemacht, sie wären damit nicht aufgehoben.

Unsere Gegner meinen, daß ebenso wie der Adel sich im Bürgerthume auflöste, als dieses ihm seine Privilegien, seine besonderen Vorrechte entrungen, sich auch das Bürgerthum in demselben Moment im Volke auflösen müsse, als dieses sich die Theilnahme an der Regierung erworben, als der Besitz die Berechtigung, im Staate noch ausschließlich vertreten zu sein, verloren, und daß dann alle Mitglieder des Staates im „Volk“ begriffen seien.

Welch kurzsichtige Auffassung der Geschichte! Sehen wir denn nicht, daß mit der Zeit, wo das Volk die politische Freiheit errungen, sein gesellschaftlicher Gegensatz zur Klasse der Kapitalisten nur um so klarer hervortritt, daß es sich nun auch mit aller seiner Thatkraft auf den Erwerb der sozialen Freiheit wirft!

So wie eine Klasse in der Gesellschaft zur Herrschaft gelangte, so wurde auch ihre Existenz, ihre Art und Weise zu leben, zu produziren, eine andere. Mit jeder gewaltigen Revolution, die uns die Geschichte aufzuweisen hat, sehen wir auch einen Wechsel in allen Lebensverhältnissen der civilisirten Völker eintreten. Mit dem Sturze der Adelsherrschaft errang sich das Bürgerthum nicht allein die politischen Rechte, seine ganze Produktionsweise wurde eine andere, und in sein romantisches Grab zog der Adel das Zunftwesen und allmälig noch die letzten Reste mittelalterlicher Barbarei. Mit dem Bürgerthume tritt die Herrschaft

STEPHAN BORN (1824 – 1898)

„DAS VOLK. ORGAN DES CENTRAL-KOMITES FÜR ARBEITER. EINE SOZIAL-POLITISCHE ZEITSCHRIFT. HERAUSGEGEBEN VOM SCHRIFTSETZER (STEPHAN) BORN“, 1848

gen vor dem Stadtschloss und der erzwungenen Huldigungsgeste Friedrich Wilhelms IV. vor den gefallenen Barrikadenkämpfern einstweilen endeten. Die revolutionären Vorgänge waren eine Angelegenheit des gesamten „Volkes“; die 183 Opfer der Kämpfe, vor denen der preußische Monarch die Mütze zog, waren sozial jedoch höchst ungleich verteilt: Unter ihnen waren „Bürger“ kaum vertreten, auch Studenten fanden sich, im Kontrast zu Wien, nur wenige; stattdessen bildeten Handwerker und Gesellen das Gros der Getöteten, neben Gelegenheitsarbeitern und Dienstmännern, prekär Beschäftigten beiderlei Geschlechts, also typischen Figuren des kommerziellen „Straßen-Berlins“ der Zeit.[24]

Nicht nur dieser Umstand, sondern auch die Erfahrungen mit der am 22. März einberufenen Nationalversammlung in Berlin, mit dem Vorparlament in Frankfurt am Main seit dem 31. März und mit der von diesem auf den 18. Mai einberufenen Deutschen Nationalversammlung in der Paulskirche mussten den Mitgliedern der bestehenden Arbeiter- und Arbeiterbildungsvereine und vielen Besuchern der großen öffentlichen Volksversammlungen auf dem Festgelände „Unter den Zelten“ in Berlin und anderswo den Eindruck vermitteln, dass ihren Belangen im Zuge der nachrevolutionären politischen Umwälzungen trotz des Blutzolls wenig Gehör geschenkt wurde. Die Forderung nach einer „Organisation der Arbeit“ wurde von keinem der fast ausschließlich bürgerlichen Mandatsträger vertreten. Das löste letztlich die erste Kongressbewegung der deutschen Arbeitervereine aus, mit der man eine „Organisation aller Arbeiter“ in Deutschland als Voraussetzung für eine spätere „Organisation der Arbeit“ herbeiführen, oder, wie ihr Initiator Stephan Born es ausdrückte, „unsere Angelegenheiten selbst in die Hände nehmen“ wollte. Das im April 1848 gegründete Berliner Central-Comité der Arbeiter unter der Leitung des 23jährigen Schriftsetzers übernahm hierbei die Federführung. Wie der weitgereiste Born waren auch seine engsten Berliner Mitstreiter, der Goldarbeiter Ludwig Bisky und der Tischlergeselle Ludwig Stechan, seit Jahren Mitglieder im Bund der Kommunisten.

Der zum 23. August 1848 nach Berlin einberufene Allgemeine Deutsche Arbeiter-Kongress ließ in hitzigen, aber auch quälend unentschiedenen Debatten die Suche nach einer geeigneten Form erkennen, die Ziele einer Bevölkerungsgruppe, die sich selbst als „arbeitendes Volk“ bezeichnete, in den politischen Willensbildungsprozess einzuspeisen, dort also sowohl „als Parthei“ geschlossen aufzutreten, wie Stephan Born es formulierte, als auch die politischen Strömungen nach Kräften zu unterstützen, die am entschiedensten auf Volkssouveränität und demokratische Rechte hinwirkten. Im Verlauf des Kongresses nahm man von ursprünglichen Plänen, eine „Arbeiterkammer“ als „soziales Gegenparlament“ aufzustellen, Abstand und gründete stattdessen eine Föderation der bestehenden und noch zu gründenden lokalen

Arbeitervereine: die Allgemeine (Deutsche) Arbeiterverbrüderung mit Sitz ihres Zentralkomitees in Leipzig, als eine politische Vorfeldorganisation. Zunächst schlossen sich 32 lokale Arbeitervereine dem Verband an. Bis zum Frühjahr 1850 traten zwischen 90 und 120 örtliche Vereine zumindest per Korrespondenz mit der Arbeiterverbrüderung in Verbindung. Sie repräsentierten eine geschätzte Zahl von 18.000 bis höchstens 20.000 Vereinsgenossen, wobei unter diesen eine hohe Fluktuation und auch ein rasches Abflauen des nachrevolutionären Enthusiasmus in Rechnung zu stellen ist.[25] Unter den Mitgliedern der örtlichen Vereine stellten die Gesellen und Kleinmeister der Massenhandwerke bei großer beruflicher Heterogenität und inklusive eines beachtenswerten Anteils an prekären Literaten und anderen radikalen Intellektuellen sowie an Gastwirten und anderen kleinen Geschäftsleuten die weit überwiegende Mehrheit. Fabrikarbeiter hatten Seltenheitswert.[26]

Die Verbrüderung.

Herausgegeben vom Centralcomité für die deutschen Arbeiter.

Erscheint wöchentlich zweimal: Dienstags und Freitags.

Redigirt vom Schriftsetzer Born, Mitglied des Centralcomités.

In Leipzig monatlich 5 Ngr. Durch alle Postämter und Buchhandlungen vierteljährl. 15 Ngr.

Correspondenzblatt aller deutschen Arbeiter.

Probenummer.

№ 1. 2. Leipzig, den 3. October 1848.

Rundschreiben des Centralcomités für die deutschen Arbeiter an sämmtliche Arbeiter und Arbeitervereine Deutschlands.

Arbeiter! Die französische Februar-Revolution hatte ihren unterscheidenden Charakter vor allen vorhergegangenen darin, daß sie vom vierten Stande, dem der Arbeiter, ausging, daß sie die Fahne der Brüderlichkeit und Gleichberechtigung aller Menschen auf die Güter des Lebens vorantrug; sie war eine Revolution des Proletariats. Mag auch die jetzt constituirende französische Nationalversammlung diesen ihren eigentlichen Charakter augenblicklich unterdrückt haben, sehr bald wird er um so schärfer in einer folgenden, allgemeineren Bewegung hervortreten. — Auch in Deutschland ist aus dem Kampfe politischer Umgestaltungen die Bewegung der arbeitenden Classe, als historisch berechtigt, mit jedem Tage mehr hervorgetreten, und wer möchte verkennen, daß diese Bewegung täglich an Geltung gewinnt! Denn auch in Deutschland ist die Macht des Kapitals zu einer solchen Höhe gelangt, daß es der schaffenden Hand nicht mehr gelingen kann, ihre Concurrenz zu ertragen, daß vielmehr der Arbeiter in allen Gewerbszweigen schon der gebeugte Diener, der Sklave des Kapitals geworden.

Brüder! So kann es nicht länger mehr bleiben! Ein Staat, in dem es dem Arbeiter unmöglich geworden, bei allem Fleiße menschlich zu existiren, muß nothwendig einer neuen Umgestaltung entgegengehen, wenn seinen mächtigsten Gliedern, den Arbeitern erst das Bewußtsein ihrer Stellung klar geworden, wenn sie ihres Schaffens fruchtlose Qual eingesehen, wenn sie zur letzten traurigen Erkenntniß gekommen, daß sie das Leben einsetzen müssen, um das Leben zu gewinnen. Diese Erkenntniß unserer Zustände, diese Einsicht in unsere Verhältnisse, nur zu offen tritt sie jetzt hervor unter den Arbeitern, und wir wollen uns Glück dazu wünschen.

Diese Erkenntniß hat auch den allgemeinen deutschen Arbeitercongreß in Berlin hervorgerufen, er sollte rathen und bestimmen, was in dieser großen Zeit zur Hebung und Verbesserung unserer Zustände gethan werden müsse.

Wir Arbeiter müssen uns selbst helfen, das ist das Prinzip, von dem der Congreß zu Berlin ausging. Auf den Grundsatz der nothwendigen Selbsthülfe baute er seine Beschlüsse, die der Oeffentlichkeit zur Beurtheilung jetzt vorliegen.

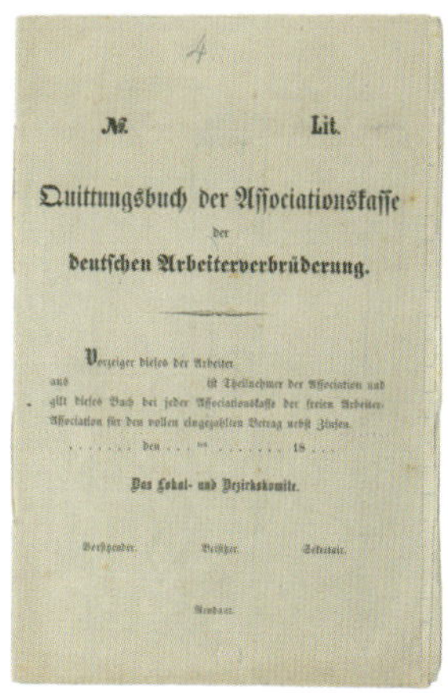

№ Lit.

Quittungsbuch der Associationskasse der deutschen Arbeiterverbrüderung.

Vorzeiger dieses der Arbeiter aus ist Theilnehmer der Association und gilt dieses Buch bei jeder Associationskasse der freien Arbeiter-Association für den vollen eingezahlten Betrag nebst Zinsen.

. . . . den . . . ten . . . . 18 . . .

Das Lokal- und Bezirkskomite.

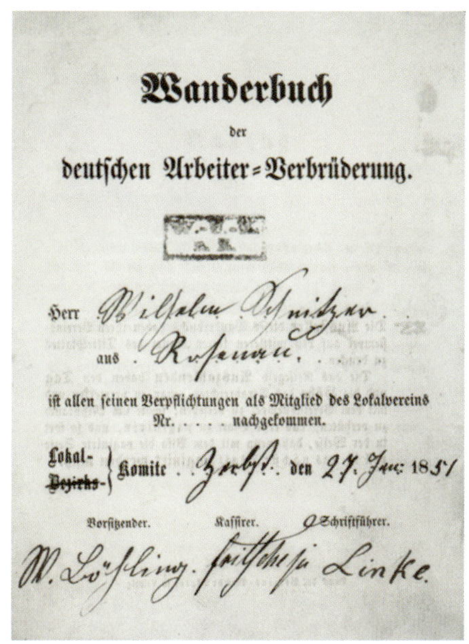

Wanderbuch der deutschen Arbeiter=Verbrüderung.

Herr Wilhelm Schnitzer aus Rosenau

ist allen seinen Verpflichtungen als Mitglied des Lokalvereins Nr. . . . . nachgekommen.

Lokal- ~~Bezirks-~~ Komite Zerbst den 27. Jan 1851

Vorsitzender. Kassirer. Schriftführer.

„Die Verbrüderung. Correspondenzblatt aller deutschen Arbeiter", 3. Oktober 1848
Stadtgeschichtliches Museum Leipzig
D7460

„Quittungsbuch der Associationskasse der deutschen Arbeiterverbrüderung", o.J.
Stadtgeschichtliches Museum Leipzig
D3148

„Wanderbuch der deutschen Arbeiter-Verbrüderung für Wilhelm Schnitzer", Zerbst, 27. Januar 1851
Deutsches Historisches Museum (DHM) Berlin, Do 91/40

Das hochtrabende Ziel einer „Organisation aller Arbeiter" hatte sich mit der Arbeiterverbrüderung auf eine „Organisation der bestehenden Arbeitervereine" reduziert. Der Berliner Arbeiterkongress hatte zwar tatsächlich einen ausgefeilten Plan zu einer gesellschaftsweiten „Organisation der Arbeit" verabschiedet – Bezirks- und Lokalkomitees sollten die Arbeitsvermittlung, Auftragsvergabe an Unternehmer, deren Preisgestaltung und Gewinnausschüttung sowie die Lohnzahlungen zentral in eigene Regie übernehmen. Dieser war aber bereits bei der Abstimmung Makulatur, denn er hätte eine staatliche Autorisierung und die Kooperation der Unternehmer erfordert, die beide umso illusionärer wurden, je weniger Druck der neue Arbeiterverband entfalten konnte.[27] Wie ein bereits illegal tagender neuerlicher Arbeiterkongress in Leipzig 1850 resignierend Bilanz zog, waren nirgends Bezirks- oder Lokalkomitees gegründet worden, und nicht einmal die auf ihre Vereinsautonomie zurückgeworfenen örtlichen Ableger vermochte der zentrale Verband politisch auf Linie zu halten. So berichtete ein Delegierter aus Halle an der Saale: „Halle Arbeiterverein wurde gegründet im Jahre 1848 den 15. October. Er war im Anfange ein rein politischer Verein, jedoch wurden die Mitglieder bald belehrt, daß auf diesem Felde allein kein Heil für sie erwachse, weshalb sie die politische Tendenz ganz aufgaben und es zu ihrer Hauptaufgabe machten, die materiellen Verhältnisse der Arbeiter zu heben."[28]

Obwohl sie als politische Vorfeldorganisation nur ein unscharfes Profil erlangte, begründete die Arbeiterverbrüderung die politische Arbeiterbewegung in Deutschland. Sie war keine Partei im Sinne der späten 1860er Jahre, weil sie keine eigenen Kandidaten in Parlamente brachte. Aber sie kehrte das Organisationsprinzip gewissermaßen von der Gesellschaft nach innen, auf den eigenen Verband. Sie konstituierte die Arbeiterbewegung in Deutschland als Vereinsbewegung und sorgte damit für einen Sieg des Vereins über die Geheimbündelei. Sie sorgte für eine klare Distanzierung von der genossenschaftlich-korporatistischen Zunftwelt der Vergangenheit und für eine demokratisch-revolutionäre Akzentuierung als „Volksbewegung der kleinen Leute". Sie wirkte stilbildender für die Arbeiterbewegung der 1860er Jahre als vielfach eingestanden und offiziell erinnert.

Wie schwierig oder schier unmöglich es war, diese frühe Arbeiterbewegung wirksam politisch zu zentralisieren, zeigt das Scheitern des Bundes der Kommunisten. Selber einer konspirativen Form der Politik alles andere als abgeneigt, hatten Marx und Engels den Geheimbund darauf zuschneiden wollen, die einzelnen Arbeitervereine in Deutschland und die Schlachtenbummler auf den überall einzuberufenden Volksversammlungen unter zentrale – und zwar ihre – ideologische Kontrolle zu bringen. Als die revolutionären Unruhen um sich griffen, tauchte der Bund gewissermaßen aus dem Londoner Untergrund auf und löste sich faktisch auf, indem er seine Mitglieder von jedem seiner Stützpunkte als Emissäre in die deutschen Städte und Provinzen entsandte. Dort sollten diese wie ein Netz von Kadern die örtlichen Arbeitervereine unterwandern, andere ins Leben rufen und allerorts Organisationsinitiativen starten. Der Berliner Arbeiter-Kongress war zumindest eine Frucht dieser Strategie. Alles andere als eine „Kaderorganisation neuen Typs", nämlich ideologische Führung hatte Marx im Sinn, als er am 1. Juni 1848 die Redaktion der „Neuen Rheinischen Zeitung. Organ der Demokratie" (bis zum endgültigen Verbot am 19. Mai 1849) übernahm. Als politische Vorgabe postulierte er in diesem Blatt wieder und wieder die Unterstützung der radikalen demokratischen Kräfte mit dem konspirativen Ziel einer der „bürgerlichen" unmittelbar nachfolgenden „proletarischen" Revolution, wie im Manifest wortreich beschworen. Nur unterschieden seine Zeitgenossen nicht zwischen zwei Revolutionen; für sie gab es nur die demokratische, und die lag ihnen am Herzen. Die Emissäre gingen zudem, anstatt die Lokalvereine unter Bund-Kontrolle zu bringen, durchweg in der lokalen Vereinskultur auf und dem nicht mehr vorhandenen Geheimbund verloren. Das lag zum einen daran, dass sich die soziale Zusammensetzung der Bund-Emissäre von der der lokalen Vereine um nichts unterschied. Zum anderen übte das Prinzip der Vereinsautonomie einen Sog aus, der jegliche zentrale Steuerungsabsicht untergrub, sofern sie diese Autonomie einzuschränken beabsichtigte. Nur in den kopfstarken und regional einflussreichen Arbeitervereinen in Köln und Düsseldorf wurde Marx' kommunistische Position leitende politische Linie. Aber auch das blieb folgenlos oder wirkte, da diese Vereine der Verbrüderung fernblieben, für die Geschlossenheit der Arbeiterbewegung kontraproduktiv.[29]

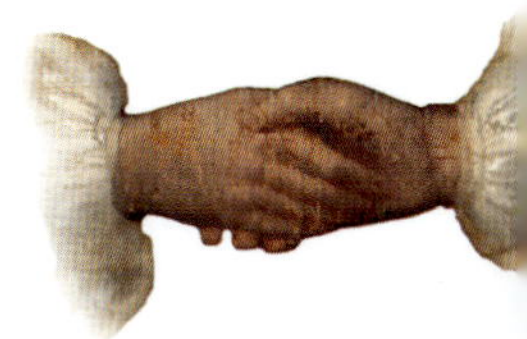

Eine ganz und gar nicht unpolitische Leistung der Arbeiterverbrüderung war der endgültige Abschied von der erodierten Zunftordnung. Man wollte alles andere als deren Rekonstruktion. Darin unterschieden sich die angeschlossenen Vereine von den Besuchern des „Ersten deutschen Handwerker- und Gewerbe-Congresses" in Frankfurt a.M. vom 14. Juli bis 18. August 1848 unter der Leitung des Gewerbelehrers Karl Georg Winkelblech. Der berühmte Auszug der Gesellen aus diesem Kongress im Streit verdankte sich weniger ihrer Erkenntnis, dass zwischen ihnen und den Meistern ein Klassenunterschied bestünde, als einem verletzten zünftigen Ehrgefühl angesichts ihrer herablassenden Behandlung durch die Patrone bei weitgehend übereinstimmendem Interesse an einer Neuerrichtung einer korporatistischen Ordnung. Erst auf dem Heidelberger Kongress im Januar 1849 schlossen sich das aus diesem Kongress hervorgegangene zweite Zentralkomitee für Arbeiter und seine angegliederten Arbeitervereine der Verbrüderung an.[30]

Die Zunft zu verabschieden war ein Kraftakt, der auch politische Kosten verursachte. So trugen das Primat der Distanzierung vom traditionellen Korpora-

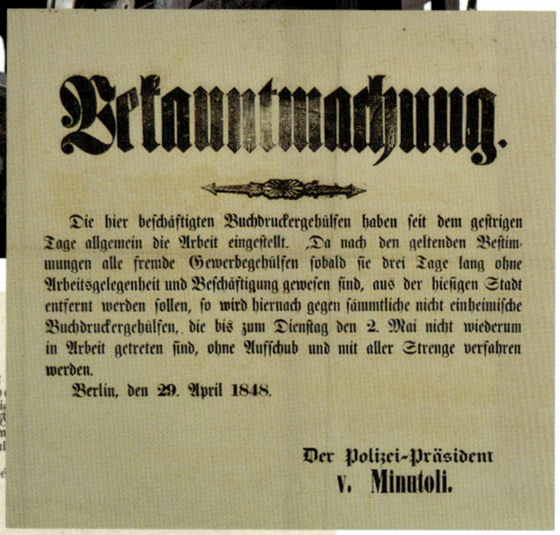

Bekanntmachung.

Die hier beschäftigten Buchdruckergehülfen haben seit dem gestrigen Tage allgemein die Arbeit eingestellt. Da nach den geltenden Bestimmungen alle fremde Gewerbegehülfen sobald sie drei Tage lang ohne Arbeitsgelegenheit und Beschäftigung gewesen sind, aus der hiesigen Stadt entfernt werden sollen, so wird hiernach gegen sämmtliche nicht einheimische Buchdruckergehülfen, die bis zum Dienstag den 2. Mai nicht wiederum in Arbeit getreten sind, ohne Aufschub und mit aller Strenge verfahren werden.

Berlin, den 29. April 1848.

Der Polizei-Präsident
v. Minutoli.

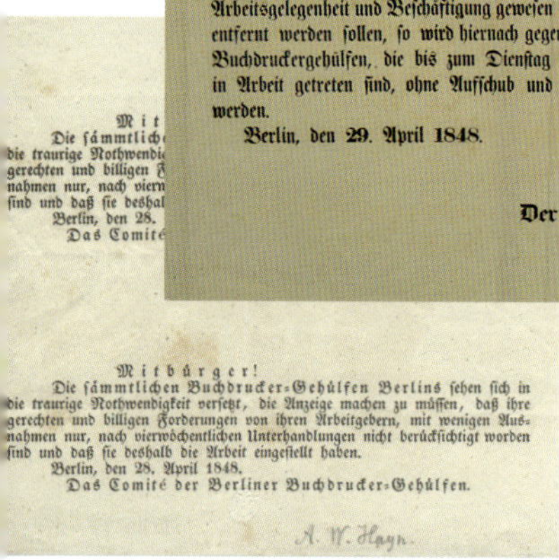

Mitbürger!

Die sämmtlichen Buchdrucker-Gehülfen Berlins sehen sich in die traurige Nothwendigkeit versetzt, die Anzeige machen zu müssen, daß ihre gerechten und billigen Forderungen von ihren Arbeitgebern, mit wenigen Ausnahmen nur, nach vierwöchentlichen Unterhandlungen nicht berücksichtigt worden sind und daß sie deshalb die Arbeit eingestellt haben.

Berlin, den 28. April 1848.

Das Comité der Berliner Buchdrucker-Gehülfen.

SCHNELLPRESSE, UM 1880
MUSEUM FÜR DRUCKKUNST LEIPZIG

ANSCHLAGZETTEL DES POLIZEIPRÄSIDENTEN MINUTOLI BEZÜGLICH DER AUSWEISUNG FREMDLÄNDISCHER BUCHDRUCKERGEHILFEN, BERLIN 29. APRIL 1848
STADTGESCHICHTLICHES MUSEUM LEIPZIG
A/376/2003

BEKANNTGABE DES STREIKS DER BUCHDRUCKER-GEHÜLFEN VOM COMITÉ DER BERLINER BUCHDRUCKER-GEHÜLFEN, 28. APRIL 1848
STADTGESCHICHTLICHES MUSEUM LEIPZIG
1848/49:112/23 NR. 19

tismus und die Verpflichtung auf einen möglichst allgemeinen „Arbeiter"-Begriff dazu bei, die Chancen gewerkschaftlicher Organisation entweder vollends zu verkennen oder lange Zeit zu unterschätzen. Das war naheliegend für Berufsgruppen, die von einem organisationssoziologischen Standpunkt aus zu dieser frühen Zeit gewerkschaftlich gar nicht organisationsfähig waren – und hier finden wir unsere „üblichen Verdächtigen" aus den Massenhandwerken an erster Stelle. Jede zeitgenössische gewerkschaftliche Organisation musste sich an beruflichen Linien orientieren – nur so konnte man hoffen, Wanderwege zu kontrollieren, Arbeitsmarktkontrolle auszuüben, Qualifikationsniveaus zu erhalten, Souveränität über finanzielle Fonds zu behalten und streikfähig zu werden – also Macht im Arbeitskampf zu maximieren, und das ist, was Gewerkschaften als Konfliktpartei in den industriellen Beziehungen bis heute bei aller Ritualisierung ausmacht. Die gewerkschaftliche Organisation entlang von Berufslinien musste der mehrheitlichen Klientel der Arbeiterverbrüderung freilich reflexartig als egoistisch und rückwärtsgewandt, als Schritt zurück zur Zunft erscheinen, die man doch gerade mühsam hinter sich zu lassen suchte. Das zeigen die Debatten um die Zigarrenarbeiter auf dem Berliner Arbeiterkongress vom August 1848. Noch während des Kongresses konstituierte sich die „Assoziation der Zigarrenarbeiter Deutschlands" als Gewerkschaft, vielfach angefeindet von berufsfremden Delegierten. Dies war historisch die zweite Gewerkschaft, die im deutschen Raum im „nationalen" Maßstab gegründet wurde. Viele Zigarrenarbeiter waren in der Folge – und wieder in den 1860er Jahren – zugleich Mitglieder der Verbrüderung und ihrer Gewerkschaft, obwohl ihre Berufsorganisation noch im September 1849 den Anschluss an die Verbrüderung vertagte.

Die Zigarrenfabrikation war vor 1848 von einer Konzentration in Manufakturen nahe den Überseehäfen entlang der schiffbaren Flüsse in die Städte gewandert und hatte sich dort in handwerksähnlichen Verhältnissen niedergelassen. Diese „handwerkliche" Zwischenphase erforderte eine hohe Qualifikation, verbunden mit dem entsprechenden Selbstbewusstsein. Zugleich lähmte die Angehörigen dieses Berufs keine zünftige Tradition; dafür traten die kommerziellen Interessen der Kaufleute umso ungeschminkter in Erscheinung. Das machte die Gewerkschaftsfähigkeit der Zigarrenarbeiter aus. Gleiches galt verstärkt für die Buchdrucker und Schriftsetzer, deren Gewerbe in Deutschland nie ein zünftiges gewesen war. Die beginnende Umschichtung auf die Schnellpresse, die die Position des Druckers schwächte, die des Schriftsetzers aber steil aufwertete, und die fortgeschrittene Kommerzialisierung in diesem nichtzünftigen Gewerbe trugen dazu bei, dass sich hier die auf deutschem Territorium ersten gewerkschaftlichen Bestrebungen regten. Im Juni 1848 gründeten 44 Delegierte in Mainz, der Stadt Gutenbergs, den Nationalen Buchdruckerverein, der zunächst etwa

10.000 Buchdrucker und Schriftsetzer in 90 Städten zusammenschloss. Das entsprach einem Organisationsgrad von mehr als 50 Prozent – ein schlagendes Argument für das Prinzip der Berufsgewerkschaft in dieser Zeit. Trotzdem scheiterte der Versuch, einen in Mainz beschlossenen reichsweiten Tarif im August 1848 in einem erbitterten Arbeitskampf durchzusetzen, in vielen deutschen Städten. Trotzdem fanden sich viele Buchdrucker und Schriftsetzer immer auch parallel und oft federführend in den politischen Organisationen der Arbeiterbewegung – weil sie beide Organisationsformen zu nutzen wussten und sich vielfach auch den doppelten Mitgliedsbeitrag leisten konnten.

Reaktion, Verfolgung und neue Kongressbewegung

Die einsetzende Reaktion bedeutete das Ende sowohl für den Bund der Kommunisten als auch für die Arbeiterverbrüderung. Der konspirative Charakter des Kommunistenbundes bot den staatlich mobilisierten Verschwörungstheorien reiche Nahrung. Die „Kommunistenprozesse" der frühen 1850er Jahre sollten das Jahrzehnt atmosphärisch prägen. Der Kommunismusverdacht motivierte auch die Verfolgung der Arbeiterverbrüderung, obwohl sie politisch schon längst nicht mehr auftreten konnte und sich die angeschlossenen Vereine zunehmend auf ihre Hilfs- und Unterstützungskassen zurückzogen. Die preußischen, sächsischen und bayerischen Behörden, die bei ihrer Zerschlagung kooperierten, bezeichneten die Verbrüderung als „Pflanzschule des Kommunismus". Nach Bayern verbot Sachsen den Verband im Juli 1850. Im Mai 1852 wurden die restlichen 59 der Arbeiterverbrüderung noch angehörenden Arbeitervereine behördlich geschlossen. Der Bundestagsbeschluss vom 13. Juli 1854 schließlich weitete das Verbot von Arbeitervereinen mit politischer Tendenz auf das gesamte Gebiet des Deutschen Bundes aus. Doch trotz einem hohen Verfolgungsdruck, empfindlichen Haftstrafen, Ausweisungen und Bespitzelungen überwinterten Arbeitervereinigungen unter dem Deckmantel von Unterstützungskassen oder Turnvereinen. Die Erinnerung an die Revolution blieb in diesen Kreisen wach. Die Erwartung einer neuerlichen, dann erfolgreichen Revolution kursierte in konspirativen Gesprächen weiter, die die Veteranen der „1848er" und bald Angehörige einer jüngeren Generation wie August Bebel in den Zirkeln städtischer Arbeitergeselligkeit führten.[31]

Im Gefolge des deutscherseits scharf beobachteten italienischen Einigungskrieges und mit dem Anbrechen einer liberaleren „Neuen Ära", in der sich auch die behördliche Kontrolle der Arbeitervereine lockerte, nahm die bürgerliche Nationalbewegung neuen Aufschwung. Die Gründung des Deutschen Nationalvereins im Jahre 1859, in dem Links- und Rechtsliberale sowie gemäßigte Demokraten noch ein gemeinsames Projekt verfolgten, geriet zum Initialzünder. Die zunächst tapfere Opposition der linksliberalen Fortschrittspartei gegen die preußische Regie-

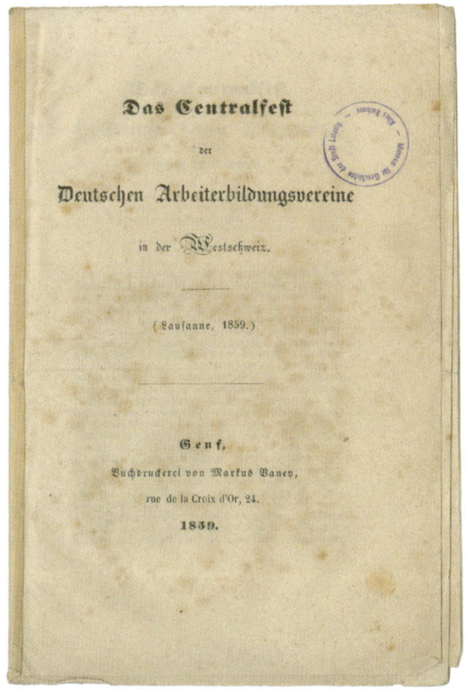

Das Centralfest der Deutschen Arbeiterbildungsvereine in der Westschweiz.

(Lausanne, 1859.)

Genf,
Buchdruckerei von Markus Vaney,
rue de la Croix d'Or, 24.
1859.

„Das Centralfest der Deutschen Arbeiterbildungsvereine in der Westschweiz", 1859
Stadtgeschichtliches Museum Leipzig
Bl.K.A1/249

rung im Verfassungskonflikt nach 1862 brachte ihr bis weit in demokratische Kreise Sympathie ein und machte sie zum Hoffnungsträger im ersehnten nationalen Einigungsprozess. Zahlreiche ihrer Führungspersonen genossen als Veteranen der 1848er Revolution großen Respekt. Hermann Schulze-Delitzsch, August Röckel oder die Gebrüder Wirth unter vielen anderen nutzten diese „volkstümliche" Popularität, um Anfang der 1860er Jahre Arbeiter- und Arbeiterbildungsvereine erneut ins Leben zu rufen. „Diese Arbeitervereine", erinnerte sich August Bebel, „schossen nun Anfang der sechziger Jahre aus dem Boden wie Pilze nach einem warmen Sommerregen."[32] Zwischen 1860 und 1864 entstanden auf diese Weise 225 Handwerker- und Arbeiterbildungsvereine in 218 Orten. Dabei war die Kontinuität zur Arbeiterbewegung der Revolutionszeit unübersehbar: An mehr als der Hälfte der neuen Vereinsorte hatte die Arbeiterverbrüderung Dependancen besessen. Sie ballten sich in Sachsen, der preußischen Rheinprovinz, dem Maingau, den Hansestädten und Berlin – allesamt frühere Hochburgen der Verbrüderung.

Diese Kontinuität deutet bereits darauf hin, dass die neu gegründeten Arbeiter- und Arbeiterbildungsvereine über den Zweck hinausdrängen würden, den ihre bürgerlichen Stifter aus der elitären Nationalbewegung ihnen gesetzt hatten: nämlich für den Nationalverein und die Fortschrittspartei eine kopfstarke aber abhängige und folgsame Massenbasis abzugeben. Bereits 1862 wurden Forderungen nach einer erneuten „Zentralisation" der Arbeitervereine laut, wobei man das Erbe der Arbeiterverbrüderung ausdrücklich beschwor. Bürgerliche Vereinsführer reagierten mit einer verstärkten Gängelung der Vereine; man versuchte, politische Diskussionen aus dem Vereinsleben fernzuhalten, dafür die einfachen Mitglieder aber von den Segnungen der Gewerbefreiheit zu überzeugen. Eine maßgebend vom Nationalverein finanzierte Arbeiterdelegation zur Londoner Weltausstellung von 1862 zeigte sich weniger von den Errungenschaften des Kapitalismus beeindruckt als von den Freiräumen, die sich auf der Reise boten. So nutzte man die Gelegenheit zum Austausch mit örtlichen Arbeitervereinsmitgliedern und Gewerkschaften und traf auch mit Karl Marx zusammen, der sich freilich eines Rates in Sachen künftige Organisationsbestrebungen kühl enthielt. Trotzdem wurden im Anschluss an diese Expedition in die Selbständigkeit erste Aufrufe zu einem nationalen Arbeiterkongress in Deutschland formuliert.

Diese zweite Kongressbewegung sollte 1863 scheitern. An der Stelle eines allgemeinen deutschen Arbeiterkongresses stand am 23. Mai 1863 die Gründung des Allgemeinen Deutschen Arbeitervereins in Leipzig.

1 Welskopp, Thomas: Transatlantische Bande. Eine vergleichende Geschichte der Gewerkschaften in Deutschland und den USA im 19. und 20. Jahrhundert. In: Bitzegeio, Ursula, Anja Kruke u. Meik Woyke (Hg.): Solidargemeinschaft und Erinnerungskultur im 20. Jahrhundert. Beiträge zu Gewerkschaften, Nationalsozialismus und Geschichtspolitik. Bonn 2009, S. 29 – 61

2 Tarrow, Sidney G.: The Power in Movement. Social Movements and Contentious Politics. Cambridge u. London 32011, S. 16

3 Ebd., S. 1ff

4 Welskopp, Thomas: Birds of a Feather: A Comparative History of German and US Labor in the Nineteenth and Twentieth Centuries. In: Haupt, Heinz-Gerhard u. Jürgen Kocka (Hg.): Comparative and Transnational History. Central European Approaches and New Perspectives. New York u. Oxford 2010, S. 149 – 177

5 Vgl. am Berliner Beispiel: Renzsch, Wolfgang: Handwerker und Lohnarbeiter in der frühen Arbeiterbewegung. Göttingen 1980

6 Boldorf, Marcel: Europäische Leinenregionen im Wandel. Institutionelle Weichenstellungen in Schlesien und Irland (1750 – 1850). Köln u.a. 2006

7 de Vries, Jan: The Industrious Revolution. Consumer Behavior and the Household Economy, 1650 to the Present. Cambridge u. London 2008

8 August Bebel urteilte etwa: „Berlin als Großstadt ist wirklich erst nach dem Jahre 1870 aus dem Zustand der Barbarei in den der Zivilisation getreten." Bebel, August: Aus meinem Leben. Ungekürzte Ausgabe. Mit einer Einleitung von Brigitte Brandt. Berlin u. Bonn 1986, S. 287

9 von Hodenberg, Christina: Aufstand der Weber. Die Revolte von 1844 und ihr Aufstieg zum Mythos. Bonn 1997, S. 21ff

10 Spehr, Michael: Maschinensturm. Protest und Widerstand gegen technische Neuerungen am Anfang der Industrialisierung. Münster 2000

11 Eisenberg, Christiane: Deutsche und englische Gewerkschaften. Entstehung und Entwicklung bis 1878 im Vergleich. Göttingen 1986, S. 98ff., 113ff.; Lenger, Friedrich: Zwischen Kleinbürgertum und Proletariat. Studien zur Sozialgeschichte der Düsseldorfer Handwerker 1816 – 1878. Göttingen 1986, S. 65ff

12 Zu der abbrechenden Tradition genossenschaftlicher Ordnungen vgl.: Hardtwig, Wolfgang: Macht, Emotion und Geselligkeit. Studien zur Soziabilität in Deutschland 1500 – 1900. Stuttgart 2009

13 Welskopp, Thomas: Das Banner der Brüderlichkeit. Die deutsche Sozialdemokratie vom Vormärz bis zum Sozialistengesetz. Bonn 2000, S. 216f

14 Liederbuch für Handwerker-Vereine. O.O. 1859, S. 27f

15 Zitiert in: Welskopp: Das Banner der Brüderlichkeit, S. 579

16 Schraepler, Ernst: Handwerkerbünde und Arbeitervereine 1830 – 1853. Die politische Tätigkeit deutscher Sozialisten von Wilhelm Weitling bis Karl Marx. Berlin u. New York 1972

17 Liederbuch für Handwerker-Vereine, S. 28f

18 Foerster, Cornelia: Das Hambacher Fest 1832. Volksfest und Nationalfest einer oppositionellen Massenbewegung. In: Öffentliche Festkultur. Politische Feste in Deutschland von der Aufklärung bis zum Ersten Weltkrieg. Hg. von Dieter Düding, Peter Friedemann u. Paul Münch. Reinbek bei Hamburg 1988, S. 113 – 131

19 Sewell, William H.: Work and Revolution in France. The Language of Labor from the Old Regime to 1848. Cambridge u. New York 1980

20 Schieder, Wolfgang: Anfänge der deutschen Arbeiterbewegung. Die Auslandsvereine im Jahrzehnt nach der Juli-Revolution von 1830. Stuttgart 1963

21 Welskopp, Thomas: The Vision(s) of Work in the Nineteenth-Century German Labour Movement. In: Work in Modern Society. The German Experience in European-American Perspective. Hg. von Jürgen Kocka. New York u. Oxford 2010, S. 55 – 71

22 Ebd., Kap. 9 – 12; Schraepler, Ernst: Geheimbündelei und die Anfänge der deutschen Arbeiterbewegung im Vormärz. In: Die frühsozialistischen Bünde in der Geschichte der deutschen Arbeiterbewegung. Ein Tagungsbericht. Hg. von Otto Büsch u. Hans Herzfeld. Berlin 1875, S. 51 – 60

23 Stangl, Christine: Sozialismus zwischen Partizipation und Führung. Herrschaftsverständnis und Herrscherbild der sozialistischen deutschen Arbeiterbewegung von den Anfängen bis 1875. Berlin 2002, S. 14, 38ff

24 Hoppe, Ruth, u. Kuczynski, Jürgen: Eine Berufs- bzw. auch Schichten- und Klassenanalyse der Märzgefallenen in Berlin. In: Jahrbuch für Geschichte 4 (1964), S. 200 – 276

25 Offermann, Toni: Die regionale Ausbreitung der frühen deutschen Arbeiterbewegung 1848/49 – 1860/64. In: Geschichte und Gesellschaft 13 (1987), S. 419 – 447; 426ff

26 Welskopp: Das Banner der Brüderlichkeit, S. 204ff

27 Details der Organisationsplanung nach: Beschlüsse des Arbeiter-Kongresses zu Berlin, 23. August bis 2. September 1848. In: Deutsche Handwerker- und Arbeiterkongresse 1848 – 1852. Protokolle und Materialien. Hg. von Dieter Dowe u. Toni Offermann. Bonn 1983, (S. 240 – 244)

28 Auszug aus den Protokollen der Generalversammlung deutscher Arbeiter am 20. Februar in Leipzig [1850]. In: Deutsche Handwerker- und Arbeiterkongresse, (S. 258)

29 Dowe, Dieter: Aktion und Organisation. Arbeiterbewegung, sozialistische und kommunistische Bewegung in der preußischen Rheinprovinz 1820 – 1852. Hannover 1970; Offermann, Toni: Arbeiterbewegung und liberales Bürgertum in Deutschland 1850 – 1863. Bonn 1979, S. 83f

30 Haupt, Heinz-Gerhard, u. Lenger, Friedrich: Bürger – Kleinbürger – Arbeiter. Klassenbildung und Gesellschaftsreform in Deutschland und Frankreich. In: Europa 1848. Revolution und Reform. Hg. von Dieter Dowe, Heinz-Gerhard Haupt u. Dieter Langewiesche. Bonn 1998, S. 815 – 840; 825f

31 Bebel: Aus meinem Leben, S. 47

32 Ebd., S. 45

... 1863
WEITERE EXPONATE

Herbergsschild der Mannheimer Leinweber , o.J.
Reiss-Engelhorn-Museen Mannheim
II N 45

Herbergsschild der Maurer, Zimmerleute und Steinhauer, o.J.
Reiss-Engelhorn-Museen Mannheim
II K 223

Herbergsschild der Müller, o.J.
Reiss-Engelhorn-Museen Mannheim
II K 224

Blecherne Sparbüchse der Zimmer-Gesellen-Innung Braunschweig, o.J.
Städtisches Museum Braunschweig
Inv.Nr. CGA 331G

22 Karten eines Tarock-Kartenspiels
Reiss-Engelhorn-Museen Mannheim
II Z 32

In diesem Tarock-Spiel bilden ausschließlich Handwerksberufe die 22 Trumpfkarten und zeugen vom Stolz der ehrbaren Berufe.

Vier Herbergsmarken, 1830
Reiss-Engelhorn-Museen Mannheim
E-Nr. 8042

Solche Marken wurden an die wandernden Gesellen ausgegeben, um auf der Herberge Verpflegung und Unterkunft zu erhalten.

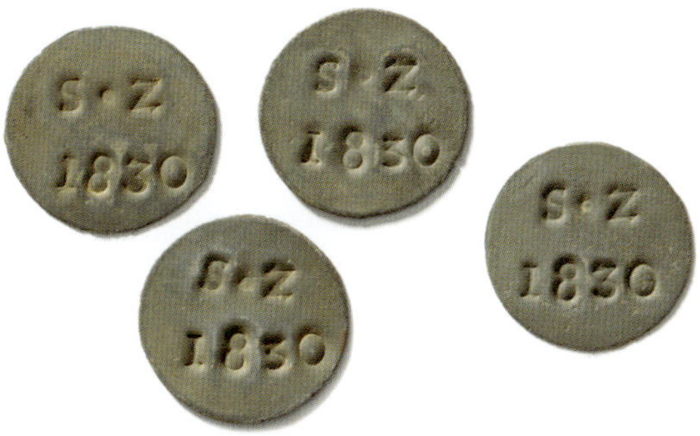

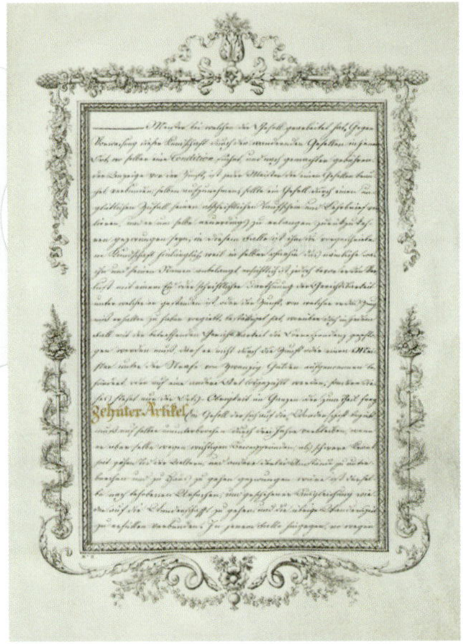
Zehnter Artikel

Handwerksbuch einer Bürstenbinder-zunft, 1823
Technoseum
Avz: 1986/0274

Aufgeschlagen ist die Seite mit den Regeln der Gesellenwanderung.

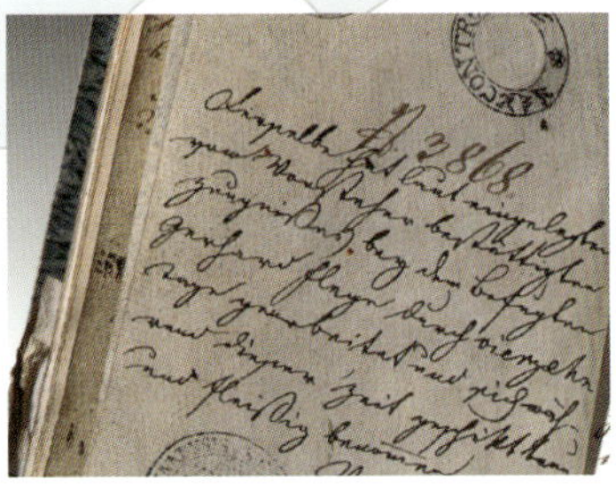

Wanderbuch des Drechslergesellen Ludwig Reinhart, um 1830
Technoseum
Evz: 1989/0466-009

Reisetintenfass eines Handwerksgesellen, 19. Jh.
Horn
Städtisches Museum Braunschweig
Inv.Nr. Cai 254

Handwerksburschentagebuch von Carl Ulrich, 1872 – 74
Archiv, Haus der Stadtgeschichte
Offenbach am Main

Der Metalldreher Carl Ulrich ging ab 1872 auf Wanderschaft, die ihn auch nach Mannheim, Ausburg und schließlich Offenbach führte. Überall nahm er Kontakt zu Gruppen der Arbeiterbewegung auf. In Gotha war er 1875 einer der jüngsten Delegierten des Gründungsparteitags der Sozialistischen Arbeiterpartei Deutschlands. Von 1920 – 1928 amtierte er als Staatspräsident des Volksstaates Hessen.

Wanderbüchlein des katholischen Gesellenvereins Freiburg für August Bebel, 1858
IISH Amsterdam
BG A1/936

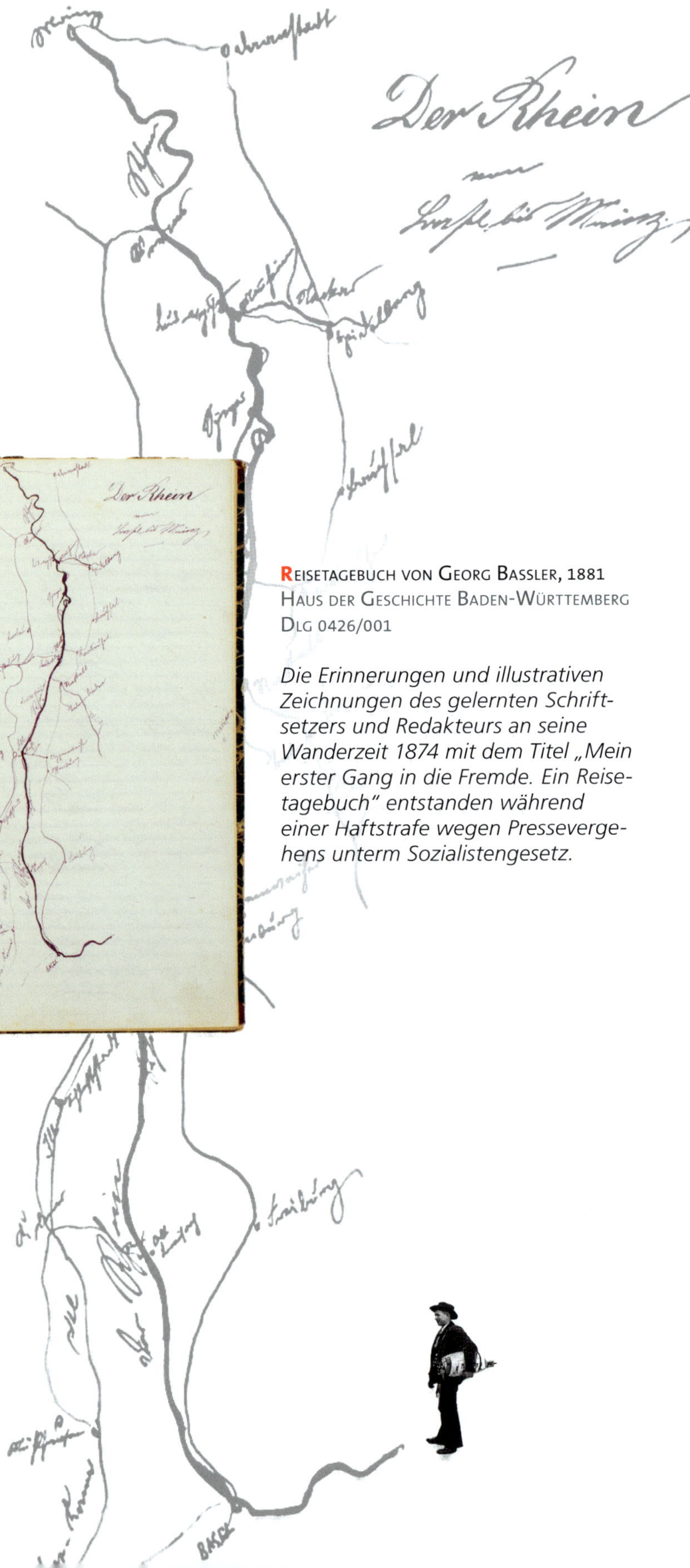

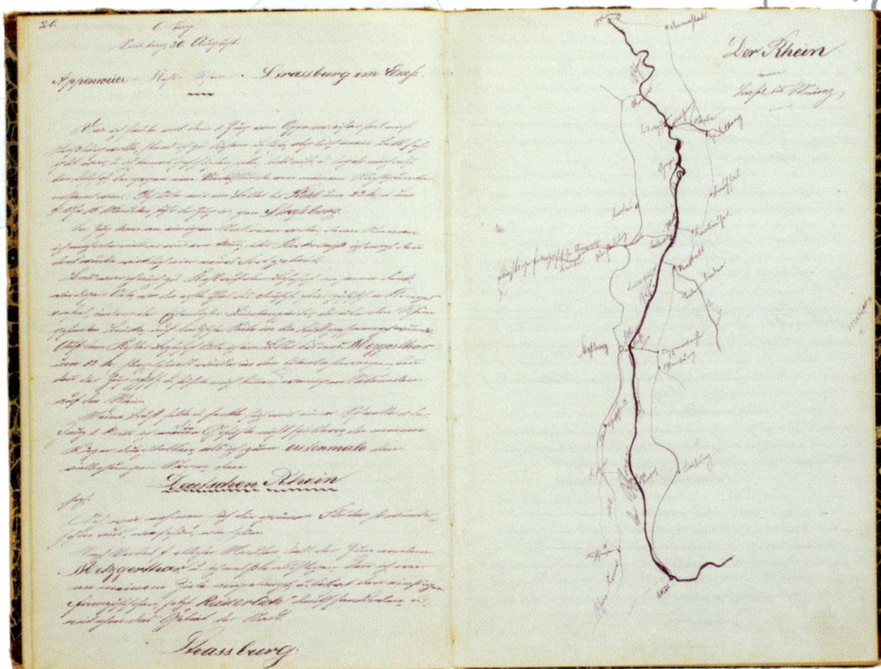

Reisetagebuch von Georg Bassler, 1881
Haus der Geschichte Baden-Württemberg
Dlg 0426/001

Die Erinnerungen und illustrativen Zeichnungen des gelernten Schriftsetzers und Redakteurs an seine Wanderzeit 1874 mit dem Titel „Mein erster Gang in die Fremde. Ein Reisetagebuch" entstanden während einer Haftstrafe wegen Pressevergehens unterm Sozialistengesetz.

6. Tag.

Dienstag, 30. August.

Appenweier – Kehl – Rhein – Strassburg im Elsaß.

Da ich heute mit dem 1. Zug von Appenweier fort nach Straßburg wollte, stand ich zu diesem Behufe, obgleich meine Bettschwere groß war, u. ich gerne geschlafen hätte, bald auf, u. begab mich nach dem Bahnhof, der gegen eine Viertelstunde von meinem Nachtquartier entfernt war. Ich löste mir ein Billet bis Kehl um 23 kr, u. um 4 Uhr 15 Minuten fuhr der Zug ab gen Straßburg.

Der Zug kam an einigen Stationen vorbei, deren Namen ich aufzuschreiben nicht für wert hielt. [illegible] dort wurde wirklich ein neues Fort gebaut.

Bald war ich auch zu Kehl auf dem Bahnhof, an jenem denkwürdigen Orte, wo der erste Akt des deutsch-französischen Krieges vorfiel, indem der Eisenbahn-Brückenpfeiler, der über den Rhein gehenden Brücke, auf badischer Seite in die Luft gesprengt wurde. Auf dem Kehler Bahnhof löste ich ein Billet bis zum Metzgerthor um 12 kr. Nun schnell wieder in den Eisenbahnwagen hinein, denn der Zug pfiff, u. führte mich binnen wenigen Minuten auf den Rhein.

Meine Brust hebte u. senkte sich mit einer Schnelle u. [illegible], denn ich [illegible] die Gefühle nicht schildern, die meinen Körper durchbebten, als ich zum erstenmale den vielbesungenen Strom, den

Deutschen Rhein

sah.

Ach, wie nahmen sich die grünen Fluten so wunderschön aus, wie schön, wie schön.

Nach Verlauf 8 völliger Minuten hielt der Zug am Metzgerthor, u. ich mußte absteigen. Nun war ich an meinem Ziele angelangt, u. betrat den ehemaligen französischen, jetzt kaiserlich deutschen Boden, u. mit ihm das Gebiet der Stadt

Strassburg.

POKAL DES LEIPZIGER GESELLENVEREINS FÜR ROBERT BLUM, 1848
SILBER
STADTGESCHICHTLICHES MUSEUM LEIPZIG
ME 196

„DIE GEWERBEFREIHEIT UND IHRE CONSEQUENZEN“, 1862
HOLZSTICH
TECHNOSEUM
AVZ: 2003/0291

Die Leipziger Illustrierte Zeitung veröffentlichte 1862 diesen Holzstich. Die zwölf Szenen karikieren die Zustände nach der Liberalisierung des Gewerberechts von der Abschaffung der Zunftordnung und des Herbergszwangs bis hin zum Kopieren von Aktien und Banknoten.

WILLKOMM-POKAL DES METALLARBEITER-VERBANDS PIRMASENS, NACH 1891
GLAS
TECHNOSEUM
EVZ: 2012/0161

Auch „moderne“ Gewerkschaften wie der Deutsche Metallarbeiter-Verband setzen mancherorts die Gesellentradition fort.

Die Gewerbefreiheit und ihre Consequenzen.

Humoreske von Herbert König.

Einige verrostete Zünftler sitzen noch immer bei „offener Lade“ und verstehen die Welt nicht mehr.

Der Herbergsvater und die Herbergsmutter beschließen, ein neues Leben zu führen, da mit dem Wandern der Herbergszwang aufgehoben ist.

Das Gewölbe-Durchbrechen wird epidemisch — ohne alle Rücksichtnahme auf die unglücklichen Miether.

Es zeigen sich bereits die bekannten berliner Industriellen.

Weshalb die Anmeldungen zu Concessionen sich in bedenklicher Weise mehren.

Neueste Physiognomie eines mustergültigen Schaufensters.

Gründung eines Zweiggeschäfts, wozu der Unternehmer eines jeden Hauptgeschäfts berechtigt ist.

Doch müssen Zweiggeschäften immer Stellvertreter vorgesetzt werden.

Getrieben vom allgemeinen Speculationsgeiste, bereiten sich mehre Subalternbeamte für ihre Freistunden zu Dienstmännern vor.

Desgleichen sucht sich eine Amme für ihre Freistunden als Jungfer zu vermiethen.

Auch darf ein jeder nach Belieben sein Schweinchen selbst schlachten.

Sowie überhaupt jedermann zu seinem Lebensunterhalt das treiben kann, wozu ihn Talent und Kenntnisse berechtigen!?

NEURUPPINER **B**ILDERBOGEN:
„**D**IE DENKWÜRDIGSTEN **T**AGE DES **J**AHRES 1830 IN 12 **T**ABLEAUX“
GERMANISCHES NATIONALMUSEUM NÜRNBERG
HB25192

„**D**ER GEFESSELTE **P**ROMETHEUS“
LITHOGRAFIE ZUGESCHRIEBEN **L**ORENZ **C**LASEN (1812 – 1899), **D**ÜSSELDORF, 1843
STADTARCHIV TRIER, GRAFIKSAMMLUNG

Die „Rheinische Zeitung“, deren Redakteur Karl Marx war, wird 1843 verboten. In der allegorisch verschlüsselten Kritik an der Knebelung der Presse- und Meinungsfreiheit ist Karl Marx als Prometheus an eine Handdruckpresse gefesselt, während der preußische Adler seine Leber attakkiert.

DER **Z**UG ZUM **H**AMBACHER **S**CHLOSS, 1832
STADTMUSEUM „VILLA BÖHM“, NEUSTADT AN DER WEINSTRASSE

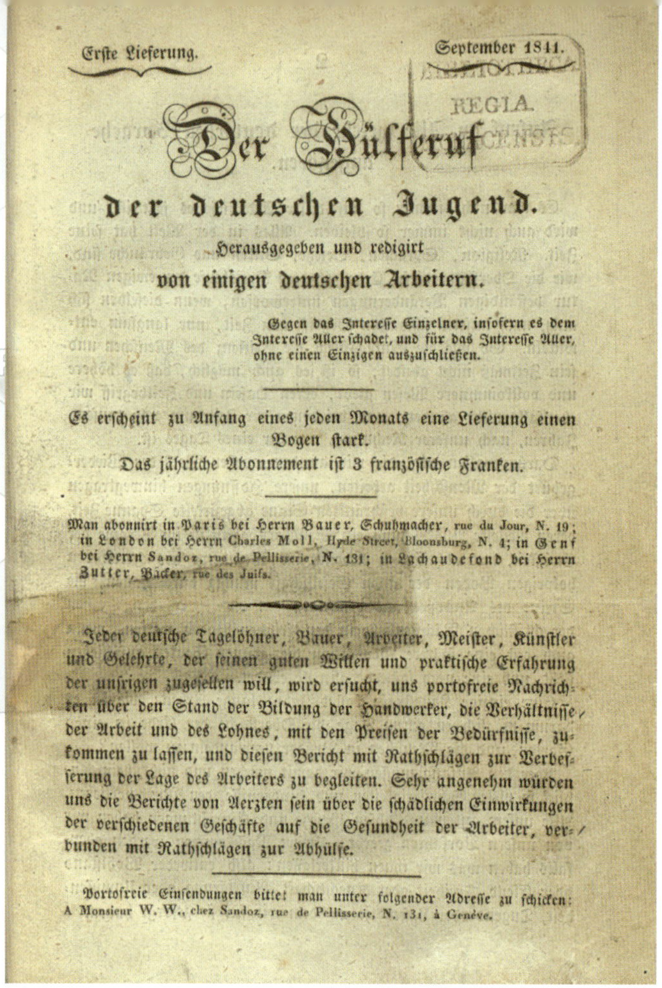

Erste Lieferung. September 1841.

Der Hülferuf der deutschen Jugend.

Herausgegeben und redigirt von einigen deutschen Arbeitern.

Gegen das Interesse Einzelner, insofern es dem Interesse Aller schadet, und für das Interesse Aller, ohne einen Einzigen auszuschließen.

Es erscheint zu Anfang eines jeden Monats eine Lieferung einen Bogen stark.

Das jährliche Abonnement ist 3 französische Franken.

Man abonnirt in Paris bei Herrn Bauer, Schuhmacher, rue du Jour, N. 19; in London bei Herrn Charles Moll, Hyde Street, Bloomsburg, N. 4; in Genf bei Herrn Sandoz, rue de Pellisserie, N. 131; in Lachaudefond bei Herrn Zutter, Bäcker, rue des Juifs.

Jeder deutsche Tagelöhner, Bauer, Arbeiter, Meister, Künstler und Gelehrte, der seinen guten Willen und praktische Erfahrung der unsrigen zugesellen will, wird ersucht, uns portofreie Nachrichten über den Stand der Bildung der Handwerker, die Verhältnisse der Arbeit und des Lohnes, mit den Preisen der Bedürfnisse, zukommen zu lassen, und diesen Bericht mit Rathschlägen zur Verbesserung der Lage des Arbeiters zu begleiten. Sehr angenehm würden uns die Berichte von Aerzten sein über die schädlichen Einwirkungen der verschiedenen Geschäfte auf die Gesundheit der Arbeiter, verbunden mit Rathschlägen zur Abhülfe.

Portofreie Einsendungen bittet man unter folgender Adresse zu schicken: A Monsieur W. W., chez Sandoz, rue de Pellisserie, N. 131, à Genève.

Wilhelm Weitling: „Der Hülferuf der deutschen Jugend", Genf/Bern 1841
Bayerische Staatsbibliothek München
Grundsignatur Rar. 4121

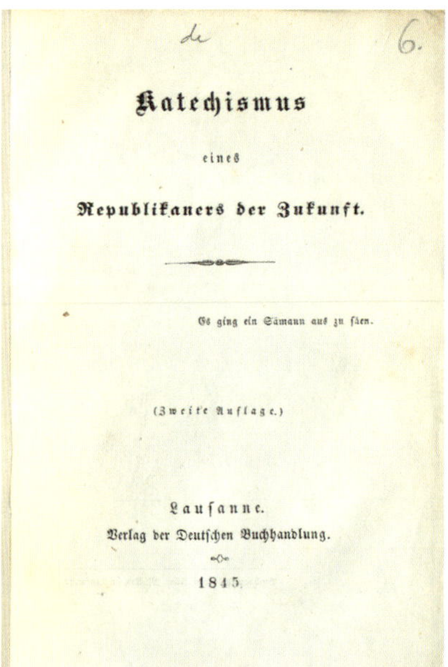

Katechismus eines Republikaners der Zukunft.

Es ging ein Sämann aus zu säen.

(Zweite Auflage.)

Lausanne.
Verlag der Deutschen Buchhandlung.
1845.

Das Evangelium eines armen Sünders.

Von Wilhelm Weitling.

Bern.
Druk und Verlag von Jenni, Sohn.
1845.

Wilhelm Marr: „Katechismus eines Republikaners der Zukunft", Lausanne 1845
Bayerische Staatsbibliothek
Germ.g. 394 h

Wilhelm Weitling: „Das Evangelium eines armen Sünders", Bern 1845
Bayerische Staatsbibliothek München
Polem.2936 m

August Becker: „Was wollen die Kommunisten. Eine Rede", Lausanne 1844
Bayerische Staatsbibliothek München
Pol.g. 1022,38

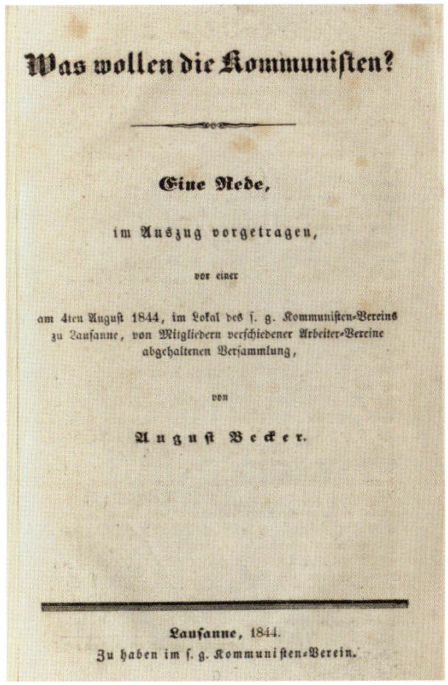

Was wollen die Kommunisten?

Eine Rede,

im Auszug vorgetragen,

vor einer

am 4ten August 1844, im Lokal des f. g. Kommunisten-Vereins zu Lausanne, von Mitgliedern verschiedener Arbeiter-Vereine abgehaltenen Versammlung,

von

August Becker.

Lausanne, 1844.
Zu haben im f. g. Kommunisten-Verein.

Moses Hess: Titelblatt der „zweiten Abtheilung": ‚Die Zukunft als Folge dessen, was geschehen ist'" (S. 227), Stuttgart 1837
UB Halle-Wittenberge

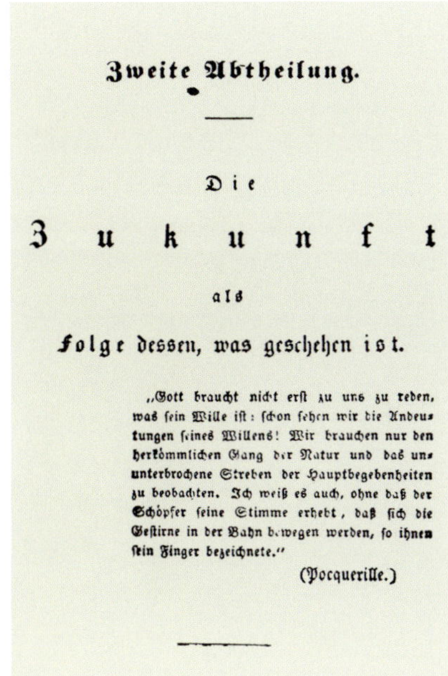

Zweite Abtheilung.

Die

Zukunft

als

Folge dessen, was geschehen ist.

„Gott braucht nicht erst zu uns zu reden, was sein Wille ist: schon sehen wir die Andeutungen seines Willens! Wir brauchen nur den herkömmlichen Gang der Natur und das ununterbrochene Streben der Hauptbegebenheiten zu beobachten. Ich weiß es auch, ohne daß der Schöpfer seine Stimme erhebt, daß sich die Gestirne in der Bahn bewegen werden, so ihnen sein Finger bezeichnete."

(Tocqueville.)

Entlassungsurkunde aus dem „preussischen Unterthanen-Verband" für Karl Marx, Trier, 1. Dezember 1845
IISH Amsterdam
Karl Marx E 18

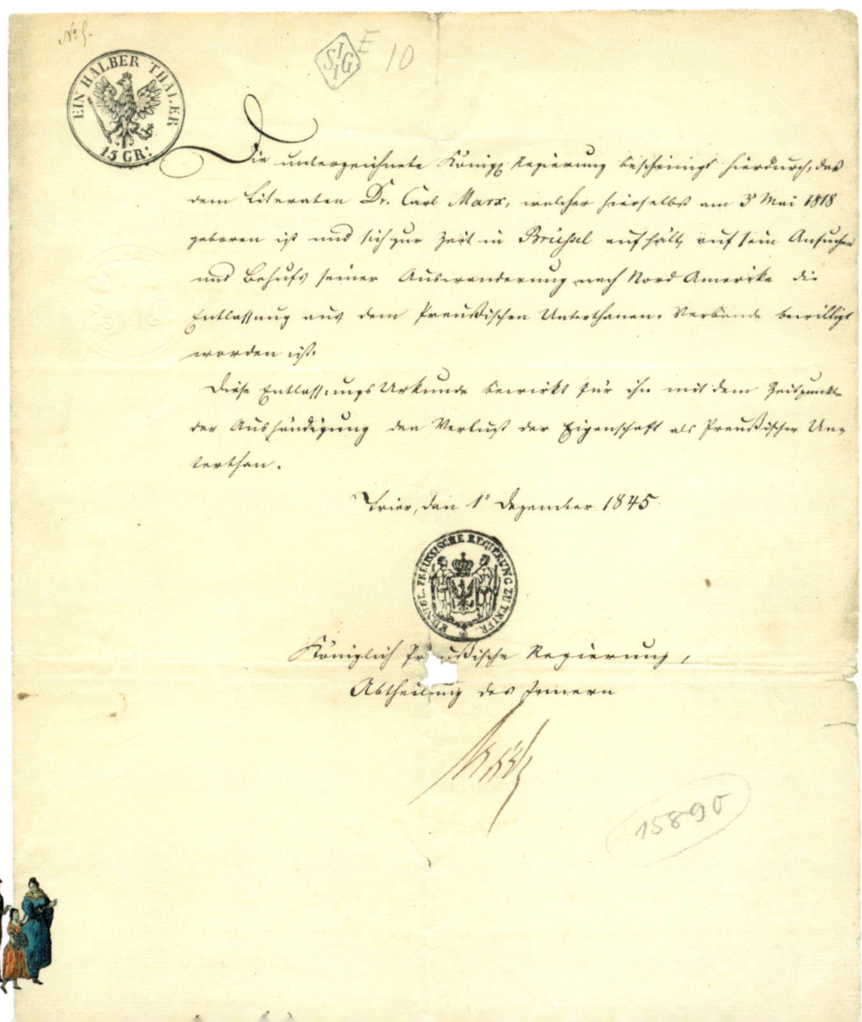

Die unterzeichnete Königl. Regierung bescheinigt hierdurch, daß dem Literaten Dr. Carl Marx, welcher hierselbst am 5t Mai 1818 geboren ist und sich zur Zeit in Brüssel aufhält, auf sein Ansuchen und behufs seiner Auswanderung nach Nord Amerika die Entlassung aus dem preußischen Unterthanen-Verbande bewilligt worden ist.

Diese Entlassungs Urkunde bewirkt für ihn mit dem Zeitpunkte der Aushändigung den Verlust der Eigenschaft als preußischer Unterthan.

Trier, den 1t Dezember 1845

Königlich Preußische Regierung,
Abtheilung des Innern

Columbia-Handdruck-Presse, um 1835
Technoseum
Evz: 1982/0018

Raddampfschlepper „Mannheim", 1843
Modell im Massstab 1:40 von 1979
Technoseum
Evz: 2004/0161

Im April 1848 wird die „Mannheim" am Mittelrhein unter Beschuss genommen. Der Besatzung fliegen von Kanonen abgefeuerte Hufeisen und Hufnägel um die Ohren. Die Angreifer sind Treidler, die angesichts der Konkurrenz der Dampfschiffe um ihren Broterwerb fürchten. Die Mannheim übersteht den Maschinensturm dank frisch montierter Schutzplatten.

Franz Kaliwoda: „Der Anfall und die Zerstörung der k.k. landespriv. Druck-Fabrik der Herrn A. & E. Cranich-städten zu Sechshaus nächst Wien, in der Nacht v. 13./14. März 1848 – 3 bis 4 Uhr morgens", 1848
DHM Berlin
1990/47.2

Mitteilung „Buchdrucker-Angelegenheit“
Berlin, 10. August 1848
Stadtgeschichtliches Museum Leipzig
1848/49:112/23 Nr.28

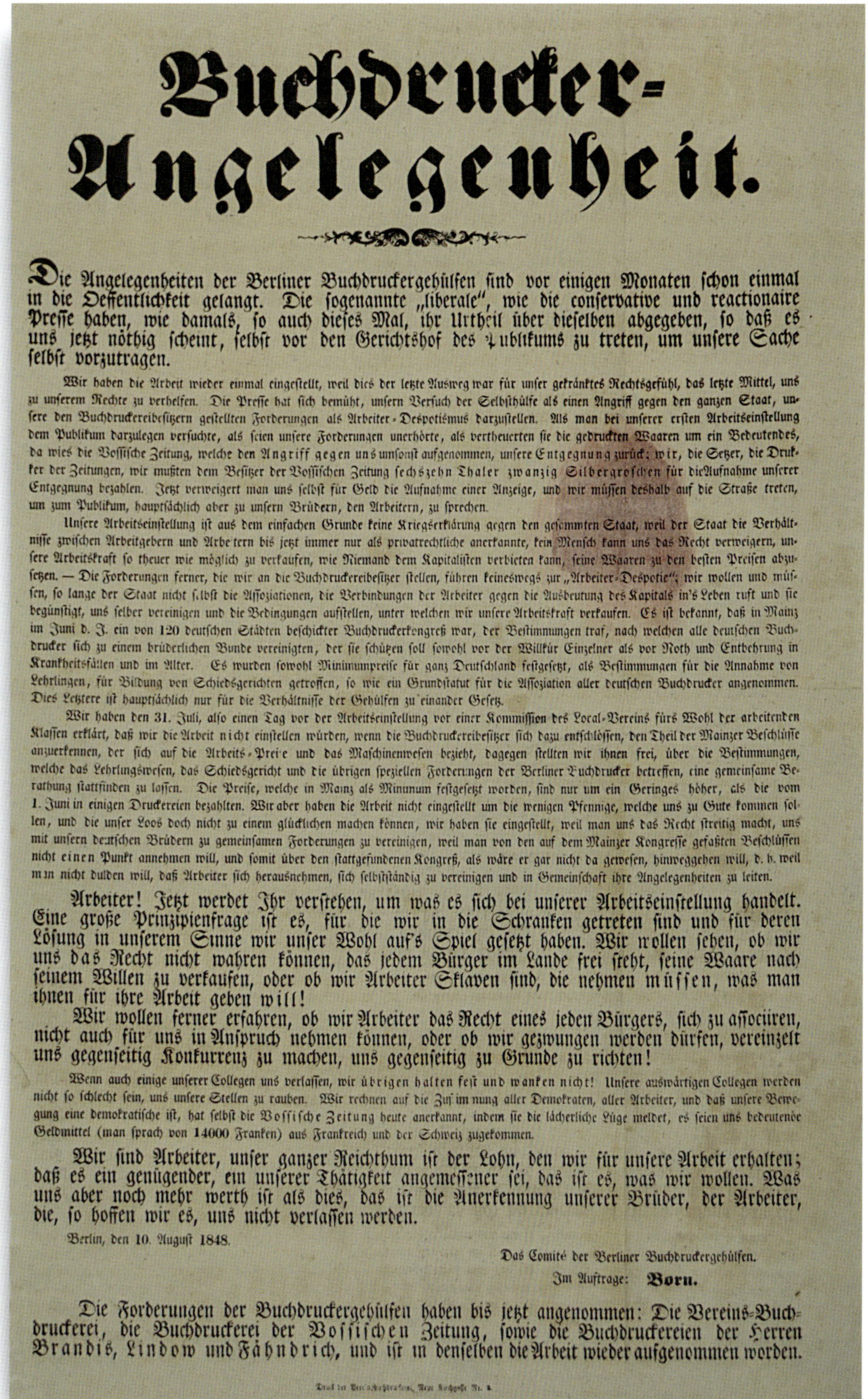

Buchdrucker-Angelegenheit.

Die Angelegenheiten der Berliner Buchdruckergehülfen sind vor einigen Monaten schon einmal in die Oeffentlichkeit gelangt. Die sogenannte „liberale“, wie die conservative und reactionaire Presse haben, wie damals, so auch dieses Mal, ihr Urtheil über dieselben abgegeben, so daß es uns jetzt nöthig scheint, selbst vor den Gerichtshof des Publikums zu treten, um unsere Sache selbst vorzutragen.

Wir haben die Arbeit wieder einmal eingestellt, weil dies der letzte Ausweg war für unser gekränktes Rechtsgefühl, das letzte Mittel, uns zu unserem Rechte zu verhelfen. Die Presse hat sich bemüht, unsern Versuch der Selbsthülfe als einen Angriff gegen den ganzen Staat, unsere den Buchdruckereibesitzern gestellten Forderungen als Arbeiter-Despotismus darzustellen. Als man bei unserer ersten Arbeitseinstellung dem Publikum darzulegen versuchte, als seien unsere Forderungen unerhörte, als vertheuerten sie die gedruckten Waaren um ein Bedeutendes, da wies die Vossische Zeitung, welche den Angriff gegen uns umsonst aufgenommen, unsere Entgegnung zurück; wir, die Setzer, die Drukker der Zeitungen, wir mußten dem Besitzer der Vossischen Zeitung sechszehn Thaler zwanzig Silbergroschen für die Aufnahme unserer Entgegnung bezahlen. Jetzt verweigert man uns selbst für Geld die Aufnahme einer Anzeige, und wir müssen deshalb auf die Straße treten, um zum Publikum, hauptsächlich aber zu unsern Brüdern, den Arbeitern, zu sprechen.

Unsere Arbeitseinstellung ist aus dem einfachen Grunde keine Kriegserklärung gegen den gesammten Staat, weil der Staat die Verhältnisse zwischen Arbeitgebern und Arbeitern bis jetzt immer nur als privatrechtliche anerkannte, kein Mensch kann uns das Recht verweigern, unsere Arbeitskraft so theuer wie möglich zu verkaufen, wie Niemand dem Kapitalisten verbieten kann, seine Waaren zu den besten Preisen abzusetzen. — Die Forderungen ferner, die wir an die Buchdruckereibesitzer stellen, führen keineswegs zur „Arbeiter-Despotie“; wir wollen und müssen, so lange der Staat nicht selbst die Assoziationen, die Verbindungen der Arbeiter gegen die Ausbeutung des Kapitals in's Leben ruft und sie begünstigt, uns selber vereinigen und die Bedingungen aufstellen, unter welchen wir unsere Arbeitskraft verkaufen. Es ist bekannt, daß in Mainz im Juni d. J. ein von 120 deutschen Städten beschickter Buchdruckerkongreß war, der Bestimmungen traf, nach welchen alle deutschen Buchdrucker sich zu einem brüderlichen Bunde vereinigten, der sie schützen soll sowohl vor der Willkür Einzelner als vor Noth und Entbehrung in Krankheitsfällen und im Alter. Es wurden sowohl Minimumpreise für ganz Deutschland festgesetzt, als Bestimmungen für die Annahme von Lehrlingen, für Bildung von Schiedsgerichten getroffen, so wie ein Grundstatut für die Assoziation aller deutschen Buchdrucker angenommen. Dies Letztere ist hauptsächlich nur für die Verhältnisse der Gehülfen zu einander Gesetz.

Wir haben den 31. Juli, also einen Tag vor der Arbeitseinstellung vor einer Kommission des Local-Vereins fürs Wohl der arbeitenden Klassen erklärt, daß wir die Arbeit nicht einstellen würden, wenn die Buchdruckereibesitzer sich dazu entschlössen, den Theil der Mainzer Beschlüsse anzuerkennen, der sich auf die Arbeits-Preise und das Maschinenwesen bezieht, dagegen stellten wir ihnen frei, über die Bestimmungen, welche das Lehrlingswesen, das Schiedsgericht und die übrigen speziellen Forderungen der Berliner Buchdrucker betreffen, eine gemeinsame Berathung stattfinden zu lassen. Die Preise, welche in Mainz als Minimum festgesetzt worden, sind nur um ein Geringes höher, als die vom 1. Juni in einigen Druckereien bezahlten. Wir aber haben die Arbeit nicht eingestellt um die wenigen Pfennige, welche uns zu Gute kommen sollen, und die unser Loos doch nicht zu einem glücklichen machen können, wir haben sie eingestellt, weil man uns das Recht streitig macht, uns mit unsern deutschen Brüdern zu gemeinsamen Forderungen zu vereinigen, weil man von den auf dem Mainzer Kongresse gefaßten Beschlüssen nicht einen Punkt annehmen will, und somit über den stattgefundenen Kongreß, als wäre er gar nicht da gewesen, hinweggehen will, d. h. weil man nicht dulden will, daß Arbeiter sich herausnehmen, sich selbstständig zu vereinigen und in Gemeinschaft ihre Angelegenheiten zu leiten.

Arbeiter! Jetzt werdet Ihr verstehen, um was es sich bei unserer Arbeitseinstellung handelt. Eine große Prinzipienfrage ist es, für die wir in die Schranken getreten sind und für deren Lösung in unserem Sinne wir unser Wohl auf's Spiel gesetzt haben. Wir wollen sehen, ob wir uns das Recht nicht wahren können, das jedem Bürger im Lande frei steht, seine Waare nach seinem Willen zu verkaufen, oder ob wir Arbeiter Sklaven sind, die nehmen müssen, was man ihnen für ihre Arbeit geben will!

Wir wollen ferner erfahren, ob wir Arbeiter das Recht eines jeden Bürgers, sich zu associiren, nicht auch für uns in Anspruch nehmen können, oder ob wir gezwungen werden dürfen, vereinzelt uns gegenseitig Konkurrenz zu machen, uns gegenseitig zu Grunde zu richten!

Wenn auch einige unserer Collegen uns verlassen, wir übrigen halten fest und wanken nicht! Unsere auswärtigen Collegen werden nicht so schlecht sein, uns unsere Stellen zu rauben. Wir rechnen auf die Zustimmung aller Demokraten, aller Arbeiter, und daß unsere Bewegung eine demokratische ist, hat selbst die Vossische Zeitung heute anerkannt, indem sie die lächerliche Lüge meldet, es seien uns bedeutende Geldmittel (man sprach von 14000 Franken) aus Frankreich und der Schweiz zugekommen.

Wir sind Arbeiter, unser ganzer Reichthum ist der Lohn, den wir für unsere Arbeit erhalten; daß es ein genügender, ein unserer Thätigkeit angemessener sei, das ist es, was wir wollen. Was uns aber noch mehr werth ist als dies, das ist die Anerkennung unserer Brüder, der Arbeiter, die, so hoffen wir es, uns nicht verlassen werden.

Berlin, den 10. August 1848.

Das Comité der Berliner Buchdruckergehülfen.

Im Auftrage: **Born.**

Die Forderungen der Buchdruckergehülfen haben bis jetzt angenommen: Die Vereins-Buchdruckerei, die Buchdruckerei der Vossischen Zeitung, sowie die Buchdruckereien der Herren Brandis, Lindow und Fähndrich, und ist in denselben die Arbeit wieder aufgenommen worden.

Demokratische Thronrede.

Am 22sten Mai 1848

nicht gehalten.

Dem demokratischen Klubb gewidmet.

48/49.

Um 12¼ Uhr erscheint im Sitzungssaale der konstituirenden National-Versammlung, nach Vortritt des gesammten Staatsministeriums in Begleitung der Prinzen des königlichen Hauses (mit Ausnahme des dem Volke mißfälligen Prinzen von Preußen) Se. Majestät der König, und wird von den Abgeordneten, von denen ein großer Theil eine Zeitlang geglaubt hatte, ihn nicht mehr auf dem Throne zu sehen, mit einem Lebehoch empfangen. Einige Abgeordnete konnten bei diesem Lebehoch gar nicht einstimmen, weil sie die Sitzung wegen mißliebiger Förmlichkeiten in anerkennungswerther Konsequenz in der ewigen Lampe eröffneten.

Die Thronrede lautet (vom Könige vorgelesen) folgendermaßen:

„Meine Herren Abgeordneten!"

„Mit gepreßtem Herzen begrüße ich eine Versammlung, welche der allgemeine Volkswille im Widerspruche gegen meine früheren Gesinnungen berufen hat, um eine Verfassung mir vorzuschreiben, die jetzt den Glanz der Krone verdunkeln wird, während sie vor zwei Jahren, wo ich, stolzer wie heute, die Konstitution als ein geschriebenes Blatt Papier zwischen Volk und Fürst verdammte, mir die Bewunderung Europa's errungen hätte."

„Ich gestehe mit Betrübniß, daß die Bande, die das preußische Volk seit 400 Jahren mit dem Hause der Hohenzollern verknüpft haben, durch ein unglückseliges System und ein unheilvolles Mißverständniß, in Folge dessen sogar mein königlicher Bruder noch immer außer seinem Vaterlande weilt, theilweise zerrissen sind. Die Stimme des Volks hat sich deutlich für eine konstitutionelle Erb-Monarchie entschieden und sie hat mich aufgefordert, in dem provisorischen Zustande nach der Revolution, die Zügel in den Händen zu behalten. Jetzt aber, meine Herren, ist es Ihre Aufgabe, die Machtvollkommenheit der Krone zu bestimmen, damit auf diese Weise die Souveränität des Volks eine Wahrheit werde. Der Entwurf der neuen Verfassung sollte Ihnen von meinen Ministern vorgelegt werden, doch wünsche ich nicht, daß das Volk sich in Folge dieser Maßregel von Neuem für betrogen halten könnte, und überlasse es Ihnen, durch eine aus Ihrem Schoße hervorgegangene Kommission dies Verfassungswerk zu entwerfen."

„Mit Ihnen zugleich werden in Frankfurt a. M. die Vertreter der ganzen Nation zusammentreten. Es könnte besser erscheinen, wenn ich mit Ihrer Einberufung gewartet hätte, bis jene Versammlung über das Schicksal Deutschlands entschieden hat, allein sie wird auf die Verfassung des Staats höchstens in sofern einwirken, als sie die Macht der Fürsten schmälert, und ich werde mich den Beschlüssen derselben gern unterwerfen. Der Rechtszustand ist zwar ein beruhigender, und das Volk hat seine Würde auf so herrliche Weise an den Tag gelegt, daß ich die Versammlung noch länger hätte verschieben können, allein der Theil des Volks, welchen wir früher Pöbel nannten, steht so unterdrückt dem Reichen gegenüber, daß wir ihm bald einige Rechte einräumen müssen, damit nicht ein neuer vernichtender Sturm losbreche."

„Die Einheit Deutschlands ist vom Volke als ein erstrebenswerthes Ziel gefordert. Die innere Ruhe würde sich schneller befestigt haben, wenn nicht die Reaktion, verrätherisch gegen Vaterland und Mitbürger, den Kredit untergrübe, und die Staatskassen durch die schlechte Wirthschaft des früheren Ministeriums nicht gänzlich erschöpft wären. Diese Erschöpfung der Staatskassen machte es auch unmöglich, ausgedehntere Gelegenheit zur Beschäftigung der Arbeitslosen zu schaffen, von denen jedoch viele zu den Freischaaren geworben, und so mancher Stoff zu neuen Gährungen entfernt wurde.„

„Die Vergangenheit bietet uns keine Ersparnisse dar, die die Gegenwart in ihren Nothstande erschöpfen könnte: daher die Bemühungen des Ministeriums, Geld zu schaffen, sehr lobenswerth erscheinen. Die Bevölkerung der Provinz Posen durch organische Einrichtungen zu beglücken, hat sich als unmöglich herausgestellt, und so tief ich es beklage, auf dem einmal betretenen Wege nicht fortschreiten zu können, so werden Sie so gerecht sein, Ihre Vorwürfe gegen das Ministerium zu richten."

„Der beste Beweis, daß ich es mit der Freiheit des Volks ehrlich meine, ist der, daß ich keinen Krieg begonnen habe, in welchem die Kräfte, die zum Schutze der Volksfreiheit nach Innen nothwendig sind, verzehrt würden. Die Störung des Friedens an einem Punkte wurde von dem Volke, welches jetzt mit so großer Liebe alle Deutschen Brüder umfaßt, so mächtig verlangt, daß dieser Wunsch mich erfreute, um so mehr, da es sich bewährt hat, daß das Volk aus den Kriegen, zu denen nicht ein Fürst sie aufgerufen, sondern die es selbst gewollt und begonnen hat, immer als Sieger hervorgeht."

So würde eine Thronrede gelautet haben, die ein volksthümliches und wahrheitsliebendes Ministerium dem König in den Mund gelegt hätte.

Gedruckt in der Vereins-Buchdruckerei, Neue Kirchgasse Nr. 2, am Petri-Platze.

Zu haben Sophienstraße Nr. 1a.

„Demokratische Thronrede am 22. Mai 1848 – nicht gehalten"
Stadtgeschichtliches Museum Leipzig
1848/49:118/29 Nr.35

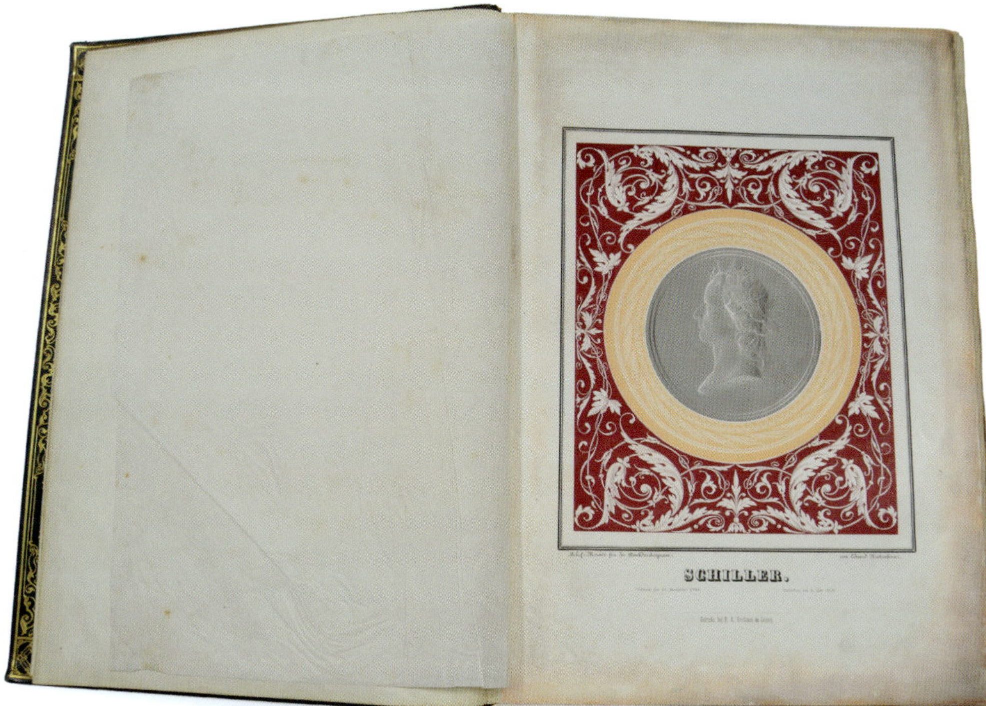

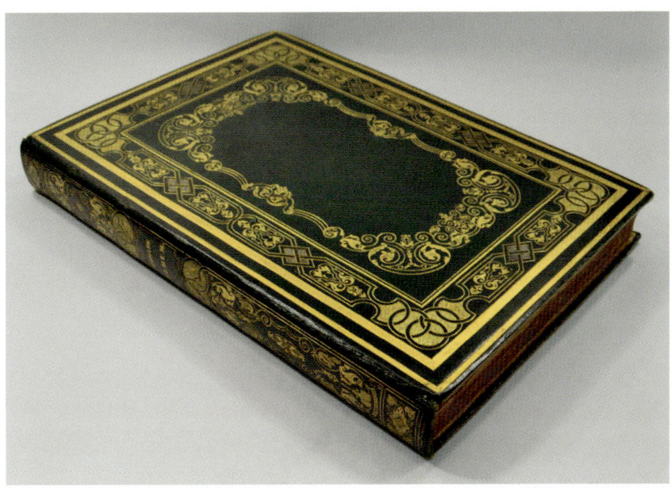

Schiller Album, 1840 – 1870
Stadtgeschichtliches Museum Leipzig
A/686/2008

Der Prachtband enthält Berichte von Schillerfeiern und Versammlungen sowie Jahres- und Geschäftsberichte mit originalen Unterschriften von Robert Blum, Georg Herwegh u.a.

… 1863
WEITERE EXPONATE

FAHNE „DIE SCHNEIDER-GESELLEN IN HARBURG“, 1861
ARCHIV DER. SOZIALEN DEMOKRATIE, BONN
6/FAHNE0064

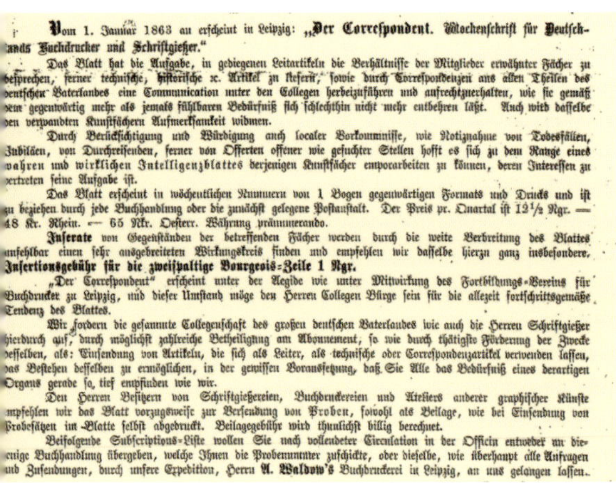

Vom 1. Januar 1863 an erscheint in Leipzig: **„Der Correspondent. Wochenschrift für Deutschlands Buchdrucker und Schriftgießer.“**

Das Blatt hat die Aufgabe, in gediegenen Leitartikeln die Verhältnisse der Mitglieder erwähnter Fächer zu besprechen, ferner technische, historische ꝛc. Artikel zu liefern, sowie durch Correspondenzen aus allen Theilen des deutschen Vaterlandes eine Communication unter den Collegen herbeizuführen und aufrechtzuerhalten, wie sie gemäß dem gegenwärtig mehr als jemals fühlbaren Bedürfniß sich schlechthin nicht mehr entbehren läßt. Auch wird dasselbe den verwandten Kunstfächern Aufmerksamkeit widmen.

Durch Berücksichtigung und Würdigung auch localer Vorkommnisse, wie Notiznahme von Todesfällen, Jubiläen, von Durchreisenden, ferner von Offerten offener wie gesuchter Stellen hofft es sich zu dem Range eines wahren und wirklichen Intelligenzblattes derjenigen Kunstfächer emporarbeiten zu können, deren Interessen zu vertreten seine Aufgabe ist.

Das Blatt erscheint in wöchentlichen Nummern von 1 Bogen gegenwärtigen Formats und Drucks und ist zu beziehen durch jede Buchhandlung oder die zunächst gelegene Postanstalt. Der Preis pr. Quartal ist 12½ Ngr. — 48 Kr. Rhein. — 65 Nkr. Oesterr. Währung pränumerando.

Inserate von Gegenständen der betreffenden Fächer werden durch die weite Verbreitung des Blattes unfehlbar einen sehr ausgebreiteten Wirkungskreis finden und empfehlen wir dasselbe hierzu ganz insbesondere. **Insertionsgebühr für die zweispaltige Bourgeois-Zeile 1 Ngr.**

„Der Correspondent“ erscheint unter der Aegide wie unter Mitwirkung des Fortbildungs-Vereins für Buchdrucker zu Leipzig, und dieser Umstand möge den Herren Collegen Bürge sein für die allezeit fortschrittsgemäße Tendenz des Blattes.

Wir fordern die gesammte Collegenschaft des großen deutschen Vaterlandes wie auch die Herren Schriftgießer hierdurch auf, durch möglichst zahlreiche Betheiligung am Abonnement, so wie durch thätigste Förderung der Zwecke desselben, als: Einsendung von Artikeln, die sich als Leiter, als technische oder Correspondenzartikel verwenden lassen, das Bestehen desselben zu ermöglichen, in der gewissen Voraussetzung, daß Sie Alle das Bedürfniß eines derartigen Organs gerade so tief empfinden wie wir.

Den Herren Besitzern von Schriftgießereien, Buchdruckereien und Ateliers anderer graphischer Künste empfehlen wir das Blatt vorzugsweise zur Versendung von Proben, sowohl als Beilage, wie bei Einsendung von Probesätzen im Blatte selbst abgedruckt. Beilagegebühr wird thunlichst billig berechnet.

Beifolgende Subscriptions-Liste wollen Sie nach vollendeter Circulation in der Officin entweder an diejenige Buchhandlung übergeben, welche Ihnen die Probenummer zuschickte, oder dieselbe, wie überhaupt alle Anfragen und Zusendungen, durch unsere Expedition, Herrn **A. Waldow's** Buchdruckerei in Leipzig, an uns gelangen lassen.

Erster Jahrgang. № 1. Leipzig, 1. Januar 1863.

Der Correspondent

Wochenschrift für Deutschlands Buchdrucker und Schriftgießer.

Prospectus.

Vom 1. Januar 1863 an erscheint in Leipzig: **„Der Correspondent. Wochenschrift für Deutschlands Buchdrucker und Schriftgießer.“**

Das Blatt hat die Aufgabe, in gediegenen Leitartikeln die Verhältnisse der Mitglieder erwähnter Fächer zu besprechen, ferner technische, historische ꝛc. Artikel zu liefern, sowie durch Correspondenzen aus allen Theilen des deutschen Vaterlandes eine Communication unter den Collegen herbeizuführen und aufrechtzuerhalten, wie sie gemäß dem gegenwärtig mehr als jemals fühlbaren Bedürfniß sich schlechthin nicht mehr entbehren läßt. Auch wird dasselbe den verwandten Kunstfächern Aufmerksamkeit widmen.

Durch Berücksichtigung und Würdigung auch localer Vorkommnisse, wie Notiznahme von Todesfällen, Jubiläen, von Durchreisenden, ferner von Offerten offener wie gesuchter Stellen hofft es sich zu dem Range eines wahren und wirklichen Intelligenzblattes derjenigen Kunstfächer emporarbeiten zu können, deren Interessen zu vertreten seine Aufgabe ist.

Das Blatt erscheint in wöchentlichen Nummern von 1 Bogen gegenwärtigen Formats und Drucks und ist zu beziehen durch jede Buchhandlung oder die zunächst gelegene Postanstalt. Der Preis pr. Quartal ist 12½ Ngr. — 48 Kr. Rhein. — 65 Nkr. Oesterr. Währung pränumerando.

Inserate von Gegenständen der betreffenden Fächer werden durch die weite Verbreitung des Blattes unfehlbar einen sehr ausgebreiteten Wirkungskreis finden und empfehlen wir dasselbe hierzu ganz insbesondere. **Insertionsgebühr für die zweispaltige Bourgeois-Zeile 1 Ngr.**

„Der Correspondent“ erscheint unter der Aegide wie unter Mitwirkung des Fortbildungs-Vereins für Buchdrucker zu Leipzig, und dieser Umstand möge den Herren Collegen Bürge sein für die allezeit fortschrittsgemäße Tendenz des Blattes.

Wir fordern die gesammte Collegenschaft des großen deutschen Vaterlandes wie auch die Herren Schriftgießer hierdurch auf, durch möglichst zahlreiche Betheiligung am Abonnement, so wie durch thätigste Förderung der Zwecke desselben, als: Einsendung von Artikeln, die sich als Leiter, als technische oder Correspondenzartikel verwenden lassen, das Bestehen desselben zu ermöglichen, in der gewissen Voraussetzung, daß Sie Alle das Bedürfniß eines derartigen Organs gerade so tief empfinden wie wir.

Den Herren Besitzern von Schriftgießereien, Buchdruckereien und Ateliers anderer graphischer Künste empfehlen wir das Blatt vorzugsweise zur Versendung von Proben, sowohl als Beilage, wie bei Einsendung von Probesätzen im Blatte selbst abgedruckt. Beilagegebühr wird thunlichst billig berechnet.

Beifolgende Subscriptions-Liste wollen Sie nach vollendeter Circulation in der Officin entweder an diejenige Buchhandlung übergeben, welche Ihnen die Probenummer zuschickte, oder dieselbe, wie überhaupt alle Anfragen und Zusendungen, durch unsere Expedition, Herrn **A. Waldow's** Buchdruckerei in Leipzig, an uns gelangen lassen.

Leipzig, im December 1862. **Die Redaction.**

ZEITUNG „DER CORRESPONDENT. WOCHENSCHRIFT FÜR DEUTSCHLANDS BUCHDRUCKER UND SCHRIFTGIESSER“, LEIPZIG 1. JANUAR 1863

„Grund-Gesetz für die Credit-Anstalt des Arbeiter-Bildungs-Vereins Leipzig“, 1865
Stadtgeschichtliches Museum Leipzig
Bl.K.A1/250

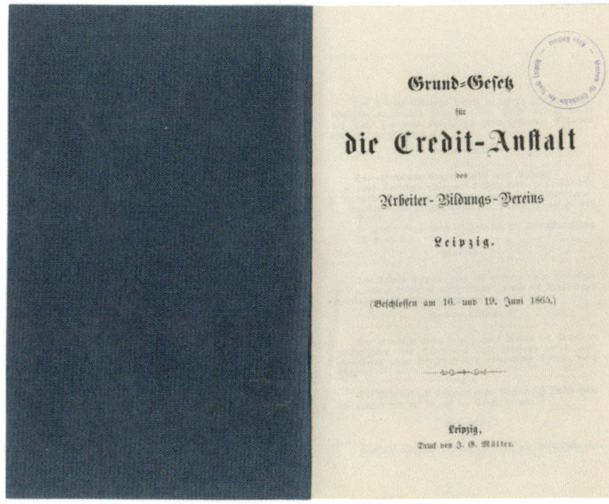

Grund-Gesetz
für
die Credit-Anstalt
des
Arbeiter-Bildungs-Vereins
Leipzig.

(Beschlossen am 16. und 19. Juni 1865.)

Leipzig,
Druck von J. G. Müller.

Stenographie Gesang
englischen Sprache Rechnen Stylistik
Buchführung
Wissenschaftliche Vorträge
Bibliothek

Plakat des Arbeiterbildungsvereins „An die Arbeiter Leipzigs“, 1871
Stadtgeschichtliches Museum Leipzig
K/310/2005

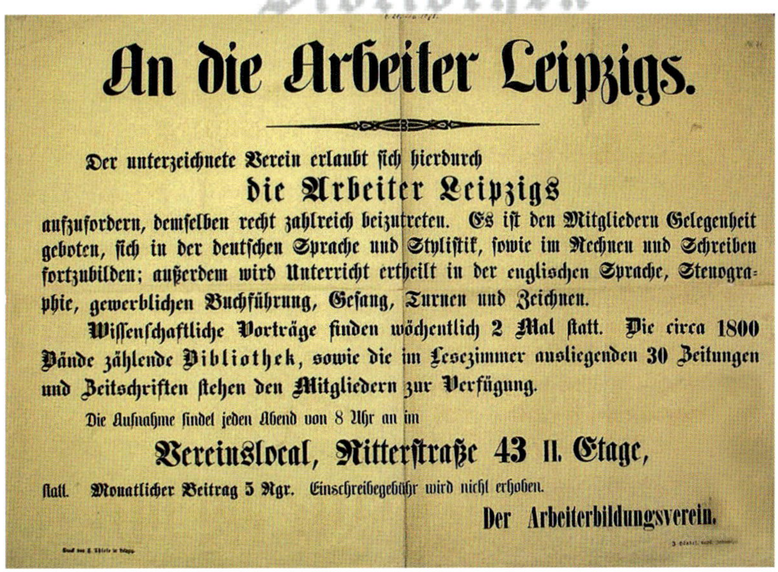

An die Arbeiter Leipzigs.

Der unterzeichnete Verein erlaubt sich hierdurch
die Arbeiter Leipzigs
aufzufordern, demselben recht zahlreich beizutreten. Es ist den Mitgliedern Gelegenheit geboten, sich in der deutschen Sprache und Stylistik, sowie im Rechnen und Schreiben fortzubilden; außerdem wird Unterricht ertheilt in der englischen Sprache, Stenographie, gewerblichen Buchführung, Gesang, Turnen und Zeichnen.

Wissenschaftliche Vorträge finden wöchentlich 2 Mal statt. Die circa 1800 Bände zählende Bibliothek, sowie die im Lesezimmer ausliegenden 30 Zeitungen und Zeitschriften stehen den Mitgliedern zur Verfügung.

Die Aufnahme findet jeden Abend von 8 Uhr an im
Vereinslocal, Ritterstraße 43 II. Etage,
statt. Monatlicher Beitrag 5 Ngr. Einschreibegebühr wird nicht erhoben.

Der Arbeiterbildungsverein.

1890

Thomas Welskopp

„Die Einigkeit, das ist der Funke, der alles zusammenschmilzt ...“

Die deutsche Arbeiterbewegung von 1863 bis 1890

Die Gründung des Allgemeinen Deutschen Arbeitervereins

Es war eine überschaubare Schar von Zaungästen aus der Leipziger Arbeiterschaft, die am Abend des 23. Mai 1863 vor dem hiesigen Veranstaltungssaalbau, dem Pantheon, der Gründung des Allgemeinen deutschen Arbeitervereins (ADAV) beiwohnte. Ganze zwölf Delegierte aus elf Städten stellten die Statuten gebende Körperschaft, die den Philosophen und Advokaten Ferdinand Lassalle aus Düsseldorf, Jahrgang 1825, auf fünf Jahre zum Präsidenten der neuen Organisation wählte. Der Sohn eines Breslauer Seidenhändlers und Erbe eines beträchtlichen Aktienvermögens behielt bei der Kür zum unumschränkten Anführer des zentral über alle deutschen Territorien hinweg formierten Vereins mit Sitz in Leipzig seinen Zylinder auf – ein Zeichen für Lassalles Selbstbewusstsein, dass die deutsche Arbeiterbewegung eher ihn brauchte als umgekehrt. Mit der Zugkraft seiner Person, hatte er geprahlt, werde er binnen Jahresfrist eine Arbeiterarmee von hunderttausend Mann hinter sich geschart haben. Bis zu seinem Tod infolge eines amourös motivierten Pistolenduells im schweizerischen Kaltbad Rigi am 31. August 1864, das andeutete, er habe sein neues politisches Spielzeug bereits längst wieder fallenlassen, hatten sich erst 4.600 Mitglieder im ADAV eingeschrieben, von denen nach optimistischer Schätzung weniger als 1.800 wirklich aktiv waren.[1]

Den Kern der zwölf Delegierten auf der Gründungsversammlung des ADAV stellten die Führer des Leipziger politischen Vereins Vorwärts, darunter vor allem der 21jährige Schuhmachergeselle Julius Vahlteich, der erste Sekretär des neuen Vereins, und der Zigarrenarbeiter Friedrich Wilhelm Fritzsche, ein Dresdner Barrikadenkämpfer aus 1848er Tagen. Sie waren der Überrest des „Leipziger Central-Komité zur Berufung eines Allgemeinen Deutschen Arbeiter-Kongresses zu Leipzig“, das im November 1862 von einem Berliner Parallelgremium Prokura zur Vorbereitung eines Kon-

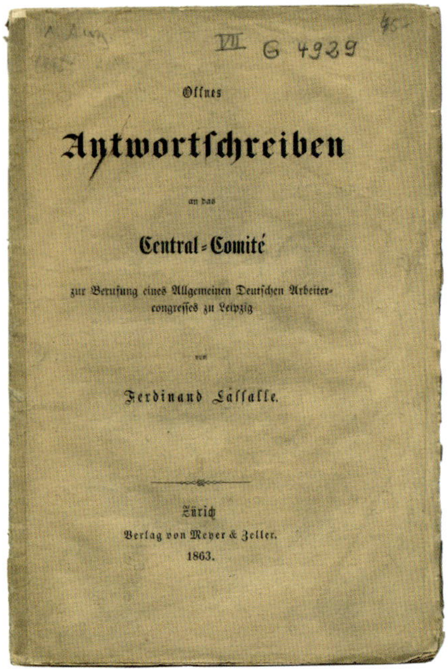
Offnes
Antwortschreiben
an das
Central-Comité
zur Berufung eines Allgemeinen Deutschen Arbeiter-congresses zu Leipzig
von
Ferdinand Lassalle.
Zürich
Verlag von Meyer & Zeller.
1863.

BROSCHÜRE VON FERDINAND LASSALLE: „OFFENES ANTWORTSCHREIBEN AN DAS CENTRAL-COMITÉ ZUR BERUFUNG EINES ALLGEMEINEN DEUTSCHEN ARBEITERCONGRESSES ZU LEIPZIG", ZÜRICH 1863
TECHNOSEUM

gresses erhalten hatte, auf dem es um eine neue Zentralisierung der deutschen Arbeitervereine gehen sollte. Nach einer Versammlung des Komitees im Leipziger Odeon am 30. Oktober 1862 waren die Delegierten des Gewerblichen Bildungsvereins, darunter der 22jährige Drechslergeselle August Bebel, bereits ausgeschieden. Nachdem sich das Leipziger Komitee am 11. Februar 1863 mit dem Ansuchen um Rat in Sachen Arbeiterbewegung und ihrer zweckmäßigen Organisation an verschiedene bekannte Nationalökonomen gewandt hatte – aber nicht an Karl Marx, der den deutschen Touristen zur Londoner Weltausstellung im Sommer 1862 diesbezüglich die kalte Schulter gezeigt hatte –, antwortete Lassalle als einziger in konstruktivem Sinne. Mit der Bitte, „sich an die Spitze der Bewegung zu stellen und die Leitung derselben in die Hand zu nehmen", erklärte sich Lassalle in einem „Offenen Antwortschreiben" vom 1. März 1863 einverstanden. Das Rumpfkomitee in Leipzig votierte in einer Versammlung am 17. März 1863 mit sechs zu vier Stimmen für das „Antwortschreiben" und die dort entfaltete Organisationsidee. Daraufhin traten der Pianofortefabrikant Christian August Dolge und der freiberufliche Volksschriftsteller Emil Roßmäßler, ein ehemaliger Forstprofessor, Leipziger Volksheld der 1848er Revolution und Paulskirchenveteran, aus dem Komitee zurück. Der Resttorso des Rumpfkomitees gründete unter Hinzuziehung weniger externer Delegierter dann in eher prosaischer Weise den ADAV.[2]

Lassalles Kalkül war folgendes: Mit einer auf seine Person eingeschworenen, seiner „diktatorischen" Führungsgewalt unterworfenen Arbeiterarmee gedachte er sich eine Massenbasis zu schaffen, um die linksliberale Fortschrittspartei in Richtung der radikalen Demokratie zu drängen – und sich selbst die längst ersehnte politische Bedeutung zu verschaffen. Das Mittel dazu sollte ein zentral organisierter, deutschlandweiter Arbeiterverein sein – Zweigvereine durfte es wegen der Vereinsgesetze nicht geben – der sich als Agitationsverband für das allgemeine und gleiche Wahlrecht (für Männer) verstand. Mit durchgesetztem Wahlrecht wäre der politische Umsturz zugunsten der arbeitenden Bevölkerung, seiner stereotypen Berechnung zufolge 89 bis 96 Prozent des Volkes, auf strikt legalem Wege unmittelbar möglich. Die soziale Frage, das Problem der Arbeit und der Bedrückungen durch den Kapitalismus, könne erst dann gelöst werden – mit staatlich finanzierten Produktivgenossenschaften, mit „Staatshülfe", wie es damals missverständlich hieß. In diesem Sinne sollte der neue Arbeiterverein eine „Partei" sein: ein Machtfaktor innerhalb der Nationalbewegung und ein Träger der demokratischen Bewegung in einem Spektrum, in dem sich die schwache, regional auf Sachsen und Südwestdeutschland beschränkte bürgerliche Demokratie und der vor allem preußische Linksliberalismus noch nicht voneinander getrennt hatten.[3]

Den Mitgliedern des Leipziger Zentralkomitees und den wenigen auswärti-

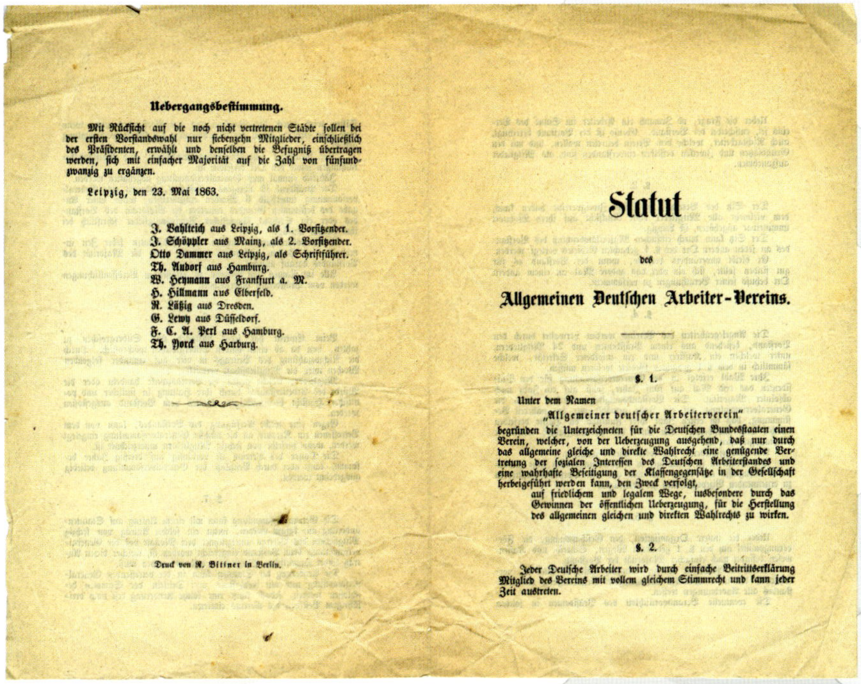

Uebergangsbestimmung.

Mit Rücksicht auf die noch nicht vertretenen Städte sollen bei der ersten Vorstandswahl nur siebenzehn Mitglieder, einschließlich des Präsidenten, erwählt und denselben die Befugniß übertragen werden, sich mit einfacher Majorität auf die Zahl von fünfundzwanzig zu ergänzen.

Leipzig, den 23. Mai 1863.

J. Vahlteich aus Leipzig, als 1. Vorsitzender.
J. Schöppler aus Mainz, als 2. Vorsitzender.
Otto Dammer aus Leipzig, als Schriftführer.
Th. Audorf aus Hamburg.
W. Heymann aus Frankfurt a. M.
H. Hillmann aus Elberfeld.
R. Läßig aus Dresden.
G. Lewy aus Düsseldorf.
F. C. A. Perl aus Hamburg.
Th. Yorck aus Harburg.

Druck von R. Bittner in Berlin.

Statut

des

Allgemeinen Deutschen Arbeiter-Vereins.

§. 1.

Unter dem Namen

„Allgemeiner deutscher Arbeiterverein"

begründen die Unterzeichneten für die Deutschen Bundesstaaten einen Verein, welcher, von der Ueberzeugung ausgehend, daß nur durch das allgemeine gleiche und direkte Wahlrecht eine genügende Vertretung der sozialen Interessen des Deutschen Arbeiterstandes und eine wahrhafte Beseitigung der Klassengegensätze in der Gesellschaft herbeigeführt werden kann, den Zweck verfolgt,

auf friedlichem und legalem Wege, insbesondere durch das Gewinnen der öffentlichen Ueberzeugung, für die Herstellung des allgemeinen gleichen und direkten Wahlrechts zu wirken.

§. 2.

Jeder Deutsche Arbeiter wird durch einfache Beitrittserklärung Mitglied des Vereins mit vollem gleichem Stimmrecht und kann jeder Zeit austreten.

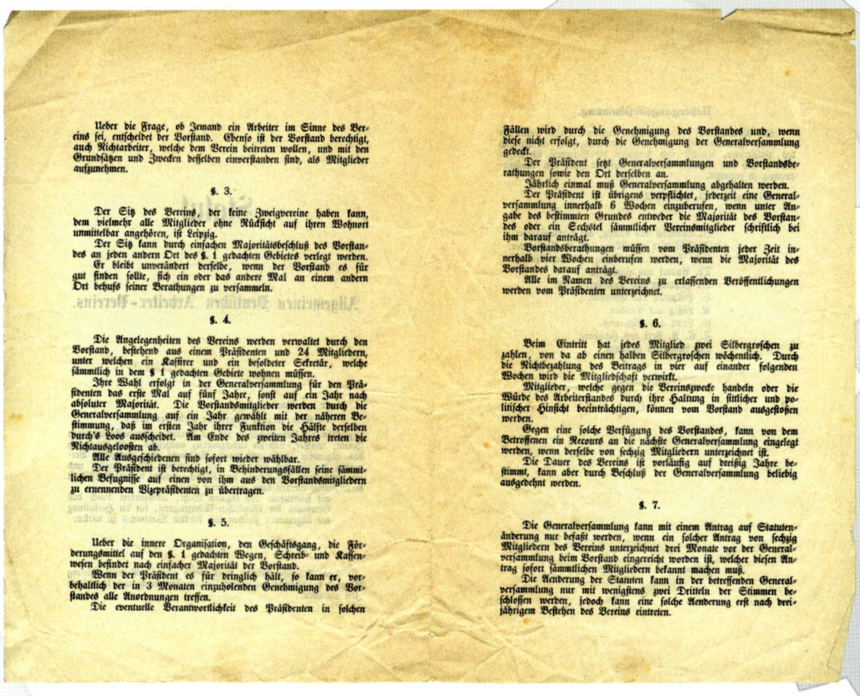

Ueber die Frage, ob Jemand ein Arbeiter im Sinne des Vereins sei, entscheidet der Vorstand. Ebenso ist der Vorstand berechtigt, auch Nichtarbeiter, welche dem Verein beitreten wollen, und mit den Grundsätzen und Zwecken desselben einverstanden sind, als Mitglieder aufzunehmen.

§. 3.

Der Sitz des Vereins, der keine Zweigvereine haben kann, dem vielmehr alle Mitglieder ohne Rücksicht auf ihren Wohnort unmittelbar angehören, ist Leipzig.

Der Sitz kann durch einfachen Majoritätsbeschluß des Vorstandes an jeden andern Ort des §. 1 gedachten Gebietes verlegt werden.

Er bleibt unverändert derselbe, wenn der Vorstand es für gut finden sollte, sich ein oder das andere Mal an einem andern Ort behufs seiner Berathungen zu versammeln.

§. 4.

Die Angelegenheiten des Vereins werden verwaltet durch den Vorstand, bestehend aus einem Präsidenten und 24 Mitgliedern, unter welchen ein Kassirer und ein besoldeter Sekretär, welche sämmtlich in dem § 1 gedachten Gebiete wohnen müssen.

Ihre Wahl erfolgt in der Generalversammlung für den Präsidenten das erste Mal auf fünf Jahre, sonst auf ein Jahr nach absoluter Majorität. Die Vorstandsmitglieder werden durch die Generalversammlung auf ein Jahr gewählt mit der näheren Bestimmung, daß im ersten Jahr ihrer Funktion die Hälfte derselben durch's Loos ausscheidet. Am Ende des zweiten Jahres treten die Nichtausgeloosten ab.

Alle Ausgeschiedenen sind sofort wieder wählbar.

Der Präsident ist berechtigt, in Behinderungsfällen seine sämmtlichen Befugnisse auf einen von ihm aus den Vorstandsmitgliedern zu ernennenden Vizepräsidenten zu übertragen.

§. 5.

Ueber die innere Organisation, den Geschäftsgang, die Förderungsmittel auf den §. 1 gedachten Wegen, Schreib- und Kassenwesen befindet nach einfacher Majorität der Vorstand.

Wenn der Präsident es für dringlich hält, so kann er, vorbehaltlich der in 3 Monaten einzuholenden Genehmigung des Vorstandes alle Anordnungen treffen.

Die eventuelle Verantwortlichkeit des Präsidenten in solchen Fällen wird durch die Genehmigung des Vorstandes und, wenn diese nicht erfolgt, durch die Genehmigung der Generalversammlung gedeckt.

Der Präsident setzt Generalversammlungen und Vorstandsberathungen sowie den Ort derselben an.

Jährlich einmal muß Generalversammlung abgehalten werden.

Der Präsident ist übrigens verpflichtet, jederzeit eine Generalversammlung innerhalb 6 Wochen einzuberufen, wenn unter Angabe des bestimmten Grundes entweder die Majorität des Vorstandes oder ein Sechstel sämmtlicher Vereinsmitglieder schriftlich bei ihm darauf anträgt.

Vorstandsberathungen müssen vom Präsidenten jeder Zeit innerhalb vier Wochen einberufen werden, wenn die Majorität des Vorstandes darauf anträgt.

Alle im Namen des Vereins zu erlassenden Veröffentlichungen werden vom Präsidenten unterzeichnet.

§. 6.

Beim Eintritt hat jedes Mitglied zwei Silbergroschen zu zahlen, von da ab einen halben Silbergroschen wöchentlich. Durch die Nichtbezahlung des Beitrags in vier auf einander folgenden Wochen wird die Mitgliedschaft verwirkt.

Mitglieder, welche gegen die Vereinszwecke handeln oder die Würde des Arbeiterstandes durch ihre Haltung in sittlicher und politischer Hinsicht beeinträchtigen, können vom Vorstand ausgestoßen werden.

Gegen eine solche Verfügung des Vorstandes, kann von dem Betroffenen ein Recours an die nächste Generalversammlung eingelegt werden, wenn derselbe von sechzig Mitgliedern unterzeichnet ist.

Die Dauer des Vereins ist vorläufig auf dreißig Jahre bestimmt, kann aber durch Beschluß der Generalversammlung beliebig ausgedehnt werden.

§. 7.

Die Generalversammlung kann mit einem Antrag auf Statutenänderung nur befaßt werden, wenn ein solcher Antrag von sechzig Mitgliedern des Vereins unterzeichnet drei Monate vor der Generalversammlung beim Vorstand eingereicht worden ist, welcher diesen Antrag sofort sämmtlichen Mitgliedern bekannt machen muß.

Die Aenderung der Statuten kann in der betreffenden Generalversammlung nur mit wenigstens zwei Dritteln der Stimmen beschlossen werden, jedoch kann eine solche Aenderung erst nach dreijährigem Bestehen des Vereins eintreten.

„Statut des Allgemeinen Deutschen Arbeitervereins", 1863
Folio
Archiv der sozialen Demokratie, Bonn (Bestand ADAV)

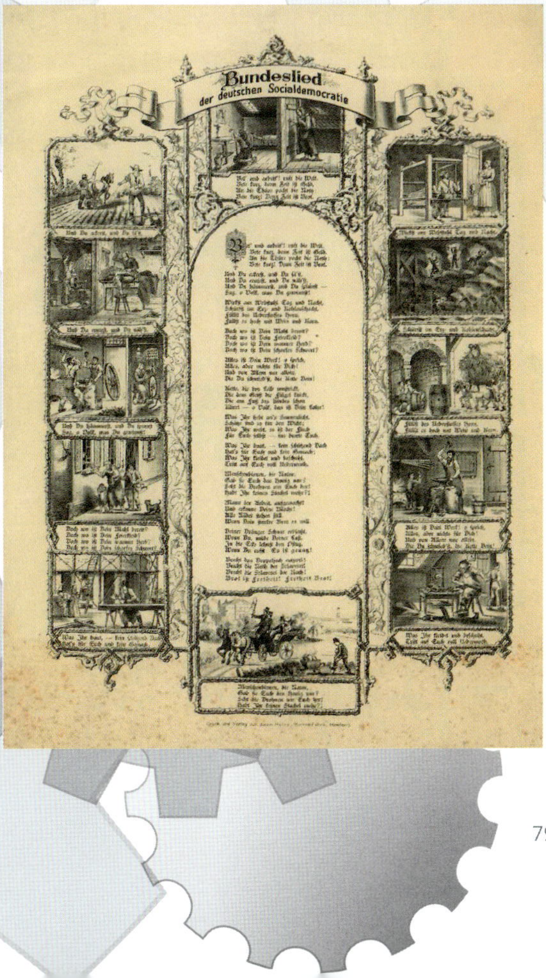

Georg Herwegh: „Bundeslied der Deutschen Socialdemocratie", 1863
IISH Amsterdam

Gründungsversammlung des ADAV, 1863

Julius Vahlteich
Friedrich Wilhelm Fritzsche
Ferdinand Lasalle
Bernhard Becker
August Perl

gen Delegierten erschien die Aussicht auf unmittelbare und offene, gegenüber der verschleiernden Arbeiterbildungsvereinsrhetorik sogar demonstrative politische Betätigung verlockend. Für diesen befreiend empfundenen Aktivismus war man bereit, Zumutungen hinzunehmen: über Lassalles bevormundende Arroganz hinaus seine diktatorischen Befugnisse, die Aufforderung, sich der geliebten „Vereinsspielerei" zugunsten eintöniger Agitation für das Wahlrecht zu entsagen und schließlich, die Diskussion der sozialen Frage einstweilen hintanzustellen. Der ADAV soll te für die radikale Demokratie streiten, war aber alles andere als eine demokratische Veranstaltung. Der angehende Kleinmeister im Schuhmachergewerbe Vahlteich vermisste bei Lassalle ein Bekenntnis zu Nationalwerkstätten als Instrument zur „Organisation der Arbeit", glaubte aber an ein nur taktisch bedingtes Schweigen. Allerdings wichen Lassalles Idee der Organisation

Fahne des ADAV, „Mitgliedschaft Stuttgart", 1863
DHM Berlin
Fa 79/20

und die Praxis an der Basis des Vereins schnell und grundsätzlich voneinander ab. Wie selbstverständlich verkehrten ADAV-Mitglieder im Rahmen ihrer gewohnten lokalen Arbeitervereinskontexte weiter. In Städten wie Hamburg oder Barmen und Elberfeld taten sich die ADAV-Mitgliedschaften wie Zweigvereine zusammen und feierten Lassalles Geburtstage wie Stiftungsfeste, obwohl die Vereinsgesetze lokale Filialbildungen bei politischen Zusammenschlüssen verboten hatten. Einem in den wenigen Zentren regen, obwohl statutenwidrigen Vereinsleben des ADAV trat ein tristes, Konflikt geladenes Außenseiterdasein in der Diaspora an die Seite. Der ADAV blieb zu unbedeutend, um eine Partei in der Nationalbewegung zu sein; er wurde zur Partei innerhalb der breiten Vereinsbewegung, die die deutsche Arbeiterbewegung die 1860er Jahre hindurch weiterhin blieb – eher Spaltpilz als einigende Kraft. „Der einzige Vorteil dieser Meinungskämpfe war", bilanzierte Bebel in seinen Memoiren, „dass beide Teile die größten Anstrengungen machten, ihren Anhang zu vermehren."[4]

Die Arbeiterbildungsvereine und die Arbeitervereinsbewegung der 1860er Jahre

Deshalb ist es aus der Rückschau kaum haltbar, die Gründung des ADAV als revolutionäre Stiftung eines neuen politischen Parteiprinzips und als radikalen Bruch mit der liberal gegängelten, betulichen Praxis der Arbeiterbildungsvereine zu verklären. Der ADAV verkomplizierte eine ohnehin in Gärung und Bewegung geratene Organisationslandschaft. Der Korpus der seit Anfang der 1860er Jahre in großer Zahl gegründeten Arbeiter- und Arbeiterbildungsvereine war in der Tat eine umworbene potenzielle politische Schwungmasse für die deutsche Nationalbewegung. Diese trat organisatorisch noch einheitlich auf – zusammengeschlossen im Deutschen Nationalverein – doch begaben sich die verschiedenen Strömungen im liberaldemokratischen Spektrum auf die Suche nach den stärkeren Bataillonen. Die preußische Fortschrittspartei, zunächst mehrheitlich linksliberal mit verstreuten demokratischen Einsprengseln, gewann durch ihre standhafte Stellung im preußischen Verfassungskonflikt großen Respekt, personifizierte aber geradezu die kleindeutsche Lösung der nationalen Frage unter Preußens Führung („preußische Spitze"). Demgegenüber kämpften die bürgerlichen Demokraten in Sachsen und Südwestdeutschland für ein Großdeutschland, also unter Einschluss der deutschsprachigen Gebiete Österreich-Ungarns, für das die Gemäßigten eine kaiserliche, mithin konstitutionell-monarchische Spitze vorsahen und die Radikalen einen republikanischen Einheitsstaat, der Preußen regelrecht verschluckt hätte.[5]

Für die preußisch-kleindeutsche Haltung stand etwa der Genossenschaftsstifter Hermann Schulze-Delitzsch aus dem Sechsunddreißiger-Ausschuss des Nationalvereins; für die demokratischgroßdeutsche Position der Frankfurter Bankier Leopold Sonnemann. Lassalles Einfluss blieb in diesen Kreisen auch deshalb so beschränkt, weil er als kleindeutscher Demokrat ein Exot war. Schulze-Delitzsch, wie andere Liberale, und Sonnemann waren unter den bürgerlichen Politikern, die eifrig um die Klientel in den Arbeiter- und Arbeiterbildungsvereinen rangen. Dort war wenig von der politischen Unbedarftheit und Abhängigkeit von den Liberalen zu spüren, wie oft unterstellt. Man drängte in die Nationalbewegung hinein,und eine der am häufigsten diskutierten Forderungen, die unter anderen Julius Vahlteich formulierte, war die nach der Möglichkeit, den Mitgliedsbeitrag zum Nationalverein, den dieser jährlich erhob, in monatlichen Raten zahlen zu können. Einer solchen Regelung, die dem Beitritt national gesinnter Arbeiter und Handwerker die Bahn hätte bereiten können, verwehrte sich der Nationalverein seit 1862 strikt. Seine „oligarchische" Führung strebte an, Massenbewegungen zu initiieren und zu steuern, nicht aber, den National-

BRONZESTATUE
HERMANN SCHULZE-DELITZSCH,
VON HANS ARNOLDT, 1899
SCHULZE-DELITZSCH-HAUS EG, BONN

verein selber zu einer zu machen. 1864 zählte er 21.000 Mitglieder, die ihm Einnahmen von 25.000 Gulden im Jahr einbrachten. In einer Rede vor einer stark besuchten Arbeiterversammlung im Leipziger Tivoli brachte Schulze-Delitzsch diese elitär-patriarchalische Haltung des Nationalvereins gegenüber der Arbeiterschaft auf folgenreiche Weise zum Ausdruck, indem er die Arbeiter zur Sparsamkeit anhielt und solche, die ihre soziale Lage dadurch verbesserten, „im Namen des Ausschusses als geistige Mitglieder, als Ehrenmitglieder des Nationalvereins" begrüßte.[6]

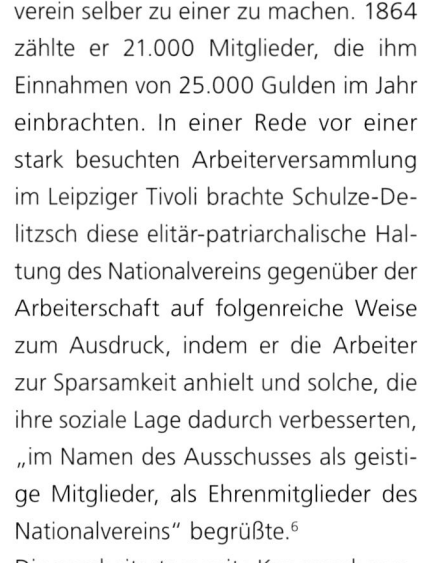

Die gescheiterte zweite Kongressbewegung und schließlich die Entscheidungsschritte auf dem Weg zur Gründung des ADAV waren wesentlich die Sache großer, so genannter „freier" Arbeiterversammlungen gewesen, an denen neben den Mitgliedern der örtlichen Arbeitervereine und Komitees zahlreiche organisatorisch noch ungebundene Arbeiter teilnahmen, die die Abstimmungen zum Teil dominierten. Darauf, sie zu gewinnen, hatten die Bestrebungen zu einer neuerlichen Zentralisierung der Vereinsbewegung gezielt; auf sie setzte jetzt der ADAV, während die bestehenden Arbeiter- und Arbeiterbildungsvereine im „freien" Versammlungswesen eher die Gefahr populistischer Manipulation durch Demagogen vom Schlage Lassalles fürchteten. Das Auftauchen des ADAV beschleunigte auf der politischen Bühne eine viel tiefer gehende Dynamik in Richtung auf die innere Emanzipation und Demokratisierung der Arbeitervereine und ihre Weiterentwicklung zu nach außen hin handlungsfähigen politischen Verbänden. Die Aufhebung des Bundestagsbeschlusses vom 13. Juli 1854, der jegliche Vereine mit „sozialistischen, kommunistischen, überhaupt politischen Zielen" im gesamten Gebiet des Deutschen Bundes außerhalb des Gesetzes gestellt hatte, am 20. März 1864 war hierfür eine wesentlicheErleichterung.

Wenn man sich die Geschichte des Leipziger Arbeiterbildungsvereins anschaut, der bis 1865 Gewerblicher Bildungsverein hieß und zuvor formell unter der Kuratel der bürgerlichen Polytechnischen Gesellschaft gestanden hatte, dann kann man sich eine Vorstellung von dieser inneren Demokratisierungsdynamik und äußeren Verbandstätigkeit machen.[7] Jeden Abend wurde den Vereinsmitgliedern ein Kurs angeboten, von denen eine Reihe, so montags „Deutsche Literatur und Stylübungen" oder dienstags im Wechsel „Geschichte" oder „verschiedene Vorträge in Fragebeantwortung", durchaus geeignet waren, den politischen Akteur in den Teilnehmern zu schulen.[8] Die „Vergnügungs-Abtheilung" war höchst aktiv, und in den allgemeinen Versammlungen oder beim Bier im Vereinslokal wurde intensiv über politische Streitfragen diskutiert. Der Verein war eine Schule angewandter Demokratie, und in seinen Debatten übten sich die vielen jungen Rednertalente der künftigen sozialdemokratischen Arbeiterbewegung ein, die mit einer von ihren Vereinsgenossen anerkannten Gabe der Rede auch (männlichen) Status in der Gruppe erwerben konnten. Für die Handwerksgesellen und kleinen Meister ohne eigenen oder mit kargem, beengtem Hausstand bildete der Verein auch das Zentrum ihres geselligen Lebens außerhalb der Arbeit.[9] „Spottweise" wurde etwa der Buchbindergeselle Wilhelm Taute, der sich bald dem Verein Vorwärts und dann dem ADAV anschließen sollte, von seinem Bruder Karl gefragt, „ob er mir ein Bett im Verein aufstellen sollte".[10]

Die Grenzen der Vereinstätigkeit lagen in der nach innen gerichteten Form des Zusammenschlusses, die es auch nach härtesten Debatten einer Mitgliedermehrheit nicht ratsam erscheinen ließ, eine aktive politische Rolle in der Kongressbewegung einzunehmen. Daraus folgte die Gründung des politischen Vereins Vorwärts im April 1862, in dem vor allem die Initiatoren eines solchen Arbeiterkongresses, also Vertreter der Opposition im Bildungsverein, zusammenfanden. Aber der Vorwärts blieb Fleisch vom Fleische des Bildungsvereins. Nach Gründung der örtlichen ADAV-Gemeinde, mit der man stritt, aber intensiv kommunizierte, vereinigten sich der Verein Vorwärts und der Gewerbliche Bildungsverein 1865 zum Arbeiterbildungsverein, der sich, ohne sein internes Bildungsprogramm aufzugeben, 1869 zur Eisenacher Sozialdemokratischen Arbeiterpartei bekannte. Sein Vorsitzender war seit 1865 Bebel, der den Verein, „der politischen Mauserung seines Vorsitzenden folgend" in zunehmend linkes Fahrwasser steuerte. Das alles geschah im Rahmen einer intensiven Debattenkultur, in der die Protagonisten auch ihren lebensweltlichen Mittelpunkt fanden: „Wie natürlich, erfüllten die Kämpfe und die vorhandenen Gegensätze in der Bewegung, namentlich in Leipzig, unser ganzes Fühlen und Denken. Die Disputationen, die wir im Verein, in den Versammlungen und im Privatzirkel gepflogen hatten, setzten wir in der Nacht auf der Straße auf dem Heimweg fort. Die Streitereien wurden in der Regel so laut geführt, dass die Nachtwächter sich öfter einmischten und drohten, uns wegen öffentlicher Ruhestörung nach dem Naschmarkt (dem Polizeiamt) zu bringen, wenn wir uns nicht ruhig verhalten würden, eine Mahnung, die nur momentan von Erfolg begleitet war."[11]

Die Entwicklung zum Verband Deutscher Arbeitervereine

Auch gegenüber ihren Verbündeten in der bürgerlichen Demokratie, gewiss aber gegenüber den Patriarchen im liberalen Lager, überholte die innere Demokratisierungsdynamik der Arbeiter- und Arbeiterbildungsvereine die Organisationsangebote für eine Zentralisierung der Bestrebungen. Demokraten und Liberale verdächtigten sich gegenseitig, die Arbeiterklientel in jeweils ihrem Sinne zu manipulieren. Einig war man sich nur, eine organisatorische Verselbständigung der Arbeitervereine als politische Kraft nach Möglichkeit zu verhindern. So gab man in Reaktion auf das Auftreten des ADAV den Weg für eine Gegengründung frei, die dem Verlangen der Arbeitervereinsbasis nach

AUGUST BEBEL (1840 – 1913), 1866

einer Zentralisierung der Kräfte zumindest auf dem Papier nachgab. Die Initiative zur Formierung des Vereinstages Deutscher Arbeitervereine (VDAV) ging von den Maingauvereinen Leopold Sonnemanns aus. Dieser lockere Vereinsverbund sollte die Arbeitervereine gegen den „Lassalleschen Virus" immunisieren und die bürgerliche Führungsrolle in der Nationalbewegung festigen. Der Anfang 1863 gegründete VDAV umfasste zunächst 54 Vereine mit rund 17.000 Mitgliedern. Er umschloss rechts- wie linksliberale und in den 1860er Jahren zunehmend demokratische Arbeitervereine.[12]

Diese „hastig improvisierte" Föderation lokaler Arbeitervereine war zunächst nicht mehr als eine nur einmal im Jahr zusammentretende „Wanderversammlung" ohne handlungsfähige Führung, Publikationsorgan und eigene Finanzen – ein Vereinstag eben, wie es die Kirchentage gibt. Manipulierte Verhandlungsführung, „geschönte" Protokolle und eine Rhetorik der Beschwichtigung sollten den VDAV auf bürgerlichem Kurs halten, als bloßen Resonanzraum liberaler und demokratischer Themen wie der Gewerbefreiheit und der nationalen Frage. Doch brodelte es schon 1863 unter der Oberfläche. Viele Vereine, vor allem in Sachsen, hatten sich von der liberaldemokratischen Vorherrschaft emanzipiert und pochten auf politische Autonomie. 1864 konnten selbst kaum noch verschleierte Bemühungen, die Beratungen zu gängeln und Themen zu tabuisieren, die oppositionellen Tendenzen nicht mehr unterdrücken. So gelang es liberalen Fürsprechern nicht, die Versammlung zu einer einhelligen Verurteilung des ADAV zu bewegen. Forderungen nach dem allgemeinen Wahlrecht erhoben sich stattdessen auch hier. Und erstmals wurde ein Angehöriger der jungen, in den Vereinen sozialisierten Handwerkerelite in den Ständigen Ausschuss des VDAV gewählt: der 24jährige Drechslermeister August Bebel aus Leipzig.[13]

1865 konnte nur noch ein Entgegenkommen der Honoratioren in der Führung die Einheit des VDAV retten. Dafür traten jetzt die unterschiedlichen nationalpolitischen Positionen deutlich zutage. Ein radikaldemokratischer Flügel, der Bebel zufolge die „deutsche Republik" auf seine Fahnen geschrieben hatte, setzte sich von den nach wie vor linksliberal (zunehmend „kleindeutsch") oder immer deutlicher nationalliberal (strikt „kleindeutsch") geführten Arbeitervereinen ab. Die sächsischen und württembergischen Arbeitervereine – demokratisch und „großdeutsch" – gewannen an Gewicht. Eine jährliche Kopfsteuer für jedes Mitglied in den angehörenden Vereinen stellte den Ständigen Ausschuss erstmals auf eine eigene finanzielle Grundlage. Eine Verbandszeitung wurde gefordert, wenn auch noch nicht eingerichtet. Der deutsch-österreichische Krieg von 1866, der die „kleindeutsche" Lösung der nationalen Frage faktisch vorwegnahm und die „Indemnitätserklärung", die nachträgliche Billigung des Bismarck'schen Verfassungsbruchs durch die Fortschrittspartei zerstörten

diesen und den nur noch 1.000 Mitglieder zählenden Nationalverein buchstäblich.Der VDAV spaltete sich in eine demokratische Mehrheit, die sich mit bürgerlichen Kräften in Sachsen und Südwestdeutschland in regionalen Ausprägungen einer antipreußischen Volkspartei verband, und in eine Vereinsminderheit, die im nationalliberalen Lager verblieb. 1867 setzte Bebel die direkte Wahl eines Präsidenten durch den jährlichen Kongress, dessen Besoldung und die Schaffung eines handlungsfähigen Vorstandes am Wohnsitz des Präsidenten, dem Vereinsvorort, durch. Man gründete eine verbandseigene Zeitung, die Deutsche Arbeiterhalle.[14]

Auf dem Nürnberger Vereinstag von 1868 schloss der VDAV seine Transformation zu einem Verband deutscher Arbeitervereine, wie er sich jetzt auch offiziell nannte, ab. Der dort gefasste Beschluss, sich dem Programm der im September 1864 in London gegründeten Internationalen Arbeiterassoziation (I. Internationale) unter Federführung von Karl Marx in deren Zentralrat anzuschließen, war darauf berechnet, die Minderheit der nach wie vor nationalliberal dominierten Arbeitervereine zum Austritt aus dem Verband zu bewegen. Bebel stellte in seiner Korrespondenz fest, „wir hielten ein Programm für notwendig, damit jedermann wisse, wo der Verband stehe, und namentlich Vorort und Redaktion [der Deutschen Arbeiterhalle] wüssten, wie die Mehrheit regiert sehen wollte".[15] Pikanterweise gab es kein „Programm" der Internationale, sondern nur die von Marx im November 1864 ausgearbeitete „Inauguraladresse" und die Statuten, an die sich anzuschließen auch eine Beitragspflicht des VDAV begründet hätte. Das „Programm" war ein Manifest mit dem Titel „Was wir wollen und sollen" und stammte aus der Feder des Leiters der

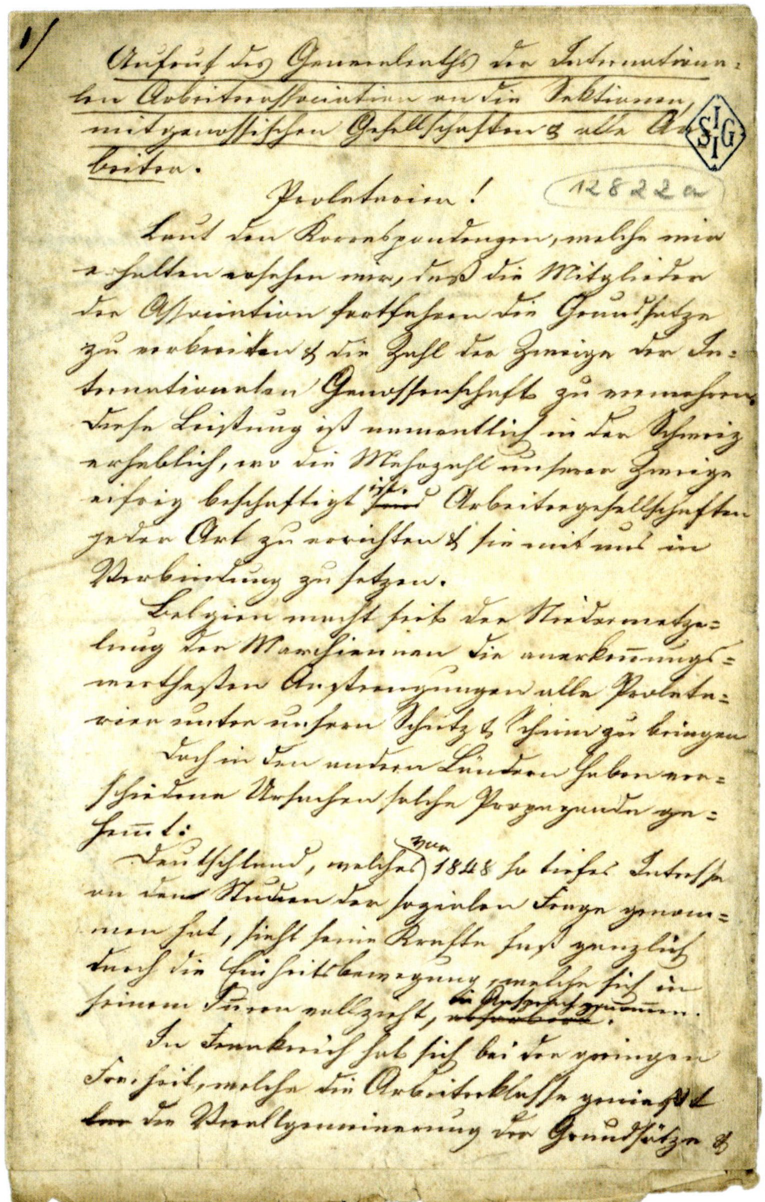

„Aufruf des Generalraths der IAA an die Sektionen, mitgenössischen Gesellschaften und alle Arbeiter"
IISH Amsterdam
NL J.P. Becker, Inventar B

Johann Philipp Becker (1809 – 1886), ca. 1849

deutschsprachigen Sektion der Internationale mit Sitz in Genf, des gelernten Bürstenbinders Johann Philipp Becker, eines Veteranen der 48er Revolution. Dieses Dokument, in der Deutschen Arbeiterhalle und dem Demokratischen Wochenblatt veröffentlicht, war ein Bekenntnis zur radikalen Demokratie und zum Assoziationssozialismus, konnte als Einschwenken auf die Marx'sche Linie also keinesfalls durchgehen. Es sollte auch gar nicht einem förmlichen Beitritt zur Internationale Ausdruck geben, konzedierte Bebel: „In der Hauptsache sollte […] die Tendenz ausgedrückt werden."[16]

Für ihn und den mittlerweile aus dem Londoner Exil nach Deutschland heimgekehrten und ebenfalls in Leipzig aktiven Journalisten Wilhelm Liebknecht sollte sich der VDAV als Vorfeldverband einer noch zu gründenden Deutschen Volkspartei, einer Partei der radikalen großdeutschen Demokratie, etablieren. Er sollte vor allem ein sozial- und gewerkschaftspolitisches Umfeld heranziehen und politisieren. In Sachsen, wo es eine kurzlebige regionale Volkspartei seit 1866 gab, existierten denn auch in vielen Städten vor allem des „Webergürtels" – Crimmitschau, Glauchau, Meerane – an den VDAV angeschlossene Arbeitervereine und politische Volksvereine nebeneinander, deren Mitgliedschaften fast identisch war. Aber die Bildung einer Deutschen Volkspartei ließ auf sich warten. Stattdessen hatte der VDAV die Ansätze zu einer solchen Parteiformierung organisatorisch längst überholt. Man war zu einem politischen Faktor geworden, der sich kaum noch in ein parteipolitisches Vorfeld hätte zurückdrängen lassen. Wie Liebknecht es auf dem Nürnberger Vereinstag auf den Punkt brachte: „[D]a die Arbeiter das Gros des Heeres der Demokratie bilden, ist es nicht an ihnen, sich der Demokratie anzuschließen; sie sind die Demokratie, und die demokratische Volkspartei hat sich einfach mit der demokratischen Arbeiterpartei zu vereinigen."[17]

Wilhelm Liebknecht (1826 – 1900) mit seiner Familie, ca. 1888 (2.v.r.)

Krisen und Konjunkturen des ADAV bis 1869

Anlass für diese forsche Aussage waren nicht zuletzt Aussichten auf eine Vereinigung mit dem ADAV. Dieser hatte seit dem Tod Lassalles im Jahre 1864 einen weniger leuchtend roten als vielmehr trist-grauen Pfad beschritten. Lassalles testamentarisch bestimmter Nachfolger im Amt des ADAV-Präsidenten, der Literat und „verkrachte Berufsrevolutionär" Bernhard Becker, vermochte im Verein keine Autorität zu erringen. Ähnlich erging es Friedrich Wilhelm Fritzsche als amtierendem Vizepräsidenten nach Beckers Ausweisung aus Preußen und Rücktritt im November 1865, dem Elberfelder Schankwirt Hugo Hillmann, einem regionalen Agitator seit den Tagen der Revolution, dem Iserlohner Winkeladvokaten Carl Wilhelm Tölcke und dem Hamburger Rechtskonsulenten August Perl. Obwohl als „Männer des Volkes" mit dem Nimbus der Revolution und gesucht als Berater und Korrespondenten in Rechtssachen – gewissermaßen als nichtjuristisch examinierte „Volksanwälte" – waren alle diese kurzzeitigen ADAV-Präsidenten zu sehr regional gebunden, und von zu provinziellem Zuschnitt, um einen deutschlandweit organisierten Parteiverein zu führen. Bar jeder finanziellen Ressourcen und ohne publizistischen Rückhalt ließen diese Präsidenten den ADAV bis 1867 faktisch führungslos.[18]

Um die Kontrolle des ADAV rangen seit 1864 im Hintergrund zwei Seilschaften: die Gruppe um Lassalles ehemalige

Totenmaske Ferdinand Lassalles, 1864, Neuausformung
IISH Amsterdam
BG K21/154-B

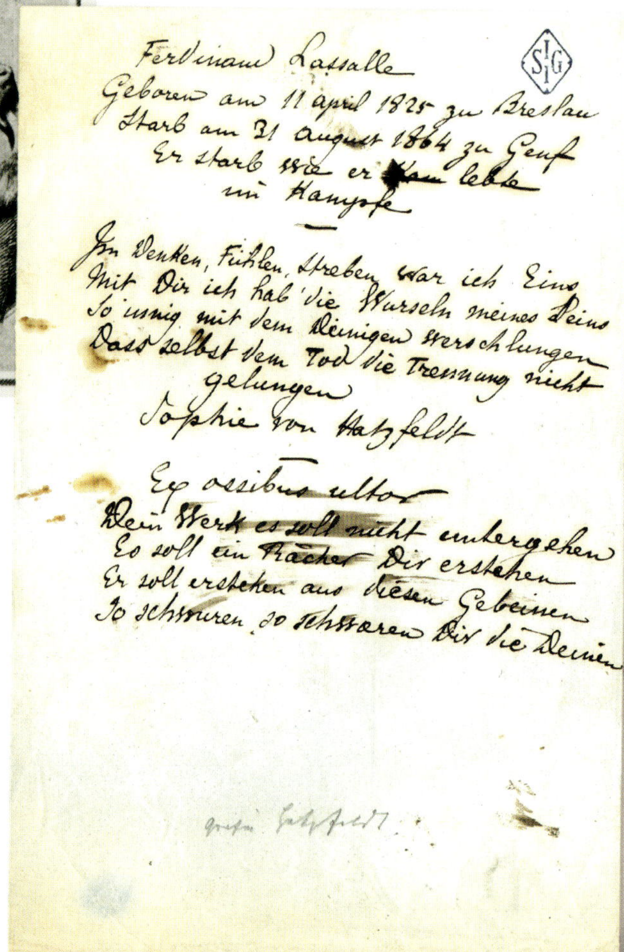
Ferdinand Lassalle
Geboren am 11 April 1825 zu Breslau
Starb am 31 August 1864 zu Genf
Er starb wie er lebte
im Kampfe

Im Denken, Fühlen, Streben war ich Eins
Mit Dir ich hab' die Wurzeln meines Seins
So innig mit dem Deinigen verschlungen
Dass selbst dem Tod die Trennung nicht
gelungen
Sophie von Hatzfeldt

Ex ossibus ultor
Dein Werk es soll nicht untergehen
Es soll ein Rächer Dir erstehen
Er soll erstehen aus diesen Gebeinen
So schwuren, so schwören Dir die Deinen

gräfin Hatzfeldt

Porträt und ...

Nachruf (Gedicht) von Sophie von Hatzfeldt (1805 – 1881) zum Tod von Ferdinand Lassalle, 1864
IISH Amsterdam
Johann Philipp Becker Papers B16

Vertraute, der Gräfin Sophie von Hatzfeldt, und das Netzwerk um das im Dezember 1864 erstmals erscheinende Parteiblatt Social-Demokrat, dessen Redaktion der Frankfurter Patriziersohn und Literat Johann Baptist von Schweitzer leitete und das von dem bayerischen Ex-Offizier Johann Baptist von Hofstetten finanziert wurde. Finanzkraft und publizistische Definitionsmacht kämpften miteinander. Während die Gräfin Hatzfeldt Lassalles Vermächtnis durch die buchstabengetreue Durchsetzung des ursprünglichen ADAV-Statuts zu erfüllen gedachte, setzten Schweitzer und seine „Gruppe Marx" auf eine Vereinigung aller sozialdemokratischen Strömungen unter einem dreiköpfigen Direktorium. Wie sich im Folgenden eine ohnehin schon kleine Führungsgruppe in immer kleinere Elemente spalten konnte, war fast schon ein Lehrstück für die Atomphysik. Schweitzer wurde wegen dreier Bismarckfreundlicher Artikel im Social-Demokrat und wegen seines Festhaltens am Lassalle-Kult von Marx fallengelassen, während sich andere „Marxianer" im ADAV auf die 1864 gegründete Internationale umorientierten. Mit der Drohung, das lebenswichtige Parteiorgan eingehen zu lassen, nötigte Schweitzer die Braunschweiger Generalversammlung des ADAV im Mai 1867, ihm die Präsidentschaft zu übertragen.[19] Unmittelbar darauf gründete die Gräfin Hatzfeldt mit dem Lassalleschen Allgemeinen Deutschen Arbeiterverein (LADAV) eine ultraorthodoxe Splitterorganisation. Der LADAV konnte in einer Phase verstärkter Organisationsbestrebungen vor allem in den Textilregionen des Rheinlandes (Mönchengladbach) und des eher ländlichen Sachsens wegen seiner eifrigen ambulanten Agitation Anfangserfolge verzeichnen, doch schrumpfte sein Mitgliederbestand von 3.200 im Sommer 1867 unter der Führung seiner beiden Präsidenten, des bodenständigen Dresdner Kupferschmiedemeisters Emil Försterling, der nur einen Monat amtierte, und des Literaten Fritz Mende, einer Marionette der Gräfin Hatzfeldt, binnen Jahresfrist auf 1.800 zusammen. Die lokale LADAV-Basis ließ sich ideologisch nicht bei der Stange halten, sondern neigte nach der Zwangswiedervereinigung mit dem ADAV im Juni 1869 schneller als manche ADAV-Gemeinde zum Zusammenschluss mit den „Eisenachern", der Sozialdemokratischen Arbeiterpartei.[20]

Mit der Übernahme der Präsidentschaft war bei Schweitzer von einem „Direktorium" keine Rede mehr. Er rekonstruierte die Ein-Personen-Diktatur Lassalles und durch Verweis auf die Statuten versuchte er, das ihm zu eigenständig gewordene Vereinsleben zu unterbinden. Bis 1866 war der ADAV auf eine nominelle Mitgliederstärke von 9.500 Männern angewachsen und hatte sich vor allem in seinen norddeutschen und westdeutschen Zentren (Rheinland, Bergisches Land), im Raum Braunschweig-Magdeburg und Berlin ausgebreitet. In großstädtischen Gemeinden wie Hamburg entsprach seine soziale Zusammensetzung Ende 1868 exakt der der „klassischen" Arbeitervereine. Hier stellten Schneider, Tischler, Schuhmacher und Zigarrenarbeiter zusammen 80 Prozent der Mitgliedschaft. Darüber hinaus waren noch 21 andere Handwerke vertreten, ebenso Gastwirte, Kellner, Musiklehrer und ein Mineralwasserfabrikant. Fabrikarbeiter blieben Fehlanzeige, nur 22 Tagelöhner („Arbeitsleute") komplettierten das bereits aus anderen Zusammenhängen bekannte Bild.[21] Etwas anders sah dies in Orten mit klarer gewerblicher Spezialisierung aus, denn dort spiegelten die ADAV-Mitgliedschaften – wie im Übrigen auch die sonstigen Arbeitervereine – exakt jene Spezialisierung in ihrer beruflichen Zusammensetzung. In Solingen etwa machten die Angehörigen des Messer- und Scherenschleifereigewerbes, das hier noch eine zunftartige Form des Zusammenschlusses pflegte, 88 Prozent der ADAV-Mitgliedschaft aus. In Wermelskirchen, einer Textil produzierenden Stadt im Rheinland, bevölkerten vor allem Weber und Bandwirker den örtlichen ADAV. Aber wohlgemerkt: Es handelte sich auch in diesen Gemeindetypen um Gesellen und zumeist verlegte kleine Meister, also eine handwerkliche Klientel. Allein in Mönchengladbach waren ausgewiesene Fabrikarbeiter im Textilgewerbe mit einem Drittel der ADAV-Mitglieder deutlich vertreten.[22]

Gerade in den mitgliederstarken Gemeinden hatte sich gegen den irrlichternden Kurs der jeweiligen ADAV-Führung eine Opposition formiert. In Hamburg und Berlin überwogen die – zum Teil handfest ausgetragenen –

Konflikte mit den älteren Arbeitervereinen, aber anderswo kam man, wie in Leipzig, leidlich miteinander aus. Hier entstand sogar 1865 eine kurzlebige Initiative zur Sammlung der Oppositionsgemeinden, das „Interimistikum" unter Führung des Schmiedegesellen Carl Friedrich Julius Luscher, der später zum LADAV überging.[23] Nach Schweitzers Präsidentenkür im Mai 1867 – die Mitgliedschaft war auf 2.500 Köpfe geschrumpft – erhob sich die Opposition gegen seinen autoritären Schwenk erneut. Schweitzer bemühte sich im Folgenden, die stark aufkommenden gewerkschaftlichen Organisationsbestrebungen für den ADAV zu vereinnahmen. Er setzte sich im September 1868 über die antigewerkschaftlichen Ressentiments im ADAV hinweg und gründete gemeinsam mit Friedrich Wilhelm Fritzsche auf einem Arbeiterkongress in Berlin den Allgemeinen Deutschen Arbeiterschaftsverband als Dachverband für eine Reihe von „Arbeiterschaften" genannten Berufsgewerkschaften. Nicht ohne Erfolg, konnte der ADAV 1868 doch 8.200 und 1869 sogar 12.000 Mitglieder für sich verbuchen.[24] Schon ein gutes halbes Jahr später bewies Schweitzer, dass ihm an den Gewerkschaften nicht wirklich gelegen war. Auf der Kasseler Generalversammlung vom Mai 1869 löste sich der Arbeiterschaftsverband zugunsten eines beruflich nicht gegliederten Allgemeinen deutschen Arbeiterunterstützungsverbandes auf, eines als Versicherungskasse verkappten Anhängsels des ADAV-Parteivereins. Dies ließ seine Mitgliedschaft von zunächst rund 35.000 Organisierten binnen Wochen kollabieren ; auf seiner ersten Generalversammlung im Mai 1871 waren gerade noch 4.250 Mitglieder repräsentiert.[25]

Die Opposition, die in führenden ADAV-Gemeinden wie Hamburg, Altona, Solingen oder Braunschweig erstarkte, nötigte Schweitzer auf der Generalversammlung in Elberfeld-Barmen Ende März 1869 weitgehende Konzessionen ab. Seine „diktatorischen" Vollmachten wurden zugunsten des Vorstands stark eingeschränkt, der auch noch in das Herz des Widerstands, Hamburg, verlegt wurde. Prominente lokale Vertreter wie der Tischlergeselle Theodor York in Altona oder der wohlhabende Getreidehändler Wilhelm Bracke in Braunschweig suchten Kontakt mit der Internationale. Schweitzer reagierte nicht nur mit der Reorganisation des Arbeiterschaftsverbandes. Im Social-Demokrat vom 18. Juni 1869 proklamierten er und Fritz Mende die Wiederherstellung der ursprünglichen Lassalleschen Partei auf der Basis der Original-Statuten vom Mai 1863 und brachten dabei populistisch das „souveräne Volk" der Basis gegen die Opposition in Stellung. Diesem „Volk" gaben sie drei Tage zur Abstimmung über einen, wie sich schnell verbreitete, „Staatsstreich", der die Beschlüsse der Elberfeld-Barmener Generalversammlung zunichte machte.[26]

Nur eine Woche später sagten sich die Führer der Opposition im Demokratischen Wochenblatt, dem Organ der Volkspartei in Sachsen, vom ADAV als einem reinen Instrument Schweizer'

scher Eitelkeiten los. Am 17. Juli 1869 erschien ebenfalls im Demokratischen Wochenblatt ein von 60 ehemaligen ADAV-Mitgliedern und 100 Angehörigen des VDAV unterzeichneter Aufruf, der forderte, „die Partei der gesamten sozialdemokratischen Arbeiter Deutschlands in sich zu einigen" und zu einem auf den 7. bis 9. August 1869 einberufenen Arbeiterkongress nach Eisenach einlud. Dass über die Hauptunterzeichner hinaus auch Mitglieder des LADAV, Vertreter des Zentralkomitees der deutschen Arbeitervereine in der Schweiz, des deutsch-republikanischen Vereins in Zürich, der deutschsprachigen Sektion der Internationale sowie Abgeordnete österreichischer Arbeitervereine in der Unterschriftenliste vertreten waren, deutete auf die Vision einer internationalen sozialdemokratischen Sammlung hin. Das sollte im Prozess der kleindeutschen Nationalstaatsbildung allein aus gesetzlichen Gründen schon Illusion bleiben. Den Einberufern des Eisenacher Kongresses musste klar sein, dass die Aussichten auf eine Deutsche Volkspartei im Bündnis mit den bürgerlichen Demokraten sich damit erledigt hatten. Die 262 Delegierten, denen 110 linientreue ADAV-Mitglieder mit dem Auftrag, den Kongress zu sprengen, in Eisenach entgegentraten, zeigten deutlich, dass die im August 1869 gegründete Sozialdemokratische Arbeiterpartei Deutschlands (SDAP) keine umfassende Vereinigung der internationalen deutsch-sprachigen Sozialdemokratie sein würde, sondern eine weitere Regionalpartei in Gestalt einer Föderation lokaler Arbeitervereine.

Die aufkommende Gewerkschaftsbewegung und die Streikwellen der „Gründerjahre"

In den Verbandsbildungsprozessen spiegelten sich nicht nur die Konflikte um die nationale Frage und um das Vereinsprinzip, das der deutschen Arbeiterbewegung so prägend zugrunde lag. Diese überlagerten sich seit Mitte der 1860er Jahre mit den Querelen um die aufkommende, in vielerlei Hinsicht überhaupt erst heranzuzüchtende Gewerkschaftsbewegung. Diese war eine Reaktion auf sozialpolitische Liberalisierungen und die seit der Wirtschaftskrise von 1866/1867 steil anziehende Konjunktur der so genannten „Gründerjahre", die in der Spekulationswelle zwischen 1871 und 1873 kulminierte. Während dieser Hochkonjunkturjahre geriet die junge Gewerkschaftsbewegung gleich wieder in eine existenzbedrohende Lage, als eine Streikwelle bislang ungekannten Ausmaßes ihre dürftigen Ressourcen verzehrte.

In einem vorsichtigen Liberalisierungsschritt hob das preußische Abgeordnetenhaus im Februar 1865 die Paragrafen

Foto vom Kongress der Sozialdemokratischen Arbeiterpartei, Dresden, August 1871
DHM Berlin
SI 70/3

der Gewerbeordnung von 1845 auf, die den Unternehmern eine Aussperrung ihrer Arbeiter untersagten, dafür aber die Vorbereitung von Streiks strafrechtlicher Verfolgung anheimstellten. Obwohl ein generelles Streikverbot ebenso bestehen blieb wie die polizeiliche Genehmigungspflicht für die Vereinigung von Arbeitern, schien sich die Koalitionsfreiheit von Ferne anzukündigen. Im selben Frühjahr streikten in Leipzig, dem Herzen des deutschen Buchdrucks, 500 von 800 Buchdruckern und Schriftsetzern über zehn Wochen um höhere Löhne und eine verkürzte Arbeitszeit und errangen zumindest einen Teilerfolg. Dies war eines der wenigen Beispiele, dass aus der gemeinsamen Streikanstrengung mittelfristig eine stabile gewerkschaftliche Vereinigung hervorgehen sollte: Im Mai 1866 wurde in Leipzig der offiziell „politisch neutrale" Deutsche Buchdruckerverband gegründet, der mit einem Organisationsgrad von 50 Prozent (1877) die mit Abstand stärkste deutsche Gewerkschaft war und 1873, nicht zuletzt aufgrund seiner Streikdisziplin, den ersten reichsweiten Tarifvertrag erstritt. Die Gründung des Allgemeinen Deutschen Zigarrenarbeiterverbandes als erster gewerkschaftlicher Zentralorganisation in Deutschland seit 1849 im Dezember 1865 war den Buchdruckern und Schriftsetzern nur um wenige Monate zuvorgekommen. Er erreichte mit 6.500 Mitgliedern im Jahre 1867 für deutsche Verhältnisse beeindruckende Mitgliederzahlen und blieb bis in die 1870er Jahre die kopfstärkste Gewerkschaft in Deutschland. Er gelangte aber nie zu einem dem der Buchdrucker vergleichbaren Organisationsgrad, der für die gewerkschaftliche Kampfkraft viel entscheidender war. Vielmehr rieb er sich in einer Reihe überhastet eingeleiteter Arbeitskämpfe finanziell fast auf.[27]

Buchdrucker, Schriftsetzer und die zur damaligen Zeit in kleinen städtischen Werkstätten dezentral arbeitenden Zigarrenmacher waren in den 1860er Jahren die aus soziologischer Sicht einzigen aus sich heraus gewerkschaftsfähigen Berufe in Deutschland.[28] Gegen Ende der 1860er Jahre, in dem mit der Hochkonjunktur verbundenen Bauboom, kamen die Maurer und Zimmerleute, vor allem in Berlin, hinzu. Auf sie richteten sich in besonderem Maße die gewerkschaftlichen Organisationsabsichten Schweitzers, und sie stellten im Allgemeinen Deutschen Arbeiterschaftsverband mit fast 60 Prozent der Mitglieder die stärksten „Arbeiterschaften", quasi eine „klassische" Berufsgewerkschaft, die eine Zeitlang sogar dessen Umgründung in den Arbeiterunterstützungsverband überlebte. Das Baustellenprinzip verlieh den Bauarbeitern zu Hochkonjunkturzeiten eine veritable Streikfähigkeit.[29]

Die Facharbeiter der metallverarbeitenden Berufe – seit den 1890er Jahren die Speerspitze der deutschen Gewerkschaftsbewegung vor allem in Südwestwestdeutschland – entwickelten ihre Gewerkschaftsfähigkeit erst unter den schwierigen Bedingungen des Sozialistengesetzes in den 1880er Jahren. Andere hoch gewerkschaftsfähige Gruppen wie die elitären Berliner Maschinenbauer entzogen sich den politischen Vereinnahmungsversuchen durch den ADAV und schlossen sich im September 1868 den vom Liberalen Max Hirsch ausgearbeiteten „Grundzügen für die Konstituierung der deutschen Gewerkvereine" an, wurden also zur Keimzelle der vordergründig politisch neutralen, gleichwohl liberal gesteuerten Hirsch-Dunckerschen Gewerkvereine, die mit insgesamt 16.525 Mitgliedern im Jahre 1878 lediglich auf ein Fünftel der in Deutschland gewerkschaftlich Organisierten kamen.[30]

Die meisten gewerkschaftlichen Organisationsversuche gegen Ende der 1860er Jahre gingen denn auch von den sozialdemokratischen Verbänden aus und gestalteten sich in der Regel als Ausgründungen aus den „allgemeinen" Arbeitervereinen. Motiviert waren sie weniger aus einem grundlegenden gewerkschaftlichen Anliegen in der Sozialdemokratie als vielmehr aus der Begehrlichkeit, für die Parteivereine eine bislang noch nicht ausschöpfend erreichte Klientel zu erschließen. Das war nicht zufällig, hatten sich die Sozialdemokraten doch gerade in berufsübergreifenden, allgemeinpolitisch orientierten Parteivereinen zusammengeschlossen, weil das berufsgewerkschaftliche Organisationsprinzip ihnen der gerade überwunden geglaubten, verhassten Zunft zu nahe lag und ihnen auch die betriebliche Grundlage für einen beruflichen Zusammenschluss auf moderner gewerkschaftlicher Basis fehlte. Es mangelte sogar an Begriffen, weswegen in den 1860er Jahren rund ein Dutzend Bezeichnungen für das kursierte, was wir heute „Gewerkschaften" nennen. Da war von „Korporativbewegung" und „Arbeitergilden" die Rede, man sprach von „Gewerks-Genossenschaften", „Arbeitergenossenschaften" oder nur von „Genossenschaften". Der ADAV wählte den Titel „Arbeiterschaften", um deren berufliche Gliederung verbal zu überspielen. VDAV und SDAP nannten ihre Ausgründungen Internationale Gewerksgenossenschaften, weil ihnen ein internationales Musterstatut zugrunde lag, sie idealer Weise über den gesamten deutschsprachigen Raum organisiert sein sollten und man sich insgeheim finanzielle Unterstützung durch die Internationale erhoffte: so als ob die angeschlossenen finanzstarken englischen Gewerkschaften mit ihrem Geld nichts Besseres hätten anstellen können, als die schwachbrüstigen Bestrebungen ihrer deutschen Kollegen zu sponsern.[31]

Obwohl in weiten Teilen offen gewerkschaftsfeindlich eingestellt – man zieh diese neuen Berufsvereinigungen des „mittelalterlichen Kastengeistes" oder machte sie für das neumodische „Strikefieber" verantwortlich – setzte um 1868 ein regelrechter Run der Parteiverbände auf Gewerkschaftsgründungen ein. Man wollte von der Konjunktur profitieren und wartete jeden Tag auf die Verkündung der Koalitionsfreiheit; aber es sprachen auch handfeste materielle Gründe dafür, die Bewegung zu initiieren und nach Möglichkeit in die eigene politische Einflusssphäre hin-

Streikaufrufe der Metallarbeiter Chemnitz, 10., 14., 22. November 1871
Stadtarchiv Chemnitz

Arbeite
Eure Forderungen sind
noch nicht bewillig
Deshalb können wir die Arbeit morge
nicht
aufnehmen!
Die Delegirten
und das Central-Co
Druck von G. A. Hager in Chemnitz

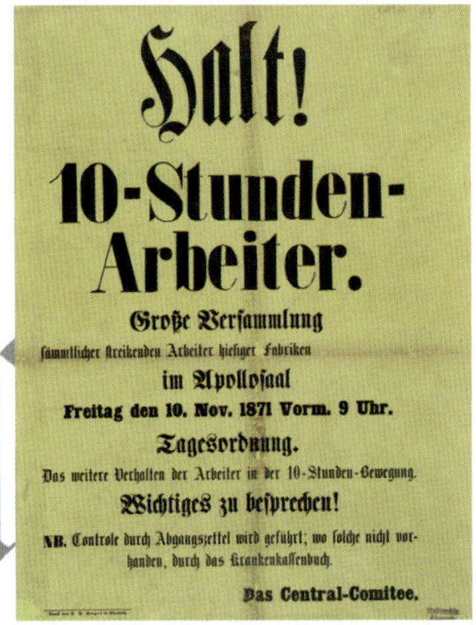
Halt!
10-Stunden-Arbeiter.
Große Versammlung
sämmtlicher streikenden Arbeiter hiesiger Fabriken
im Apollosaal
Freitag den 10. Nov. 1871 Vorm. 9 Uhr.
Tagesordnung.
Das weitere Verhalten der Arbeiter in der 10-Stunden-Bewegung.
Wichtiges zu besprechen!
NB. Controle durch Abgangszettel wird geführt; wo solche nicht vorhanden, durch das Krankenkassenbuch.
Das Central-Comitee.

Grosse
Versammlung
aller strikenden Arbeiter
im Apollosaal.
Dienstag den 14. November 1871
Nachmittags 3 Uhr.
Tagesordnung: Der Strike.
Arbeiter! Die Fabrikanten haben eine Coalition durch ganz Sachsen gebildet und versehen Eure Entlassungsscheine mit Nadelstichen. Diese ungesetzliche Beeinträchtigung des Broderwerbs muß Euch zur zähesten Ausdauer anspornen.
Sorget, dass Keiner fehlt; dass Alles, was zur eisrnen Garde gehört, am Platze ist!
Die Unterstützungen gehen jetzt weit reichlicher ein als bisher!
Gift gegen Gift! Bund gegen Bund! Hoch die Fahne! Denkt an Euren Schwur! und laßt Euch nicht verblüffen!
DAS CENTRAL-COMITEE.

Halt, Arbeiter, aufgepaßt!
Mittwoch d. 22. Nov. Abends halb 8 Uhr
Grosse
Versammlung
sämmtlicher Arbeiter der Maschinenfabriken und Gießereien in Chemnitz
im Apollosaal.
Tagesordnung:
1. Das Resultat des Strikes.
2. Die Unterstützung der gemaßregelten Delegirten und Arbeiter.
Wichtiges mitzutheilen. Keiner fehle!
DAS CENTRAL-COMITE.

überzuziehen. In Sachsen war die Verwaltung der Gesellenkassen nach Wegfall der Zunft im Juni 1868 in die Hände von Gesellenvereinigungen gelegt worden, für die sich ein gewerkschaftlicher Zusammenschluss damit lohnte. Für den Norddeutschen Bund schien das im Juli 1868 verabschiedete Notgewerbegesetz ein ähnliches Vorgehen zu präjudizieren, wenn die endgültige Gewerbeordnung von 1869 auch immer noch keine Klarheit schuf, sondern kommunale und „freie" Hilfskassen zum Schaden Letzterer nebeneinander bestehen ließ.[32] Sämtliche politische Richtungen präsentierten sich mit dem Angebot ihrer jeweiligen gewerkschaftlichen Musterstatuten auf den Versammlungen interessierter, aber zumeist orientierungsloser Arbeiter und Gesellen. Der Nürnberger Rotgießer Johann Faaz berichtete Bebel im Oktober 1869, „es wird uns von Pforzheim geschrieben, daß die Leute gar nicht wissen was Schulze [der Liberale Schultze-Delitzsch], was Schweizer [der ADAVler] oder was wir Internationalen sind […]".[33]
Sinn der Organisationsversuche war für Sozialdemokraten wie Liberale die Instrumentalisierung der Gewerkschaftsbewegung für die Eigenrekrutierung – als „Vorschule des Sozialismus", wie dies auch Bebel lange Zeit sah, eine Kolonisierung bestehender Gewerkschaften für die eigene politische Richtung. Ultimativ forderten nicht wenige „Nur-Politiker" in der deutschen Sozialdemokratie das „Einschmelzen" der Gewerkschaften in eine gemeinsame allgemeinpolitische Parteiorganisation.

Dabei trieb man erheblichen Aufwand, der zugleich zeigte, wie begrenzt die Ressourcen waren, mit denen die politische Bewegung der gewerkschaftlichen unter die Arme greifen konnte. Großes Aufsehen erregte in diesem Zusammenhang der Bergarbeiterstreik im niederschlesischen Waldenburger Steinkohlerevier, an dem zwischen dem 1. Dezember 1869 und dem 24. Januar 1870 6.400 Bergleute teilnahmen. Besonders aussichtsreich erschien den sozialdemokratischen Gruppierungen die Unterstützung dieses Arbeitskampfes, weil die Kumpel sich zuvor in einem Hirsch-Dunckerschen Gewerkverein organisiert hatten. Die Arbeitgeberforderung, diesen zu verlassen, hatte den Streik ausgelöst. Die Sozialdemokraten versuchten nun, mittels Spendensammlungen und organisatorischer Hilfeleistung, in die Fußstapfen des liberalen Gewerkvereins zu treten und sich als Gegenleistung der Loyalität der Bergleute zu versichern. Obwohl der Parteiausschuss der SDAP in Braunschweig den Waldenburger Streik zur „Chefsache" erklärte und eine Vielzahl von Hilfsinitiativen ins Leben rief, ging der Streik verloren, und die Hoffnung auf eine „Sozialdemokratisierung" der Bergleute durch „Klassenkampferfahrungen" erfüllte sich nicht.[34]

In vielen anderen Handwerken, Gewerben und zögernd auch Industrien hatte sich die Streikwelle der „Gründerjahre" verselbständigt. Nach einer Anlaufphase im Jahre 1868 (37 Streiks) explodierte die Zahl der Arbeitsniederlegungen nach Freigabe des Koalitionsrechts 1869 (171 Streiks), um nach einer Phase der Stagnation auf hohem Niveau während des deutsch-französischen Krieges 1872 mit 352 Arbeitskämpfen ein historisches Maximum zu erreichen. Dieser Spitzenwert sollte erst im Jahre 1896 mit 483 Streiks übertroffen werden. 1873, als die Spekulationsblase platzte, gab es immer noch 283 dokumentierte Arbeitsniederlegungen. An rund 250 Orten in allen deutschen Staaten nahmen 1871 64.300 und 1872 108.800 Personen an den Streiks teil, bevor sich die Beteiligung bereits 1873 wieder halbierte. Es war diese mehrjährige Hochphase der Arbeitskämpfe in Deutschland, die die Zeitgenossen als „Strikeepidemie" nachhaltig beeindruckte.[35] Im Überschwang der Hochkonjunktur waren viele der zumeist für eine Erhöhung der Löhne ausgerufenen Arbeitsniederlegungen erfolgreich; selbst gewerkschaftsferne Berufe wie die Metzger oder Bäcker oder sogar vereinzelte Bierbrauer versuchten, die Gunst der Stunde zu nutzen. Satirische Blätter ließen bald selbst Lampenputzer und Nachtwächter oder gar die „Schüler der Obermittelklasse in Rummelhausen" in den „Strike" treten – das Wort, zunächst in der englischen Schreibweise, ging jetzt endgültig in den deutschen Sprachgebrauch ein.[36]

Für die jungen und zumeist noch nicht selbständig handlungsfähigen deutschen Gewerkschaften wurde die Streikwelle der „Gründerjahre" neben den latenten Vereinnahmungsbestrebungen der Parteivereine zur zweiten Existenzbedrohung. Viele Rekruten traten ihnen

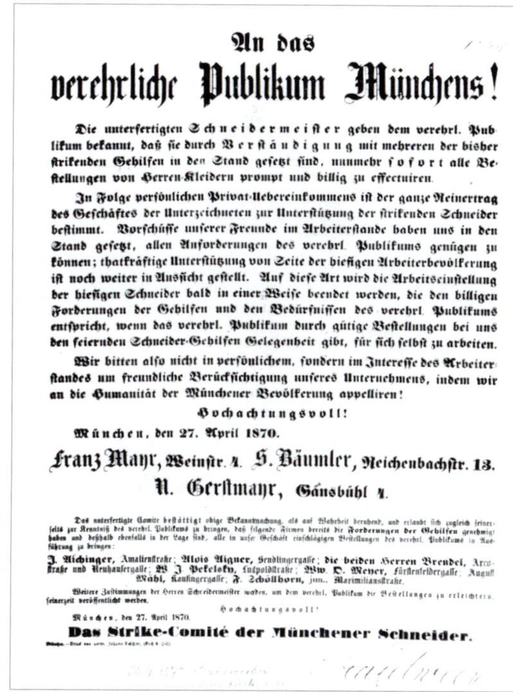

An das
verehrliche Publikum Münchens!

Die unterfertigten Schneidermeister geben dem verehrl. Publikum bekannt, daß sie durch Verständigung mit mehreren der bisher strikenden Gehilfen in den Stand gesetzt sind, nunmehr sofort alle Bestellungen von Herren-Kleidern prompt und billig zu effectuiren.

In Folge persönlichen Privat-Uebereinkommens ist der ganze Reinertrag des Geschäftes der Unterzeichneten zur Unterstützung der strikenden Schneider bestimmt. Vorschüsse unserer Freunde im Arbeiterstande haben uns in den Stand gesetzt, allen Anforderungen des verehrl. Publikums genügen zu können; thatkräftige Unterstützung von Seite der hiesigen Arbeiterbevölkerung ist noch weiter in Aussicht gestellt. Auf diese Art wird die Arbeitseinstellung der hiesigen Schneider bald in einer Weise beendet werden, die den billigen Forderungen der Gehilfen und den Bedürfnissen des verehrl. Publikums entspricht, wenn das verehrl. Publikum durch gütige Bestellungen bei uns den feiernden Schneider-Gehilfen Gelegenheit gibt, für sich selbst zu arbeiten.

Wir bitten also nicht in persönlichem, sondern im Interesse des Arbeiterstandes um freundliche Berücksichtigung unseres Unternehmens, indem wir an die Humanität der Münchener Bevölkerung appelliren!

Hochachtungsvoll!

München, den 27. April 1870.

Franz Mayr, Weinstr. 4. H. Bäumler, Reichenbachstr. 13.
U. Gerstmayr, Gänsbühl 4.

Das unterfertigte Comite bestättigt obige Bekanntmachung, als auf Wahrheit beruhend, und erlaubt sich zugleich seinerseits zur Kenntniß des verehrl. Publikums zu bringen, daß folgende Firmen bereits die Forderungen der Gehilfen genehmigt haben und deßhalb ebenfalls in der Lage sind, alle in unser Geschäft einschlägigen Bestellungen des verehrl. Publikums in Ausführung zu bringen:

J. Aichinger, Amalienstraße; Alois Aigner, Sendlingergasse; die beiden Herren Brendel, Arcostraße und Neuhausergasse; W. J. Pekelsky, Luitpoldstraße; Ww. D. Meyer, Fürstenfeldergasse; August Wähl, Kaufingergasse; F. Schöllhorn, jun., Maximiliansstraße.

Weitere Zustimmungen der Herren Schneidermeister werden, um dem verehrl. Publikum die Bestellungen zu erleichtern, seinerzeit veröffentlicht werden.

Hochachtungsvoll!

München, den 27. April 1870.

Das Strike-Comité der Münchener Schneider.

Plakatanschlag zum Schneiderstreik 1870: „An das verehrliche Publikum Münchens!"
Stadtarchiv München

Wilhelm Hasenclever (1837 – 1889), 1875

1869 und 1870 nur bei, um sich für bereits geplante Arbeitskämpfe finanzielle Unterstützung zu sichern. Ohne Einfluss auf die Streikentscheidung musste dies die gewerkschaftlichen Organisationen, für die Streikkontrolle und Streikdisziplin auch heute noch lebenswichtig sind, heillos überfordern. Entsprechend rasch verließen die Neumitglieder die gewerkschaftlichen Ränge wieder, ohne zuvor durch eine rudimentäre Beitragsmoral selber etwas zur Pflege der Ressourcen beigetragen zu haben. Jedenfalls sank der Mitgliederbestand der sozialdemokratischen und politisch neutralen Gewerkschaften schlagartig von 47.000 (1869) auf 19.700 (1872), während die Streikwelle noch ihrem Höhepunkt entgegenstrebte. Streikentwicklung und Gewerkschaftsentwicklung verliefen gegenläufig: Während die Gewerkschaften im „Strikefieber" regelrecht „weggestreikt" wurden, ließ man sie andernorts von vornherein links liegen, weil man sie als Streikhemmnis betrachtete und glaubte, auch ohne sie erfolgreich zu sein.[37]

Während die Streikwelle in der „Gründerkrise" nach 1873 abebbte, erholten sich die deutschen Gewerkschaften nur mühsam. Ihre strukturelle Schwäche offenbarte sich in der Bestandsaufnahme, die August Geib am 26. Januar 1878 im Pionier, dem damaligen Zentralorgan der Gewerkschaften, veröffentlichte. Fasst man diese und andere verstreute Angaben zusammen, ergibt sich für die „freien", also sozialdemokratischen, Gewerkschaften 1877/1878 ein Bestand von rund 55.000 Mitgliedern. Die liberalen Hirsch-Dunckerschen Gewerkvereine kamen 1878 auf 16.500 Beitragszahler.[38] Damit waren 1877 gerade einmal 1,5 Prozent der gewerblichen und industriellen Arbeiter in Deutschland gewerkschaftlich organisiert. Ganz anders sah die Situation in England aus, wo es im Zeitraum zwischen 1877 und 1882 259.700 Gewerkschaftsmitglieder gab, oder in den USA, deren Gewerkschaften trotz niedrigerer Bevölkerungszahl 1883 249.000 Mitglieder stark waren. Und während in England – neben den Bauarbeitern – mit den Maschinenbauern und Kesselschmieden und in den USA mit den Eisen- und Stahlarbeitern und den Kohlebergleuten industrielle Berufe die stärksten Gewerkschaftskontingente stellten, blieben in Deutschland mit den Zigarrenarbeitern, den Buchdruckern, Schriftsetzern und den Tischlern Handwerker und handwerksähnliche Berufe unter sich, wobei die meisten Verbände nur auf Mitgliedschaften im allenfalls niedrigen vierstelligen Bereich kamen.[39]

Vereinigung der Sozialdemokratie in Gotha 1875 und politische Verfolgung

Die Rivalitäten zwischen „Lassalleanern" und „Eisenachern" wurden lokal unterschiedlich ausgetragen, mal im friedlichen Wettstreit auf Versammlungen, die den jungen sozialdemokratischen Rednertalenten eine Bühne boten, mal im handfesten Zwist wie häufig in Berlin, wo die Bauarbeiter für den ADAV zuweilen als schlagkräftiges Rollkommando in Erscheinung traten. Dann sprengten ADAVler aus nichtigem Anlass Veranstaltungen des Gegners – wie die ursprüngliche erste Sitzung des Eisenacher Kongresses –, und es kam zu handfesten Raufereien, die auf eine zu umwerbende Bevölkerung den ungünstigsten Eindruck machen musste. Besonders der hünenhafte Carl Wilhelm Tölcke errang als „Vereinsungeheuer" alias „Knüppel-Tölcke" den zweifelhaften Ruf, solche „Tölckiaden" systematisch zu organisieren.

Diese zum Teil mit Gewalt ausgetragene Konkurrenz der sozialdemokratischen Organisationen ließ seit 1871 nach und machte vielerorts einer gespannten Koexistenz, zuweilen aber auch ersten Kooperationen und Annäherungen Platz. Voraussetzung dafür waren der Rücktritt des ADAV-Präsidenten Schweitzer und die Wahl seines ungleich konzilianteren Nachfolgers Wilhelm Hasenclever, eines Lohgerbermeisters und Kleinunternehmers, der in seiner sauerländischen Heimat als „Mann des Volkes" Popularität genoss. Schweitzer hatte die Konsequenz aus seiner gescheiterten Kandidatur bei den Reichstagswahlen vom 3. März 1871 gezogen. Überhaupt hatten die ersten Wahlen nach dem allgemeinen Wahlrecht in Deutschland seit 1867 (stimmberechtigt waren Männer ab 25 Jahren) besonders den ADAV maßlos enttäuscht. Anstatt dass die Arbeiter, wie Lassalle vorausgesagt hatte, Deutschland mit einem geschlossenen Marsch an die Urne friedlich im Sturm nahmen, konnte sich Schweitzer bei den Wahlen zum konstituierenden Norddeutschen Reichstag im Februar 1867 nicht einmal in der lassalleanischen Hochburg Elberfeld-Barmen durchsetzen, wo er es freilich mit einem Kontrahenten namens Otto von Bismarck zu tun bekommen hatte. Auch die regulären Wahlen zum Norddeutschen Reichstag am 31. August 1867 brachten nur insgesamt neun sozialdemokratischen Kandidaten ein Mandat – immerhin war Schweitzer dieses Mal dabei.[40]

Die ersten Wahlen zum Deutschen Reichstag im März 1871 waren gezielt angesetzt worden, um vor den Winden des patriotischen Sturms zu segeln, den der siegreiche Krieg gegen Frankreich und die Gründung des Deutschen Kaiserreichs (18. Januar 1871) entfacht hatten. Das Feldheer befand sich sogar noch in Frankreich, sodass die meisten Soldaten um die Chance ihrer Stimmabgabe kamen. Während die SDAP mit Bebel und dem Rechtsanwalt Reinhold Heinrich Schraps wenigstens zwei sächsische Wahlkreise gewann, ging der ADAV gänzlich leer aus – ein Fiasko angesichts der Lassalle'schen Wahlrechtsforderung. Trotz ungünstigster Bedingungen prägten sich bei diesen Wahlen gleichwohl Charakteristika der späteren sozialdemokratischen Wahlgeschichte erstmals aus. Von den ca. 60.000 Stimmen, die der ADAV erringen konnte, entfielen Dreiviertel auf Preußen und rund 7.000 auf Hamburg, Altona und Bremen. Mit 31.000 von 40.000 Stimmen besaßen die „Eisenacher" dagegen in Sachsen ihre eindeutige Basis, flankiert nur von Braunschweig im Norden und Augsburg, Nürnberg und Fürth im bayerischen Süden (je 2.500 Stimmen).

Büste Otto von Bismarck
Technoseum
Evz: 1988/1099

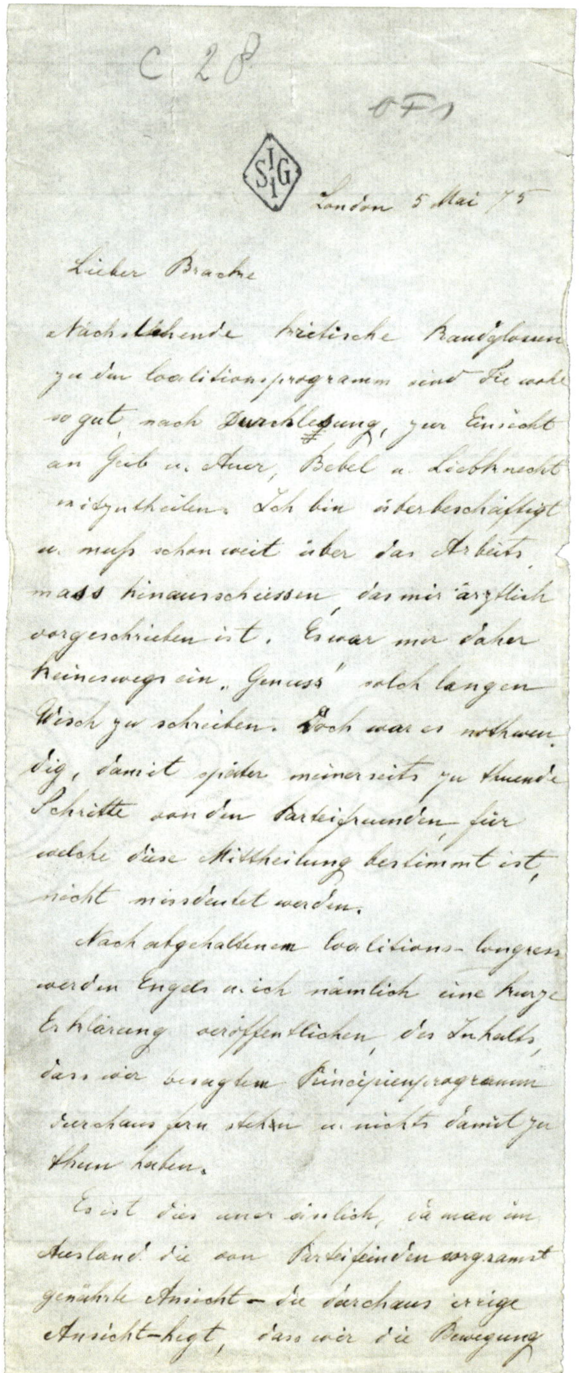

London 5 Mai 75

Lieber Bracke

Nachstehende kritische Randglossen zu dem Coalitionsprogramm sind Sie wohl so gut nach Durchlesung zur Einsicht an Geib u. Auer, Bebel u. Liebknecht mitzutheilen. Ich bin überbeschäftigt u. muß schon weit über das Arbeitsmass hinausschiessen, das mir ärztlich vorgeschrieben ist. Es war mir daher keineswegs ein „Genuss" solch langen Wisch zu schreiben. Doch war es nothwendig, damit später meinerseits zu thuende Schritte von den Parteifreunden für welche diese Mittheilung bestimmt ist, nicht missdeutet werden.

Nach abgehaltenem Coalitions-Congress werden Engels u. ich nämlich eine kurze Erklärung veröffentlichen, des Inhalts, dass wir besagtem Principienprogramm durchaus fern stehn u. nichts damit zu thun haben.

Es ist dies unerlässlich, da man im Ausland die von Parteifeinden sorgsam genährte Ansicht – die durchaus irrige Ansicht – hegt, dass wir die Bewegung

Abschrift des Manuskripts der „Randglossen zum Programm der deutschen Arbeiterpartei" von Karl Marx, 1875
IISH Amsterdam
A 105

Über die Chance, Territorien zu erobern, entdeckten die Sozialdemokraten die Reichstagswahlen für sich quasi neu, als Kernform ihrer politischen Aktivität, die die „symbolischen Revolutionen" gewonnener Wahlkreise allmählich gegenüber der „großen", Staaten umwälzenden Revolution in den Vordergrund schob. Dabei zeigte sich, dass sie mit ihren volkstümlichen Veranstaltungen, emotionsgeladenen Versammlungen und mitreißenden Redeschlachten für eine mit dem allgemeinen Wahlrecht notwendig gewordene populäre Weise des Wahlkampfs die idealen Voraussetzungen mitbrachten. Im Vorfeld der Reichstagswahl von 1877 organisierte der Berliner Sozialistische Arbeiter-Wahlverein binnen weniger Wochen sagenhafte 307 Agitations- und 144 Wahlhilfsmännerversammlungen. Das zahlte sich aus: Die Sozialdemokraten steigerten ihre Stimmenzahlen von den 100.000 in 1871 über 352.000 (1874) bis auf knapp 500.000 (1877), bis diese im Vorfeld des Sozialistengesetzes 1878 auf 437.000 zurückgingen. Damit hatten sie einen weit über ihre Mitgliedschaft hinausgehenden Wählerstamm aufgebaut, der 1877 über neun Prozent der abgegebenen Stimmen ausmachte. Allein, wegen des absoluten Mehrheitswahlrechts in den Wahlkreisen konnte sich diese (gegenüber 1867) Verzehnfachung der Stimmenzahlen nicht adäquat in Mandate umsetzen; die 13 Mandate nach den Stichwahlen von 1877 bedeuteten einstweilen Rekord.[41] Eine Lektion dieser Wahlerfolge war, dass sich die engstirnige Parteienspaltung nicht auszahlte, wohl aber gegenseitige Tolerierung und Unterstützung. Das schlug sich im pragmatischen Zusammenschluss der alten Rivalen auf dem Gothaer Kongress vom 22. bis 27. Mai 1875 nieder, dem Karl Marx in Verkennung der Lage vor Ort den Ausverkauf sämtlicher sozialistischer Prinzipien vorwarf. Im darauffolgenden Jahr gab sich die fusionierte Sozialistische Arbeiterpartei Deutschlands wieder in Gotha eine ganz und gar auf die Wahlkämpfe zugeschnittene Organisation. Für Wahlkampfzwecke hielt die Partei 145 geschulte Redner und Fonds in Höhe von 40.000 Reichsmark bereit. 38 Publikationsorgane, davon 21 Lokalblätter, bildeten eine Infrastruktur, die von 46 Redakteuren und 22 teils voll besoldeten Agitatoren gestützt wurde. Als oberstes Organ der Partei agierte nun ein fünfköpfiges Gremium, das den bezeichnenden Titel Ständiges Zentralwahlkomitee erhielt.

Eine treibende Kraft sowohl hinter der Vereinigung als auch hinter der Konzentration auf die Wahlkampfaktivitäten war die brutal zunehmende politische Verfolgung durch die Behörden. Die Sozialdemokraten waren seit Anfang der 1860er Jahre immer drangsaliert worden, weniger durch generelle Verbote als durch eine unberechenbare polizeiliche Praxis und willkürliche gerichtliche Maßregeln – alles lästig, aber nicht bedrohlich. Der deutsch-französische Krieg und die Pariser Commune bedeuteten hier eine Markscheide. Seitdem galten die Sozialdemokraten als „vaterlandslose Gesellen". Wegen der Veröffentlichung eines kriegskritischen Aufrufes ließ der Oberkommandierende in Norddeutschland den Braunschweiger Parteiausschuss der SDAP im September 1870 kurzerhand in Ketten in die ostpreußische Festung Lötzen verschleppen. Ein nachfolgender Prozess brachte nur eine Verurteilung wegen minderer Gesetzesverstöße. Das sah für Bebel, Liebknecht und den jüdischen Buchhändler Adolph Hepner anders aus, die im November 1870 gegen zusätzliche Kriegskredite gestimmt hatten und nun unter dem Vorwurf des Hochverrats in Untersuchungshaft kamen. In einem spektakulären Prozess in Leipzig wurden Bebel und Liebknecht zu zwei Jahren Festungshaft verurteilt. Für den ADAV und die Sozialdemokratie zogen sich die Wolken seit Januar 1874 mit der Versetzung des Staatsanwalts Hermann von Tessendorff nach Berlin zusammen. Dieser nahm gleich in den ersten sieben Monaten 87 Mitglieder des ADAV in Haft. Im Juni 1874 löste er den ADAV wegen Verstoßes gegen das Vereinsgesetz in fast allen preußischen Städten auf. Im März 1875 bestätigte das zuständige Gericht die Schließung des Vereins, die vier Fünftel der Länder im Deutschen Reich in rascher Folge übernahmen. Am 30. März 1876 erklärte Tessendorff die Sozialis-

Druckgrafik: Leipziger Hochverratsprozess 1872 (mit Wilhelm Liebknecht im Zeugenstand)

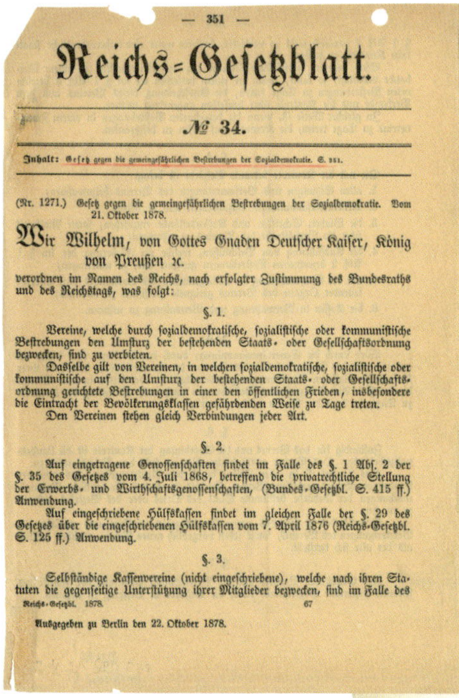

— 351 —

Reichs=Gesetzblatt.

№ 34.

Inhalt: Gesetz gegen die gemeingefährlichen Bestrebungen der Sozialdemokratie. S. 351.

(Nr. 1271.) Gesetz gegen die gemeingefährlichen Bestrebungen der Sozialdemokratie. Vom 21. Oktober 1878.

Wir Wilhelm, von Gottes Gnaden Deutscher Kaiser, König von Preußen ꝛc.

verordnen im Namen des Reichs, nach erfolgter Zustimmung des Bundesraths und des Reichstags, was folgt:

§. 1.

Vereine, welche durch sozialdemokratische, sozialistische oder kommunistische Bestrebungen den Umsturz der bestehenden Staats- oder Gesellschaftsordnung bezwecken, sind zu verbieten.

Dasselbe gilt von Vereinen, in welchen sozialdemokratische, sozialistische oder kommunistische auf den Umsturz der bestehenden Staats- oder Gesellschaftsordnung gerichtete Bestrebungen in einer den öffentlichen Frieden, insbesondere die Eintracht der Bevölkerungsklassen gefährdenden Weise zu Tage treten.

Den Vereinen stehen gleich Verbindungen jeder Art.

§. 2.

Auf eingetragene Genossenschaften findet im Falle des §. 1 Abs. 2 der §. 35 des Gesetzes vom 4. Juli 1868, betreffend die privatrechtliche Stellung der Erwerbs- und Wirthschaftsgenossenschaften, (Bundes-Gesetzbl. S. 415 ff.) Anwendung.

Auf eingeschriebene Hülfskassen findet im gleichen Falle der §. 29 des Gesetzes über die eingeschriebenen Hülfskassen vom 7. April 1876 (Reichs-Gesetzbl. S. 125 ff.) Anwendung.

§. 3.

Selbständige Kassenvereine (nicht eingeschriebene), welche nach ihren Statuten die gegenseitige Unterstützung ihrer Mitglieder bezwecken, sind im Falle des

Reichs-Gesetzbl. 1878. 67

Ausgegeben zu Berlin den 22. Oktober 1878.

Reichs-Gesetzblatt Nr. 34
„Sozialistengesetze“ 1878
Stadtgeschichtliches
Museum Leipzig
D2349

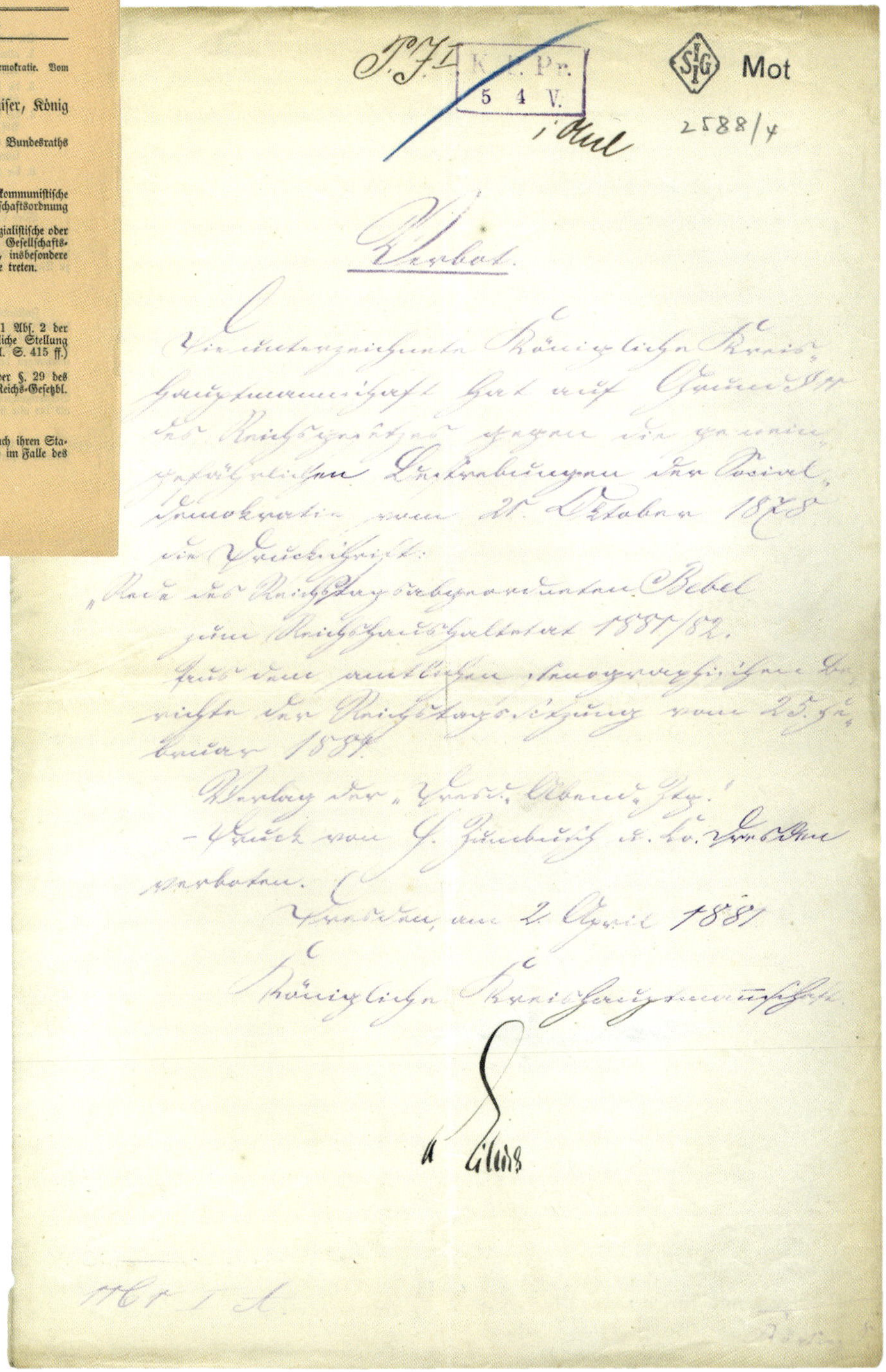

P. J. I.
K. P. Pr.
5 4 V.
Mot
2588/4

Verbot.

Die unterzeichnete Königliche Kreishauptmannschaft hat auf Grund §11 des Reichsgesetzes gegen die gemeingefährlichen Bestrebungen der Socialdemokratie vom 21. October 1878 die Druckschrift:

„Rede des Reichstagsabgeordneten Bebel zum Reichshaushaltetat 1881/82.

Nach dem amtlichen stenographischen Berichte der Reichstagssitzung vom 25. Februar 1881.

Verlag der „Dresdner Abend-Zeitung.“

– Druck von [illegible] u. Co. Dresden“ verboten.

Dresden, am 2. April 1881

Königliche Kreishauptmannschaft

[illegible]

Verbot der Druckschrift „Rede des Reichtagsabgeordneten Bebel zum Reichshaushaltsetat 1881/82“, Dresden 2. April 1881
IISH Amsterdam
Julius Motteler Papers 2588

tische Arbeiterpartei Deutschlands für den Geltungsbereich des preußischen Vereinsgesetzes für verboten. Ausgenommen waren Wahlkampfaktivitäten, und auch deshalb hieß das Leitungsgremium fortan Zentralwahlkomitee. Es war identisch mit der Gruppe der Reichstagsabgeordneten, die Immunität genossen.

Unterm „Sozialistengesetz"

Zwei gescheiterte Attentate auf Kaiser Wilhelm I. bereiteten der Hysterie den Weg, unter deren Einfluss der Reichstag am 19. Oktober 1878 gegen die Stimmen der Fortschrittspartei, des Zentrums und der SAP das „Gesetz gegen die gemeingefährlichen Bestrebungen der Sozialdemokratie" verabschiedete. Bis November waren bereits 153 Vereine, 40 Periodika und 213 weitere Druckschriften verboten, die Betätigung für sozialdemokratische Zwecke unter Haftstrafe gestellt. Bei Verhängung des „kleinen Belagerungszustandes" konnten Sozialdemokraten aus ihren Heimatgemeinden ausgewiesen werden. Davon machten Zentren der Bewegung wie Leipzig, Hamburg und Berlin weidlich Gebrauch. Von den Verboten waren auch die Gewerkschaften betroffen, obwohl sie sich im Vorfeld parteipolitisch betont neutral gegeben hatten. Dagegen scheiterte Bismarcks Vorhaben, den Sozialdemokraten das passive Wahlrecht zu entziehen, am Widerstand des Reichstages. Bei Wahlen konnte die Partei also weiterhin offen auftreten, und die Reichstagsfraktion übernahm jetzt ihre Leitung.

Die menschlichen Kosten des Verbotsgesetzes lassen sich auch durch die Erfolgsgeschichte der Sozialdemokratie im Widerstand nicht wirklich aufwiegen. Die drakonischen Haftstrafen, vor allem aber die Ausweisungen, ruinierten Karrieren, trieben die Geschäfte der Selbständigen in die Pleite und zerrissen Familien. Es kam auch zu Selbstmorden.[42] Viele Exilanten aber sammelten sich in Zürich, wo die Sozialdemokratie finanzkräftige bürgerliche Sympathisanten besaß. Von dort aus organisierten der Buchhalter Julius Motteler aus Crimmitschau, bald der „rote Feldpostmeister" genannt, und

„Schwarze Liste der deutschen Sozialdemokratie", 1884
Archiv der sozialen Demokratie, Bonn

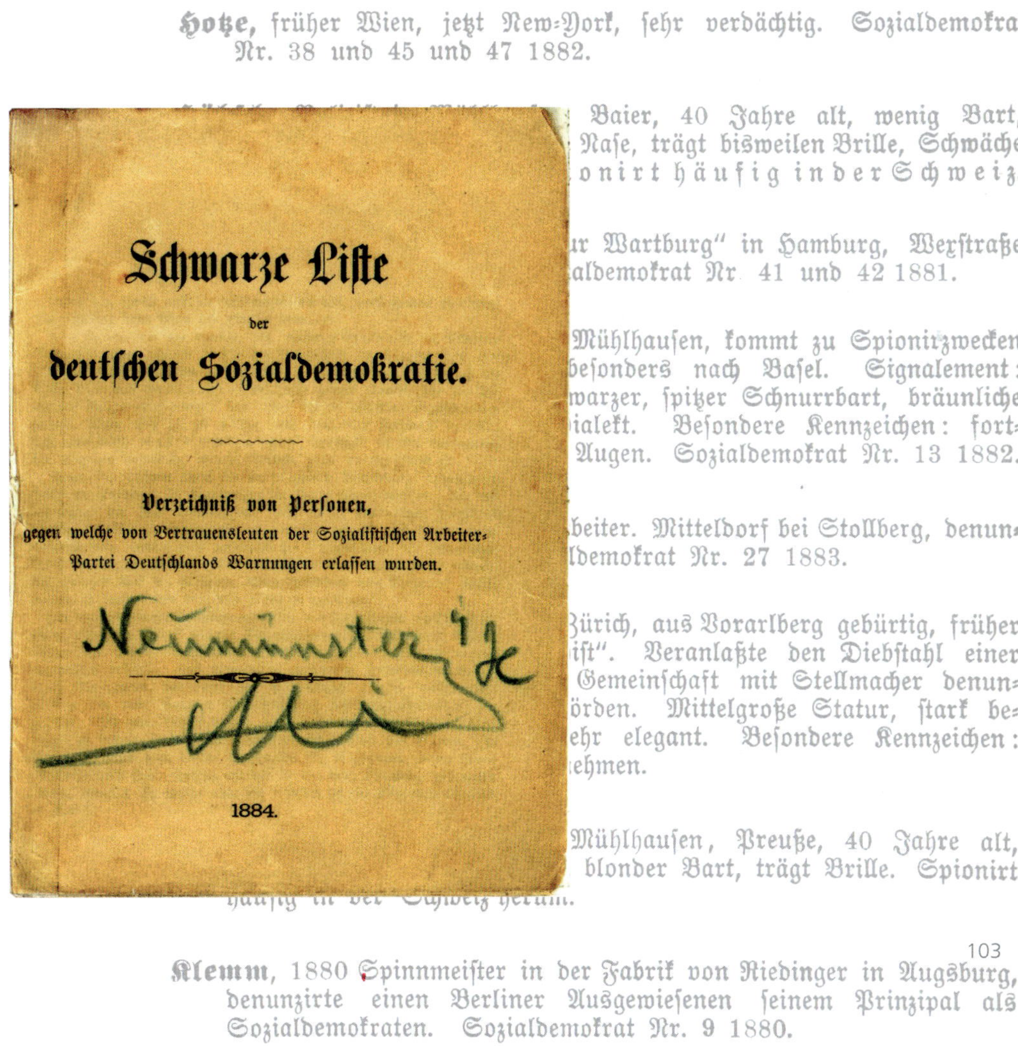

Der Sozialdemokrat

Zentral-Organ der deutschen Sozialdemokratie.

№ 12. Donnerstag, 15. März 1883.

Karl Marx gestorben.

Zum 18. März.

„Der Sozialdemokrat“, Ausgabe vom 15. März 1883
Stadtgeschichtliches Museum Leipzig
A/707/2008

Eduard Bernstein (1850 – 1932), ca. 1895

der Kreuzlinger Schuhmachermeister Joseph Belli den illegalen Versand der neuen Parteizeitung, des Sozialdemokrat, als dessen Redakteure sich Georg von Vollmar und Eduard Bernstein betätigten. Mitte der 1880er Jahre erreichte das Wochenblatt eine Auflage von rund 12.000 Exemplaren, die heimlich ins Deutsche Reich geschafft und dort nach einem ausgeklügelten System verteilt wurden.

Auch durch mehrfache Verlängerung des Ausnahmegesetzes war die deutsche Sozialdemokratie nicht mehr auszurotten – im Gegenteil: Zwar ging ihre Stimmenzahl bei den Reichstagswahlen von 1881 noch auf 312.000 Stimmen oder 6,1 Prozent zurück. Aber 1884 kam sie bereits auf 550.000 Stimmen (9,7 Prozent), 1887 auf 763.000 Stimmen (10,1 Prozent) und im Februar 1890, noch unter den Bedingungen des zum 30. September 1890 auslaufenden Sozialistengesetzes, gar auf 1,4 Millionen Stimmen oder fast 20 Prozent. Die Stabilisierung der Arbeiterbewegung trotz Verfolgung hatte drei Triebkräfte: Sie war trotz Verbots und vielfacher Schikanen – etwa einer für sie ungünstigen Einteilung der Wahlkreise – mittlerweile in das parlamentarische System des Deutschen Reiches integriert und hatte gelernt, auf der Klaviatur der populären Wahlkämpfe und der Selbstpräsentation im Reichstag zu spielen. Darüber hinaus waren in den 1880er Jahren neben den bereits bestehenden gewerkschaftlichen Milieus, die versuchten, in Gestalt sich betont unpolitisch gebender „Fachvereine" ihre Organisationen wiederzubeleben, starke neue Berufsgruppen „gewerkschaftsfähig" geworden, die auf diesen organisatorischen Zug aufsprangen. Das galt vor allem für die Arbeiter der metallverarbeitenden Handwerke mit Schwerpunkt im Südwesten Deutschlands, wo aus hoch spezialisierten Werkstätten kleine und mittlere Fabrikbetriebe „herauswuchsen" und eine erfolgreiche Exportindustrie begründeten. Hier sollte seit den 1890er Jahren die Tarifvertragsbewegung erste Wurzeln schlagen. Schließlich hatte sich vor allem in den großstädtischen Zentren allmählich ein Arbeiterbewegungsmilieu herausgebildet, das in verschiedenen Stadtvierteln lebensweltlich abgestützt war. Nur so hatte sich der Verlust der „öffentlichen Sphäre", der Vereine und Versammlungen, durch das Verbot auffangen lassen, die zuvor das Lebenselixier speziell der deutschen, politisch orientierten Arbeiterbewegung gewesen waren. Wie stabil dieses Milieu um 1890 war, belegen die 250.000 Abonnenten der 60 bestehenden Parteizeitungen und 200.000 Abonnenten der 41 gewerkschaftlichen Organe. Die zwei Witzblätter der Partei, brachten es immerhin auf 107.000 Abonnements, was zeigte, dass die Bewegung unter dem Verbot ihren Humor nicht verloren hatte. „Zugrunde richten wird man uns nicht mehr", hieß es allerorten selbstbewusst am ersten Tag nach Aufhebung des Sozialistengesetzes am 1. Oktober 1890.[43]

ZEITSCHRIFT „DER WAHRE JACOB", HAMBURG
SAMMLUNG UDO ACHTEN, DÜSSELDORF

TODESANZEIGE FÜR DAS SOZIALISTENGESETZ, 1. OKTOBER 1890
LANDESARCHIV BADEN-WÜRTTEMBERG, STUTTGART
P 2, BÜ 41

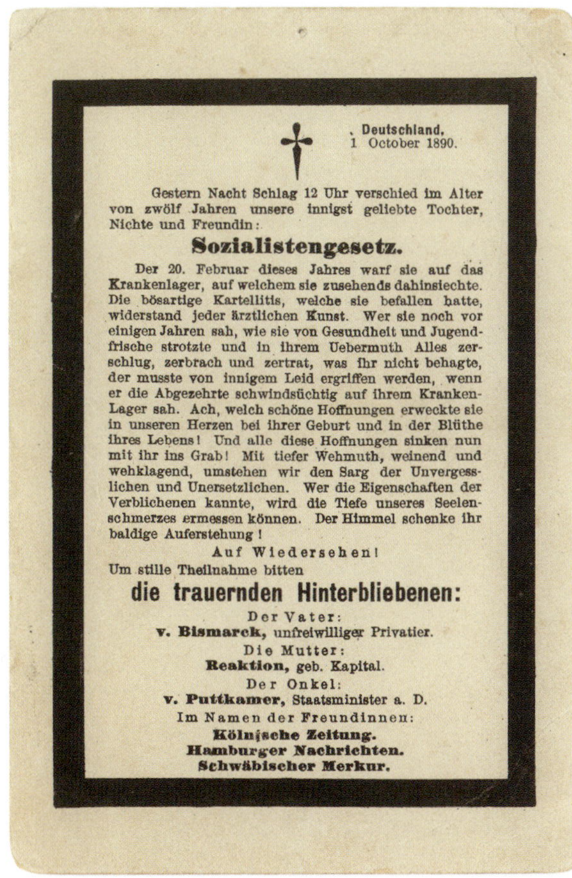

Deutschland,
1 October 1890.

Gestern Nacht Schlag 12 Uhr verschied im Alter von zwölf Jahren unsere innigst geliebte Tochter, Nichte und Freundin:

Sozialistengesetz.

Der 20. Februar dieses Jahres warf sie auf das Krankenlager, auf welchem sie zusehends dahinsiechte. Die bösartige Kartellitis, welche sie befallen hatte, widerstand jeder ärztlichen Kunst. Wer sie noch vor einigen Jahren sah, wie sie von Gesundheit und Jugendfrische strotzte und in ihrem Uebermuth Alles zerschlug, zerbrach und zertrat, was ihr nicht behagte, der musste von innigem Leid ergriffen werden, wenn er die Abgezehrte schwindsüchtig auf ihrem Kranken-Lager sah. Ach, welch schöne Hoffnungen erweckte sie in unseren Herzen bei ihrer Geburt und in der Blüthe ihres Lebens! Und alle diese Hoffnungen sinken nun mit ihr ins Grab! Mit tiefer Wehmuth, weinend und wehklagend, umstehen wir den Sarg der Unvergesslichen und Unersetzlichen. Wer die Eigenschaften der Verblichenen kannte, wird die Tiefe unseres Seelenschmerzes ermessen können. Der Himmel schenke ihr baldige Auferstehung!

Auf Wiedersehen!

Um stille Theilnahme bitten

die trauernden Hinterbliebenen:

Der Vater:
v. Bismarck, unfreiwilliger Privatier.
Die Mutter:
Reaktion, geb. Kapital.
Der Onkel:
v. Puttkamer, Staatsminister a. D.
Im Namen der Freundinnen:
Kölnische Zeitung.
Hamburger Nachrichten.
Schwäbischer Merkur.

[1] Becker, Bernhard: Geschichte der Arbeiter-Agitation Ferdinand Lassalle's. Nach authentischen Aktenstücken. Berlin/Bonn 21978 (zuerst 1874), S. 263 – 299; Vahlteich, Julius: Ferdinand Lassalle und die Anfänge der deutschen Arbeiterbewegung. München 1904

[2] Schröder, Wolfgang: Leipzig – die Wiege der deutschen Arbeiterbewegung. Wurzeln und Werden des Arbeiterbildungsvereins 1848/49 bis 1878/81. Berlin 2010, S. 68f

[3] Lassalle, Ferdinand: Offenes Antwortschreiben an das Zentralkomitee zur Berufung eines allgemeinen deutschen Arbeiterkongresses zu Leipzig, 1863. In: Programmatische Dokumente der deutschen Sozialdemokratie. Hg. und eingeleitet. von Dowe, Dieter und Klotzbach, Kurt. Bonn 1990, S. 111 – 142

[4] Bebel, August: Aus meinem Leben. Ungekürzte Ausgabe. Mit einer Einleitung von Brigitte Brandt. Berlin/Bonn 1986, S. 63

[5] Na'aman, Shlomo: Der Deutsche Nationalverein. Die politische Konstituierung des deutschen Bürgertums 1859 – 1867. Düsseldorf 1987, S. 154ff

[6] Zit. in: Bebel: Aus meinem Leben, S. 58

[7] Und zwar in dem ausführlich kommentierten und eigeleiteten Quellenband: Schröder: Leipzig – Wiege der deutschen Arbeiterbewegung

[8] Ebd., S. 56f

[9] Vgl. ausführlich: Welskopp, Thomas: Das Banner der Brüderlichkeit. Die deutsche Sozialdemokratie vom Vormärz bis zum Sozialistengesetz. Bonn 2000, S. 245ff

[10] Zit. in: Fischer, Ilse: August Bebel und der Verband Deutscher Arbeitervereine 1867/68. Brieftagebuch und Dokumente. Bonn 1994, S. XV, Anm. 37

[11] Bebel: Aus meinem Leben, S. 63f

[12] Eyck, Erich: Der Vereinstag Deutscher Arbeitervereine 1863 – 1868. Ein Beitrag zur Entstehungsgeschichte der deutschen Arbeiterbewegung. Berlin 1904

[13] Na'aman, Shlomo: Arbeitervereine, Arbeitertage und Arbeiterverband – drei Etappen auf dem Weg zur Arbeiterpartei. In: Berichte über die Verhandlungen der Vereinstage Deutscher Arbeitervereine: 1863 – 1869. Nachdruck hg. von Dieter Dowe. Berlin u. Bonn 1980, S. IX – LI; hier S. XVf

[14] Na'aman, Shlomo (Hg.): Von der Arbeiterbewegung zur Arbeiterpartei. Der Fünfte Vereinstag der Deutschen Arbeitervereine zu Nürnberg im Jahre 1868. Eine Dokumentation. Berlin 1976, S. 158ff

[15] Fischer: Brieftagebuch, Nr. 266, S. 204: August Bebel an Carl Thorade, Leipzig, den 17.6.1868

[16] Siehe Welskopp: Banner der Brüderlichkeit, S. 690ff.; Zitat hier, S. 691

[17] Zit. in: ebd., S. 42

[18] Herzig, Arno: Der Allgemeine Deutsche Arbeiter-Verein in der deutschen Sozialdemokratie. Dargestellt an der Biographie des Funktionärs Carl Wilhelm Tölcke (1817 – 1893). Berlin 1979, S. 160f

[19] Herzig, Arno: Diktatorische, bonapartistische und demokratische Tendenzen im Allgemeinen Deutschen Arbeiterverein 1863 – 1869. In: Jahrbuch des Instituts für deutsche Geschichte an der Universität Tel Aviv 10 (1981), S. 243 – 281

[20] Detailliert: Offermann, Toni: Die erste deutsche Arbeiterpartei. Organisation, Verbreitung und Sozialstruktur von ADAV und LADAV 1863 – 1871. Bonn 2002, S. 161 – 211

[21] Vgl. Welskopp: Banner der Brüderlichkeit, S. 122: Tabelle 3

[22] Vgl. ebd., S. 131, Tabelle 10, S. 130, Tabelle 9, S. 132, Tabelle 11

[23] Offermann: Die erste deutsche Arbeiterpartei, S. 136f

[24] Mayer, Gustav: Johann Baptist von Schweitzer und die Sozialdemokratie. Ein Beitrag zur Geschichte der deutschen Arbeiterbewegung. Jena 1909, S. 257

[25] Welskopp: Banner der Brüderlichkeit, S. 280f

[26] Gotthardt, Christian: Industrialisierung, bürgerliche Politik und proletarische Autonomie. Voraussetzungen und Varianten sozialistischer Klassenorganisationen in Nordwestdeutschland 1863 bis 1875. Bonn 1992, S. 322f

[27] Vgl. Welskopp: Banner der Brüderlichkeit, S. 279ff

[28] Vgl. Welskopp, Thomas: Transatlantische Bande. Eine vergleichende Geschichte der Gewerkschaften in Deutschland und den USA im 19. und 20. Jahrhundert. In: Ursula Bitzegeio, Anja Kruke u. Meik Woyke (Hg.): Solidargemeinschaft und Erinnerungskultur im 20. Jahrhundert. Beiträge zu Gewerkschaften, Nationalsozialismus und Geschichtspolitik. Bonn 2009, S. 29 – 61

[29] Renzsch, Wolfgang: Handwerker und Lohnarbeiter in der frühen Arbeiterbewegung. Zur sozialen Basis von Gewerkschaften und Sozialdemokratie im Reichsgründungsjahrzehnt. Göttingen 1980, S. 46ff

[30] Vgl. Welskopp: Banner der Brüderlichkeit, S. 287f

[31] Vgl. ebd., S. 258ff

[32] Vgl. Eisenberg, Christiane: Deutsche und englische Gewerkschaften. Entstehung und Entwicklung bis 1878 im Vergleich. Göttingen 1986, S. 177 – 187

[33] Zit. in: Welskopp: Banner der Brüderlichkeit, S. 259

[34] Vgl. ebd., S. 271

[35] Ebd., S. 282f

[36] Zit. in: Streik. Realität und Mythos. Hg. im Auftrag des Deutschen Historischen Museums von Agnete von Specht. Berlin 1992, S. 32: Abb. 32b: „Das Strikemachen – Mode"

[37] Vgl. Welskopp: Banner der Brüderlichkeit, S. 281

[38] Die Geibsche Gewerkschaftstabelle ist abgedruckt in: Müller, Hermann: Die Organisationen der Lithographen, Steindrucker und verwandten Berufe. Bd. 1: Allgemeine Gewerkschaftsgeschichte. Berlin 1917 (Nachdruck Berlin u. Bonn 21978), S. 468 folgend. Vgl. Welskopp: Banner der Brüderlichkeit, S. 286ff

[39] Vgl. Welskopp: Banner der Brüderlichkeit, S. 287f.: Tabelle 18, und S. 289: Tabelle 19

[40] Vgl. ebd., S. 462f

[41] Schröder, Wilhelm Heinz: Sozialdemokratische Parlamentarier in den deutschen Reichs- und Landtagen 1867 – 1933. Düsseldorf 1996, S. 829

[42] Thümmler, Heinzpeter: Sozialistengesetz § 28: Ausweisungen und Ausgewiesene 1878 – 1890. Berlin (DDR) 1979

[43] Das Zitat stammt eigentlich aus einer früheren Zeit: Schröder, Wolfgang: „… zu Grunde richten wird man uns nicht mehr". Sozialdemokratie und Wahlen im Königreich Sachsen 1867 – 1877. In: Beiträge zur Geschichte der Arbeiterbewegung 36 (1994), S. 3 – 18

… 1890
WEITERE EXPONATE

MEDAILLE FERDINAND LASSALLES, REVERS-UMSCHRIFT: „GRÜNDER DES ALLGEMEINEN DEUTSCHEN ARBEITERVEREINS. MITTE: GEB. D. 11. APRIL 1825, GEST. D. 31. AUG. 1864“
STADTGESCHICHTLICHES MUSEUM LEIPZIG MS/29/2010

PROTOKOLLBUCH DES ADAV AUGSBURG, 1864
ARCHIV DER SOZIALEN DEMOKRATIE, BONN (BESTAND ADAV)

AUFRUF ZUR WÄHLERVERSAMMLUNG FÜR DIE WAHL AUGUST BEBELS, 2. MÄRZ 1871
STADTGESCHICHTLICHES MUSEUM LEIPZIG K/235/2005

Erinnerungsblatt auf Ferdinand Lassalle „Der Kämpfer gegen die Kapitalmacht“
Lithografie 1870
DHM Berlin
Gr 96/2

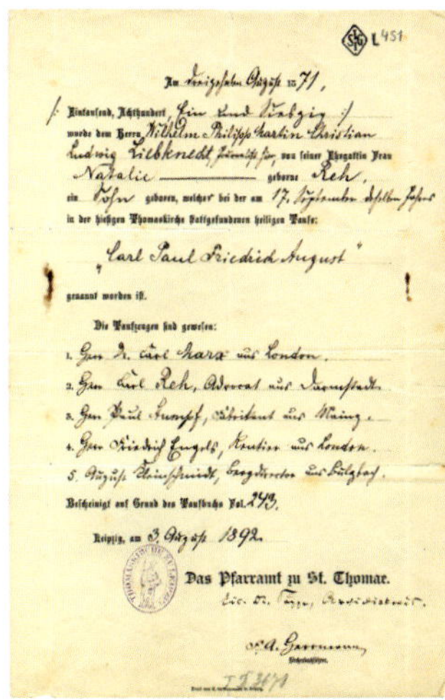

L 451

Am dreizehnten August 1871,
Eintausend, Achthundert, Ein und Siebzig :/
wurde dem Herrn Wilhelm Philipp Martin Christian Ludwig Liebknecht Journalist hier, von seiner Ehegattin Frau Natalie ——— geborne Reh,
ein Sohn geboren, welcher bei der am 17. September desselben Jahres
in der hiesigen Thomaskirche stattgefundenen heiligen Taufe:
„Carl Paul Friedrich August“
genannt worden ist.
Die Taufzeugen sind gewesen:
Bescheinigt auf Grund des Taufbuchs Fol. 243.
Leipzig, am 3. August 1892.
Das Pfarramt zu St. Thomae.

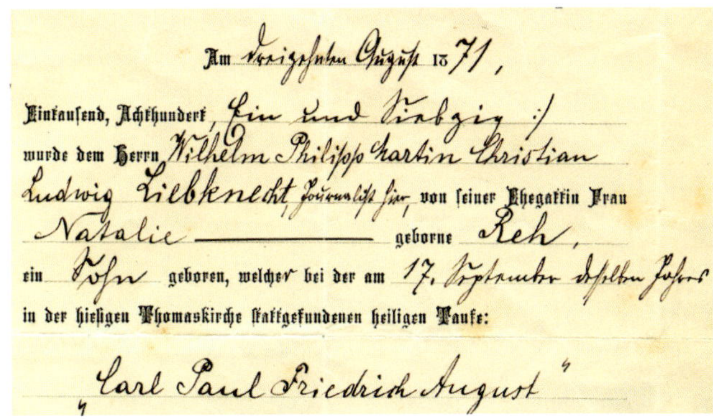

Am dreizehnten August 1871,
Eintausend, Achthundert, Ein und Siebzig :/
wurde dem Herrn Wilhelm Philipp Martin Christian Ludwig Liebknecht Journalist hier, von seiner Ehegattin Frau Natalie ——— geborne Reh,
ein Sohn geboren, welcher bei der am 17. September desselben Jahres
in der hiesigen Thomaskirche stattgefundenen heiligen Taufe:
„Carl Paul Friedrich August“

Taufschein von Karl Liebknecht, ausgestellt am 3. August 1892
IISH Amsterdam
Wilhelm Liebknecht Papers 451

Die Taufe fand – 20 Jahre früher – am 17. September 1871 in der Thomaskirche zu Leipzig statt. Die Taufzeugen waren: Karl Marx (London), Carl Reh (Darmstadt), Paul Stumpf (Mainz), Friedrich Engels (London) u. August Kleinschmidt (Bulzbach).

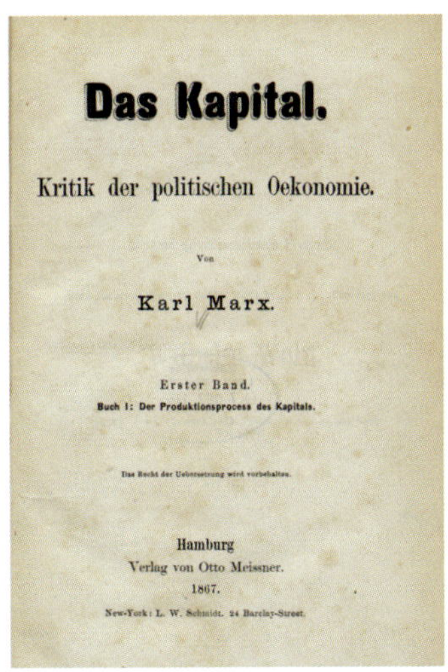

Das Kapital.

Kritik der politischen Oekonomie.

Von

Karl Marx.

Erster Band.
Buch I: Der Produktionsprocess des Kapitals.

Das Recht der Uebersetzung wird vorbehalten.

Hamburg
Verlag von Otto Meissner.
1867.
New-York: L. W. Schmidt. 24 Barclay-Street.

Karl Marx „Das Kapital“, Bd. 1, Hamburg 1867
Sächsische Landesbibliothek - Staats- und Universitätsbibliothek Dresden

eine Amnestie für poli-

An mein Volk!

Indem Ich heute zur Armee gehe, um mit ihr für Deutschlands Ehre und für Erhaltung unserer höchsten Güter zu kämpfen, will Ich, im Hinblicke auf die einmüthige Erhebung Meines Volkes, eine Amnestie für politische Verbrechen und Vergehen ertheilen. Ich habe das Staats-Ministerium beauftragt, Mir einen Erlaß in diesem Sinne zu unterbreiten.

Mein Volk weiß mit Mir, daß Friedensbruch und Feindschaft wahrhaftig nicht auf unserer Seite war.

Aber herausgefordert, sind wir entschlossen, gleich unseren Vätern und in fester Zuversicht auf Gott den Kampf zu bestehen, zur Errettung des Vaterlandes.

Berlin, den 31. Juli 1870.

gez. Wilhelm.

PLAKAT „AN MEIN VOLK!“, ANKÜNDIGUNG EINER „AMNESTIE FÜR POLITISCHE VERBRECHEN UND VERGEHEN“ VON WILHELM I. , 31. JULI 1870
DHM BERLIN
1988/74

tische Verbrechen und Vergehen ertheilen.

Gedenkblatt zum Vereinigungskongress in Gotha, 1875
IISH Amsterdam
(SPD) BG A 29/24

Medaille auf die Vereinigung von ADAV und SDAP
DHM Berlin
N 77/1648.2

Vorderseite: Portraits von August Bebel und Wilhelm Liebknecht, Rückseite: Portrait von Ferdinand Lassalle

Vorwärts
Central-Organ der Sozialdemokratie Deutschlands.
Nr. 1. 1876.

„Vorwärts" Central-Organ der Sozialdemokratie Deutschlands Nr. 1 vom 1. Oktober 1876
Archiv der sozialen Demokratie, Bonn

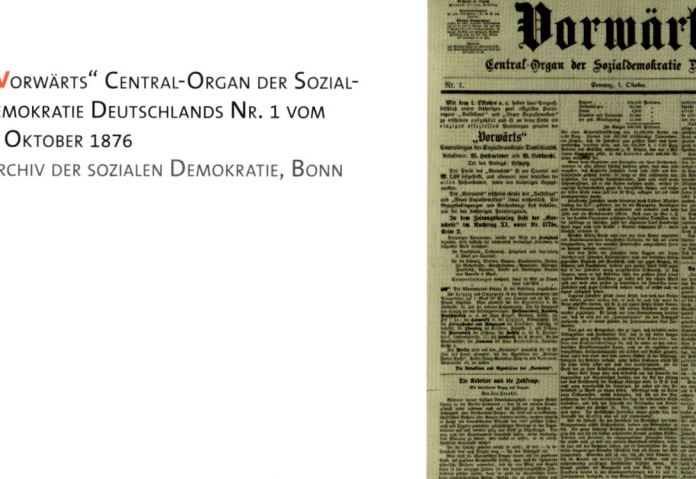

1890
WEITERE EXPONATE

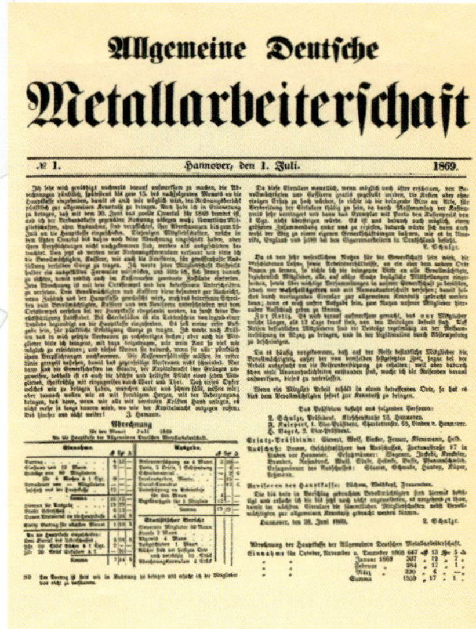

Allgemeine Deutsche

Metallarbeiterschaft

№ 1. Hannover, den 1. Juli. 1869.

„Allgemeine Deutsche Metallarbeiterschaft“, Hannover, Nr. 1 vom 1. Juli 1869
Institut für Zeitungsforschung, Dortmund

№ 1. Die Union. 1874.

Organ für die Holzarbeiter Deutschlands.

Erster Jahrgang. 15. Januar. Hamburg-Altona.

Gewerksgenossen, Mitarbeiter!

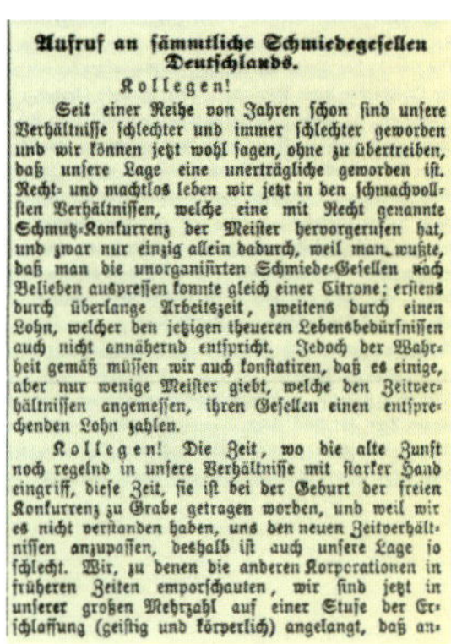

Aufruf an sämmtliche Schmiedegesellen Deutschlands.

Kollegen!

Seit einer Reihe von Jahren schon sind unsere Verhältnisse schlechter und immer schlechter geworden und wir können jetzt wohl sagen, ohne zu übertreiben, daß unsere Lage eine unerträgliche geworden ist. Recht- und machtlos leben wir jetzt in den schmachvollsten Verhältnissen, welche eine mit Recht genannte Schmutz-Konkurrenz der Meister hervorgerufen hat, und zwar nur einzig allein dadurch, weil man wußte, daß man die unorganisirten Schmiede-Gesellen nach Belieben auspressen konnte gleich einer Citrone; erstens durch überlange Arbeitszeit, zweitens durch einen Lohn, welcher den jetzigen theueren Lebensbedürfnissen auch nicht annähernd entspricht. Jedoch der Wahrheit gemäß müssen wir auch konstatiren, daß es einige, aber nur wenige Meister giebt, welche den Zeitverhältnissen angemessen, ihren Gesellen einen entsprechenden Lohn zahlen.

Kollegen! Die Zeit, wo die alte Zunft noch regelnd in unsere Verhältnisse mit starker Hand eingriff, diese Zeit, sie ist bei der Geburt der freien Konkurrenz zu Grabe getragen worden, und weil wir es nicht verstanden haben, uns den neuen Zeitverhältnissen anzupassen, deshalb ist auch unsere Lage so schlecht. Wir, zu denen die anderen Korporationen in früheren Zeiten emporschauten, wir sind jetzt in unserer großen Mehrzahl auf einer Stufe der Erschlaffung (geistig und körperlich) angelangt, daß an-

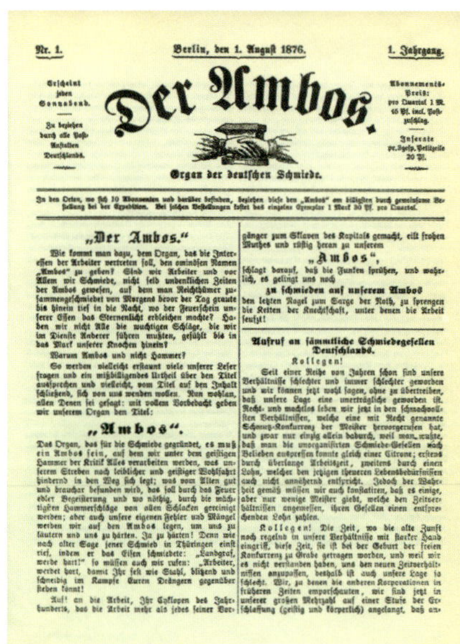

Nr. 1. Berlin, den 1. August 1876. 1. Jahrgang.

Der Ambos.

Organ der deutschen Schmiede.

„Die Union. Organ für die Holzarbeiter Deutschlands“, Hamburg, Nr. 1 vom 15. Januar 1874
Zentralbibliothek der IG Metall, Frankfurt a.M.

„Der Ambos. Organ der deutschen Schmiede“, Berlin, Nr. 1 vom 1. August 1876
Zentralbibliothek der IG Metall, Frankfurt a.M.

„Das Panier. Organ der deutschen Metallarbeiter“ (ab 1876), Braunschweig, Nr. 24 vom 13. Juni 1878
Zentralbibliothek der IG Metall, Frankfurt a.M.

Das Panier.

Organ der deutschen Metallarbeiter.

№ 24. Braunschweig, 13. Juni 1878. 3. Jahrgang.

Wir ersuchen, den Zuzug von Schlossern und Drehern nach Oels in Schlesien und Kaiserslautern in der Pfalz und von Schmieden nach Springe bei Hannover fern zu halten.

Vorboten der hereinbrechenden Reaktion.

„Metall-Arbeiter-Zeitung. Organ für die Interessen der Metallarbeiter“, Nürnberg, Nr. 38 vom 22. September 1888
Zentralbibliothek der IG Metall, Frankfurt a.M.

Deutsche Metall-Arbeiter-Zeitung

Organ für die Interessen der Metallarbeiter.

Nr. 38. Nürnberg, 22. September 1888. 6. Jahrgang.

Organ für die Interessen der Metallarbeit

Organ der Allg. Kranken- und Sterbekasse der Metallarbeiter und der Fachvereine der Metallarbeiter Deutschlands.

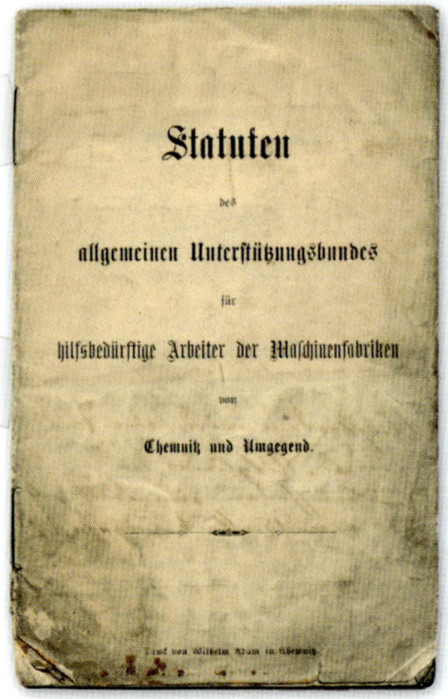

„Statuten des Allgemeinen Unterstützungsbundes für hilfsbedürftige Arbeiter der Maschinenfabriken“, 1887
Sächsischen Industriemuseum, Chemnitz
99/0307/D3

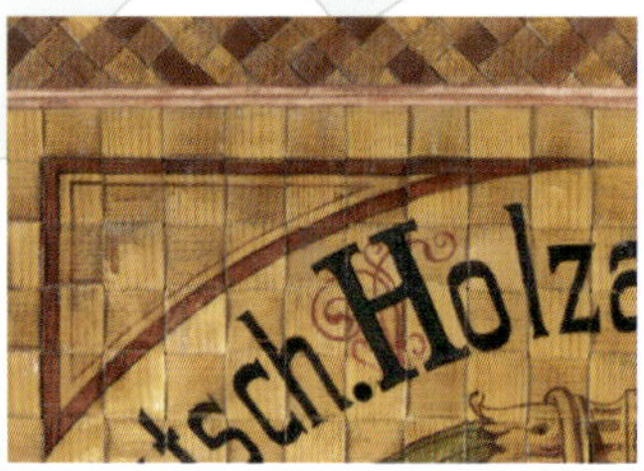

Fahne des Holzarbeiterverbandes, Zahlstelle Stuttgart, 1901 „Einigkeit macht stark. Durch Kampf zum Sieg“
Landesmuseum Württemberg, Stuttgart

1873 wurde die Zahlstelle Stuttgart des Deutschen Holzarbeiter-Verbandes gegründet. Die Fahne von 1901 ist aus Hobelspänen geflochten und bemalt.

Wilhelm Emmanuel Freiherr von Ketteler, Bischof von Mainz: „Die Arbeiterfrage und das Christentum“, Mainz 1864
Technoseum
Bibliothek Soz.-V.: Sop 37

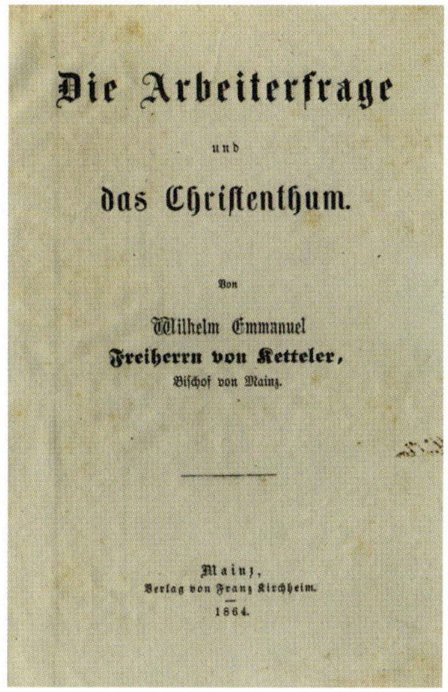

Die Arbeiterfrage

und

das Christenthum.

Von

Wilhelm Emmanuel
Freiherrn von Ketteler,
Bischof von Mainz.

Mainz,
Verlag von Franz Kirchheim.
1864.

Wilhelm Emmanuel Freiherr von Ketteler, Bischof von Mainz: „Die Arbeiterbewegung und ihr Streben im Verhältnis zu Religion und Sittlichkeit“, Mainz 1869
Technoseum
LR 2012/12

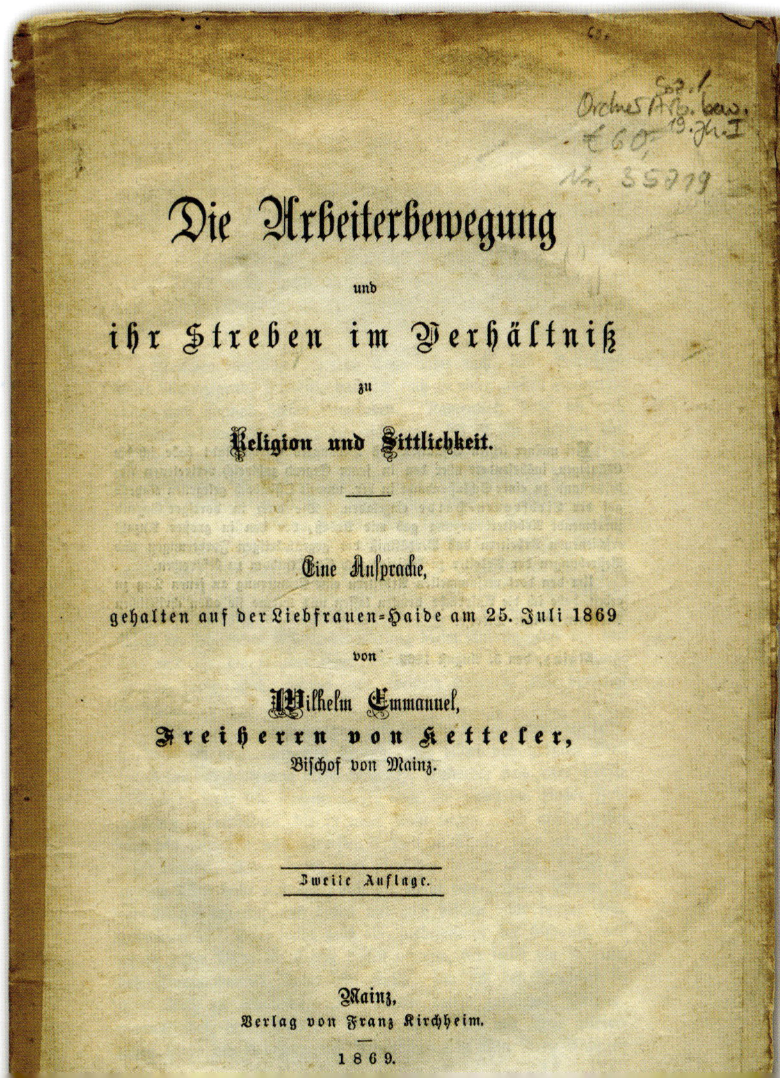

Die Arbeiterbewegung

und

ihr Streben im Verhältniß

zu

Religion und Sittlichkeit.

Eine Ansprache,
gehalten auf der Liebfrauen-Haide am 25. Juli 1869

von

Wilhelm Emmanuel,
Freiherrn von Ketteler,
Bischof von Mainz.

Zweite Auflage.

Mainz,
Verlag von Franz Kirchheim.
1869.

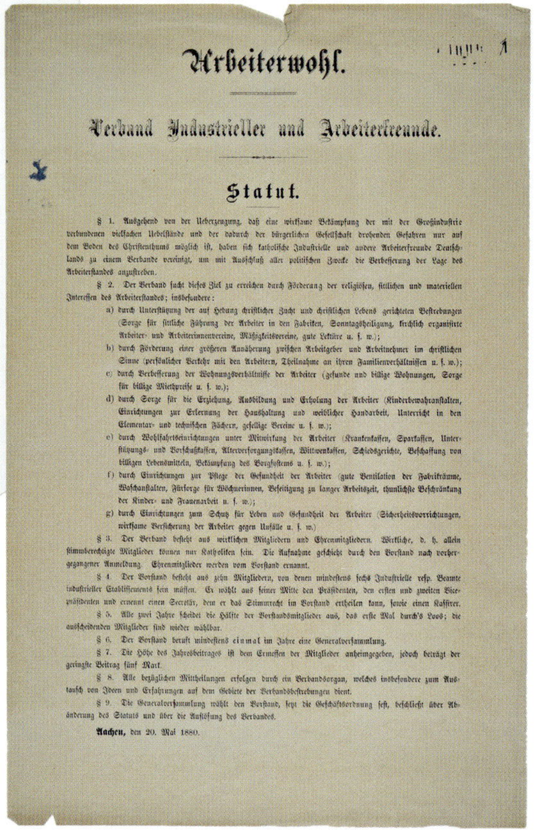

Arbeiterwohl.

Verband Industrieller und Arbeiterfreunde.

Statut.

§ 1. Ausgehend von der Ueberzeugung, daß eine wirksame Bekämpfung der mit der Großindustrie verbundenen vielfachen Uebelstände und der dadurch der bürgerlichen Gesellschaft drohenden Gefahren nur auf dem Boden des Christenthums möglich ist, haben sich katholische Industrielle und andere Arbeiterfreunde Deutschlands zu einem Verbande vereinigt, um mit Ausschluß aller politischen Zwecke die Verbesserung der Lage des Arbeiterstandes anzustreben.

§ 2. Der Verband sucht dieses Ziel zu erreichen durch Förderung der religiösen, sittlichen und materiellen Interessen des Arbeiterstandes; insbesondere:

a) durch Unterstützung der auf Hebung christlicher Zucht und christlichen Lebens gerichteten Bestrebungen (Sorge für sittliche Führung der Arbeiter in den Fabriken, Sonntagsheiligung, kirchlich organisirte Arbeiter- und Arbeiterinnenvereine, Mäßigkeitsvereine, gute Lektüre u. s. w.);

b) durch Förderung einer größeren Annäherung zwischen Arbeitgeber und Arbeitnehmer im christlichen Sinne (persönlicher Verkehr mit den Arbeitern, Theilnahme an ihren Familienverhältnissen u. s. w.);

c) durch Verbesserung der Wohnungsverhältnisse der Arbeiter (gesunde und billige Wohnungen, Sorge für billige Miethpreise u. s. w.);

d) durch Sorge für die Erziehung, Ausbildung und Erholung der Arbeiter (Kinderbewahranstalten, Einrichtungen zur Erlernung der Haushaltung und weiblicher Handarbeit, Unterricht in den Elementar- und technischen Fächern, gesellige Vereine u. s. w.);

e) durch Wohlfahrtseinrichtungen unter Mitwirkung der Arbeiter (Krankenkassen, Sparkassen, Unterstützungs- und Vorschußkassen, Altersversorgungskassen, Wittwenkassen, Schiedsgerichte, Beschaffung von billigen Lebensmitteln, Bekämpfung des Borgsystems u. s. w.);

f) durch Einrichtungen zur Pflege der Gesundheit der Arbeiter (gute Ventilation der Fabrikräume, Waschanstalten, Fürsorge für Wöchnerinnen, Beseitigung zu langer Arbeitszeit, thunlichste Beschränkung der Kinder- und Frauenarbeit u. s. w.);

g) durch Einrichtungen zum Schutz für Leben und Gesundheit der Arbeiter (Sicherheitsvorrichtungen, wirksame Versicherung der Arbeiter gegen Unfälle u. s. w.)

§ 3. Der Verband besteht aus wirklichen Mitgliedern und Ehrenmitgliedern. Wirkliche, d. h. allein stimmberechtigte Mitglieder können nur Katholiken sein. Die Aufnahme geschieht durch den Vorstand nach vorhergegangener Anmeldung. Ehrenmitglieder werden vom Vorstand ernannt.

§ 4. Der Vorstand besteht aus zehn Mitgliedern, von denen mindestens sechs Industrielle resp. Beamte industrieller Etablissements sein müssen. Er wählt aus seiner Mitte den Präsidenten, den ersten und zweiten Vicepräsidenten und ernennt einen Secretär, dem er das Stimmrecht im Vorstand ertheilen kann, sowie einen Kassirer.

§ 5. Alle zwei Jahre scheidet die Hälfte der Vorstandsmitglieder aus, das erste Mal durch's Loos; die ausscheidenden Mitglieder sind wieder wählbar.

§ 6. Der Vorstand beruft mindestens einmal im Jahre eine Generalversammlung.

§ 7. Die Höhe des Jahresbeitrages ist dem Ermessen der Mitglieder anheimgegeben, jedoch beträgt der geringste Beitrag fünf Mark.

§ 8. Alle bezüglichen Mittheilungen erfolgen durch ein Verbandsorgan, welches insbesondere zum Austausch von Ideen und Erfahrungen auf dem Gebiete der Verbandsbestrebungen dient.

§ 9. Die Generalversammlung wählt den Vorstand, setzt die Geschäftsordnung fest, beschließt über Abänderung des Statuts und über die Auflösung des Verbandes.

Aachen, den 20. Mai 1880.

GRÜNDUNGSAUFRUF UND STATUT DES KATHOLISCHEN VEREINS „ARBEITERWOHL“
AACHEN 20. MAI 1880
BUNDESARCHIV, BERLIN
R 8050 - 61 VE 5

BIERKRUG „PROLETARIER ALLER LÄNDER VEREINIGT EUCH!“
TECHNOSEUM
EVZ: 1985/0183

Schneiderbügeleisen
Technoseum
Evz: 1991/0982

Schneider- und Tuchschere
Technoseum
Evz: 2001/0806-174

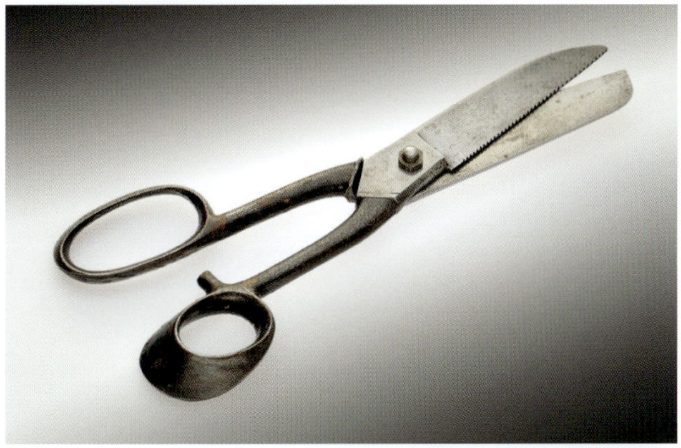

Markenapparat ohne Zeitabdruck mit Kontrollmarke
Technoseum
Evz: 2007/0830-057

Der Versuch, auf einer staatlichen Kohlengrube die Markenkontrolle einzuführen, schlug 1871 in Königshütte spektakulär fehl: 12 Tote und über sechzig Verletzte waren die Bilanz eines Streiks, mit dem die Bergarbeiter verhinderten, dass sie zu Nummern degradiert wurden.

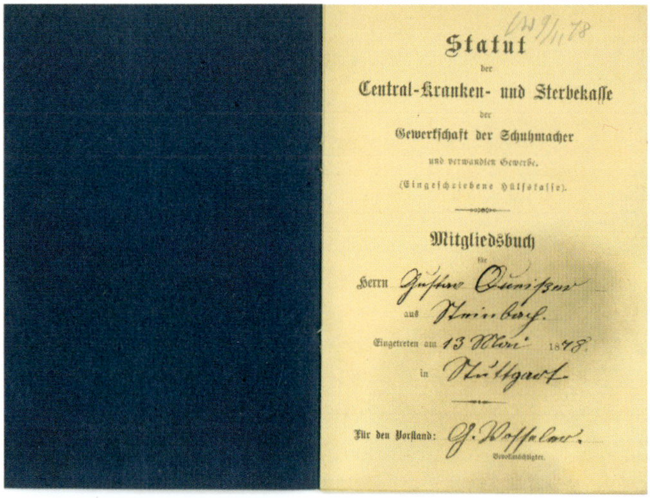

Statut
der
Central-Kranken- und Sterbekasse
der
Gewerkschaft der Schuhmacher
und verwandten Gewerbe.
(Eingeschriebene Hülfskasse).

Mitgliedsbuch
für
Herrn
aus
Eingetreten am 13 Mai 1878.
in Stuttgart

Für den Vorstand:
Bevollmächtigter.

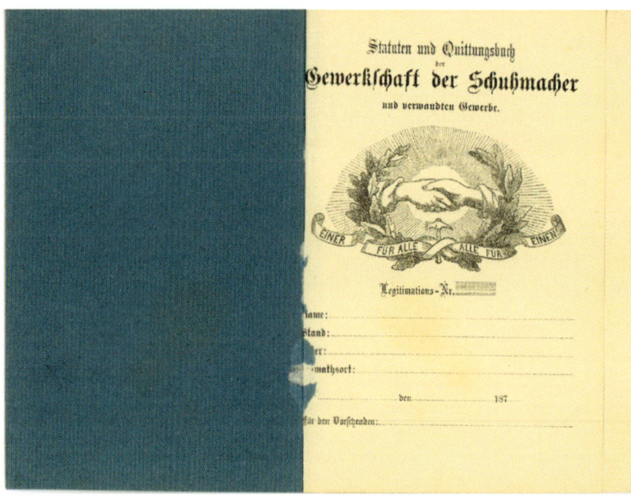

Statuten und Quittungsbuch
der
Gewerkschaft der Schuhmacher
und verwandten Gewerbe.

Legitimations-Nr.

...ame:
...tand:
...er:
...mathsort:
den 187
für den Vorstehenden:

GEWERKSCHAFT DER SCHUHMACHER (MITGLIEDSAUSWEIS, STATUT, POLIZEIBERICHT), STUTTGART 1878
STAATSARCHIV LUDWIGSBURG
BESTAND F 201, BÜ 648

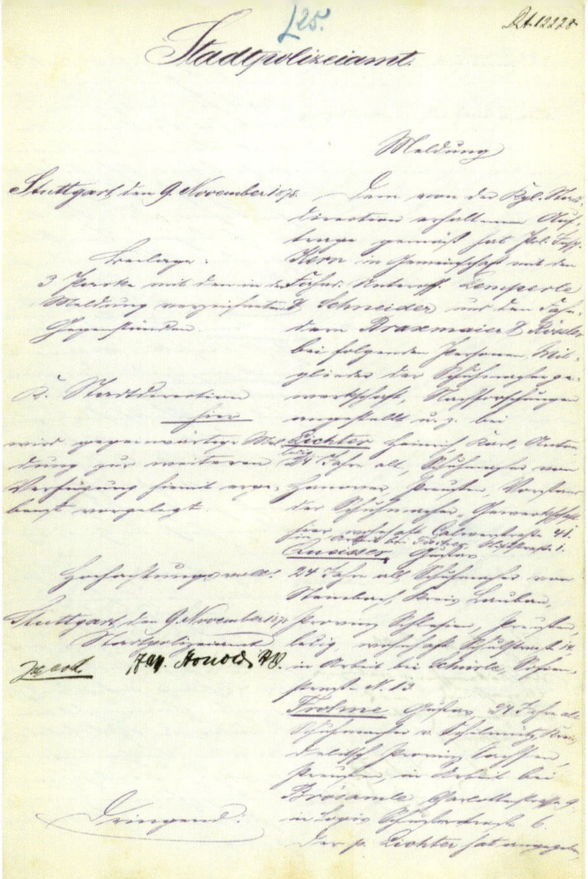

POLIZEIBERICHT (5 SEITEN) SEITE **1**

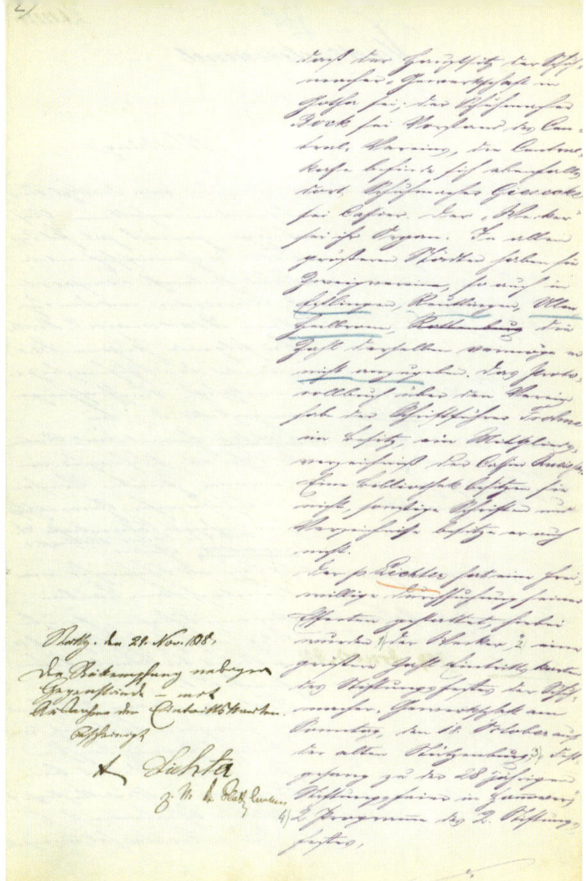

SEITE **2**

SEITE **3**

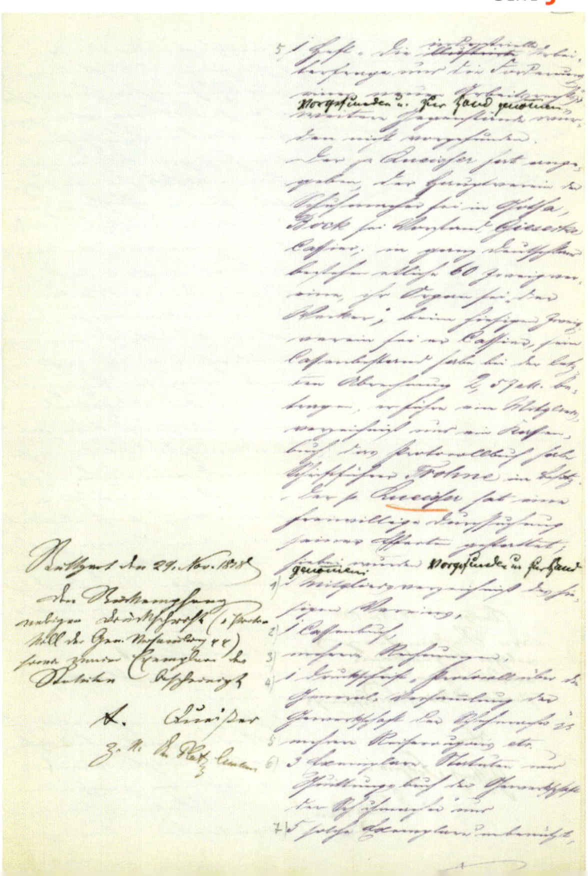

SEITE **4**

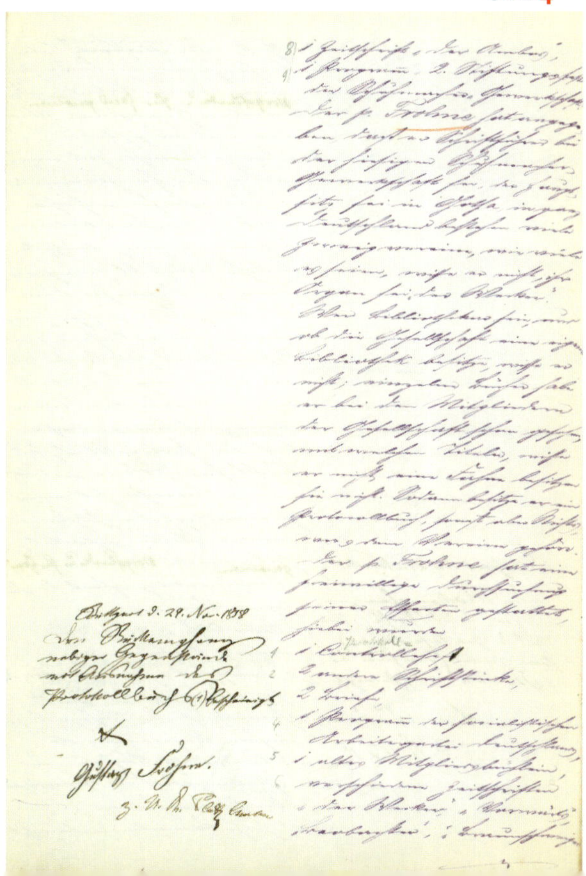

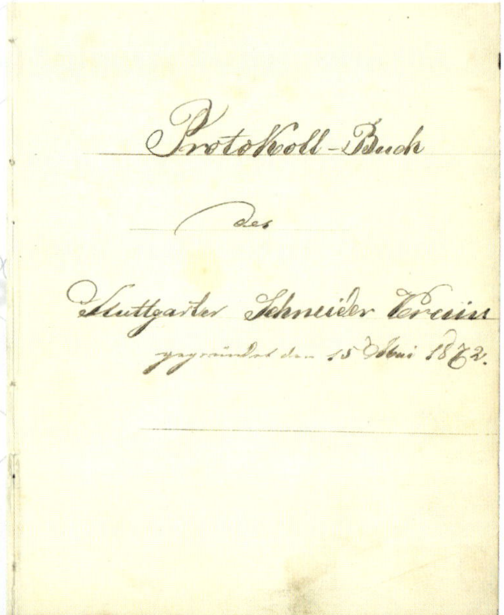

Protokoll-Buch des Stuttgarter Schneider Vereins gegründet den 15 Mai 1872.

Protokoll-Buch des Stuttgarter Schneider Vereins (1872)
Staatsarchiv Ludwigsburg
Bestand F201, Bü 648

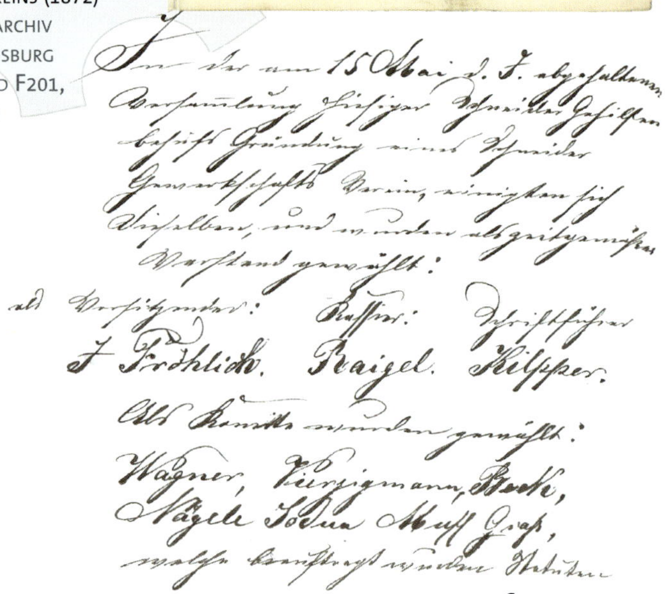

In der am 15 Mai d. J. abgehaltenen Versammlung hiesiger Schneider Gehilfen behufs Gründung eines Schneider Gewerkschafts Verein, einigten sich dieselben, und es wurden als zeitweiliger Vorstand gewählt:
als Vorsitzender: Cassier: Schriftführer
J. Fröhlich. Praigel. Kilsper.
Als Comité wurden gewählt:
Wagner, Vierzigmann, Beck, Nägele Sodan Muff Graf, welche beauftragt wurden Statuten

Seite **2**

Seite **3**

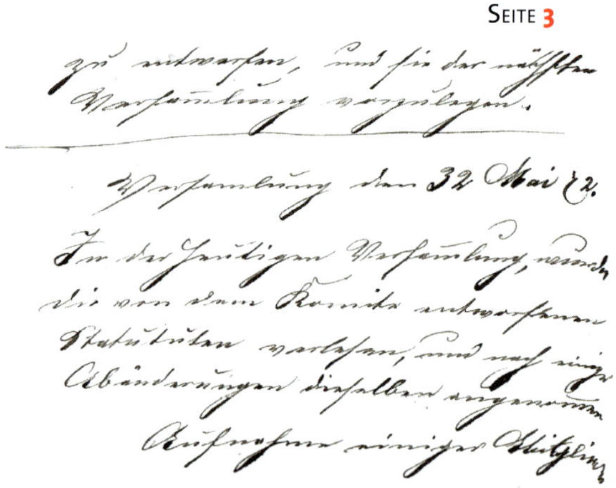

zu entwerfen, und sie der nächsten Versammlung vorzulegen.

Versammlung den 22 Mai Ct.

In der heutigen Versammlung, wurde die von dem Comité entworfenen Statuten verlesen, und nach einigen Abänderungen dieselben angenommen.
Aufnahme einiger Mitglieder

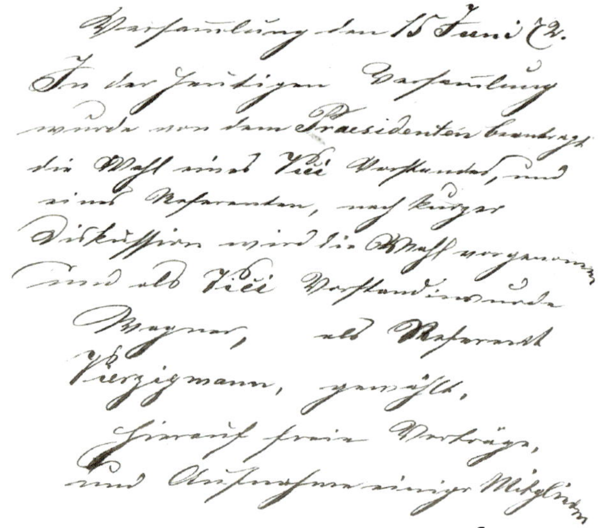

Versammlung den 15 Juni Ct.

In der heutigen Versammlung wurde von dem Praesidenten beantragt die Wahl eines Vice Vorstandes, und eines Referenten, nach kurzer Diskussion wird die Wahl vorgenommen und als Vice Vorstand wurde Wagner, als Referent Vierzigmann, gewählt.
Hierauf freie Vorträge, und Aufnahme einiger Mitglieder

Seite **4**

Seite **5**

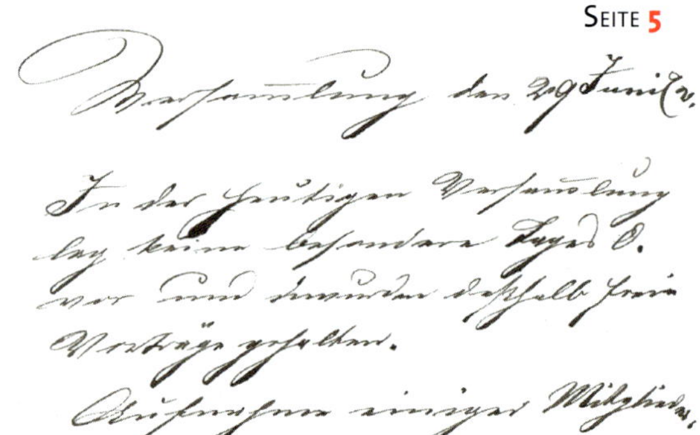

Versammlung den 29 Juni Ct.

In der heutigen Versammlung lag kein besonderer Gegenstand vor und wurden deshalb freie Vorträge gehalten.
Aufnahme einiger Mitglieder.

Seite **6**

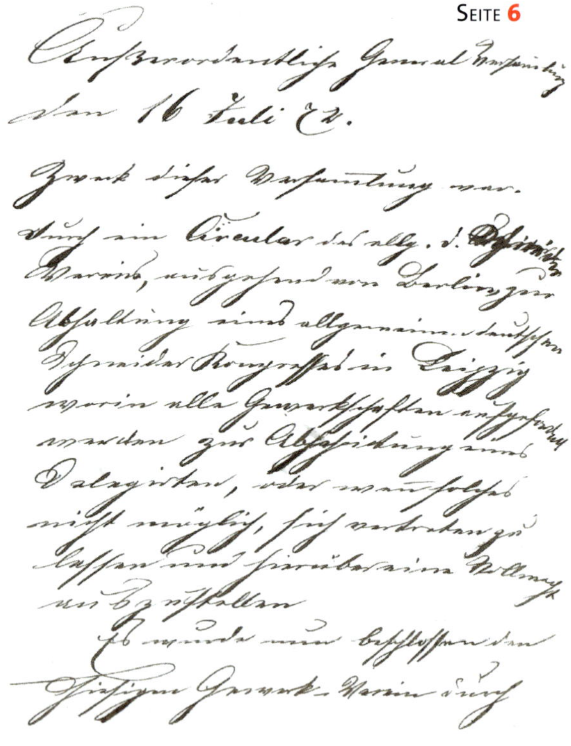

Außerordentliche General Versammlung den 16 Juli Ct.

Zweck dieser Versammlung war durch ein Circular des allg. d. Schneider Vereins, ausgehend von Berliner Abtheilung eines allgemeinen deutschen Schneider Kongresses in Leipzig worin alle Gewerkschaften aufgefordert werden zur Abschickung eines Delegirten, oder wenn solches nicht möglich, sich vertreten zu lassen und hierüber eine Stellung zu [illegible]
Es wurde nun beschlossen den hiesigen Gewerk-Verein durch

Gemälde, Robert Köhler: „Der Streik“, 1876
DHM Berlin
1990/2920

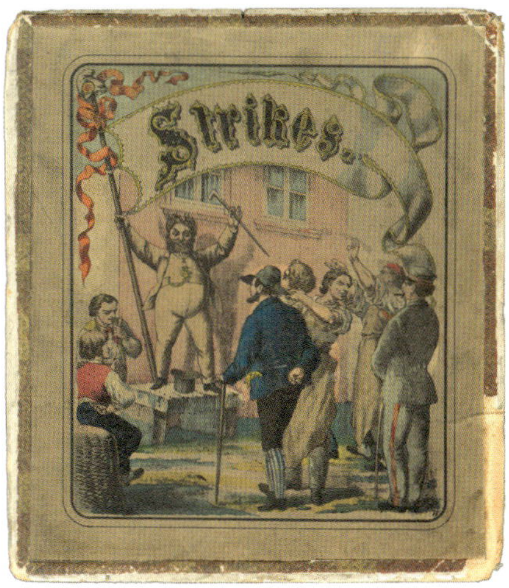

Gesellschaftsspiel „Strikes“ der Familie Marx
IISH Amsterdam
Karl Marx/Friedrich Engels Papers E 92

PORTRAIT AUGUST BEBEL (1840 – 1913)
IM STUHL SITZEND, 1898
BUNDESARCHIV, BERLIN
BILD 183-14077-0005

BEBEL ALS STEUERMANN
DES SCHIFFES „VORWÄRTS“
GLASMALEREI
STADTGESCHICHTLICHES MUSEUM LEIPZIG
K/392/2000

Anstecker August Bebel und Handschlag
Stadtgeschichtliches Museum Leipzig
AZ 490

Tasse und Untertasse aus dem Nachlass von August Bebel
DHM Berlin
K 54/67.1-4

Selbstgedrechselte Türklinke August Bebels aus Horn, um 1870
Stadtgeschichtliches Museum Leipzig
V/1895/2005

Spazierstock mit einem Metallknauf in Form eines Bebelkopfes, um 1900
Stadtgeschichtliches Museum Leipzig
G 64/226

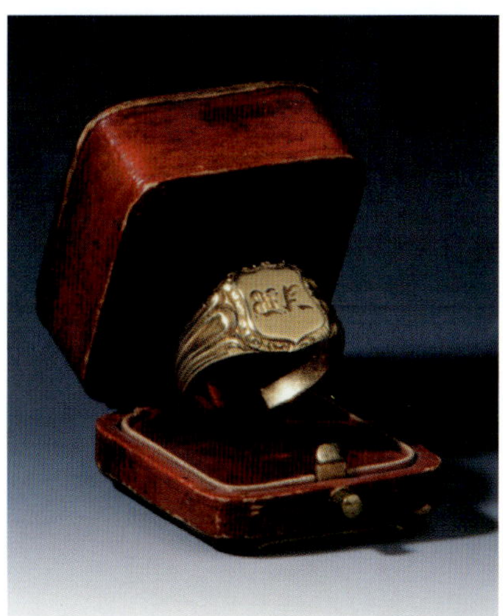

Siegelring August Bebels im Etui, 1864
DHM Berlin
K 54/62

... 1890
WEITERE EXPONATE

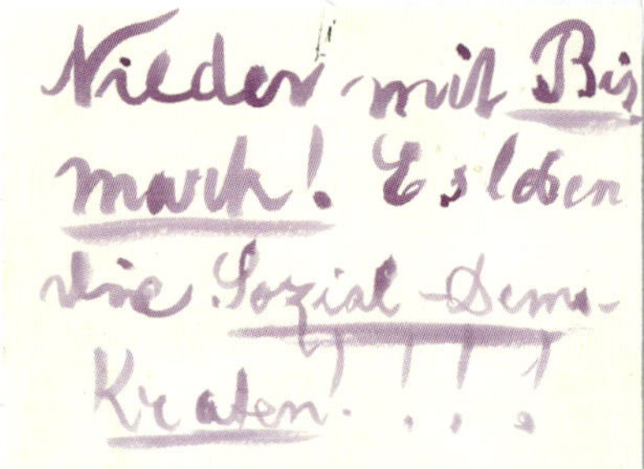

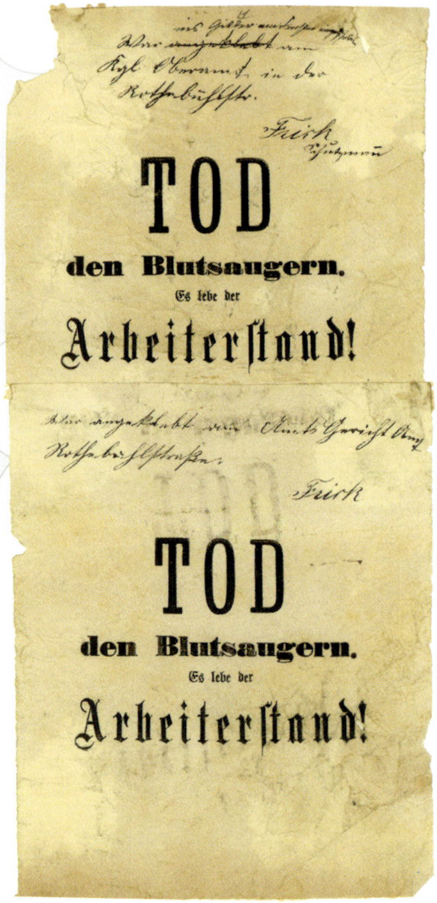

AGITATIONSZETTEL „NIEDER MIT BISMARCK! ES LEBEN DIE SOZIAL-DEMOKRATEN!!!!“ (HANDSCHR.) UND „TOD DEN BLUTSAUGERN. ES LEBE DER ARBEITERSTAND!“ (GEDRUCKT)
STAATSARCHIV LUDWIGSBURG
F 201, BÜ 661

PLAKAT DER SPD ZUR AUFHEBUNG DES SOZIALISTENGESETZES, 1890/91
IISH AMSTERDAM
(HAHN JR., A.) BG E1/3

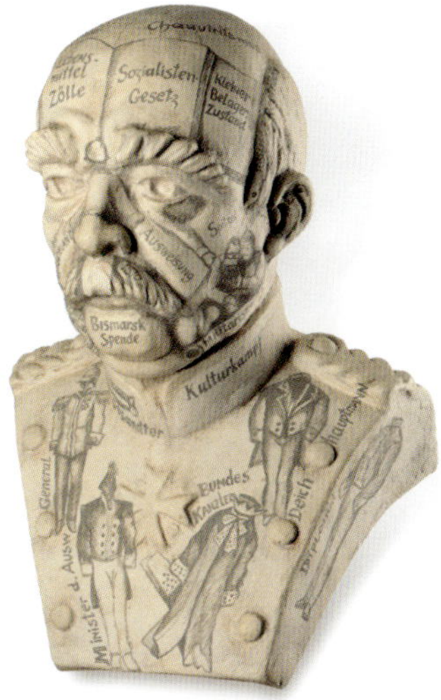

Büste Otto von Bismarcks
angefertigt nach einer Karikatur
aus dem „Wahren Jakob" von 1878
Technoseum

**Gedenkmedaille an den Erlass
Wilhelms II. zur Sozialpolitik, 1890**
DHM Berlin
Bestand Zeughaus (N. 84/41, a, b)

*Vorderseite: Brustbild Wilhelm II.
Rückseite: „Ich bin entschlossen, zur Verbesserung der Lage der Deutschen Arbeiter die Hand zu bieten, 4. Febr. 1890"*

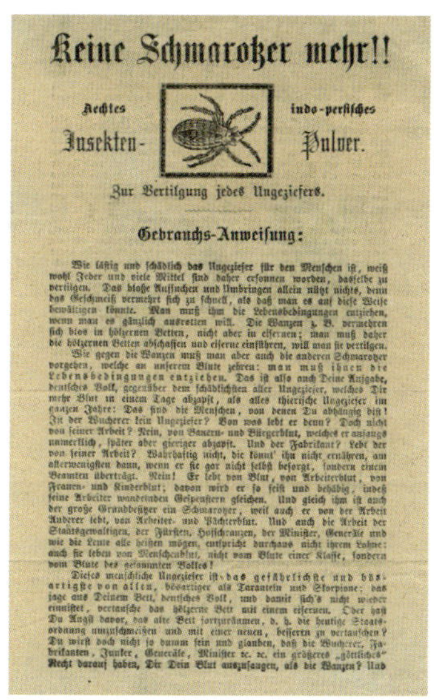

Keine Schmarotzer mehr!!

Aechtes indo-persisches Insekten-Pulver.

Zur Vertilgung jedes Ungeziefers.

Gebrauchs-Anweisung:

Wie lästig und schädlich das Ungeziefer für den Menschen ist, weiß wohl Jeder und viele Mittel sind daher ersonnen worden, dasselbe zu vertilgen. Das bloße Aufsuchen und Umbringen allein nützt nichts, denn das Geschmeiß vermehrt sich zu schnell, als daß man es auf diese Weise bewältigen könnte. Man muß ihm die Lebensbedingungen entziehen, wenn man es gänzlich ausrotten will. Die Wanzen z. B. vermehren sich blos in hölzernen Betten, nicht aber in eisernen; man muß daher die hölzernen Betten abschaffen und eiserne einführen, will man sie vertilgen.

Wie gegen die Wanzen muß man aber auch die anderen Schmarotzer vorgehen, welche an unserem Blute zehren: man muß ihnen die Lebensbedingungen entziehen. Das ist also auch Deine Aufgabe, deutsches Volk, gegenüber dem schädlichsten aller Ungeziefer, welches Dir mehr Blut in einem Tage abzapft, als alles thierische Ungeziefer im ganzen Jahre: Das sind die Menschen, von denen Du abhängig bist! Ist der Wucherer kein Ungeziefer? Von was lebt er denn? Doch nicht von seiner Arbeit? Nein, von Bauern- und Bürgerblut, welches er anfangs unmerklich, später aber gieriger abzapft. Und der Fabrikant? Lebt der von seiner Arbeit? Wahrhaftig nicht, die könnt' ihn nicht ernähren, am allerwenigsten dann, wenn er sie gar nicht selbst besorgt, sondern einem Beamten überträgt. Nein! Er lebt von Blut, von Arbeiterblut, von Frauen- und Kinderblut; davon wird er so feist und behäbig, indeß seine Arbeiter wandelnden Gespenstern gleichen. Und gleich ihm ist auch der große Grundbesitzer ein Schmarotzer, weil auch er von der Arbeit Anderer lebt, von Arbeiter- und Pächterblut. Und auch die Arbeit der Staatsgewaltigen, der Fürsten, Hofschranzen, der Minister, Generäle und wie die Leute alle heißen mögen, entspricht durchaus nicht ihrem Lohne: auch sie leben von Menschenblut, nicht vom Blute einer Klasse, sondern vom Blute des gesammten Volkes!

Dieses menschliche Ungeziefer ist das gefährlichste und bösartigste von allen, bösartiger als Taranteln und Skorpione; das jage aus Deinem Bett, deutsches Volk, und damit sich's nicht wieder einnistet, vertausche das hölzerne Bett mit einem eisernen. Oder hast Du Angst davor, das alte Bett fortzuräumen, d. h. die heutige Staatsordnung umzuschmeißen und mit einer neuen, besseren zu vertauschen? Du wirst doch nicht so dumm sein und glauben, daß die Wucherer, Fabrikanten, Junker, Generäle, Minister rc. rc. ein größeres „göttliches" Recht darauf haben, Dir Dein Blut auszusaugen, als die Wanzen? Und

Sozialdemokratische Tarnschrift "Keine Schmarotzer mehr!!", Gebrauchs-Anweisung zur gänzlichen Vertilgung von Flöhen, Wanzen, Motten und anderem Ungeziefer, 1880
Sammlung Udo Achten, Düsseldorf

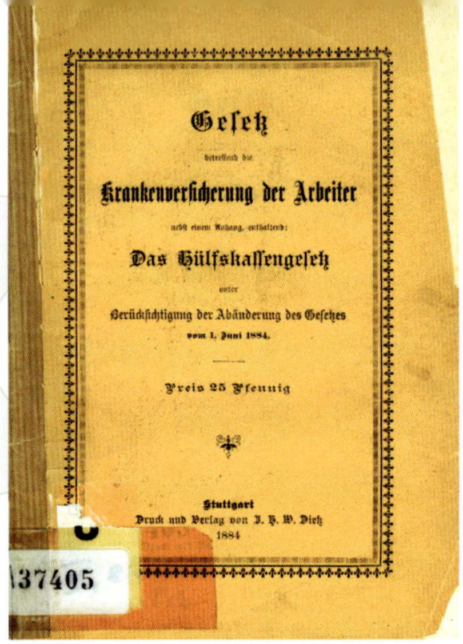

„Gesetz betreffend die Krankenversicherung der Arbeiter“, 1. Juni 1884
Archiv der sozialen Demokratie, Bonn
A 37405

„Das Unfallversicherungsgesetz“, 27. Juni 1884
Archiv der sozialen Demokratie, Bonn
A 37404

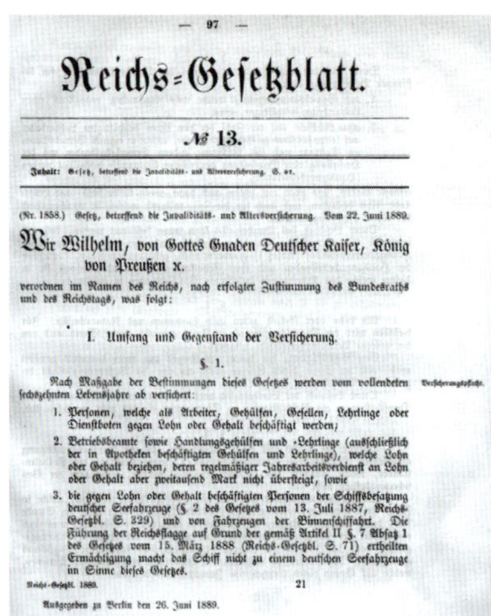

— 97 —

Reichs-Gesetzblatt.

№ 13.

Inhalt: Gesetz, betreffend die Invaliditäts- und Altersversicherung. S. 97.

(Nr. 1858.) Gesetz, betreffend die Invaliditäts- und Altersversicherung. Vom 22. Juni 1889.

Wir Wilhelm, von Gottes Gnaden Deutscher Kaiser, König von Preußen rc.

verordnen im Namen des Reichs, nach erfolgter Zustimmung des Bundesraths und des Reichstags, was folgt:

I. Umfang und Gegenstand der Versicherung.

§. 1.

Nach Maßgabe der Bestimmungen dieses Gesetzes werden vom vollendeten sechszehnten Lebensjahre ab versichert: Versicherungspflicht.

1. Personen, welche als Arbeiter, Gehülfen, Gesellen, Lehrlinge oder Dienstboten gegen Lohn oder Gehalt beschäftigt werden;
2. Betriebsbeamte sowie Handlungsgehülfen und -Lehrlinge (ausschließlich der in Apotheken beschäftigten Gehülfen und Lehrlinge), welche Lohn oder Gehalt beziehen, deren regelmäßiger Jahresarbeitsverdienst an Lohn oder Gehalt aber zweitausend Mark nicht übersteigt, sowie
3. die gegen Lohn oder Gehalt beschäftigten Personen der Schiffsbesatzung deutscher Seefahrzeuge (§. 2 des Gesetzes vom 13. Juli 1887, Reichs-Gesetzbl. S. 329) und von Fahrzeugen der Binnenschiffahrt. Die Führung der Reichsflagge auf Grund der gemäß Artikel II §. 7 Absatz 1 des Gesetzes vom 15. März 1888 (Reichs-Gesetzbl. S. 71) ertheilten Ermächtigung macht das Schiff nicht zu einem deutschen Seefahrzeuge im Sinne dieses Gesetzes.

Reichs-Gesetzbl. 1889. 21

Ausgegeben zu Berlin den 26. Juni 1889.

Reichs-Gesetzblatt Nr. 13, die Invaliditäts- und Altersversicherung betreffend, 22. Juni 1889
Staatsbibliothek Berlin
PK GV 15 144-30

Bittschreiben Julie Bebels, Clara Hasenclevers und Natalie Liebknechts an die königliche Kreishauptmannschaft zu Leipzig
Stadtgeschichtliches Museum Leipzig
D2052

Inhalt des Schreibens war die Bitte, für die Familien sammeln zu dürfen, die wegen der Ausweisung ihrer Ernährer (aufgrund des Sozialistengesetzes) in Not geraten sind. Dieser Bitte wurde stattgegeben.

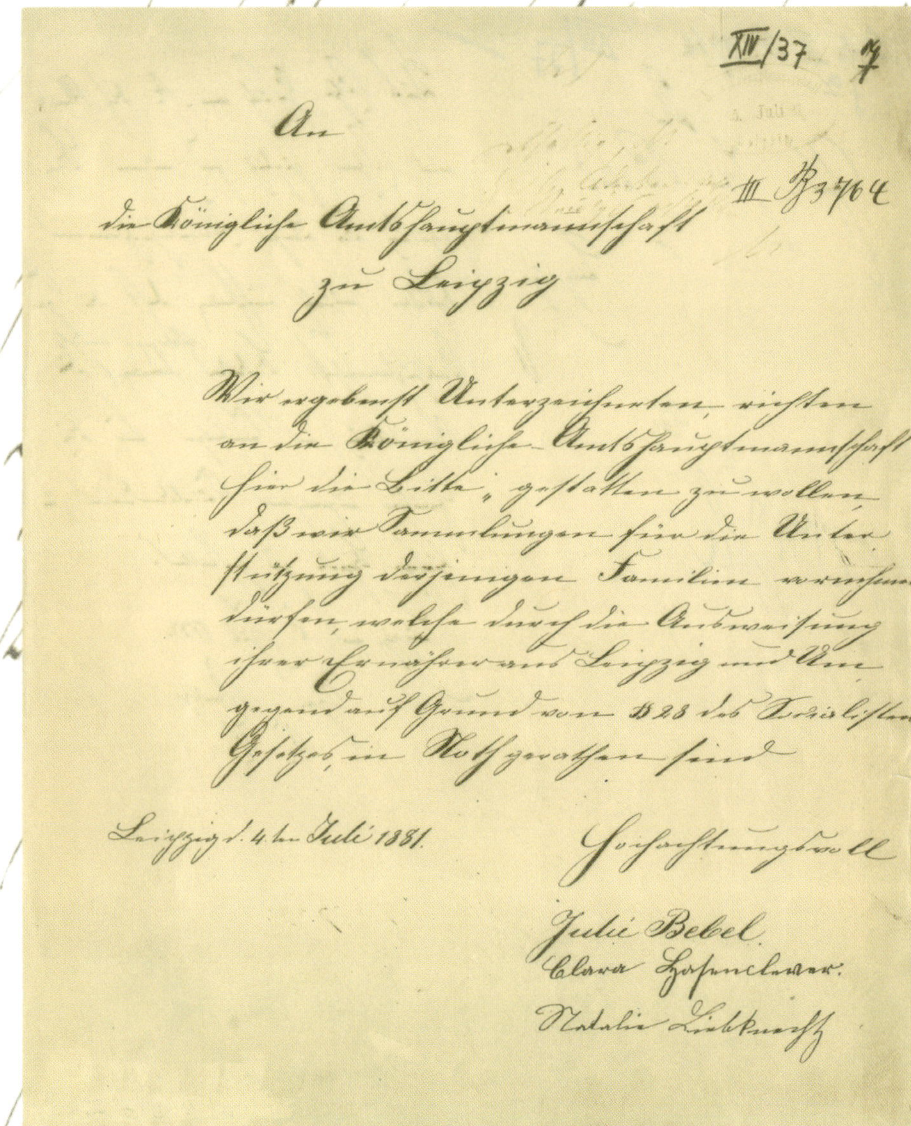
XIV/37 7

An

III B 3764

die Königliche Amtshauptmannschaft
zu Leipzig

Wir ergebenst Unterzeichneten, richten an die Königliche Amtshauptmannschaft hier die Bitte, gestatten zu wollen daß wir Sammlungen für die Unterstützung derjenigen Familien vornehmen dürfen, welche durch die Ausweisung ihrer Ernährer aus Leipzig und Umgegend auf Grund von §28 des Socialisten Gesetzes in Noth gerathen sind.

Leipzig d. 4ten Juli 1881.

Hochachtungsvoll

Julie Bebel
Clara Hasenclever.
Natalie Liebknecht

Papiercanevas mit den drei Fotos von Bebel, Liebknecht und Singer „Wir wollen den Frieden, Freiheit und Recht ...“
Stadtgeschichtliches Museum Leipzig K/100/2001

1. Sozialdemokratisches Bundeslied.

Marseillaise.

Willkommen ihr, der Freiheit Söhne,
Im volk=erlösenden Verein!
Laßt brausen eh'rner Lieder Töne,
:,: Die laut ins Ohr der Mächt'gen schrei'n :,:
Den wilden Nothschrei aller Sklaven
Um Recht und Brod! Um Fried' und Licht! —
Und mit dem Lärmruf zum Gericht
Erweckt die Letzten, die noch schlafen:
„Tod jeder Tyrannei!
Die Arbeit werde frei!
Es keim' und blüh' zum Völkerglück
Die rothe Republik!"

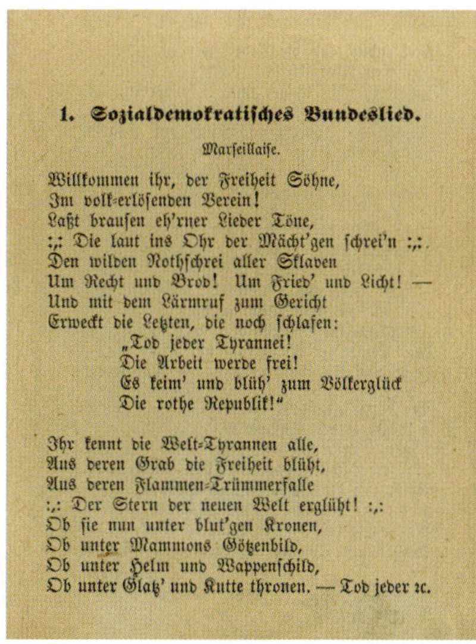

1. Sozialdemokratisches Bundeslied.

Marseillaise.

Willkommen ihr, der Freiheit Söhne,
Im volk=erlösenden Verein!
Laßt brausen eh'rner Lieder Töne,
:,: Die laut ins Ohr der Mächt'gen schrei'n :,:
Den wilden Nothschrei aller Sklaven
Um Recht und Brod! Um Fried' und Licht! —
Und mit dem Lärmruf zum Gericht
Erweckt die Letzten, die noch schlafen:
„Tod jeder Tyrannei!
Die Arbeit werde frei!
Es keim' und blüh' zum Völkerglück
Die rothe Republik!"

Ihr kennt die Welt=Tyrannen alle,
Aus deren Grab die Freiheit blüht,
Aus deren Flammen=Trümmerfalle
:,: Der Stern der neuen Welt erglüht! :,:
Ob sie nun unter blut'gen Kronen,
Ob unter Mammons Götzenbild,
Ob unter Helm und Wappenschild,
Ob unter Glatz' und Kutte thronen. — Tod jeder 2c.

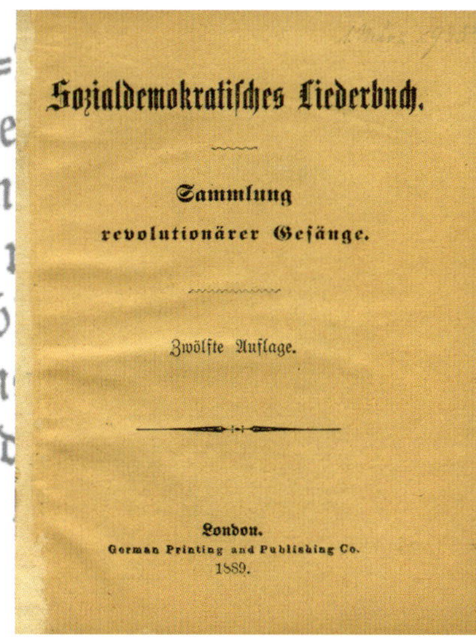

Sozialdemokratisches Liederbuch.

Sammlung revolutionärer Gesänge.

Zwölfte Auflage.

London.
German Printing and Publishing Co.
1889.

Sozialdemokratisches Liederbuch, Hottingen – Zürich 1888
Deutsches Volkslied-Archiv Freiburg
Frei 99: V 7/3030

„Sozialdemokratisches Liederbuch", London 1889
Sammlung Klaus Jürgen Becker, Ludwigshafen

1919

Franz Jungbluth

„Muskelkräftig und wettergehärtet“

Vom Aufschwung bis zur Spaltung der Arbeiterbewegung 1890 – 1919

Als „Jüngling“, so der erste Parteihistoriker der SPD, Franz Mehring, sei seine Partei in den Kampf gegen das Sozialistengesetz gezogen. „Als sie heimkehrte, war sie ein muskelkräftiger und wettergehärteter Mann, entschlossen, fertig, klar […]“.[1] Betrachtet man die Geschwindigkeit und Intensität, mit der sich Partei, freie Gewerkschaften und andere sozialdemokratische Organisationen von der Aufhebung des Gesetzes bis zum Kriegsausbruch 1914 entfalteten, so haben die Organisationen während der Zeit des offiziellen Verbots offenbar tatsächlich „Muskelmasse“ aufgebaut. Allerdings ist zu berücksichtigen, dass dieses Vierteljahrhundert in der Geschichte des Kaiserreichs als eine Phase der „Fundamentalpolitisierung“ anzusehen ist, die sich nicht auf das sozialdemokratische Lager beschränkte.[2] So erlebte auch die christliche Arbeiter- und Gewerkschaftsbewegung ihre Hochzeit, wobei christlich mit wenigen, meist kurzlebigen, Ausnahmen hier mit katholisch gleichzusetzen ist. Wie stark beide Arbeiterbewegungen in dieser Phase waren, zeigt sich auch in der Tatsache, dass in den Jahren bis 1914 in der Sozialdemokratie und im sozialen Katholizismus erbitterte Debatten über politische Strategien und Inhalte möglich waren. In sozialen Konflikten hielten die Organisationen nach außen jedoch stets zusammen, wie einige in ihrem Umfang und ihrer Intensität beeindruckende Streiks zeigen.

Vom Tarnverein zur straffen Organisation: der Aufstieg der freien Gewerkschaften

Die reichsweiten Gewerkschaftsorganisationen waren mit dem Sozialistengesetz endgültig von der Bildfläche verschwunden. Zum Zeitpunkt des Verbotes waren sie noch jung und wenig konsolidiert und der Erfolg von Streikbewegungen hing in der Gründerzeit meist stark von lokalen Gegebenheiten ab. Lokale Vereine wurden immer wieder verboten, wenn sie zu eindeutig gewerkschaftliche Züge zeigten und größere Arbeitskämpfe blieben bis zum Bergarbeiterstreik von 1889 aus.

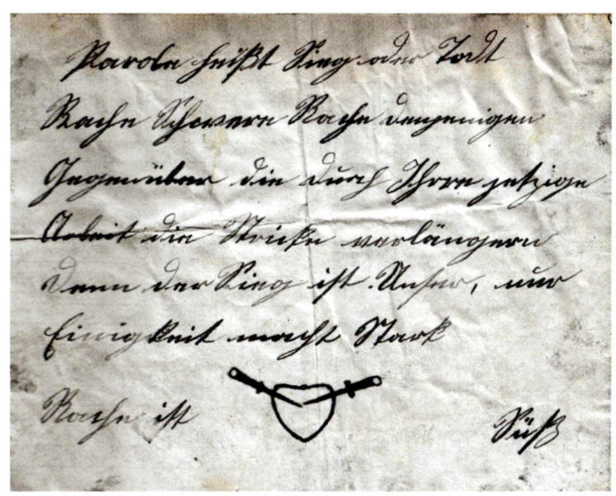

VORHERIGE SEITE
HANDGESCHRIEBENER AUSHANG, WARNUNG DER BERGARBEITER VOR STREIKBRUCH
STADTARCHIV RECKLINGHAUSEN

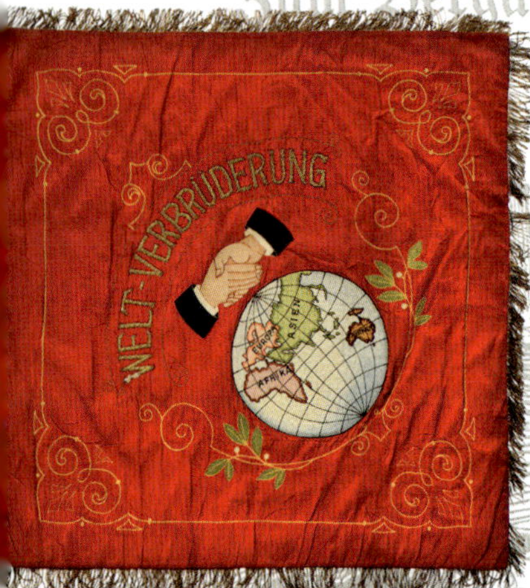

FAHNE „WELTVERBRÜDERUNG“
ARCHIV FÜR SOZIALE BEWEGUNGEN, BOCHUM

CARL LEGIEN (1861 – 1920)
IISH
(SPD) BG A8/280

Dennoch leistete diese Arbeit wichtige Voraussetzung für den schnellen Aufbau starker Gewerkschaftsstrukturen nach 1890. Carl Legien, der prägenden Gestalt der freien Gewerkschaften in dieser Zeit, war es beispielsweise in den 1880er Jahren gelungen, den Hamburger Fachverein der Drechsler sogar zu einem reichsweiten Berufsverband auszuweiten, ohne dass gegen diesen Verbote erlassen wurden.

So gründeten sich bereits im Sommer 1890 wichtige Verbände neu oder schlossen sich in reichsweiten Dachverbänden zusammen, darunter die Metallarbeiter und die Bauarbeiter. Am 16. und 17. November 1890 kamen sie zu einer Vorständekonferenz in Berlin zusammen und beschlossen die Einrichtung einer Generalkommission der Gewerkschaften Deutschlands. Bis zum Halberstäder Gewerkschaftskongress 1892 erarbeitete diese erste Kommission ein Konzept, das während des Kaiserreichs – und mit leichten Einschränkungen auch in der Weimarer Republik – Gültigkeit behielt: die Berufsgewerkschaften blie-

FAHNE „CENTRAL-VERBAND DER MAURER DEUTSCHLANDS, ZAHLSTELLE ERFURT, 1894“
DHM BERLIN
BESTAND ZEUGHAUS (FA 59/9)

Orbf. I. 33

Metallarbeiter-Verein für Einsiedel und Umg.

Mitglieds-Karte

für Herrn Bruno Flade Einsiedel

Eingetreten am 27. März

Einsiedel, den 27 März 1906.

Der Vorstand.

MITGLIEDSKARTE „METALLARBEITER-VEREINS EINSIEDEL UND UMG.“, 1906
SÄCHSISCHES INDUSTRIEMUSEUM
CHEMNITZ, 92/025/D8

ben das entscheidende Element für die Organisation von Arbeitern und Arbeitskämpfen. In größeren Orten wurden zusätzlich Ortskartelle und Arbeitersekretariate aller freien Gewerkschaften eingerichtet. Diese berieten Arbeiterfamilien in Fragen des täglichen Lebens wie Miete, Sozialversicherung oder den Umgang mit Ämtern.

Flankiert wurde die Entwicklung durch die Arbeit der Generalkommission, die mit ihrem „Correspondenzblatt" ein wichtiges Organ zur Information und Vernetzung der lokalen Funktionäre herausgab. Auf diesen Grundlagen erlebten die freien Gewerkschaften bis zum Ersten Weltkrieg einen wahren Boom. Quantitativ stieg die Zahl der organisierten Arbeiter und Arbeiterinnen von knapp 300.000 im Jahr 1890 auf über 2,5 Millionen bis 1913.[3] Qualitativ wurde ihre Arbeit immer professioneller. Sekretäre und Funktionäre wurden in der gemeinsam mit der SPD organisierten Arbeiterbildungsschule in Berlin auf ihre Tätigkeit vorbereitet. In vielen Städten gaben sie ihr Wissen um Sozialgesetze und Arbeitnehmerrechte in Arbeitersekretariaten und Arbeiterbildungsausschüssen an die Mitglieder vor Ort weiter. Hinzu kamen verschiedene Schriftenreihen und Statistiken, die von der Generalkommission in Berlin herausgegeben wurden.

Diese Strukturierung und Professionalisierung bedeutete allerdings auch die endgültige Abkehr von syndikalistischen und lokalistischen Organisationsformen. Über Lohnbewegungen und Streikforderungen sollte künftig die jeweilige Gewerkschaft zentral entscheiden. Diese Ideen blieben nicht ohne – letztlich erfolglosen – Widerstand. Angesichts der Erfahrungen aus der Zeit des Sozialistengesetzes herrschte an vielen Orten Skepsis gegenüber zentralisierten Organisationen, die leichter zu verbieten und zu kontrollieren waren. Und ob das Streikrecht nun zentralisiert werden könne und solle, blieb eine Prinzipienfrage, die letztlich zu einer ersten Spaltung innerhalb der sozialdemokratischen Arbeiterbewegung führte. 1896 gründete sich zunächst eine „Vertrauensmännerassoziation" innerhalb der freien Gewerkschaften, die zurück zum Modell eines losen Zusammenschluss von wenigen koordinierenden Vertrauensleuten strebte. Alle wichtigen Entscheidungen um Streiks und die damit verbundenen Forderungen müssten bei den einzelnen Betriebsbelegschaften liegen. Ein Jahr später ging aus dieser Assoziation die Freie Vereinigung deutscher Gewerkschaften hervor. Auf die Ausbildung starker Organisationsstrukturen verzichtete sie schon aus inhaltlichen Gründen. Auch ihre Mitgliedschaft blieb überschaubar und angesichts der enormen Zuwächse der „offiziellen" Gewerkschaften unbedeutend.[4]

Arbeitskämpfe von „unten" und „oben"

Allerdings bedeutete dies nicht, dass sich die Generalkommission oder die großen freien Gewerkschaften mit ihren Vorstellungen eines stark reglementierten Streikrechts tatsächlich durchgesetzt

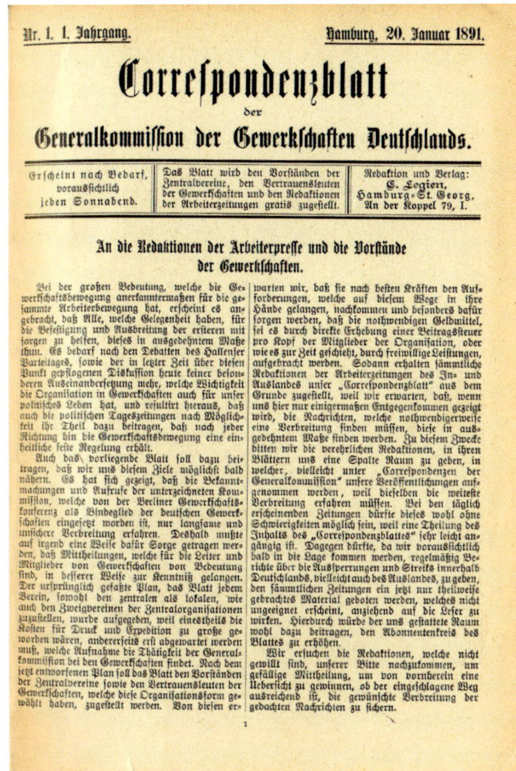

Nr. 1. 1. Jahrgang. Hamburg, 20. Januar 1891.

Correspondenzblatt

der

Generalkommission der Gewerkschaften Deutschlands.

Erscheint nach Bedarf, voraussichtlich jeden Sonnabend.	Das Blatt wird den Vorständen der Zentralvereine, den Vertrauensleuten der Gewerkschaften und den Redaktionen der Arbeiterzeitungen gratis zugestellt.	Redaktion und Verlag: C. Legien, Hamburg-St. Georg, An der Koppel 79, I.

An die Redaktionen der Arbeiterpresse und die Vorstände der Gewerkschaften.

Bei der großen Bedeutung, welche die Gewerkschaftsbewegung anerkanntermaßen für die gesammte Arbeiterbewegung hat, erscheint es angebracht, daß Alle, welche Gelegenheit haben, für die Befestigung und Ausbreitung der ersteren mit sorgen zu helfen, dieses in ausgedehntem Maße thun. Es bedarf nach den Debatten des Hallenser Parteitages, sowie der in letzter Zeit über diesen Punkt gepflogenen Diskussion heute keiner besonderen Auseinandersetzung mehr, welche Wichtigkeit die Organisation in Gewerkschaften auch für unser politisches Leben hat, und resultirt hieraus, daß auch die politischen Tageszeitungen nach Möglichkeit ihr Theil dazu beitragen, daß nach jeder Richtung hin die Gewerkschaftsbewegung eine einheitliche feste Regelung erhält.

Auch das vorliegende Blatt soll dazu beitragen, daß wir uns diesem Ziele möglichst bald nähern. Es hat sich gezeigt, daß die Bekanntmachungen und Aufrufe der unterzeichneten Kommission, welche von der Berliner Gewerkschaftskonferenz als Bindeglied der deutschen Gewerkschaften eingesetzt worden ist, nur langsame und unsichere Verbreitung erfahren. Deshalb mußte auf irgend eine Weise dafür Sorge getragen werden, daß Mittheilungen, welche für die Leiter und Mitglieder von Gewerkschaften von Bedeutung sind, in besserer Weise zur Kenntniß gelangen. Der ursprünglich gefaßte Plan, das Blatt jedem Verein, sowohl den zentralen als lokalen, wie auch den Zweigvereinen der Zentralorganisationen zuzustellen, wurde aufgegeben, weil einestheils die Kosten für Druck und Expedition zu große geworden wären, andererseits erst abgewartet werden muß, welche Aufnahme die Thätigkeit der Generalkommission bei den Gewerkschaften findet. Nach dem jetzt entworfenen Plan soll das Blatt den Vorständen der Zentralvereine sowie den Vertrauensleuten der Gewerkschaften, welche diese Organisationsform gewählt haben, zugestellt werden. Von diesen erwarten wir, daß sie nach besten Kräften den Aufforderungen, welche auf diesem Wege in ihre Hände gelangen, nachkommen und besonders dafür sorgen werden, daß die nothwendigen Geldmittel, sei es durch direkte Erhebung einer Beitragssteuer pro Kopf der Mitglieder der Organisation, oder wie es zur Zeit geschieht, durch freiwillige Leistungen, aufgebracht werden. Sodann erhalten sämmtliche Redaktionen der Arbeiterzeitungen des In- und Auslandes unser „Correspondenzblatt" aus dem Grunde zugestellt, weil wir erwarten, daß, wenn uns hier nur einigermaßen Entgegenkommen gezeigt wird, die Nachrichten, welche nothwendigerweise eine Verbreitung finden müssen, diese in ausgedehntem Maße finden werden. Zu diesem Zwecke bitten wir die verehrlichen Redaktionen, in ihren Blättern uns eine Spalte Raum zu geben, in welcher, vielleicht unter „Correspondenzen der Generalkommission" unsere Veröffentlichungen aufgenommen werden, weil dieselben die weiteste Verbreitung erfahren müssen. Bei den täglich erscheinenden Zeitungen dürfte dieses wohl ohne Schwierigkeiten möglich sein, weil eine Theilung des Inhalts des „Correspondenzblattes" sehr leicht angängig ist. Dagegen dürfte, da wir voraussichtlich bald in die Lage kommen werden, regelmäßig Berichte über die Aussperrungen und Streiks innerhalb Deutschlands, vielleicht auch des Auslandes, zu geben, den sämmtlichen Zeitungen ein jetzt nur theilweise gebrachtes Material geboten werden, welches nicht ungeeignet erscheint, anziehend auf die Leser zu wirken. Hierdurch würde der uns gestattete Raum wohl dazu beitragen, den Abonnentenkreis des Blattes zu erhöhen.

Wir ersuchen die Redaktionen, welche nicht gewillt sind, unserer Bitte nachzukommen, um gefällige Mittheilung, um von vornherein eine Uebersicht zu gewinnen, ob der eingeschlagene Weg ausreichend ist, die gewünschte Verbreitung der gedachten Nachrichten zu sichern.

1

„Correspondenzblatt der Generalkommission der Gewerkschaften Deutschlands", Hamburg, Nr 1. vom 20. Januar 1891
Institut für Zeitungsforschung Dortmund

Arbeiter-Chronometer, Taschenuhr, um 1900
DASA Dortmund
1000000488

hätten. Der mehr als zweimonatige Hamburger Hafenarbeiterstreik ging im Winter 1896 von losen Vereinigungen der Arbeiter einzelner Reedereien aus, die mit ihren Unternehmen moderate Lohnerhöhungen ausgehandelt hatten. Der Hafenarbeiterverband begrüßte diese Regeln zwar, kam dem Anliegen seiner Mitglieder, diese Konditionen gegenüber dem Arbeitgeberverband für alle Hafenarbeiter zu fordern, jedoch nicht nach. Organisationsgrad und Kassenstand reichten nach Meinung der Verbandsführung nicht für einen Arbeitskampf aus. Mitte November kam es daraufhin zu einer unorganisierten Arbeiterversammlung, die eigenmächtig den Streik beschloss und eine 70 köpfige Streikleitung aus Vertretern der Gewerkschaften, der lokalen Vereine und unorganisierten Arbeitern einsetzte. Auf dem Höhepunkt streikten annähernd 17.000 Beschäftigte, woraufhin der Hamburger Senat eine Schlichtungskommission aus bürgerlichen Sozialreformern ins Leben rief. Der Hafenarbeiterverband sollte zunächst allerdings recht behalten: Die Kassenlage reichte tatsächlich nicht aus, um so viele Streikende während des harten Winters zu unterstützen. Der Streik wurde Ende Januar 1897 ergebnislos abgebrochen, führende Streikende wurden entlassen. Mittelfristig gelang es dem Hafenarbeiterverband allerdings, mit dem Senat Verbesserungen der Arbeitsbedingungen auszuhandeln, etwa durch zentrale Arbeitsnachweise und einheitliche Zahltage im Hafen.

Auch beim Streik der Ruhrbergleute 1905 hatten die Gewerkschaften zunächst berechtigte Zweifel, ob ihre Finanzkraft für einen Arbeitskampf ausreichen würde, den die Arbeiter der Stinneszechen nach einer Änderung der Schichtpläne, die de facto auf eine Arbeitszeitverlängerung ohne Lohnausgleich hinauslief, forderten. Ähnlich wie 1889 erklärten sich jedoch Arbeiter verschiedener Zechen solidarisch und setzten sich für Verhandlungen über allgemeine Fragen der Arbeitszeit und des Arbeitsschutzes im Bergbau ein. Nachdem die Arbeitgeber diese verweigerten, schlossen sich die vier großen Gewerkschaftsrichtungen – im Ruhrgebiet gab es neben Sozialdemokraten, Liberalen und Christen auch noch einen polnischen Bergarbeiterverband – zu einem Streik zusammen. Im Januar 1905 traten 200.000 Bergleute in den Ausstand und legten den Bergbau in großen Teilen des Ruhrgebiets lahm. Die hohe Zahl der Streikenden leerte die Kassen rapide, so dass der Arbeitskampf nach einem Monat aus finanziellen Gründen ohne Zugeständnisse der Arbeitgeber abgebrochen wurde. Die hohe politische Aufmerksamkeit führte jedoch zu einer Untersuchung der preußischen Regierung und einer Novelle des Berggesetzes, die die Arbeitszeitregelungen in den einzelnen Zechen vereinheitlichte und die Einrichtung von Arbeiterausschüssen verpflichtend einführte.

Dieses Beispiel ist nicht nur aufgrund der hohen Zahl der Beteiligten erwähnenswert, in ihm finden sich – trotz

aller Eigengesetzlichkeiten, die Konflikten in den Bergbaurevieren immer innewohnten – einige typische Elemente solcher Auseinandersetzungen im späten Kaiserreich. Diese entzündeten sich immer mehr an grundsätzlichen Fragen der Arbeitsorganisation und nicht nur an der Entlohnung. Kürzere Arbeitszeiten waren der kleinste gemeinsame Nenner der verschiedenen Ausprägungen von Arbeiterorganisationen. Offiziell forderten die freien Gewerkschaften und die SPD bereits seit 1890 den Achtstundentag. Wie der „Neunstundenstreik" der Leipziger Buchdrucker oder die „Zehnstundenkämpferinnen" von Crimmitschau zeigten, die 1903 fast ein halbes Jahr lang dieses Zentrum der sächsischen Textilindustrie bestreikten, wären die Arbeiter in vielen Branchen und Orten auch mit bescheideneren Regelungen zufrieden gewesen. Die Existenz und Reichweite von Regelungen an sich stellte einen grundlegenden Streitpunkt zwischen Arbeitgebern und Arbeitnehmern dar. Selbst die fortschrittlichsten Unternehmer sahen sich nach wie vor als „Herren im Haus" an. Wenn Sie bereit waren, ihren Arbeitern bezuschusste Wohnungen oder eine höhere Entlohnung zu gewähren, so wollten sie dies aus eigener Wohltätigkeit – oft auch aus eigenem Interesse – tun, nicht weil sie durch einen Vertrag dazu gezwungen wurden. Wie die Beispiele Hamburg und Ruhrgebiet zeigten, führten Streiks, die einheitliche Regelungen für eine bestimmte Region oder eine bestimmte Berufsgruppe forderten, unweigerlich zu harten Auseinandersetz-

Crimmitschauer Textilarbeiterinnen im Kampf für den Zehnstundentag, 18. Januar 1904

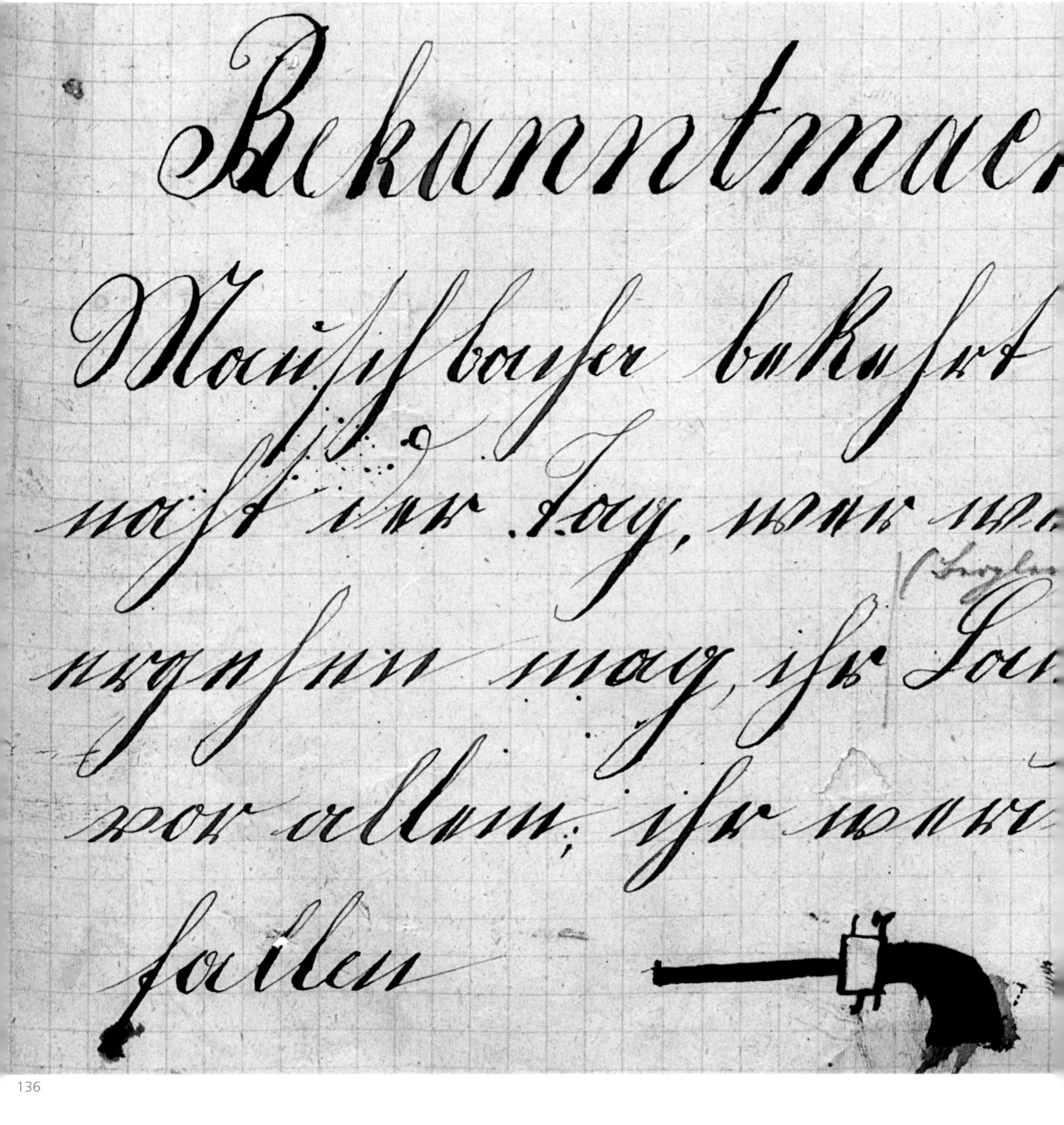
Bekanntmach
[illegible] bekehrt
naht der Tag, wenn man
ungesehen mag, ihr Sau
vor allem; ihr wenn
fallen

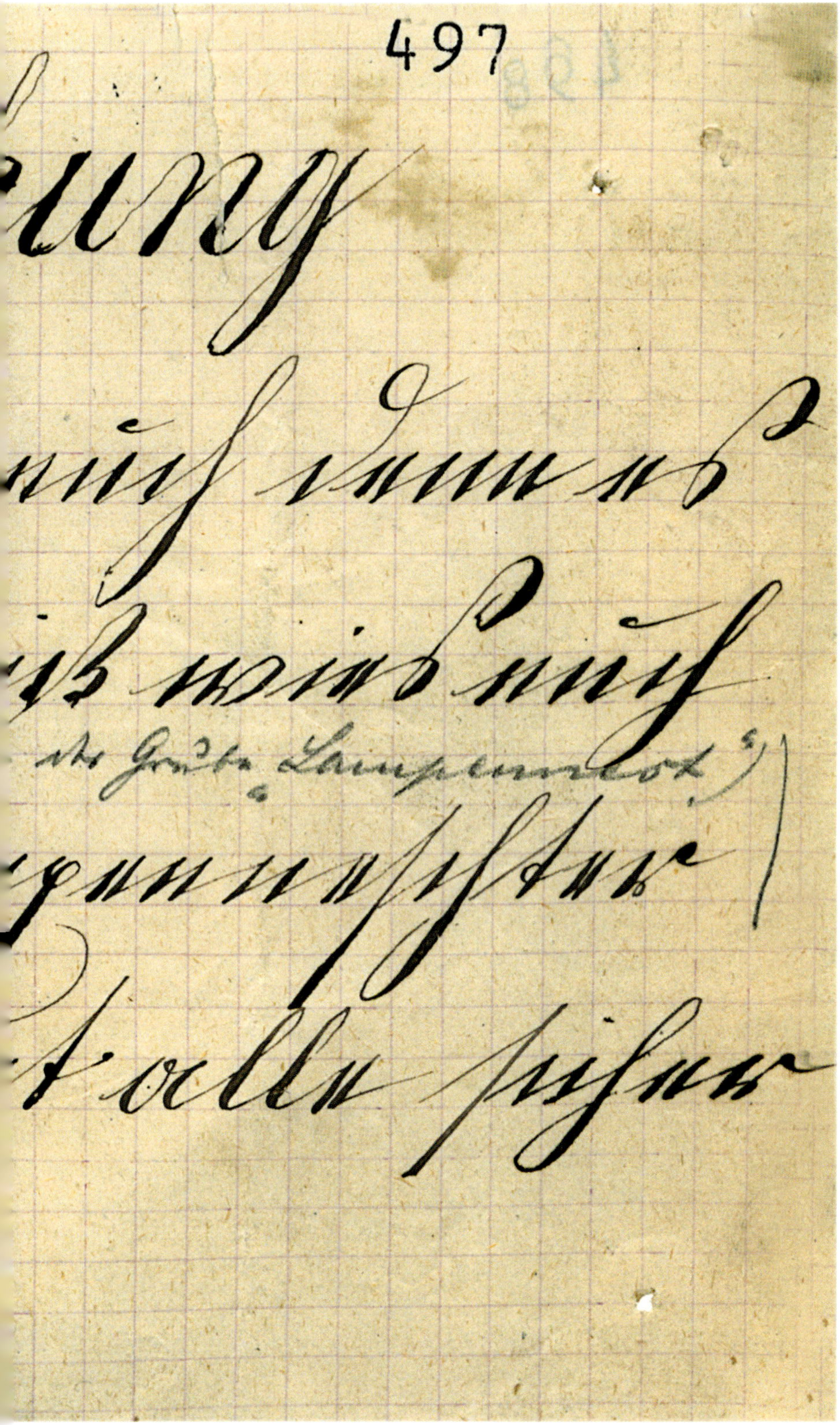

Bergarbeiterstreik im Saargebiet, 1893, handgeschriebener Aushang
Landeshauptarchiv Koblenz
442/4250

Text der Bekanntmachung:
„Mauschbacher [= Streikbrecher] bekehrt euch denn es naht der Tag, wer weiß wies euch ergehen mag, ihr Lampenneschter [= Bergleute der Grube ‚Lampennest'] vor allem; ihr werdet alle sicher fallen"
Der Besitz eines sogenannten „Rechtsschutz-Revolvers" war damals im Saarrevier unter Bergleuten verbreitet.

ungen. Sie mobilisierten besonders viele Arbeitskräfte und konnten gleichzeitig mit keinerlei Kompromissen seitens der Arbeitgeber rechnen – selbst wenn Behörden und Politik bereit waren zu vermitteln.

Eine auffällige Ausnahme bildete der Arbeitskampf im Baugewerbe 1910. Hier waren es die Arbeitgeber, die die Aushandlung eines allgemeinen Tarifvertrags forderten – natürlich im Sinne ihrer eigenen Interessen. Im Jahr zuvor hatten Großbaustellen in den Hansestädten und Berlin ihren Arbeitern großzügige Pausen- und Schichtregelungen eingeräumt und die Arbeitgeber fürchteten ähnliche Forderungen in anderen Städten. Durch das Angebot eines Tarifvertrags an die freien und christlichen Bauarbeiterverbände sollte der Zehnstundentag für alle Baustellen verbindlich festgeschrieben werden. Da dies die Kollegen in den erwähnten Städten nachträglich schlechter gestellt hätte, waren es diesmal die Gewerkschaften, die den Tarifvertrag scheitern ließen. Die Arbeitgeber antworteten mit zweiwöchigen Aussperrungen im gesamten Reichsgebiet, waren jedoch bereit, mit den Bauarbeiterverbänden und einem Schlichtungsausschuss aus Behördenvertretern und Gewerbegerichten erneut zu verhandeln. Am Ende kam es tatsächlich zum Abschluss eines – fast einheitlichen – Tarifvertrags. Dieser schrieb leichte Lohnerhöhungen und den Zehnstundentag fest. Tarifverträge, die an einzelnen Baustellen bereits galten, sollten aber weiter gelten. Insgesamt war dies ein Erfolg für die Arbeiterorganisationen: Die besser gestellten Mitglieder in den großen Städten behielten ihre vorteilhafte Situation, alle anderen konnten sich zumindest auf einen Tarifvertrag berufen, der Lohn und Arbeitszeit festlegte. Die Existenz einer solchen Vereinbarung und die Bereitschaft von Arbeitgebern, über ihren Inhalt auf Augenhöhe zu verhandeln, entsprach aber mutmaßlich einer Fehleinschätzung der Arbeitgeber und ist für das Kaiserreich als absoluter Sonderfall zu betrachten.

Neben der kompromisslosen Haltung der Arbeitgeber stellte schließlich noch die Aufspaltung der Arbeiterbewegung einen Hemmschuh für eine starke Verhandlungsposition dar. Vor dem Sozialistengesetz hatten sich liberale, christlich-soziale und sozialdemokratische Arbeitervereine meist auf lokaler Ebene und in ganz unterschiedlichen Konstellationen über Streiks verständigt. Nach dem schnellen organisatorischen Ausbau der freien und etwas später auch der christlichen Gewerkschaften waren es nun nationale Verbände mit starken politischen Interessen, die – zumindest theoretisch – über Arbeitskampf und -frieden entschieden. War eine dieser Organisationen nicht am Streik beteiligt oder stellte sich diesem gar bewusst entgegen, war es für Behörden und Arbeitgeber leicht zu argumentieren, wieso sie auf die Forderungen der Arbeiter nicht eingingen.

Enzyklika und Gewerkschaftsstreit: die christliche Arbeiterbewegung

Vielfach in Vergessenheit geraten ist, dass das Sozialistengesetz nicht nur die freien Gewerkschaften , sondern auch die gerade im Rheinland florierenden christlich-sozialen Vereine getroffen hatte. Im Gegensatz zu ihren sozialdemokratischen Pendants suchten diese jedoch nicht den Weg in die Tarnung und Illegalität. 1890 lagen somit nicht nur die Strukturen, sondern auch gemeinsame Überzeugungen und Erfahrungen der ehemaligen katholischen Arbeiterbewegung brach. Dies änderte sich durch einen Impuls von außen – oder vielmehr von ganz oben: In der Enzyklika „Rerum Novarum" [„Von neuen Dingen"] widmete sich der damalige Papst Leo XIII. ausführlich der sozialen Frage. Darin verurteilte er einerseits jede Spielart des Sozialismus, stellte aber andererseits fest, dass Unternehmen und Politik sich angesichts der Industrialisierung deutlich stärker für das Wohl der Armen und die Absicherung von Arbeitern einsetzen müssten. Dies zu fordern und sich dafür einzusetzen sei ein gutes Recht der Arbeiter, solange ihre Forderungen und Organisationen auf dem Boden der Kirche blieben. Katholische Arbeitervereine erfreuten sich daraufhin steigender Beliebtheit. Diese standen meist unter der Obhut eines geistlichen Präses und waren berufsgruppenübergreifend organisiert. Mit der freien Gewerkschaftsbewegung hatten sie zunächst wenig gemeinsam und standen auch in keiner Konkurrenz zu ihr: Traditionell eingestellte katholische Arbeiter wären ohnehin nicht in eine Gewerkschaft eingetreten, solche, die sich sozialpolitisch engagierten, sahen aufgrund der unterschiedlichen Strukturen zunächst keinen Widerspruch in der gleichzeitigen Mitgliedschaft in einem katholischen Arbeiterverein und der Branchengewerkschaft ihres Berufes. Doch je stärker sich die freie Gewerkschaftsbewegung verfestigte, desto deutlicher wurde ihre Nähe zur Sozialdemokratie. Führende Funktionäre nahmen bald in Gewerkschaft und Partei Schlüsselpositionenn ein, im Correspondenzblatt der Generalkommission und anderen Publikationen wurden immer wieder auch Parteidiskussionen geführt.

Als sich 1893 mit dem Gutenberg-Bund christlicher Buchdrucker und ein Jahr später mit dem Gewerkverein christlicher Bergleute die ersten christlichen Gewerkschaften bildeten, signalisierten die katholischen Arbeiter, dass ihr Einsatz für ihre Rechte am Arbeitsplatz keineswegs mit einer Unterstützung der Sozialdemokratie gleichzusetzen sei. In ihren Mainzer Grundsätzen von 1899 sahen sich die christlichen Gewerkschaften klar auf dem Boden der „Rerum Novarum". Eine parteipolitische Funktion der Gewerkschaften lehnten sie ab und strebten grundsätzlich einen Ausgleich zwischen Kapital und Arbeit an. Gegen Arbeitgeber, die dies nicht tun würden, werde man seine Forderungen aber „fest und entschieden vertreten", notfalls auch mit dem Ausstand. 1903 bildete der Gesamtverband christlicher Gewerkschaften mit der Einrichtung eines eigenen Sekretariats unter der Geschäftsführung von Adam Stegerwald eine ähnliche Struktur aus wie die freien Gewerkschaften

Papst Leo XIII. (1810 – 1903), zeitgenössisches Gemälde

Fahne des katholischen Arbeitervereins Seckenheim, 1907
KAB, Ortsverband Unterer Neckar

Paul Göhre (1864 – 1928)

zehn Jahre zuvor: eine straff organisierte Zentrale, die sowohl die unterschiedlich starken Berufsverbände koordinierte als auch Kontakte und Einfluss in die Politik suchte.

Innerhalb der katholischen Kirche tobte zu diesem Zeitpunkt bereits der sogenannte Gewerkschaftsstreit. Zahlreiche Geistliche, aber auch der konservative Teil der bestehenden Arbeitervereine, sahen die christlichen Gewerkschaften kritisch: Die Zusammenarbeit mit Sozialdemokraten bei Streiks und in Verhandlungen mit Arbeitgebern und die von den christlichen Gewerkschaften selbst immer wieder betonte Offenheit für alle christlichen Arbeiter ließen sie daran zweifeln, dass diese tatsächlich im Sinne der päpstlichen Soziallehre agierten. Vielmehr würden sie durch diese konfessionelle Offenheit und den Verzicht auf geistliche Präsiden die Einheit der katholischen Kirche gefährden. Die Auseinandersetzungen hierüber führten zu einer regen Fluktuation in den Dachverbänden und beschäftigten hohe kirchliche Würdenträger. 1912 war es erneut ein Papstwort, dass den Streit beendete: Papst Pius X. legte fest, dass das seelische Wohl der Arbeiter durch die Mitgliedschaft in einem von einem Pfarrer geführten katholischen Arbeiterverein erreicht werde – diese aber gleichzeitig für ihre materiellen Interessen in einer Gewerkschaft aktiv sein dürften, solange sie sich nicht gegen die gottgewollte Ordnung richte.[5] Die Angst vor einem umstürzlerischen Kurs war ohnehin unbegründet – selbst die sozialdemokratischen Gewerkschaften entfalteten im Kaiserreich bewusst kein revolutionäres Potenzial. Das Bekenntnis zur konfessionellen Offenheit mochte im traditionellen katholischen Milieu vielleicht eine kleine Sensation darstellen, in der Praxis blieben die „christlichen" Gewerkschaften jedoch weitgehend katholisch: Protestantische Arbeiterorganisationen folgten in der Mehrzahl entweder der populistisch nationalen Tradition des antisemitischen Hofpredigers Adolf Stoecker oder hielten sich an das linksliberale Erbe der Hirsch-Duncker'schen Gewerkschaften. Junge, progressive Pfarrer im Gefolge Friedrich Naumanns führten zwar auf den „evangelisch-sozialen Kongressen" und in der gleichnamigen Zeitschrift rege Diskussionen um Arbeiterbewegungen und Sozialreformen aus evangelischem Geiste. Was über theologisch-akademische Diskussionen hinausging, überließen sie jedoch den Vereinen für bürgerliche Sozialreform, die zwar eine fortschrittliche Sozialpolitik förderten, aber bestimmt keine Arbeiterbewegungen waren. Oder sie sympathisierten gar offen mit der Sozialdemokratie, wie Paul Göhre, der nach seinen Erfahrungen als Industriearbeiter nicht nur den Pfarrberuf aufgab, sondern auch vom Generalsekretär des evangelisch-sozialen Kongress zum Reichstagsabgeordneten der SPD wurde.[6]

Die Entwicklung der SPD bis zum Ersten Weltkrieg

Die gefestigte Stellung, in der sich die SPD nach 1890 befand, zeigte sich auch in dem Luxus, den sie sich bereits auf ihrem Erfurter Parteitag 1891 leistete: einer Programmdiskussion. Das Verbot von 1878 hatte eine Partei getroffen, die erst kurz zuvor aus zwei verschiedenen Organisationen hervorgegangen war und deren Gothaer Programm von größeren Teilen der Partei aufgrund seiner zaghaften Reformorientierung als unbefriedigend empfunden wurde. Mit dem Erfurter Programm schien es zunächst so, als habe die Erfahrung der Verbote die Partei radikalisiert. Die „Abschaffung der Klassenherrschaft" und der „Übergang der Produktionsmittel in den Besitz der Gesamtheit" waren deutliche Annäherungen an die Thesen von Marx und Engels, von denen der Letztere noch lebte und das neue Parteiprogramm vom Londoner Exil aus begleitete. Neben dem kämpferischen allgemeinen Teil enthielt das Programm konkrete Forderungen, die sicher für ihre Zeit progressiv waren: von der Begrenzung der Arbeitszeit auf acht Stunden über die Mitwirkung des Volkes an der Gesetzgebung bis hin zur vollständigen politischen Gleichberechtigung der Frauen. Revolutionär waren sie jedoch nicht notwendigerweise. Während die Verstaatlichung von Banken und Betrieben schwerlich ohne revolutionäre Kämpfe vorstellbar war, waren die übrigen Forderungen theoretisch auch auf dem Weg über parlamentarische Reformen umsetzbar. So konnten sich sämtliche Strömungen, die in den folgenden Jahrzehnten innerhalb der SPD gegeneinander stritten, alle auf das Erfurter Programm berufen.[7]

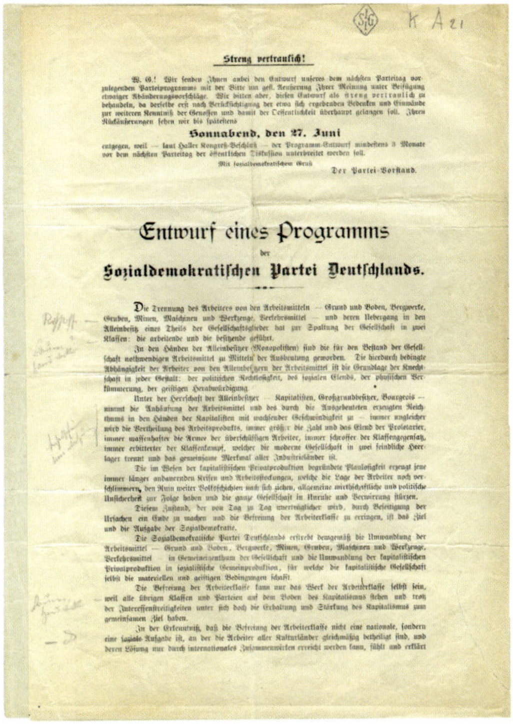

Streng vertraulich!

Sonnabend, den 27. Juni

Der Partei-Vorstand.

Entwurf eines Programms der Sozialdemokratischen Partei Deutschlands.

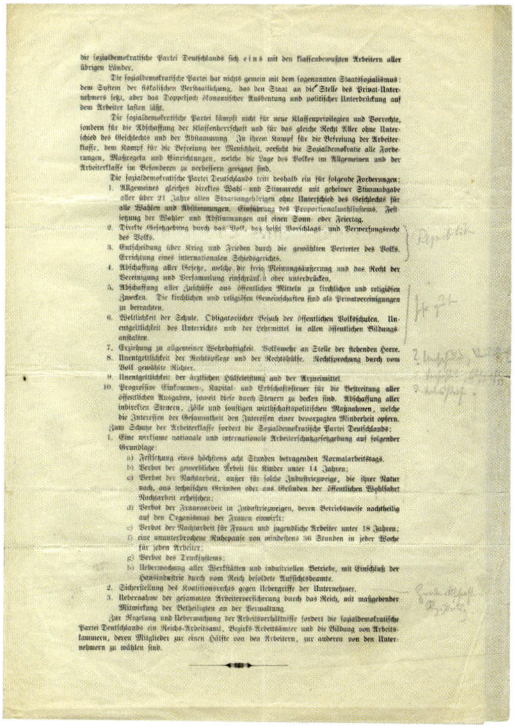

Entwurf des Erfurter Programms mit handschriftlichen Anmerkungen von Karl Kautsky, 1891
IISH Amsterdam
Karl Kautsky Papers A 21

Eng verbunden ist diese Phase des sogenannten „Revisionismusstreits" mit dem Namen Eduard Bernstein. Dieser war während des Sozialistengesetzes Chefredakteur der Exilzeitung „Sozialdemokrat" gewesen und wurde daher in Preußen noch bis 1900 mit Haftbefehl gesucht. Er griff vom Londoner Exil publizistisch in die Parteidiskussionen ein. Insbesondere in der Artikelserie Probleme des Sozialismus, die er ab 1896 in der Neuen Zeit veröffentlichte und dem 1899 veröffentlichten Buch „Die Voraussetzungen des Sozialismus und die Aufgaben der Sozialdemokratie" nahm er Abstand von der marxistischen Geschichtsphilosophie, nach der eine proletarische Revolution unausweichlich sei. Die Auseinandersetzung zwischen Bernstein und Karl Kautsky, der die marxistische Auffassung und die Politik des Parteivorsands vehement verteidigte, fand zwar regen Widerhall in der Parteipresse und insbesondere den wissenschaftlich gehobenen sozialdemokratischen Zeitschriften, den Sozialistischen Monatsheften und der Neuen Zeit. Bedrohlicher für die Partei waren jedoch zwei Richtungsentscheidungen, die von jüngeren Politikern beider Parteiflügel in den Jahren nach 1900 provoziert wurden.

EDUARD BERNSTEIN (1850 – 1932), UM 1895

Die Debatte um den politischen Massenstreik war gleichsam eine Folge des Internationalen Amsterdamer Sozialistenkongresses 1904, der beschlossen hatte, dass Streiks und Generalstreiks nicht nur Arbeitskampfmittel sein sollten, sondern auch zur Durchsetzung politischer Zwecke dienen könnten. Rosa Luxemburg, die nicht nur aufgrund ihrer Biographie in der Internationale sehr aktiv war und sich innerhalb der deutschen SPD deutlich auf dem linken Flügel positionierte, drängte auf die Einhaltung der Beschlüsse der Zweiten Internationale. Dass ein solcher politischer Streik der Konzeption der deutschen Gewerkschaftsführungen zuwiderlief und im Ernstfall zu bürgerkriegsähnlichen Situationen führen würde, passte ins Kalkül des äußerst linken Flügels. Revolution war ja genau das, was man anstrebte und die als zögerlich und „reformistisch" wahrgenommenen Gewerkschaftsvorsitzenden wurden als Ärgernis und Hindernis auf dem Weg zu diesem Ziel angesehen.

Nachdem das Thema zwei Parteitage der SPD beschäftigt hatte, wurde das Problem auf dem Mannheimer Parteitag 1906 gelöst. Das sogenannte Mannheimer Abkommen erkannte erstmals ausdrücklich die freien Gewerkschaften als gleichberechtigte Säule der Arbeiterbewegung an und folgerte daraus, dass „bei Aktionen, die die Interessen der Gewerkschaften und der Partei gleichermaßen berühren [...] die Zentralleitungen der beiden Organisationen sich zu verständigen suchen". Was sich zunächst nur nach einer grundsätzlichen Beteuerung der Gleichberechtigung von Partei und Gewerkschaft anhörte, war zugleich eine diplomatische Lösung der Massenstreikfrage – und zwar gegen die Parteilinke. Ein politischer Streik erforderte nun die Verständigung beider Organisationen. Aufgrund der gemäßigten politischen Haltung der Zentralkommission der Gewerkschaften war unstrittig, dass diese eine solche Aktion unter keinen Umständen befürworten würde.[8]

Die Parteilinke war in einem wichtigen Punkt mit dem Anliegen, möglichst „revolutionäre" Parteitagsbeschlüsse herbeizuführen, gescheitert, beugte sich aber der Parteidisziplin, die in der SPD nach den Erfahrungen des Sozialistengesetzes wie in keiner anderen Partei des Kaiserreichs als hohes Gut angesehen wurde.

Teile des rechten Parteiflügels, die sogenannten süddeutschen Revisionisten, verstießen hingegen zum Ende des Kaiserreichs wiederholt gegen diese Disziplin. Im Großherzogtum Baden kam es ab 1905 zu einem Wahlbündnis zwischen Sozialdemokraten und liberalen Parteien. Zunächst nur eine gemeinsame Aktion gegen die katholische Zentrumspartei, entwickelte sich hieraus eine schrittweise Zusammenarbeit in Sachfragen, die schließlich in der erstmaligen Wahl eines SPD-Politikers in ein deutsches Landtagspräsidium mündete. Im Gegenzug stimmte die sozialdemokratische Fraktion im Landtag für die Haushaltsvorlagen der großherzoglichen Regierung.

Dies widersprach den Grundsätzen der SPD, die dem alten monarchischen System „keinen Mann und keine Mark" opfern wollte und folglich alle Finanzvorlagen der fürstlichen Regierungen ablehnte. Getreu der „revisionistischen" Ideen argumentierten die Süddeutschen, dass die alten Systeme sich durch die Einbeziehung sozialdemokratischer

Karl (1854 – 1938) und Luise Kautsky, 1902

Impressionen vom Mannheimer Parteitag, 1906: August Bebell und Clara Zetkin

Rosa Luxemburg (1871 – 1919) spricht auf dem SPD-Parteitag in Stuttgart, 1907

Ideen schrittweise verändern ließen. Wenn man solche Ideen im Landtag erfolgreich in Gesetze umsetzen wolle, müsse man aber auch die nötigen Mittel für die Durchführung dieser Gesetze bewilligen. Auf den Parteitagen 1910 und 1911 wurden diese Disziplinbrüche der „Budgetbewilliger" scharf kritisiert. Mehr als eine verbale Verurteilung hatten sie jedoch von der Parteiführung nicht zu befürchten. Wenn es einen Wert gab, den die „zentristische Parteiführung" noch höher hielt als die Parteidisziplin, so war es die Einigkeit. Eine allzu offensichtliche Bevorzugung eines Parteiflügels, die die Gefahr einer Spaltung in sich barg, suchte der Vorstand, der sich in seiner Zusammensetzung von den reflektierten Marxisten Karl Kautsky und August Bebel bis zu den gemäßigten Parteirechten Friedrich Ebert und Philipp Scheidemann er-

Rückvergütungsmarkenblöcke von Konsumvereinen, Marke Ideal, Grösse A u. E, St. Georg/ Moorburg, 1911
Kleines KONSUM-Museum der Heinrich-Kaufmann-Stiftung, Hamburg

Verkaufsstelle des Konsum-Vereins Hannover, um 1913

streckte, zu verhindern. Dies gelang zwar auf dem Papier, in der Praxis bedeutete ein solcher Kurs jedoch eine zunehmende Orientierung der Partei an reformorientierter Alltagspolitik. Weitergehende Pläne der Parteilinken fanden vielleicht hin und wieder eine Mehrheit auf Parteitagen. Solange die für eine soziale Bewegung nötigen Arbeiterorganisationen in der Zentralkommission der Gewerkschaften eine Führung hatten, die selbst dem gemäßigten Reformkurs der Revisionisten anhing, blieb die SPD jedoch eine „revolutionäre, aber keine Revolution machende Partei". Nach dem Tode August Bebels 1913 verschob sich auch das „Parteizentrum" im Vorstand langsam nach rechts. Im gleichen Jahr stimmte die Reichstagsfraktion erstmals einer Steuervorlage der Reichsregierung zu und fand nach intensiver Debatte sogar die Billigung des Parteitags. 1914 schien ein spannendes Jahr für die weitere Entwicklung der SPD zu werden – und wurde es tatsächlich, allerdings auf eine Art und Weise, die zuvor noch nicht absehbar war.

Wirtschaftliche und kulturelle Selbsthilfe: die vielen Säulen der Arbeiterbewegung

Mit dem erwähnten „Mannheimer Abkommen" hatte die SPD die Gewerkschaften als gleichberechtigten Partner in der Arbeiterbewegung anerkannt. 1910 erklärte die Partei in Magdeburg die Konsumvereine und andere Genossenschaften zu einer „dritten Säule" des Sozialismus und forderte ihre Mitglieder zum Beitritt und zur Mitarbeit in den Genossenschaften auf. In den Jahren vor Kriegsausbruch konnte der Zentralverband deutscher Konsumvereine seine Mitglieder über einen eigenen Unternehmenskomplex mit Zentrum in Hamburg mit allen Dingen des täglichen Bedarfs – von Kaffee und Nudeln bis hin zu Möbeln und Fahrrädern – versorgen. Die deutsche Gartenstadtgesellschaft, die maßgeblich von sozialistischen Lebensreformern mitinitiiert wurde, konnte auf erfolgreiche gegründete Baugenossenschaften in Karlsruhe, Mannheim oder Magdeburg blicken und mitten in Berlin eröffnete die durch „Arbeitergroschen" mitfinanzierte Volksbühne.[9] Dennoch ist es schwierig, von „den drei Säulen" der Arbeiterbewegung im Kaiserreich zu sprechen.

Das Genossenschaftsmodell war innerhalb der Sozialdemokratie nicht unumstritten. Vom Beginn der Dispute zwischen Lassalleaner, Marxisten und Anarchisten an, standen die (Produktiv-) Genossenschaften für eine reformorientierte, für bürgerliche Demokraten anschlussfähige Form der Veränderung, die bei linken Sozialdemokraten zumindest auf Skepsis stieß. Die genossenschaftlichen Raiffeisenbanken waren eine ländlich-konservative Einrichtung, die Konsumvereine wurden von Hermann Schulze-Delitzsch organisiert, einem liberalen Politiker, der bereits 1863 keinen Hehl daraus gemacht hatte, dass er für eine sozialistische Vereinnahmung seiner arbeiterfreundlichen Schriften keinesfalls zu haben sei.

Die Gründung einer eigenen Großeinkaufsgesellschaft (GEG) und eigener Produktionsbetriebe um die Jahrhundertwende stellten den Versuch der sozialdemokratischen Konsumvereine dar, sich von dem von Schulze-Delitzsch gegründeten Allgemeinen Verband Deutscher Konsumgenossenschaften zu emanzipieren. Mit der Gründung des Zentralverbands deutscher Konsumvereine trennten sie sich 1902 auch organisatorisch von den bürgerlichen Genossenschaften. Damit lag die gesamte Verantwortung für Produktions-, Handels- und Beschäftigungspolitik in den Händen von Sozialdemokraten, die hierdurch allerdings als Geschäftsführer und Arbeitgeber auftreten und handeln mussten. Fälle, in denen diese Entscheidungen mit dem sozialen und politischen Gewissen der Beteiligten kollidierten, sind für diese Phase zwar nicht überliefert, dennoch funktionierte das Genossenschaftswesen nicht gänzlich ohne Zugeständnisse an die Marktwirtschaft und wurde somit zu einem Betätigungsfeld der „Parteirechten“, das vom linken Flügel entsprechend misstrauisch beäugt wurde.

Zudem war die Verflechtung sozialdemokratischer Vereine mit bürgerlichen Personen und Strukturen wohl nirgends so hoch wie im Genossenschaftssystem. Die Konsumvereine trennten sich aufgrund materieller und rechtlicher Notwendigkeiten erst nach 1900 von einem von preußischen Liberalen dominierten Dachverband. Die Gartenstadtgesellschaft wurde von Berliner Genossen des äußersten linken Flügels propagiert, fand jedoch bis in die Reihen völkischer und antisemitischer

Postkarte des Arbeiter-Radfahrer-Bundes „Solidarität“, 1905
Stadtgeschichtliches Museum Leipzig
GOS-Nr. SM007501

2 Postkarten des Arbeiter- Turn- und Sportbunds (ATSB)
Archiv der sozialen Demokratie, Bonn
6/CARD000002 und 000004

Denker Anhänger und verdankte ihre ersten praktischen Erfolge vor allem liberalen badischen Beamten. In den Gremien der Baugenossenschaften bestimmten Sozialdemokraten oft genug gemeinsam mit nationalliberalen Politikern und Behördenvertretern über die Geschäftspolitik.

Würde man sie als „dritte Säule" der Sozialdemokratie akzeptieren, käme man unweigerlich zu der Frage, wie viele Säulen diese im Kaiserreich denn hatte. Kultur- und Sportabteilungen hatten sich bereits in den frühesten Arbeiter(bildungs)vereinen höchster Beliebtheit erfreut. Während der Geltungsdauer der Sozialistengesetze retteten sie sich als Gesangs-, Turn- und Kulturvereine über das Verbot, verbanden damit jedoch Tarnung mit tatsächlich vorhandenen Interessen der Mitgliedschaft. Gegen Ende des Kaiserreichs konnten sozialdemokratische Arbeiter samt ihren Familien zumindest in großen oder eindeutig durch die Industrie geprägten Städten bereits auf eine Versorgung „von der Wiege bis zur Bahre" bauen: Stand keine Partei- oder Gewerkschaftsveranstaltung an, ging man zu den Freien Turnern oder in den Arbeitergesangverein, eingekauft wurde im Konsumverein, versichern konnte man sich ab 1912 bei der Volksfürsorge und für den Todesfall hatte man über den Feuerbestattungsverein vorgesorgt – und nebenbei noch der nicht eben beliebten Kirche eins ausgewischt.

Die Effekte dieser Einbindung sind bis heute in der Literatur umstritten: Hielt die „negative Integration" die Sozialdemokratie auf harmlosem Kurs, da sie selbst in der Gesellschaft des Kaiserreichs Freiräume schuf, das Leben unter seinesgleichen zu führen? Oder sorgte sie für eine zusätzliche Radikalisierung, weil die Kontakte zwischen Sozialisten und Andersdenkenden immer mehr abnahmen? Festzuhalten ist, dass es innerhalb der Vereine eine enorme inhaltliche Bandbreite gab, die von einer Aneignung bürgerlicher Kultur bis hin zu für die Zeit radikalen Experimenten reichte. Die meisten „Volksbühnenvereine" verfolgten beispielsweise lediglich den Zweck, ihren Mitgliedern über Sonderprogramme verbilligten Eintritt ins örtliche Theater zu verschaffen. Genauso gut konnte sich hinter dem Namen eine Laiendarstellergruppe verbergen – oder die Berliner Neue Freie Volksbühne, die expressionistische Theaterexperimente mit radikalem Sozialismus paarte. Bereits Zeitgenossen klagten allerdings darüber, dass die vielen Vereins- und Freizeitaktivitäten Zeit und Energie kosteten, die für die politische Arbeit verloren sei. Nicht ganz klar ist allerdings, ob die Genossen in den Vereinen denn gewillt gewesen wären, diese statt aufs Ringen oder Singen tatsächlich in Parteiversammlungen und Gewerkschaftsaktivitäten zu investieren. Hier zeigt sich erstaunlicherweise eine Parallele zwischen dem sozialdemokratischen und christlichen Vereinswesen. Trotz der Skepsis vieler Geistlicher zeigte sich die Organisation in weltlichen Vereinen nämlich als erfolgreicher Weg, in den schnell wachsenden Industriestädten so etwas wie ein katholisches

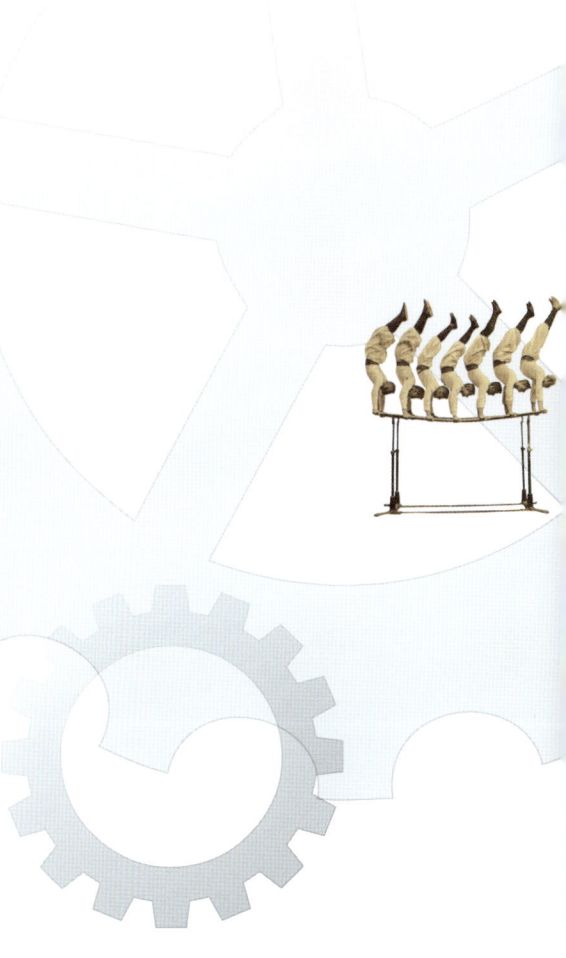

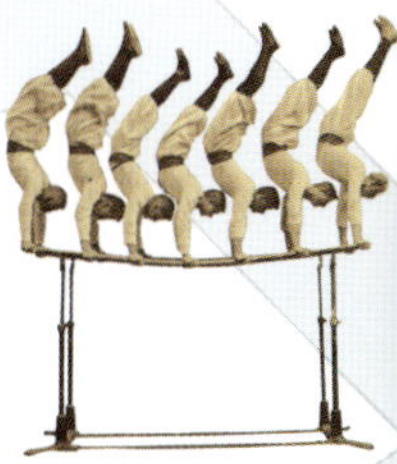

Postkarte des Zentral-Verbands christlicher Bauhandwerker und Bauhilfsarbeiter Deutschlands, Druck von Otto Günther, Berlin ca. 1903 – 1907
Sammlung Udo Achten, Düsseldorf

Milieu aufzubauen. Schon alleine genug Kirchen in den neuen Arbeiterstadtteilen zu bauen, war ein großer Kraftakt. Der Aufbau eingespielter Gemeindestrukturen, die ihren Gliedern eine gleichsam natürliche lebensweltliche Einbindung boten, war zwar weniger kostspielig, benötigte aber seine Zeit. Vereine, die an ein direktes Interesse ihrer Mitglieder appellierten, fanden hingegen schnellen Zulauf, insbesondere wenn sie auf die spezifischen Bedürfnisse ihrer Mitglieder eingingen. Der schnell wachsende Volksverein für das katholische Deutschland beispielsweise bot seinen Mitgliedern ein denkbar breites Spektrum an Freizeitaktivitäten von der Volksbücherei über Hauswirtschaftskurse bis zum Familienausflug. Gleichzeitig machte er spezielle Hilfsangebote für Arbeiter: preiswerte Ratgeberliteratur zu Themen wie Arbeitsschutz und Versicherungen oder die „sozialen Kurse" in seinem Volkshaus in Mönchengladbach, aus denen die ersten christlichen Gewerkschaftsfunktionäre hervorgingen. Wie oben aufgezeigt verhielten sich diese Laienbewegungen – auch der Volksverein fiel aus dem Präsidensystem heraus – zwar nicht immer so, wie es sich die Geistlichkeit gewünscht hätte. Da sie sich bei allen Aktivitäten jedoch stets als religiös motiviert verstanden und Traditionen und Grundwerte aufrecht erhielten, trugen sie deutlich schneller und wirkungsvoller zur Stabilisierung von katholischen Gemeinden in Arbeitervierteln bei, als es die reine Seelsorgearbeit je erreicht hätte.[10]

Diese ähnliche Entwicklung unter katholischen und sozialdemokratischen Arbeitern hatte sicher auch mit den Diskriminierungserfahrungen des frühen Kaiserreichs zu tun. Zwar dürften Industriearbeiter diese unabhängig der Parteizugehörigkeit gemacht haben, da sie nun einmal weder über freie Zeit und Finanzmittel noch über die Kontakte und das Auftreten verfügten, um zur „guten Gesellschaft" einer Stadt zu gehören. Arbeiter, die dem katholischen Zentrum oder der SPD nahestanden, machten jedoch doppelte Ausgrenzungserfahrungen. Beide Parteien waren in politische Auseinandersetzungen mit der Bismarck'schen Regierung geraten und hatten daraufhin mit verschiedenen Verboten zu kämpfen. Neben den Gesetzen stand jedoch auch die Diskriminierung durch die – protestantische und nicht-sozialistische – „gute Gesellschaft", die sich als Verkörperung der neuen deutschen Nation sah. Die anderen Gruppen wurden hingegen als „Reichsfeinde" angesehen, die die Interessen des Papstes oder der Internationale vertraten.

Internationalismus und Feminismus: das „Eigene" der Sozialdemokratie

In vielen Entwicklungen des Kaiserreichs fällt auf, dass die Sozialdemokratie Vorreiter war und sich sicher den einen oder anderen Erfolg in der gesellschaftlichen Entwicklung des Kaiserreichs auf die Fahnen schreiben kann – und sei es nur indirekt, durch ihr „abschreckendes Beispiel", das Unternehmen und konservative Politiker zu Zugeständnissen motivierte. Dennoch: Gewerkschaften und Genossenschaften gab es auch in liberaler und christlicher Ausprägung, auch wenn sie rückblickend weniger prominent als ihre „freien" Gegenstücke waren. Revolution fand sich zwar im vorderen Teil des Eisenacher Programms, in der Praxis gewannen jedoch zusehends die Revisionisten und Reformisten die Oberhand und im Vereinsleben der Turn-, Kultur- und Gesangsvereine unterschieden sich die Sozialisten nur in Nuancen von ihren bürgerlichen Gegenstücken.[11]

Vor diesem Hintergrund fallen zwei teilweise eng verwandte Aspekte der sozialdemokratischen Organisations- und Programmgeschichte im späten Kaiserreich aus dem Rahmen. Ihre Verzahnung lässt sich bereits auf dem internationalen Sozialistenkongress in Paris 1889, dem Gründungstreffen der sogenannten Zweiten Internationale, aufzeigen. Dieser wurde nicht nur von französischen Sozialisten, sondern auch von russischen und deutschen Exilanten organisiert, darunter Clara Zetkin. In ihrem Grundsatzreferat zur Frauenfrage ging sie mit der liberalen Frauenbewegung hart ins Gericht: „Die Arbeiterinnen, welche nach sozialer Gleichheit streben, erwarten für ihre Emanzipation nichts von der Frauenbewegung der Bourgeoisie […]. Sie geben sich vollkommen klare Rechenschaft darüber, dass diese Frage in der heutigen Gesellschaft […] nimmermehr gelöst werden wird, sondern erst nach einer gründlichen Umgestaltung der Gesellschaft.[…] In Bezug auf Opfer und Pflichten sowohl wie auf Rechte wollen sie nicht mehr und nicht weniger sein als Waffengenossen, die unter gleichen Bedingungen in die Reihen der Kämpfer aufgenommen worden sind."[12]

Zetkin kehrte nach 1890 nach Deutschland zurück und war als Chefredakteurin der sozialistischen Frauenzeitschrift „Die Gleichheit" über ein Vierteljahrhundert das Sprachrohr der sozialdemokratischen Frauenbewegung. Zu diesem Status trug nicht nur ihre Prominenz durch den Auftritt in Paris und ihre aus Exilzeiten herrührende Vernetzung in der Internationale bei, sondern auch das preußische Vereinsgesetz. Dieses verbot Frauen die Übernahme politischer Ämter. Es gab jedoch immer wieder Versuche, diese Regelung durch Gründung sozialdemokratischer Frauenvereine oder die Berufung von „Vertrauensfrauen" zu umgehen. Auch galt das Verbot nicht für die Betätigung in Gewerkschaften, die in erster Linie als Berufsvereine galten. So war seit dem Gründungskongress stets eine Frau in der Generalkommission der Gewerkschaften vertreten und 1905 wurde das erste Arbeiterinnensekretariat in Berlin mit der Freidenkerin Ida Altmann als hauptamtlicher Gewerkschaftssekretärin besetzt.

All diese Versuche stießen bis 1908 jedoch an ihre Grenzen, wenn es um eine offizielle weibliche Vertretung in der Parteibürokratie ging. Die reichsweit erscheinende „Gleichheit" war somit lange Zeit die einzige überregional wahrgenommene Vertretung der „proletarischen" Frauenbewegung. Ironischer-

Clara Zetkin (1857 – 1933), ca. 1901

Luise Zietz (1865 – 1922), um 1910

Drei Broschüren
von Luise Zietz, Berlin 1911
Technoseum
Avz: 93/292.36 / 292.34 /292.37

weise sorgte somit die konservative preußische Gesetzgebung dafür, dass diese ihre Radikalität beibehielt. Denn die überzeugte Marxistin Zetkin ließ keinen Zweifel aufkommen, dass ein Zusammenwirken mit liberalen bürgerlichen Frauen nicht in Frage komme. Arbeiterfrauen könnten ihre Befreiung nur in der internationalen Arbeiterbewegung erreichen.

Nach der Reform des Vereinsgesetzes 1908 wählte die SPD Luise Zietz als Frauensekretärin in den Parteivorstand, die der Partei seit dem Hamburger Hafenarbeiterstreik als „Agitatorin" und Vertrauensfrau verbunden war. Den größten Erfolg, was den Zuwachs weiblicher Parteimitglieder betraf, hatte die Partei jedoch wieder einer Initiative Zetkins zu verdanken. 1910 beschloss eine internationale sozialistische Frauenkonferenz unter ihrem Vorsitz in Kopenhagen „jedes Jahr einen Frauentag [abzuhalten], der in erster Linie der Agitation für das Frauenwahlrecht dient".[13] Dieser sollte im Sinne der sozialistischen Internationale veranstaltet werden und neben dem Frauenwahlrecht auch für soziale Gerechtigkeit und gegen Militarismus demonstrieren. Nachdem der internationale Frauentag erstmals am 19. März in den deutschsprachigen Ländern im großen Stil und mit Unterstützung männlicher Parteiprominenz begangen wurde, war das wichtigste Signal jedoch klar: Die Partei, die das Frauenwahlrecht seit 1891 in ihrem Parteiprogramm führte, machte nun ernst mit dieser Forderung. Innerhalb eines Jahres traten fast 20.000 Frauen der SPD bei.

Die symbolische Politik der internationalen „Feiertage" der Arbeiterbewegung ist ohnehin das beständigste Erbe der Zweiten Internationale. Bereits auf dem Gründungskongress in Paris wurde beschlossen, den 1. Mai als internationalen Tag der Arbeiterklasse zu feiern. Diese Tradition hält nicht nur bis heute an, sondern hatte zeitgenössisch eine starke identitätsstiftende Wirkung. Der Kampf für den 1. Mai, dessen Feier vielerorts verboten war oder zumindest empfindlichen Restriktionen unterlag, war ein einigendes Moment. Und zudem ein erfolgreiches, da der Maifeiertag gegen alle Widerstände in den zwanzig Jahren vor dem Weltkrieg tatsächlich in vielen Ländern zu einer erfolgreichen und eindrucksvollen Demonstration der zahlenmäßigen Stärke der Sozialdemokratie wurde. Dieser Erfolg und die sich ähnelnden Leitmotive der Maireden – für Frieden und den Achtstundentag, gegen Ausbeutung und Wettrüsten – täuschten darüber hinweg, wie gering der Einfluss der Internationale auf ihre Mitgliedsorganisationen war.

In Deutschland waren die internationalen Kongresse überwiegend das Feld der Parteilinken wie Clara Zetkin, Rosa Luxemburg, Karl Liebknecht oder dem Ehepaar Duncker. Innerhalb der SPD und der Gewerkschaften gewannen jedoch die „rechten" Pragmatiker immer mehr an Gewicht. Dies war auch in anderen Ländern nicht anders. Die Resolutionen der Internationale, wie etwa für den politischen Streik 1904 oder gegen den Militarismus 1910, klang daher radikal und hart in der Sache, wurden jedoch meist von den sozialdemokratischen Parteien der einzelnen Länder nicht umgesetzt. Oder sie enthielten den Passus, dass jede nationale Partei „das in ihrer Macht stehende" für ein

1. MAI-POSTKARTEN
IISH AMSTERDAM
BG A29/213
SAMMLUNG UDO ACHTEN, DÜSSELDORF

bestimmtes Ziel tun solle und ließ den Mitgliedern somit freie Hand, wie weit sie sich dafür engagieren wollten.

Für ein knappes Jahr, ab dem Frühjahr 1913, sah es so aus, als ob die Internationale neben ihrer nicht zu unterschätzenden Vernetzungsarbeit und den beiden sozialistischen Feiertagen 1. Mai und Frauentag tatsächlich Pate für eine übernationale Zusammenarbeit gestanden hätte. Zum Maifeiertag 1913 veröffentlichen die französische Section Française de l'Internationale Ouvrière (SFIO) und die SPD einen gemeinsamen Aufruf, in dem sie vor einem drohenden Krieg der Nachbarländer warnten, der nicht im Interesse der Arbeiter sein könne. Den Worten folgten erste Taten.

NÄCHSTE SEITEN:
MAI-POSTKARTEN
SAMMLUNG UDO ACHTEN, DÜSSELDORF

Für den Frieden!
Die Waffe soll zur Pflugschar werden!

Befreier Socialismus

An das Deutsche Volk.

Seit der Reichsgründung ist es durch 43 Jahre Mein und Meiner Vorfahren heißes Bemühen gewesen, der Welt den Frieden zu erhalten und im Frieden unsere kraftvolle Entwickelung zu fördern. Aber die Gegner neiden uns den Erfolg unserer Arbeit.

Alle offenkundige und heimliche Feindschaft von Ost und West, von jenseits der See haben wir bisher ertragen im Bewußtsein unserer Verantwortung und Kraft. Nun aber will man uns demütigen. Man verlangt, daß wir mit verschränkten Armen zusehen, wie unsere Feinde sich zu tückischem Überfall rüsten, man will nicht dulden, daß wir in entschlossener Treue zu unserem Bundesgenossen stehen, der um sein Ansehen als Großmacht kämpft und mit dessen Erniedrigung auch unsere Macht und Ehre verloren ist.

So muß denn das Schwert entscheiden. Mitten im Frieden überfällt uns der Feind. Darum auf! zu den Waffen! Jedes Schwanken, jedes Zögern wäre Verrat am Vaterlande.

Um Sein oder Nichtsein unseres Reiches handelt es sich, das unsere Väter neu sich gründeten. Um Sein oder Nichtsein deutscher Macht und deutschen Wesens.

Wir werden uns wehren bis zum letzten Hauch von Mann und Roß. Und wir werden diesen Kampf bestehen auch gegen eine Welt von Feinden. Noch nie ward Deutschland überwunden, wenn es einig war.

Vorwärts mit Gott, der mit uns sein wird, wie er mit den Vätern war.

Berlin, den 6. August 1914.

Wilhelm.

Aufruf Wilhelm II „an das deutsche Volk“, 6. August 1914
Archiv der sozialen Demokratie, Bonn
ES 6/PLKA000431

Im Juni 1913 luden der Franzose Jean Jaurès, der Deutsche Ludwig Frank und der Schweizer Robert Grimm zu einer deutsch-französischen Parlamentarierkonferenz nach Bern. Sozialistische demokratische und linksliberale Politiker verabredeten dort, für die Stärkung diplomatischer Vermittlungen internationale Schiedsgerichte einzusetzen. Eine Folgekonferenz im Mai 1914 in Basel erarbeitete entsprechende Vorschläge, die die jeweiligen Fraktionen in ihre Parlamente einbringen sollten.
Doch dazu kam es nicht mehr. Zwei Monate später brach der Erste Weltkrieg aus. Jaurès wurde von einem französischen Nationalisten in Paris erschossen. Frank meldete sich freiwillig zum Militär und starb bei seinem ersten Einsatz gegen französische Truppen.

Zwischen Burgfrieden und Brotstreiks: der Erste Weltkrieg.

Als „Anfang vom Ende des bürgerlichen Zeitalters“ findet sich der I. Weltkrieg in zahlreichen Geschichtsbüchern. Doch auch für den nicht-bürgerlichen Teil der Bevölkerung, die sozialistischen Arbeiter und ihre Organisationen, bedeutetet der Krieg gleich mehrere gewaltige Einschnitte: aus einer großen und – bei allen inhaltlichen Streitereien – einigen Organisation mit relativ kleinem Einfluss auf die Regierung wurden drei zerstrittene Organisationen, die am Ende des Krieges entweder Regierungsmitglieder oder bewaffnete Revolutionäre stellten.[14]
Nicht nur als Partei des Internationalismus hatte sich die SPD bei Bekanntwerden der Kriegsgefahr in den Tagen der sogenannten Julikrise für eine friedliche Beilegung der Verwicklungen auf dem Balkan eingesetzt. Diese wurden vor allem als ein Problem der alten Monarchien verstanden, für die die einfache Bevölkerung nun keinesfalls den Kopf hinhalten werde. Vom 28. bis 30. Juli 1914 hielt die Partei in zahlreichen Städten Friedenskundgebungen ab. Doch bei aller Kritik an den „Kriegsparteien“ rund um die Kaiserhöfe der beteiligten Nationen zeigten sich nach der deutschen Mobilmachung und der Kriegserklärung an Frankreich und Deutschland wieder deutliche Unterschiede zwischen den verschiedenen Flügeln der Partei. Während Rosa Luxemburg, Clara Zetkin und Karl Liebknecht in der „Gruppe Internationale“ an die Einheit der internationalen Arbeiterklasse gegen den Krieg appellierten, sorgten die Revisionisten um Eduard David und Ludwig Frank im Reichstag für eine kleine Sensation: Am 4. August stimmte die SPD im Reichstag den Finanzierungsplänen für den Krieg zu und fügte sich somit in die von Kaiser Wilhelm II. und nationalistischen Politikern propagierte „Volksgemeinschaft“, in der es „keine Parteien, nur noch Deutsche“ gebe, ein.[15]
Vorausgegangen waren turbulente Tage, die vor allem durch zwei Motive geprägt waren: einerseits Konfusion und Angst innerhalb der Partei vor staatlichen Repressalien, andererseits eine für die Beteiligten überraschende Einbeziehung der sozialdemokratischen Gewerkschaften in die Kriegsgesellschaft. Be-

reits am 2. August 1914 waren Mitglieder der Zentralkommission zu einer Besprechung des Reichsamts des Inneren eingeladen. Entgegen vieler im Vorfeld geäußerter Befürchtungen wurden die Gewerkschaften dabei nicht mit Verboten konfrontiert, sondern um ihre aktive Mitwirkung gebeten, etwa bei der Organisation des Arbeitsmarktes oder der Unterstützung der Familien eingezogener oder gefallener Soldaten.

Diese Einbeziehung war nicht ohne Kalkül seitens der Reichsleitung. Die Planung der Kriegsunterstützung stammte weitgehend aus den 1880er Jahren. Für die schnelle soziale Mobilmachung einer Industriegesellschaft verfügten die Behörden weder über ausreichende bürokratische Planungen noch über das nötige Personal. Hier versprach der über die letzten zwanzig Jahre aufgebaute Apparat der freien Gewerkschaften Abhilfe, zumal deren Personal in der Arbeiterbevölkerung deutlich höheres Vertrauen genoss als staatliche Beamte. Indem man die Gewerkschaften in die organisierte Kriegsgesellschaft einbezog, sicherte man sich zudem ihre Kooperation. Ganz ohne Drohungen und Verbote konnte somit im August 1914 das Versprechen, auf Lohnkämpfe und Streiks zu verzichten, eingeholt werden.

Dieses System, den Gewerkschaften mehr Rechte einzuräumen, sie dadurch jedoch zu mäßigenden Einfluss auf ihrer Anhänger zu bewegen, setzte sich während des Krieges fort.[16] Prominentes Beispiel für diese Entwicklung ist das Reichshilfsdienstgesetz von 1916, das erstmals ein Mitspracherecht der Arbeitnehmerorganisation festschrieb. Es wurden Arbeiterausschüsse und industrielle Einigungsämter gegründet, in denen Gewerkschaftsvertreter einen festen Sitz hatten. Andererseits setzte das Gesetz grundlegende Arbeiterrechte außer Kraft: Männer unter 60 Jahren unterstanden einer Arbeitspflicht und konnten ihre Firma nicht frei wechseln, Schutzregelungen bei Schicht- und Nachtarbeit wurden aufgeweicht. Dass die Zentralkommission sich auf diesen Handel einließ, verschärfte die Spaltung innerhalb der sozialdemokratischen Arbeiterschaft, die sich ab 1915 sowohl in der SPD als auch „auf der Straße" abzeichnete.

Im Gegensatz zu den Gewerkschaften konnte die SPD nach der Zustimmung zu den Kriegskrediten ihren politischen Einfluss nicht erhöhen. Im Gegenteil: Während die Partei den „Burgfrieden" hielt und alle politischen Fragen, die zu innerparteilichem Streit hätten führen können, auf die Zeit nach dem Krieg vertagte, ging die politische Rechte ab Frühjahr 1915 in die Offensive. Eine Reihe von Denkschriften von Unternehmens- und Interessenverbänden mit erkennbarer Nähe zu rechtsliberalen oder konservativen Parteien stellte weitreichende Forderung für die Zeit nach dem erwarteten Sieg auf. Die Reichsregierung mahnte diese zwar zur Ruhe, schmiedete zur gleichen Zeit jedoch selbst Pläne, den Krieg zu Annexionen und wirtschaftlicher Kolonisierung zu nutzen – Ziele, gegen die die SPD sich stets ausgesprochen hatte.

Postkarte des deutschen Metallarbeiter-Verbands an einen Kollegen in französischer Kriegsgefangenschaft, 1915
Sammlung Udo Achten, Düsseldorf

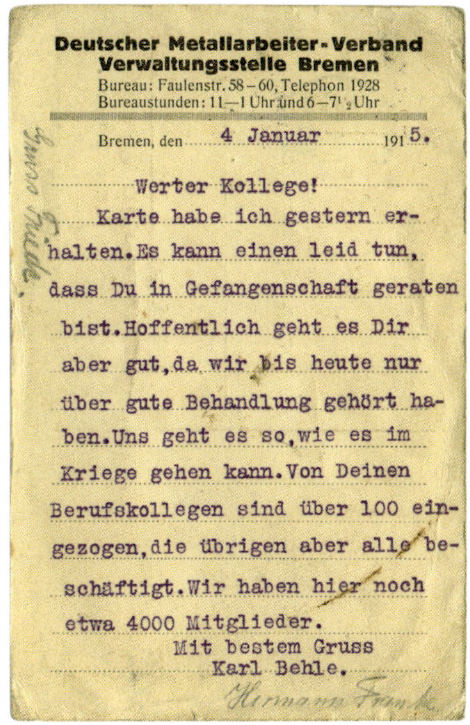
Deutscher Metallarbeiter-Verband
Verwaltungsstelle Bremen
Bureau: Faulenstr. 58–60, Telephon 1928
Bureaustunden: 11–1 Uhr und 6–7½ Uhr

Bremen, den 4 Januar 1915.

Werter Kollege!
Karte habe ich gestern erhalten. Es kann einen leid tun, dass Du in Gefangenschaft geraten bist. Hoffentlich geht es Dir aber gut, da wir bis heute nur über gute Behandlung gehört haben. Uns geht es so, wie es im Kriege gehen kann. Von Deinen Berufskollegen sind über 100 eingezogen, die übrigen aber alle beschäftigt. Wir haben hier noch etwa 4000 Mitglieder.
Mit bestem Gruss
Karl Behle.

OTTO RÜHLE (1874 – 1943), CA. 1912

HUGO HAASE (1863 – 1919)

Waren es in den ersten Kriegsmonaten nur die Vertreter des extrem linken Parteiflügels wie Rosa Luxemburg und die jungen Reichstagsabgeordneten Karl Liebknecht und Otto Rühle, die sich öffentlich gegen die Politik der Partei gestellt hatten, erfasste die Kritik mit dieser Entwicklung prominente ältere und gemäßigte Genossen. Im Juni 1915 verschickten die beiden wichtigsten sozialistischen Theoretiker der Vorkriegszeit, Eduard Bernstein und Karl Kautsky, sowie der Parteivorsitzende Hugo Haase einen offenen Brief an die wichtigsten Parteizeitungen. Das „Gebot der Stunde" sei eine kritische Überprüfung der sogenannten Burgfriedenspolitik. Da Regierung und rechte Parteien diesen zuerst attackiert hätten, müsse die SPD ihre Haltung bei den nächsten Abstimmungen zu den Kriegskrediten grundsätzlich überdenken.[17]

Dass die beiden Antipoden des Revisionismusstreit diesen Appell unterstützten, zeigt, wie groß die Enttäuschung über die Burgfriedenspolitik nach nur einem Jahr ausfiel. Doch die Flügelbildung hatte sich seitdem verstärkt und weiter radikalisiert. Kriegsnationalismus und Volksgemeinschaftsrhetorik führten zur Bildung einer kuriosen Parteirechten, die nationale und imperialistische Ideen mit sozialistischen Wirtschaftskonzepten zusammenbringen wollte. Auf der Linken gewann die Gruppe Internationale um Luxemburg und Liebknecht mit ihren kriegskritischen „Spartakusbriefen", an Einfluss.[18]

Diese beiden Konzeptionen ließen sich schwerlich in einer Partei zusammenbringen – insbesondere nicht in einer Kriegsgesellschaft, in der für ausführliche parteipolitische Debatten weder Zeit noch Raum war. So war es paradoxerweise das Beharren der Partei- und Fraktionsführung auf Einheit und Disziplin, die im Kriegsverlauf zur Parteispaltung führten.

Fraktionsdisziplin war eines der ehernen Gesetze in der Partei vor dem Weltkrieg gewesen. Egal wie heftig die Flügelkämpfe oder Konflikte in Einzelpositionen auf den Parteitagen und in der Presse getobt hatten: sobald ein verbindliches Votum eines Parteitags oder anderen Gremiums vorlag, sahen sich die Mitglieder an dieses gebunden. Dieses Prinzip hatte am 4. August 1914 Bestand gehabt, als ausgerechnet Hugo Haase, der die Burgfriedenspolitik bereits damals äußerst kritisch bewertete, die Zustimmung der SPD-Fraktion zu den Kriegskrediten begründete. Doch nach fast zwei Jahren in der Kriegsgesellschaft funktionierte die Disziplinierungslogik der Partei nicht mehr. Die Möglichkeiten einer kontroversen Debatte in der Partei waren stark eingeschränkt. Parteitage fanden nicht statt, die Sitzungen des Parteiausschusses wurden von Anhängern der Burgfriedenspolitik beherrscht, der kritische Flügel der Parteipresse war internem Druck, aber auch offener Zensur durch die Behörden ausgesetzt, wie mehrere Verbote des zentralen Parteiblatts „Vorwärts" zeigten.

„Das Gebot der Stunde" war ein letzter Versuch gewesen, doch noch eine innerparteiliche Diskussion anzustoßen. Nachdem dieses Angebot von der restlichen Partei nicht angenommen wurde, blieben den Burgfriedensgegnern nur Verstöße gegen die Parteidisziplin, um ihr Unbehagen am offiziellen Kurs darzustellen. Am 21.12.1915 stimmten 18 SPD-Abgeordnete nicht nur gegen den an diesem Tag behandelten Nothaushalt, der die Kriegsfinanzierung für 1916 sichern sollte, sie erstrebten zudem eine Begründung ihres Votums im Reichstag, um die innerhalb der Partei verweigerte Debatte dort zu führen. Nicht nur dieses Anliegen wurde von der Fraktionsführung abgelehnt. Im Anschluss an die Debatte wurden alle Abgeordneten, die gegen den Haushalt gestimmt hatten, aus der Reichstagsfraktion der SPD ausgeschlossen. Gerade mit dieser Disziplinierungsmaßnahme hatte sich jedoch ein einheitliches Bild der Partei erledigt. Die Abgeordneten der Kriegsgegner organisierten sich alsbald in der „Sozialdemokratischen Arbeitsgemeinschaft". Die SPD war somit nicht nur mit zwei einander in wichtigen Fragen widersprechenden Gruppierungen im Reichstag vertreten – selbst die beiden Vorsitzenden Hugo Haase und Friedrich Ebert gehörten unterschiedlichen Fraktionen an.

Diese gespannte Situation hielt nahezu ein Jahr an, ohne dass es zu einer Verständigung der Flügel kam. An Ostern 1917 schließlich gründete sich in Gotha die Unabhängige Sozialdemokratische Partei (USPD). Ausgehend von den Abgeordneten der Arbeitsgemeinschaft und den ihnen nahestehende Parteigliederungen vereinte sie alle SPD-Mitglieder, die dem Krieg ablehnend gegenüber standen, darunter auch die wichtigsten Akteuere der radikalen Linken: die Spartakusgruppe und die Revolutionären Obleute. Diese hatten seit Kriegsbeginn mit illegalen Propagandamaterialien und Kundgebungen gegen den Weltkrieg und seine Unterstützung durch die Führung der freien Gewerkschaften und die SPD demonstriert. Erstmals hatten die „Spartakisten" um Karl Liebknecht und die zu diesem Zeitpunkt inhaftierte Rosa Luxemburg anlässlich der illegalen Maikundgebung 1916 mit den Revolutionären Obleuten zusammengearbeitet. Dies waren gewerkschaftliche Vertrauensleute, die vor allem unter den Metallarbeitern in den Zentren der Rüstungsindustrie, insbesondere in Berlin, zunehmend Anhänger gewannen.[19]

Zu der erwähnten Kundgebung kamen am 1. Mai 1916 immerhin 1.000 Teilnehmer in Berlin zusammen. Wie zu erwarten war, wurde sie von der Polizei aufgelöst. Karl Liebknecht, der als Hauptredner auftreten wollte, wurde verhaftet und wegen Hochverrats vor Gericht gestellt. War die Mobilisierung zur Maikundgebung ein kleiner Erfolg gewesen, zeigte diese Anklage – beziehungsweise der Protest gegen sie – das Potenzial, das die radikale Linke durch ihren Antikriegskurs mittlerweile gesammelt hatte. Am 28. Juni 1916, dem ersten Prozesstag, streikten fast 50.000 Rüstungsarbeiter in Berlin im Widerspruch mit der offiziellen Linie der Gewerkschaftsgremien.

Auch nach Gründung der USPD organisierten die Obleute in Berlin große Streiks mit überregionaler Ausstrah-

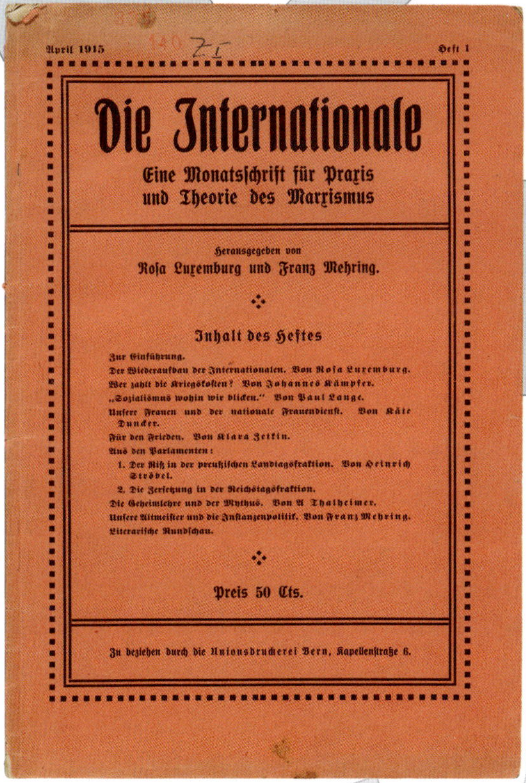

April 1915 Heft 1

Die Internationale

Eine Monatsschrift für Praxis und Theorie des Marxismus

Herausgegeben von
Rosa Luxemburg und Franz Mehring.

Inhalt des Heftes

Zur Einführung.
Der Wiederaufbau der Internationalen. Von Rosa Luxemburg.
Wer zahlt die Kriegskosten? Von Johannes Kämpfer.
„Sozialismus wohin wir blicken." Von Paul Lange.
Unsere Frauen und der nationale Frauendienst. Von Käte Duncker.
Für den Frieden. Von Klara Zetkin.
Aus den Parlamenten:
1. Der Riß in der preußischen Landtagsfraktion. Von Heinrich Ströbel.
2. Die Zersetzung in der Reichstagsfraktion.
Die Geheimlehre und der Mythus. Von A Thalheimer.
Unsere Altmeister und die Instanzenpolitik. Von Franz Mehring.
Literarische Rundschau.

Preis 50 Cts.

Zu beziehen durch die Unionsdruckerei Bern, Kapellenstraße 6.

Erste Ausgabe der marxistischen Monatsschrift „Die Internationale", April 1915
DHM Berlin
Do 63/727

Philipp Scheidemann ruft die deutsche Republik aus, 9. November 1918

lung: Die „Brotstreiks" im April 1917 und die Januarstreiks 1918 erfassten nicht nur die Rüstungsbetriebe in ganz Ost- und Norddeutschland, sondern stellten die offiziellen Partei- und Gewerkschaftsgremien vor schwierige politische Herausforderungen. Nach anfänglichem Zögern traten die freien Gewerkschaften dem Brotstreik 1917 bei und erwirkten innerhalb weniger Tage tatsächlich einen Teilerfolg, die Erhöhung der Fleisch- und Kartoffelzuteilungen für Industriearbeiter. Hiermit sah die Generalkommission den Streik am 28. April als erfolgreich beendet an. Die Arbeiter einiger Großbetriebe in Berlin und Leipzig, die aus politischen Gründen weiterstreikten, taten dies somit „wild", die Unternehmen wurden daraufhin unter militärische Zwangsverwaltung gestellt.

Noch deutlicher zeigte sich das Selbstverständnis der Gewerkschaften Ende Januar 1918. Die Streikbewegung von mehreren Hunderttausend Arbeitern ging auf verschiedene Aufrufe der radikalen Linken „für Frieden und Brot" zurück, in denen neben erhöhten Rationen auch ein schneller Friedensschluss mit dem revolutionären Russland und innenpolitische Reformen in Deutschland gefordert wurden. Aufgrund dieser Vermengung sozialer und politischer Ziele lehnte die Generalkommission die Streiks prinzipiell ab. Diese versandeten aufgrund der Zersplitterung in viele lokale Streikkomitees verschiedenster Ausprägung und scheiterten durch die Militärverwaltung der gesamten Berliner Rüstungsindustrie schließlich völlig. Hinter den Kulissen setzten sich die freigewerkschaftlichen Spitzenfunktionäre um den späteren Reichskanzler Gustav Bauer allerdings direkt bei der Reichsregierung für innenpolitische Reformen ein, da man sonst für das Verhalten der Arbeiterschaft nicht weiter garantieren könne. Auf die Reformforderungen nicht nur der gemäßigten Sozialdemokraten, sondern der demokratischen Parteien im Interfraktionellen Ausschuss, ging die Reichsleitung zu spät ein. Aus ihrer Perspektive zu spät, um die erhoffte neue Mobilisierung der sogenannten Heimatfront zu erreichen, aus sozialdemokratischer Perspektive zu spät, um die lange hochgehaltene Einigkeit in Partei und zwischen Partei und Gewerkschaften wiederherzustellen. Der Eintritt von Bauer und Philipp Scheidemann in eine Reichsregierung nach altem Muster, ja selbst die Verfassungsreformen im Oktober 1918, die einem parlamentarischen Regierungssystem sehr nahe kamen, waren kaum dazu angetan, die Linke in der USPD wieder an die MSPD anzunähern. Die Massenmobilisierungen in den Industriearbeitestreiks und die russische Oktoberrevolution ließen in Kreisen der Spartakusgruppe und unter kritischen Gewerkschaftern Hoffnungen auf ein viel weitergehendes revolutionäres Potenzial reifen. Als Philipp Scheidemann am 9. November 1918 die deutsche Republik ausrief, einigte sich die neue Regierung schnell und erstaunlich nachhaltig mit dem Arbeitgeberpräsidenten Stinnes und dem amtierenden Reichswehrchef Groener. Ein Konsens mit dem linken Flügel der Arbeiter- und Soldatenräte und den Spartakisten, die sich Anfang 1919 aus Protest gegen deren Regierungsbeteiligung von der USPD getrennt und die Kommunistische Partei Deutschlands gegründet hatten, sollte die Partei hingegen während der gesamten Weimarer Republik nicht finden.

1 Mehring, Franz: Geschichte der Sozialdemokratie, Band 4: Bis zum Erfurter Programm. Stuttgart 1906, S. 328

2 Vgl. Langewiesche, Dieter: Politikstile im Kaiserreich. Zum Wandel von Politik und Öffentlichkeit im Zeitalter des „Politischen Massenmarktes", in Gall, Lothar (Hg.): Regierung, Parlament und Öffentlichkeit im Zeitalter Bismarcks. Politikstile im Wandel, Paderborn et al. 2003, S. 1 – 21

3 Nach der Zusammenstellung in: Schneider, Michael: Kleine Geschichte der Gewerkschaften. Ihre Entwicklung in Deutschland von den Anfängen bis heute, Bonn 2000, S. 579f

4 Müller, Dirk H.: Der Syndikalismus in der deutschen Arbeiterbewegung vor 1914, in: Matthias, Erich / Schönhoven, Klaus (Hg.): Solidarität und Menschenwürde. Etappen der deutschen Gewerkschaftsgeschichte von den Anfängen bis zur Gegenwart, Bonn 1984, S. 57 – 68

5 Vgl.: Schneider, Michael : Die nicht- sozialdemokratische Alternative. Die Christlichen Gewerkschaften im Kaiserreich, in ebd., S. 69 – 81

6 Hübinger, Gangolf: Kulturprotestantismus und Politik. Zum Verhältnis von Liberalismus und Protestantismus im wilhelminischen Deutschland, Tübingen 1994

7 Zitiert nach dem Abdruck in: Miller, Susanne / Potthoff, Heinrich: Kleine Geschichte der SPD. Darstellung und Dokumentation 1848 – 1990, Bonn 1991, S. 334ff., zur Einordnung vgl. ebd., S. 53ff

8 Becker, Klaus J. / Hildebrandt, Jens: 100 Jahre „Mannheimer Abkommen" : zur Geschichte von SPD und Gewerkschaften, Ludwigshafen 2006

9 Für einen ersten Überblick über die Aktivitäten der Genossenschaften, vgl.: Novy, Klaus / Prinz, Michael: Illustrierte Geschichte der Gemeinwirtschaft. Wirtschaftliche Selbsthilfe in der Arbeiterbewegung von den Anfängen bis 1945, Berlin 1985. Neuere Forschungen zur Genossenschaftsbewegungen finden sich in den Dokumentationen der Jahrestagung Genossenschaftsgeschichte, hg. von der Heinrich-Kaufmann-Stiftung, Norderstedt 2011f sowie in der Schriftenreihe zur Genossenschaftsgeschichte, hg. vom Verein Bayrischer Genossenschaften, München 1998ff

10 Die umfassendste Darstellung in: Klein, Gotthard: Der Volksverein für das katholische Deutschland 1890 bis 1933. Geschichte, Bedeutung, Untergang, Paderborn 1997

11 Zum indirekten Einfluss der Sozialdemokratie vgl.: Sweeney, Dennis: Reconsidering the modernity paradigm: reform movements, the social and the state in Wilhelmine Germany, in Social History 31 (2006), S. 405 – 434. Zur Ambivalenz der sozialdemokratischen Vereinskultur vgl.: Geary, Dick: Beer and Skittles? Workers and Culture in Early Twentieth-Century Germany, in Australian Journal of Politics and History 46 (2000), S. 388 – 402

12 Zitiert nach: Zetkin, Clara: Ausgewählte Reden und Schriften, Bd. I, Berlin 1957, S. 3 – 11

13 Zweite Internationale Konferenz Sozialistischer Frauen in Kopenhagen : Provisorische Tagesordnung, provisorische Geschäftsordnung, Anträge und Resolutionen, Digitalisat auf: http://library.fes.de/zweiint/f19.pdf (Zugriff: 23.04.2012)

14 Das Zitat stammt aus dem Titel der Gesamtdarstellung: Mommsen, Wolfgang J., Der Erste Weltkrieg. Anfang vom Ende des bürgerlichen Zeitalters, Bonn 2004. Die ausführlichste Gesamtschau auf die Entwicklung der SPD während der Kriegsjahre immer noch in: Miller, Susanne: Burgfrieden und Klassenkampf. Die deutsche Sozialdemokratie im Ersten Weltkrieg, Düsseldorf 1974

15 Zum Zustandekommen der Zustimmung der SPD vgl.: ebd., S. 46ff

16 Vgl. die entsprechenden Kapitel bei: Feldman, Gerald D.: Army, Industry, and Labor in Germany 1914 – 1918, Providence [u.a.]

17 Abgedruckt in: Das Prinzip Links. Beiträge zur Diskussion des demokratischen Sozialismus in Deutschland 1848 – 1990; eine Dokumentation, hg. von Weber, Hermann, Berlin 1992, S. 127ff

18 Vgl. Scharrer, Manfred: Die Spaltung der deutschen Arbeiterbewegung, 2. Aufl., Bonn 1985, und speziell zum Kriegsnationalismus der Parteirechten: Sigel, Robert: Die Lensch-Cunow-Haenisch-Gruppe, Berlin 1976

19 Vgl. ausgehend von der Biografie des wichtigsten Protagonisten dieser Gruppe: Hoffrogge, Ralf: Richard Müller – Der Mann hinter der Novemberrevolution, Berlin 2008

... 1919
WEITERE EXPONATE

2 Bergeisen am Tragbügel
Saarländisches Bergbaumuseum Bexbach
2009SBB0314

Schlägel
Saarländisches Bergbaumuseum Bexbach
2009SBB0324

Eisen
Saarländisches Bergbaumuseum Bexbach
2009SBB0323

Handmeissel
Saarländisches Bergbaumuseum Bexbach
2009SBB0317

Spitzhacke
Saarländisches Bergbaumuseum Bexbach
2009SBB0321

Englischer Pickel
Saarländisches Bergbaumuseum Bexbach
2009SBB0322

STEIGERJACKE
ARCHIV FÜR SOZIALE BEWEGUNGEN, BOCHUM

STEIGERSTOCK (ENGL. SOUVENIR)
ARCHIV FÜR SOZIALE BEWEGUNGEN, BOCHUM
PRIVATSAMMLUNG

FAHNE „BERGMANN ERWACHE, ERKENNE DEINE MACHT!“
ARCHIV FÜR SOZIALE BEWEGUNGEN, BOCHUM

FAHNE DES VERBANDS DER BERGBAUINDUSTRIE-ARBEITER DEUTSCHLANDS, GEGR. 1889
ARCHIV FÜR SOZIALE BEWEGUNGEN, BOCHUM

Beschluß

der Delegirten der Bergleute von Rheinland und Westfalen am 21. Mai cr.
im Schützenhofe zu Bochum.

[illegible] Vertragsbruche der [illegible] vom 18. Mai cr. durch mehrere Bergwerksbesitzer ist auf dem heutigen Delegirtentage im Schützenhof zu Bochum Folgendes beschlossen worden.

I.

Der Ausstand der Bergarbeiter sämmtlicher Zechen von Rheinland und Westfalen beginnt am Montag, den 27. Mai cr. und dauert, bis die Erfüllung folgender allgemeiner Forderungen von allen Grubenvorständen etc. schriftlich dem Central-Streik-Comitee zu Bochum, Tonhalle, eingesandt sind.

II.

Forderungen:

1. Es darf die Schicht unter Tage für alle Bergarbeiter nur acht Stunden betragen. Die Förderschicht muß so geregelt werden, daß die Seilfahrt Morgens 5, Mittags 1 und Abends 9 Uhr, bezw. 6, 2 und 10 Uhr beginnt.

2. Es dürfen keine Ueberstunden oder Ueberschichten gemacht werden, bevor die Verwaltung der Zeche sich mit den Deputirten der Belegschaft dahin verständigt hat.

Hiervon sind ausgeschlossen diejenigen Ueberstunden und Ueberschichten, die zur Sicherheit des Betriebes oder der Bergleute absolut nothwendig sind.

3. Eine Lohnerhöhung von 15 pCt. für alle Schichtlohnarbeiter; eine Lohnerhöhung von 20 pCt. für alle im Gedinge Arbeitende, mit einem bisherigen monatlichen Verdienste von nur 50 bis 80 Mark; eine Lohnerhöhung von 15 pCt. für solche, die 80 bis 100 Mark verdienten und eine Lohnerhöhung von 10 pCt. für diejenigen, die 100 Mark und darüber verdient haben.

4. Es dürfen weder Delegirte noch sonstige Arbeiter nach Wiederaufnahme der Arbeit in irgend einer Weise gemaßregelt oder benachtheiligt werden.

Mittheilung.

Die übrigen Uebelstände sollen durch die Deputirten der einzelnen Belegschaften, oder durch die Centralleitung beigelegt werden.

Das Central-Streik-Comitee:

Weber-Bochum, Bunte-Dortmund, Diekmann-Uekendorf,
Brodam-Gelsenkirchen, Mühlenbeck-Essen.

STREIKPLAKAT DER BERGARBEITER 1889
MONTANHISTORISCHES DOKUMENTATIONSZENTRUM BEIM DEUTSCHEN BERGBAU-MUSEUM (=DEUTSCHES BERGBAUMUSEUM BOCHUM)

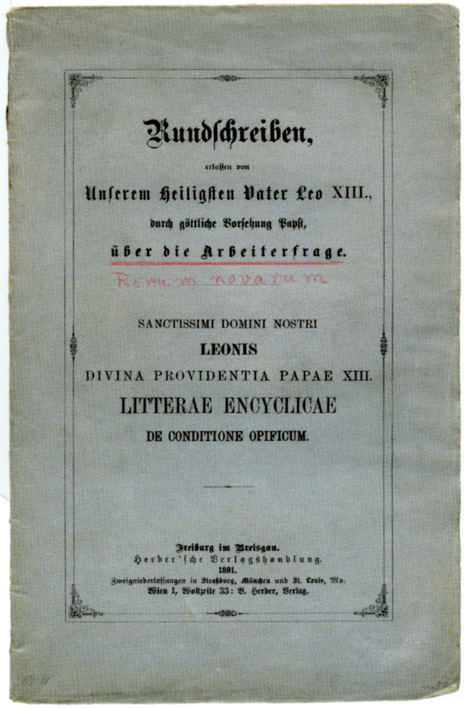
Rundschreiben,
erlassen von
Unserem Heiligsten Vater Leo XIII.,
durch göttliche Vorsehung Papst,
über die Arbeiterfrage.
Rerum novarum
SANCTISSIMI DOMINI NOSTRI
LEONIS
DIVINA PROVIDENTIA PAPAE XIII.
LITTERAE ENCYCLICAE
DE CONDITIONE OPIFICUM.
Freiburg im Breisgau.
Herder'sche Verlagshandlung.
1891.
Zweigniederlassungen in Straßburg, München und St. Louis, Mo.
Wien I, Wollzeile 33: B. Herder, Verlag.

ENZYKLIKA „RERUM NOVARUM"
ERSTDRUCK IM VERLAG HERDER,
FREIBURG 1891
TECHNOSEUM
LR 2012/11

BEAMTENLAMPE
SAARLÄNDISCHES BERGBAUMUSEUM BEXBACH
INV. 2009SBB0125

ÖLSICHERHEITSLAMPE DAVY
SAARLÄNDISCHES BERGBAUMUSEUM BEXBACH
INV. 2009SBB0088

SAARBRÜCKER LAMPE
SAARLÄNDISCHES BERGBAUMUSEUM BEXBACH
INV. 2009SBB0049

„EXTRA-BLATT DER DEUTSCHEN BERG- UND HÜTTENARBEITER-ZEITUNG“ MIT DEM AUFRUF ZUM „GENERAL-STREIK“, 10. JANUAR 1893
DEUTSCHES BERGBAUMUSEUM BOCHUM

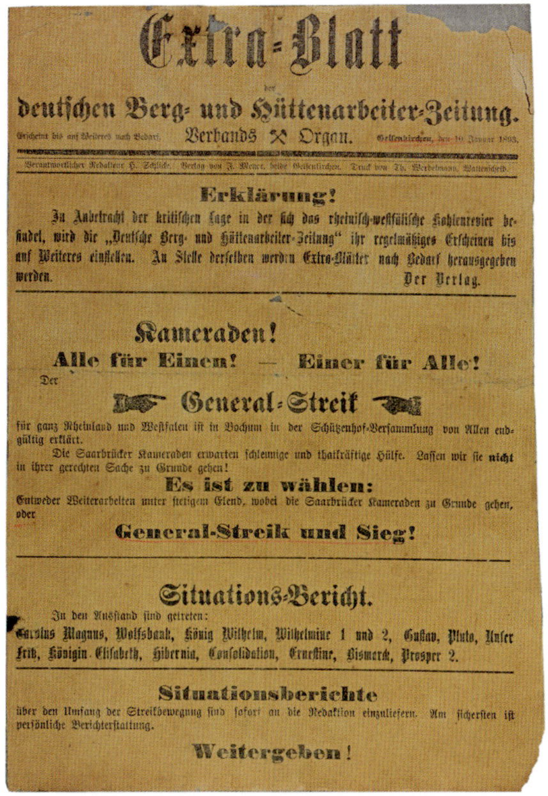

Extra-Blatt
der
deutschen Berg- und Hüttenarbeiter-Zeitung.

Erscheint bis auf Weiteres nach Bedarf. Verbands ⚒ Organ. Gelsenkirchen, den 10. Januar 1893.

Verantwortlicher Redakteur H. Schlicke. Verlag von J. Meyer, beide Gelsenkirchen. Druck von Th. Werdelmann, Wattenscheid.

Erklärung!

In Anbetracht der kritischen Lage in der sich das rheinisch-westfälische Kohlenrevier befindet, wird die „Deutsche Berg- und Hüttenarbeiter-Zeitung“ ihr regelmäßiges Erscheinen bis auf Weiteres einstellen. An Stelle derselben werden Extra-Blätter nach Bedarf herausgegeben werden.

Der Verlag.

Kameraden!

Alle für Einen! — Einer für Alle!

Der

General-Streik

für ganz Rheinland und Westfalen ist in Bochum in der Schützenhof-Versammlung von Allen endgültig erklärt.

Die Saarbrücker Kameraden erwarten schleunige und thatkräftige Hülfe. Lassen wir sie **nicht** in ihrer gerechten Sache zu Grunde gehen!

Es ist zu wählen:

Entweder Weiterarbeiten unter stetigem Elend, wobei die Saarbrücker Kameraden zu Grunde gehen, oder

General-Streik und Sieg!

Situations-Bericht.

In den Ausstand sind getreten:

Carolus Magnus, Wolfsbank, König Wilhelm, Wilhelmine 1 und 2, Gustav, Pluto, Unser Fritz, Königin Elisabeth, Hibernia, Consolidation, Ernestine, Bismarck, Prosper 2.

Situationsberichte

über den Umfang der Streikbewegung sind sofort an die Redaktion einzuliefern. Am sichersten ist persönliche Berichterstattung.

Weitergeben!

BENZINSICHERHEITSLAMPEN
SAARLÄNDISCHES BERGBAUMUSEUM BEXBACH
2009SBB0114
2009SBB0133
2009SBB0126

Benzinkombilampe mit elektrischer Zündung und Schlagwetteranzeiger
Deutsches Bergbaumuseum Bochum
030019080000

Grubenlampe mit Schlagwetteranzeiger
Deutsches Bergbaumuseum Bochum
030019052000

Fahne eines Polnischen Knappenvereins
Deutsches Bergbaumuseum Bochum
33303933

Übersetzung:
„Katholischer Verein polnischer Bergleute unter dem Schutz der Hl. Barbara

Abbauhammer Förster
Deutsches Bergbaumuseum Bochum
030120760000

Bohrhammer Flottmann
Deutsches Bergbaumuseum Bochum
030010084000

Kohlenrutsche, bestehend aus zwei trapezförmigen Elementen
Deutsches Bergbaumuseum Bochum

Erinnerungs-Medaille „an den Internationalen kongress Paris 1889“
DHM Berlin
N 84/14

1. Mai-Abzeichen

„Durch Kampf zum Sieg“, 1905
Technoseum
Evz: 2008/0799

„Gewerkschaftskartell, Freiburg i. B.“, 1907
Technoseum
Evz: 2008/0799

„St. Gallen“, 1909
Technoseum
Evz: 2008/0799

Aufruf an die „Arbeiter von Leipzig und Umgegend" für den 8-Stunden-Tag und die Arbeiterschutzgesetzgebung zu demonstrieren, 1. Mai 1890
Stadtgeschichtliches Museum Leipzig
D 7235

An die Arbeiter von Leipzig und Umgegend!

Der internationale Arbeiterkongreß, welcher am 14. Juli des vorigen Jahres in Paris zusammentrat, faßte in der Sitzung des 19. Juli folgenden Beschluß:

„Es ist für einen bestimmten Zeitpunkt eine große internationale Manifestation (Kundgebung) zu organisiren, und zwar dergestalt, daß gleichzeitig in allen Ländern und in allen Städten an einem bestimmten Tage die Arbeiter an die öffentlichen Gewalten (Behörden) die Forderung richten, den Arbeitstag auf acht Stunden festzusetzen und die übrigen Beschlüsse des internationalen Kongresses von Paris zur Ausführung zu bringen.

In anbetracht der Thatsache, daß eine solche Kundgebung bereits von dem Amerikanischen Arbeiterbund (Federation of Labor) auf seinem im Dezember 1888 zu St. Louis abgehaltenen Kongreß für den 1. Mai 1890 beschlossen worden ist, wird dieser Zeitpunkt als Tag der internationalen Kundgebung angenommen.

Die Arbeiter der verschiedenen Nationen haben die Kundgebung in der Art und Weise, wie sie ihnen durch die Verhältnisse ihres Landes vorgeschrieben wird, ins Werk zu setzen."

Dies ist der Wortlaut des Beschlusses in möglichst treuer Uebersetzung.

Den Arbeitern der verschiedenen Länder ist also nicht vorgeschrieben, wie sie die Kundgebung des 1. Mai zu bewerkstelligen haben. Die Art und Weise der Ausführung ist dem Ermessen der Arbeiter überlassen worden.

Insbesondere ist nicht davon die Rede gewesen, daß am 1. Mai 1890 die Arbeit ruhen solle. Wäre eine derartige Ansicht ausgesprochen worden, so wäre sie auf entschiedenen Widerstand gestoßen, ebenso wie der Vorschlag, einen allgemeinen Streik zu organisiren — welcher Vorschlag von deutscher Seite bekämpft und von dem Kongreß zurückgewiesen wurde.

Der Zweck des Beschlusses war, eine gleichzeitige Kundgebung der Arbeiter aller Länder zu veranlassen, um die Einheitlichkeit der Bestrebungen aller Arbeiter zum klaren Ausdruck zu bringen. In der Einheitlichkeit und Allgemeinheit der Kundgebung liegt ihr Wert. Es muß also alles vermieden werden, was der Kundgebung diesen imposanten Charakter der Einheitlichkeit und Allgemeinheit nehmen würde.

Eine allgemeine Arbeitsfeier läßt sich aber unter den gegenwärtigen Arbeitsverhältnissen unmöglich erwirken. Und dieselben Gründe, die den Kongreß veranlaßten, den allgemeinen Streik zu verwerfen, stellen sich auch dem Plan einer solcher allgemeinen Arbeitsfeier, d. h. dem allgemeinen Niederlegen der Arbeit für die Dauer eines bestimmten Tages, entgegen. Die organisirten Arbeiter wären wohl zum Nichtarbeiten am 1. Mai zu veranlassen, allein die Masse der nichtorganisirten Arbeiter würde sich an dieser Kundgebung nicht beteiligen. Die Folge wäre demnach, daß der Charakter der Einheitlichkeit und Allgemeinheit, welcher der Kundgebung ihre Bedeutung geben soll, verloren ginge.

Daß die Ar[illegible] Gesamtheit nicht darein willigen werden, ihre Werkstätten, Fabriken, Bergwerke u. s. w. am 1. Mai für die Dauer dieses Tages zu schließen, das bedarf keines näheren Nachweises. Nur diejenigen Arbeitgeber, die entweder mit der Arbeiterbewegung sympathisiren oder von den Arbeitern abhängig sind, würden ihre Zustimmung geben. Die übrigen, und unzweifelhaft die Mehrheit, und darunter gerade die meisten Leiter der großen Betriebe, würden es auf einen Konflikt ankommen lassen. Und sie würden das um so mehr thun, als die Geschäftslage gegenwärtig eine solche ist, daß eine Arbeitseinstellung vielen Arbeitgebern nicht unerwünscht wäre und von ihnen als willkommenes Mittel zur Niederwerfung der Arbeiter benutzt werden würde.

Der Versuch, den 1. Mai zu einem Tag allgemeiner Arbeitsfeier zu machen, würde voraussichtlich mit einer allgemeinen Aussperrung der Arbeiter beantwortet werden.

Hierzu kommt noch, daß die Feinde der Arbeitersache in Deutschland jetzt alles aufbieten, um den Arbeitern die Früchte des Sieges vom 20. Februar d. J. zu entreißen. Wer die Organe der reaktionären Bourgeoisie liest, ersieht aus denselben, daß die Feinde der Arbeitersache auf den 1. Mai große Hoffnungen setzen. Sie suchen das rote Gespenst heraufzubeschwören und die Volksmassen zu ängstigen; sie geben sich der Erwartung hin, daß die Kundgebung des 1. Mai zu Ausschreitungen und zu Konflikten mit der Staatsgewalt ausgenutzt werden könne. Und würde der Versuch gemacht, den 1. Mai durch allgemeines Niederlegen der Arbeit zu feiern, so würden diese Berechnungen auch aller Voraussicht nach richtig sein.

Arbeiter-Chronometer, um 1890
Technoseum

Umschrift:
„Wir wollen 8 Stunden der Arbeit.
8 Stunden um uns auszubilden.
8 Stunden um uns auszuruhen."

Plakat „Maifest 1899"
Entwurf von Ephraim Moses Lilien
Archiv der sozialen Demokratie, Bonn
6/PLKA040040

Mitgliedsausweis des „Verein Deutscher Lokomotivführer und Heizer", 1899
Technoseum
Avz: 2001/0217-0301

„Gelbe Arbeiter-Zeitung. Organ der freien (nicht-sozialdemokratischer) Arbeiterschaft in Stadt und Land", Nr. 1, 26. Oktober 1907
Hauptstaatsarchiv Stuttgart
E 151 CII, Bü 203

Die Gelbe Partei.

Was ist die gelbe Arbeiter-Partei?

Sie ist der Bund aller von echt freiheitlichen Idealen beseelten Arbeiter, die sich jeder Ausbeutung ihrer Bestrebungen durch politische Streber widersetzen; sie ist die einzige Vertreterin der wirklichen Arbeiterinteressen, welche sich der Zersplitterung der Arbeiterinteressen durch Politik und Religion entgegenstellt; sie ist die Vereinigung aller auf Wirklichkeit und Gegenwart fußenden Elemente im Gegensatz zu den roten Zukunfts- und schwarzen Jenseitsträumern; sie ist der Ausdruck der individuellen Initiative, der persönlichen Tüchtigkeit, im Gegensatz zur sozialdemokratischen Sklavenherde und proletarischen Ergebung und Feigheit eingebildeten Unmöglichkeiten gegenüber. Die gelbe Arbeiterpartei verkörpert den

Kampf um Besitz für jeden Einzelnen

gegenüber der sozialdemokratischen Tendenz, die Besitzlosigkeit zum Gesetz zu erheben.

In der gelben Arbeiter-Partei ist jeder frei. Kein Zwang lastet auf der politischen oder religiösen Meinung der Mitglieder. Die gelbe Arbeiter-Partei will jedem Parteigenossen individuell zum Vorteil gereichen im Gegensatz zu den Sozialdemokraten, welche sowohl die Steuerkraft wie das Wahlrecht der „Genossen" zugunsten egoistischer Streber und unfähiger Schmarotzer ausbeuten.

Aus diesem Grunde bestrebt sich die
Arbeiter-Partei ihren Mitgliedern
Jahresstellen,
Auskömmlichen Lohn und Sch
gegen den sozialdemokratischen Terrori
zu gewähren. Dies erreichen wir durc
Verständigung mit den Arbeitge
Zusammenschluß der Parteigen
zu Orts-Verbänden sobald es gilt, der
Gewalttätigkeit der Roten geschlossenen W
stand entgegenzusetzen. Unsere Mitgli
listen werden streng geheim geh
um unnötige Konflikte unserer Parteige
mit den Rotorganisierten zu verm
Unsere Mitglieder genießen Rat, Ausk
und Hülfe in Rechtsfragen. Bei W
der Arbeitsplätze versehen wir unsere P
genossen mit Empfehlungen an solche A
geber, die mit unseren Bestrebungen
gehen. Unser Ziel ist, jedes Mitglied
schaftlich vorwärtszubringen. Um dies zu erreichen, bedienen wir uns aller zugebote stehenden Mittel. Wir überzeugen die Arbeitgeber von dem Interesse, das sie daran haben, ehrliche, zuverlässige Arbeiter zu beschäftigen. Wir schließen, wenn sie uns geboten werden, Kollektiv-Verträge für unsere Parteigenossen auch mit einzelnen Arbeit-

Postkarte des Deutschen Holzarbeiter-Verbandes
Sammlung Udo Achten, Düsseldorf

Postkarte des Deutschen Metallarbeiter-Verbandes „Gruss von der Jubelfeier“, 1916
Sammlung Udo Achten, Düsseldorf

Postkarte des Deutschen Textilarbeiterverbandes
Sammlung Udo Achten, Düsseldorf

... 1919

Weitere Exponate

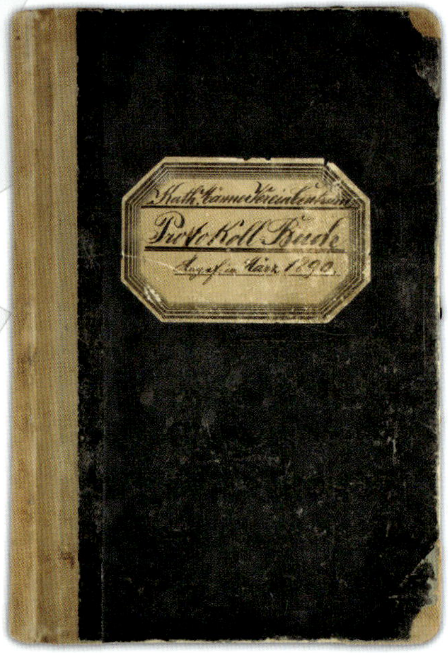

Protokollbuch des katholischen Arbeitervereins Seckenheim, ab März 1890
Stadtarchiv Mannheim
Kleine Erwerbung Nr. 1300

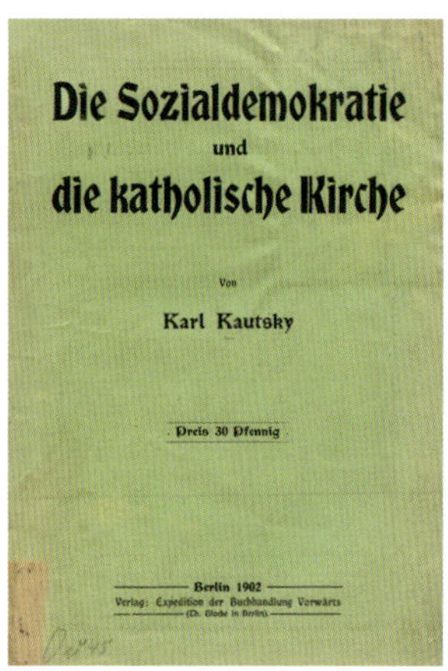

Die Sozialdemokratie
und
die katholische Kirche

Von

Karl Kautsky

Preis 30 Pfennig

Berlin 1902
Verlag: Expedition der Buchhandlung Vorwärts
(Dr. Glocke in Berlin).

Die Not ist groß

Kapitalismus - Militarismus - Kirche

je größer die Not, desto näher ist Gott

der Krieg wurde von der Kirche gesegnet!

Dieser Kirche gehörst Du noch als Mitglied an?

Heraus aus der Kirche

Werdet Mitglied des Bundes sozialistischer Freidenker!

Karl Kautsky: „Die Sozialdemokratie und die katholische Kirche“, Berlin 1902
Universitätsbibliothek Mannheim,
BB Schloss Schneckenhof, West BA 2358

Aufruf „Die Not ist gross – Heraus aus der Kirche“, 1914 – 1918
Stadtgeschichtliches Museum Leipzig
D7702

BROSCHÜRE „RATGEBER FÜR AUSWANDERER NACH DEN VEREINIGTEN STAATEN VON AMERIKA“, 1909
IISH AMSTERDAM
BRO AM 1050/50

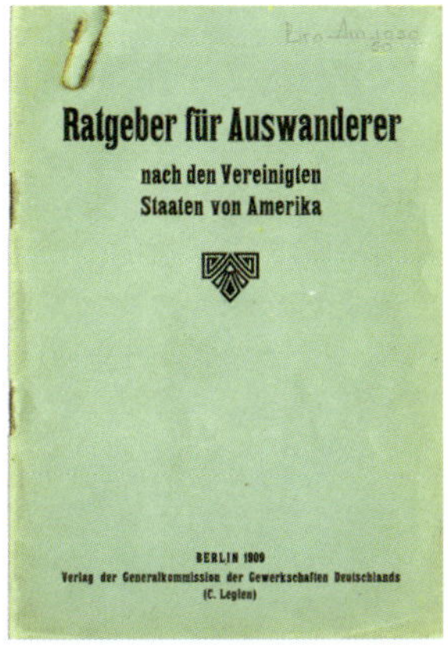

BROSCHÜRE „DIE GESETZLICHE REGELUNG DER TARIFVERTRÄGE“, 1912
VON THEODOR LEIPART
IISH AMSTERDAM
BRO D 1301/210, BRO D 3620/575,
BRO D 1360/147

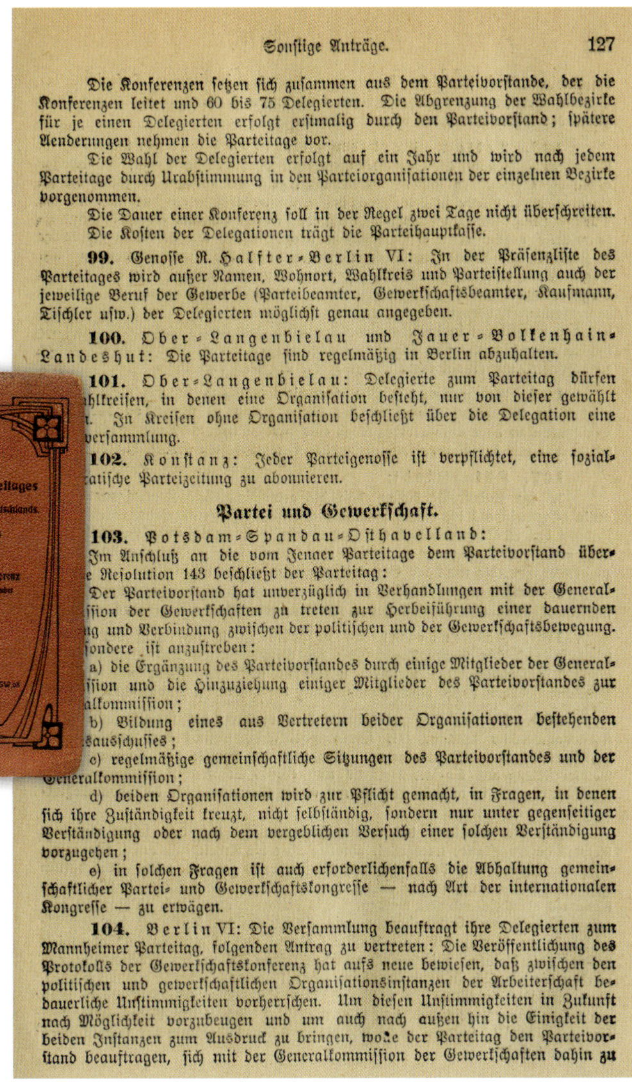

Sonstige Anträge. 127

Die Konferenzen setzen sich zusammen aus dem Parteivorstande, der die Konferenzen leitet und 60 bis 75 Delegierten. Die Abgrenzung der Wahlbezirke für je einen Delegierten erfolgt erstmalig durch den Parteivorstand; spätere Aenderungen nehmen die Parteitage vor.

Die Wahl der Delegierten erfolgt auf ein Jahr und wird nach jedem Parteitage durch Urabstimmung in den Parteiorganisationen der einzelnen Bezirke vorgenommen.

Die Dauer einer Konferenz soll in der Regel zwei Tage nicht überschreiten. Die Kosten der Delegationen trägt die Parteihauptkasse.

99. Genosse R. Halfter-Berlin VI: In der Präsenzliste des Parteitages wird außer Namen, Wohnort, Wahlkreis und Parteistellung auch der jeweilige Beruf der Gewerbe (Parteibeamter, Gewerkschaftsbeamter, Kaufmann, Tischler usw.) der Delegierten möglichst genau angegeben.

100. Ober-Langenbielau und Jauer-Bolkenhain-Landeshut: Die Parteitage sind regelmäßig in Berlin abzuhalten.

101. Ober-Langenbielau: Delegierte zum Parteitag dürfen ...hlkreisen, in denen eine Organisation besteht, nur von dieser gewählt ... In Kreisen ohne Organisation beschließt über die Delegation eine ...versammlung.

102. Konstanz: Jeder Parteigenosse ist verpflichtet, eine sozial...atische Parteizeitung zu abonnieren.

Partei und Gewerkschaft.

103. Potsdam-Spandau-Osthavelland: Im Anschluß an die vom Jenaer Parteitage dem Parteivorstand über...e Resolution 143 beschließt der Parteitag:

Der Parteivorstand hat unverzüglich in Verhandlungen mit der General...ission der Gewerkschaften zu treten zur Herbeiführung einer dauernden ...ng und Verbindung zwischen der politischen und der Gewerkschaftsbewegung. ...sondere ist anzustreben:

a) die Ergänzung des Parteivorstandes durch einige Mitglieder der General...ission und die Hinzuziehung einiger Mitglieder des Parteivorstandes zur ...alkommission;

b) Bildung eines aus Vertretern beider Organisationen bestehenden ...sausschusses;

c) regelmäßige gemeinschaftliche Sitzungen des Parteivorstandes und der Generalkommission;

d) beiden Organisationen wird zur Pflicht gemacht, in Fragen, in denen sich ihre Zuständigkeit kreuzt, nicht selbständig, sondern nur unter gegenseitiger Verständigung oder nach dem vergeblichen Versuch einer solchen Verständigung vorzugehen;

e) in solchen Fragen ist auch erforderlichenfalls die Abhaltung gemeinschaftlicher Partei- und Gewerkschaftskongresse — nach Art der internationalen Kongresse — zu erwägen.

104. Berlin VI: Die Versammlung beauftragt ihre Delegierten zum Mannheimer Parteitag, folgenden Antrag zu vertreten: Die Veröffentlichung des Protokolls der Gewerkschaftskonferenz hat aufs neue bewiesen, daß zwischen den politischen und gewerkschaftlichen Organisationsinstanzen der Arbeiterschaft bedauerliche Unstimmigkeiten vorherrschen. Um diesen Unstimmigkeiten in Zukunft nach Möglichkeit vorzubeugen und um auch nach außen hin die Einigkeit der beiden Instanzen zum Ausdruck zu bringen, wo.e der Parteitag den Parteivorstand beauftragen, sich mit der Generalkommission der Gewerkschaften dahin zu

„PROTOKOLL ÜBER DIE VERHANDLUNGEN DES PARTEITAGES DER SOZIALDEMOKRATISCHEN PARTEI DEUTSCHLANDS“, 1906
SAMMLUNG GRIT ARNSCHEIDT, MANNHEIM

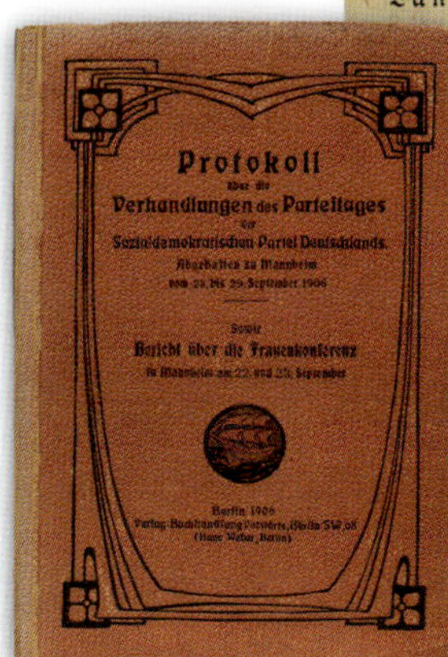

Das Buch umfaßt neben dem Protokoll des in Mannheim vom 23. bis 29. September 1906 abgehalten Parteitages auch das „Mannheimer Abkommen“ und den Bericht über die Frauenkonferenz, die am 22. und 23. September 1906 ebenfalls in Mannheim stattfand.

AUGUST BEBEL SPRICHT
AUF DEM MANNHEIMER PARTEITAG 1906
STADTARCHIV MANNHEIM

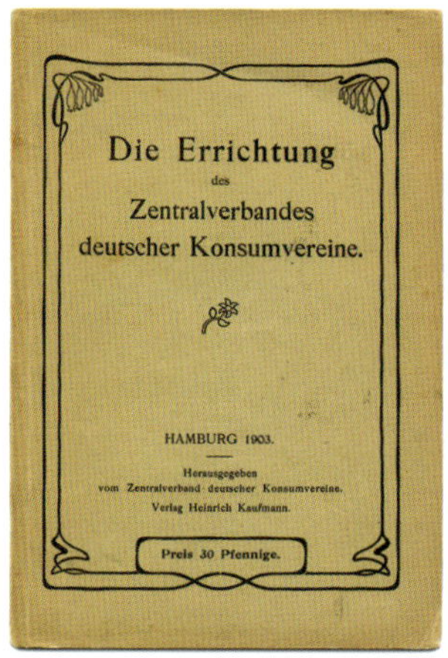

BROSCHÜRE „DIE ERRICHTUNG DES ZENTRAL-
VERBANDES DEUTSCHER KONSUMVEREINE",
HRSG. ZENTRALVERBAND, 1903
KLEINES KONSUM-MUSEUM DER HEINRICH-
KAUFMANN-STIFTUNG, HAMBURG

ANSTECKER VON ARBEITERSPORTVEREIEN
UND VOM ARBEITER-THEATERBUND
DEUTSCHLANDS

DHM BERLIN
A 71/39.1; A 71/95; A 86/8.1-2
A 87/25
A 77/2.1 (GROSSE ABBILDUNG)

URKUNDE „PREIS-LANGSAMFAHREN“
FÜR ARNO FRIEDEL, 1904
STADTGESCHICHTLICHES MUSEUM LEIPZIG
U 617

STICKBILD „ARBEITERRADFAHRER“, 1910
DHM BERLIN
AK 98/205

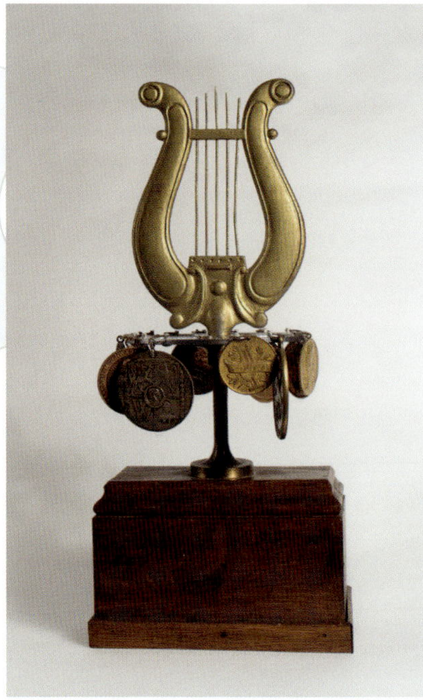

Fahnenspitze
Heimatmuseum Reutlingen

An der Fahnenspitze, die auf dem Sockel des Arbeiterbildungsvereins Reutlingen angebracht ist, hängen die Medaille von Sängerbundfesten. Die älteste stammt von 1907, die jüngste von 1968.

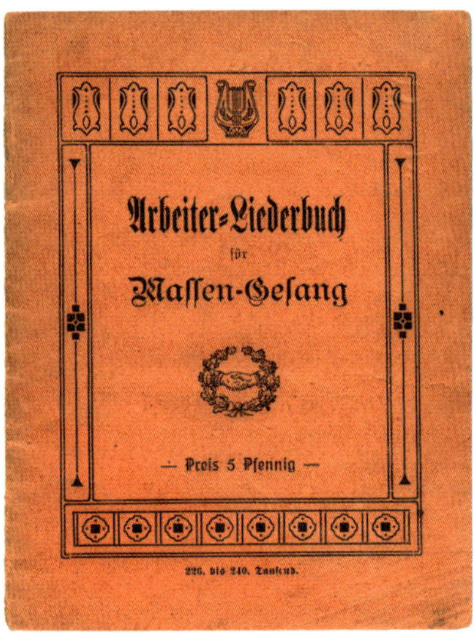

„Arbeiter-Liederbuch“, 1910
Sammlung Klaus Jürgen Becker, Ludwigshafen
Freizeitkultur und Arbeiterbewegung: Gesang Nr. 216

„Prolog und Lieder zur Gedächtnis-Feier für Friedrich Schiller“, 9. Mai 1905
Stadtgeschichtliches Museum Leipzig
A/278/2007

Die vom Arbeiter-Verein Leipzig zum 100. Todestag von Friedrich Schiller organisierte Veranstaltung fand im Etablissement Sanssouci statt.

Postkarte zum 6. Sängerfest in Schwäbisch Gmünd, 27. – 29. Juni 1914
Sammlung Udo Achten, Düsseldorf

An
unsere Frauen und Mädchen!

Gewerkschaftsflugblatt mit dem Aufruf an die Arbeiterinnen, sich gewerkschaftlich zu organisieren, nach 1900
DHM Berlin
Do 64/122

Der Originaltitel des Flugblattes lautete ursprünglich: „An unsere Frauen und Mädchen! Die immer weitere Ausdehnung annehmende Frauenarbeit …“

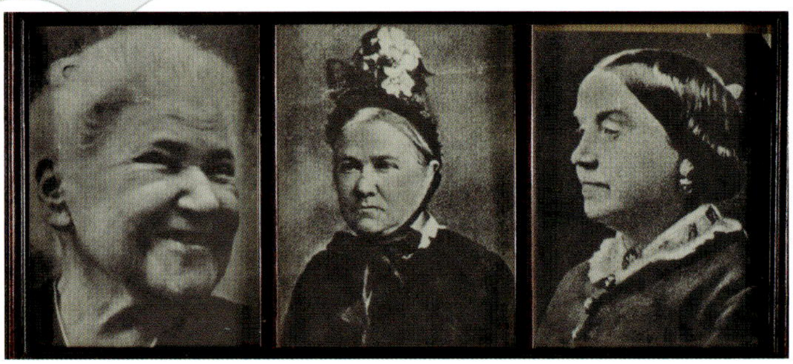

Porträts von Lizzy Engels, Helene Demuth, Luise Freyberger [gesch. Kautsky], 1900
DHM Berlin
K 54/438

Die Frau
und der Sozialismus.
Von
August Bebel.
Zürich-Hottingen
Verlag der Volksbuchhandlung
1879

August Bebel: „Die Frau und der Sozialismus“, Zürich 1879
Technoseum
PVZ: 2012/D-0073

Clara Zetkin auf der Frauenkonferenz in Mannheim, 22. – 23. September 1906
Stadtarchiv Mannheim

Standuhr des SPD-Abgeordneten Wilhelm Stolle (1842 –1918)
Hist. Sammlung Crimmitschau
Cr008356

Sie war ein Geschenk der Reichstagsfraktion der SPD und mit einer entsprechender Aufschrift versehen.

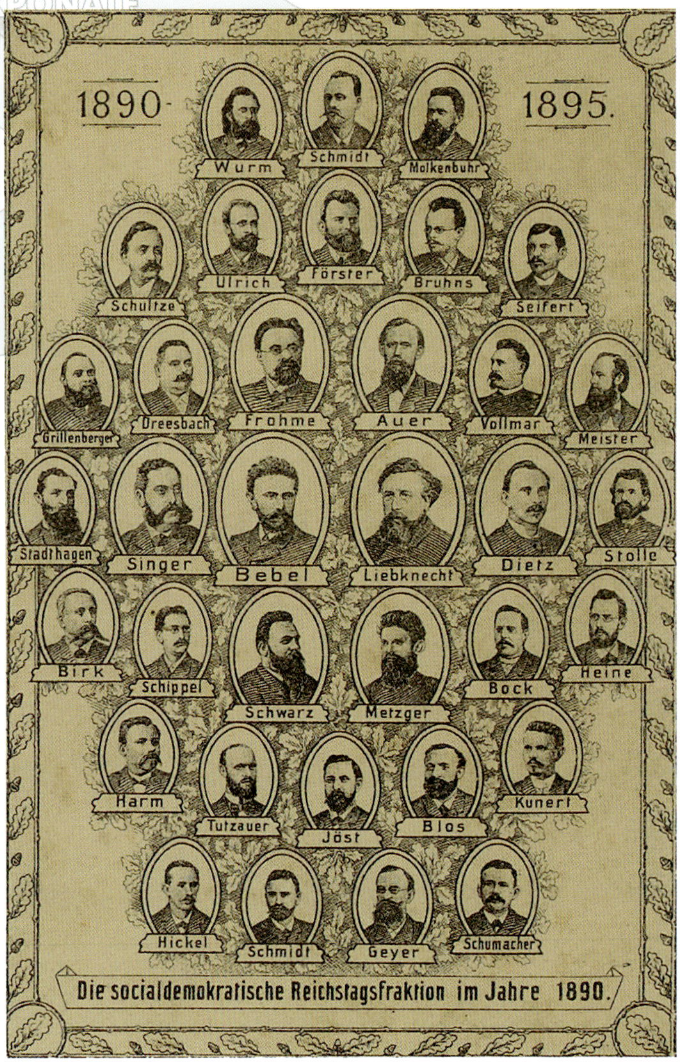

„Die socialdemokratische Reichstags-
Fraktion im Jahre 1890“
DHM Berlin
MK 79/8

Die sozialdemokratische Reichstags-
Fraktion von 1912
DHM Berlin
MK 70/82

A. Albrecht	Otto Antrick	A. Baudert	G. Bauer	Aug. Bebel	Ferd. Bender	Ed. Bernstein	Jac. Binder	Wilh. Blos	W. Bock	B. Böhle
Alwin Brandes	August Brey	Fr. Brühne	O. Büchner	Dr. Oskar Cohn	Dr. Ed. David	Gg. Davidsohn	K. Deichmann	Heinr. Dietz	Wilh. Dittmann	Fritz Ebert
Ludw. Emmel	Dr. Aug. Erdmann	F. Feldmann	Franz Feuerstein	Edm. Fischer	Gust. Fischer	Rich. Fischer	Herm. Förster	Dr. Ludw. Frank	Karl Frohme	Rich. Fuchs
Fritz Geyer	Carl Giebel	Paul Göhre	Dr. Gg. Gradnauer	Ernst Grenz	Hugo Haase	K. Haberland	Ludw. Hasenzahl	Wilh. Haupt	Wolfg. Heine	A. Henke
Dr. Herzfeld	Mich. Hierl	K. Hildenbrand	Gust. Hoch	Joh. Hoffmann	A. Hofmann	A. Hofrichter	Gg. Horn	Karl Hugel	H. Hüttmann	Herm. Jäckel
Aug. Kaden	Herm. Käppler	Wilh. Keil	M. König	A. Körsten	Herm. Krätzig	Aug. Kühn	Fritz Kunert	Dr. Landsberg	G. Ledebour	Karl Legien
Dr. Lensch	Paul Leutert	Dr. Karl Liebknecht	W. Metzger	Herm. Molkenbuhr	G. Noske	J. Peirotes	H. Peus	Wilh. Pfannkuch	Karl Pinkau	Dr. Max Quarck
Dr. Ludwig Quessel	Fr. Rauch	Gust. Raute	Paul Reisshaus	Otto Rühle	H. Sachse	Scheidemann	Rich. Schmidt	Rob. Schmidt	Franz Schmitt	Gg. Schöpflin
Heinr. Schulz	O. Schumann	Theod. Schwartz	Martin Segitz	H. Silberschmidt	Jos. Simon	Karl Spiegel	Arthur Stadthagen	Wilh. Stolle	Daniel Stücklen	Dr. Alb. Südekum
Paul Taubadel	Adolf Thiele	A. Thöne	Carl Ulrich	Ewald Vogtherr	Gg. v. Vollmar	Dr. Georges Weill	Otto Wels	Herm. Wendel	Emanuel Wurm	Fritz Zubeil

Erinnerungspostkarte zum 50. Jubiläum des ADAV, 1913
Technoseum
Avz: 2011/0079-440

Aufschrift: „Mit uns das Volk, mit uns der Sieg. Die Befreier des Proletariats 1863-1913"

Erinnerungsblatt zum Jahrestag der Gründung des ADAV, 23. Mai 1913
Sächsisches Industriemuseum Chemnitz
94/041/L1

DOKUMENTATION DES INTERNATIONALEN SOZIALISTENKONGRESSES VOM 18. BIS 24. AUGUST 1907 in STUTTGART, BERLIN 1907
TECHNOSEUM
AVZ: 93/292.463

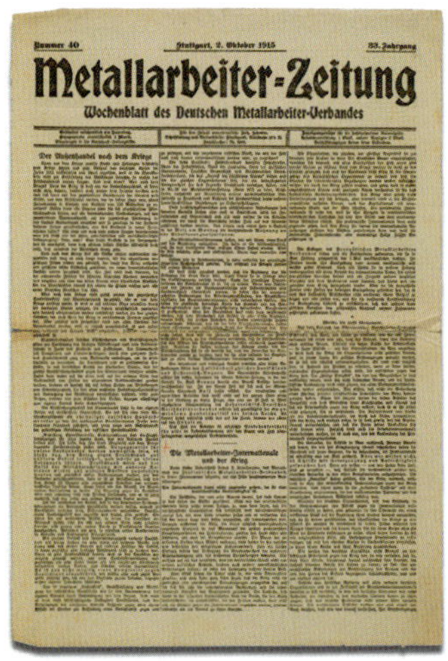

TITELBLATT DER WOCHENZEITUNG DES DEUTSCHEN METALLARBEITER-VERBANDES ZUR HALTUNG DES VERBANDES ZUM KRIEG
2. OKTOBER 1915
DHM BERLIN
DO 52/3034

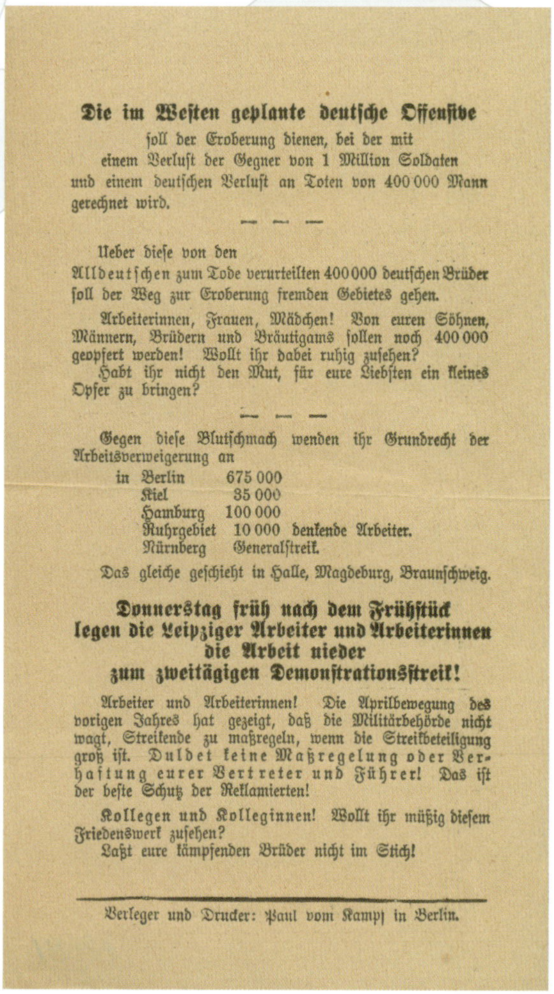

Die im Westen geplante deutsche Offensive

soll der Eroberung dienen, bei der mit einem Verlust der Gegner von 1 Million Soldaten und einem deutschen Verlust an Toten von 400 000 Mann gerechnet wird.

— — —

Ueber diese von den Alldeutschen zum Tode verurteilten 400 000 deutschen Brüder soll der Weg zur Eroberung fremden Gebietes gehen.

Arbeiterinnen, Frauen, Mädchen! Von euren Söhnen, Männern, Brüdern und Bräutigams sollen noch 400 000 geopfert werden! Wollt ihr dabei ruhig zusehen?

Habt ihr nicht den Mut, für eure Liebsten ein kleines Opfer zu bringen?

— — —

Gegen diese Blutschmach wendet ihr Grundrecht der Arbeitsverweigerung an

in Berlin 675 000
Kiel 35 000
Hamburg 100 000
Ruhrgebiet 10 000 denkende Arbeiter.
Nürnberg Generalstreik.

Das gleiche geschieht in Halle, Magdeburg, Braunschweig.

Donnerstag früh nach dem Frühstück legen die Leipziger Arbeiter und Arbeiterinnen die Arbeit nieder zum zweitägigen Demonstrationsstreik!

Arbeiter und Arbeiterinnen! Die Aprilbewegung des vorigen Jahres hat gezeigt, daß die Militärbehörde nicht wagt, Streikende zu maßregeln, wenn die Streikbeteiligung groß ist. Duldet keine Maßregelung oder Verhaftung eurer Vertreter und Führer! Das ist der beste Schutz der Reklamierten!

Kollegen und Kolleginnen! Wollt ihr müßig diesem Friedenswerk zusehen?

Laßt eure kämpfenden Brüder nicht im Stich!

Verleger und Drucker: Paul vom Kampf in Berlin.

AUFRUF ZUM DEMONSTRATIONSSTREIK GEGEN „DIE IM WESTEN GEPLANTE DEUTSCHE OFFENSIVE", 1914
STADTGESCHICHTLICHES MUSEUM LEIPZIG
D7518

Aufruf zu Proteststreiks gegen die Verurteilung von Karl Liebknecht, 1916 (vermutlich Faksimile)
DHM Berlin
Do 56/2195.3

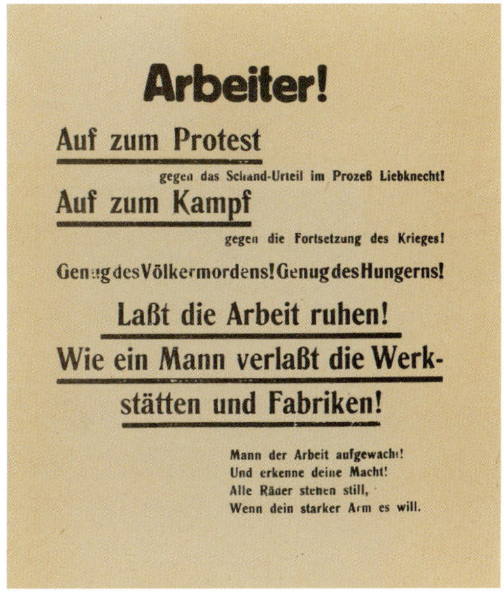

Arbeiter!

Auf zum Protest

gegen das Schand-Urteil im Prozeß Liebknecht!

Auf zum Kampf

gegen die Fortsetzung des Krieges!

Genug des Völkermordens! Genug des Hungerns!

Laßt die Arbeit ruhen!

Wie ein Mann verlaßt die Werkstätten und Fabriken!

Mann der Arbeit aufgewacht!
Und erkenne deine Macht!
Alle Räder stehen still,
Wenn dein starker Arm es will.

Gedenktafel für Rosa Luxemburg, 1920
DHM Berlin
MK 79/7

Nach mehreren kürzeren Gefängnisaufenthalten wird Rosa Luxemburg ab Juli 1916 in „Sicherheitsverwahrung“ genommen. Die Gedenktafel stammt aus der Festung Wronke in Posen, in die sie im Herbst 1916 von Berlin aus verlegt wird.

Anstecknadel der SPD mit Maiglöckchen und dem Porträt von Karl Liebknecht
Archiv der sozialen Demokratie, Bonn
6/STICK00172

Gehrock von Karl Liebknecht
Stadtgeschichtliches Museum Leipzig
V/448/2003

2. Extraausgabe. Sonnabend, den 9. November 1918.

Vorwärts

Berliner Volksblatt.
Zentralorgan der sozialdemokratischen Partei Deutschlands.

Der Kaiser hat abgedankt!

Der Reichskanzler hat folgenden Erlaß herausgegeben:

Seine Majestät der Kaiser und König haben sich entschlossen, dem Throne zu entsagen.

Der Reichskanzler bleibt noch so lange im Amte, bis die mit der Abdankung Seiner Majestät, dem Thronverzichte Seiner Kaiserlichen und Königlichen Hoheit des Kronprinzen des Deutschen Reichs und von Preußen und der Einsetzung der Regentschaft verbundenen Fragen geregelt sind. Er beabsichtigt, dem Regenten die Ernennung des Abgeordneten Ebert zum Reichskanzler und die Vorlage eines Gesetzentwurfs wegen der Ausschreibung allgemeiner Wahlen für eine verfassunggebende deutsche Nationalversammlung vorzuschlagen, der es obliegen würde, die künftige Staatsform des deutschen Volks einschließlich der Volksteile, die ihren Eintritt in die Reichsgrenzen wünschen sollten, endgültig festzustellen.

Berlin, den 9. November 1918. **Der Reichskanzler.**
Prinz Max von Baden.

Es wird nicht geschossen!

Der Reichskanzler hat angeordnet, daß seitens des Militärs von der Waffe kein Gebrauch gemacht werde.

Parteigenossen! Arbeiter! Soldaten!

Soeben sind das Alexanderregiment und die vierten Jäger geschlossen zum Volke übergegangen. Sozialdemokratische Reichstagsabgeordnete Wels u. a. haben zu den Truppen gesprochen. Offiziere haben sich den Soldaten angeschlossen.

Der sozialdemokratische Arbeiter- und Soldatenrat.

VORWÄRTS-PLAKAT „DER KAISER HAT ABGEDANKT“, 9. NOVEMBER 1918
ARCHIV DER SOZIALEN DEMOKRATIE, BONN
6/PLKA012040

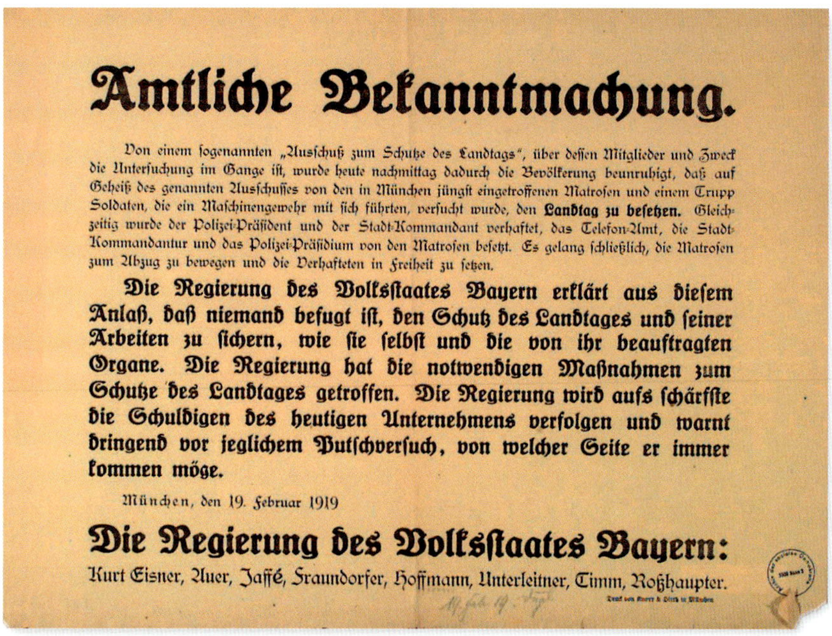

Amtliche Bekanntmachung.

Von einem sogenannten „Ausschuß zum Schutze des Landtags“, über dessen Mitglieder und Zweck die Untersuchung im Gange ist, wurde heute nachmittag dadurch die Bevölkerung beunruhigt, daß auf Geheiß des genannten Ausschusses von den in München jüngst eingetroffenen Matrosen und einem Trupp Soldaten, die ein Maschinengewehr mit sich führten, versucht wurde, den **Landtag zu besetzen.** Gleichzeitig wurde der Polizei-Präsident und der Stadt-Kommandant verhaftet, das Telefon-Amt, die Stadt-Kommandantur und das Polizei-Präsidium von den Matrosen besetzt. Es gelang schließlich, die Matrosen zum Abzug zu bewegen und die Verhafteten in Freiheit zu setzen.

Die Regierung des Volksstaates Bayern erklärt aus diesem Anlaß, daß niemand befugt ist, den Schutz des Landtages und seiner Arbeiten zu sichern, wie sie selbst und die von ihr beauftragten Organe. Die Regierung hat die notwendigen Maßnahmen zum Schutze des Landtages getroffen. Die Regierung wird aufs schärfste die Schuldigen des heutigen Unternehmens verfolgen und warnt dringend vor jeglichem Putschversuch, von welcher Seite er immer kommen möge.

München, den 19. Februar 1919

Die Regierung des Volksstaates Bayern:
Kurt Eisner, Auer, Jaffé, Fraundorfer, Hoffmann, Unterleitner, Timm, Roßhaupter.

PLAKATANSCHLAG DER REGIERUNG DES VOLKSSTAATES BAYERN (EISNER ET AL.) ANLÄSSLICH DES PUTSCHVERSUCHES, 19. FEBRUAR 1919
ARCHIV DER SOZIALEN DEMOKRATIE, BONN
6/PLKA000452

Kleiderbügel aus einem Zimmer Lenins, 1916
Überwalder Heimatmuseum Wald-Michelbach

Nach einem Treffen im Berner Volkshaus setzt die 2. Internationale Sozialistische Konferenz ihre Beratungen ab 25. April 1916 heimlich im „Hotel Bären" in Kiental (Berner Oberland) fort. Wladimir Iljitsch Lenin logiert in Zimmer Nr.3. Aus diesem Zimmer stammt der zeitgenössische Kleiderbügel.

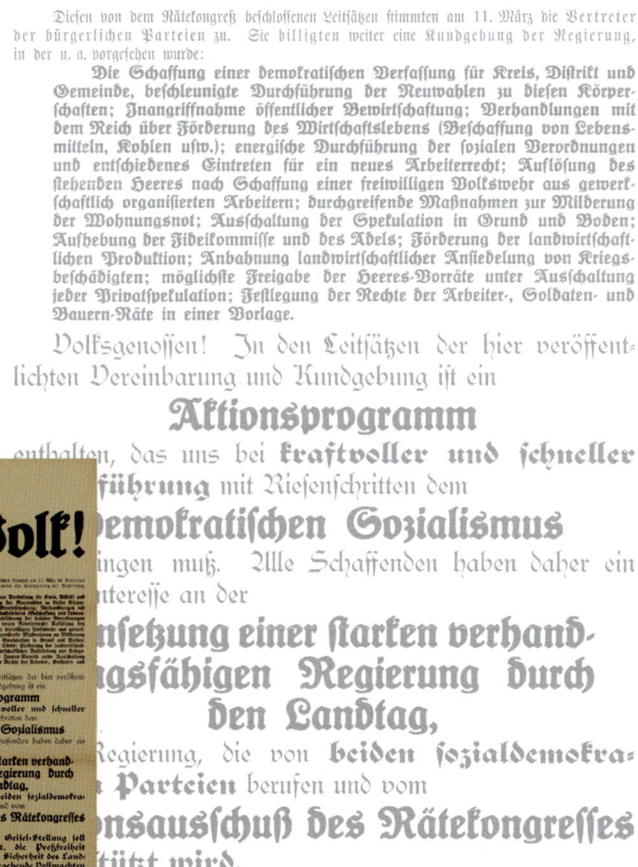
Diesen von dem Rätekongreß beschlossenen Leitsätzen stimmten am 11. März die Vertreter der bürgerlichen Parteien zu. Sie billigten weiter eine Kundgebung der Regierung, in der u. a. vorgesehen wurde:

Die Schaffung einer demokratischen Verfassung für Kreis, Distrikt und Gemeinde, beschleunigte Durchführung der Neuwahlen zu diesen Körperschaften; Inangriffnahme öffentlicher Bewirtschaftung; Verhandlungen mit dem Reich über Förderung des Wirtschaftslebens (Beschaffung von Lebensmitteln, Kohlen usw.); energische Durchführung der sozialen Verordnungen und entschiedenes Eintreten für ein neues Arbeiterrecht; Auflösung des stehenden Heeres nach Schaffung einer freiwilligen Volkswehr aus gewerkschaftlich organisierten Arbeitern; durchgreifende Maßnahmen zur Milderung der Wohnungsnot; Ausschaltung der Spekulation in Grund und Boden; Aufhebung der Fideikommisse und des Adels; Förderung der landwirtschaftlichen Produktion; Anbahnung landwirtschaftlicher Ansiedelung von Kriegsbeschädigten; möglichste Freigabe der Heeres-Vorräte unter Ausschaltung jeder Privatspekulation; Festlegung der Rechte der Arbeiter-, Soldaten- und Bauern-Räte in einer Vorlage.

Volksgenossen! In den Leitsätzen der hier veröffentlichten Vereinbarung und Kundgebung ist ein

Aktionsprogramm

enthalten, das uns bei **kraftvoller und schneller** [...]führung mit Riesenschritten dem

[...]**emokratischen Sozialismus**

[...]ingen muß. Alle Schaffenden haben daher ein [...]nteresse an der

[...]**nsetzung einer starken verhand-** [...]**ngsfähigen Regierung durch den Landtag,**

[...]Regierung, die von **beiden sozialdemokra-** [...] **Parteien** berufen und vom

[...]**nsausschuß des Rätekongresses** [...]**tützt wird.**

An das Bayerische Volk!

Nach der hinterhältigen Ermordung des Ministerpräsidenten Kurt Eisner und nach dem verbrecherischen Anschlag auf den Minister des Innern Auer, ergriff eine leidenschaftliche Empörung die weitesten Kreise der Bevölkerung Bayerns. Diese empfand namentlich das Attentat auf Eisner als einen gegen die Revolution selbst gerichteten Schlag, und sie hielt die Errungenschaften der Novemberumwälzung gefährdet, wenn nicht ein

ausgesprochen sozialistisches Ministerium

das sich fest auf das Vertrauen der breiten Massen stützt, den Regierungskurs in Bayern steuern würde.

Unter den erschütternden Erlebnissen des 21. Februar fanden sich die bisher getrennten sozialdemokratischen Parteien in dem Entschlusse zusammen, Bayern vor den

furchtbaren Schrecken eines Bürgerkrieges

zu bewahren und dem Lande eine starke, verhandlungsfähige Regierung zur Durchführung tiefgreifender demokratischer und sozialistischer Maßnahmen zu geben.

In tagelangen schwierigen Verhandlungen gelang es dann den Vertretern beider sozialistischer Parteien und des Bauernbundes, mit dem **Räte-Kongreß Bayerns** eine

Vereinbarung

zur Lösung der Regierungskrise in Bayern zu treffen — eine Vereinbarung deren Geist sich in folgenden Sätzen ausspricht:

[...]

Diesen von dem Rätekongreß beschlossenen Leitsätzen stimmten am 11. März die Vertreter der bürgerlichen Parteien zu. Sie billigten weiter eine Kundgebung der Regierung, in der u. a. vorgesehen wurde:

Die Schaffung einer demokratischen Verfassung für Kreis, Distrikt und Gemeinde, beschleunigte Durchführung der Neuwahlen zu diesen Körperschaften; Inangriffnahme öffentlicher Bewirtschaftung; Verhandlungen mit dem Reich über Förderung des Wirtschaftslebens (Beschaffung von Lebensmitteln, Kohlen usw.); energische Durchführung der sozialen Verordnungen und entschiedenes Eintreten für ein neues Arbeiterrecht; Auflösung des stehenden Heeres nach Schaffung einer freiwilligen Volkswehr aus gewerkschaftlich organisierten Arbeitern; durchgreifende Maßnahmen zur Milderung der Wohnungsnot; Ausschaltung der Spekulation in Grund und Boden; Aufhebung der Fideikommisse und des Adels; Förderung der landwirtschaftlichen Produktion; Anbahnung landwirtschaftlicher Ansiedelung von Kriegsbeschädigten; möglichste Freigabe der Heeres-Vorräte unter Ausschaltung jeder Privatspekulation; Festlegung der Rechte der Arbeiter-, Soldaten- und Bauern-Räte in einer Vorlage.

Volksgenossen! In den Leitsätzen der hier veröffentlichten Vereinbarung und Kundgebung ist ein

Aktionsprogramm

enthalten, das uns bei **kraftvoller und schneller Durchführung** mit Riesenschritten dem

demokratischen Sozialismus

näherbringen muß. Alle Schaffenden haben daher ein Lebensinteresse an der

Einsetzung einer starken verhandlungsfähigen Regierung durch den Landtag,

einer Regierung, die von **beiden sozialdemokratischen Parteien** berufen und vom

Aktionsausschuß des Rätekongresses unterstützt wird.

Auf das **System der Geisel-Stellung soll grundsätzlich verzichtet, die Preßfreiheit wieder eingeführt** und die **Sicherheit des Landtags** garantiert werden. **Weitgehende Vollmachten sind dem Ministerium zugesichert,** so daß, wenn nicht neue Hemmnisse auftreten, die Staatsmaschine wieder in Gang gebracht werden kann. Nun gilt es endlich, zu **arbeiten,** um

Bayern vor dem drohenden Untergang zu retten,

die **Hungersnot** zu bannen, die **Produktion zu regeln,** die **Sozialisierung** durch **kräftige, entschiedene Maßnahmen** einzuleiten, die Schlacken des alten bureaukratisch-militaristischen Staates **beiseite zu räumen.**

Werktätige in Stadt und Land, unterstützt tatkräftig die sozialistische Regierung. // Und nun mit frischer Kraft an die Arbeit!

Die freien Gewerkschaften. Die sozialdemokratische Partei Bayerns.

Maueranschlag mit dem Aufruf der SPD und der Gewerkschaften Bayerns zur Weiterführung der Revolution, März 1919
DHM Berlin
Do2 87/385.152

1945

Peter Steinbach

„Nicht Amboss, sondern Hammer!“

Die deutsche Arbeiterbewegung von 1918 bis 1945

Sechs lange Jahrzehnte wurde die sozialdemokratische Arbeiterbewegung in Deutschland verfemt und verfolgt, ehe sie mit der Novemberrevolution 1918 zu einer gestaltenden politischen Kraft werden konnte[1]. Bereits in der Endphase des Kaiserreiches hatte sich abgezeichnet, dass Sozialdemokraten nicht länger als Bürgerschreck dienen konnten. Sie hatten in der Kommunalpolitik, im Reichstag und auch in einzelnen Landtagen Mandate errungen und bewiesen, dass sie keineswegs den Staat „zerstören", sondern Verantwortung für die Gestaltung ihrer Gemeinwesen übernehmen konnten. Immer wieder hatten konservative Politiker behauptet, die SPD strebe den „Umsturz" der bürgerlichen Gesellschaft an. Der „große Kladderadatsch" sah anders aus, als er jahrzehntelang vorausgesagt worden war. Er war das Resultat eines verlorenen Krieges, den nicht die Arbeiterbewegung, sondern die deutsche Regierung mit ihrer Obersten Heeresleitung zu verantworten hatte. Der Krieg, der ein „Griff nach der Weltmacht"[2] werden sollte und in den Illusionen einer belastenden Kriegszieldiskussion endete, markiert den Anfang eines Umbruchs, der nicht nur das Selbstverständnis der SPD berührte, sondern sie zur staatstragenden Partei machte.

Die SPD mutierte im wilhelminischen Reich fast notgedrungen vom „Reichsfeind" zum Ordnungsfaktor und erreichte in der Weimarer Republik einen Höhepunkt ihres politischen Einflusses, dem ein rascher Abstieg seit 1930 folgte. Colin Crouch schildert Zunahme und Verlust der Arbeiterbewegung als „Karriere einer zunächst schwachen, ausgegrenzten Bewegung, der sich immer mehr Menschen anschlossen, die immer stärker wurde, bis sie endlich laut und deutlich an die Türen der politischen Arena klopfte; dann die kurze Zeit im Zentrum der Macht, das Zeitalter des Wohlfahrtsstaates, der keynesianischen Nachfragepolitik und der institutionalisierten industriellen Beziehungen zwischen Gewerkschaften und Arbeitgebern; und schließlich ihr Niedergang, der zunehmende Zerfall ihrer Organisationen und ihre Marginalisierung in einer Zeit, in der sie zusammen mit den Errungenschaften der Jahrhundertmitte über Bord geworfen wird."[3]

Diese Spannung zwischen Verfemung vor 1914, Zunahme des Einflusses bis 1918, Regierungsbeteiligung im Reich und den Ländern bis zur Verfolgung und Unterdrückung nach 1933 setzte die deutsche Arbeiterbewegung großen Zerreißproben aus, weil sie sich

Wahlplakat zur Nationalversammlung 1919, herausgegeben vom Werbedienst der sozialistischen Republik 19. Januar 1919
Archiv der sozialen Demokratie, Bonn 6/PLKA 001603

zwar programmatisch zur Überwindung der kapitalistischen Gesellschaft bekannte, die von ihr angestrebte neue menschenwürdige Ordnung, die „sozialistische Gesellschaft", jedoch nur mit Zustimmung der Mehrheit ohne Unterdrückung der Minderheiten verwirklichen wollte. Im Kern verstand sich die Arbeiterbewegung als Verfassungspartei, die Ziele des politischen Liberalismus verfolgt und um sozialstaatliche Komponenten ergänzt. Deshalb verbanden sich im Parteinamen die Schlagworte Demokratie und Sozialismus zu einer Einheit[4]. Nicht zu übersehen war, dass beide Begriffe nicht eindeutig zu verstehen waren. Ob der Sozialismus durch Demokratie oder durch Diktatur[5] zu verwirklichen war, wurde daher zur Hauptfrage der Arbeiterbewegung im ersten Drittel des 20. Jahrhunderts.

Neues Zeitalter – gespaltene Arbeiterbewegung

Aus den deutschen Monarchien waren mit Kriegsende über Nacht Republiken geworden. Sie nannten sich „Freistaat" und bekannten sich zum Prinzip der Volkssouveränität, das bis dahin als umstürzlerisch gegolten hatte. Alle Staatsgewalt sollte in Zukunft vom Volk ausgehen, das seinen Willen durch Wahlen und Abstimmungen äußerte. Die Presse, Vereine und Verbände sollten Interessen artikulieren. Vereinigungs-, Presse- und Meinungsfreiheit beeinflussten das Lebensgefühl und prägten die politischen Diskussionen. Die Regierung sollte sich auf die Mehrheit der Abgeordneten stützen und diesen gegenüber verantwortlich sein. Die „Klassenjustiz"[6], die im Kaiserreich viele Freiheiten der „Arbeiterschaft" verletzt hatte, galt als abgeschafft – die Republik sollte ein Rechtsstaat sein.

Zum Jahresende 1918 häuften sich Revolten und bedrohten die weitere politische Entwicklung. Die bürgerliche Opposition formierte sich und suchte die Unterstützung von Vertretern der alten Mächte, ehemaligen Konservativen und Nationalliberalen, Militär und Adel[7]. Deutlich wurde, wie unsicher die Lage war. Jede grundstürzende Veränderung musste auf erbitterten Widerstand von „reaktionären" Kräften stoßen, die sich stets gegen SPD und Gewerkschaften positioniert hatten.[8]

Die als gemäßigt geltenden Sozialdemokraten konnten sich in der Entstehungsphase der Republik auf Partner stützen, mit denen sie bereits im „Interfraktionellen Ausschuss" des Reichstags kooperiert hatten[9]. Sie einigten sich schnell auf das gemeinsame Ziel, aus allgemeinen, gleichen, geheimen und direkten Wahlen ein neues Parlament hervorgehen zu lassen, das die neue Verfassung beraten und wegen des „Verhältniswahlrechts" den politischen Willen der Deutschen möglichst genau abbilden sollte. Erstmals durften auch Frauen an einer Wahl teilnehmen.

Die Wahl zur „Verfassunggebenden Nationalversammlung" brachte der SPD im Februar 1919 fast 40 Prozent aller abgegebenen Stimmen und war eine wichtige Richtungswahl. Sie bestätigte die Weimarer Koalition aus Linksliberalen, der Zentrumspartei und der gemäßigten Sozialdemokratie, die sich „Mehrheitssozialdemokratie" nannte (MSPD). Von der Sozialdemokratischen Partei hatte sich aus Protest gegen die Kriegsziele der deutschen Regierung ein Flügel abgespalten und als Fraktion der Unabhängigen Sozialdemokratie (USPD)[10] neu formiert.

Entschiedene Kriegsgegner aus ihren Reihen wie Karl Liebknecht und Rosa Luxemburg wurden verfolgt und inhaftiert, ohne von der sozialdemokratischen Parteiführung verteidigt zu werden. Streikbewegungen radikalisierten Anhänger der SPD und verstärkten die Forderung, den Krieg zu beenden. Die Streiks der Jahre 1917 und 1918 stärkten die Gewerkschaften und machten sie zu einem politischen Faktor. Neben christlich orientierten Gewerkschaften gab es liberale Hirsch-Dunckersche Gewerkvereine und die Freien Gewerkschaften, die sich an der SPD orientierten und nicht selten mit der pragmatischen Parteirichtung übereinstimmten. Gemeinsam bekämpften sie die „gelben Gewerkvereine", die Unternehmen gegründet hatten, um den Einfluss der Gewerkschaften auf Betriebe zu begrenzen oder die Macht der unabhängigen Gewerkschaften zu untergraben. Erfolgreich waren die „Gelben" nicht.
Der Verfassungswandel der beiden letzten Kriegsjahre hatte den evolutionären, pragmatischen Flügel der Arbeiterbewegung gestärkt.[11] Die Mehrheits-SPD

Plakat zu den Wahlen zur Nationalversammlung, 19. Januar 1919
Archiv der sozialen Demokratie, Bonn; 6/PLKA 000724

Karl Liebknecht (1871 – 1919) mit seinem Sohn beim Spaziergang im Berliner Tiergarten (das vermutlich letzte Foto von Liebknecht vor seiner Ermordung), 1919

Plakat zu den Wahlen zur Nationalversammlung am 19. Januar 1919
Archiv der sozialen Demokratie, Bonn 6/PLKA 002366

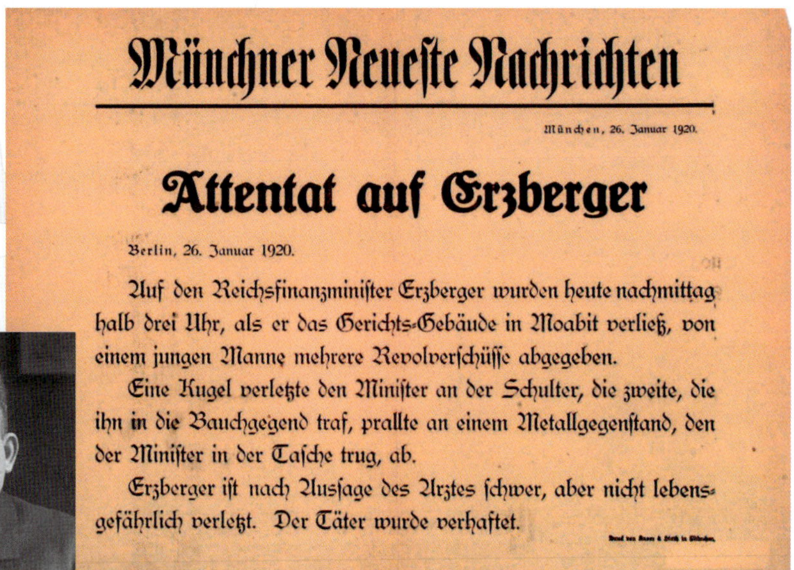
Münchner Neueste Nachrichten

München, 26. Januar 1920.

Attentat auf Erzberger

Berlin, 26. Januar 1920.

Auf den Reichsfinanzminister Erzberger wurden heute nachmittag halb drei Uhr, als er das Gerichts-Gebäude in Moabit verließ, von einem jungen Manne mehrere Revolverschüsse abgegeben.

Eine Kugel verletzte den Minister an der Schulter, die zweite, die ihn in die Bauchgegend traf, prallte an einem Metallgegenstand, den der Minister in der Tasche trug, ab.

Erzberger ist nach Aussage des Arztes schwer, aber nicht lebensgefährlich verletzt. Der Täter wurde verhaftet.

Plakat „Münchner Neueste Nachrichten – Attentat auf Erzberger", 26. Januar 1920
Archiv der sozialen Demokratie, Bonn 6/PLKA002174

Reichspräsident Friedrich Ebert (1871 – 1925), ca. 1923

beeinflusste mit dem Zentrum und den Linksliberalen die Regierungspolitik und leitete die Parlamentarisierung des deutschen Konstitutionalismus ein. Die innerparteilichen Gegensätze spitzten sich hingegen weiter zu. Links von der USPD war eine Gruppe entstanden, die sich zunächst nach dem Anführer eines römischen Sklavenaufstandes als „Spartakus-Gruppe" bezeichnete und die russische Revolution mit großen Erwartungen begleitete. Aus dieser Gruppierung, die von Karl Liebknecht und Rosa Luxemburg geführt wurde, entstand beim Jahreswechsel 1918/19 die Kommunistische Partei Deutschlands (KPD).[12] Die Aufspaltung der deutschen Arbeiterbewegung verfestigte sich in der Weimarer Republik weiter. Deshalb suchte Friedrich Ebert die Nähe zum fortschrittlichen Bürgertum, das sich als linksliberal empfand, und zum katholischen Zentrum suchen, das von dem pragmatisch handelnden Matthias Erzberger geprägt wurde. Alle drei Parteien hatten spezifische Lebensformen mit ihren Vereinen, Verbänden und Presseorganen ausgebildet, die jeweils abgrenzbare „sozialmoralische Milieus" spiegelten.

Die Entstehung der Weimarer Republik – eine Belastung der Zukunft?

In den letzten Kriegstagen hatten sich an vielen Orten und in Kasernen Arbeiter- und Soldaten-Räte konstituiert, die sich zum Prinzip direkter Demokratie bekannten. Ihre Gegner behaupteten, die Räte strebten eine deutsche „Sowjetrepublik" an, rechtfertigten Gewalt und wollten die alten Führungsschichten und das Bürgertum enteignen und entmachten. Dem war aber keinesfalls so. Denn das Hauptziel dieser Räte war es, das ersehnte Kriegsende zu beschleunigen.

Institutionen wie der Reichstag und der Bundesrat galten nicht zuletzt wegen des als ungerecht empfundenen Dreiklassen- und Reichstagswahlrechts als nicht rechtmäßig legitimiert, und auch die Oberste Heeresleitung, die während des Krieges praktisch eine Militärdiktatur errichtet und eine Art „totalen Krieg" proklamiert hatte, musste anerkennen, dass sie keine Autorität verkörperte. An die Stelle von Reichstagsabgeordneten traten mit Kriegsende die Arbeiter- und Soldatenräte, die sich durch den Friedenswillen der Bevölkerung legitimiert sahen. Sie waren zwar nicht aus demokratischen Wahlen hervorgegangen, gaben aber der herrschenden politischen Stimmung und Unzufriedenheit Ausdruck und verstanden sich als Delegierte der Bevölkerung, empfanden sich als gebunden und „beauftragt". So entstand aus der Niederlage ein demokratisch nicht zweifelsfrei legitimiertes und deshalb stets umstrittenes neues politisches System, das die Parteien der Arbeiterbewegung nicht nur forderte, sondern schließlich unüberwindlich spaltete.[13]

Einen Monat nach dem Waffenstillstand kamen im Dezember 1918 die Vertreter der Räte, die sich in den Ländern gebildet hatten, zu einer „Reichskonferenz" zusammen. Sie erklärten sich zur neuen Vertretung des Volkes. Ein „Zentralrat" sollte den aus je drei Vertretern von MSPD und USPD gebildeten „Rat der Volksbeauftragten" unterstützen. Diese neue Regierung sollte die neuen Räte zugleich kontrollieren. Damit war ein Konflikt vorgegeben. Denn die Räte verstanden sich als Vertreter einer direkten Demokratie und fühlten sich an ein „imperatives Mandat" gebunden, während der Rat der Volksbeauftragten sich eher am Prinzip der repräsentativen Demokratie orientieren wollte. Deshalb musste der „Rat der Volksbeauftragten" seine Stellung gegen Zentralrat und Reichskonferenz behaupten und suchte im Konflikt Unterstützung bei den alten Gewalten, bei Militär und Polizei.

In der Stunde der deutschen Niederlage wichen die Sozialdemokraten ihrer politischen Verantwortung nicht aus, ohne der Öffentlichkeit ein realistisches

Postkarte „Revolutionstage in Berlin", 1918/19

Bild von den verfahrenen Verhältnissen zu zeigen und die Begrenzung der Handlungsspielräume sichtbar zu machen. Später warfen Kritiker der SPD vor, die revolutionäre Umwälzung nicht konsequent vorangetrieben, den Großgrundbesitz nicht enteignet, die Großindustriellen nicht entmachtet, Bergwerke und Banken nicht „sozialisiert" zu haben. Umstürzende Veränderungen ohne Zustimmung des Volkes galten Sozialdemokraten aber nach den Erfahrungen, die sie während der Sozialistenverfolgung durch Bismarck und unter dem Eindruck der russischen Revolution gemacht hatten, als undenkbar. Bestimmend blieb der Wunsch, durch strikte Legalität ihre Gegner nicht nur zu widerlegen, sondern ein Zeichen ihrer Verlässlichkeit und Verfassungstreue zu geben.[14]

Nur bei Beachtung demokratischer Legitimationsmuster waren Sozialdemokraten bereit, politische Verantwortung zu übernehmen. Die Räte kamen, die Geheimräte aber blieben und prägten wenn nicht die Verfassungsordnung, so doch die Verwaltungspraxis, die Rechtsprechung und das Selbstverständnis von Polizei und Reichswehr. Die neue Regierung musste sich auf Beamte stützen, die sich weiterhin der Monarchie verpflichtet fühlten. Dass die Verfassungstreue gering ausgebildet war, zeigte sich in jeder Krise des Systems.

Erst viel später erkannten selbstkritische Sozialdemokraten, dass viele ihrer Reform-Ansätze von den Vertretern der „alten Gewalt" zerrieben worden waren. Sie hatten zu vertrauensvoll agiert und die Absicht ihrer politischen Gegner unterschätzt, Aufstände, Streiks, gewaltsame Übergriffe von Freikorps und bewaffneten „Revolutionären", selbst heftige Pressefehden schürten Ängste, weckten Hoffnungen und erklärten die Erregung, die viele politischen Grundsatzdebatten dieser Zeit auszeichneten. Nicht selten mündeten sie in offener Gewalt oder hatten bürgerkriegsähnliche Wirren zur Folge. So verbanden sich später in der Erinnerung an „Novemberrevolution" widerstreitende Deutungen: verspielte Chancen, missbrauchte Gefühle, schließlich Straßenkämpfe, die nicht nur zwischen Sozialdemokraten und Kommunisten erbittert ausgetragen wurden, sondern auch dazu führten, dass Sozialdemokraten das Militär zur Unterstützung im Kampf gegen Aufständische zu Hilfe rufen mussten.

Grundlegung des deutschen Sozialstaats

Die Mehrheits-Sozialdemokraten identifizierten sich mit der neuen „deutschen Republik" und empfanden sich als wichtigste staatstragende Kraft. Sie stellten mehrmals den Reichskanzler und wollten ihren Einfluss nutzen, um ein Gemeinwesen zu schaffen, das sozialpolitische Weichen stellen und so die Zustimmung der Bevölkerung gewinnen konnte. Nicht gerechnet hatten sie dabei mit der Ablehnung ihrer Politik durch Anhänger der überwundenen Monarchie. Nicht vorstellen konnten sich die führenden Sozialdemokraten, die sich 1919 eine neue Parteiführung gaben, mit welcher Energie und Skrupellosigkeit ihre Gegner auf der politischen

Rechten und der politischen Linken das neue Verfassungssystem bekämpfen würden. Galten sie den einen als „Novemberverbrecher“, so den anderen als „Arbeiterverräter“ oder „Arbeiteraristokraten“.

Eine Erklärung für das Scheitern der Weimarer Republik liegt nicht nur in der Zurückhaltung führender Sozialdemokraten bei der Umgestaltung der Gesellschaft und der Beschneidung der Macht von Großgrundbesitzern, Banken, Industriellen. Ebenso folgenreich war die hemmungslose Bekämpfung der neuen Republik durch monarchistisch gesonnene Richter, Verwaltungsbeamte und Militärs, die in der Weimarer Republik ein „System“ sehen wollten, dass durch „Parteibonzen“ geprägt und missbraucht würde[15]. Entscheidend war, dass sich in der Endphase der Republik auf der Linken nur wenige entschlossen, die Republik zu verteidigen. Ihr Slogan lautete: „Republik, das ist nicht viel – Sozialismus ist das Ziel!“. Die Zahl der „Vernunftrepublikaner“ wurde immer kleiner, die der Herzensrepublikaner noch geringer. Aus der „belagerten Civitas“[16] der Weimarer Republik wurde im Laufe von zehn Jahren eine preisgegebene Verfassungsordnung[17].

Einige Jahre konnten Sozialdemokraten und die von ihnen geführte Weimarer Koalition das von den konservativen Kräften mit Kriegsende hinterlassene politische Machtvakuum füllen und den Übergang von der Kriegs- in die Friedenswirtschaft bewältigen. In der Stabilitätsphase 1924-1928 dominierten im Reich die bürgerlichen Parteien. In Preußen aber regierte die Weimarer Koalition bis zum Jahre 1932 und machte das Land zu einem republikanischen „Bollwerk“[18]. Ihre Kompromissbereitschaft wurde von ihren Gegnern nicht gewürdigt. Sozialdemokraten, die sich bis zur Selbstverleugnung für die Stabilisierung der politischen Lage eingesetzt und zum sozialen Pluralismus bekannt hatten, fühlten sich verunglimpft und geschmäht. War es wirklich abwegig, zu bekennen, dass Recht nicht Ausdruck von Macht sein sollte, sondern dem Interessenausgleich und dem Frieden zu dienen hatte? Gustav Radbruch hatte rückblickend betont: „Die Gerechtigkeit ist die zweite große Aufgabe des Rechts, die erste aber ist die Rechtssicherheit, der Friede.“

Die ungeheuren Kriegsfolgen ließen sich ohne innergesellschaftliche Versöhnung nicht bewältigen. Deshalb sprach der „Rat der Volksbeauftragten“ die heimkehrenden Soldaten von ihrer Mitschuld an Krieg und Niederlage frei. Sozialdemokraten bekannten sich zu Gewaltenteilung und unabhängiger Justiz. Dies setzte Bereitschaft zur Selbstbeschränkung und zur Anerkennung politischer „Spielregeln“ voraus. Diktatorische und totalitäre Bestrebungen wurden strikt abgelehnt und bekämpft. An die Stelle der bürokratischen Exekutive sollte die bürgerschaftlich-demokratische Willensbildung treten. Deshalb wurden Volksbegehren und Volksabstimmungen in die neue Verfassung aufgenommen. Staatliches Handeln sollte das Ergebnis parlamentarischer Diskus-

Einladung zum 1. Betriebsräte-Kongress

„Betriebsrätegesetz nebst Wahlordnung“, 1920
Sammlung Torsten Bewernitz, Mannheim

Gutschein des Konsum- und Sparvereins Unterweser, 1923
und
Jubiläumstasse der Konsum- und Spargenossenschaft Norderney, 1930
Kleines KONSUM-Museum, Hamburg

sionen und Entscheidungen sein und ständig kontrolliert und revidiert werden können.

Gestritten wurde immer wieder über Grenzen und Leistungen des Rätesystems. Der „Räte“-Begriff blieb belastet und wurde vor allem von der politischen Rechten mit Gewalt, Anarchie, Antiparlamentarismus und Sowjetmarxismus in Verbindung gebracht. Sozialdemokraten ließen sich durch derartige Polemiken nicht entmutigen und forderten eine angemessene Berücksichtigung der Interessen der Arbeiter und Angestellten durch „Betriebsräte“, die am Beginn sozialpartnerschaftlicher Mitbestimmung stehen.

Die Gewerkschaften wurden nach 1919 zu einer tragenden Grundlage der Republik. In Verhandlungen mit Betriebsleitungen und Arbeitgeberverbänden konnten sie die Arbeitsbedingungen verbessern und Lohnzahlungen, Arbeitszeiten, Lebensverhältnisse und Jahresurlaub verbindlich regeln. Überdies kam genossenschaftlicher Selbsthilfe bei der Verbesserung von Wohn-und Einkaufsbedingungen große Bedeutung zu. Konsumgesellschaften, Sparvereine und Wohnungsbaugenossenschaften sollten die Lebensverhältnisse der Arbeiterfamilien positiv beeinflussen. Die Gewerkschaften nahmen entscheidenden Einfluss auf die allgemeine politische Entwicklung, als sie nach dem Kapp-Lüttwitz-Putsch zur tragenden Säule der Republik geworden waren. Die SPD konnte sich auf die freien Gewerkschaften stützen.

Im Februar 1920 waren erstmals in der deutschen Geschichte Betriebsräte gebildet worden. Sie sollten die Vertretung der Interessen von Arbeitern gegenüber den Unternehmern stabilisieren. Weil sie sich „Räte" nannten, erinnerte dies Unternehmer und politisches Bürgertum an die russische Revolution. Dies lag den Sozialdemokraten allerdings fern[19]. Sie knüpften an Vorstellungen der kommunalen Selbstverwaltung an, die im 19. Jahrhundert in den Städten die Bindung der Bürger mit ihrer Gemeinde gefestigt und bürgerschaftliches Engagement in der Politik vergrößert hatte. Die SPD glaubte fest an eine viele Lebensbereiche prägende Demokratie, die nicht nur die Staatsverwaltung berührte. Notwendige Kompetenzen sollten durch eine Kultur- und Bildungsbewegung geschaffen werden. Deshalb wurde die Arbeiterkulturbewegung der Weimarer Republik zu einer Schule der Demokratie. Arbeitersport-, Arbeitergesang- und Sparvereine, Versicherungen wie die „Volksfürsorge" und Begräbnisvereine waren eine wichtige Grundlage für die von Krisen bedrohte Lebensbewältigung gerade minder bemittelter Schichten

Eine weitere Säule bei dem Versuch, die Selbststeuerung der Gesellschaft durch Selbstverwaltung voranzutreiben, stellte das Genossenschaftswesen dar. Es fußte auf dem Prinzip solidarischer Selbsthilfe und erweiterte sich in der Weimarer Republik zur Gemeinwirtschaft, die nicht primär auf Gewinnmaximierung zielte, sondern auf Versorgung der Bevölkerung. Mit der Gemeinwirtschaft erwuchsen allerdings Gefahren für den inneren Zusammenhalt von Gewerkschaften, denn manche Funktionäre machten die Selbstverwaltung zu ihrem Beruf und verloren nicht selten den Kontakt zu Bevölkerungskreisen, denen sie sich verpflichtet fühlen sollten. Politische Entfremdung verstärkte sich auch durch Generationenkonflikte.

Arbeitslosenversicherung, Fürsorge und Jugendhilfe dienten ebenfalls diesem Zweck und wurden gemeinsam durch Unternehmer, Arbeitnehmer und den Staat finanziert. Damit veränderten sich die Umstände proletarischer Existenz. Arbeiterfamilien lebten allein von der Arbeitskraft. Auch hier sollte durch Sozialpolitik Abhilfe geschaffen werden.

Selbstpreisgabe einer Demokratie

Die Weimarer Republik hatte nicht einmal in ihrer stabilen Phase 1924-1928[20] einen politischen Grundkonsens[21] ausgebildet. Was dies bedeutete, machten die politischen Krisen deutlich, die die Entstehungs- und die Endphase der Weimarer Republik prägten. Misstrauen gegenüber konkurrierenden politischen Kräften blieb bestimmend. Eine vertrauensvolle Zusammenarbeit über Parteigrenzen hinweg prägte allein die Mittelphase, die vor allem durch die Außenpolitik Gustav Stresemanns und eine kulturelle Blüte – die „Goldenen Zwanziger-Jahre" – charakterisiert war. Viele Sozialdemokraten ließen sich durch diese kurze Stabilität täuschen. Sie hatten übersehen, dass weiterhin innenpolitische Feindschaft das Verhältnis von Parteien, Bewegungen und Gruppen bestimmten. Fehlt aber in einem Gemeinwesen politisches Vertrauen auch

Plakataufruf der Christlichen Gewerkschaften zum Kapp-Putsch, 15. März 1920
Archiv der sozialen Demokratie, Bonn
6/PLKA002651

Schild des Arbeiterturn- und Sportbundes, zwischen 1919 und 1933
Stadtgeschichtliches Museum Leipzig

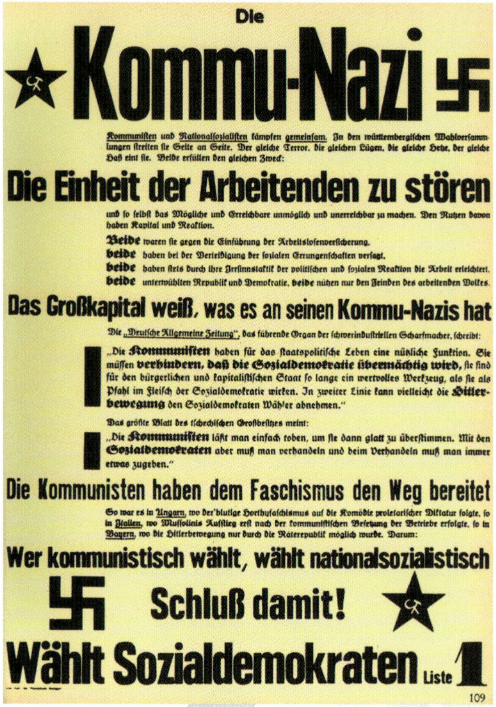

WAHLKAMPFPLAKAT DER SPD „KOMMU-NAZI“, 1932
IISH AMSTERDAM
BG H2/76

zu den Konkurrenten um die politische Macht, können auch die staatlichen Institutionen nicht mehr dem Druck ihrer Gegner widerstehen. Politische Intoleranz und die Unfähigkeit zum Kompromiss wirken dann zerstörerisch. Politische Strömungen orientieren sich nur an ihrer Ideologie und kapseln sich ab. Immer neu werden unüberwindliche Gräben aufgerissen. Die Flucht aus der politischen Verantwortung steht am Ende. Die Masse der Bevölkerung hätte nach 1920 aus den Fortschritten bei der Bewältigung der „sozialen Frage“ großen Nutzen ziehen können. Allerdings lasteten mit den Kriegsfolgen und der großen Wirtschaftskrise schwere Hypotheken auf Staat, Wirtschaft und Gesellschaft. Vor allem die Arbeiterbewegung wurde so in der Endphase der Republik der politischen Spielräume beraubt, die 1919 gewonnen worden waren. Die alten Gegensätze zwischen Bürgertum und Arbeiterschaft, Gewerkschaften und Unternehmerverbänden, Verwaltung und Parteien spitzten sich zu. Sie überlagerten sich mit weiteren politischen Gegensätzen, die Folge von Nationalismus, Chauvinismus und Rassismus waren. Sozialpolitische Errungenschaften wurden rückgängig gemacht[23] und lähmten seit 1930 nicht nur Reformkräfte, sondern verstärkten den Zulauf zur rechtsextremistischen NSDAP und zur linksradikalen KPD.[23]

Zum Menetekel der Arbeiterbewegung wurde endgültig ihre Spaltung. Die KPD erstrebte die proletarische Diktatur, während sich die SPD zur repräsentativen Demokratie bekannte. Dieser Gegensatz war nicht zu überwinden. Lenin und später Stalin hatten jede Abweichung von der Parteilinie bekämpft und damit viele demokratische Ansätze unterdrückt, die sich in der russischen Revolution hätten entfalten können. Nicht alle Mitglieder der KPD folgten der vorgegeben „Parteilinie“[24]. Sie wurden von der KP-Führung als „Abweichler“, „Renegaten“ oder „Ultralinke“ bekämpft[25]. Oft wurde der kommunistische Parteiapparat „gesäubert“. Die kommunistische Parteidiktatur stieß Sozialdemokraten ab, denn diese setzten auf Kontroversen, warben um Überzeugungen und wollten nicht mit Kommunisten paktieren. Politische Herrschaft könne man nicht auf Bajonette stützen[26].

Kommunisten und Sozialdemokraten bekämpften sich heftig. Dies bedeutete in der Entstehungsphase der neuen deutschen Republik eine große Belastung, in ihrer Endphase aber, dass keine gemeinsame Frontstellung der Arbeiterbewegung gegen die Partei Hitlers möglich war. Die Kommunisten lehnten den Weimarer Verfassungsstaat als Ausdruck bürgerlicher Klassenherrschaft ab. Verstand sich die Sozialdemokratie nach einem Wort ihres Theoretikers Eduard Bernstein als Verteidiger einer bürgerlichen Demokratie, deren Grundsätze von den „bürgerlichen Parteien“ verraten worden wären, ja als Partei des organisatorischen Liberalismus, so ächteten Kommunisten die Sozialdemokraten als „Sozialchauvinisten“, später sogar als „sozialfaschistische“[27] Verräter an den Interessen der Arbeiterschaft und als Steigbügelhalter des Nationalsozialismus.

Die programmatischen Gegensätze innerhalb der SPD wurden in Richtungsdebatten und wechselnden Parteiprogrammen, vor allem auch in den Diskussionen der Parteitage sichtbar. 1921 bekannte sich die SPD im Görlitzer Programm zum Reformismus und grenzte sich auf diese Weise von der USPD ab, deren Mitglieder oft der KPD angehörten. Vier Jahre später knüpfte die SPD mit dem Heidelberger Parteiprogramm von 1925 an das revolutionäre Erfurter Programm an[28]. Wie schon 1891 wurden im Heidelberger Programm in einem „Aktionsprogramm" die ehemaligen Zunächst-Forderungen mit dem weitergehenden Ziel einer sozialistischen Gesellschaft auf demokratischer Grundlageverbunden. Ausbeutungsverhältnisse sollten in Zukunft nicht mehr möglich sein.

Links orientierte Mitglieder der USPD und der Gewerkschaften sahen hingegen vor allem in der radikaleren und sich im Laufe der Zeit stalinisierenden KPD die angemessene Vertretung ihrer Interessen. In der Endphase der Weimarer Republik erhielt die KPD weiteren Zulauf; enttäuschte ehemalige Wähler der Arbeiterparteien wandten sich aber auch der NSDAP zu. Weite Kreise der SPD-Führung waren lange der Meinung gewesen, in Zukunft könnten das gesellschaftliche Zusammenleben, die Produktion und die Staatsverwaltung immer effektiver organisiert werden. Planwirtschaftlich-rationale Vorstellungen prägten das Bild von einem organisierbaren und korporativ „gezähmten" Kapitalismus. Nun mussten sie erken-

Plakat zum SPD-Parteitag in Görlitz, 1921

Schirmmütze mit Sowjetabzeichen sowie Koppelschloss des Roten Frontkämpferbunds, um 1930

Stadtgeschichtliches Museum Leipzig
MI/116/2003
MI/293/2003

Armbinde des Arbeitersamariter-bundes (ASB), 1922
Stadtgeschichtliches Museum Leipzig
V/1765/2006

Lederhose der Naturfreunde Werden-fels, 1922
Stadtgeschichtliches Museum Leipzig
Skl 74

nen, dass politische Auseinandersetzungen zunehmend ideologischer und irrationaler wurden. Dem hatten sie kaum etwas entgegenzusetzen[29]. Deshalb wurde die SPD immer wieder mit dem Vorwurf belastet, durch ihre Flucht vor der Mitverantwortung zum Scheitern der Weimarer Republik beigetragen zu haben[30]. Dieses Urteil ist sicherlich zu hart. Denn gescheitert ist die Weimarer Republik nicht an der Sozialdemokratie, sondern wegen ihrer entschiedenen Gegner. Monarchisch gesonnene Kreise konnten politische Diskussionen beeinflussen und Weltbilder prägen. Konservative Kräfte nutzten die Medien, denen die Arbeiterbewegung lange nur ihre Parteiorgane entgegenzusetzen hatte. Neue Medienkonzerne diffamierten nicht nur Sozialdemokraten, sondern schürten die Kritik am Weimarer „System" und seinen Parteien. Den größten Zulauf erhielt seit 1930 mit der NSDAP eine ursprünglich kleine extremistische Splitterpartei, die sich 1920 um Adolf Hitler gebildet hatte und die sich auch als „Arbeiterpartei" bezeichnete. Sie propagierte einen „nationalen Sozialismus" und vervielfachte im Laufe von wenigen Monaten ihre Stimmen- und Abgeordnetenzahlen.

Arbeiterbewegung und Arbeiterkultur

Von großer Bedeutung für die Arbeiterkulturbewegung in der Weimarer Republik wurde das Vereinsleben. Dabei ging es nicht nur um Freizeitgestaltung, sondern um die Gemeinsamkeit politischer Orientierung und eines „solidarischen Zusammenlebens". Vielfältig ausgerichtete Vereine und Verbände formten eine spezifische Art von Weltsicht und Weltverständnis der Arbeiterbewegung und machten zugleich deutlich, in welchem Maße sie sich an bürgerlichen Verhaltens- und Handlungsmustern ausrichteten. Arbeitersportvereine, Lesegesellschaften, Arbeiterbildungsvereine und eine sich an die eigenen Mitglieder wendende Presse reflektierten und stabilisierten aber auch zugleich spezifische Milieus, deren Anhänger nicht nur ihre Verbundenheit untereinander pflegten, sondern sie sogar nach außen durch Symbole – Abzeichen, Uniformen, Grußformen – sichtbar machten. Der „Kampf um Symbole" sollte eigene Anhänger mobilisieren, den politischen Gegnern aber auch deutlich machen, wie zahlreich die Anhänger waren.

So bildete sich nicht nur eine spezifische Arbeiterkultur[31] mit Gesang-, Sport und Kulturvereinen aus. Mit dem Arbeitersamariterbund entstand eine eigenständige Hilfsorganisation in Analogie zum Roten Kreuz. Die Naturfreunde-Bewegung[32] entwickelte sich aus den Bestrebungen zur Lebensreform, zum Umwelt- und zum „Heimatschutz". Die Abgrenzung von den Kirchen war das Ziel der Freidenkerbewegung[33], die sich zur Konfessionslosigkeit und zum Atheismus bekannte. Eigene Versicherungen wie die „Volksfürsorge" versuchten, Arbeiterfamilien gegen Todesfälle und die oftmals nicht zu tragenden Begräbniskosten zu schützen. In Genossenschaften und Versicherungsvereinen konkretisierte sich der hohe Wert, der in der Arbeiterbewegung der Solidarität und der Solidargemeinschaft beigemessen wurde.

Proletarische Gegen- und Subkulturen behindern allerdings die Integration der Arbeiterschaft in die Gesamtgesellschaft. Milieus, die sich in Parteien und Abstimmungsergebnissen niederschlagen, erschweren nicht nur den Austausch mit politischen Gegnern und verstärken nicht selten das Misstrauen gegenüber Gruppierungen, mit denen im parlamentarischen System ein Kompromiss gefunden werden muss, sondern können die Gegner der Arbeiterbewegung veranlassen, eine republikfeindliche Gegenkultur auszubilden. Besonders deutlich wird dies in der NSDAP.

Der Kampf um Symbole führte schließlich dazu, dass in der Arbeiterbewegung kulturelle Experimente – Arbeiter- und Straßentheater, Agitationsstücke, Arbeiterlieder, aber auch sehr modern gestaltete Illustrierte und Filme – gewagt wurden, die schließlich auch von den Gegnern der Arbeiterbewegung nachgeahmt wurden. Fest zur Republik stand das „Reichsbanner Schwarz-Rot-Gold“[34] und die „Eiserne Front“, zu der sich Gewerkschaften, Arbeitervereine, Reichsbanner und die Vereinigung der Angestellten zusammengefunden hatten.

Die politischen Auseinandersetzungen wurden immer heftiger und steigerten sich zuweilen zu Saal- und Straßenschlachten. Gegner der Weimarer Republik drängten die Anhänger der Arbeiterbewegung zunehmend in die Defensive, auch, weil sich ihr innerer

Postkarte des „Verband für Freidenkertum und Feuerbestattung“, 1928
Stadtgeschichtliches Museum Leipzig
Gr.K.6/196

Reichsbanner-Plakat „Hoch die Republik“, 1924
IISH Amsterdam
BG D13/47

Plakat der Eisernen Front, Ludwigshafen, zur Kundgebung in der Pfalz, 1932
Archiv der sozialen Demokratie, Bonn
6/PLKA002674

Plakat der SPD zur Reichstagswahl 1928
Archiv der sozialen Demokratie, Bonn 6/PLKA002389

Gegensatz vertiefte – wie verfeindete „Brüder" standen sich Sozialdemokraten und Kommunisten gegenüber und radikalisierten sich noch einmal in der Weltwirtschaftskrise ab 1929. Kommunisten sahen in Sozialdemokraten weiterhin die „Steigbügelhalter des Faschismus", die zu bekämpfen seien, Sozialdemokraten hielten Kommunisten für „Stalins Knechte". Die Gefährlichkeit der Nationalsozialisten wurde nicht selten unterschätzt. „Nach Hitler kommen wir!", lautete die siegesgewisse Parole. Anhänger der NSDAP, die früher mit der Arbeiterbewegung sympathisiert hatten, galten hingegen viel weniger als Gegner oder als Gefahr für die politische Ordnung, sondern als irregeleitete „Klassengenossen", die zurückgewonnen werden sollten.

Innerhalb der SPD konkurrierten Flügel und Gruppen und stritten heftig miteinander. Jüngere Sozialdemokraten kritisierten die überalterte Parteiführung. Sie wollten neue Generationen von Parteimitgliedern gewinnen und verlangten einen entschiedenen politischen Aktionismus, der sie geradezu als Vertreter einer „militanten" sozialdemokratischen Gruppe erscheinen ließ. Aus der SPD wollten sie eine „moderne Partei" machen. Bei den Parteitagen stießen sie oftmals auf die Ablehnung der Traditionalisten. Umstritten war auch das Verhältnis zum Staat. „Heran an den Staat" lautete die Parole derjenigen, die sich zutrauten, staatliche Entscheidungen zu beeinflussen. Die Sozialdemokratie verstand sich in der Stabilitätsphase der Weimarer Republik vor allem als Sachwalter der Republik, in der späteren Krise dann sogar als eine Art „Arzt und Erbe". Diese Doppelrolle überforderte die demokratische Arbeiterbewegung politisch endgültig und verstärkte Erosionsprozesse, die sich in Verlusten der SPD bei gleichzeitigen Erfolgen der NSDAP und der KPD niederschlugen.

Innerhalb der KPD wurde nicht in dieser Weise diskutiert. Die Parteiführung setzte die in der zentralistisch geführten Partei vorgegebene „Generallinie" durch. Abweichler wurden ausgeschlossen. Aber auch im Umfeld der KPD bildeten sich kleine Parteien, die nach einer Gemeinsamkeit mit Sozialdemokraten und Gewerkschaften suchten[35].

Einige Sozialdemokraten waren der Überzeugung, politische Demokratie sei kein Endpunkt, sondern eine wichtige Voraussetzung für weiteren sozialen Wandel, der „über Weimar" hinaus führen sollte. Sie setzten sich für neue Lebensreformen ein, entfernten sich zugleich aber von der Politik, die ihnen wegen vieler notwendiger Kompromisse verdächtig wurde. Als im Zuge der Wirtschaftskrise die Sozialabgaben stiegen, zugleich aber auch Rüstungsprojekte wie ein neuer Panzerkreuzer finanziert werden mussten, hielt die SPD innerparteilich die Spannung nicht mehr aus. So zerbrach im Sommer 1930 die letzte sozialdemokratische Regierung unter Hermann Müller an rüstungs- und sozialpolitischen Kontroversen. Im Zuge der sich ankündigenden Weltwirtschaftskrise, die für einen rapiden Rückfluss des an Deutschland ausgeliehenen amerikanischen Kapi-

Trauerzug zur Beisetzung des ehemaligen Reichskanzlers Hermann Müller, Berlin 1931

Hermann Müller (1876 – 1931), 1928

tals führte, waren Staatshaushalt und Versicherungssystem überfordert. Die Präsidialkabinette unter Brüning, Papen und Schleicher stützten sich nicht mehr auf eine parlamentarische Mehrheit im Reichstag, sondern auf das Vertrauen des Reichspräsidenten von Hindenburg, den Sozialdemokraten in Stichwahlen als das „kleinere Übel" gewählt hatten.

Reichstagswahlergebnisse 1919 – 1933 (in Klammern die Zahl der Abgeordneten)

	KPD	USPD	SPD	Zentrum	BVP	DDP	DVP	DNVP	NSDAP	Sonstige
19. Januar **1919**	—	7,6 (22)	37,9 (165)	19,7 (91)	—	18,6 (75)	4,4 (19)	10,3 (44)	—	1,5 (7)
6. Juni **1920**	2,1 (4)	17,9 (84)	21,6 (102)	13,6 (64)	4,2 (21)	8,4 (39)	14,0 (65)	5,1 (71)	—	3,1 (9)
4. Mai **1924**	12,6 (62)	0,8 (0)	20,5 (100)	13,4 (65)	3,2 (16)	5,7 (28)	9,2 (45)	19,5 (95)	6,6 b) (32)	8,5 (29)
7. Dezember **1924**	9,0 (45)	0,3 (0)	26,0 (131)	13,7 (69)	3,7 (19)	6,3 (32)	10,1 (51)	20,5 (103)	3,0 b) (14)	7,5 (29)
20. Mai **1928**	10,6 (54)	0,1 (0)	29,8 (153)	12,1 (62)	3,1 (16)	4,9 (25)	8,7 (45)	14,2 (73)	2,6 (12)	13,9 (51)
14. September **1930**	13,1 (77)	0,03 (0)	24,5 (143)	11,8 (68)	3,0 (19)	3,8 (20)	4,5 (30)	7,0 (41)	18,3 (107)	14,0 (72)
31. Juli **1932**	14,6 (89)	—	21,6 (133)	12,5 (75)	3,2 (22)	1,0 (4)	1,2 (7)	5,9 (37)	37,4 (230)	2,6 (11)
6. November **1932**	16,9 (100)	—	20,4 (121)	11,9 (70)	3,1 (20)	1,0 (2)	1,9 (11)	8,8 (52)	33,1 (196)	2,9 (12)
5. März **1933**	12,3 (81)	—	18,3 (120)	11,3 (73)	2,7 (19)	0,9 (5)	1,1 (2)	8,0 (52)	43,9 (288)	

Das Ende der Weimarer Republik

Die Gefahr, die aus dem Bruch der Koalition 1930 für das politische System erwuchs, wurde von den wenigsten Zeitgenossen erkannt. Für die KPD galt Brünings-Präsidialkabinett ebenso als „Faschismus" wie die Regierungen seiner Nachfolger Papen, Schleicher und später Hitler. Misstrauisch verharrten die Parteien in gegenseitiger Ablehnung. Auch die Gewerkschaften überwanden ihre Differenzen nicht, obgleich einige führende Gewerkschaftsmitglieder, die Bildung einer „Querfront" anregten, um Hitlers Ernennung zum Reichskanzler im letzten Moment zu verhindern. Die zahlreichen kleineren sozialistischen Gruppen scheiterten bei ihrem Versuch, die Spaltung der Arbeiterbewegung zu überwinden und eine gemeinsame Abwehr aufzubauen, aus der sich später im Exil eine „Volksfront" entwickeln konnte, die nicht mit der politischen „Einheitsfront" zu verwechseln ist. Eine „Einheit" von KPD und SPD lehnten sozialdemokratische Emigranten ab, weil sie den Einfluss der Kommunisten nicht akzeptierten. Die als „Internationaler Sozialistischer Kampfbund" (ISK)[36], als Gruppe „Neu Beginnen"[37] oder als Sozialistische Arbeiter-Partei (SAPD)[38] gegründeten Brückenparteien konnten sich gegen die großen Parteien von SPD und KPD nicht durchsetzen. Einfluss erlangten sie durch ihre Zeitschriften und vor allem nach 1933 im Exil.

Lediglich das „Reichsbanner Schwarz-Rot-Gold" knüpfte an die Erfahrungen der Weimarer Koalition an. Sozialdemokraten, Demokraten und Anhänger des

Zentrums fanden sich mit Gewerkschaftern zusammen, um die Republik zu verteidigen. Sie setzten dem Versuch der Republikgegner eigene Symbole entgegen, uniformierten ihre Mitglieder, schützten eigene Wahlveranstaltungen und wollten die politische Kultur auf eine Weise prägen, die aus dem Bekenntnis zu Demokratie, Sozialismus, Gleichheit und Menschenwürde lebte.

In der Auseinandersetzung mit der Republik und ihrer Politik erreichte die politische Rechte ihr Ziel, die Weimarer Republik und ihre Politiker zu stigmatisieren. Die Parteiverdrossenheit führte jedoch nicht zu einem Rückzug aus der Politik, sondern zu einer Überpolitisierung und Übermobilisierung der Gesellschaft, zu einem „Extremismus der Mitte", der die Arbeiterbewegung überforderte. Die Wahlbeteiligung stieg außerordentlich. Der Mittelstand und die Angestelltenschaft radikalisierte sich und schien in eine Panikstimmung zu verfallen, die die NSDAP unter Hitler begünstigte. Die Sozialdemokratie hatte nicht mehr die Kraft, politischen Konsens wie noch in der Revolution von 1918/19 zu begründen.[39]

Über die Grenzen der parlamentarischen Demokratie wurde bald nicht mehr gestritten, denn ein großer Teil der Bevölkerung schien radikalen oder extremistischen Stimmungen zu erliegen. Wenn Sozialdemokraten erklärten, die Freiheit solle nicht an den Werkstoren enden, dann zündeten diese Parolen bei gestiegener Arbeitslosigkeit nicht mehr. Mochten sie weiterhin soziale Grundrechte fordern, um die Entfaltung der Persönlichkeit zu ermöglichen, so konnten arbeitslose Jugendliche und um ihre Zukunft besorgte Jungakademiker kaum mehr folgen. Die Sorge um den Arbeitsplatz prägte die Wahrnehmung von Politik und Gesellschaft. Die Wähler wandten sich Parteien zu, die gegen „Doppelverdiener" und Juden agitierten. Vergessen war, dass das Recht auf Bildung und Ausbildung die SPD bei Jugendlichen und jungen Arbeitern attraktiv gemacht hatte. Gegen die Parolen des nationalsozialistischen „Futterkrippen-Sozialismus" (E. Niekisch), der an Zukunftsängste und Sozialneid appellierte, kamen rationale Appelle nicht an. Soziale Errungenschaften wie Tarifautonomie, betriebliche Mitbestimmung und Jugendschutz wurden zunehmend kritisiert und schließlich massiv in Frage gestellt. So wurden wichtige Fortschritte der Sozialpolitik korrigiert.

Erst viel später wurde anerkannt, in welchem Maße der moderne Sozial- und Wohlfahrtsstaat in der Weimarer Republik wurzelte. Vergessen war, dass nur die Kooperation von Gewerkschaften und Sozialdemokraten dies ermöglicht hatte. Beide ergänzten einander. Mancher Gewerkschaftsführer errang als Abgeordneter im Reichstag und in Landtagen großen politischen Einfluss und konnte als Minister daran mitwirken, die Lebensverhältnisse der lohnabhängigen Bevölkerung zu verbessern. „Nicht Amboss, sondern Hammer" zu sein – dieser Traum der Arbeiterbewegung des 19. Jahrhunderts hatte sich zwischen 1919 und 1928 in Ansätzen erfüllt und wurde nun zerstört.

Proletarische Wochenzeitschrift „AIZ“ mit der Fotomontage von John Heartfield zur Bücherverbrennung , Mai 1933
DHM Berlin
Do 57/269L

Widerstand gegen den NS-Staat aus der Arbeiterbewegung

Mit der Ernennung Hitlers zum Reichskanzler am 30. Januar 1933 wurde der Grundstein für die Errichtung eines totalitären, antidemokratischen, und zentralisierten Einheitsstaates gelegt, der sich nicht nur zum Antimarxismus, Antisemitismus und Antiliberalismus bekannte, sondern zielstrebig daran ging, die Arbeiterbewegung zu schwächen und schließlich auszuschalten[40]. Hitlers Ernennung zum Reichskanzler inszenierten die Nationalsozialisten als „Machtergreifung“[41]. Sie ließen keinen Zweifel daran, dass sie ihre Machtstellung niemals verlassen wollten und sprachen von ihrem „tausendjährigen Reich“. Erste Maßnahmen der neuen Regierung Hitlers richteten sich gegen die politische Linke. Zielstrebig und konsequent wurde die Weimarer Verfassungsordnung zerstört und eine umfassende „Gleichschaltung“ von Staat und Gesellschaft eingeleitet. Am Ende stand der Einparteienstaat der NSDAP.

Für die Arbeiterbewegung bedeutete dies Verfolgung und Unterdrückung. Die Grundrechte wurden nach dem Reichstagsbrand außer Kraft gesetzt. Mit dem Ermächtigungsgesetz machte sich Hitler zum Gesetzgeber. Seine Macht war nun unbegrenzt. Der Nationalsozialismus verletzte die Normen des Rechtsstaates und „durchstaatlichte“ die Gesellschaft. Er schaltete Verbände gleich, verbot Parteien und kontrollierte die Presse – damit wurden alle Aktivitäten der Arbeiterbewegung unterdrückt. Die „Deutsche Arbeitsfront“ sollte an die Stelle der Gewerkschaften treten und suggerierte eine deutsche „Volksgemeinschaft“. Die politische, soziale und kulturelle Gleichschaltung war die Voraussetzung für eine weitgehende, nicht durch Gewaltenteilung oder irgendwelche Institutionen gebremste Gewaltbereitschaft, die die nationalsozialistische Diktatur bis zu ihrem Ende prägte.

„Was nun?“, fragten sich manche Zeitgenossen und starrten auf die Reichstagswahlen, die am 5. März 1933 das monatelang währende „Wahlkampfinferno“ zum Abschluss brachten, zugleich aber ein Zeitalter der Unterdrückung, des Krieges und der Vernichtung einleiteten. „Was dann?“, hatte Goebbels gefragt und seine Antwort gegeben: „Dann beißen wir die Zähne aufeinander und machen uns bereit. Dann marschieren wir gegen diesen Staat.“ Aus den „Revolutionären des Wortes werden dann Revolutionäre der Tat“. Goebbels hatte selbstbewusst gegen alle, die er als seine Gegner ansah, erklärt: „Der Wille zur Macht“ würde sich schon die „Mittel zur Macht“ verschaffen.[42]

Erstes Etappenziel war die Ausschaltung der Arbeiterbewegung. Die KPD-Führung traf es bereits Ende Februar. Am 23. März drängte Hitler mit dem Ermächtigungsgesetz die Parteien aus der Gesetzgebung. Offenen Widerstand leistete die SPD, deren Vorsitzender Otto Wels im Reichstag ein Bekenntnis zur Freiheit und gegen Willkür ablegte. Wenige Wochen später wurden die Gewerkschaften zum Ziel der Verfolgung, kurz darauf traf es die SPD. Sie wurde mit anderen Parteien verboten. „Wilde Konzentrationslager" entstanden, in denen Angehörige der Arbeiterbewegung eingeschüchtert und misshandelt wurden. Der liberale Publizist Theodor Wolff hatte bereits im Sommer 1932 prophezeit, die Nationalsozialisten würden, einmal an die Macht gelangt, die „Rache legalisieren"[43]. Kaum einer hatte sich vorstellen können, was dies in Wirklichkeit bedeuten sollte. Die Parteiführungen emigrierten ins Ausland und hielten zugleich Verbindung zu Widerstandsgruppen.

Zweites Hauptziel wurde die kulturelle und mediale Gleichschaltung von Staat und Gesellschaft. Erst danach konnten die ideologischen Ziele verwirklicht werden, die schließlich in Weltkrieg, Menschenvernichtung und Verlust der nationalen Einheit mündeten. Die NSDAP überrannte nach der Unterdrückung der Arbeiterbewegung den Staat und seine Institutionen. Sie konnte ihr Ziel nur erreichen, weil in der deutschen Gesellschaft die Bereitschaft zur gesellschaftlichen und politischen Unterwerfung verbreitet war.

Der Begriff der „Gleichschaltung" wurde von den Nationalsozialisten geprägt und meinte die stufenweise totalitäre Unterdrückung der Gesellschaft. Kritik galt als Angriff auf den Staat, Widerspruch und Widerstand als Verbrechen. Jeder, der sich dem weltanschaulichen Führungsanspruch der NS-Bewegung widersetzte, wurde verfolgt und rechtlos. Am Ende stand die totale „Vergesellschaftung des Staates" durch eine diktatorische Bewegung, die mit der Unterdrückung der deutschen Arbeiterbewegung, des Liberalismus und des politischen Katholizismus dem Ziel denkbar nahe gekommen war, mit der Beseitigung individueller und kollektiver Grund-, Menschen- und Bürgerrechte eine Diktatur zu errichten, die das 20. Jahrhundert ebenso prägte wie die stalinistische Diktatur. Demokratie und Diktatur – dieses Spannungsverhältnis wurde zu einer Grundfrage der Epoche im Zeitalter der Extreme.

Fotos eines Konsumvereins in Lübeck nach einem Überfall der Nazis

Proteste blieben nicht aus. Sie steigerten sich zum Widerstand, zunächst vor allem aus der Arbeiterbewegung, die wegen der antimarxistischen Agitation der NSDAP geradezu als „geborener" Gegner der Partei Hitlers bezeichnet werden muss. Intellektuelle emigrierten, um ihrer Einweisung in Konzentrationslager zu entgehen. Anhänger der KPD zählten zu der ersten großen Gruppe von Verfolgten und Regimegegnern, die bereits durch die Februar-Verordnung vom 28. Februar 1933, die sogenannte „Reichstagsbrandverordnung", kriminalisiert und zielstrebig aus der Rechtsordnung ausgeschlossen wurden. Ihr Schicksal machte deutlich, dass

f Grund des § 6 der Verordnung des Reichspräsidenten zur Erhaltung des inneren Friedens vom 19. Dezember 1932
it den §§ 81 bis 86, StGB. verbiete ich die in Berlin erscheinende Tageszeitung

Morgen-Ausgabe

Vorwärts

Berliner Volksblatt

GRATIS.

SONNABEND 4. Februar 1933

Zentralorgan der Sozialdemokratischen Partei Deutschlands

Der Polizeipräsident

Berlin, den 3. Februar 1933

Verbot

„Vorwärts"

Volkswille

Organ für die Interessen der arbeitenden Bevölkerung der Provinz Hannover

Verboten!

Der Oberpräsident der Provinz Hannover.

Hannover, den 15. Februar 1933. Archivstraße 2.

An den Verlag und die Schriftleitung des „Volkswillens" Hannover

In der zweiten Beilage der Nr. 38 des „Volkswillens" vom 14. d. M. ist in dem Abschnitt „Den toten Brüdern" des Artikels „Die Katastrophe von Neunkirchen" ausgeführt, die von dem Unglück in Neunkirchen betroffenen Bewohner dieser Stadt seien zum größten Teil organisierte Marxisten, zu deren Vernichtung der Reichskanzler Hitler den Segen des Himmels herbeigefleht habe. Diese Zusammenstellung dient der Beschimpfung des Herrn Reichskanzlers, dem der Vorwurf einer Diffamierung von Toten gemacht wird. Hierin ist eine besonders verletzende und rohe Aeußerung gegenüber dem Herrn Reichskanzler, einem leitenden Beamten des Reiches, zu erblicken.

Ich verbiete daher gemäß § 9 Absatz 1 Ziffer 5 der Verordnung des Herrn Reichspräsidenten zum Schutze des deutschen Volkes vom 4. Februar 1933 (RGBl. S. 35) das Erscheinen Ihrer Zeitung auf die Dauer von fünf Tagen, so daß Ihre Zeitung erst wieder mit dem Datum vom 22. Februar 1933 erscheinen kann.

Gegen diese Verfügung ist die Beschwerde an den Vierten Strafsenat des Reichsgerichts gegeben. Die Beschwerde ist bei mir mit vier beglaubigten Abschriften einzureichen. Sie hat keine aufschiebende Wirkung.

Das Verbot umfaßt auch die in Ihrem Verlage etwa erscheinenden Kopfblätter Ihrer Zeitung sowie jede angeblich neue Druckschrift, die sich sachlich als die alte darstellt oder als ihr Ersatz anzusehen ist.

J. V.: Lehmann.

Plakate zur Machtergreifung 1933:
„Verbot des Vorwärts", 3. Februar 1933
„Volkswille...Verboten!", 15. Februar 1933
Archiv der sozialen Demokratie, Bonn
6/PLKA002670
6/PLKA002813

mit der Zerstörung des Weimarer Rechtsstaates auch das Recht zum politischen Herrschaftsinstrument geworden war und seinen Charakter als „Schutz der Schwachen" verloren hatte. Für die Nationalsozialisten waren die Grenzen zwischen Kommunisten, Sozialisten, Sozialdemokraten und Gewerkschaftmitglieder fließend: Alle „marxistischen" Zeitungen wurden verboten, deren Verteilung als „Widerstand" unter Strafe gestellt.

Die Kommunisten erfuhren früh die ganze Wucht des nationalsozialistischen Terrors, der Gegner ausgrenzen und lähmen, die Öffentlichkeit durch ihre Konfrontation mit der Gewaltherrschaft beeindrucken und wehrlos machen sollte. Erst die Massenverhaftungen nach dem Brandanschlag auf den Reichstag vom 27.2.1933 und die unmittelbare Konfrontation mit einem rasch expandierenden und zunehmend wirksameren Unterdrückungsapparat ließen die KPD von dem massenhaften oder gar „legalen" Protest und einem offenen Widerstand Abstand nehmen. Obwohl die kommunistische Parteiführung später immer wieder die angebliche Führungsrolle der KPD im Widerstand betonte, muss der Erfolg und insbesondere auch der Einfluss von Kommunisten auf den Gesamtwiderstand trotz hoher Verfolgten- und Opferzahlen relativiert werden. Die politischen Frontstellungen der Weimarer KPD waren auch nach 1933 noch lange Zeit bestimmend. Die Sozialfaschismusthese wurde erst 1935 korrigiert, ohne die politischen Wunden heilen zu können, die die nun als „Bruderkampf" gedeutete Auseinandersetzung zwischen Sozialdemokraten und Gewerkschaften auf der einen, Kommunisten auf der anderen Seite geschlagen hatte. [44]

Die emigrierte KPD-Führung wollte durch Widerstandsaktionen den nationalsozialistischen Herrschaftsanspruch und vor allem auch die Ideologie der Volksgemeinschaft in Frage stellen und die nationalsozialistische Propaganda unglaubwürdig machen. Deshalb waren öffentlicher Widerspruch durch Wandparolen, Protest und Verweigerung so wichtig – mit dem Ergebnis, dass die Gestapo rasch zugreifen und die kommunistischen Widerstandsgruppen bis 1935/36 größtenteils zerschlagen konnte. Deshalb blutete das kommunistische Widerstandspotenzial in der Mitte der dreißiger Jahre aus. Die kommunistischen Gruppen mussten immer konspirativer vorgehen und machten sich nach 1939 zunehmend unabhängig von ihrer angeblichen Auslandsleitung.[45]

Die Unflexibilität der illegalen und emigrierten KPD-Führung verhinderte letztlich jedoch eine selbstkritische Beurteilung der „sozialfaschistischen Generallinie" und rechtfertigte so jene Kritiker in sozialistischen Kleingruppen und in der SPD, die Demokratie und Sozialismus als Ausdruck eines westlich orientierten Freiheitswillens verbinden wollten und deshalb in Stalin niemals einen politischen Rückhalt suchten, sondern sich in Prag, später in Paris, Stockholm, London oder den USA auf Seiten der westlichen Demokratie am Kampf gegen den Nationalsozialismus beteiligten.

Auch der sozialdemokratische Widerstand war von Anbeginn machtlos, denn seit Reichskanzler Franz von Papens „Preußenschlag" vom 20. Juli 1932, der verfassungswidrigen Beseitigung der sozialdemokratisch geführten Minderheitsregierung in Preußen, war die sozialdemokratische Bereitschaft, die Republik gegen einen Staatsstreich zu verteidigen, geschwächt worden. Hinzu kam, dass die Gewerkschaften einen Ausgleich mit den faktischen Inhabern der Macht anstrebten und sich deshalb sogar in politischer Hinsicht als „neutral" erklärten.

Sozialdemokratischer und gewerkschaftlicher Massenwiderstand hätte deshalb nach dem 30. Januar 1933 kaum eine Chance gehabt und möglicherweise dasselbe Schicksal erlitten wie ein gutes Jahr später die österreichischen Sozialisten, die einen Aufstand wagten und in blutigem Kampf unterlagen. Lähmend wirkte bei vielen Sozialdemokraten auch die Orientierung an ihrer Legalitätsstrategie. Sie bekannten sich zum Prinzip des Rechtsstaats und des Parlamentarismus, wie die mutige Rede des sozialdemokratischen Parteivorsitzenden Otto Wels zeigte. Die Sozialdemokratie war zudem im Frühjahr 1933 einer schweren Zerreißprobe ausgesetzt. Einige führende Funktionäre suchten nach außenpolitischen Gemeinsamkeiten mit dem neuen Regime, um so weitere Verfolgungen abzuwehren. [46]

Andere, unter ihnen auch der bereits seit Ende Januar 1933 inhaftierte und erst infolge einer Massendemonstration wieder aus der Haft entlassene junge Reichstagsabgeordnete Julius Leber, kritisierten die Parteiführung und bereiteten sich auf die Illegalität vor. Einige, wie die Reichstagsabgeordnete Toni Pfülf, resignierten angesichts der Haltung der Parteiführung und begingen Selbstmord. Julius Leber[47], der später mit Freunden wie Carlo Mierendorff[48] und Theodor Haubach zum Kreisauer Kreis stieß, kritisierte an der Weimarer Sozialdemokratie, dass neben politischem Realismus und Rationalität keine Zukunftsvisionen entwickelt worden seien. Er wurde lange Jahre gefangen gehalten und gefoltert, ohne dass die Nationalsozialisten seinen Widerstandswillen brechen konnten, stieß später zum Kreis um Stauffenberg und wurde Anfang 1945 hingerichtet.

Der sozialdemokratische Widerstand war im Unterschied zum eher nach außen gerichteten kommunistischen Widerstand vor allem durch den Versuch der

Julius Leber (1891 – 1945) vor dem Volksgerichthof, 20. Oktober 1944

Carl Friedrich Goerdeler
(1884 – 1945), 1925

Gesinnungspflege und Gesinnungsbildung geprägt. Sozialdemokraten fanden sich in Diskussionskreisen zusammen und versuchten zunächst, vor allem die Frage nach den Gründen für das Scheitern der Republik von Weimar zu beantworten, danach aber auch, die Voraussetzungen einer Zusammenarbeit von sozialdemokratischen und sozialistischen Gruppen wie „Neu Beginnen", „Roter Stoßtrupp" und „Sozialistische Aktion" zu klären. Daneben ging es auch um die Sicherung einer von den Nationalsozialisten nicht kontrollierten Kommunikation durch Flugschriften. Es galt, sich auf den Kampf gegen das Regime in der Illegalität vorzubereiten. Besonders wichtig wurden kleine Zirkel, die vielfach von Mitgliedern kleiner sozialistischer „Brückenparteien" wie der „Sozialistischen Arbeiterpartei" (SAP), dem „Internationalen Sozialistischen Kampfbund (ISK)" oder der „KPD (Opposition)" gebildet wurden.
Die Wirkung dieser Gruppen lag in der gelungenen Beeinflussung der emigrierten SPD-Führung unter Erich Ollenhauer, in ihrem Einfluss, den sie auf alliierte Nachkriegsplanungen nehmen konnten, nicht zuletzt aber auch in der wirksamen Prägung der weiteren sozialdemokratischen Programmdiskussionen, die nach dem Krieg den politischen Entwicklungsweg der SPD begleiteten. Im sozialdemokratischen Widerstand hatte sich die Möglichkeit eines antitotalitären Widerstands von links abgezeichnet: Das bedeutete die Alternative zum antidemokratischen Widerstand der Kommunisten und die Relativierung des Anspruchs aller „Antifaschisten", die sich dem westlich-liberalen Demokratiegebot verweigerten und sich auch im Widerstand und vor allem im Exil[49] weiterhin an den Interessen und Positionen der Sowjetunion orientierten und so die in Frankreich und im Spanischen Bürgerkrieg proklamierte „Volksfront" aller Gegner des Faschismus und Nationalsozialismus scheitern ließen.

Weil sich sozialdemokratische Regimegegner auf engere Freundeskreise konzentrierten und somit auch zurückhaltender agierten, gelang es den nationalsozialistischen Verfolgern im Vergleich zum kommunistischen Widerstand nicht, allzu tief in dieses Beziehungsgeflecht einzudringen. Deshalb war die Zahl inhaftierter Sozialdemokraten wesentlich geringer als die der verhafteten Kommunisten. In die sich später herausbildenden Kreise der Regimegegner um Carl Friedrich Goerdeler und Ludwig Beck konnten sich Sozialdemokraten vergleichsweise problemlos einbinden, weil sie von den Mitgliedern der militärischen Opposition, die zum nationalkonservativ gesonnenen Widerstand enge Verbindungen hatten, als wichtige Brücke zur Arbeiterschaft angesehen wurden, die einen Zugang zur breiteren Bevölkerung sicherte und deshalb für einen Erfolg des Anschlags notwendig war.

Oft finden sich in Gesamtdarstellungen des Widerstands aus der Arbeiterbewegung Hinweise auf Mitglieder katholischer Gesellen- und Arbeitervereine, die sich bereits im 19. Jahrhundert zusammengefunden hatten und eine überkonfessionelle Interessenvertretung der Arbeiter auf christlicher Grundlage anstrebten. Bereits Ende der zwanziger Jahre ließen Verbandszeitschriften der Katholischen Arbeiterbewegung keinen Zweifel an ihrer Ablehnung des „Faschismus", den sie als „widergöttlich, widersinnig und unorganisch" bezeichneten.

Nach den großen nationalsozialistischen Wahlerfolgen von 1930 und 1932 bereitete die KAB-Führung ihre Mitglieder auf die Auseinandersetzung mit den Nationalsozialisten vor und erklärte nach Hitlers „Machtergreifung", die Ausschaltung des Reichstags bedeute „zugleich die Ausschaltung der sozialen Ideen" und das „Geschwätz vom Staatsnotstand" sei „nichts anderes als die Aufforderung zu Hochverrat und Revolution".[50] Wortführer der Opposition der KAB wurden die Kölner Bernhard Letterhaus, Nikolaus Groß, Joseph Joos und Otto Müller. Für sie war die Auseinandersetzung mit dem NS-Regime aber nicht nur Ausdruck einer eigenständigen Vertretung von Arbeiterinteressen, sondern zugleich Ausdruck eines Kampfes für den Glauben und die „Treue zur Kirche". So wurden sie Teil einer kirchlichen Oppositionsströmung katholischer Gläubiger.

Politische Gegensätze zum Regime entstanden aus dem Wunsch, die KAB nicht in die „Deutsche Arbeitsfront" einzugliedern. Immer mehr rückte Letterhaus in die Rolle eines Wortführers dieser

Emailschild „Dieser Betrieb steht geschlossen in der Deutschen Arbeitsfront", 1934 – 1940
Technoseum
Evz: 2009/0406

Plakat, „Hinein in die Deutsche Arbeitsfront. Anmeldung bei den N.S.B.O-Dienststellen"
Museum für Kunst und Gewerbe, Hamburg

Opposition und hatte bald Kontakt zu anderen katholischen Regimegegnern wie Josef Wirmer, zu Vertretern des Gedankens einer eigenständigen Einheitsgewerkschaft wie Jakob Kaiser, Adam Stegerwald und Ernst Hadermann, vor allem auch zu Wilhelm Leuschner als dem wichtigsten Vertreter der Gewerkschaftsbewegung im Widerstand. Letterhaus gehörte mit zu den schärfsten Kritikern der Bischöfe, die dem Reichskonkordat vom 20. Juli 1933 zugestimmt hatten. Dabei konnte er sich auf den Papst berufen, der Mitte Oktober 1933 gegen die „mit allen Mitteln betriebene Niederhaltung und Erdrückung katholischer Vereine und Organisationen" protestiert hatte.

Wilhelm Leuschner (1890 – 1944), März 1944

Politisches Zentrum des KAB-Widerstands war das Kölner Ketteler-Haus. Einige Mitglieder dieses Kreises hatten bald sehr enge Beziehungen zu den Berliner Widerstandsgruppen, aber auch zu dem Münchener Jesuitenpater Alfred Delp, der zum Kreisauer Freundeskreis um die Grafen Helmuth James von Moltke und Peter Graf Yorck von Wartenburg gehörte. Im Mittelpunkt vieler Gespräche stand die Möglichkeit einer Einheitsgewerkschaft nach der Befreiung vom Nationalsozialismus. Bald führte der Weg aber einige Mitglieder der ehemaligen KAB in die aktive Unterstützung der Umsturzbestrebungen, die im Attentat vom 20. Juli 1944 kulminierten.

Die Manifestationen des Protestes aus der KAB lassen sich in ihrer Form, die vielfach auch an den offenen Protest gläubiger Katholiken wie etwa die „Glaubensfahrten" anknüpfte, nicht mit den offenen Demonstrationen des kommunistischen Widerstands oder Versuchen der Gesinnungspflege in sozialdemokratischen Zirkeln vergleichen. Denn der Widerstand von Anhängern christlicher Gewerkschaften, katholischer Gesellenvereine, der KAB und katholischer Jugendbünde verschmolz vielfach mit der Absicht von katholischen Regimegegnern, gegenüber dem NS-Regime durch eine demonstrative Bekundung des Glaubens zu widerstehen. So verbanden sich vielschichtige Motivationen und Ziele. Dies erleichterte weitere Kontakte mit Regimegegnern, die sich auf die christliche Substanz ihres Widerstands besinnen wollten.

Neben den Kommunisten und Sozialdemokraten waren Führer und Mitglieder der freien Gewerkschaften in besonderer Weise bedroht, hielten die Nationalsozialisten sie doch für Marxisten. Die Führer der Gewerkschaften waren zunächst bestrebt, auch nach der Ernennung Hitlers zum Reichskanzler nach Kompromissen mit Tarifpartnern und Vertretern der neuen Regierung zu suchen. Sie wandten sich anfangs nicht grundsätzlich gegen die neue Regierung, weil sie in ihnen irrig Garanten der Tariffreiheit und Sozialstaatlichkeit sahen.

Es war verhängnisvoll für führende Gewerkschafter, diesen Willen zu Kompromiss und Kooperation auch gegenüber der Regierung Hitlers beweisen zu wollen. Manche Gewerkschafter haben später in Gefängnis- und Lagerhaft unter den Folgen dieser verhängnisvollen Fehleinschätzung gelitten. Dennoch gab es in manchen Betrieben trotz einer sich dem Nationalsozialismus doch überraschend gefügig erweisenden Arbeiterschaft eine gewerkschaftlich geprägte innerbetriebliche Opposition, die durchaus auf einzelne Betriebsangehörige und Funktionäre zurückgreifen konnte, ohne ihnen ein geistiges Dach zu bieten. Bemerkenswert war der Generalstreik der Arbeiter in Mössingen auf der Schwäbischen Alb, die zeigten, dass es über politische Grenzen hinweg die Möglichkeit eines gemeinsamen Handelns gab.

Die Grenzen zwischen gewerkschaftlichem und politischem Widerstand aus den Arbeiterbewegungen blieben stets fließend. In die Zukunft wies der Wunsch einiger Gewerkschafter, in der Opposition zum NS-Regime und in der Auseinandersetzung mit der „Deutschen Arbeitsfront“ die Konturen einer neuen Einheitsgewerkschaft zu entwickeln und damit endgültig politische Differenzen zwischen Richtungsgewerkschaften zu überwinden.[51]
Aus diesen Diskussionen entstanden entscheidende Kontakte zwischen Gewerkschaftern, die verschiedene Kreise zusammenführten und insbesondere Wilhelm Leuschner zur führenden Persönlichkeit der Gewerkschaftsbewegung im Untergrund machten. Er pflegte enge Verbindungen zu den Berliner

Zeitgenössische Karikatur Theodor Leiparts aus einer niederländischen Zeitung, 27. März 1933

Übersetzung:
„Aufgabe der Gewerkschaften kann nur sein, die rechtschaffenen Wünsche der Arbeiterklasse in Bezug auf soziale und wirtschaftliche Maßnahmen der Regierung und Legislative bekannt zu machen sowie die Regierung und das Parlament in diesem Bereich mit ihrem Wissen und Erfahrung zu unterstützen.“

Vernichtung der Archive der SPD und des Allgemeinen Deutschen Gewerkschaftsbundes ADGB auf dem Ackerhof, Braunschweig, 9. März 1933

Widerstandskreisen um Goerdeler und Beck, gehörte zum Kreisauer Kreis und war im Falle eines gelungenen Anschlags auf Hitler nach dem Umsturz als Vizekanzler vorgesehen. Leuschner verkörperte die wichtige Verbindung zwischen militärischem und bürgerlichem Widerstand in Berlin und gewann das Vertrauen von Personen und Gruppen, die bis dahin kein positives Verhältnis zur Gewerkschafts- und Arbeiterbewegung entwickelt hatten. Wichtige Vertreter der deutschen Arbeiterbewegung im bürgerlich-militärischen Widerstand waren neben Leber, Haubach, Mierendorff und Reichwein als Vertreter der Sozialdemokratie auch Jakob Kaiser, Ernst Hadermann und Bernhard Letterhaus. Sie hatten, wie Leber, sogar Kontakt zum kommunistischen Widerstand gesucht und auf diese Weise die „Massenbasis" des Widerstands erweitern wollen.

Im Laufe des Krieges wurden die Verbindungen zwischen deutschen Kommunisten und Sozialdemokraten im Widerstand enger als jemals in den Jahrzehnten zuvor. In der gemeinsam erlittenen Verfolgung schwächten sich viele der früher erbittert ausgetragenen Konflikte ab. Manche Kommunisten entwickelten eine große Eigenständigkeit gegenüber der früheren Parteiführung. In Thüringen, Sachsen, Hamburg und Berlin bildeten sich kommunistische Widerstandsgruppen, die sich nicht von den Moskauer Kommunisten um Ulbricht und Pieck abhängig machten. Sozialdemokratische Kreise hatten über den Kreisauer Kreis Verbindungen zum bürgerlich-militärischen Widerstand gefunden. 1944 nahmen die Sozialdemokraten Julius Leber und Adolf Reichwein sogar auf Aufforderung Stauffenbergs Kontakt zu einer Berliner kommunistischen Gruppe um Anton Saefkow auf. Im Kreisauer Kreis wurden sozialdemokratische und gewerkschaftliche Fragen diskutiert und schlugen sich sogar in einem „sozialistischen Manifest" nieder[52]. In die Begegnung zwischen den Gruppen um Leber und Saefkow hatte sich ein Gestapo-Spitzel eingeschlichen und Anfang Juli 1944 wurden Reichwein und Leber verhaftet. Das war ein schwerer Schlag für die Umsturzbewegung, denn nach einem gelungenen Anschlag hätte Julius Leber die Aufgaben eines Innenministers wahrnehmen sollen. Dies zeigt, wie stark sich der militärische Widerstand auf Vertreter der Arbeiterbewegung stützen wollte.

Kommunisten und Sozialdemokraten wurden im Widerstand von einem Bewusstsein geleitet, das sehr deutlich aus den Verhörprotokollen der Gestapo spricht. Sie hielten sich für die Repräsentanten der deutschen Arbeiterbewegung, so, wie sich Leuschner als Repräsentant der Gewerkschaftsbewegung empfand. Weiterhin trennte Sozialdemokraten und Kommunisten vieles. Erst mit dem Krieg schwächte sich der Gegensatz ab. Kommunisten hatten 1939 den Schock des Hitler-Stalin-Paktes erlitten und erleben müssen, dass kommunistische Emigranten von Stalin sogar an die Nationalsozialisten ausgeliefert worden waren. Leber und

Reichwein hingegen waren seit 1933 zu sehr eigenständig reflektierenden Sozialdemokraten geworden die wussten, was Kommunismus und Sozialdemokratie trennte, ohne Furcht vor der Vereinnahmung durch die kommunistische Parteiführung zu hegen. Um Hitler zu beseitigen, müsse man sich mit dem Teufel einlassen – aber eine Einheitspartei war mit ihnen nicht zu machen. Hitler sollte gestürzt werden, die politische Neuordnung war eine Frage der Auseinandersetzung nach der Befreiung Deutschlands vom Nationalsozialismus. Wesentlicher Inhalt des Gespräches sei gewesen, so Leber später, „dass die Kommunisten ihre Wandlung zur Demokratie erklärten und entsprechende Zusicherungen für eine spätere politische Praxis gaben. Hier zeichnete sich eine Entwicklung ab, die darauf zielte, die in der Weimarer Republik entstandene organisatorische Spaltung der Arbeiterbewegung zu überwinden. Umgesetzt aber wurde diese Perspektive nicht. Nach 1945 schienen sich die Richtungen, in die sich die deutsche Arbeiterbewegung entwickelt hatte, noch einmal zu beleben. In der Weimarer Republik hatten sie sich ausgebildet, während der nationalsozialistischen Unterdrückung waren manche Gegensätze überwunden worden. Ein Neuanfang bedeutete dies nicht, denn nach 1945 schlug sich die Spaltung der Arbeiterbewegung sogar in beiden deutschen Staaten nieder.

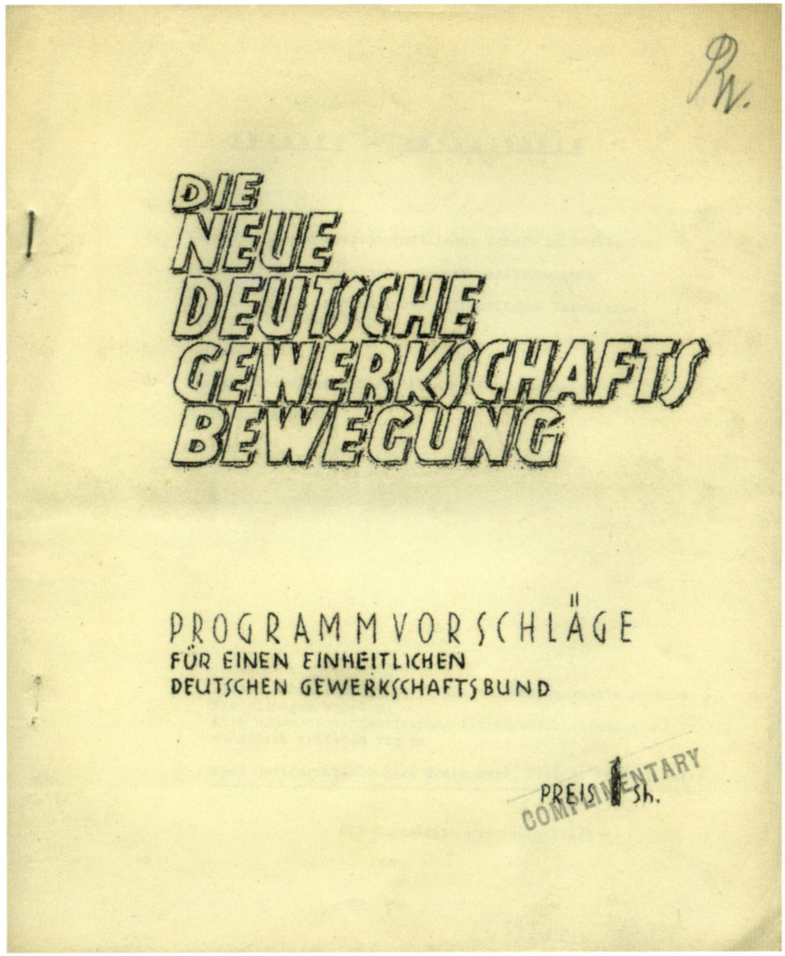

Exilpublikation mit deutschem Programmvorschlag zur ersten Welt-Gewerkschafts-Konferenz in London mit dem Beschluss zur Gründung des Weltgewerkschaftsbundes, Februar 1945
Sammlung Udo Achten, Düsseldorf

[1] Gerhard A. Ritter, Die deutsche Arbeiterbewegung im wilhelminischen Reich, Göttingen 1963; ders., Staat, Arbeiterschaft und Arbeiterbewegung in Deutschland, Berlin 1980, Klaus Saul, Staat, Industrie, Arbeiterbewegung im Kaiserreich. Zur Innen- und Außenpolitik des Wilhelminischen Deutschland 1903 – 1914. Düsseldorf 1974

[2] Fritz Fischer, Griff nach der Weltmacht: Die Kriegszielpolitik des kaiserlichen Deutschland 1914/1918., Düsseldorf 1961

[3] Colin Crouch, Postdemokratie, Frankfurt/M. 2008, S. 12

[4] Susanne Miller: Das Problem der Freiheit im Sozialismus. Freiheit, Staat und Revolution in der Programmatik der Sozialdemokratie von Lassalle bis zum Revisionismusstreit, Frankfurt am Main 1964

[5] Karl Kautsky; Demokratie oder Diktatur, Berlin 1918

[6] Ernst Fraenkel: Zur Soziologie der Klassenjustiz, Berlin 1927

[7] Vgl. Gerhard A. Ritter, Kontinuität und Umformung des deutschen Parteiensystems 1918 – 1920, ders., Arbeiterbewegung, Parteien und Parlamentarismus, Göttingen 1976, S. 116 – 157

[8] Heinrich A. Winkler, Arbeiter und Arbeiterbewegung in der Weimarer Republik. Bd. 1: Von der Revolution zur Stabilisierung. 1918–1924. Berlin/Bonn 1984

[9] Bermbach, Udo: Vorformen parlamentarischer Kabinettsbildung in Deutschland. Der Interfraktionelle Ausschuß 1917/18 und die Parlamentarisierung der Reichsregierung. Köln u. a. 1967

[10] Hartfried Krause: USPD. Frankfurt am Main 1975

[11] Susanne Miller: Burgfrieden und Klassenkampf. Die deutsche Sozialdemokratie im Ersten Weltkrieg. Düsseldorf 1974

[12] Ossip K. Flechtheim: Die Kommunistische Partei Deutschlands in der Weimarer Republik, Offenbach 1948

[13] Arthur Rosenberg: Entstehung der Weimarer Republik. 14. unveränderte Auflage., Frankfurt am Main 1972

[14] Peter Steinbach, Sozialdemokratie und Verfassungsordnung, Opladen 1979

[15] Vgl. Heinrich Hannover, Politische Justiz 1918 – 1933, Frankfurt/Main, 1966

[16] Michael Stürmer, Die Weimarer Republik: Belagerte Civitas, Königstein 1985

[17] Karl D. Erdmann u. Hagen Schulze, Weimar: Selbstpreisgabe einer Demokratie, Düsseldorf 1980

[18] Horst Möller, Parlamentarismus in Preußen 1918 – 1932, Düsseldorf 1985; Hagen Schulze, Hans-Peter Ehni, Bollwerk Preußen? Preußen-Regierung, Reich-Länder-Problem und Sozialdemokratie 1928 – 1932, Bonn 1975; Hagen Schulze, Otto Braun oder Preußens demokratische Sendung. Eine Biographie, Frankfurt M 1977

[19] Heinrich August Winkler, Die Sozialdemokratie und die Revolution 1918/19, Bonn 1979

[20] Michael Stürmer, Koalition und Opposition in der Weimarer Republik 1924 – 1928, Düsseldorf 1967

[21] Jürgen Bergmann und Klaus Megerle, Gesellschaftliche Mobilisierung und negative Partizipation: Zur Analyse der politischen Orientierung und Aktivitäten von Arbeitern, Bauern und gewerblichem Mittelstand der Weimarer Republik, in: Peter Steinbach, Hg., Probleme politischer Partizipation im Modernisierungsprozeß, Stuttgart 1982, S. 376 – 437

[22] Reinhard Neebe, Großindustrie, Staat und NSDAP 930 – 1933: Paul Silverberg und der Reichsverband der Deutschen Industrie in der Krise der Weimarer Republik, Göttingen 1981

[23] Jürgen Falter, Wer verhalf der NSDAP zum Sieg?, in: Aus Politik und Zeitgeschichte 28/29 v. 14.7.1979, S. 3 – 21

[24] Hermann Weber, Bearb., Die Generallinie: Rundschreiben des Zentralkomitees der KPD an die Bezirke 1929 – 1933, Düsseldorf 1981; ders., Hauptfeind Sozialdemokratie; Strategie und Taktik der KPD 1929 – 1933, Düsseldorf 1982 ders., Die Wandlungen des deutschen Kommunismus: Die Stalinisierung der KPD in der Weimarer Republik, 2 Bde., Frankfurt/M.1969, allg. ders., Kommunismus in Deutschland 1918 – 1945, Darmstadt 1983

[25] Eve Rosenhaft, Beating the Fascists? The German Communists and Political Violence 1929 – 1933, Cambridge/Mass. 1983

[26] Vgl. Peter Lösche, Der Bolschewismus im Urteil der deutschen Sozialdemokratie 1903 – 1920, Berlin 1967

[27] Siegfried Bahne, Die KPD und das Ende von Weimar, Frankfurt/M. 1976

[28] Heinrich August Winkler, Der Schein der Normalität. Arbeiter und Arbeiterbewegung in der Weimarer Republik 1924 bis 1940, Berlin u. Bonn 1985

[29] Heinrich August Winkler, Der Weg in diese Katastrophe: Arbeiter und Arbeiterbewegung in der Weimarer Republik 1930 bis 1933, Berlin u. Bonn 1987

[30] Die Diskussion zeichnet sehr gut nach Gotthard Jasper, Hg., Von Weimar zu Hitler 1930 – 1933, Köln und Berlin 1968

[31] Gerhard A. Ritter, Hg., Arbeiterkultur, Meisenheim 1979

[32] Dagmar Günther, Wandern und Sozialismus. Zur Geschichte des Touristenvereins „Die Naturfreunde" im Kaiserreich und in der Weimarer Republik. Hamburg 2003

[33] Jochen-Christoph Kaiser, Arbeiterbewegung und organisierte Religionskritik: Proletarische Freidenkerverbände in Kaiserreich und Weimarer Republik, Stuttgart 1981

[34] Karl Rohe, Das Reichsbanner Schwarz-Rot-Gold, Düsseldorf 1966

[35] Karl Heinz Tjaden, Struktur und Funktion der „KPD-Opposition" (KPO). Eine organisatorische Untersuchung zur „Rechts-Opposition im deutschen Kommunismus zur Zeit der Weimarer Republik, Meisenheim/Gl. 1964

36 Werner Link: Die Geschichte des Internationalen Jugend-Bundes (IJB) und des Internationalen Sozialistischen Kampf-Bundes (ISK): ein Beitrag zur Geschichte der Arbeiterbewegung in der Weimarer Republik und im Dritten Reich, Meisenheim am Glan 1964

37 Walter Loewenheim: Geschichte der Org [Neu Beginnen] 1929 – 1935. Eine zeitgenössische Analyse. Hrsg. von Jan Foitzik. Berlin 1995

38 Hanno Drechsler, Die Sozialistische Arbeiterpartei Deutschlands (SAPD), Meisenheim/Gl.1965

39 Vgl. Sigmund Neumann, Die Parteien der Weimarer Republik, Berlin 1932

40 Eberhard Jäckel, Hitlers Herrschaft. Vollzug einer Weltanschauung, Stuttgart 1986

41 Karl Dietrich Bracher, Die nationalsozialistische Machtergreifung: Studien z. Errichtung d. totalitären Herrschaftssystems in Deutschland 1933/34. Karl Dietrich Bracher; Wolfgang Sauer; Gerhard Schulz, Köln 1960

42 Die Zitate von Goebbels sind der Dokumentation von Gerhard Schulz, Bearb., Staat und NSDAP 1930 – 1932, Düsseldorf 1977 entnommen und werden hier aus Platzgründen nicht seitenmäßig nachgewiesen.

43 Theodor Wolff, Berliner Tageblatt 360 v. 31.7.1932

44 Siegfried Bahne: „Sozialfaschismus" in Deutschland. Zur Geschichte eines politischen Begriffs. In: International Review of Social History 10, 1965, S. 211–245

45 Detlev Peukert, Die KPD im Widerstand: Verfolgung und Untergrundarbeit an Rhein und Ruhr 1933–1945, Wuppertal 1980

46 Grundlegend mit der neuen Literatur Hans-Rainer Sandvoß, Die „andere" Reichshauptstadt: Widerstand aus der Arbeiterbewegung in Berlin von 1933 bis 1945, Berlin 2007

47 Dorothea Beck: Julius Leber. Sozialdemokrat zwischen Reform und Widerstand, Berlin 1983

48 Richard Albrecht: Der militante Sozialdemokrat. Carlo Mierendorff 1897 bis 1943, Berlin 1987

49 Jan Foitzik, Zwischen den Fronten: Zur Politik, Organisation und Funktion linker politischer Kleinorganisationen im Widerstand 1933 – 1939/40 unter besonderer Berücksichtigung des Exils, Bonn 1986

50 Vgl. Jürgen Aretz, Katholische Arbeiterbewegung und Nationalsozialismus, Mainz 1978

51 Peter Steinbach, „Schafft die Einheit!": Wilhelm Leuschner 1890 – 1944, Bonn 2000

52 Vgl. Richard Albrecht: Der militante Sozialdemokrat. Carlo Mierendorff 1897 bis 1943, Berlin 1987

Wahlplakate zur Nationalversammlung 1919:

„Frauen! Gleiche Rechte – Gleiche Pflichten – Wählt sozialdemokratisch“
Archiv der Sozialen Demokratie Bonn
6/PLKA000715

„Erwürgt nicht die junge Freiheit“
Grafik: Max Pechstein, herausgegeben vom Werbedienst der sozialistischen Republik
Archiv der Sozialen Demokratie Bonn
6/PLKA000722

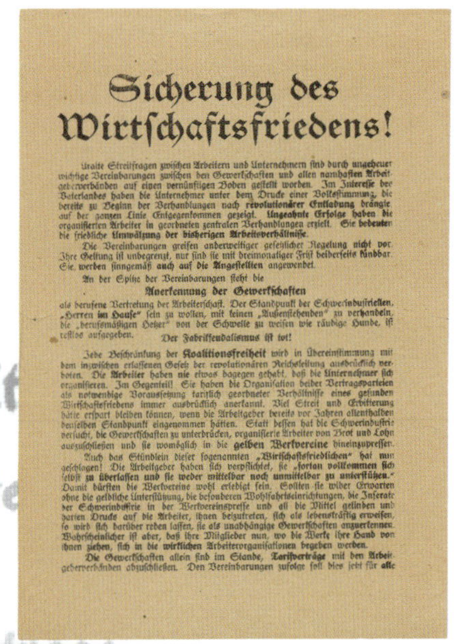

Sicherung des Wirtschaftsfriedens!

Uralte Streitfragen zwischen Arbeitern und Unternehmern sind durch ungeheuer wichtige Vereinbarungen zwischen den Gewerkschaften und allen namhaften Arbeitgeberverbänden auf einen vernünftigen Boden gestellt worden. Im Interesse des Vaterlandes haben die Unternehmer unter dem Drucke einer Volksstimmung, die bereits zu Beginn der Verhandlungen nach **revolutionärer Entladung** drängte, auf der ganzen Linie Entgegenkommen gezeigt. **Ungeahnte Erfolge haben die** organisierten Arbeiter in geordneten zentralen Verhandlungen erzielt. Sie **bedeuten** die friedliche **Umwälzung der bisherigen Arbeitsverhältnisse**.

Die Vereinbarungen greifen anderweitiger gesetzlicher Regelung **nicht vor**. Ihre Geltung ist unbegrenzt, nur sind sie mit dreimonatiger Frist beiderseits **kündbar**. Sie werden sinngemäß **auch auf die Angestellten** angewendet.

An der Spitze der Vereinbarungen steht die

Anerkennung der Gewerkschaften

als berufene Vertretung der Arbeiterschaft. Der Standpunkt der Schwer**industriellen**, „Herren **im Hause**“ sein zu wollen, mit keinen „Außenstehenden“ zu ver**handeln**, die „berufsmäßigen Hetzer“ von der Schwelle zu weisen wie räudige Hunde, ist restlos aufgegeben.

Der Fabrikfeudalismus ist tot!

Jede Beschränkung der **Koalitionsfreiheit** wird in Übereinstimmung mit dem inzwischen erlassenen Gesetz der revolutionären Reichsleitung ausdrücklich **verboten**. Die **Arbeiter** haben **nie** etwas dagegen gehabt, daß die **Unternehmer** sich organisieren. Im Gegenteil! Sie haben die Organisation beider Vertrags**parteien** als notwendige Voraussetzung tariflich geordneter Verhältnisse **eines gesunden** Wirtschaftsfriedens immer ausdrücklich anerkannt. Viel Streit und Erbitterung hätte erspart bleiben können, wenn die Arbeitgeber bereits vor Jahren allenthalben denselben Standpunkt eingenommen hätten. Statt dessen hat die Schwerindustrie versucht, die Gewerkschaften zu unterdrücken, organisierte Arbeiter von Brot und Lohn auszuschließen und sie womöglich in die **gelben Werkvereine** hineinzupressen.

Auch das Stündlein dieser sogenannten **„Wirtschaftsfriedlichen“ hat nun** geschlagen! Die Arbeitgeber haben sich verpflichtet, sie **„fortan vollkommen sich** selbst **zu überlassen und sie weder mittelbar noch unmittelbar zu unterstützen.“** Damit dürften die Werkvereine wohl erledigt sein. Sollten sie wider Erwarten ohne die geldliche Unterstützung, die besonderen Wohlfahrtseinrichtungen, die Inserate der Schwerindustrie in der Werkvereinspresse und all die Mittel gelinden und harten Drucks auf die Arbeiter, ihnen beizutreten, sich als lebenskräftig erweisen, so wird sich darüber reden lassen, sie als unabhängige Gewerkschaften anzuerkennen. Wahrscheinlicher ist aber, daß ihre Mitglieder nun, wo die Werke ihre Hand von ihnen **ziehen**, sich in die **wirklichen** Arbeiterorganisationen begeben werden.

Die Gewerkschaften allein sind im Stande, **Tarifverträge** mit den Arbeitgeberverbänden abzuschließen. Den Vereinbarungen zufolge soll dies jetzt für **alle**

Gewerkschaftliches Flugblatt zur friedlichen Umwälzung der Arbeitsverhältnisse durch Anerkennung der Arbeitergewerkschaften, Koalitionsfreiheit und Aussicht auf Tarifverträge, November 1918
DHM Berlin
Do 75/371

Information des Reichskanzlers Friedrich Ebert über die Abdankung Max von Badens mit Aufruf zur Ruhe und Ordnung, 1918
IISH Amsterdam
BG D15/410

Mitbürger!

Der bisherige Reichskanzler Prinz Max von Baden hat unter Zustimmung der sämtlichen Staatssekretäre mir die Wahrnehmung der Geschäfte des Reichskanzlers übertragen. Ich bin im Begriff die neue Regierung im Einvernehmen mit den Parteien zu bilden und werde über das Ergebnis der Oeffentlichkeit in Kürze berichten.

Die neue Regierung wird eine Volksregierung sein. Ihr Bestreben wird sein müssen, dem Deutschen Volke den Frieden schnellstens zu bringen und die Freiheit, die es errungen hat, zu befestigen.

Mitbürger! Ich bitte Euch alle um Eure Unterstützung bei der schweren Arbeit, die unser harrt. Ihr wißt, wie schwer der Krieg die Ernährung des Volkes, die erste Voraussetzung des politischen Lebens, bedroht.

Die politische Umwälzung darf die Ernährung der Bevölkerung nicht stören. Es muß die erste Pflicht Aller in Stadt und Land bleiben, die Produktion von Nahrungsmitteln und ihre Zufuhr in die Städte nicht zu hindern, sondern zu fördern.

Nahrungsmittelnot bedeutet Plünderung und Raub mit Elend für Alle. Die Aermsten würden am schwersten leiden, die Industriearbeiter am bittersten getroffen werden.

Wer sich an Nahrungsmitteln oder sonstigen Bedarfsgegenständen oder an den für ihre Verteilung benötigten Verkehrsmitteln vergreift, versündigt sich aufs Schwerste an der Gesamtheit.

Mitbürger! Ich bitte Euch Alle dringend: Verlaßt die Straßen! Sorgt für Ruhe und Ordnung!

Berlin, den 9. November 1918, früh

Der Reichskanzler:

gez. Ebert.

Erster Jahrgang „Betriebsräte-Zeitschrift für die Funktionäre der Metallindustrie“, Stuttgart, 1920
Archiv der sozialen Demokratie Bonn
Bibliothek, X 1377

„Reichsbanknote“ mit KPD-Propaganda
Sammlung Klaus Jürgen Becker,
Ludwigshafen

3 Gedenkmünzen der Serie „Des deutschen Volkes Leidensweg“, 1923
Sammlung Beringer, Hofheim

Am 1. November 1923 kostete
1 Pfund Brot 3 Milliarden
1 Pfund Fleisch 36 Milliarden
1 Glas Bier 4 Milliarden.

Am 15. November 1923 kostete
1 Pfund Brot 80 Milliarden
1 Pfund Fleisch 900 Milliarden
1 Glas Bier 52 Milliarden.

Am 1. Dezember 1923 kostete
1 Pfund Brot 260 Milliarden
1 Pfund Fleisch 3,2 Billionen
1 Goldmark 1 Billion.

INFLATIONSMEDAILLE, SOGENANNTE GEWERKSCHAFTSMEDAILLE, 1925
DHM BERLIN
N 2009/119

GEDENKMEDAILLE FÜR FRIEDRICH EBERT, CA. 1925
STADTGESCHICHTLICHES MUSEUM LEIPZIG
MS/91/2010

Avers: Portrait Friedrich Ebert Umschrift „Reichspräsident Fr. Ebert"; Revers oben: „4.2.1871" mit Sternchen, unten: 28.2.1925" mit Kreuz, an den Seiten Palmzweige, in der Mitte Quadrat: „Reichspräsident vom 11. Februar 1919-1925"

Plakat zum Rathenau-Mord 24. Juni 1922
„Sonderausgabe Vorwärts. Rathenau ermordet!“
Archiv der sozialen Demokratie, Bonn
6/PLKA002614

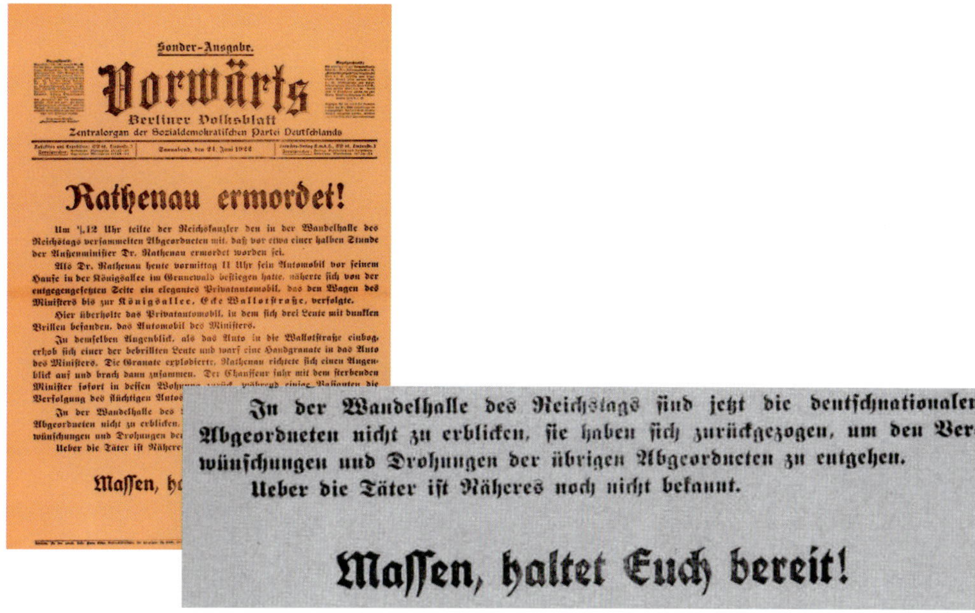

Sonder-Ausgabe.

Vorwärts

Berliner Volksblatt

Zentralorgan der Sozialdemokratischen Partei Deutschlands

Sonnabend, den 24. Juni 1922

Rathenau ermordet!

Um ¾12 Uhr teilte der Reichskanzler den in der Wandelhalle des Reichstags versammelten Abgeordneten mit, daß vor etwa einer halben Stunde der Außenminister Dr. Rathenau ermordet worden sei.

Als Dr. Rathenau heute vormittag 11 Uhr sein Automobil vor seinem Hause in der Königsallee im Grunewald bestiegen hatte, näherte sich von der entgegengesetzten Seite ein elegantes Privatautomobil, das den Wagen des Ministers bis zur Königsallee, Ecke Wallotstraße, verfolgte.

Hier überholte das Privatautomobil, in dem sich drei Leute mit dunklen Brillen befanden, das Automobil des Ministers.

In demselben Augenblick, als das Auto in die Wallotstraße einbog, erhob sich einer der bebrillten Leute und warf eine Handgranate in das Auto des Ministers. Die Granate explodierte. Rathenau richtete sich einen Augenblick auf und brach dann zusammen. Der Chauffeur fuhr mit dem sterbenden Minister sofort in dessen Wohnung ...

Verfolgung des flüchtigen Autos ...

In der Wandelhalle des Reichstags sind jetzt die deutschnationalen Abgeordneten nicht zu erblicken, sie haben sich zurückgezogen, um den Verwünschungen und Drohungen der übrigen Abgeordneten zu entgehen.

Ueber die Täter ist Näheres noch nicht bekannt.

Massen, haltet Euch bereit!

Sonderausgabe der Zeitung „Vorwärts“ zum Tod Friedrich Eberts 28. Februar 1925
Archiv der sozialen Demokratie, Bonn

Abendausgabe

5 Pfennig

Sonnabend 28. Februar 1925

Vorwärts

Berliner Volksblatt

Zentralorgan der Sozialdemokratischen Partei Deutschlands

Friedrich Ebert

Berlin, 28. Februar, 10³⁰ Uhr vorm.

Reichspräsident Friedrich Ebert ist seinen schweren Leiden erlegen.

9 Uhr vormittags

Heute morgen um 5 Uhr machte sich plötzlich eine neue Ausdehnung der Entzündungserscheinungen bemerkbar. Gleichzeitig nahmen die Kräfte rasch ab und der Kranke verfiel in Schlaf. Die an sein Lager zusammenberufenen Aerzte erklärten seinen Zustand für hoffnungslos.

10,30 Uhr vormittags

Der Reichspräsident ist heute vormittag 10.15 Uhr, ohne das Bewußtsein wieder erlangt zu haben, sanft entschlafen. Am Sterbelager weilten Frau Ebert, ihre Kinder und ihr Schwiegersohn Dr. Jenicke, sowie Staatssekretär Dr. Meißner.

Anstecker:
- Arbeiter- Turn- und Sportsbund, mit Wappen, 1919 – 1933
- Arbeiter-Abstinenten-Bund, vor 1933
- Arbeiterwohlfahrt (AWO), 1919 – 1933
- Arbeiter-Athleten-Bund Deutschlands, vor 1933
- Wintersportabteilung des Arbeiter-Turn- und Sportsbundes, 1919 – 1933

Archiv der sozialen Demokratie, Bonn
6/STICK00065 / 51 / 145 / 124 / 109

Sogenanntes „Eiffelturmrad“ aus dem Fahrradhaus „Frischauf“ Offenbach/Main, 1925

Stadtgeschichtliches Museum Leipzig
Sg 43

Kaffeekanne des „Arbeiter-Radfahrer-Bunds Solidarität, Abteilung Leipzig-West“, um 1920

Stadtgeschichtliches Museum Leipzig
Po 464

Wimpelkette des Arbeiter-Radfahrer-Bundes „Solidarität", 1920
Stadtgeschichtliches Museum Leipzig
P2

Kostümkoffer mit Kostüm des Arbeiter-Radfahrer-Bundes „Solidarität", zwischen 1920 – 1930
Stadtgeschichtliches Museum Leipzig
V/479/2010

Angeblich tritt Bruno Apitz in diesem Kostüm als „Roter Kaspar" in Leipzig auf. Bruno Apitz ist später in der DDR starke Identifikationsfigur, insbesondere durch seinen autobiographisch gefärbten Roman „Nackt unter Wölfen", der die Selbstbefreiung der politischen Häftlinge im Konzentrationslager Buchenwald beschreibt.

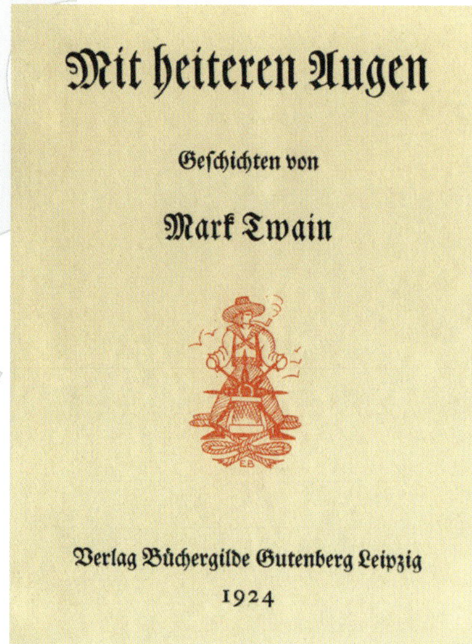

Erstes Buch der Büchergilde Gutenberg: „Mit heiteren Augen – Geschichten von Mark Twain“, 1924
Sammlung Udo Achten, Düsseldorf

Glocke zum 25. Jubiläum des Konsumvereins Johanngeorgenstadt, 1929
Kleines KONSUM-Museum der Heinrich-Kaufmann-Stiftung, Hamburg

GEG-Spiel „Reise durch Deutschland“, 1931
Kleines KONSUM-Museum der Heinrich-Kaufmann-Stiftung, Hamburg

GEG-Blechschild, 1920er Jahre
Kleines KONSUM-Museum der Heinrich-Kaufmann-Stiftung, Hamburg

Jubiläumsaschenbecher anlässlich „40 Jahre Konsumverein Sendling München“, 1926
Kleines KONSUM-Museum der Heinrich-Kaufmann-Stiftung, Hamburg

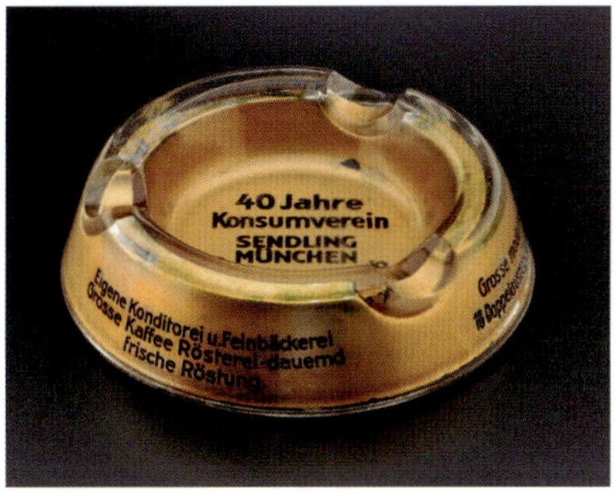

Nähmaschine mit GEG-Aufkleber/Marke, Jugendstilmotive, 1920er Jahre
Kleines KONSUM-Museum der Heinrich-Kaufmann-Stiftung, Hamburg

GEG-Dose mit „Mop-Politur“, 1920er Jahre
Kleines KONSUM-Museum der Heinrich-Kaufmann-Stiftung, Hamburg

GEG-Sammelalbum „Reise durch Deutschland“ mit Einsteckbildern, 1931
Kleines KONSUM-Museum der Heinrich-Kaufmann-Stiftung, Hamburg

Tasse des Dresdner Konsumvereins „Vorwärts“, 1920er Jahre
Kleines KONSUM-Museum der Heinrich-Kaufmann-Stiftung, Hamburg

Alle auf diesen Tätigkeitsgebieten der Privatwirtschaft entzogenen Gewinne kommen den Verbrauchern zugute, teils in Form niedriger Preise, teils in Form einer Rückvergütung, die nach Maßgabe des Umsatzes den Mitgliedern zufließt, teils als Stärkung des Betriebskapitals, die zu erhöhter Leistungsfähigkeit führt.
In Leipzig besteht seit 41 Jahren ein großer leistungsfähiger Konsumverein, der

Halbheiten

Die Zugehörigkeit zur Gewerkschaft gilt heute für jeden einsichtigen Arbeiter als selbstverständlich. Jeder weiß, daß nur der feste Zusammenschluß den wirtschaftlich Schwachen die Kraft verleiht, sich dem Kapital gegenüber zu behaupten. Um jeden Pfennig Lohnerhöhung wird erbittert gerungen, häufig unter großen Opfern.

Was aber nützt eine Erhöhung des Nominallohnes, wenn gleichzeitig die Kaufkraft des Einkommens durch gesteigerte Preise herabgemindert, der Reallohn also gesenkt wird?

Soll der gewerkschaftliche Kampf zu einer dauernden Hebung der Lebenshaltung führen, so bedarf er der Ergänzung durch Einflußnahme der Arbeiterschaft auf die Preisbildung, auf die Gestaltung der Kaufkraft des Lohnes. Diesen Einfluß kann sich die Arbeiterschaft nur als Verbraucher verschaffen.

Als Verbraucher zahlt sie dem Kapital ihren Profit.

Als Verbraucher ernährt und unterhält sie das Heer der Groß- und Kleinhändler aller Art.

Als Verbraucher ist sie das willenlose Objekt der Ausbeutung und der Spekulation.

Alle Wirtschaft, alle Kapitalbildung, aller Profit beruhen auf dem Verbrauch.

Der Konkurrenzkampf der Unternehmer untereinander ist der Kampf um die Seele des Verbrauchers. Alle Reklame hat den Zweck, aus dem Verbraucher Nutzen zu ziehen.

Und der Verbraucher selbst? Er sieht diesem Treiben gelassen zu und fühlt sich wohl gar geschmeichelt, weil man ihn so sehr als Objekt der Ausbeutung schätzt.

Muß alles das so sein? Es muß durchaus nicht! In dem Augenblicke, in dem die Verbraucherschaft in ihrer großen Masse sich bewußt wird, daß sie die Grundlage der gesamten Wirtschaft bildet, und daß aus ihr allein Handel, Gewerbe, Industrie und Landwirtschaft ihre Gewinne ziehen, auf sie ihre Kapitalmacht gründen, in dem Augenblick hat die Verbraucherschaft die Möglichkeit, aus dem Objekt der Ausbeutung zur Beherrscherin der Wirtschaft zu werden.

Der erste Schritt dazu ist der organisatorische Zusammenschluß zur Verbrauchergenossenschaft, zum Konsumverein.

Als Konsumverein greifen Verbraucher geschlossen und zielbewußt in die Wirtschaft ein. Durch ihn beschaffen sie ihre Bedarfsgüter im Großen unter Ausschaltung jeden unnötigen Zwischenhandels. Durch ihn betreiben sie die Selbsterzeugung und Verarbeitung von Gütern aller Art, sei es in örtlichen Bäckereien, Fleischereien, Mühlen usw., sei es in den gemeinsam von allen Konsumvereinen fortschrittlicher Richtung unterhaltenen Betrieben der Großeinkaufs-Gesellschaft Deutscher Konsumvereine m. b. H. in Hamburg, der „GEG".

Alle auf diesen Tätigkeitsgebieten der Privatwirtschaft entzogenen Gewinne kommen den Verbrauchern zugute, teils in Form niedriger Preise, teils in Form einer Rückvergütung, die nach Maßgabe des Umsatzes den Mitgliedern zufließt, teils als Stärkung des Betriebskapitals, die zu erhöhter Leistungsfähigkeit führt.

In Leipzig besteht seit 41 Jahren ein großer leistungsfähiger Konsumverein, der

Konsumverein Leipzig-Plagwitz und Umgegend, eingetr. Gen. m. b. Haftpfl.,

dem über 70 000 Familien als Mitglieder angehören. In der Zeit seines Bestehens hat er seinen Mitgliedern die Summe von

32 Millionen Reichsmark

an Rückvergütung zur Verfügung gestellt. Für das abgelaufene Geschäftsjahr beträgt die Summe der Rückvergütung

über 1 Million Reichsmark.

Durch sein Wirken zwingt er den Handel zur Zurückhaltung bei der Preisfestsetzung. Seine Fleischerei und seine Bäckereien haben bahnbrechend in der Versorgung mit guten und preiswerten Fleisch- und Backwaren gewirkt. Seine Tätigkeit war also ein voller Erfolg in dem oben angeführten Sinne.

Dennoch muß gesagt werden, daß dieser Erfolg wesentlich größer sein könnte, wenn auch nur die Gesamtheit der Arbeiterschaft sich der Bedeutung des genossenschaftlichen Zusammenschlusses bewußt wäre.

Es ist **Halbheit,** in der Gewerkschaft für höhere Löhne zu kämpfen und gleichzeitig als Verbraucher durch Einkäufe bei Privathändlern das Kapital zu stärken.

Es ist **Halbheit,** dem Konsumverein als Mitglied anzugehören und dabei seine Backwaren vom Bäcker, seine Fleischwaren vom Fleischer, seine Lebensmittel vom Händler anstatt aus dem eigenen Unternehmen zu beziehen.

Es ist **Halbheit,** vom Konsumverein hohe Leistungen zu fordern und nicht seinen ganzen Bedarf im Konsumverein zu decken. Je umfassender der Bedarf der Verbraucher durch den Konsumverein gedeckt wird, um so geringer sind die Kosten, um so größer ist der dem einzelnen zufließende Vorteil, um so unwiderstehlicher ist die Macht der organisierten Verbraucher. Darum Gewerkschafter:

Sorgt dafür, daß jedes Gewerkschaftsmitglied dem Konsumverein als Mitglied beitritt!

Sorgt dafür, daß euer Bedarf restlos im Konsumverein gedeckt wird!

Sorgt dafür, daß die Leistungsfähigkeit des Konsumvereins sich steigert und die Erfolge der gewerkschaftlichen Kämpfe sichern hilft!

Darum fort mit allen Halbheiten!

Verlag: W. Fischer, Leipzig. Druck: Leipziger Buchdruckerei Aktiengesellschaft, Leipzig

ca. 1926

„Halbheiten". Aufruf zur Bedarfdeckung des Konsumvereins Leipzig-Plagwitz, Oktober 1924
Stadtgeschichtliches Museum Leipzig
D 5672

größer ist der dem einzelnen zufließende Vorteil, um so unwiderstehlicher ist die Macht der organisierten Verbraucher. Darum Gewerkschafter:

Sorgt dafür, daß jedes Gewerkschaftsmitglied dem Konsumverein als Mitglied beitritt!

Sorgt dafür, daß euer Bedarf restlos im Konsumverein gedeckt wird!

Sorgt dafür, daß die Leistungsfähigkeit des Konsumvereins sich steigert und die Erfolge der gewerkschaftlichen Kämpfe sichern hilft!

... 1945
WEITERE EXPONATE

Zeitschrift „Die Kommunistische Internationale", Nr. 1, Moskau/Petrograd 1919
Sammlung Klaus Jürgen Becker, Ludwigshafen
Für die Diktatur, Nr.97

Plakat der SPD: „Faschismus droht! Wehr' Dich! Werde Sozialdemokrat!", Dezember 1930
Archiv der sozialen Demokratie, Bonn
6/PLKA002379

Mitgliedsausweis der Revolutionären Gewerkschafts-Opposition (KPD), ab 1929
Sammlung Klaus Jürgen Becker, Ludwigshafen

Wandschmuck „Ernst Thälmann“, 1930
DHM Berlin
AK 99/806

Thälmann (1886 – 1944) ist von 1925 bis 1933 Vorsitzender der KPD, von 1924 bis 1933 Reichstagsabgeordneter. Am 3. März 1933 wird er verhaftet und 1944 auf direkten Befehl Adolf Hitlers im Konzentrationslager Buchenwald erschossen.

Plakat der Eisernen Front zur Reichstagswahl: „Gegen Papen, Hitler, Thälmann. Liste 2 Sozialdemokraten“, 6. November 1932
Archiv der sozialen Demokratie, Bonn
6/PLKA002672

Kaffeetasse der Roten Hilfe, 1931
Chemnitz
07/0530/S4

Wahlkampfplakat der KPD „Einheitsfront Aktion“
IISH Amsterdam
BG E4/112

Notendruck „Tanz am Fliessband"
Leipzig
Stadtgeschichtliches Museum Leipzig
Mus 605

„Am laufenden Band"
Betriebszeitung für die Opel-Belegschaft, herausgegeben von der Bezirksleitung Hessen der sozialdemokratischen Partei Deutschlands, 13. November 1929
Stadt- und Industriemuseum Rüsselsheim

Ford Modell T, Baujahr 1926
Technoseum
Evz: 1989/0716

Plakette der Deutschen Arbeitsfront
zum „Tag der Arbeit 1934“
Sammlung Beringer

Werbeplakat der Deutschen Arbeitsfront
„Wir bleiben Kameraden“, 1933
Archiv der sozialen Demokratie, Bonn
6/PLKA002679

Arbeitsfrontrundstrahler AFR 354
und Arbeitsfrontempfänger DAF 1011,
1938
Technoseum
Evz: 1989/1269
Evz: 1988/0799

10 Gebote für das DAF-Mitglied:

1. **Sichere Deine Ansprüche** für die Kranken-Erwerbslosen-Invaliden-Sterbegeld-Notfall- und Heiratsunterstützung durch pünktliche und satzungsgemäße Beitragszahlung!
2. **Krankenunterstützung** sofort beantragen, spätestens jedoch eine Woche nach Beendigung der Krankheit!
3. **Erwerbslosenunterstützung** sofort bei beginnender Erwerbslosigkeit beantragen!
4. **Rechtsschutz** bieten Dir kostenlos die Rechtsstellen der DAF bei Klagen aus dem Arbeitsverhältnis und der Sozialversicherung, ebenfalls den Hinterbliebenen verstorbener Mitglieder!
5. **Beitrag** ist eine Bringschuld. Der DAF-Walter arbeitet ehrenamtlich; erleichtere ihm seine schwere Arbeit durch pünktliche Beitrags- … für Dich!

Mitgliedsbuch der Deutschen Arbeitsfront und Beilage „10 Gebote für ein DAF-Mitglied“, 1933
Technoseum
Avz: 2008/0084-0025

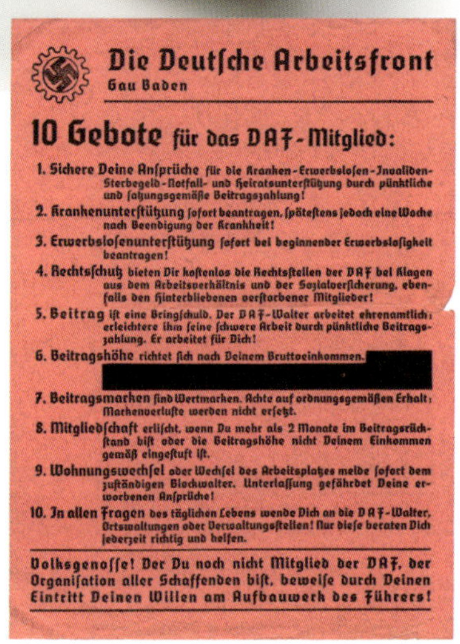
Die Deutsche Arbeitsfront
Gau Baden

10 Gebote für das DAF-Mitglied:

1. Sichere Deine Ansprüche für die Kranken-Erwerbslosen-Invaliden-Sterbegeld-Notfall- und Heiratsunterstützung durch pünktliche und satzungsgemäße Beitragszahlung!
2. Krankenunterstützung sofort beantragen, spätestens jedoch eine Woche nach Beendigung der Krankheit!
3. Erwerbslosenunterstützung sofort bei beginnender Erwerbslosigkeit beantragen!
4. Rechtsschutz bieten Dir kostenlos die Rechtsstellen der DAF bei Klagen aus dem Arbeitsverhältnis und der Sozialversicherung, ebenfalls den Hinterbliebenen verstorbener Mitglieder!
5. Beitrag ist eine Bringschuld. Der DAF-Walter arbeitet ehrenamtlich; erleichtere ihm seine schwere Arbeit durch pünktliche Beitragszahlung. Er arbeitet für Dich!
6. Beitragshöhe richtet sich nach Deinem Bruttoeinkommen. [redacted]
7. Beitragsmarken sind Wertmarken. Achte auf ordnungsgemäßen Erhalt; Markenverluste werden nicht ersetzt.
8. Mitgliedschaft erlischt, wenn Du mehr als 2 Monate im Beitragsrückstand bist oder die Beitragshöhe nicht Deinem Einkommen gemäß eingestuft ist.
9. Wohnungswechsel oder Wechsel des Arbeitsplatzes melde sofort dem zuständigen Blockwalter. Unterlassung gefährdet Deine erworbenen Ansprüche!
10. In allen Fragen des täglichen Lebens wende Dich an die DAF-Walter, Ortswaltungen oder Verwaltungsstellen! Nur diese beraten Dich jederzeit richtig und helfen.

Volksgenosse! Der Du noch nicht Mitglied der DAF, der Organisation aller Schaffenden bist, beweise durch Deinen Eintritt Deinen Willen am Aufbauwerk des Führers!

Tarnschrift „Volksleben in Japan“
Sammlung Udo Achten, Düsseldorf

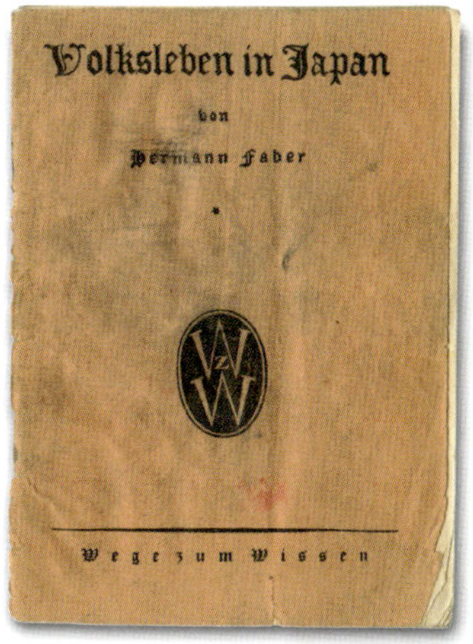

Gruppenbild mit Mitgliedern des SoPaDe-Parteivorstandes im Prager Exil, 1933

V.l.n.r.: Erich Ollenhauer, Hans Vogel, Otto Wels, Friedrich Stampfer, Siegmund Crummenerl, Albert Grzesinski

Deutschland-Berichte der SoPaDe, 1936
Sammlung Udo Achten, Düsseldorf

SoPaDe nennt sich die Sozialdemokratische Partei Deutschlands (SPD) von 1933 bis 1939 im Prager Exil. Monatlich gibt sie die „Deutschland-Berichte“ heraus.

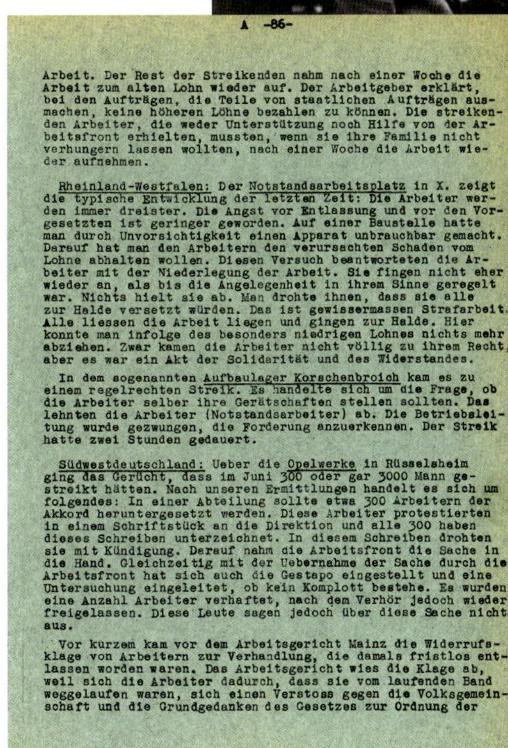

A -86-

Arbeit. Der Rest der Streikenden nahm nach einer Woche die Arbeit zum alten Lohn wieder auf. Der Arbeitgeber erklärt, bei den Aufträgen, die Teile von staatlichen Aufträgen ausmachen, keine höheren Löhne bezahlen zu können. Die streikenden Arbeiter, die weder Unterstützung noch Hilfe von der Arbeitsfront erhielten, mussten, wenn sie ihre Familie nicht verhungern lassen wollten, nach einer Woche die Arbeit wieder aufnehmen.

Rheinland-Westfalen: Der Notstandsarbeitsplatz in X. zeigt die typische Entwicklung der letzten Zeit: Die Arbeiter werden immer dreister. Die Angst vor Entlassung und vor den Vorgesetzten ist geringer geworden. Auf einer Baustelle hatte man durch Unvorsichtigkeit einen Apparat unbrauchbar gemacht. Darauf hat man den Arbeitern den verursachten Schaden vom Lohne abhalten wollen. Diesen Versuch beantworteten die Arbeiter mit der Niederlegung der Arbeit. Sie fingen nicht eher wieder an, als bis die Angelegenheit in ihrem Sinne geregelt war. Nichts hielt sie ab. Man drohte ihnen, dass sie alle zur Halde versetzt würden. Das ist gewissermassen Strafarbeit. Alle liessen die Arbeit liegen und gingen zur Halde. Hier konnte man infolge des besonders niedrigen Lohnes nichts mehr abziehen. Zwar kamen die Arbeiter nicht völlig zu ihrem Recht, aber es war ein Akt der Solidarität und des Widerstandes.

In dem sogenannten Aufbaulager Korschenbroich kam es zu einem regelrechten Streik. Es handelte sich um die Frage, ob die Arbeiter selber ihre Gerätschaften stellen sollten. Das lehnten die Arbeiter (Notstandsarbeiter) ab. Die Betriebsleitung wurde gezwungen, die Forderung anzuerkennen. Der Streik hatte zwei Stunden gedauert.

Südwestdeutschland: Ueber die Opelwerke in Rüsselsheim ging das Gerücht, dass im Juni 300 oder gar 3000 Mann gestreikt hätten. Nach unseren Ermittlungen handelt es sich um folgendes: In einer Abteilung sollte etwa 300 Arbeitern der Akkord heruntergesetzt werden. Diese Arbeiter protestierten in einem Schriftstück an die Direktion und alle 300 haben dieses Schreiben unterzeichnet. In diesem Schreiben drohten sie mit Kündigung. Darauf nahm die Arbeitsfront die Sache in die Hand. Gleichzeitig mit der Uebernahme der Sache durch die Arbeitsfront hat sich auch die Gestapo eingestellt und eine Untersuchung eingeleitet, ob kein Komplott bestehe. Es wurden eine Anzahl Arbeiter verhaftet, nach dem Verhör jedoch wieder freigelassen. Diese Leute sagen jedoch über diese Sache nichts aus.

Vor kurzem kam vor dem Arbeitsgericht Mainz die Widerrufsklage von Arbeitern zur Verhandlung, die damals fristlos entlassen worden waren. Das Arbeitsgericht wies die Klage ab, weil sich die Arbeiter dadurch, dass sie vom laufenden Band weggelaufen waren, sich einen Verstoss gegen die Volksgemeinschaft und die Grundgedanken des Gesetzes zur Ordnung der

ALEMANIA LIBRE

EXTRA „FREIES DEUTSCHLAND" 1 DE MARZO 1942

DULDEN HEISST: MITSCHULDIG SEIN!

Aufruf an das Deutsche Volk!

EXTRABLATT DER EXILZEITUNG „ALEMANIA LIBRE" MIT DEM AUFRUF DEUTSCHER INTELLEKTUELLER UND GEWERKSCHAFTER ZUM STURZ HITLERS, 1. MÄRZ 1942
DHM BERLIN
DO 62/1297.50

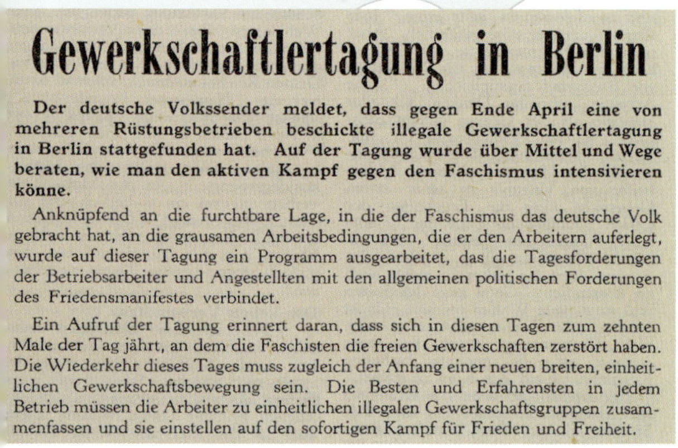

Gewerkschaftlertagung in Berlin

Der deutsche Volkssender meldet, dass gegen Ende April eine von mehreren Rüstungsbetrieben beschickte illegale Gewerkschaftlertagung in Berlin stattgefunden hat. Auf der Tagung wurde über Mittel und Wege beraten, wie man den aktiven Kampf gegen den Faschismus intensivieren könne.

Anknüpfend an die furchtbare Lage, in die der Faschismus das deutsche Volk gebracht hat, an die grausamen Arbeitsbedingungen, die er den Arbeitern auferlegt, wurde auf dieser Tagung ein Programm ausgearbeitet, das die Tagesforderungen der Betriebsarbeiter und Angestellten mit den allgemeinen politischen Forderungen des Friedensmanifestes verbindet.

Ein Aufruf der Tagung erinnert daran, dass sich in diesen Tagen zum zehnten Male der Tag jährt, an dem die Faschisten die freien Gewerkschaften zerstört haben. Die Wiederkehr dieses Tages muss zugleich der Anfang einer neuen breiten, einheitlichen Gewerkschaftsbewegung sein. Die Besten und Erfahrensten in jedem Betrieb müssen die Arbeiter zu einheitlichen illegalen Gewerkschaftsgruppen zusammenfassen und sie einstellen auf den sofortigen Kampf für Frieden und Freiheit.

Freie Tribüne 3D

FREIE DEUTSCHE JUGEND

No. 10 (Vol. V.) ANTI-NAZI FORTNIGHTLY 13. MAI 1943

Karl von Ossietsky

Gewerkschaftlertagung in Berlin

Bermuda

MITTEILUNGSBLATT DER JUGENDORGANISATION DER DEUTSCHEN EMIGRANTEN IN GROSSBRITANIEN „FREIE TRIBÜNE", 13. MAI 1943
DHM BERLIN
DO 79/59LL

Es wird u.a. über eine illegale Gewerkschaftstagung in Deutschland berichtet.

ZEITUNGSAUSGABE DER „RUNDSCHAU", SCHWEIZER EXILORGAN DER KPD, 18. FEBRUAR 1937
SAMMLUNG KLAUS JÜRGEN BECKER, LUDWIGSHAFEN

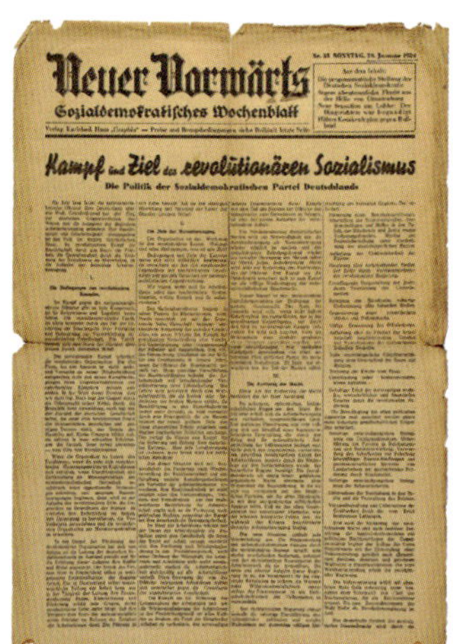

Neuer Vorwärts

Sozialdemokratisches Wochenblatt

Kampf und Ziel des revolutionären Sozialismus

Die Politik der Sozialdemokratischen Partei Deutschlands

ZEITUNG „NEUER VORWÄRTS. SOZIALDEMOKRATISCHES WOCHENBLATT" (EXILAUSGABE), KARLSBAD 24. JANUAR 1934
GEDENKSTÄTTE ERNST-THÄLMANN, HAMBURG

RUNDSCHAU

ÜBER POLITIK, WIRTSCHAFT UND ARBEITERBEWEGUNG

BASEL, 18. FEBRUAR 1937 — 6. JAHRGANG · NUMMER 7

K. F. Woroschilow: Neunzehnter Jahrestag der Roten Armee — Genosse Stalin und die Rote Armee (Seite 279)

Aus dem Inhalt:

Gabriel Péri: Das britische Außenministerium unterstützt Franco

Weltpolitik

Außenpolitische Wochenschau: Spanien wieder an erster Stelle — Großbritannien und Deutschland: ein Artikel des Londoner «Economist» — Am Vorabend der Balkankonferenz — Danzig, Oesterreich — Die Randstaaten und die UdSSR — Internationale Einheitsaktion das Gebot der Stunde

Aus den einzelnen Ländern

R. Bishop: Eine Kriegsanleihe in Friedenszeiten
Stephan: Die faschistische Diktatur in Bulgarien bereitet Gemeindewahlen vor
J. Berlioz: Die Tagung des Landesausschusses der Sozialistischen Partei Frankreichs
Heria Holsten: Die totale Kriegsvorbereitung der deutschen Frau
Das Weltgewissen fordert Freilassung Senta Beimlers
Hugo Eberlein: Naziwühlereien in Dänemark
R. A. Martinez: Die Entwicklung der Volksfront in Mexiko
Selim Abud: Zur politischen Lage im Irak
Vicente Uribe: Die spanischen Bauern und die Republik

Der Heldenkampf des spanischen Volkes

Hugh Slater: Madrid nach dreieinhalb Monaten Belagerung unerschüttert und einig
Eine Erklärung des ZK der KP Spaniens zum Fall Malagas

Internationale aktive Hilfe dem kämpfenden spanischen Volke

Internationale Konferenz aller antifaschistischen Organisationen für Spanien. Eine Erklärung Pascal *Tomas'*
Macht der faschistischen Intervention ein Ende! Appell des *Weltkomitees gegen Krieg und Faschismus*
Ein Brief von *Dolores Ibarruri*

Kampf um die Aktionseinheit der Arbeiterklasse

Montagu Slater: Die Einheitskampagne in Großbritannien schlägt ein schnelles Tempo ein
Karl Braun: Auf dem Wege zur Gewerkschaftseinheit in der Tschechoslowakei
Eine Unterredung mit Louis de Brouckère über die Einheit der Arbeiterklasse

Für die Rettung Prestes!

G. Willard: Prestes, Ewert, Ghioldi und den 5000 politischen Gefangenen Brasiliens zu Hilfe!

Aus den Kasematten der Bourgeoisie

K. Petrescu: Der Prozeß gegen die Bauern der Dobrudscha
Die wirkliche Lage des Genossen Rákosi — Brief aus Budapest

Nach dem Prozeß gegen das trotzkistische «Parallele Zentrum»

Franz Lang: Der Moskauer Prozeß — Dienst am Weltfrieden
D. N. Pritt über die «Verhörmethoden der Sowjetpolizei» (Aus dem «Manchester Guardian»)
Die «*Prawda*» antwortet Friedrich Adler
Stasy: Der Anfang vom Ende der spanischen Trotzkisten

Mit aller Macht gegen die Bolschewistenhetze

Um den Frieden zu retten, um die Zukunft der Menschheit zu sichern

Die wilde Hetze gegen den Bolschewismus hat den deutschen Nazis die Geldschränke und die Herzen der Ausbeuter geöffnet; sie schuf die Grundlage für die Sammlung der Deklassierten in Kampfverbänden und Werkabteilungen; und was sie im Landesmaßstabe mit so viel Glück erprobten, das wollen sie nun auch auf die internationale Kampfbühne übertragen.

Die Welt schreit nach Frieden, drängt auf Abmachungen, die den Krieg verhindern sollen. Die Wortführer des Dritten Reiches antworten: Sicherheitsverträge, warum nicht? Allerdings nicht mit der Sowjetunion.

Dieser rein verneinende Standpunkt wurde auf dem Nürnberger Parteitag geändert. Er wurde in ein kämpferisches Draufgängertum verwandelt. An Stelle der Ablehnung des Sicherheitsvertrages trat der lärmende Abschluß von Kampfverträgen gegen den Bolschewismus. Das erste Wort *Ribbentrops*, dieses Vorzugsgesandten Hitlers, nach seiner Ankunft in England, war das Angebot, beide Reiche im Zeichen des Kampfes gegen den Kommunismus zusammenzuführen. Die britische Diplomatie lehnte dankend ab. Aber Italien und Japan, an die man ebenfalls herantrat, gingen darauf ein. Japan verpflichtete sich sogar in einem Staatsvertrag, die «Komintern» zu bekämpfen. Diesen Vertrag feierte Hitler am 30. Januar als das Muster aller zukünftigen Staatsverträge.

> «Wir schließen uns ab?» — erwiderte *Hitler* auf die Vorwürfe Edens. «Wir verbinden uns doch mit anderen Staaten: seht den Vertrag mit Japan.»

In diesem Sinne versteht also der Nazismus den Zusammenschluß der Staaten. Im Zeichen des Kreuzzuges gegen den Bolschewismus, im Zeichen des heiligen Krieges aller kapitalistischen Mächte gegen die Sowjetunion.

Nun liegen aber die Dinge in der Außenpolitik nicht so einfach, oder mindestens verhältnismäßig nicht so einfach, wie sie in Hindenburg-Deutschland im Jahre 1930, 1931 und 1932 waren. Das Programm der Rettung der Bourgeoisie oder die Sicherung ihrer Herrschaft mit Hilfe einer terroristischen Diktatur hört sich ja nicht schlecht an. Der deutsche Faschismus findet daher in allen kapitalistischen Ländern Freunde und Gönner. Aber auch ein großer Teil der Bourgeoisie sieht immer mehr ein, daß diese deutschen Weltretter das Gespenst des Bolschewismus zur Verdeckung ihrer Weltherrschaftspläne benützen. Sie wollen mit dieser Losung die fremden Nationen spalten und schwächen, sie wollen sich Vorwände für bewaffnete Einmischungen schaffen. Die Wortführer des Dritten Reiches sprechen von der Bekämpfung der Bolschewistengefahr in Frankreich und wollen die Goldschätze der französischen Bank rauben, sie wollen die Erz- und Kohlenbecken in Nord- und Ostfrankreich, sie wollen die französischen Ueberseebesitzungen an sich reißen. Sie schreien über Bolschewistengefahr in der Tschechoslowakei, der sie abhelfen möchten; in Wirklichkeit wollen sie sich als Zwingherren über ganz Mitteleuropa auftun.

Freilich würden durch die barbarischen Unterdrückungsmaßnahmen dieser Herrenmenschen in erster Linie die Arbeiter, sowie alle wirklichen Werktätigen betroffen. Aber daß auch die Bourgeoisie, namentlich die französische Bourgeoi-

Georges Soria: Die Hintergründe der deutschen Durchdringung Marokkos (Seite 293)

Vier Enthauptungen im Laufe von zwei Tagen in Hitlerdeutschland (Seite 288)

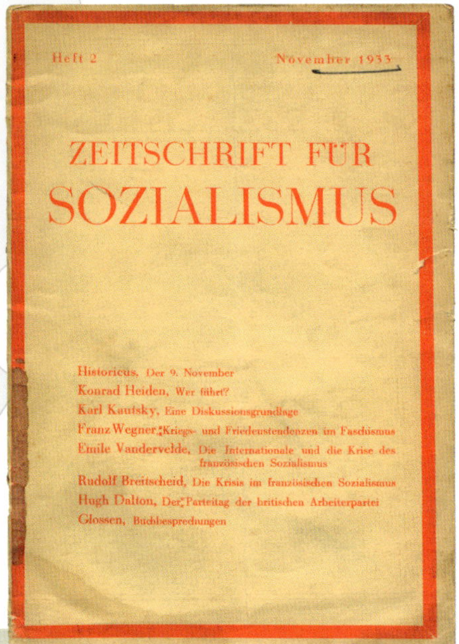
Heft 2 November 1933

ZEITSCHRIFT FÜR
SOZIALISMUS

Historicus, Der 9. November
Konrad Heiden, Wer führt?
Karl Kautsky, Eine Diskussionsgrundlage
Franz Wegner, Kriegs- und Friedenstendenzen im Faschismus
Emile Vandervelde, Die Internationale und die Krise des französischen Sozialismus
Rudolf Breitscheid, Die Krisis im französischen Sozialismus
Hugh Dalton, Der Parteitag der britischen Arbeiterpartei
Glossen, Buchbesprechungen

„Zeitschrift für Sozialismus" – Monatsschrift für die Probleme des Sozialismus, theoretisches Organ der Exil-SPD in Prag, Ausgabe vom November 1933
Sammlung Klaus Jürgen Becker, Ludwigshafen

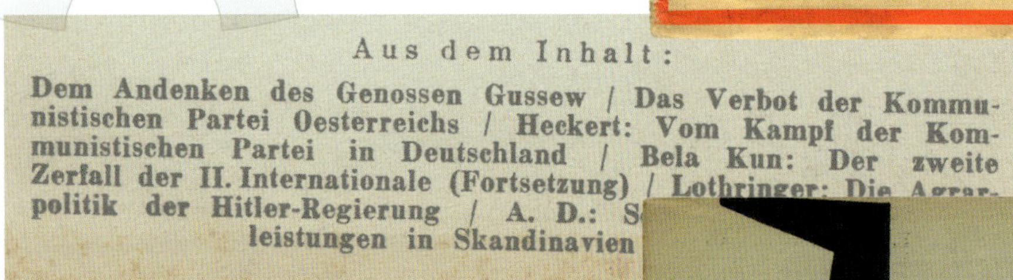
Aus dem Inhalt:
Dem Andenken des Genossen Gussew / Das Verbot der Kommunistischen Partei Oesterreichs / Heckert: Vom Kampf der Kommunistischen Partei in Deutschland / Bela Kun: Der zweite Zerfall der II. Internationale (Fortsetzung) / Lothringer: Die Agrarpolitik der Hitler-Regierung / A. D.: S
leistungen in Skandinavien

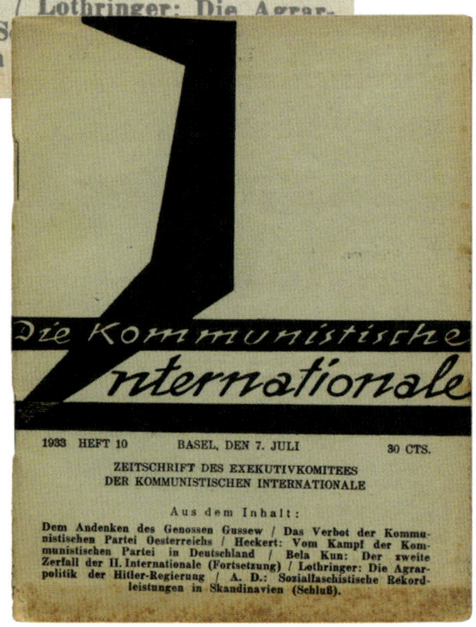
Die Kommunistische Internationale

1933 HEFT 10 BASEL, DEN 7. JULI 30 CTS.

ZEITSCHRIFT DES EXEKUTIVKOMITEES
DER KOMMUNISTISCHEN INTERNATIONALE

Aus dem Inhalt:
Dem Andenken des Genossen Gussew / Das Verbot der Kommunistischen Partei Oesterreichs / Heckert: Vom Kampf der Kommunistischen Partei in Deutschland / Bela Kun: Der zweite Zerfall der II. Internationale (Fortsetzung) / Lothringer: Die Agrarpolitik der Hitler-Regierung / A. D.: Sozialfaschistische Rekordleistungen in Skandinavien (Schluß).

Zeitschrift des Exekutiv-Komitees der Kommunistischen Internationale „Die Kommunistische Internationale", 7. Juli 1933
Sammlung Klaus Jürgen Becker, Ludwigshafen

Kleindruckausgabe von 1933 zur illegalen Verbreitung in Deutschland, gedruckt in Basel

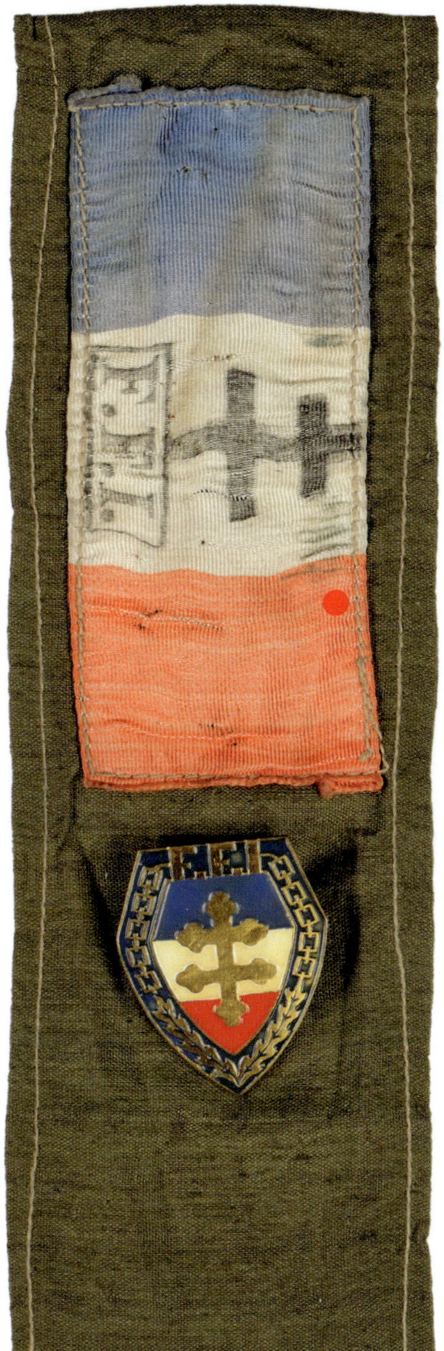

Armbinde mit Abzeichen der französischen Résistance, 1944
Stadtarchiv Ludwigshafen

Die aus dem Besitz des Ludwigshafener Ehrenbürgers Herbert Müller (1900 – 1994) stammende Armbinde trägt ein Abzeichen mit dem Lothringer Kreuz (Kreuz mit zwei Querbalken), das als Symbol des Befreiungskampfes gilt .

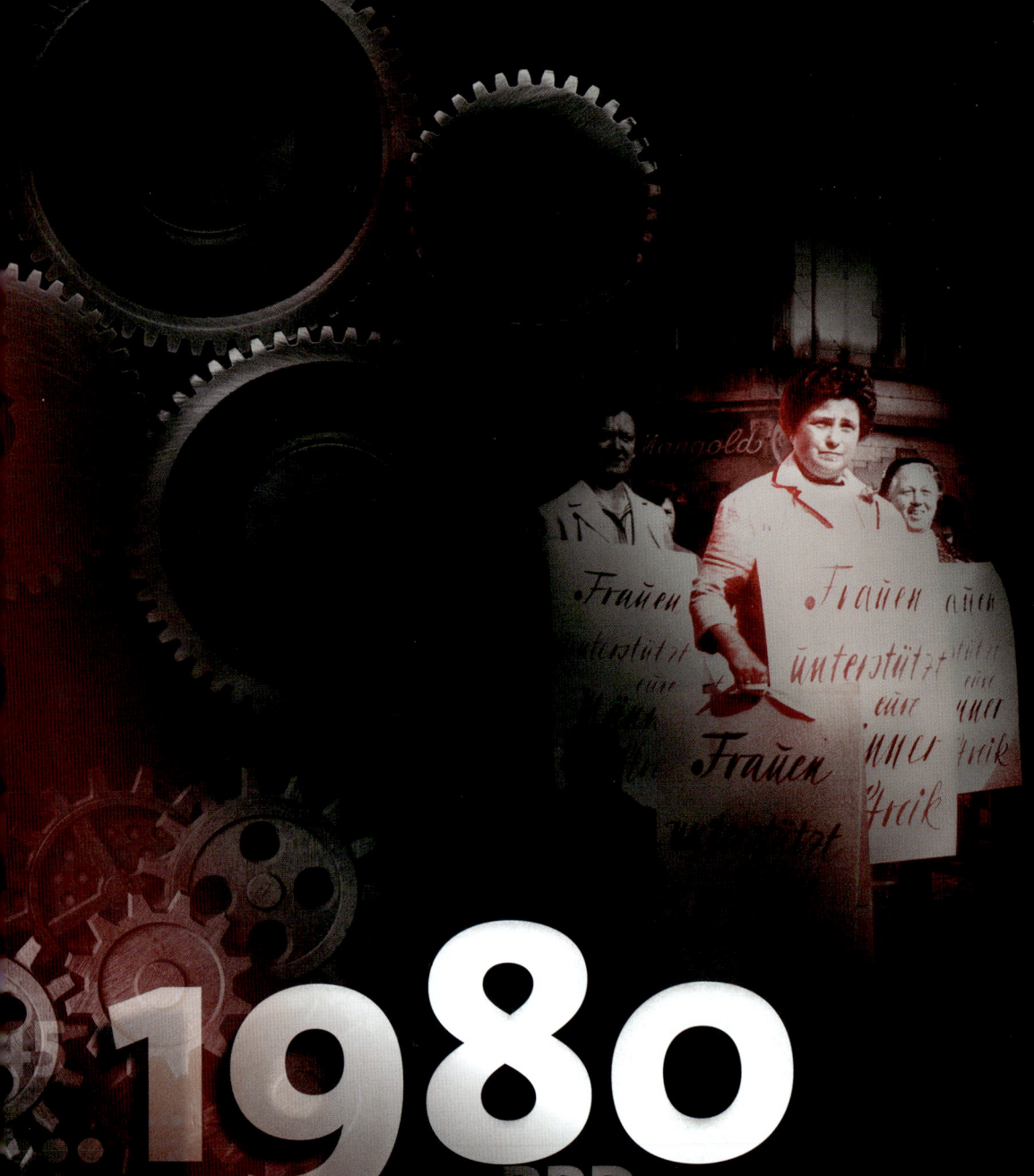

1980
BRD

Peter Birke / Heiner Dribbusch

Bewegtes „Wirtschaftswunder“

Gewerkschaften und Arbeitskämpfe in der Bundesrepublik zwischen 1945 und 1980

1945 bis 1949: Umkämpfter Wiederaufbau

Als sich am 13. Oktober 1949 in München sechzehn Einzelgewerkschaften zum Deutschen Gewerkschaftsbund zusammenschlossen, galt dies „für das Gebiet der Bundesrepublik Deutschland“, deren Parlament sich einen Monat zuvor konstituiert und einen Christdemokraten zum ersten Bundeskanzler gewählt hatte. Die Wahl Adenauers markierte das Ende der ersten Etappe des wirtschaftlichen und politischen Wiederaufbaus in Westdeutschland. Die nicht nur in der Linken, sondern auch in den christlich-sozialen Strömungen der Arbeiterbewegung verbreitete Hoffnung, mit dem Ende des Nationalsozialismus habe auch der Kapitalismus abgewirtschaftet, hatte sich nicht erfüllt. Nicht die Arbeiterbewegung, sondern Unternehmen und „Bürgerliche“ hatten die Richtung bestimmt und gestützt auf die Besatzungsmächte die alten Besitzverhältnisse in die neue Republik hinübergerettet.

In der kollektiven Erinnerung dominieren für die Zeit zwischen 1945 und 1949 Bilder von Trümmerbeseitigung und Wiederaufbau, Währungsreform und Marshallplan. Die Neugründung der Gewerkschaften oder die sozialen Proteste der Nachkriegsjahre sind demgegenüber weitestgehend vergessen.

Stunde Null? Die westlichen Besatzungszonen im Mai 1945

Am 8. Mai 1945 war der Krieg in Deutschland zu Ende. Das nationalsozialistische Deutsche Reich war besiegt. Mit der Befreiung der Konzentrationslager war das Ausmaß der nationalsozialistischen Verbrechen weltöffentlich geworden. Mehrere Millionen Zwangsarbeiterinnen und Zwangsarbeiter sowie Kriegsgefangene warteten als „Displaced Persons“ auf die Rückkehr in ihre oftmals zerstörte Heimat. Überlebende Jüdinnen und Juden hofften darauf, das Land, das sie verfolgt hatte, bald verlassen zu können. Flüchtlinge und Vertriebene aus den deutschen Siedlungsgebieten in Osteuropa strömten nach Westen. Vor allem in den Großstädten herrschten chaotische Zustände: Die Lebensmittelversorgung war unsicher, ganze Stadtteile lagen in Trümmern.

Anders als 1918 gab es 1945 kein Machtvakuum und von einer breiten revolutionären Bewegung konnte keine Rede sein. Deutschland war vollständig

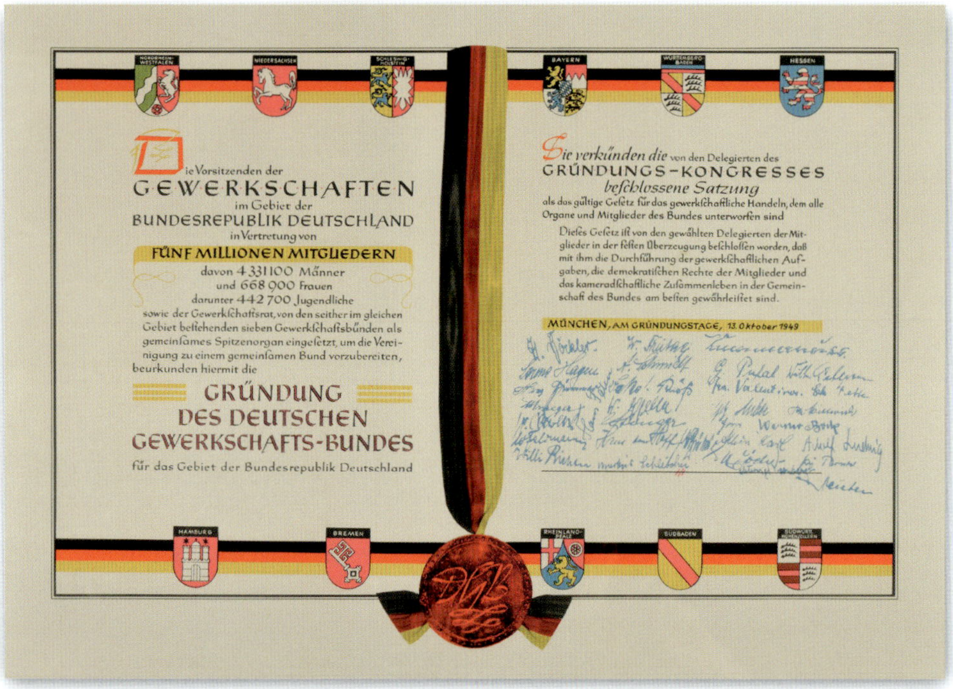

Die Vorsitzenden der
GEWERKSCHAFTEN
im Gebiet der
BUNDESREPUBLIK DEUTSCHLAND
in Vertretung von
FÜNF MILLIONEN MITGLIEDERN
davon 4 331 100 Männer
und 668 900 Frauen
darunter 442 700 Jugendliche
sowie der Gewerkschaftsrat, von den seither im gleichen Gebiet bestehenden sieben Gewerkschaftsbünden als gemeinsames Spitzenorgan eingesetzt, um die Vereinigung zu einem gemeinsamen Bund vorzubereiten, beurkunden hiermit die
GRÜNDUNG
DES DEUTSCHEN
GEWERKSCHAFTS-BUNDES
für das Gebiet der Bundesrepublik Deutschland

Sie verkünden die von den Delegierten des
GRÜNDUNGS-KONGRESSES
beschlossene Satzung
als das gültige Gesetz für das gewerkschaftliche Handeln, dem alle Organe und Mitglieder des Bundes unterworfen sind

Dieses Gesetz ist von den gewählten Delegierten der Mitglieder in der festen Überzeugung beschlossen worden, daß mit ihm die Durchführung der gewerkschaftlichen Aufgaben, die demokratischen Rechte der Mitglieder und das kameradschaftliche Zusammenleben in der Gemeinschaft des Bundes am besten gewährleistet sind.

MÜNCHEN, AM GRÜNDUNGSTAGE, 13. Oktober 1949

Gründungsurkunde des DGB,
13. Oktober 1949
Sammlung Udo Achten, Düsseldorf

besetzt. Das deutsche Militär war ausgeschaltet. Verwaltung und Wirtschaft der vier Besatzungszonen waren der jeweiligen Militärverwaltung unterstellt, die den Wiederaufbau nach ihren Vorstellungen kontrollierte. Die grundlegenden Differenzen zwischen den Alliierten liefen bald auf eine Teilung Deutschlands zwischen der sowjetisch besetzten Zone (SBZ) und den Westzonen hinaus. Der Kalte Krieg wurde zu einem bestimmenden Faktor der Nachkriegsentwicklung. Während die SBZ nach sowjetischem Vorbild umgestaltet wurde, lehnten die Westalliierten jede, auch nicht-stalinistische, sozialistische Umwälzung des Wirtschafts- und Gesellschaftssystems ab. Dies deckte sich mit den Interessen der Unternehmen, der bürgerlich-konservativen politischen Kräfte sowie großer Teile der alten Beamtenschaft, die nach Kriegsende im Auftrag der Alliierten die Kontinuität der Verwaltung sicherte.

Das populäre Bild von der „Stunde Null" drückt mehr Wunsch als Wirklichkeit aus. Dies gilt nicht zuletzt für die Vorstellung eines gewissermaßen aus dem Nichts erfolgten wirtschaftlichen Wiederaufbaus. Zerstört waren nach dem Krieg in erster Linie die Wohnviertel in den vom Bombenkrieg betroffenen Städten sowie die Verkehrswege und das Transportsystem. Sehr viel weniger waren hingegen die technischen Anlagen der Unternehmen getroffen. Das Anlagevermögen lag bei Kriegsende über dem der Vorkriegszeit. Zugleich war der verbliebene Maschinenpark relativ modern.[1]

Pittler-5-Spindelautomat, Leipzig
Technoseum
Evz: 2008/0305

In den Industriestädten war teilweise mehr als die Hälfte des Wohnraumes zerstört oder unbewohnbar. Nicht weniger dramatisch stellte sich für die meisten Menschen die Ernährungssituation dar.[2] Die zugeteilten Rationen reichten kaum aus. Die Zerstörungen im Transportsektor trugen das ihre zur Versorgungskrise bei, die sich 1947 noch einmal zuspitzte. Die Arbeitsstelle war Grundlage des materiellen Überlebens, der Betrieb der zentrale Ort, über den die Versorgung organisiert wurde.[3] Geldlöhne spielten eine untergeordnete Rolle. Die Alliierten hatten einen Lohnstopp verfügt, der erst Ende 1948 aufgehoben wurde und jenseits der zugeteilten Waren konnte nur gegen horrende Aufschläge auf dem Schwarzmarkt etwas zugekauft werden.

SITZSTREIK DER BELEGSCHAFT DER SCHIFFSWERFT „BLOHM UND VOSS“ IN HAMBURG, 1947

Neubeginn: Antifa-Ausschüsse und Betriebsräte

Die Nationalsozialisten hatten die organisierte Arbeiterbewegung bereits bis Mitte der 1930er Jahre nahezu vollständig zerschlagen. Der verbleibende Widerstand in den Betrieben und Arbeitervierteln war zumeist lokal begrenzt geblieben. Entsprechend schwierig waren die Startbedingungen, zumal die Militärregierungen der Westzone häufig bürgerlich-konservative, oftmals aus dem Zentrum stammende Politiker wie z.B. Konrad Adenauer in Köln oder Josef Braun in Mannheim, an die Spitzen der Verwaltung beriefen und eher selten Sozialdemokraten wie Valentin Bauer in Ludwigshafen.

Die ersten Ansätze zur Reorganisation

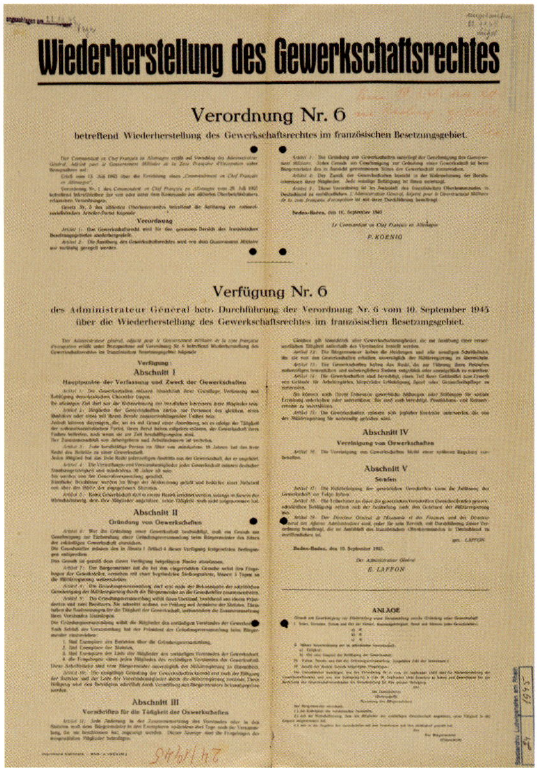

Wiederherstellung des Gewerkschaftsrechtes

Verordnung Nr. 6

betreffend Wiederherstellung des Gewerkschaftsrechtes im französischen Besetzungsgebiet.

Verfügung Nr. 6

des Administrateur Général betr. Durchführung der Verordnung Nr. 6 vom 10. September 1945 über die Wiederherstellung des Gewerkschaftsrechtes im französischen Besetzungsgebiet.

Plakat „Wiederherstellung des Gewerkschaftsrechtes, Verordnung Nr. 6", 1945
Stadtarchiv Ludwigshafen
24/1945

ichtlich ihrer Grundlage,
Verfassung und Betätigung
emokratischen
Charakter

müssen sich jeglicher Kontrolle unterwerfen, die von
Militärregierung für notwendig gehalten wird.

Der Zusammenschluß
von Arbeitgebern
und Arbeitnehmern
ist verboten.

Sämtliche Beschlüsse
bedürfen einer Mehrheit
von über der Hälfte
der abgegebenen Stimmen.

der Arbeiterbewegung entstanden unmittelbar nach dem Einmarsch der alliierten Truppen im Westen Deutschlands aus Initiativen von Nazigegnern, die lokale Antifa-Ausschüsse bildeten, Betriebsräte neu errichteten oder örtliche Gewerkschaftsneugründungen vollzogen. Die Übergänge zwischen den Organisationsformen waren oft fließend, die Antifa-Ausschüsse verstanden sich als Einheitsbewegungen. Ihren politischen Kern bildeten meist Angehörige der vor 1933 existierenden Arbeiterparteien und Gewerkschaften, die trotz der Unterdrückung persönlichen Kontakt gehalten hatten.[4] Selbstgesteckte Aufgaben waren die Entnazifizierung von Verwaltung und Betrieben sowie die Organisation kollektiver Selbsthilfe zum Wiederaufbau. Von den Besatzungsmächten anfangs toleriert, wurden die Ausschüsse nach wenigen Wochen mit Verweis auf das nach der Kapitulation verhängte politische Betätigungsverbot meist aufgelöst, häufig, wie beispielsweise in Stuttgart, auf Drängen von Unternehmen und deutscher Verwaltung.[5]

Parallel zu den Antifa-Ausschüssen bildeten sich die ersten Betriebsräte. Mit dem Kontrollratsgesetz Nr. 22 vom April 1946 wurde ihre Bildung legalisiert, jedoch ohne ihnen effektive Mitbestimmungsrechte zu gewähren. Die Wiederaufnahme der Produktion war eine der Hauptprioritäten der Alliierten, denen es darum ging, Besatzungskosten zu minimieren und Reparationsleistungen zu gewährleisten. Dass die Betriebe wieder anlaufen konnten, war auch das gemeinsame Interesse von Unternehmensleitungen und Betriebsräten, die hier oftmals eine Art Wiederaufbaukoalition bildeten. Die Versorgungslage bestimmte die Tagesarbeit der Betriebsräte, die häufig am Tauschhandel zur Versorgung von Betrieb und Belegschaft mitwirkten. Angesichts des Wertverlustes der Reichsmark hatten zusätzliche Lebensmittel und Konsumgüter, das Kantinenessen sowie Beihilfen und Zulagen eine große Bedeutung. Konflikte um die Verteilung dieser Güter blieben nicht aus. Aber auch dort, wo Betriebsräte auf eine nachhaltige Entnazifizierung der Betriebe drängten, kam es rasch zu Auseinandersetzungen mit den Geschäftsleitungen. Diese beanspruchten weiter das alleinige Direktionsrecht. Mit Blick auf die große Zahl ehemaliger NSDAP-Mitglieder insbesondere unter dem Leitungspersonal argumentierten sie, dass eine vollständige Entnazifizierung die Funktionsfähigkeit der Betriebe in Frage stellen würde. Letztlich verlief die Entnazifizierung in den Betrieben ähnlich wie in der Gesamtgesellschaft weitgehend im Sande. Die Bereitschaft zur Auseinandersetzung mit der Nazizeit war auch in den Belegschaften begrenzt.[6]

Auseinandersetzungen gab es ab 1946 in einer ganzen Reihe vor allem kleinerer und mittlerer Betriebe um die betriebliche Mitbestimmung in Personal- und Wirtschaftsfragen. Beispiele sind der 28-tägige Streik von 320 Beschäftigten bei der Hannoveraner Firma Bode-Panzer Ende 1946 oder der von September bis November 1947 dauernde, überwiegend von Arbeiterinnen getragene Streik der 500 Beschäftigten der Mechanischen Netzfabrik und Weberei in Itzehoe.

Die Reorganisation der Gewerkschaften

Mit dem Vorrücken der Alliierten hatten sich ab Februar 1945 Vertreter der verschiedenen Richtungen der Vorkriegsgewerkschaften getroffen, um erste Zusammenschlüsse zu bilden. Obwohl Frauen von Beginn an einen wichtigen Teil der Mitgliedschaft bildeten, setzte sich auch in den neuen Vorständen die männliche Dominanz der Vorkriegszeit fort. Besonderen Einfluss gewann eine Gruppe um den ADGB-Funktionär und ehemaligen SPD-Reichstagsabgeordneten Hans Böckler, der 1949 erster DGB-Vorsitzender wurde. Anders als in der SBZ setzten die westlichen Besatzungsmächte auf einen langsamen und kontrollierten Aufbau der Gewerkschaften, weil sie befürchteten, dass eine sofortige Zulassung lokal übergreifender Zusammenschlüsse „radikale Kräfte“ stärken könne. Mit eben diesem Argument plädierte dagegen beispielsweise Böckler für einen schnelleren Aufbau der Gewerkschaften. 1945 betonte er gegenüber der Militärregierung, dass „wenn nicht bald Gewerkschaften unter maßgeblichem Einfluss der bereits 1933 organisierten Arbeitnehmer zustande kommen, mit Bildungen zu rechnen ist, die einen wesentlich radikaleren Charakter tragen.“[7]

Die meist aus dem ADGB und seinen Gewerkschaften stammenden Alt-Funktionäre sahen den Neuaufbau eines Apparates als Voraussetzung aller weiteren Schritte.[8] Markus Schleicher, 1945 Mitbegründer des Württembergischen Gewerkschaftsbundes, hielt es für eine „irrige Auffassung, Gewerkschaften könnten ohne Organisatoren, ‚von unten‘ her aus dem Nichts entstehen […].“[9] Im Rückblick fällt auf, wie sehr der Gewerkschaftsaufbau vom Misstrauen gegenüber Eigeninitiativen aus den Betrieben und einer Abneigung gegenüber jeder Form von Basisdemokratie geprägt war. Die Ablehnung aller nicht von den Organisationsspitzen kontrollierten Aktivitäten knüpfte an ein autoritäres Organisationsverständnis an, in dem „Geschlossenheit“ und „Disziplin“ als Garanten einer effektiven, stellvertretenden Interessenvertretung gelten.

Büste Hans Böckler (1875 – 1951)
Archiv für soziale Bewegungen, Bochum

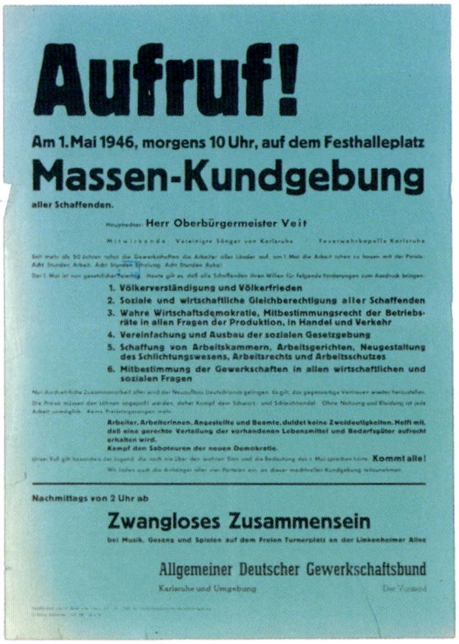

Konflikte mit aktivistischen Minderheiten sowie von Zeit zu Zeit auch mit der Mitgliederbasis waren vorprogrammiert.

Der Wiederaufbau der Gewerkschaften war vom Leitbild der Einheit der Arbeiterbewegung geprägt. Allerdings verschärften sich die Differenzen zwischen KPD und SPD 1946 mit der Gründung der SED und der Verfolgung all derer in der SBZ, die den SED-Kurs nicht mittragen wollten. Der beginnende Kalte Krieg, die Auseinandersetzung um den Marshallplan 1947/48 und schließlich die Berlinblockade vertieften die Gräben. Die westdeutsche KPD, die sich nie aus ihrer Abhängigkeit von der SU-Außenpolitik lösen konnte, wurde zunehmend isoliert. Die Einheitsgewerkschaften wurden faktisch zu sozialdemokratisch geprägten Organisationen.

Mit Ausnahme des im Mai 1945 genehmigten Württembergischen Gewerkschaftsbunds wurden regionale Zusammenschlüsse von den Besatzungsmächten erst ab 1946 zugelassen. 1947 kam es zum Zusammenschluss des Deutschen Gewerkschaftsbundes der britischen und amerikanischen Zone (Bizone), dem sich im Dezember 1948 auch der Bund der französischen Zone anschloss. Entgegen anfänglicher Vorstellungen einer zentralistischen Einheitsorganisation wurde der DGB ein föderativer Dachverband, in dem die wichtigsten Entscheidungen bei den Einzelgewerkschaften blieben. Die Integration der Angestellten und Beamten gelang nur zum Teil. Die Deutsche Angestelltengewerkschaft (DAG) sowie der Deutscher Beamtenbund blieben eigenständig und konkurrierten fortan mit den DGB-Gewerkschaften. Die Mitgliederentwicklung der Gewerkschaften verlief rasant: Im Dezember 1948 waren bereits ca. 4,8 Millionen Menschen organisiert.

Innerhalb der Gewerkschaften dominierte die feste Erwartung, das Ende des Nationalsozialismus werde zugleich den Bruch mit der kapitalistischen Wirtschaftsordnung einleiten. An erster Stelle stand deshalb die Forderung nach der Sozialisierung der Schlüsselindustrien und Großbanken. Damit verbunden war zweitens die Forderung nach einer umfassenden Mitbestimmung in den Betrieben, die drittens in eine wirtschaftliche Gesamtplanung innerhalb eines demokratischen Staates eingebettet sein sollte.[10] Am populärsten war die Sozialisierungsforderung, die in der Bevölkerung auf breite Unterstützung

Plakat „Aufruf! Am 1. Mai 1946, morgens 10 Uhr, auf dem Festhalleplatz Massen-Kundgebung aller Schaffenden, Hauptredner Herr Oberbürgermeister Veit (Karlsruhe)"
Bundesarchiv Berlin; 004-014-006

Plakat „Die freien demokratischen Gewerkschaften rufen Euch!", 1946
Bundesarchiv Berlin; 004-014-001

Plakat des Gewerkschaftsbundes Baden-Württemberg: „Unsere Themenveranstaltungen im Oktober", 1946
Archiv der sozialen Demokratie, Bonn 6/PLKA002299

traf.[11] Ende 1946 stimmten in einer Volksabstimmung 72 Prozent der hessischen Wählerinnen und Wähler für einen entsprechenden Artikel in der Landesverfassung, dessen Umsetzung der amerikanische Militärgouverneur blockierte. Ein im August 1948 vom Landtag in Nordrhein-Westfalen verabschiedetes Gesetz zur Verstaatlichung des Kohlebergbaus wurde von der britischen Militärregierung außer Kraft gesetzt. Jedoch hatte diese Auseinandersetzung zuvor den Nebeneffekt gehabt, dass die britische Militärregierung im Februar 1947 der Arbeitnehmerseite in der Kohle- und Stahlindustrie die paritätische Mitbestimmung in den Aufsichtsräten sowie den Posten des Arbeitsdirektors zugestanden hatte.

Soziale Proteste und Streikbewegungen

In keiner Phase der bundesdeutschen Geschichte gab es so viele große Streiks in so dichter Folge wie in der unmittelbaren Nachkriegszeit. Allein 1947 und 1948 lassen sich rund 40 branchenübergreifende, demonstrative Arbeitsniederlegungen feststellen.[12] Die meisten dieser Aktionen beschränkten sich auf einzelne Städte oder Regionen, zwei von ihnen erstreckten sich aber auch über die gesamte Bizone. Im Mittelpunkt dieser großen Mobilisierungen sowie vieler kleinerer Proteste stand meist die Nahrungsmittelknappheit.[13] In Nordrhein-Westfalen kam es dabei von März bis April 1947 zu einer regelrechten Streikwelle sowie zu mehreren, auch als Hungermärsche bezeichneten Großdemonstrationen, an denen sich Hundert-

HUNGERDEMONSTRATION, KREFELD, APRIL 1947

HUNGERDEMONSTRATION IM NACHKRIEGS-DEUTSCHLAND, UNBEKANNTER ORT, MAI 1947

Das Maß ist voll!

Hungerstreik der Angestellten!

An alle Angestellten in der britischen Zone!

Seit Monaten kämpft die Deutsche Angestellten-Gewerkschaft (DAG) um die Gleichstellung der geistig Schaffenden mit den Handarbeitern in der Lebensmittelzuteilung. Die Ausgabe der sogenannten Beschäftigtenkarte wurde vom Zulagekartenausschuß beim Bizonalen Amt für Ernährung und Landwirtschaft beschlossen und für den Beginn der 110. Zuteilungsperiode fest zugesagt. Wenige Tage vor diesem Termin wurde diese Vereinbarung einseitig rückgängig gemacht.

Das Maß ist voll!

Jahre hindurch waren die Angestellten die Parias in der Lebensmittelzuteilung.

Protestiert und demonstriert wurde genug. Jetzt geht es um die nackte Existenz.

FLUGBLATT DER DAG „HUNGERSTREIK DER ANGESTELLTEN" ZU DER SICH ZUSPITZENDEN VERSORGUNGS- UND ERNÄHRUNGSLAGE, JANUAR 1948
DHM BERLIN
DG 70/408

MEHR ALS 10.000 WERKTÄTIGE PROTESTIEREN AUF EINER KUNDGEBUNG AM 12. AUGUST 1948 IN DARMSTADT GEGEN WILLKÜRLICHE PREISERHÖHUNGEN.

tausende beteiligten. Am 3. April 1947 streikten an der Ruhr ca. 300.000 Bergarbeiter. Dieser Streik hatte besondere Brisanz, weil er nicht alleine gegen die schlechte Versorgungslage, sondern auch gegen die Verschleppung der Sozialisierung gerichtet war. Im Januar 1948 kam es zu einer weiteren Streikwelle, an der sich allein in Düsseldorf 111.000 und in Köln 100.000 Menschen beteiligten. Ähnliche Aktionen fanden auch außerhalb des Ruhrgebietes statt – nicht zuletzt in Mannheim. Aus Protest gegen unzureichende Kartoffellieferungen legten hier am 21. November 1947 etwa 60.000 Beschäftigte für zwei Stunden die Arbeit nieder.[14]

Die Gewerkschaftsführungen verhielten sich zu den Ernährungsprotesten distanziert, zumal die Aktionen oft ohne ihre Initiative aus den Betrieben heraus entstanden. Durch die Streiks, so die wiederkehrende Argumentation, werde „kein Stück Brot mehr" geschaffen. Diese Haltung konnte die Proteststimmung jedoch kaum zurückdrängen. Im Jahre 1948 verbreitete sie sich so stark, dass sich die Gewerkschaftsvorstände genötigt sahen, selbst Kampfmaßnahmen zu empfehlen. So rief der Bayerische Gewerkschaftsbund für den 23. Januar 1948 zu einer 24-stündigen „demonstrativen Arbeitsruhe" auf, die von über einer Million Beschäftigten befolgt wurde. Die DAG rief für den 3. Februar 1948 in der Bizone zu einem Streik gegen die geringen Rationen der Angestellten auf, an dem rund 1,6 Millionen teilnahmen. Weitere 1,2 Millionen beteiligten sich am gleichen Tag an einem durch den Gewerkschaftsbund von Württemberg-Baden ausgerufenen Streik mit ähnlicher Zielsetzung.

Die Währungsreform vom 20. Juni 1948 gilt bis heute als das einschneidenste Ereignis der Gründungsphase der Bundesrepublik. Insbesondere die Konservativen pflegten gerne den Mythos vom für alle gleichen Neustart mit 40 DM in der Tasche. Tatsächlich aber hatte, wer Betriebe, Aktien oder Immobilien besaß, deutliche Startvorteile. Die Aufhebung der Rationierung vieler Konsumgüter führte rasch zu massiven Preissteigerungen; zugleich stieg die Arbeitslosigkeit. Am 12. November 1948 rief der DGB für die Bizone zu einem Generalstreik auf.[15] Gefordert wurden Preiskontrollen, Korrekturen bei der Währungsreform, die Sozialisierung der Montanindustrie und der Banken sowie die Demokratisierung der Wirtschaft. Auslöser waren zum einen die Unzufriedenheit unter den Mitgliedern über Preissteigerungen bei gleichzeitig fortbestehendem Lohnstopp, zum anderen eine wachsende Enttäuschung der Gewerkschaften über ihren mangelnden Einfluss in den politischen Verwaltungen. Intern fand der Streik im Gewerkschaftsbund keineswegs uneingeschränkte Unterstützung. Aus Sorge, die Aktion könnte der Kontrolle entgleiten, wurde schließlich auf Demonstrationen und öffentliche Kundgebungen verzichtet. Von knapp zwölf Millionen Beschäftigten legten rund sieben Millionen die Arbeit nieder. Trotz dieser breiten Beteiligung wurde keine der Forderungen auch nur annähernd durchgesetzt. Der Generalstreik bildete den Abschluss der Arbeitskämpfe in der Gründungszeit der Bundesrepublik.

Befürchtungen, betriebliche Massenaktionen würden der KPD in die Hände spielen, waren wahrscheinlich nur ein Grund dafür, dass die Gewerkschaften ihre politischen Ziele unmittelbar nach 1945 nicht konsequent verfolgten. Das streng legalistische Verständnis der sozialdemokratischen Vorstände, die Angst, die Kontrolle über die Mitglieder zu verlieren, sowie die Furcht vor einer Konfrontation mit den Besatzungsmächten spielten ebenso eine Rolle. Am Ende richteten sich die Hoffnungen auf einen Sieg der SPD bei den Bundestagswahlen. Vergebens, denn die konservativ-liberalen Kräfte stellten schließlich die erste Bundesregierung.

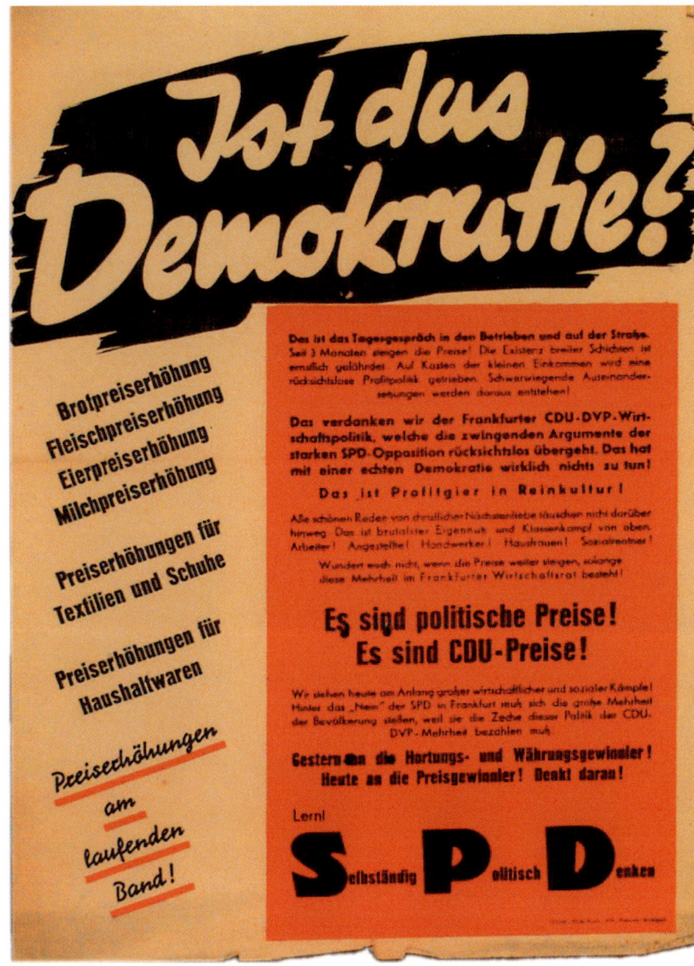

Plakat der SPD zur Preissteigerung 1948 „Ist das Demokratie?“
Archiv der sozialen Demokratie, Bonn 6/PLKA002582

Umkämpftes „Wirtschaftswunder“ 1949 – 1973

In den 50er Jahren wuchs das bundesdeutsche Sozialprodukt in einem historisch einmaligen Ausmaß. In der ersten Hälfte des Jahrzehntes wurden die Wachstumsraten nur von Japan übertroffen.[16] Die durch den Korea-Krieg

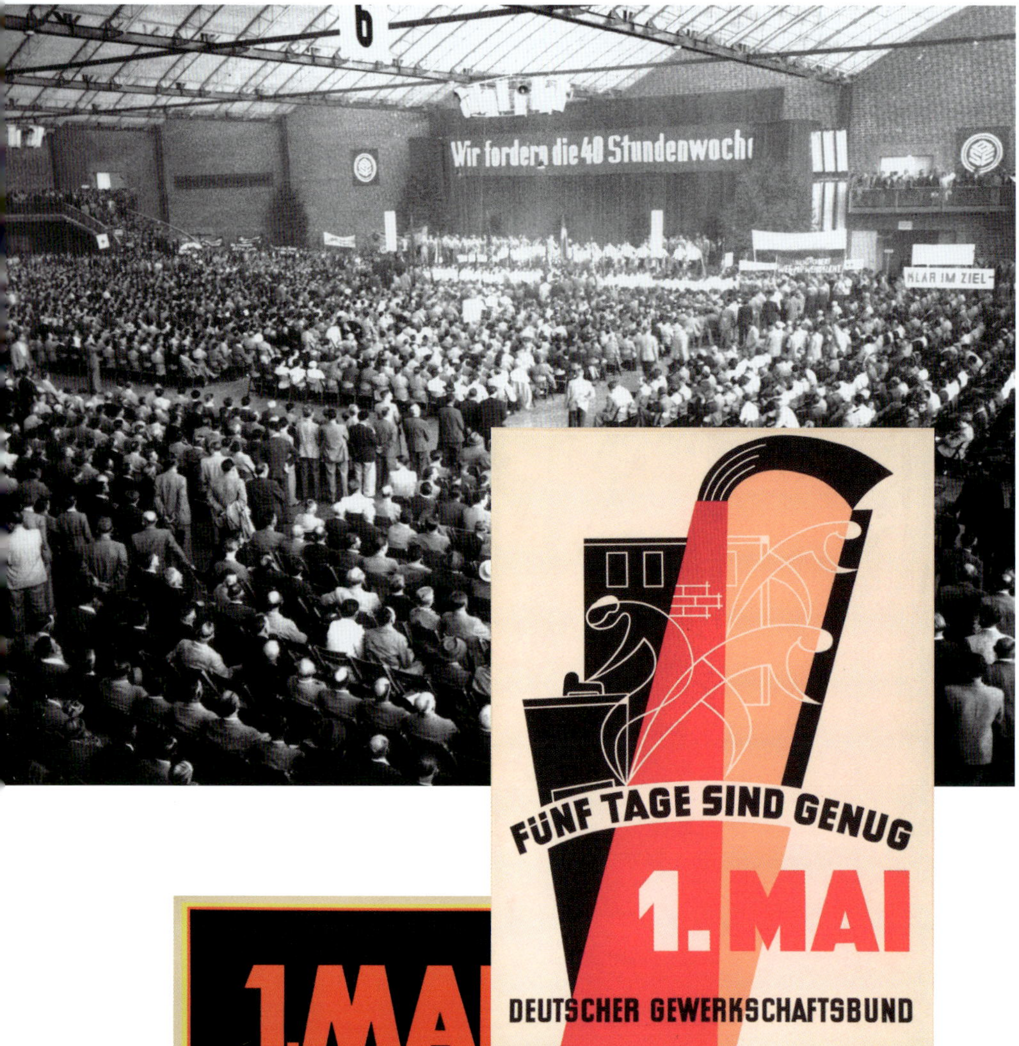

30 000 Bauarbeiter demonstrieren für die 40-Stunden-Woche

Plakat des DGB „Fünf Tage sind genug“, 1. Mai 1955
Archiv der sozialen Demokratie, Bonn; 6/PLKA008763

Plakat des DGB: „40 Stunden sind genug“, 1. Mai 1955
Sammlung Klaus Jürgen Becker, Ludwigshafen

ausgelöste Nachfrage nach Industriegütern beflügelte eine nunmehr stark auf den Export ausgerichtete westdeutsche Industrie und sorgte im Gefolge auch für eine steigende Inlandsnachfrage. Die damit verbundenen wachsenden Konsummöglichkeiten, eine sich auf Grund massiver staatlicher Bauprogramme bessernde Wohnsituation sowie der ab 1956 durchgesetzte Übergang zur 40-Stunden-Woche prägen bis heute die gesellschaftliche Wahrnehmung dieser Zeit. Hinzu kamen wohlfahrtsstaatliche Maßnahmen wie die Anpassung der Renten an die Einkommensentwicklung (1957). Am Ende des Jahrzehnts konnten sich immer mehr Arbeiterinnen und Arbeiter hochwertige Konsumgüter leisten. Armut schien zum Problem von „Randgruppen“ zu werden.[17]

Das, was schon zeitgenössisch als „Wirtschaftswunder“ bezeichnet wurde, begann allerdings für unterschiedliche Gruppen zu unterschiedlichen Zeitpunkten, und für manche begann es nie. Insbesondere in den Großstädten verschwand die Armut nicht über Nacht. Viele Menschen wohnten noch bis Ende des Jahrzehnts in provisorisch errichteten Bauten. Auch die Arbeitslosigkeit stieg in den 50er Jahren zunächst an, weil die Arbeitskräfte nunmehr in D-Mark bezahlt werden mussten und Produkte herstellten, die auf dem Weltmarkt getauscht wurden. Zu Beginn des Jahrzehnts lag die Erwerbslosigkeit noch bei etwa zwölf Prozent. Im Laufe der 50er Jahre sank die Arbeitslosigkeit jedoch deutlich. 1961 lag die Quote erstmals unter einem Prozent. Obwohl die boomende Wirtschaft Millionen Flüchtlinge und Zuwanderer aus den Gebieten des ehemaligen Deutschen Reiches aufnahm, wurden Arbeitskräfte knapp.

Der Arbeitsmarkt im „Wirtschaftswunder“

Die wachsende Nachfrage nach Arbeitskraft insbesondere in den exportorientierten Branchen wie der Chemie- oder Autoindustrie verbesserte die Verhandlungsposition der dortigen Beschäftigten grundlegend. Gleichzeitig sorgte der Kalte Krieg dafür, dass oppositionelle Strömungen einen schweren Stand hatten und längere und öffentlichkeitswirksame Streiks immer Gefahr liefen, als kommunistisch gesteuert diffamiert zu werden. Das Resultat beider Entwicklungen war eine Individualisierung und Dezentralisierung der betrieblichen Konflikte. Handlungsformen wie „Krankfeiern“, „Dienst nach Vorschrift“ oder Arbeitsplatzwechsel gingen dabei fließend in kollektive Aktionen wie „Sitzstreiks“ und kleinere innerbetriebliche Demonstrationen über. Alle diese dezenten Aktionen waren vor allem nach 1960 außerordentlich effektiv. In den boomenden Branchen reichte es häufig, in der einen oder anderen Art mit Arbeitsverweigerung zu drohen, um punktuell Erhöhungen von Löhnen, Zuschlägen und Sozialleistungen, die Entlassung unbeliebter Vorgesetzter oder die Verbesserung des Kantinenessens durchzusetzen. Neben den Tarifrunden etablierte sich so in vielen Betrieben eine Tradition der „zweiten Lohnrunde“, die dazu führte, dass gewerkschaftlich gut organisierte Belegschaften zusätzlich zum Tariflohn erhebliche „außertarifliche“ Zulagen erreichen konnten.[18] Ausdruck dieser Entwicklung war auch, dass der Anteil der Streiks, die nicht von den Gewerkschaften initiiert waren, seit der zweiten Hälfte der 50er Jahre rasant wuchs.

Die starke Arbeitsmarktposition der Beschäftigten blieb auf Unternehmerseite nicht unbeantwortet. Nach 1960 bemühten sich immer mehr Firmen um Arbeitskräfte aus Südeuropa, der Türkei und dem Maghreb, mitunter explizit mit der Begründung, dass so dem „Bummelantentum“ der Beschäftigten Grenzen gesetzt werden könnten.[19] Die Bezeichnung „Gastarbeiter“ weist dabei darauf hin, dass diese eine kurzfristige Nachfrage ausfüllen sollten. Ihre Arbeitserlaubnis war in der Regel mit dem Beschäftigungsverhältnis verknüpft. Sie waren fast ausschließlich in Niedriglohnbereichen und unabhängig von ihrer Qualifikation als „Ungelernte“ beschäftigt. Auch ihre häufige Unterbringung in Baracken und Wohnheimen signalisierte, dass sie die neue betriebliche Unterschicht bildeten. Proteste gegen die unwürdigen Arbeits- und Lebensbedingungen, gegen Niedriglöhne, schlechte Wohnbedingungen, Sozialabgaben ohne Versicherungsansprüche und rassistische Übergriffe blieben nicht aus. So kam es Anfang der 60er Jahre zu spektakulären Arbeitskämpfen, unter anderem im Bergbau sowie in der Automobilindustrie.[20] Sie endeten zunächst fast durchgehend mit der Entlas-

sung bzw. Abschiebung der Streikenden.

Aber nicht nur die Zusammensetzung der Beschäftigten, auch die Familiensituation der Arbeitenden veränderte sich. Dabei kam es zu zwei gegenläufigen Entwicklungen. Einerseits eröffneten die gestiegenen Einkommen nun auch vermehrt Arbeitern die Möglichkeit, das bürgerliche Ideal des Familienernährers zu leben, dessen Frau sich allein um Kinder, Küche und den Ehegatten zu kümmern hatte. Andererseits trugen steigende Konsummöglichkeiten und der Wunsch nach einem „Eigenheim" mit dazu bei, dass gerade verheiratete Frauen erwerbstätig wurden. Bereits in den 50er Jahren verdoppelte sich der Anteil der mit einem Arbeiter verheirateten erwerbstätigen Frauen.[21] Die Kritik der Frauen an ihrer Reduzierung auf das „Hinzuverdienen" sowie an der durch die patriarchalen Familienstrukturen entstehenden „Doppelbelastung" bildete am Ende der 60er Jahre eine der Grundlagen für das Engagement vieler Frauen in der „zweiten Frauenbewegung".[22]

Die Gewerkschaften in den 1950er Jahren

Die erste Hälfte der 50er Jahre brachte eine deutliche Akzentverschiebung der gewerkschaftlichen Politik. Wendepunkt war der Verlauf des Kampfes um die Mitbestimmung. Schon 1950 legte die Adenauer-Regierung Gesetzesentwürfe vor, mit denen die von der britischen Besatzungsmacht eingeführte paritätische Mitbestimmung in der Mon-

Plakat des DGB für ein „Betriebsverfassungsgesetz mit gleichberechtigter Mitbestimmung", 1952
Archiv der sozialen Demokratie, Bonn
6/PLKA 019878

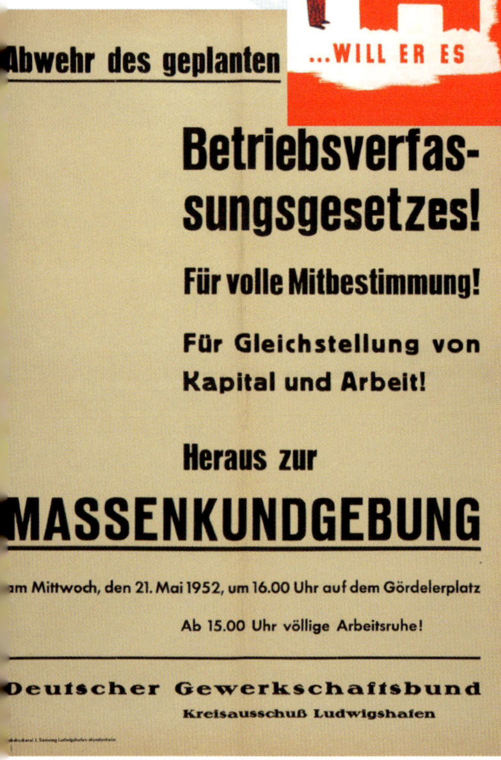

Plakat „Massenkundgebung" zur „Abwehr des geplanten Betriebsverfassungsgesetzes!", 21. Mai 1952
Stadtarchiv Ludwigshafen

tanindustrie stark eingeschränkt werden sollte. Der DGB drohte mit Kampfmaßnahmen.[23] Ende 1950 durchgeführte Urabstimmungen in der Stahlindustrie und im Bergbau brachten jeweils deutlich über 90 Prozent Zustimmung. Zu Streiks kam es jedoch nicht, da die Regierung sich nun für Verhandlungen entschied. Sie behielt die Montanmitbestimmung bei, begrenzte sie aber strikt auf Bergbau und Stahlindustrie. Der DGB stimmte zu, obwohl Forderungen der IG Chemie nach Einbeziehung der Chemiekonzerne unberücksichtigt geblieben waren.

Die zweite zentrale Auseinandersetzung folgte bereits 1952 und betraf das Betriebsverfassungsgesetz. Im 1952 vorgelegten Betriebsverfassungsgesetz blieben die Mitwirkungs- und Mitbestimmungsrechte des Betriebsrates mehr als bescheiden, eine wirtschaftliche Mitentscheidung war nicht eingeplant. Für die Gewerkschaften war lediglich eine Nebenrolle im Betrieb vorgesehen. Der DGB reagierte wie im Jahr zuvor mit einer Kombination aus Streikdrohung, Mitgliedermobilisierung und Verhandlungsbereitschaft. Die Regierung blieb jedoch unnachgiebig. Adenauer machte alle Gespräche von einer Rücknahme der Streikdrohung abhängig. Dennoch kam es zu Demonstrationen und kurzen Proteststreiks, an denen sich mehrere hunderttausend Menschen beteiligten. Aber als die IG Druck und Papier am 28. und 29. Mai 1952 für zwei Tage die Zeitungen bestreikte, blieb sie allein. Am 4. Juni beschloss der DGB alle weiteren Aktionen einzustellen, erreichte aber in weiteren Gesprächen mit der Regierung keine substantiellen Zugeständnisse. Am 19. Juli 1952 wurde das Betriebsverfassungsgesetz gegen die Stimmen von SPD und KPD im Bundestag verabschiedet. Der Auseinandersetzung folgte ein juristisches Nachspiel, in dem es im Kern um die Frage der Zulässigkeit politischer Streiks ging. In mehreren Grundsatzentscheidungen legte das 1953 geschaffene Bundesarbeitsgericht schließlich fest, dass Arbeitskämpfe allein als letztes Mittel im Rahmen von Tarifauseinandersetzungen zulässig sind. Den Unternehmen wurde ein Recht auf Aussperrung zugestanden.

Die Bilanz war ernüchternd: eine auf grundlegende Änderungen der Regierungspolitik ausgerichtete Gewerkschaftspolitik versprach unter konservativer parlamentarischer Hegemonie nur begrenzte Erfolge. Die Bundestagswahl von 1953 bestätigte die Kräfteverhältnisse. Die CDU wurde gestärkt. Die KPD, politisch isoliert und aus den Gewerkschaften bereits weitgehend verdrängt, kam nur noch auf 2,2 Prozent und wurde 1956 verboten. Die SPD stagnierte unterhalb der 30-Prozent-Marke. Innerhalb der Gewerkschaften kam es zu einer neuen Schwerpunktsetzung, für die insbesondere Otto Brenner stand, der 1956 Erster Vorsitzender der IG Metall wurde. In den Mittelpunkt wurde nun die Tarifpolitik gerückt, in der Hoffnung, so neue Handlungsmacht zu gewinnen.[24] Der Widerstand der Unternehmen während des Streiks in der hessischen Metallindustrie hatte

Plakat des DGB zur Bundestagswahl 1953
Haus der Geschichte der Bundesrepublik Deutschland, Bonn
2004/11/0040

Plakat der KPD „Protestiert! Fordert Absetzung des KPD-Prozesses!“, ca. 1955
Bundesarchiv Berlin
Plak 005-026-054

allerdings bereits 1951 gezeigt, dass auch dies kein Selbstläufer werden würde und eine offensive Tarifpolitik auch Konflikte zwischen Führung und Basis hervorrufen konnte: mehr als 60 Prozent der IG Metall-Mitglieder hatten in der zweiten Urabstimmung das magere Ergebnis abgelehnt. 1954 unterstrich ein erfolgloser Streik in der bayerischen Metallindustrie die Schwierigkeiten, zu einer erfolgreichen Tarifpolitik und Arbeitskampfführung zu finden. Gleichwohl verabschiedete der DGB 1955 ein Aktionsprogramm, dessen Ziele fortan die Tarif- und Sozialpolitik der Gewerkschaften bestimmten: höhere Einkommen, kürzere Arbeitszeit, mehr Urlaub, Sicherung vor Not bei Krankheit und im Alter sowie ein besserer Arbeitsschutz.

In den 50er Jahren bildeten sich nach und nach die Konturen eines auf branchenbezogenen Flächentarifverträgen basierenden Tarifsystems heraus, in dem die IG Metall die Tarifführerschaft übernahm und wichtige Akzente setzte. So wurde die unter dem eingängigen Motto „Samstags gehört Vati mir" popularisierte Forderung nach der 40-Stunden-Woche an fünf Arbeitstagen bis 1968 alleine durch zentralisierte Verhandlungen umgesetzt. Als einer der sozialpolitisch wichtigsten Arbeitskämpfe gilt bis heute der 16-wöchige Metallstreik in Schleswig-Holstein im Winter 1956/57, in dem ein erster Schritt zur Einführung der Lohnfortzahlung im Krankheitsfall auch für Arbeiter gelang. Die Bedeutung sozialpolitischer Belange erkannte auch die Regierung. Nicht zuletzt we-

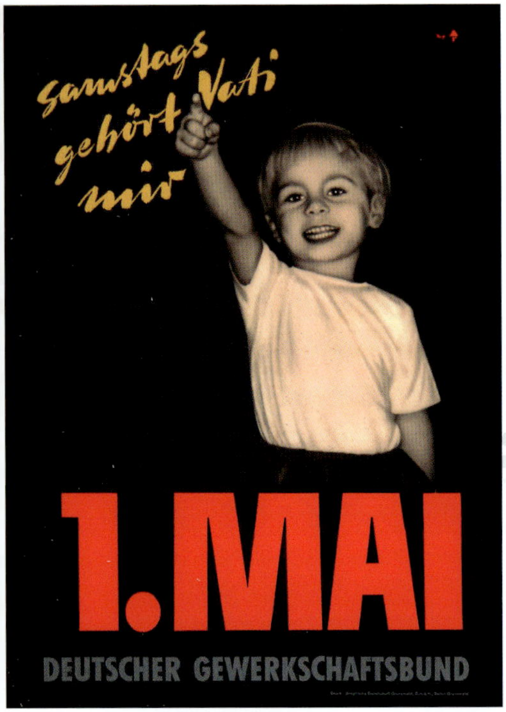

Plakat des DGB „Samstags gehört Vati mir", 1. Mai 1956
Archiv der sozialen Demokratie, Bonn
6/PLKA001502

Gemälde „Metallarbeiterstreik in Mannheim 1963" von Annemarie Stern, um 1980
Sammlung Udo Achten, Düsseldorf

Beginn des Metallarbeiterstreiks in Schleswig-Holstein 1956 vor dem Eingang der Kieler Howaldtswerke

gen der von ihr eingebrachten Rentenreform, die erhebliche Verbesserungen brachte, erzielte die CDU/CSU 1957 die absolute Mehrheit.

Gewerkschaften zwischen „Godesberg“ und SDS

Mit dem Godesberger Programm zog die SPD zwei Jahre danach Konsequenzen aus ihren Niederlagen. Ihr Wandel zur „Volkspartei“ manifestierte eine Lösung von den Traditionen der sozialistischen Linken und der Gewerkschaftsbewegung. Eine Folge war, dass die „linken“ Einzelgewerkschaften IG Metall, IG Druck und Papier und IG Chemie stärker nach einer eigenständigen Rolle zu suchen begannen.

Zugleich wurde deutlich, dass die Arbeitgeber immer weniger zu „kampflosen“ Zugeständnissen bereit sein würden. Dies zeigte sich bereits 1963 in der Tarifrunde der baden-württembergischen Metallindustrie, die vom Metallarbeitgeberverband bewusst offensiv angegangen wurde, um eine Trendwende in der Lohnentwicklung zu erreichen und den zuvor ausgehandelten Zeitplan zur Einführung der 40-Stunden-Woche anzugreifen. Der von der IG Metall unter ihrem Bezirksleiter Willi Bleicher als be-

ÜNTERSTÜTZUNGSAKTION DER MANNHEIMER EHEFRAUEN IM METALLARBEITERSTREIK, 1963

Motoren Werke
Mannheim A.G.
Dieser
Betrieb
wird
estreikt

HN DEERE-LANZ
Tor
2
Hier wird
gestreikt

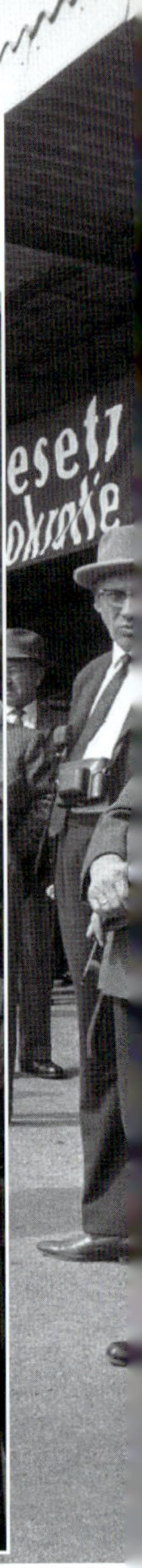

n Frieden arbeiten
otoren Werke
A.G.
Frauen
unterstützt
eure
Männer
im Streik

BBC

Was des Volkes
Hände schaffen,
soll des
Volkes eigen sein!
MLER-BENZ A.G

BBC Tor 3
Hier
wird
estreikt!

lier
wird
estreikt!

Nein-Notstandsgesetzgebung
Metaller
lernen
„Französisch“

Stillgestanden!

Plakat der SPD „Hamburgs Ruf an Deutschland", gegen Pariser Verträge, gegen Wiederbewaffnung, 17. Februar 1955
Archiv der sozialen Demokratie, Bonn; 6/PLKA 038950

Plakat des DGB „Nicht Atomwaffen. Nicht Völkermord", 1. Mai 1962
Archiv der sozialen Demokratie, Bonn; 6/PLKA021226

Plakat der SPD „Gefahr für die deutsche Einheit", 13. Februar 1955
Bundesarchiv Berlin
005-048-036A+B

grenzte Auseinandersetzung geführte Streik von 120.000 Metallbeschäftigten wurde von den Unternehmen damit beantwortet, dass weitere 300.000 Beschäftigte ausgesperrt und damit ohne Bezahlung nach Hause geschickt wurden. Ziel dieser Kampfmaßnahme, der ersten Massenaussperrung der Nachkriegszeit, war es die Zahl derjenigen, für die die Gewerkschaft Streikunterstützung zahlen musste, drastisch zu erhöhen und so die Gewerkschaft zum Nachgeben zu zwingen. Am 10. Mai 1963 wurde, nachdem sich Wirtschaftsminister Erhardt eingeschaltet hatte, ein Kompromiss ausgehandelt. Der Zeitplan der Arbeitszeitverkürzungen wurde nicht revidiert, aber mit der Lohnerhöhung von fünf Prozent kam die IG Metall kaum über die Ergebnisse anderer Gewerkschaften hinaus. In der folgenden Urabstimmung votierte eine Mehrheit der Mitglieder für den Kompromiss. Kritik kam vor allem aus den Betrieben, in denen der Arbeitskampf besonders aktiv geführt worden war, so unter anderem aus den Werken von Daimler-Benz.[25] Kritikerinnen und Kritiker sprachen von einer »Passivisierung der Mitglieder« und vom »Fernsehstreik«, bei dem zu Hause abgewartet wurde, was die Führung aushandelte. Teilweise monierten sie auch eine »Brot-und-Butter-Politik« der IG Metall, die Forderungen nach einer Verbesserung der Arbeitsbedingungen außer Acht lasse. Damit sprachen die oppositionellen Gewerkschafterinnen und Gewerkschafter ein wichtiges Problem an. In den 50er Jahren begann sich die Bindung vieler Menschen an die lokale Gewerkschafts- und Arbeiterkultur zu lockern. Die Hochkonjunktur in Verbindung mit ihren scheinbar automatisch errungenen gewerkschaftlichen Erfolgen förderte eher die Passivität als die Organisationsbereitschaft der Beschäftigten. Für die junge Generation sowie eingewanderte und weibliche Beschäftigten, aber auch für die Angestellten war es keineswegs selbstverständlich, sich in den Gewerkschaften zu organisieren.[26] Die Mitgliederzahlen blieben hinter dem Beschäftigungswachstum zurück.

In der IG Metall hatte sich deshalb bereits seit Ende der 50er Jahre eine Debatte über eine „betriebsnahe" Gewerkschaftsarbeit entwickelt. Ziele waren eine stärkere Beteiligung der betrieblichen Basis und die Stärkung der gewerkschaftlichen Vertrauensleute. Das profilierteste Beispiel dieser Politik ist in der ersten Hälfte der 60er Jahre eine Organisierungs-Kampagne der IG Metall bei Ford in Köln.[27] In deren Rahmen experimentierte eine Gruppe junger Funktionäre unter Führung von Hans Matthöfer, die Verbindungen zum Sozialistischen Deutschen Studentenbund (SDS) hatte, mit neuen Formen der Aktivierung und Beteiligung der Mitglieder im Betrieb. Dabei wurden neben der Bezahlung auch qualitative Fragen des Arbeitsablaufs in den Blick genommen wurden. Die Kritik an der Fließbandarbeit verdichtete sich in der Forderung nach einer „Bandpause". Günther Wallraff, ebenfalls beteiligt, schrieb damals seine ersten „Industriereportagen".

Die Ford-Kampagne steht für eine Zusammenarbeit vor allem zwischen den Bildungsabteilungen der „linken" Gewerkschaften und jungen SDS-Leuten auch nach dem 1961 verfügten Ausschluss der SDS-Mitglieder aus der SPD. Tatsächlich wurde die Weiterexistenz der ehemaligen sozialdemokratischen Studierendenorganisation in der ersten Hälfte der 60er nicht zuletzt durch linke Gewerkschafterinnen und Gewerkschafter und die wenigen dissidenten Akademikerinnen und Akademiker ermöglicht. Die Zusammenarbeit in dieser frühen „Neuen Linken" war bereits vor 1960 durch gemeinsame Erfahrungen in sozialen Bewegungen gestärkt worden.

Eine wichtige Bedeutung hatte der spektakuläre Kampf gegen Wiederbewaffnung und Atomrüstung in den späten 50er Jahren. Besonders eng wurde die Zusammenarbeit dann in der Bewegung gegen die Notstandsgesetze, die von linken Gewerkschaften mit angestoßen wurde und vor allem in der IG Metall eine wichtige Unterstützerin hatte.[28] Spätestens seit Mitte der 60er wurde die Zusammenarbeit allerdings zunehmend unübersichtlich. Die Übernahme von Aktionsformen aus den transnationalen Protestbewegungen, wie der „direkten Aktion" in den Ostermärschen, die antiimperialistische Grundausrichtung und auch die soziale Differenzierung der neuen Jugendbewegung, die keine klassische Arbeiterjugendbewegung mehr war, führten zu immer deutlicheren Konflikten. Die auf das Attentat auf Rudi Dutschke vom 21.

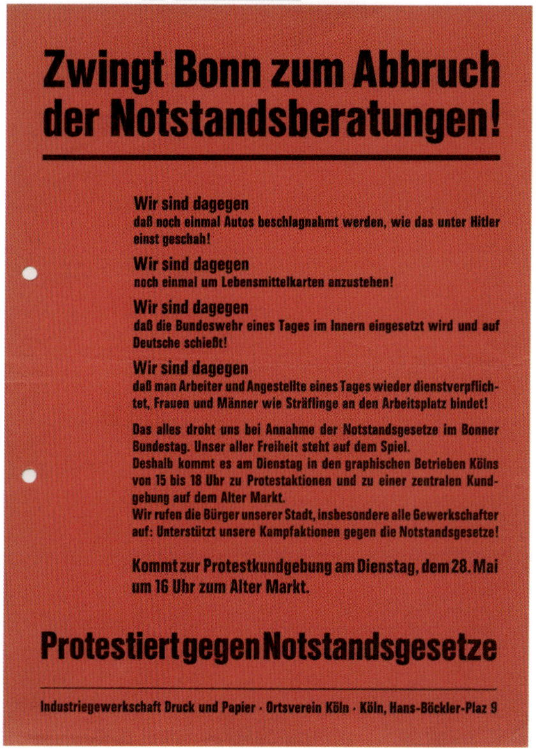
Zwingt Bonn zum Abbruch der Notstandsberatungen!

Wir sind dagegen
daß noch einmal Autos beschlagnahmt werden, wie das unter Hitler einst geschah!

Wir sind dagegen
noch einmal um Lebensmittelkarten anzustehen!

Wir sind dagegen
daß die Bundeswehr eines Tages im Innern eingesetzt wird und auf Deutsche schießt!

Wir sind dagegen
daß man Arbeiter und Angestellte eines Tages wieder dienstverpflichtet, Frauen und Männer wie Sträflinge an den Arbeitsplatz bindet!

Das alles droht uns bei Annahme der Notstandsgesetze im Bonner Bundestag. Unser aller Freiheit steht auf dem Spiel.
Deshalb kommt es am Dienstag in den graphischen Betrieben Kölns von 15 bis 18 Uhr zu Protestaktionen und zu einer zentralen Kundgebung auf dem Alter Markt.
Wir rufen die Bürger unserer Stadt, insbesondere alle Gewerkschafter auf: Unterstützt unsere Kampfaktionen gegen die Notstandsgesetze!

Kommt zur Protestkundgebung am Dienstag, dem 28. Mai um 16 Uhr zum Alter Markt.

Protestiert gegen Notstandsgesetze

Industriegewerkschaft Druck und Papier · Ortsverein Köln · Köln, Hans-Böckler-Plaz 9

Flugblatt der IG Druck und Papier gegen Notstandsgesetze, Mai 1968
Haus der Geschichte der Bundesrepublik Deutschland, Bonn
2009/11/0599

Button zur Kampagne „Enteignet Springer“ 1967/68
Haus der Geschichte der Bundesrepublik Deutschland, Bonn; 1989/1/440,1.3

Georg Leber bei der Abstimmung zum Notstandsgesetz, 1968

Grossdemonstration des DGB auf dem Römerberg in Frankfurt a.M. gegen den Erlass der Notstandsgesetze, Mai 1968

April 1968 folgenden Blockaden des Springer-Verlages wurden von den Gewerkschaften abgelehnt. Kurz darauf distanzierten sich die DGB-Gewerkschaften auf dem Höhepunkt der weltweiten Jugendproteste im Mai 1968 anlässlich der Verabschiedung der Notstandsgesetze von der Protestbewegung. Grundlage der Distanzierung war auch, dass sich die Zusammenarbeit zwischen jungen Linken und betrieblichen AktivistInnen nicht hatte ausdehnen können, während die Angst der Gewerkschaftsspitzen vor dem „Kontrollverlust“ innergewerkschaftlich und

auch in Bündnissen mit sozialen Bewegungen prägend geblieben war.

Die Septemberstreiks

Die 60er Jahre waren eine Zeit der rasanten Veränderung der bundesdeutschen Ökonomie. Der Boom brachte auch neue Probleme mit sich. In den Betrieben stieg die Belastung der Beschäftigten durch den Produktionsdruck und neue Formen der Vernutzung der Arbeitskraft, durch eine erhöhte Arbeitsteilung und den Versuch, anders geartete Kontrollen durchzusetzen. Gleichzeitig hatte die „Bildungsexpansion“ eine breite Schicht junger Menschen hervorgebracht, die andere Ansprüche an ihre Ausbildung und ihre Arbeit formulierten und der Gewerkschaften oft relativ fern standen. Beide Tendenzen spitzen sich in der Rezession von 1966/67 erstmals zu, weil in vielen Unternehmen der oft auch erfolgreiche Versuch unternommen wurde, die Errungenschaften der „zweiten Lohnrunde“ und der gewerkschaftlichen Tarifpolitik ebenso wie die Ansprüche der Beschäftigten an eine „gute Arbeit“, die sich in der Hochkonjunktur entwickelt hatten, zurückzudrängen. Dabei konnte die Tatsache, dass die Unternehmen angesichts der im Boom angehäuften Überkapazitäten zuerst die „Gastarbeiter“ und die weiblichen Ungelernten nach Hause schickten, die Gewerkschaften zunächst nur am Rande treffen. Auch die sich verstärkende Krise des Bergbaus und der Textilindustrie hatte vor allem regional begrenzte Auswirkungen. Doch bereits in der zweiten Phase der kurzen Rezession trafen die Angriffe auch die soziale Absicherung der Mehrheit der Beschäftigten vieler Betriebe – neben Massenentlassungen standen nun auch Kürzungen beim „zweiten Lohn“ und bei betrieblichen Sozialleistungen auf der Tagesordnung. Heftige Konflikte in hunderten Betrieben waren die Folge, wobei diese Konflikte allerdings zunächst nicht wie 1963 die Tarifpolitik, sondern vor allem die lokalen Lohn- und Arbeitsverhältnisse betrafen.

Die IG Metall reagierte in dieser Situation einerseits mit einer moderaten Tarifpolitik, indem sie ein als vorläufig angenommenes Sinken der Reallöhne ebenso akzeptierte wie eine Verschiebung der Arbeitszeitverkürzung. Gleichzeitig versuchte sie eine Erneuerung ihrer „betriebsnahen" Politik, auf deren Grundlage die Abwehraktionen von Belegschaften öffentlich gemacht und koordiniert werden sollten. Ziel war es letztlich, die übertariflichen Lohnbestandteile über eine Integration in die Tarifverträge abzusichern und zu verallgemeinern, um so eine größere gewerkschaftliche Definitions- und Handlungsmacht zu gewinnen. Dabei entwickelten sich in der Krise auch erste Formen einer über einen einzelnen Betrieb hinaus angelegten qualitativen Tarifpolitik, die neben den Löhnen auch die Arbeitsbedingungen thematisierte.[29] Allerdings blieben entsprechende Forderungen zunächst vor allem auf den Rationalisierungsschutz älterer Beschäftigter bezogen. Ihre tarifpolitische Umsetzung blieb relativ schwach, auch weil in der Krisen-Tarifpolitik anderen sozialen Ansprüchen wie dem Erhalt des Reallohnes Vorrang gegeben wurde.

Hintergrund dieser wiederum vor allem von der IG Metall geprägten Doppelstrategie aus betriebsnaher Aktion und moderater Tarifpolitik war nicht zuletzt auch das Ende der konservativen Dominanz in der bundesdeutschen Politik. Mit der Großen Koalition und später der sozial-liberalen Regierung hielten neue Formen der ökonomischen Politik in der Bundesrepublik Einzug. Ein

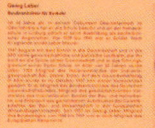

Plakat im „Bild": Die SPD-Mannschaft um Willy Brandt, 1966
Archiv der sozialen Demokratie, Bonn 6/PLKA010956

Stahlarbeiterstreik bei Hoesch, 1969

stärkeres Eingreifen des Staates und eine indirekte Steuerung von Angebot und Nachfrage wurden hegemonial.[30] Den Gewerkschaften eröffnete die „wissenschaftliche" Lohnpolitik, die auf eine gleichzeitige Regulierung von Löhnen und Preisen und deren Absprache im Rahmen einer „Konzertierten Aktion" abzielte, neue Perspektiven. Im Frühjahr 1968 akzeptierte die IG Metall auf der Grundlage solcher Absprachen Tarifverträge, die wiederum zu Reallohnverlusten führten, obgleich das Ende der Rezession in vielen Betrieben schon sichtbar bevorstand. Proteste blieben nicht aus, und sie bewegten sich auf der Linie der betrieblichen Erfahrungen mit der „zweiten Lohnrunde".

Im September 1969 streikten zwischen 140.000 und 200.000 Beschäftigte ohne die offizielle Zustimmung der Gewerkschaften, um trotz noch geltender Tarifverträge einen „Lohnzuschlag" zu fordern.[31] Im Mittelpunkt dieser Arbeitskämpfe standen wie in vielen vergleichbaren Aktionen vor 1966 lineare Lohnforderungen – die Löhne sollten also nicht prozentual, sondern um einen einheitliche Festbetrag erhöht werden, wodurch sich die Abstände zwischen unteren und oberen Lohngruppen verringerten. Der massenhafte Charakter dieser Streiks gab diesen Forderungen eine kollektive Dimension, die sie von den kurzen, dezentralen wilden Streiks der 50er und frühen 60er Jahre abhob. Ihren Schwerpunkt hatten die „Septemberstreiks" in der Montanindustrie. Dort hatten im Sommer 1968 Auslastung und Arbeitsbelastung wieder stark zugenommen, die Gewinne waren explodiert, die Laufzeiten der Tarifverträge verhinderten aber ein Eingreifen im Rahmen der Tarifpolitik. Der Streik begann bei den Hoesch-Werken in Dortmund, einem Großbetrieb mit einer langen Tradition lokaler betrieblicher Kämpfe,[30] der zugleich im Wahlkreis des SPD-Wirtschaftsministers Schiller lag, ein Umstand, von dem sich die Streikenden angesichts der unmittelbar bevorstehenden Bundestagswahl politischen Rückenwind versprachen. Während des Streiks orientierten sich die Arbeiterinnen und Arbeiter an Aktionsformen der neuen Jugendbewegung (unter anderem gab es ein „offenes Mikrophon"), aber auch an Erfahrungen aus wilden Streiks der Jahre zuvor. Nach nur wenigen Tagen akzeptierte das Unternehmen die Forderung der Arbeitenden. Kurz darauf schlossen sich etliche Betriebe der Bewegung an. Neben Stahlwerken wurden Zechen im Ruhrgebiet und im Saarland bestreikt. Später streikten auch Beschäftigte in den Arbeiterbereichen des öffentlichen Dienstes sowie in der Metall- und Elektroindustrie. Auch wenn die zuletzt genannten Streiks erfolglos blieben, markierte die Streikwelle insgesamt eine Verbreitung der Bewegung um lineare Lohnforderungen, in der potenziell auch die „Unterschichtung" des Arbeitsmarktes zur Disposition gestellt werden konnte. Zugleich war der September 1969 Höhepunkt einer Entwicklung, in der nach einem jahrlangen Anstieg schließlich rund 90 Prozent der Arbeitskämpfe (gemessen an den „Fällen") ohne formellen Segen der Gewerkschaften stattfanden.[30] Gewerkschaften, Arbeitgeber und Politik waren von dieser Entwicklung überrascht. Noch 1969 kam es zu außertariflichen Lohnzugeständnissen für nicht weniger als acht Millionen Beschäftigte. Die IG Metall, die die Streiks als Kritik an den Zugeständnissen sah, die auf Grundlage der „Konzertierten Aktion" gemacht worden waren, stellte nun auf eine offensive Lohnpolitik um. Die Tarifrunde des Jahres 1970 brachte auch jenseits der Metall- und Elektroindustrie die höchsten Lohnerhöhungen in der bundesdeutschen Geschichte.

Aber die Arbeitskämpfe dieser Jahre waren auch Ausdruck davon, dass die 68er Bewegung nicht völlig an den Betrieben und Gewerkschaften vorbei gegangen waren. Neben selbstorganisierten Kinderläden und Jugendzentren entwickelte sich auch eine breite Lehrlingsbewegung. In zahlreichen Betrieben bildeten sich oppositionelle Betriebsgruppen.[34] Der Politisierungsschub, der von der 68er Bewegung ausging, stellte die Gewerkschaften vor neue Herausforderungen. Sie reagierten einerseits mit der Integration in ihren Apparat, andererseits

Arbeiterplakat

ARBEITERPLAKAT — Herausgeber: Sozialistisches Büro Offenbach + „plakat"-Kollektiv Stuttgart, Mai 1972 — Bezug: Sozialistisches Büro, 605 Offenbach 4, Postfach 591 — Preis: 1 Stück 50 Pfennig, ab 30 Stück je Exemplar 20 Pfennig, ab 100 Stück je Exemplar 10 Pfennig — Verantwortlich: Peter Grohmann, Stuttgart — Druck: A. W. Dunker, Frankfurt

DAS SIND UMSÄTZE!
Volkswagen 15,8 Milliarden,
Siemens 11,8 Milliarden
Bayer Leverkusen 11,1 Milliarden
Daimler-Benz 11 Milliarden
BASF 10,5 Milliarden
AEG Telefunken 8,5 Milliarden
Salzgitter 5 Milliarden
usw. usw. – Jahr für Jahr!

UNSERE AUSLÄNDISCHEN KOLLEGEN zahlen Jahr für Jahr rund 4 Milliarden DM an Steuern und Sozialversicherungsbeiträgen ...

ISOLIERT:
NUR ETWA 20% der ausländischen Kollegen haben nach Feierabend Kontakt zu Deutschen

SOLIDARITÄT

AUSLÄNDER HABEN BEI UNS
- kein Wahlrecht,
- kein Recht, Versammlungen abzuhalten,
- kein Recht, zu wohnen, wo sie wollen,
- kein Recht, Beruf, Arbeitsplatz oder Ausbildungsstätte frei zu wählen. Ein Recht haben wir mit ihnen gemeinsam: vom heute auf morgen arbeitslos zu sein

KRAUSS-MAFFAI strich für die Entwicklung einer 120-mm-Panzerkanone 50 Millionen ein. Und nun wird die Kanone nicht gebaut ...
KRAUSS-MAFFAI entwickelt natürlich neue ...

Seit 1945 schafften sich über 20 000 deutsche Unternehmen in ausländischen Steuerparadiesen sichere Verstecke für ihre Gewinne.
Allein 1970 entzogen sie damit der Staatskasse mindestens 5 Milliarden DM.
Jahr für Jahr mehr ...

1. MAI - ALLE VEREINT

- weil wir alle Arbeiter sind, ob Deutsche oder Ausländer. Und weil der 1. Mai unser Tag ist!
Arbeiter sein heißt: arbeiten, ohne zu bestimmen, was hergestellt wird und wofür, heißt: für uns die Pfennige, für die andren die Mark.
Arbeiter sein heißt: den Lohn wieder abliefern an jene, für die wir arbeiten müssen, die die Fabriken und Büros besitzen, die Geschäfte, in denen wir kaufen müssen, die Häuser in denen sie uns wohnen lassen. Selbst das Land, das wir aufbauten, gehört ihnen, jeder Fußbreit Boden, auf dem wir stehen, die Wälder, Seen, wo wir neue Kraft sammeln müssen, um weiter zu arbeiten.
Arbeiter sein heißt: nur geduldet, solange wir gebraucht werden, zum alten Eisen geworfen, wenn wir das Tempo nicht mehr halten können. Arbeiter sein heißt:
Fremder sein am Arbeitsplatz, Fremder in der Mietwohnung, Fremder im Land, das unser eigenes sein sollte!
Fremdarbeiter:
Alles gehört jenen, die von unserer Arbeit und von unseren Löhnen profitieren, den Kapitalisten. Gegen Sie müssen wir zusammenstehen, nicht nur am 1. Mai, für die Rechte der Arbeiter. ALLE! Denn

ALLE ARBEITER SIND FREMDARBEITER!

In der BRD sind rund 2,2 Millionen ausländische Kollegen beschäftigt, in Frankreich 1,1 Millionen, in der Schweiz 600 000, in Schweden 210 000, in Belgien 180 000, England 174 000 ...

JEDE DRITTE MARK FEHLT in unsren Lohntüten – denn jede dritte Mark führen wir für Steuern und Sozialabgaben ab. Die Unternehmer sind auch hier besser dran: sie führen nur jede 5. Mark ab ...

TIERE WERDEN BESSER BEHANDELT ...
Jeder 10. Kollege ist heute Ausländer. Etwa 360 000 ausländische Kollegen sind in den Gewerkschaften organisiert, überdurchschnittlich bei METALL und CHEMIE.

Wandzeitung „1. Mai – Alle vereint. Denn alle Arbeiter sind Fremdarbeiter", 1972
Haus der Geschichte der Bundesrepublik Deutschland, Bonn
1988/4/043.044

Wilder Streik bei Ford 1973: der erste überwiegend von Gastarbeitern geführte Arbeitskampf

aber auch mit Ausschlussverfahren gegen vermeintliche oder tatsächliche Oppositionelle.[35] Insgesamt profitierten die DGB-Gewerkschaften von der Politisierung. Ihre Mitgliederzahl stieg zwischen 1968 und 1974 von 6,4 auf 7,4 Millionen an. Befördert wurde der Mitgliederschub durch eine Welle von Betriebsratsneugründungen sowie verbesserte betriebliche Zugangsmöglichkeiten in Folge der 1972er Reform des Betriebsverfassungsgesetzes. Ein tarifpolitischer Höhepunkt war 1974 der große Streik im öffentlichen Dienst. Als erster bundesweiter Streik in diesem Bereich überhaupt, der noch dazu unter einer SPD-Regierung stattfand, schlug er trotz lediglich vier Streiktagen hohe Wellen. Es sollte freilich noch einige Zeit dauern, bis der wachsende Dienstleistungsbereich insgesamt eine größere Rolle in der bundesdeutschen Streikgeschichte spielte.

Zuvor war es 1972 und 1973 zu einer zweiten Welle wilder Streiks gekommen, in denen die Beschäftigten in hunderten Betrieben auf die angesichts des Drucks durch die sozial-liberale Bundesregierung 1971/72 wiederum moderater gewordene gewerkschaftliche Tarifpolitik reagierten. Im Mittelpunkt standen erneut lineare Lohnforderungen, aber auch der Kampf um die Arbeitsbedingungen wurde wieder aufgenommen. Dabei wurde in der Öffentlichkeit vor allem die starke Beteiligung von Migrantinnen und Migranten thematisiert, wenngleich nicht selten mit rassistischen Untertönen. Besonders bekannt wurde der vor allem von Migrantinnen getragene Streik der Frauen beim Automobilzulieferer Pierburg in Neuss im Sommer 1973. Hauptforderung war die Abschaffung der „Leichtlohngruppen", mit deren Hilfe Frauen diskriminiert und niedriger als Männer eingruppiert wurden. Der Streik bewirkte eine starke, auch überregionale Solidarität in der Frauenbewegung und der politischen Linken, und endete mit der Abschaffung der Niedriglohngruppen. Nur einige Tage später kam es zu einem weiteren spektakulären Arbeitskampf, diesmal bei Ford in Köln.[36] Das Unternehmen hatte angesichts einer erwarteten Überproduktionskrise überwiegend türkische Arbeiter aus dem Montagebereich entlassen. Die Proteste richteten sich auch gegen die miserablen Arbeitsbedingungen an den Bändern, die schon Günther Wallraff Anfang der 60er Jahre im Rahmen seiner „Industriereportagen" beschrieben hatte. Dieser Streik endete mit einer Niederlage: Die Forderung nach einer Wiedereinstellung der Entlassenen wurde nicht erfüllt, eine lineare Lohnerhöhung von einer Mark pro Stunde für alle Beschäftigten wurde abgelehnt. Der Streik wurde am Ende durch einen gewaltförmigen Einsatz von Streikbrechern, Meistern und Polizei zerschlagen.

Dass der Ford-Streik in der Historiographie insbesondere der bundesdeutschen Migrationsgeschichte bis heute eine Rolle spielt, hängt vielleicht damit zusammen, dass er ein Ende und ein Anfang war. Seine wesentlichen Forderungen betrafen in der Tat nicht nur die „Gastarbeiter": Die moderne Fabrik und ihre Sozialtechniken galten nun auch in der Bundesrepublik nicht mehr unhinterfragt als das Nonplusultra der ökonomischen Entwicklung. Zugleich hatten dieser und ähnliche Streiks dazu beigetragen, qualitative Fragen der Arbeitsgestaltung, Leistungsbegrenzung und des Gesundheitsschutzes stärker in der Tarifpolitik zu verankern. Ein wichtiger Tarifabschluss gelang hierbei den Metallerinnen und Metallern in Baden-Württemberg, die im Oktober 1973 mittels Streik eine bezahlte Zusatzpause für alle Band- und Akkordarbeiterinnen und -arbeiter durchsetzen konnten.

Auf dem Weg in die 80er Jahre

Der „Öl-Preis-Schock" und die Weltwirtschaftskrise von 1973/74 läuteten eine neue Epoche ein – auch in der Geschichte der Gewerkschaften und der Arbeitskämpfe. Das „Wirtschaftswunder", das hohe Profite wie Reallohnsteigerungen ermöglicht hatte, war vorbei, und nicht nur die Benzinpreise begannen zu steigen. Rationalisierungsstrategien und Umstrukturierungen veränderten die westdeutsche Wirtschaft. Die Massenarbeitslosigkeit kehrte zurück. Statt Reallohnsteigerungen bestimmten nun Themen wie Rationalisierungsschutz und die Sicherung von Arbeitsplätzen die Auseinandersetzungen. Vorbild für eine ganze Reihe weiterer betrieblicher Abwehrkämpfe wurde 1975 die Besetzung des Zementwerkes der Firma Seibel & Söhne, mit der sich die von der IG Chemie unterstützten Beschäftigten gegen ihre drohende Entlassung wehrten. Die Betriebsbeset-

Tarifkonflikt im Druckgewerbe, München 1978

zung der kleinen Belegschaft mobilisierte eine breite Solidaritätswelle. Sie fand parallel zur Besetzung der Uhrenfabrik LIP in Frankreich statt, die europaweit für Aufsehen sorgte und das Kampfmittel der Besetzung insgesamt popularisierte.

Rationalisierungsfolgen standen 1978 auch im Mittelpunkt zweier tariflicher Arbeitskämpfe. In der Druckindustrie drohten im Zuge der Einführung elektronischer Textverarbeitung ganze Berufsgruppen insbesondere im Zeitungssatz zu verschwinden. Nach einem dreiwöchigen, von massiven Aussperrungen begleiteten Streik wurde im März 1978 ein tarifliches Rationalisierungsschutzabkommen geschlossen, das diesen Prozess nicht verhindern konnte, aber seine Folgen abzumildern half. Fast parallel kam es März/April 1978 in der baden-württembergischen Metallindustrie zu einem ebenfalls durch Aussperrungen geprägten Arbeitskampf, mit dem die IG Metall letztlich erfolgreich eine tarifliche Absicherung gegen rationalisierungsbedingte Abgruppierungen durchsetzte.

Bereits in den Jahren zuvor hatte sich in beiden Gewerkschaften vor dem Hintergrund wachsender Arbeitslosigkeit eine Debatte um eine Umverteilung der Arbeit entwickelt, in der sowohl eine Verkürzung der Lebens- wie der Wochenarbeitszeit diskutiert wurde. 1977 verankerte der Gewerkschaftstag der IG Metall mit knapper Mehrheit entgegen einer Vorstandsempfehlung die 35-Stunden-Woche als tarifpolitisches Ziel. Diese wurde erstmals 1978 in der Stahlindustrie zur Forderung erhoben. Parallel hierzu wurde jedoch Ende 1978 in verschiedenen Tarifgebieten der IG Metall auch eine Verlängerung des Urlaubs auf sechs Wochen gefordert, was sich der Arbeitgeberverband Stahl propagandistisch zu Nutzen machte. Kein Einstieg in die Wochenarbeitszeitverkürzung, aber sechs Wochen Urlaub für alle waren schließlich das Ergebnis des sechswöchigen Stahlstreiks im Winter 1978/79. Die Auseinandersetzung um die Wochenarbeitszeitverkürzung wurde zunächst vertagt.

In den sich bereits andeutenden Strukturkrisen der Stahl- und Werftindustrie, aber auch im gewerkschaftlichen Umgang mit den Modernisierungsschüben in den übrigen Industrien, zeichneten sich bereits kooperative Muster der Krisenbearbeitung ab, die auch für die folgenden Jahrzehnte prägend werden sollten. Letztlich trafen die krisenhaften Umbrüche der 70er Jahre auf eine ökonomisch wie politisch weitgehend integrierte westdeutsche Arbeiterbewegung. Betriebsräte, Gewerkschaften, aber auch Beschäftigte sahen ganz überwiegend keine Alternative zur exportorientierten Wachstumspolitik. Die Notwendigkeit betrieblicher Anpassungsmaßnahmen zur Sicherung der Wettbewerbsfähigkeit wurde als Grundprinzip der Marktwirtschaft akzeptiert. Differenzen mit den Unternehmen entstanden um die Frage, wie diese Prozesse gemanagt werden sollten. Hierbei entwickelte sich zuerst in der Montanindustrie, später auch in anderen Branchen das Kompromissmodell des „sozialverträglichen Personalabbaus".

Plakat „Wir schaffen Arbeitsplätze durch Investitionen", 1977
Klaus Staeck
Technoseum

Kostensenkung und Personalabbau wurden von Betriebsräten und Gewerkschaften, wenn auch manchmal zähneknirschend, mitgetragen, solange die Entlassung der Stammbeschäftigten vermieden wurde. Dem Staat wurde die Aufgabe zugewiesen, diese Prozesse durch sozialpolitische Maßnahmen zu begleiten. Kerninstrumente bildeten Frühverrentungen und vergleichsweise gut ausgestattete Umschulungen und Weiterbildungen. Noch wurde der Sozialstaatskompromiss der Nachkriegszeit, der sich über verschiedene Etappen herausgebildet und gerade erst mit der Reformpolitik der sozial-liberalen Regierungen seinen Abschluss gefunden hatte, nicht auf breiter Front in Frage gestellt. In anderer Hinsicht standen die Zeiten bereits auf Wandel. Die Durchsetzungsfähigkeit der Gewerkschaften hatte sich traditionell auf die Facharbeitergruppen der klassischen Industrien gestützt. Doch der Anteil der Arbeiterinnen und Arbeiter sank, und ab 1976 stellten nicht mehr sie, sondern Angestellte und Beamte die Mehrheit der abhängig Beschäftigten. Bereits seit 1974 arbeiteten mehr als 50 Prozent der Beschäftigten im Dienstleistungsbereich. Lebensstile, aber auch betriebliche Interessen differenzierten sich weiter aus. Der Begriff „Arbeiterbewegung" bildete für immer weniger Beschäftigte einen kulturellen und sozialen Bezugspunkt. Ihre Kultur und Symbole behielten vorerst, wenn auch zunehmend als Folklore, in den Gewerkschaften ihren Platz. Mit den wirtschaftlichen Umbrüchen ab Mitte der 70er Jahre endete der „kurze Traum immerwährender Prosperität"[37]. Es begann eine neue Periode, in der die Verteidigung der erreichten Standards im Mittelpunkt stand und die Prekarisierung der Arbeitsverhältnisse die soziale und politische Grundlage der Gewerkschaftspolitik der „goldenen Jahre" nachhaltig erodieren ließ.

Armbinde für die Streikposten der IG Druck und Papier, 1978
Archiv für soziale Bewegungen, Bochum

1 Abelshauser, Werner: Deutsche Wirtschaftsgeschichte. Von 1945 bis zur Gegenwart. 2. Auflage. München 2011. S. 69

2 Vgl. Kleßmann, Christoph/ Friedemann, Peter: Streiks und Hungermärsche im Ruhrgebiet 1946 – 1948. Frankfurt/ New York 1977., S. 23; Seidl, Michael: Wiederentstehung und Entwicklung der Gewerkschaften in Mannheim und Ludwigshafen von 1945 – 1949. Neustadt/ Wstr. 1990

3 Vgl. Erker, Paul: Die Arbeiter bei MAN 1945 – 1950. In: Tenfelde, Klaus (Hrsg.): Arbeiter im 20. Jahrhundert. Stuttgart 1991; Fichter, Michael: Aufbau und Neuordnung: Betriebsräte zwischen Klassensolidarität und Betriebsloyalität. In: Broszat, Martin/ Henke, Klaus-Dietmar/ Woller, Hans (Hrsg.): Von Stalingrad zur Währungsreform. Zur Sozialgeschichte des Umbruchs in Deutschland. München 1990

4 Niethammer, Lutz/ Brandt, Peter/ Borsdorf, Ulrich (Hrsg.): Arbeiterinitiative 1945. Antifaschistische Ausschüsse und Reorganisation der Arbeiterbewegung in Deutschland. Wuppertal 1976

5 Fichter, Michael: Arbeiterbewegung unter der Besatzung. Bedingungen ihrer Rekonstituierung am Beispiel Stuttgarts 1945 – 1946. In: Ebbighausen, Rolf/ Tiemann, Friedrich (Hrsg.): Das Ende der Arbeiterbewegung in Deutschland? Ein Diskussionsband zum sechzigsten Geburtstag von Theo Pirker. Opladen 1984. S. 195/196

6 Vgl. Fichter 1984; Köcher, Thomas: „Aus der Vergangenheit lernen – für die Zukunft arbeiten!"? Die Auseinandersetzung des DGB mit dem Nationalsozialismus in den 50er und 60er Jahren. Münster: 2004; Scharf, Eginhard: "Man machte mit uns, was man wollte". Ausländische Zwangsarbeiter in Ludwigshafen am Rhein 1939 – 1945. Stadtarchiv Ludwigshafen 2004, S. 18

7 Zitat nach Kleßmann/Friedemann: Streiks und Hungermärsche im Ruhrgebiet 1946 – 1948. S. 68

8 Vgl. hierzu Fichter 1990; Kittner, Michael: Arbeitskampf. Geschichte, Recht, Gegenwart. München 2005 sowie Kolb, Johannes: Metallgewerkschaften in der Nachkriegszeit. Der Organisationsaufbau der Metallgewerkschaften in den drei westlichen Besatzungszonen Deutschlands. Zweite Auflage, Köln 1983

9 Zitiert nach Kolb 1983, S. 61

10 Vgl. Kleßmann/Friedemann 1977, S. 33 sowie Lauschke, Karl: Die Hoesch-Arbeiter und ihr Werk. Sozialgeschichte der Dortmunder Westfalenhütte während der Jahre des Wiederaufbaus 1945–1966. Essen 2000. S. 22

11 Vgl. Schmidt, Eberhard: Die verhinderte Neuordnung 1945 – 1952. Zur Auseinandersetzung um die Demokratisierung der Wirtschaft in den westlichen Besatzungszonen und in der Bundesrepublik Deutschland. Mit einem Vorwort von Wolfgang Abendroth. 8. Auflage, Frankfurt 1981

12 Spode, Hasso/ Volkmann, Heinrich/ Morsch, Günther/ Hudemann, Rainer: Statistik der Arbeitskämpfe in Deutschland. St. Katharinen 1992. S. 294

13 Vgl. ebd. sowie Kleßmann/Friedemann 1977 und Beier, Gerhard: Der Demonstrations- und Generalstreik vom 12. November 1948. Im Zusammenhang der parlamentarischen Entwicklung Westdeutschlands. Frankfurt a.M./ Köln 1975

14 Seidl 1990

15 Vgl. Beier 1975

16 Hardach, Gerd: Die Rückkehr zum Weltmarkt 1948–1958. In: Schildt, Axel/Sywottek, Arnold (Hrsg.): Modernisierung im Wiederaufbau. Bonn 1993. S. 80

17 Vgl. Lutz, Burkhardt: Der kurze Traum immerwährender Prosperität. Frankfurt/M./New York 1989

18 Vgl. Birke, Peter: Wilde Streiks im Wirtschaftswunder. Arbeitskämpfe und soziale Bewegungen in der Bundesrepublik und Dänemark. Frankfurt/M. u.a. 2008. S. 160f

19 Hierzu vgl. Oswald, Anne von: Venite a lavorare con la Volkswagen! Gastarbeiter in Wolfsburg 1962 – 1974. In: Deutsches Historisches Museum 1997

20 Vgl. Birke 2008, S. 119f.; zur Geschichte der migrantischen Kämpfe in der Bundesrepublik siehe auch Bojadžijev, Manuela: Die windige Internationale. Rassismus und Kämpfe der Migration in der Bundesrepublik. Münster 2006

21 Niehuss, Merith: Kontinuität und Wandel der Familie in den 1950er Jahren. In: Schildt, Axel/Sywottek, Arnold (Hrsg.): Modernisierung im Wiederaufbau. Bonn 1993. S. 325

22 Oertzen, Christiane von: Teilzeitarbeit und die Lust am Zuverdienen. Geschlechterpolitik und gesellschaftlicher Wandel in Westdeutschland 1948–1969. Göttingen 1999

23 Birke 2008, S. 47–49 sowie Kittner 2005. S. 603ff

24 Vgl. Schauer, Helmut: Tarifpolitik und Sozialreform. Stationen bundesdeutscher Tarifgeschichte. In: WSI Mitteilungen 7/1999. S. 426 – 436

25 vgl. Birke 2008, S. 125

26 Vgl. Streeck, Wolfgang: Gewerkschaften als Mitgliederverbände. Probleme gewerkschaftlicher Mitgliederrekrutierung. In: Beiträge zur Soziologie der Gewerkschaften. Frankfurt/M. 1979. S. 72 – 110

27 Vgl. Abelshauser, Werner: Nach dem Wirtschaftswunder. Der Gewerkschafter, Politiker und Unternehmer Hans Matthöfer. Bonn 2009. S. 140 – 155; Wittemann, Klaus Peter: Ford-Aktion. Zum Verhältnis von Industriesoziologie und IG Metall in den sechziger Jahren. Marburg 1994

28 Thomas, Nick: Protest Movements in 1960s West Germany. A Social History of Dissent and Democracy. Oxford/New York 2003. S. 40; Schneider, Michael: Demokratie in Gefahr? Der Konflikt um die Notstandsgesetze. Bonn 1986

29 Schiller-Dickhut, Reiner: Qualitative Tarifpolitik. Über Form und Inhalt der IG-Metall-Tarifpolitik zur Verbesserung der Arbeitsbedingungen und der Beschäftigungslage. Bielefeld 1987

30 Vgl. Stapelfeldt, Gerhardt: Wirtschaft und Gesellschaft der Bundesrepublik Deutschland. Kritik der ökonomischen Rationalität. Zweiter Band. Hamburg 1998. S. 265

31 Vgl. IMSF – Institut für marxistische Studien und Forschungen (Hrsg.): Die Septemberstreiks 1969. Frankfurt/M. 1969

32 Vgl. Lauschke 2000

33 Vgl. Spode et al. 1992. S. 354 und 395

34 Zur Lehrlingsbewegung siehe Templin, David: „Lehrzeit – keine Leerzeit!" – Die Lehrlingsbewegung in Hamburg 1968–1972. Hamburg 2011; zu den oppositionellen Gruppen: Arps, Jan Ole: Frühschicht. Linke Fabrikintervention in den 70er Jahren. Hamburg u.a. 2011

35 Erd, Rainer: Gewerkschaftsausschlüsse in den 70er Jahren. In: Jacobi, Otto et al. (Hrsg.): Kritisches Jahrbuch 1977/78. Berlin (West) 1978. S. 166–175

37 Birke 2008, S. 274 – 305

37 Lutz 1989

... 1980
WEITERE EXPONATE

Werbeplakat der SPD „Sozialismus, Planwirtschaft, Demokratie. Die Sozialdemokraten bauen auf!“, 1946
Archiv der sozialen Demokratie, Bonn
6/PLKA000341

Die Schlagworte, die das Kürzel „SPD" bilden, lassen erkennen, dass kurz nach Kriegsende der Wunsch nach einer grundlegenden Umgestaltung des neuen Deutschlands noch verbreitet ist.

Plakat zur Wiederzulassung der SPD durch die englische Militärregierung, Cuxhaven 1945
Haus der Geschichte der Bundesrepublik Deutschland, Bonn
1988/2/233.2

Transportkiste von Fritz Heine bei der Rückkehr aus dem Exil, 1946
Haus der Geschichte der Bundesrepublik Deutschland, Bonn; 2003/05/0001

Seit 1922 SPD-Mitglied und führend im Widerstand gegen das Dritte Reich musste Fritz Heine nach London flüchten, wo er Mitglied des SPD-Exil-Parteivorstandes wird.

Plakat der freien Gewerkschaften Hamburgs zur Maifeier 1946
Bundesarchiv Berlin
004-014-007

Erstmals können 1946 wieder Maikundgebungen in der Tradition der Arbeiterbewegung stattfinden.

Plakat der KPD „Kumpel – Postbeamter – Doktor. Partei des Volkes“
Bundesarchiv Berlin
004-012-031

Erkämpft das Mitbestimmungsrecht

in Zechen und Gruben, in Betrieben und Verwaltung

Arbeiter und Angestellte!

Die Könige von Kohle und Stahl spielen wieder die Herren im Hause!

Es sind dieselben, die Hitler finanzierten und an die Macht brachten.
Es sind dieselben, die sich 1945 ins Mauseloch verkrochen, weil sie Angst davor hatten, vom deutschen Volke für ihre Schandtaten zur Verantwortung gezogen zu werden.
Damals habt Ihr mit knurrendem Magen die Zechen vor dem Ersaufen gerettet.
Ihr habt aus den Trümmern die Betriebe wieder aufgebaut und in Gang gebracht.

Was heute steht, ist Eure Arbeit, Euer Fleiß, Eure Leistung!

Keiner der Herren half Euch dabei!
Keiner der Herren wagte es damals, Euch dazwischen zu reden.
Damals wart Ihr gut genug, die Betriebe zu retten und niemand bestritt Euch zu jener Zeit das Recht, mitzubestimmen, wie Betriebe und Maschinen zu retten waren.

Heute aber sind sie alle wieder da, die Thyssen und die Roelen, die Dinkelbachs und die Pferdmenges!

Heute mästen sie sich wieder an den Früchten Eurer Arbeit.
Sie wollen Euch streitig machen, was Ihr Euch in harter Arbeit erworben habt:

Das Recht, dort mitzubestimmen, wo Ihr aufbautet!

Sie wollen Euch auf die Straße werfen können, wann und wie es ihnen paßt.
Sie wollen Eure Löhne und Gehälter tiefer und tiefer drücken können.
Sie wollen auf Kosten Eures Lebens und Eurer Gesundheit immer mehr Profite scheffeln und sich vor ausreichendem Unfallschutz für Euch drücken können.
Erst kürzlich haben **79 Kumpels** auf der Zeche Dahlbusch die Raffgier der „Herren im Hause" mit ihrem Leben bezahlen müssen.
Sie wollen wieder einmal Kanonen statt Butter und Euch und Eure Kinder im Auftrage der USA-Rüstungs-Konzerne in einen neuen mörderischen Krieg hetzen, um aus dem Blut und den Tränen der Völker neues Gold für ihre Tresors zu münzen.
Bei der Verwirklichung dieser teuflischen Pläne können sie keine mitbestimmende Arbeiterschaft gebrauchen.

Darum sind sie gegen das Mitbestimmungsrecht.
Darum wollen sie Euch mit Hilfe ihrer gekauften Politiker um Euer Recht betrügen.

An ihren Früchten sollt Ihr sie erkennen!

Als vor drei Jahren der Landtag von Nordrhein-Westfalen zusammentrat, erklärten die Regierungsparteien heuchlerisch, daß sie für das Mitbestimmungsrecht sind.

Plakat der SPD „Erich Ollenhauer spricht … Demokratie in Staat und Wirtschaft …“, 8. Februar 1951
Archiv der sozialen Demokratie, Bonn
6/PLKA040000

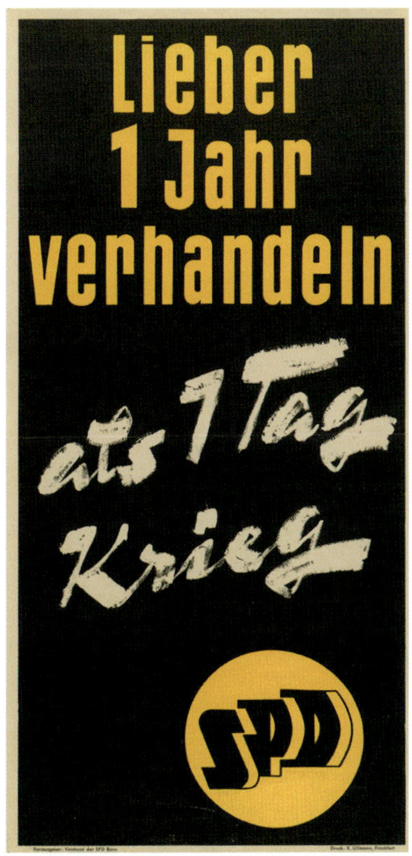

Plakat der SPD „Lieber 1 Jahr verhandeln als 1 Tag Krieg“, 1953
Bundesarchiv Berlin
104-TA4241-032

KPD-Aufruf zum Kampf für das Mitbestimmungsrecht, 1950
Archiv der sozialen Demokratie, Bonn
6/FLBL 003106

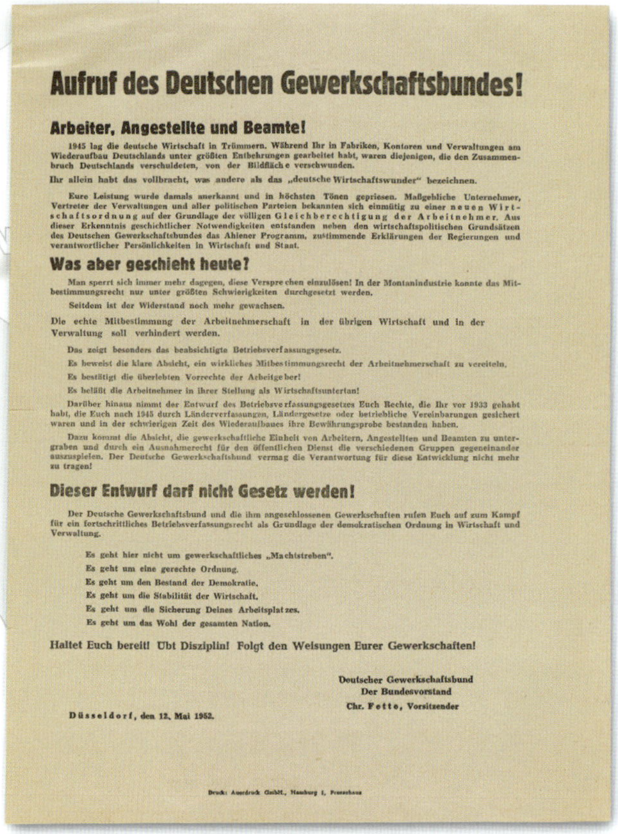

Aufruf des Deutschen Gewerkschaftsbundes!

Arbeiter, Angestellte und Beamte!

1945 lag die deutsche Wirtschaft in Trümmern. Während Ihr in Fabriken, Kontoren und Verwaltungen am Wiederaufbau Deutschlands unter größten Entbehrungen gearbeitet habt, waren diejenigen, die den Zusammenbruch Deutschlands verschuldeten, von der Bildfläche verschwunden.

Ihr allein habt das vollbracht, was andere als das „deutsche Wirtschaftswunder" bezeichnen.

Eure Leistung wurde damals anerkannt und in höchsten Tönen gepriesen. Maßgebliche Unternehmer, Vertreter der Verwaltungen und aller politischen Parteien bekannten sich einmütig zu einer neuen Wirtschaftsordnung auf der Grundlage der völligen Gleichberechtigung der Arbeitnehmer. Aus dieser Erkenntnis geschichtlicher Notwendigkeiten entstanden neben den wirtschaftspolitischen Grundsätzen des Deutschen Gewerkschaftsbundes das Ahlener Programm, zustimmende Erklärungen der Regierungen und verantwortlicher Persönlichkeiten in Wirtschaft und Staat.

Was aber geschieht heute?

Man sperrt sich immer mehr dagegen, diese Versprechen einzulösen! In der Montanindustrie konnte das Mitbestimmungsrecht nur unter größten Schwierigkeiten durchgesetzt werden.

Seitdem ist der Widerstand noch mehr gewachsen.

Die echte Mitbestimmung der Arbeitnehmerschaft in der übrigen Wirtschaft und in der Verwaltung soll verhindert werden.

Das zeigt besonders das beabsichtigte Betriebsverfassungsgesetz.

Es beweist die klare Absicht, ein wirkliches Mitbestimmungsrecht der Arbeitnehmerschaft zu vereiteln.

Es bestätigt die überlebten Vorrechte der Arbeitgeber!

Es beläßt die Arbeitnehmer in ihrer Stellung als Wirtschaftsuntertan!

Darüber hinaus nimmt der Entwurf des Betriebsverfassungsgesetzes Euch Rechte, die Ihr vor 1933 gehabt habt, die Euch nach 1945 durch Länderverfassungen, Ländergesetze oder betriebliche Vereinbarungen gesichert waren und in der schwierigen Zeit des Wiederaufbaues ihre Bewährungsprobe bestanden haben.

Dazu kommt die Absicht, die gewerkschaftliche Einheit von Arbeitern, Angestellten und Beamten zu untergraben und durch ein Ausnahmerecht für den öffentlichen Dienst die verschiedenen Gruppen gegeneinander auszuspielen. Der Deutsche Gewerkschaftsbund vermag die Verantwortung für diese Entwicklung nicht mehr zu tragen!

Dieser Entwurf darf nicht Gesetz werden!

Der Deutsche Gewerkschaftsbund und die ihm angeschlossenen Gewerkschaften rufen Euch auf zum Kampf für ein fortschrittliches Betriebsverfassungsrecht als Grundlage der demokratischen Ordnung in Wirtschaft und Verwaltung.

Es geht hier nicht um gewerkschaftliches „Machtstreben".
Es geht um eine gerechte Ordnung.
Es geht um den Bestand der Demokratie.
Es geht um die Stabilität der Wirtschaft.
Es geht um die Sicherung Deines Arbeitsplatzes.
Es geht um das Wohl der gesamten Nation.

Haltet Euch bereit! Übt Disziplin! Folgt den Weisungen Eurer Gewerkschaften!

Deutscher Gewerkschaftsbund
Der Bundesvorstand
Chr. Fette, Vorsitzender

Düsseldorf, den 12. Mai 1952.

Druck: Auerdruck GmbH., Hamburg 1, Pressehaus

Flugblatt „Aufruf des Deutschen Gewerkschaftsbundes!" gegen das geplante Betriebsverfassungsgesetz, 12. Mai 1952
DHM Berlin
DG 70/393

Plakat „Hessen darf nicht Kriegsschauplatz werden!", 1955
Bundesarchiv Berlin
005-042-034

Plakat der KPD „Willst Du so alt werden wie Adenauer?“, 1956
Bundesarchiv Berlin
Plak 005-026-036

Plakat der KPD „Mit der Arbeiterklasse der ganzen Welt“, 1. Mai 1956
Archiv der sozialen Demokratie, Bonn
6/PLKA019229

Mitgliedsbuch der KPD mit Beitragsmarken bis Ende Juni 1956
Sammlung Klaus Jürgen Becker, Ludwigshafen

STEMPEL DER KPD UND FDJ GRÜNSTADT
SAMMLUNG KLAUS JÜRGEN BECKER, LUDWIGSHAFEN

ABSCHUSSROHRE FÜR PROPAGANDARAKETEN DER ILLEGALEN KPD, NACH 1956
HAUS DER GESCHICHTE DER BUNDESREPUBLIK DEUTSCHLAND, BONN
2000/03/0466

Die KPD agierte nach ihrem Verbot von Ost-Berlin aus. Mit „Propagandaraketen" werden Flugblätter und Agitationsmaterialien über die Grenzen in den Westen geschossen.

Wahlplakat der SPD zur Bundestagswahl 1957 „Atom nur für den Frieden“, 15. September 1957
Archiv der sozialen Demokratie, Bonn
6/PLKA000042

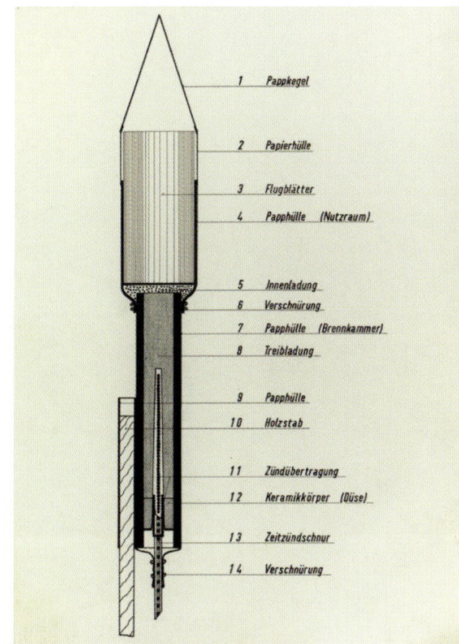

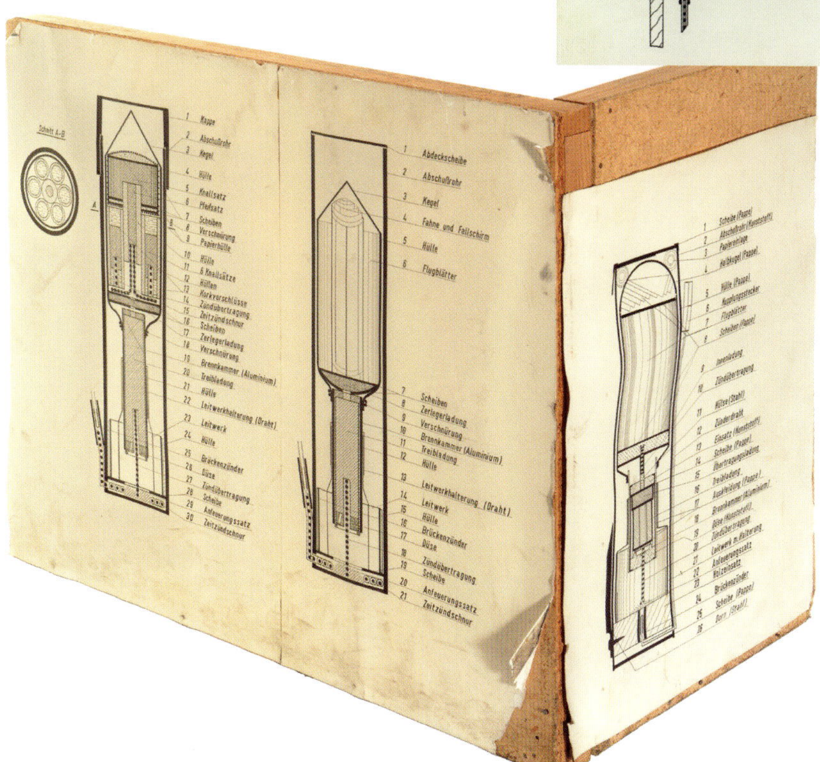

Tafel mit Schnittzeichnung von „Propagandabomben“ aus dem BKA
Haus der Geschichte der Bundesrepublik Deutschland, Bonn
2000/03/0466

Tarnschriften der illegalen KPD
Sammlung Klaus Jürgen Becker, Ludwigshafen

Wie schon unterm Sozialistengesetz und im Dritten Reich wurden auch nach dem KPD-Verbot solche Tarnschriften in handlichem, gut versteckbarem Format über die Grenze geschmuggelt. Damit der Inhalt nicht sofort erkennbar war, wurden unverfängliche Titel zur Tarnung benutzt. Sie enthalten jeweils die Zeitschrift „Wissen und Tat".

Musikbox/
Jukebox „Wurlitzer", 1951
Technoseum
Evz: 1982/0058

Grundsatzprogramm des Deutschen Gewerkschaftsbundes, 1963
Archiv der sozialen Demokratie, Bonn

Otto Brenner spricht über „Die Gewerkschaften in Staat und Gesellschaft“, 22. März 1963
Archiv der sozialen Demokratie, Bonn
6/PLMV 000338

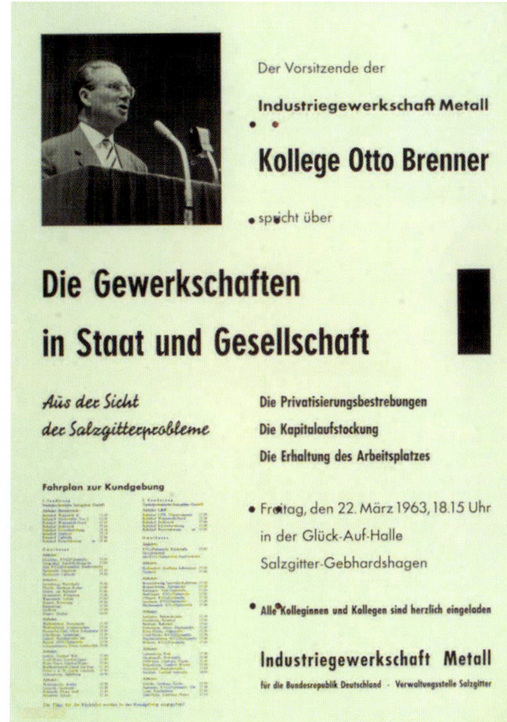

Zigarrenkiste zur Hundertjahrfeier der Sozialistischen Internationale, Brüssel, 1964
IISH Amsterdam
K21/117

Als Präsent für die Delegierten in Brüssel und in Erinnerung an die Gründung der I. Internationale 1864 in London dokumentieren die Porträts die Vielfalt der Strömungen in der internationalen Arbeiterbewegung. Abgebildet sind: Marx (D), Engels (D), Adler (A), Jaures (F), Bebel (D), Branting (N), Troelstra (S), Hardie (NL), De Paepe (B) und Bakunin (Rus).

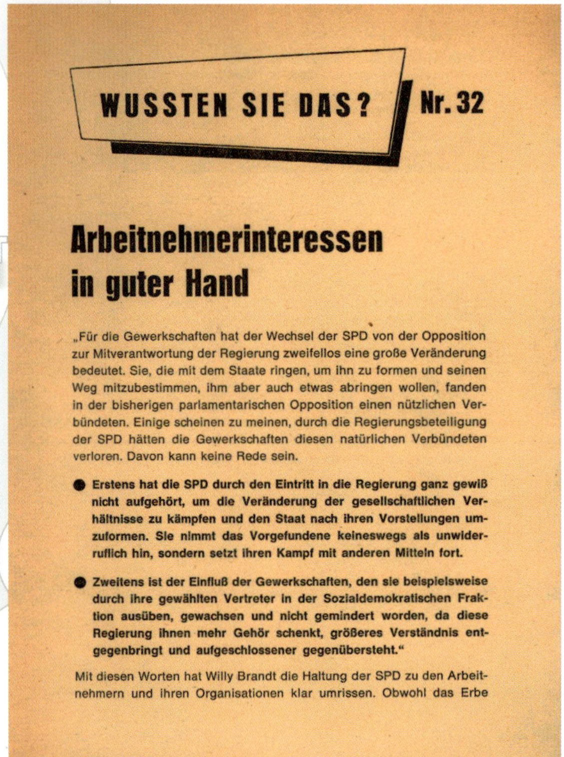

WUSSTEN SIE DAS? Nr. 32

Arbeitnehmerinteressen in guter Hand

„Für die Gewerkschaften hat der Wechsel der SPD von der Opposition zur Mitverantwortung der Regierung zweifellos eine große Veränderung bedeutet. Sie, die mit dem Staate ringen, um ihn zu formen und seinen Weg mitzubestimmen, ihm aber auch etwas abringen wollen, fanden in der bisherigen parlamentarischen Opposition einen nützlichen Verbündeten. Einige scheinen zu meinen, durch die Regierungsbeteiligung der SPD hätten die Gewerkschaften diesen natürlichen Verbündeten verloren. Davon kann keine Rede sein.

- **Erstens hat die SPD durch den Eintritt in die Regierung ganz gewiß nicht aufgehört, um die Veränderung der gesellschaftlichen Verhältnisse zu kämpfen und den Staat nach ihren Vorstellungen umzuformen. Sie nimmt das Vorgefundene keineswegs als unwiderruflich hin, sondern setzt ihren Kampf mit anderen Mitteln fort.**
- **Zweitens ist der Einfluß der Gewerkschaften, den sie beispielsweise durch ihre gewählten Vertreter in der Sozialdemokratischen Fraktion ausüben, gewachsen und nicht gemindert worden, da diese Regierung ihnen mehr Gehör schenkt, größeres Verständnis entgegenbringt und aufgeschlossener gegenübersteht."**

Mit diesen Worten hat Willy Brandt die Haltung der SPD zu den Arbeitnehmern und ihren Organisationen klar umrissen. Obwohl das Erbe

FLUGBLATT DER SPD „ARBEITNEHMERINTERESSEN IN GUTER HAND“, 1967
ARCHIV DER SOZIALEN DEMOKRATIE, BONN
FES 6/FLBL 000254

Die SPD schreibt in diesem vierseitigen Flugblatt über ihre Erfolge in der großen Koalition.

Das wurde für den Arbeitnehmer getan

Allen Unkenrufen und allen Verdächtigungen zum Trotz geht das Ringen um die Vollendung des sozialen Rechtsstaates weiter. Die Große Koalition hat unter maßgeblichem Einfluß der Sozialdemokraten verhindert,

- **daß die dynamische Rente beseitigt und eine Rentensteuer eingeführt wurde;**
- **daß der soziale Wohnungsbau eingestellt wurde; im Gegenteil, er hat sich wieder belebt und liegt heute weit höher als im Jahre 1966;**
- **daß die Kilometergeldpauschale für Arbeitnehmer auf 10 Pfennige reduziert wurde, wie das die alte Regierung unter Erhard und Mende geplant hatte;**
- **daß das Arbeitslosengeld eingeschränkt wurde, im Gegenteil, eine nicht unbeträchtliche Erhöhung konnte durchgesetzt werden;**
- **daß die Lasten, die durch das Scheitern der alten Regierung unabwendbar auf das deutsche Volk zugekommen waren, allein und einseitig von den Arbeitnehmern getragen werden müssen, die Großverdiener müssen zum Beispiel eine Sonderabgabe zu ihren Steuern leisten;**
- **daß die qualifizierte Mitbestimmung in einer Reihe von Großbetrieben abgebaut wurde, wie das bereits geplant und eingeleitet war.**

Flugblatt des SDS „Streik“, 1968
Haus der Geschichte der Bundesrepublik Deutschland, Bonn
1992/07/031

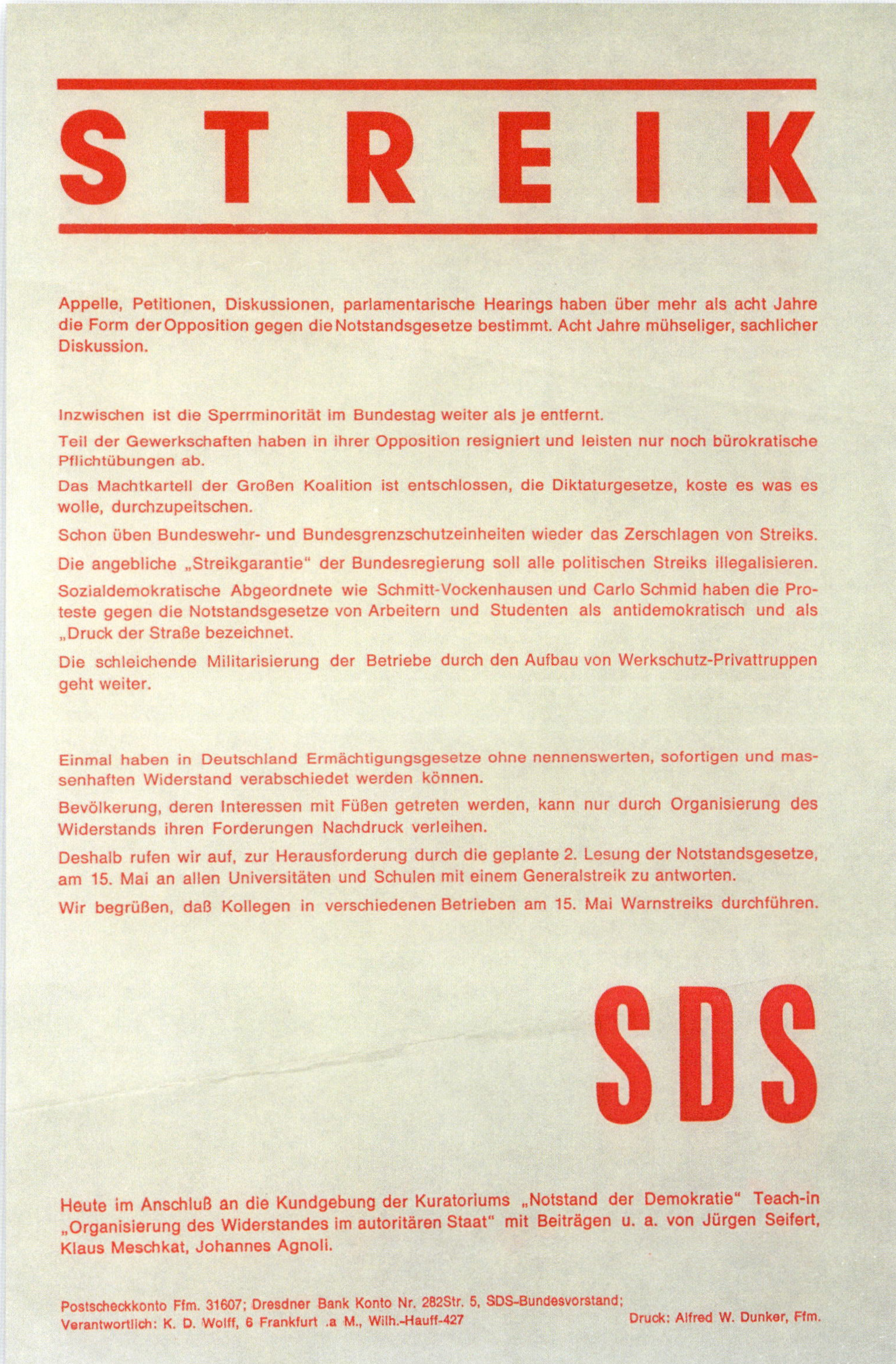

STREIK

Appelle, Petitionen, Diskussionen, parlamentarische Hearings haben über mehr als acht Jahre die Form der Opposition gegen die Notstandsgesetze bestimmt. Acht Jahre mühseliger, sachlicher Diskussion.

Inzwischen ist die Sperrminorität im Bundestag weiter als je entfernt.

Teil der Gewerkschaften haben in ihrer Opposition resigniert und leisten nur noch bürokratische Pflichtübungen ab.

Das Machtkartell der Großen Koalition ist entschlossen, die Diktaturgesetze, koste es was es wolle, durchzupeitschen.

Schon üben Bundeswehr- und Bundesgrenzschutzeinheiten wieder das Zerschlagen von Streiks.

Die angebliche „Streikgarantie“ der Bundesregierung soll alle politischen Streiks illegalisieren.

Sozialdemokratische Abgeordnete wie Schmitt-Vockenhausen und Carlo Schmid haben die Proteste gegen die Notstandsgesetze von Arbeitern und Studenten als antidemokratisch und als „Druck der Straße bezeichnet.

Die schleichende Militarisierung der Betriebe durch den Aufbau von Werkschutz-Privattruppen geht weiter.

Einmal haben in Deutschland Ermächtigungsgesetze ohne nennenswerten, sofortigen und massenhaften Widerstand verabschiedet werden können.

Bevölkerung, deren Interessen mit Füßen getreten werden, kann nur durch Organisierung des Widerstands ihren Forderungen Nachdruck verleihen.

Deshalb rufen wir auf, zur Herausforderung durch die geplante 2. Lesung der Notstandsgesetze, am 15. Mai an allen Universitäten und Schulen mit einem Generalstreik zu antworten.

Wir begrüßen, daß Kollegen in verschiedenen Betrieben am 15. Mai Warnstreiks durchführen.

SDS

Heute im Anschluß an die Kundgebung der Kuratoriums „Notstand der Demokratie“ Teach-in „Organisierung des Widerstandes im autoritären Staat“ mit Beiträgen u. a. von Jürgen Seifert, Klaus Meschkat, Johannes Agnoli.

Postscheckkonto Ffm. 31607; Dresdner Bank Konto Nr. 282Str. 5, SDS-Bundesvorstand;
Verantwortlich: K. D. Wolff, 6 Frankfurt .a M., Wilh.-Hauff-427 Druck: Alfred W. Dunker, Ffm.

1. Mai Plakate

„1. Mai 69. Der Feind steht rechts! Aktionseinheit aller Linken!", 1969
Archiv der sozialen Demokratie, Bonn
6/PLKA030958

„1. Mai 70. Macht den Unternehmern Dampf", 1970
Archiv der sozialen Demokratie, Bonn
6/PLKA021810

„Brüder zur Sonne zur Freiheit, Brüder zum Lichte empor",
Klaus Staeck zum 1. Mai 1977
Archiv der sozialen Demokratie, Bonn
6/PLKA024140

Plakat der IG Metall zu den Notstandsgesetzen „Jugend lässt sich nicht in Ketten legen“, 24. September 1967
Archiv der sozialen Demokratie, Bonn
6/PLMV000375

Plakat gegen Berufsverbote, 1975
Archiv der sozialen Demokratie, Bonn
6/PLKA024206

Plakat der Grünen zur Europawahl „Wir haben die Erde von unseren Kindern nur geborgt.“, 1979
Archiv der sozialen Demokratie, Bonn
6/PLKA001009

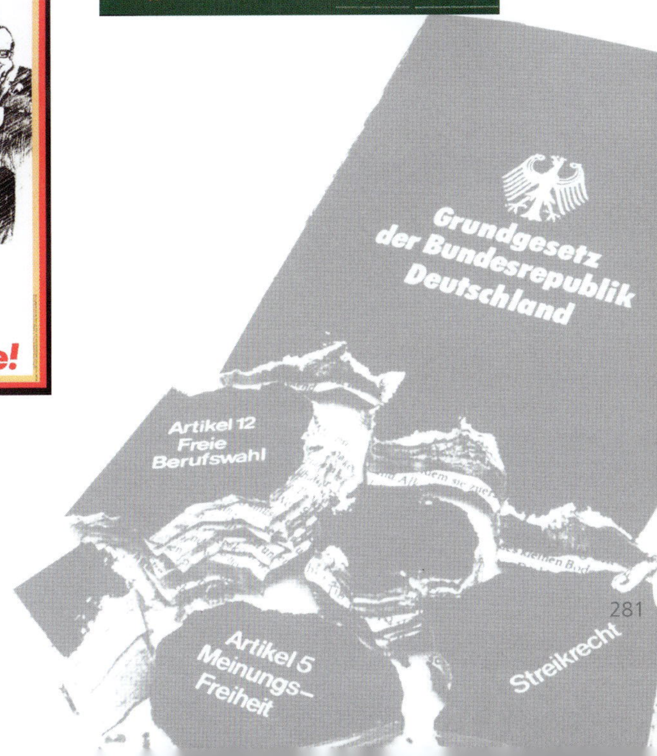

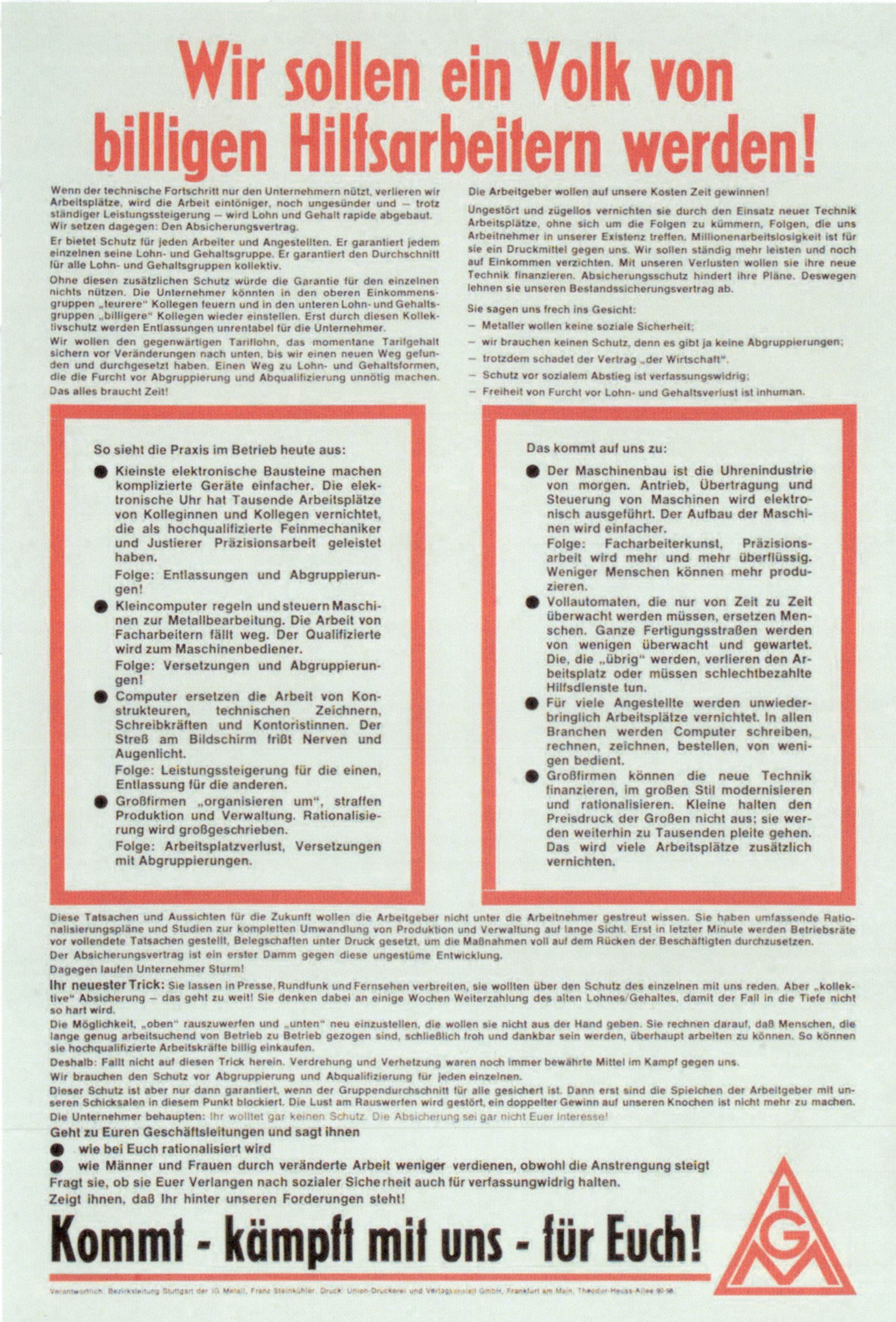

Wir sollen ein Volk von billigen Hilfsarbeitern werden!

Wenn der technische Fortschritt nur den Unternehmern nützt, verlieren wir Arbeitsplätze, wird die Arbeit eintöniger, noch ungesünder und – trotz ständiger Leistungssteigerung – wird Lohn und Gehalt rapide abgebaut.
Wir setzen dagegen: Den Absicherungsvertrag.

Er bietet Schutz für jeden Arbeiter und Angestellten. Er garantiert jedem einzelnen seine Lohn- und Gehaltsgruppe. Er garantiert den Durchschnitt für alle Lohn- und Gehaltsgruppen kollektiv.

Ohne diesen zusätzlichen Schutz würde die Garantie für den einzelnen nichts nützen. Die Unternehmer könnten in den oberen Einkommensgruppen „teurere" Kollegen feuern und in den unteren Lohn- und Gehaltsgruppen „billigere" Kollegen wieder einstellen. Erst durch diesen Kollektivschutz werden Entlassungen unrentabel für die Unternehmer.

Wir wollen den gegenwärtigen Tariflohn, das momentane Tarifgehalt sichern vor Veränderungen nach unten, bis wir einen neuen Weg gefunden und durchgesetzt haben. Einen Weg zu Lohn- und Gehaltsformen, die die Furcht vor Abgruppierung und Abqualifizierung unnötig machen.

Das alles braucht Zeit!

Die Arbeitgeber wollen auf unsere Kosten Zeit gewinnen!

Ungestört und zügellos vernichten sie durch den Einsatz neuer Technik Arbeitsplätze, ohne sich um die Folgen zu kümmern, Folgen, die uns Arbeitnehmer in unserer Existenz treffen. Millionenarbeitslosigkeit ist für sie ein Druckmittel gegen uns. Wir sollen ständig mehr leisten und noch auf Einkommen verzichten. Mit unseren Verlusten wollen sie ihre neue Technik finanzieren. Absicherungsschutz hindert ihre Pläne. Deswegen lehnen sie unseren Bestandssicherungsvertrag ab.

Sie sagen uns frech ins Gesicht:

– Metaller wollen keine soziale Sicherheit;
– wir brauchen keinen Schutz, denn es gibt ja keine Abgruppierungen;
– trotzdem schadet der Vertrag „der Wirtschaft".
– Schutz vor sozialem Abstieg ist verfassungswidrig;
– Freiheit von Furcht vor Lohn- und Gehaltsverlust ist inhuman.

So sieht die Praxis im Betrieb heute aus:

- Kleinste elektronische Bausteine machen komplizierte Geräte einfacher. Die elektronische Uhr hat Tausende Arbeitsplätze von Kolleginnen und Kollegen vernichtet, die als hochqualifizierte Feinmechaniker und Justierer Präzisionsarbeit geleistet haben.
  Folge: Entlassungen und Abgruppierungen!
- Kleincomputer regeln und steuern Maschinen zur Metallbearbeitung. Die Arbeit von Facharbeitern fällt weg. Der Qualifizierte wird zum Maschinenbediener.
  Folge: Versetzungen und Abgruppierungen!
- Computer ersetzen die Arbeit von Konstrukteuren, technischen Zeichnern, Schreibkräften und Kontoristinnen. Der Streß am Bildschirm frißt Nerven und Augenlicht.
  Folge: Leistungssteigerung für die einen, Entlassung für die anderen.
- Großfirmen „organisieren um", straffen Produktion und Verwaltung. Rationalisierung wird großgeschrieben.
  Folge: Arbeitsplatzverlust, Versetzungen mit Abgruppierungen.

Das kommt auf uns zu:

- Der Maschinenbau ist die Uhrenindustrie von morgen. Antrieb, Übertragung und Steuerung von Maschinen wird elektronisch ausgeführt. Der Aufbau der Maschinen wird einfacher.
  Folge: Facharbeiterkunst, Präzisionsarbeit wird mehr und mehr überflüssig. Weniger Menschen können mehr produzieren.
- Vollautomaten, die nur von Zeit zu Zeit überwacht werden müssen, ersetzen Menschen. Ganze Fertigungsstraßen werden von wenigen überwacht und gewartet. Die, die „übrig" werden, verlieren den Arbeitsplatz oder müssen schlechtbezahlte Hilfsdienste tun.
- Für viele Angestellte werden unwiederbringlich Arbeitsplätze vernichtet. In allen Branchen werden Computer schreiben, rechnen, zeichnen, bestellen, von wenigen bedient.
- Großfirmen können die neue Technik finanzieren, im großen Stil modernisieren und rationalisieren. Kleine halten den Preisdruck der Großen nicht aus; sie werden weiterhin zu Tausenden pleite gehen. Das wird viele Arbeitsplätze zusätzlich vernichten.

Diese Tatsachen und Aussichten für die Zukunft wollen die Arbeitgeber nicht unter die Arbeitnehmer gestreut wissen. Sie haben umfassende Rationalisierungspläne und Studien zur kompletten Umwandlung von Produktion und Verwaltung auf lange Sicht. Erst in letzter Minute werden Betriebsräte vor vollendete Tatsachen gestellt, Belegschaften unter Druck gesetzt, um die Maßnahmen voll auf dem Rücken der Beschäftigten durchzusetzen.

Der Absicherungsvertrag ist ein erster Damm gegen diese ungestüme Entwicklung.

Dagegen laufen Unternehmer Sturm!

Ihr neuester Trick: Sie lassen in Presse, Rundfunk und Fernsehen verbreiten, sie wollten über den Schutz des einzelnen mit uns reden. Aber „kollektive" Absicherung – das geht zu weit! Sie denken dabei an einige Wochen Weiterzahlung des alten Lohnes/Gehaltes, damit der Fall in die Tiefe nicht so hart wird.

Die Möglichkeit, „oben" rauszuwerfen und „unten" neu einzustellen, die wollen sie nicht aus der Hand geben. Sie rechnen darauf, daß Menschen, die lange genug arbeitsuchend von Betrieb zu Betrieb gezogen sind, schließlich froh und dankbar sein werden, überhaupt arbeiten zu können. So können sie hochqualifizierte Arbeitskräfte billig einkaufen.

Deshalb: Fallt nicht auf diesen Trick herein. Verdrehung und Verhetzung waren noch immer bewährte Mittel im Kampf gegen uns.

Wir brauchen den Schutz vor Abgruppierung und Abqualifizierung für jeden einzelnen.

Dieser Schutz ist aber nur dann garantiert, wenn der Gruppendurchschnitt für alle gesichert ist. Dann erst sind die Spielchen der Arbeitgeber mit unseren Schicksalen in diesem Punkt blockiert. Die Lust am Rauswerfen wird gestört, ein doppelter Gewinn auf unseren Knochen ist nicht mehr zu machen.

Die Unternehmer behaupten: Ihr wolltet gar keinen Schutz. Die Absicherung sei gar nicht Euer Interesse!

Geht zu Euren Geschäftsleitungen und sagt ihnen

- wie bei Euch rationalisiert wird
- wie Männer und Frauen durch veränderte Arbeit weniger verdienen, obwohl die Anstrengung steigt

Fragt sie, ob sie Euer Verlangen nach sozialer Sicherheit auch für verfassungwidrig halten.
Zeigt ihnen, daß Ihr hinter unseren Forderungen steht!

Kommt - kämpft mit uns - für Euch!

Verantwortlich: Bezirksleitung Stuttgart der IG Metall, Franz Steinkühler. Druck: Union-Druckerei und Verlagsanstalt GmbH, Frankfurt am Main, Theodor-Heuss-Allee 90-98.

Plakat der IG Metall Stuttgart
„Wir sollen ein Volk von billigen Hilfsarbeitern werden!", 1978
Archiv der sozialen Demokratie, Bonn
6/PLMV001878

3 Plakate des DGB, 1980

„Recht auf Arbeit für jeden"
Archiv der sozialen Demokratie, Bonn
6/PLKA001982

„Die technische Revolution in den Griff kriegen!"
Archiv der sozialen Demokratie, Bonn
6/PLKA001965

„Der ‚grüne Ast': Gemeinwirtschaftliche Unternehmen"
Archiv der sozialen Demokratie, Bonn
6/PLKA001983

Mit dieser Plakatserie machte der DGB Werbung für BFG, Coop, Volksfürsorge und Neue Heimat

Leuchtreklame coop, 70er Jahre
Kleines KONSUM-Museum der Heinrich-Kaufmann-Stiftung, Hamburg

Aktie von Coop, 1978
Kleines KONSUM-Museum der Heinrich-Kaufmann-Stiftung, Hamburg

Plakat der Grünen
„Akkordarbeit, Rationalisierung, Entlassungen.“, 1980
Bundesarchiv Berlin
006-016-016

Plakat „Grossdemonstration ... Kein atomares Emsland – Gegen Rüstung & Atom“, 25. Oktober 1980
Archiv der sozialen Demokratie, Bonn
6/PLKA026659

49 …

1989 DDR

Renate Hürtgen

„Niedergang und Neuanfang einer autonomen Arbeiterbewegung in der DDR“

Das Streikgeschehen von den 1950er Jahren bis 1989

Die deutsche Arbeiterbewegung galt jahrzehntelang als vorbildlich für die Arbeiter in der ganzen Welt. Sie konnte sich ganz unmittelbar in ihrer Tradition auf Karl Marx und Friedrich Engels berufen, auf eine starke Sozialdemokratie und zu Beginn des 20. Jahrhunderts auf zahlreiche klassenkämpferische Erfahrungen in den Zentren der mitteldeutschen Industrien oder im Ruhrgebiet. Und selbst in der Zeit der NS-Diktatur, zwischen 1933 und 1945, führten die Auflösung der Gewerkschaften und die Etablierung sogenannter Betriebsgemeinschaften („Deutsche Arbeitsfront“) nicht dazu, dass die Arbeiterschaft in Deutschland ihre Kampfkraft und klassenkämpferische Haltung im Betrieb gänzlich verlor. Trotz nationalsozialistischer Herrschaft und Verfolgung durch die Gestapo kam es nach 1936/37 zu zahlreichen Kurzstreiks in den Betrieben; die nationalsozialistische Ideologie hatte das bis dahin gewachsene Bewegungsmilieu der deutschen Arbeiterschaft nicht vollständig zerstören können.

Ein Teil eben dieser traditionsgeprägten deutschen Arbeitergeneration arbeitete und lebte nach 1945 auf dem Gebiet der Sowjetisch Besetzten Zone (SBZ), der späteren DDR. Die Arbeiter in Sachsen Anhalt unterschieden sich in ihrem Verhalten und ihrem Selbstverständnis als Arbeiter nicht von denen aus Bochum oder Hannover. Hier wie dort machten sie sich daran, die Produktion wieder aufzunehmen und Gewerkschaften aufzubauen. Es herrschte Aufbruchstimmung. In der Ostzone wurden in vielen Betrieben Betriebsräte installiert, alte Betriebsdirektoren abgesetzt und sich spontan für den Aufbau der ersten gewerkschaftlichen Strukturen im Betrieb oder Territorium engagiert. Diese in Selbstorganisation entstandenen Gremien existierten jedoch nicht lange, sie wurden verboten und an ihre Stelle trat eine nach sowjetischem Vorbild funktionierende Gewerkschaft (FDGB), in dem sozialdemokratisch sozialisierte Funktionäre nichts mehr zu suchen hatten.[1] Der 1946 gegründete FDGB bekam bald neben der

Partei (SED) und den neuen Staatsorganen seine endgültige Funktion in der DDR.[2] Diese bestand darin, die Politik der SED auch bei der parteilosen Mehrheit der Belegschaften durchzusetzen. Mit den zentral festgelegten Jahreswirtschaftsplänen wurde es seit Beginn der 1950er Jahre zur wichtigsten Aufgabe des FDGB im Betrieb, dafür zu sorgen, dass der staatliche Wirtschaftsplan erfüllt und übererfüllt wurde. Damit waren nicht mehr die Schutzfunktion gegenüber dem Unternehmer, auch nicht der Gedanke der Solidarität unter den Arbeitern die entscheidenden Merkmale gewerkschaftlichen Selbstverständnisses; Gewerkschaftsarbeit bestand in der DDR vor allem darin, die Arbeiter und Angestellten in den Betrieben zu höheren Produktionsleistungen anzuhalten. Die Gewerkschaftsfunktionäre organisierten den Wettbewerb unter den Arbeitern und Arbeitskollektiven, um die Konkurrenz zwischen ihnen anzutreiben, sie initiierten die Aktivistenbewegung und die bezahlten und unbezahlten Feiertagsarbeiten. Von den traditionellen gewerkschaftlichen Funktionen war wenig übriggeblieben, etwa der Arbeitsschutz, der jedoch angesichts einer in den 1970er und 1980er Jahren maroder werdenden Wirtschaft von den machtlosen Gewerkschaften häufig nicht durchgesetzt werden konnte. Da in der DDR viele Versorgungsleistungen über den Betrieb garantiert waren, bekamen die Gewerkschaften eine nicht zu unterschätzende Bedeutung für die Beschäftigten, vor allem für die Frauen: Der FDGB organisierte die Verteilung von Ferienreisen, Kindergartenplätzen, Theaterkarten, von Obst und Autos. Er war an der Qualifizierung von Frauen beteiligt und verwaltete die Sozialversicherung. Dagegen ist in der Geschichte der DDR kein Beispiel eines von den Gewerkschaften organisierten kollektiven Kampfes um höhere Löhne, längere Urlaubszeiten oder bessere Arbeitsbedingungen zu finden. Die Gewerkschaften sind der institutionalisierte Beweis dafür, dass in der DDR aus einer autonomen Arbeiterbewegung eine „verstaatlichte Arbeiterbewegung" geworden war, die ihren Bewegungscharakter verloren hatte.

Diese Entwicklung soll am Beispiel des Streikgeschehens in der DDR zwischen 1949 und 1989 aufgezeigt werden. Der Streik hat einen festen Platz in der Tradition nicht nur der deutschen Arbeiterbewegung. Er ist eine traditionelle Form des kollektiven Widerstandes, die in der fabrikmäßigen Weise, wie Lohnarbeit geleistet wurde und wird, ihre Quelle hat. Der Streik war und ist ein wichtiger Teil der Arbeiterkultur, was den neuen Staatsführern in der DDR, die sich dieser Tradition verpflichtet fühlten, bestens bekannt war.[3] Sie haben dem Streikgeschehen immer besondere Aufmerksamkeit geschenkt und „Arbeitsniederlegungen" selbst dann noch registriert, als es nichts mehr zu registrieren gab. Während die Herrschenden aller Fraktionen in der DDR bis 1989 permanent in der Angst lebten, es könne zu einem Massenstreik kommen, hatten sich die Arbeiter der DDR längst von dieser Form des betrieblichen Widerstandes verabschiedet und andere Möglichkeiten gesucht, ihre Interessen durchzusetzen oder wenigstens anzumelden. Die politische Atomisierung der DDR-Arbeiterschaft war eine, wenn auch nicht die alleinige, Konsequenz dieser Entwicklung. Im Ergebnis waren in der DDR aus den traditionsbewussten Arbeitern individualisierte und privatisierte abhängig Beschäftigte geworden, die nicht nur keine Streikerfahrung mehr hatten, sondern sich jede Form des kollektiven betrieblichen Widerstandes neu aneignen mussten.[4]

PUBLIKATION „DIE FRAU – DER FRIEDEN UND DER SOZIALISMUS", BERLIN 1963
TU CHEMNITZ, BIBLIOTHEK
M: 14350

PLAKAT „ES LOHNT SICH BESSER ZU ARBEITEN. UNSER BERLIN VORAN IM NEUEN KURS", 1953
ARCHIV DER SOZIALEN DEMOKRATIE, BONN
6/PLKA035308

ERHARD ZIEROLD (1920 – 2003): „WIR SIND DIE HELDEN UNSERER WERKE", 1950
LINOLSCHNITT
BERGBAUMUSEUM OELSNITZ/ERZGEBIRGE

Demonstranten zerstören in der Boyenstrasse, Ecke Chausseestrasse, ein Schild „Ende des demokratischen Sektors von Gross-Berlin". 17. Juni 1953

Protestzug der Arbeiterinnen und Arbeiter aus Henningsdorf

Vom Anfang des Endes der autonomen Arbeiterbewegung in der DDR

Als sich in der DDR acht Jahre nach dem Kriegsende Arbeiter gegen die Zumutungen des Regimes wehrten und am 17. Juni 1953 um ihre Rechte streikten, war diese Tradition jedoch noch erstaunlich lebendig.[5] Die Bauarbeiter in der Berliner Stalinallee und kurze Zeit später Arbeiter und Angestellte in der ganzen Republik, versammelten sich in ihren Betrieben, stellten Forderungen auf, wählten Streikführer, solidarisierten sich mit den bereits im Streik stehenden Kollegen und griffen wie selbstverständlich auf das ihnen bekannte Kampfmittel zurück. Obwohl die Rolle des FDGB als „Transmissionsriemen der Partei" und Teil der staatlichen Wirtschaftsführung bereits im Statut 1949 festgelegt worden war, sahen sich vielerorts die betrieblichen Funktionäre den Erwartungen ausgesetzt, sie müssten sich als Vertreter ihrer Kollegen nun an die Spitze der Bewegung stellen. Das bekannteste Beispiel ist Max Fetting, der BGL-Vorsitzende[6] von der Baustelle in der Stalinallee. Er konnte seine Arbeiter nicht davon abhalten zu streiken und ließ sich dazu überreden, einen Forderungskatalog der Streikenden zum Sitz des Ministerrates zu bringen. Sein Selbstverständnis als gewählter Funktionär der Gewerkschaft hat ihn nicht anders handeln lassen. Im Vernehmungsprotokoll der Staatssicherheit können wir heute in den Akten nachlesen, wie er sich verzweifelt gegen die Anklage durch die Staatssicherheit verteidigt und immer wieder betont, dass doch ein Streik kein Verbrechen sei. Er wurde am 19. Juni 1953 zu zehn Jahren Zuchthaus für seine Beteiligung am Streik und seine Rädelsführerschaft verurteilt.[7]

Bis zum Herbst 1989 sollte es das letzte Mal gewesen sein, dass sich Massen von Arbeitern in der DDR kollektiv gegen den „Unternehmer Staat" zur Wehr setzten.[8] Der Aufstand 1953 wurde bekanntlich mit Hilfe sowjetischer Panzer niedergeschlagen. Obwohl noch jahrelang kleine illegale „Jahrestagsfeiern" Beteiligter am Juni-Aufstand von der Staatssicherheit registriert wurden, verschwand langsam die Erinnerung an die ereignisreichen Tage aus dem kollektiven Gedächtnis der DDR-Bevölkerung. Die als Niederlage empfundenen Aktionen vom 17. Juni waren kein Thema in den Familien, zumal es entsprechende Verbote gab, den 17. Juni 1953 überhaupt zur Sprache zu bringen. Sämtliche Haftentlassenen mussten sich schriftlich verpflichten, über die Ursachen und Bedingungen ihrer Haft zu schweigen. In den Betrieben wurden Tribunale durchgeführt und die Beschäftigten wurden aufgefordert, sich gegen die Angeklagten des 17. Juni auszusprechen.[9] Die zahlreichen Verhaftungen und jahrelangen Verfolgungen von Anführern der Streiks und einfachen Beteiligten waren ein klares Signal für jeden DDR-Arbeiter, sich an keiner autonomen kollektiven Aktion mehr zu beteiligen. Während die positiven Erfahrungsmomente gelungener Streikorganisationen und solidarischen Verhaltens verlorengingen, prägte sich der Gedanke fest ein, man könne angesichts der Besatzungsmacht Sowjetunion im Land sowieso nichts machen. Der 17. Juni 1953 und die Reaktionen der Staatsmacht auf diesen Aufstand wurden zur historischen Zäsur für das Konfliktverhalten von Arbeitern in der DDR. Aber auch für die Staatsführung der DDR blieb dieses Datum bis zum Ende ihrer Herrschaft ein traumatisches Erlebnis, zumal jedem DDR-Funktionär, entweder aus eigener Erfahrung von vor 1945 oder aber aus den politischen Schulungen zur Geschichte der Arbeiterbewegung, diese Tradition bestens vertraut war. Nicht genug, dass der Aufstand vom 17. Juni 1953 für Partei und Staatssicherheit völlig unerwartet gekommen war, die entscheidende politische Niederlage hatte darin bestanden, dass hier nicht die „bürgerlichen Elemente" und andere Klassenfeinde auf die Straße gegangen waren, sondern Belegschaften, vor allem Arbeiter aus industriellen Zentren der DDR wie Leuna, Bitterfeld oder Halle, dem sogenannten Chemiedreieck, die in den zwanziger

BEFEHL

des Militärkommandanten des sowjetischen Sektors von Berlin

Betrifft: Erklärung des Ausnahmezustandes im sowjetischen Sektor von Berlin

Für die Herbeiführung einer festen öffentlichen Ordnung im sowjetischen Sektor von Berlin wird befohlen:

1. Ab 13 Uhr des 17. Juni 1953 wird im sowjetischen Sektor von Berlin der Ausnahmezustand verhängt.
2. Alle Demonstrationen, Versammlungen, Kundgebungen und sonstige Menschenansammlungen über 3 Personen werden auf Straßen und Plätzen wie auch in öffentlichen Gebäuden verboten.
3. Jeglicher Verkehr von Fußgängern und der Verkehr von Kraftfahrzeugen und Fahrzeugen wird von 9 Uhr abends bis 5 Uhr morgens verboten.
4. Diejenigen, die gegen diesen Befehl verstoßen, werden nach den Kriegsgesetzen bestraft.

Militärkommandant des sowjetischen Sektors von Berlin
Generalmajor Dibrowa

Berlin, den 17. Juni 1953

JUGENDLICHE BEWERFEN AM LEIPZIGER PLATZ IN OST-BERLIN SOWJETISCHE PANZER MIT PFLASTERSTEINEN, 17. JUNI 1953

BEKANNTMACHUNG DES AUSNAHMEZUSTANDES, 17. JUNI 1953
STADTGESCHICHTLICHES MUSEUM LEIPZIG
PL 53 181A

Jahren Hochburgen des Klassenkampfes gewesen waren.[10]

Vor einem Massenstreik hatten die neuen Herrscher in der DDR stets großen Respekt. Im Herbst 1989, als die Demonstrationen auf den Straßen begannen, fragte der Chef der DDR-Staatssicherheit, Erich Mielke, seine Generäle ängstlich, ob ein neuer 17. Juni bevorstünde. Die erste Reaktion der DDR-Führung auf den 17. Juni 1953 bestand im Ausbau eines Überwachungs- und Kontrollsystems der Polizei und Staatssicherheit in den Betrieben der DDR. Das System der geheimdienstlichen Überwachung der DDR wurde ausgebaut, der Schwerpunkt der Arbeit des MfS verlagerte sich vom Wohnort auf den Betrieb („Produktionsprinzip").[11] In die Betriebe wurden eigens gebildete Kommissionen des MfS geschickt, um herauszufinden, ob es noch Kollegen und Kolleginnen gebe, die den Ereignissen um den 17. Juni positiv gegenüberstünden. Die Rädelsführer sollten inhaftiert oder aber zur konspirativen Zusammenarbeit mit dem MfS gebracht werden. Personen, die in den Tagen um den 17. Juni auffällig geworden waren, standen noch Jahrzehnte nach dem Ereignis unter dessen Personenkontrolle. Ab Mai eines jeden Jahres begann die Staatssicherheit mit der Aktion „Bollwerk", deren Aufgabe es war, schon im Vorfeld aufzuspüren, ob „Erinnerungsfeiern" oder andere „Provokationen" am 17. Juni in den Betrieben geplant sind. Nach 1953 wurden die Betriebskampfgruppen als paramilitärische Einheiten verstärkt, in denen vor allem Genossen der SED monatliche Übungen durchführten. Auch wenn diese nie zum Einsatz kamen, wusste jeder, dass die Betriebskampfgruppen gegen die Arbeiter eingesetzt werden sollten, wenn es wieder zu einem Massenstreik käme. Im Arbeitsbereich und im betrieblichen Raum war auf diese Weise eines der bestausgebauten Informations- und Kontrollnetze des Staates entstanden und damit ein wesentlicher Grund dafür geschaffen worden, dass in der DDR nach 1953 keine Arbeiterunruhen mehr ausbrachen. Die Niederschlagung des Aufstands vom 17. Juni, die Verfolgung der Anführer und die verstärkte Präsenz bewaffneter Truppen in den Betrieben machte die parteioffizielle Losung vom „Arbeiterstaat" endgültig zur Phrase. „Ideologischer Anspruch und soziale Wirklichkeit"[12] klafften in der DDR in einem unerträglichen Maß auseinander und bestimmten bis 1989 das Verhältnis der Mehrheit der Bevölkerung zur Führung. Anders als diese wussten Arbeiter in der DDR immer, dass es ein „oben" und ein „unten" gab und wer im Staat das Sagen hatte. Aber die offizielle Ideologie von der „Werktätigengemeinschaft" erlaubte kein Denken in solchen Kategorien, keine Beschreibung sozialer Gegensätze, keine Streitkultur und keine Konfliktlösungen.

Der Streik als illegale Aktion

Wie entwickelte sich unter diesen Bedingungen das Streikverhalten der DDR-Arbeiter? Das Arbeitsrecht in der DDR kannte kein Recht auf Arbeitskampf,

aber auch kein Streikverbot. In der Verfassung der DDR war das Streikrecht zunächst sogar noch festgeschrieben, bis es 1968 in eine neue Verfassung nicht mehr aufgenommen wurde. Die Arbeiterinnen und Arbeiter wussten längst, dass das Streikrecht kein einklagbares Recht war und seine Anwendung zu Sanktionen führte. Es war in der DDR nicht juristisch, sondern politisch unerlaubt zu streiken, insofern blieb der Streik vor wie nach 1968 immer eine illegale und damit risikovolle Angelegenheit. Das Verhalten von Staat und Partei gegenüber streikenden Arbeitern gehörte zu einer jedem Bürger der DDR vertrauten Praxis, auf die sie sich einzustellen versuchten, die jedoch stets unberechenbar und willkürlich blieb. Der Staat legte die „Spielregeln" fest, behielt sich vor, streng oder eher milde zu strafen, eine Streikforderung als „berechtigt" oder „unberechtigt" einzustufen. Bereits am Ende der fünfziger Jahre war eine Art Regelwerk entstanden, woran sich hielt, wer nicht als Provokateur oder Agent verurteilt werden wollte. Die Erfahrung hatte gelehrt, dass ein Streik in der DDR erstens einen unpolitischen Charakter haben musste, dass er zweitens spontan, also nicht vorbereitet und geplant sein durfte und dass er drittens intern bleiben musste und keine Öffentlichkeit erreichen durfte, vor allem keine über westliche Medien vermittelte Öffentlichkeit. Die Bedingungen für einen spontanen Streik, der keine Öffentlichkeit erreichte und keine politischen Forderungen enthielt, wurden im Anschluss an den Aufstand vom 17. Juni 1953 von den Beschäftigten im Prinzip auch eingehalten. Partei- und Staatssicherheit mussten im Rahmen der Auswertung solcher „besonderen Vorkommnisse" – unter die auch der Streik gefasst wurde – feststellen, dass es keinerlei Vorbereitungsaktivitäten gegeben hatte, ebenso selten ließen sich Streikführer oder Organisatoren einer „Arbeitsniederlegung" ausfindig machen. Die Suche nach „Rädelsführern" wurde zwar immer mit großer Anstrengung namentlich vom MfS unternommen, sie blieb jedoch oft erfolglos. Ein Streik, der von Beschäftigten geplant und vorbereitet gewesen wäre, hätte darauf schließen lassen, dass sich hier

VERFASSUNG
DER DEUTSCHEN
DEMOKRATISCHEN
REPUBLIK

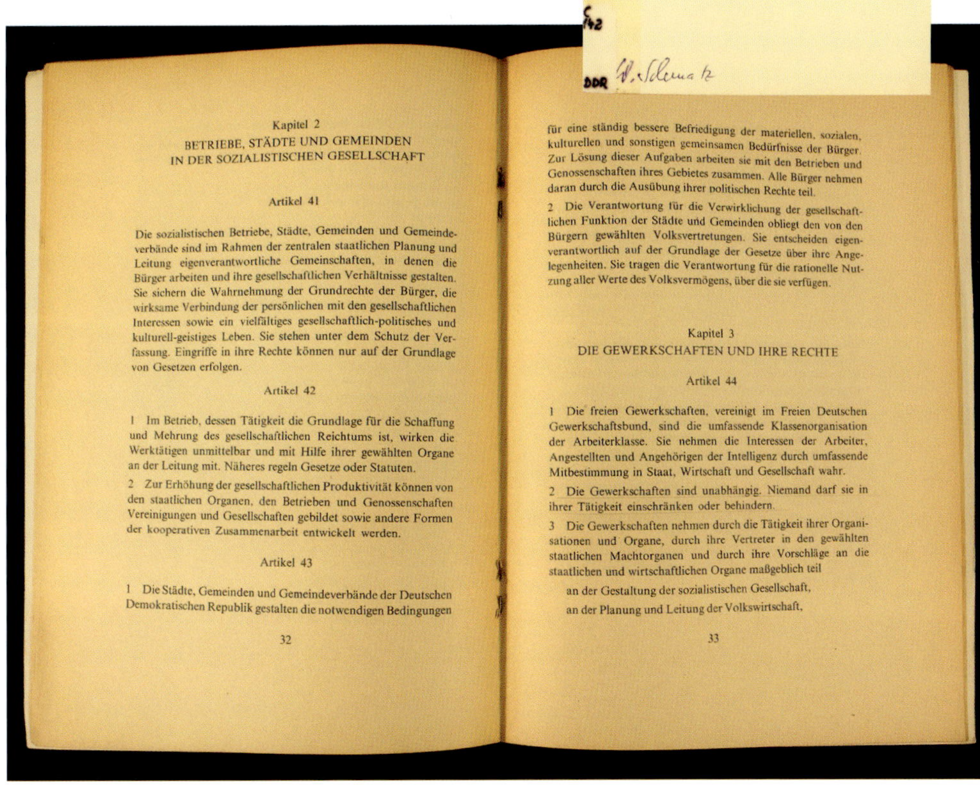
Kapitel 2
BETRIEBE, STÄDTE UND GEMEINDEN IN DER SOZIALISTISCHEN GESELLSCHAFT

Artikel 41

Die sozialistischen Betriebe, Städte, Gemeinden und Gemeindeverbände sind im Rahmen der zentralen staatlichen Planung und Leitung eigenverantwortliche Gemeinschaften, in denen die Bürger arbeiten und ihre gesellschaftlichen Verhältnisse gestalten. Sie sichern die Wahrnehmung der Grundrechte der Bürger, die wirksame Verbindung der persönlichen mit den gesellschaftlichen Interessen sowie ein vielfältiges gesellschaftlich-politisches und kulturell-geistiges Leben. Sie stehen unter dem Schutz der Verfassung. Eingriffe in ihre Rechte können nur auf der Grundlage von Gesetzen erfolgen.

Artikel 42

1 Im Betrieb, dessen Tätigkeit die Grundlage für die Schaffung und Mehrung des gesellschaftlichen Reichtums ist, wirken die Werktätigen unmittelbar und mit Hilfe ihrer gewählten Organe an der Leitung mit. Näheres regeln Gesetze oder Statuten.

2 Zur Erhöhung der gesellschaftlichen Produktivität können von den staatlichen Organen, den Betrieben und Genossenschaften Vereinigungen und Gesellschaften gebildet sowie andere Formen der kooperativen Zusammenarbeit entwickelt werden.

Artikel 43

1 Die Städte, Gemeinden und Gemeindeverbände der Deutschen Demokratischen Republik gestalten die notwendigen Bedingungen

32

für eine ständig bessere Befriedigung der materiellen, sozialen, kulturellen und sonstigen gemeinsamen Bedürfnisse der Bürger. Zur Lösung dieser Aufgaben arbeiten sie mit den Betrieben und Genossenschaften ihres Gebietes zusammen. Alle Bürger nehmen daran durch die Ausübung ihrer politischen Rechte teil.

2 Die Verantwortung für die Verwirklichung der gesellschaftlichen Funktion der Städte und Gemeinden obliegt den von den Bürgern gewählten Volksvertretungen. Sie entscheiden eigenverantwortlich auf der Grundlage der Gesetze über ihre Angelegenheiten. Sie tragen die Verantwortung für die rationelle Nutzung aller Werte des Volksvermögens, über die sie verfügen.

Kapitel 3
DIE GEWERKSCHAFTEN UND IHRE RECHTE

Artikel 44

1 Die freien Gewerkschaften, vereinigt im Freien Deutschen Gewerkschaftsbund, sind die umfassende Klassenorganisation der Arbeiterklasse. Sie nehmen die Interessen der Arbeiter, Angestellten und Angehörigen der Intelligenz durch umfassende Mitbestimmung in Staat, Wirtschaft und Gesellschaft wahr.

2 Die Gewerkschaften sind unabhängig. Niemand darf sie in ihrer Tätigkeit einschränken oder behindern.

3 Die Gewerkschaften nehmen durch die Tätigkeit ihrer Organisationen und Organe, durch ihre Vertreter in den gewählten staatlichen Machtorganen und durch ihre Vorschläge an die staatlichen und wirtschaftlichen Organe maßgeblich teil

an der Gestaltung der sozialistischen Gesellschaft,

an der Planung und Leitung der Volkswirtschaft,

33

Die Neue Verfassung der DDR, 1968
Sächsisches Industriemuseum Chemnitz
C142

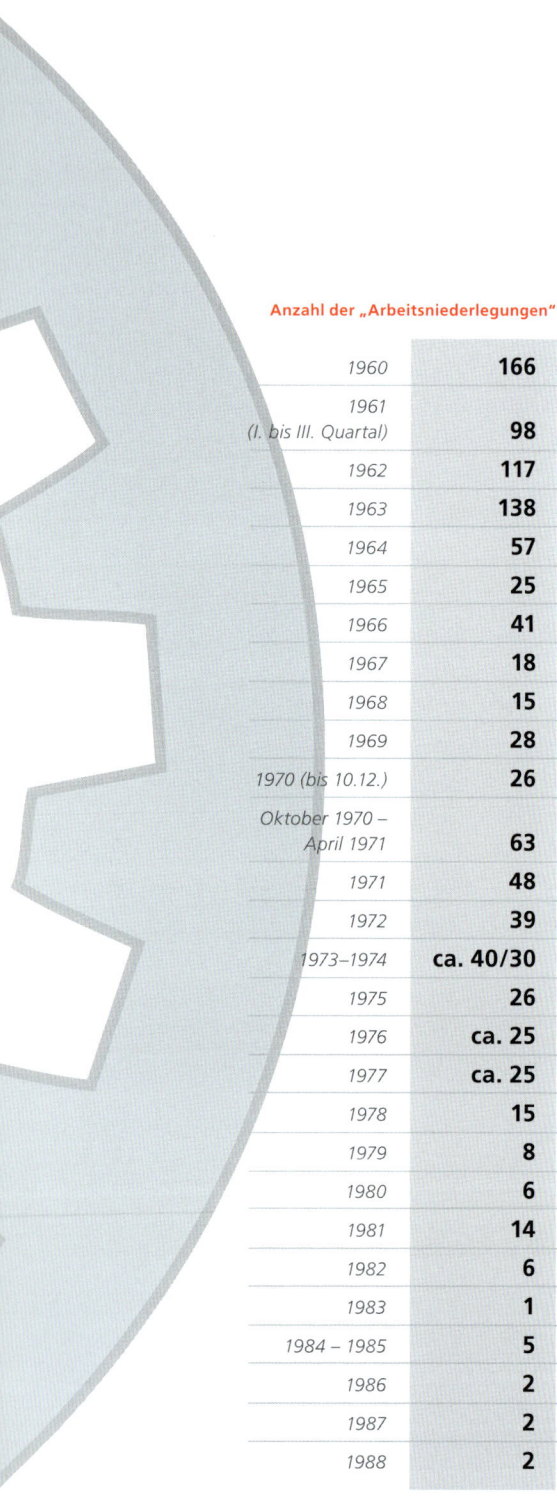

Anzahl der „Arbeitsniederlegungen“

1960	**166**
1961 (I. bis III. Quartal)	**98**
1962	**117**
1963	**138**
1964	**57**
1965	**25**
1966	**41**
1967	**18**
1968	**15**
1969	**28**
1970 (bis 10.12.)	**26**
Oktober 1970 – April 1971	**63**
1971	**48**
1972	**39**
1973–1974	**ca. 40/30**
1975	**26**
1976	**ca. 25**
1977	**ca. 25**
1978	**15**
1979	**8**
1980	**6**
1981	**14**
1982	**6**
1983	**1**
1984 – 1985	**5**
1986	**2**
1987	**2**
1988	**2**

Beschäftigte kollektiv und bewusst für eine widerständige Aktion verabredet und als „Saboteuere und Provokateure“ verhalten hatten. Auf diese Gefährdung hatten sich die Streikenden in der DDR schnell eingestellt. Die Sprachregel lautete: Man habe sich gerade heute früh zur Arbeitsniederlegung entschlossen und könne sich nicht erinnern, wer diese Idee als erster geäußert hat.

Für die Staats- und Parteiführung der DDR hatte das Verschweigen eines betrieblichen Konfliktes allerhöchste Priorität, es schien sogar noch vor der Beseitigung des Konfliktherdes oder eines Mangelzustandes zu rangieren. In der Hauptabteilung XVIII des MfS war eigens für die „Abwendung des Bekantwerdens feindlicher Handlungen“, wozu auch Streiks zählten, eine Dienstanweisung herausgegeben worden. Für Versuche, dem Streikgeschehen etwa über Medien oder Demonstrationen vor dem Werktor zu einer Öffentlichkeit zu verhelfen, gab es nach dem Juni-Aufstand keine Möglichkeiten mehr. Lediglich die Praxis, eine gewisse Betriebsöffentlichkeit zu erreichen, setzte sich noch einige Jahre fort. Insgesamt aber war diese Politik des Totschweigens erfolgreich, nur zwei oder drei Mal gab es in den siebziger und achtziger Jahren lediglich Gerüchte über durchgeführte oder angedrohte Streiks unter der Bevölkerung in der DDR. Diese fehlende Öffentlichkeit führte im Ergebnis dazu, dass der Streik, obwohl hier und da noch praktiziert, für die Beschäftigten in der DDR nicht mehr existierte.

Die größte Gefahr für die Streikenden war jedoch dann gegeben, wenn ihre Aktion als politisch eingestuft wurde. Dass Streikende sich dem Risiko der Inhaftierung, in einigen Fällen sogar der Todesstrafe aussetzten, wenn sie „freie Wahlen“, die Absetzung der Regierung oder überhaupt gesamtgesellschaftliche Veränderungen oder unabhängige Gewerkschaften forderten, hatte sich nach 1953 als sehr real erwiesen. Da für die Erfüllung von Forderungen nach Lohnerhöhungen, Herabsetzung von Normen oder allgemeiner Verbesserung von Arbeitsbedingungen letztlich der Staat bzw. die staatlichen Zentralen zuständig waren, konnte aus einem „unpolitischen“ Streik rasch ein „politischer“ werden, von dem sich die Staats- und Parteiführung bedroht fühlte. So war es nur folgerichtig, dass sich die Streikenden mit ihren Forderungen direkt an die Betriebsleitungen oder sogar nur den unmittelbaren Vorgesetzten wandten. Im Ergebnis wurde nach innerbetrieblichen Lösungskonzepten und Arrangements gesucht, sie dominierten das Konfliktverhalten nicht nur in den Betrieben. Der politische Charakter eines Streiks, obwohl streng verboten, sollte dennoch nicht sofort von der Bildfläche verschwinden. So gab es nach dem Juni 1953 Solidaritätsstreiks für die Inhaftierten. Und in Folge des Mauerbaus am 13. August 1961 sowie letztmalig nach dem Einmarsch der Warschauer Paktstaaten in die CSSR 1968 registrierten das MfS und andere Staatsorgane „gegen die DDR“ gerichtete Losungen im Zusammenhang mit

Streikandrohungen, mehrheitlich nun jedoch im Schutz der Anonymität formuliert.[13]

Das Streikgeschehen bis 1989

Bereits ein kurzer Blick auf die vom Ministerium für Staatssicherheit und den Gewerkschaften registrierten „Arbeitsniederlegungen" lässt erkennen, dass sich das Streikgeschehen der fünfziger von dem der achtziger Jahre erheblich unterschied. Während am Ende der fünfziger Jahre noch bis zu über 100 Streiks im Jahr registriert wurden[14], sind es in den achtziger Jahren nur noch einige wenige im Jahresdurchschnitt. Die Zahlen der achtziger Jahre lassen den Schluss zu, dass der Streik in den DDR-Betrieben jede Bedeutung verloren hatte. Nicht nur die Anzahl der Streiks, auch die Größe der Streikgruppe reduzierte sich rasch. In den Streikberichten der fünfziger Jahre ist von 250 Arbeitern aus verschiedenen Abteilungen, etwa im Finsterwalder Maschinenbau, die Rede oder von 300 aus der Schuhfabrik Meißen. Und Berichte über Arbeitsniederlegungen im Jahr 1961 weisen immerhin noch eine Beteiligung von durchschnittlich 20 Personen aus, was in etwa der Größe einer Brigade entsprach. Nach Informationen zur „klassenfeindlichen Tätigkeit im III. Quartal 1961" waren an 30 Arbeitsniederlegungen 311 „Werktätige" sowie an sechs weiteren Arbeitsniederlegungen ganze Brigaden und eine Abteilung beteiligt.[15] Die Grenzschließung am 13. August 1961 erwies sich nach der Zerschlagung des Aufstandes 1953 als weitere Zäsur

NEUES DEUTSCHLAND

„Ich verstehe Ihre Frage so, daß es in Westdeutschland Menschen gibt, die wünschen, daß wir die Bauarbeiter der Hauptstadt der DDR dazu mobilisieren, eine Mauer aufzurichten. Mir ist nicht bekannt, daß eine solche Absicht besteht. Die Bauarbeiter unserer Hauptstadt beschäftigen sich hauptsächlich mit Wohnungsbau, und ihre Arbeitskraft wird dafür voll eingesetzt.

Niemand hat die Absicht, eine Mauer zu errichten!"

Ulbricht am 15. Juni 1961
auf einer internationalen Pressekonferenz in Ostberlin

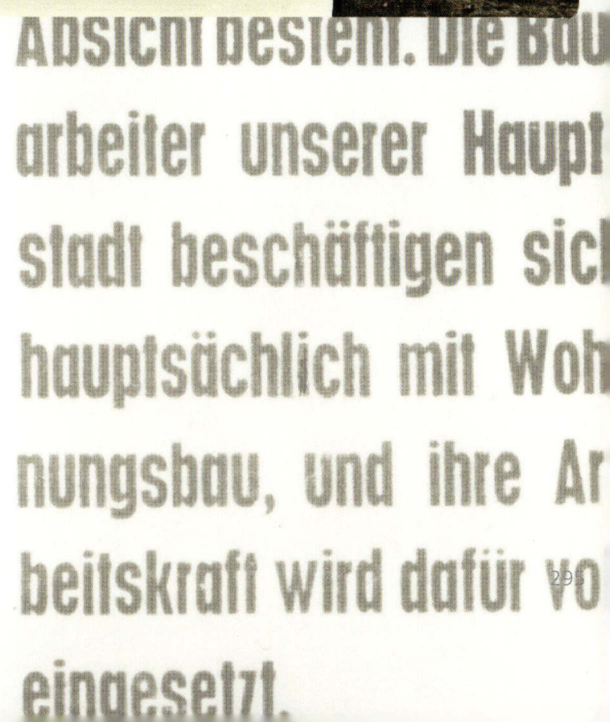

DREI HUNDERTSCHAFTEN DER KAMPFGRUPPEN DES KABELWERKES OBERSPREE KEHREN AM 25. AUGUST 1961 NACH IHREM EINSATZ ZUR DURCHSETZUNG DER GRENZSICHERUNGSMASSNAHMEN AN IHRE ARBEITSPLÄTZE ZURÜCK.

PROPAGANDAKARTE „NIEMAND HAT DIE ABSICHT EINE MAUER ZU ERRICHTEN!"
HAUS DER GESCHICHTE DER BUNDESREPUBLIK DEUTSCHLAND, BONN, 2011/02/0282

STREIKTABELLE
AUS: HÜRTGEN, ZWISCHEN DISZIPLINIERUNG UND PARTIZIPATION, S. 259/260

PLAKAT „WISSENSCHAFTLICHES ZENTRUM DER RATIONALISIERUNG DES MASCHINENBAUS KOMMT ZU EUCH“
SÄCHSISCHES INDUSTRIEMUSEUM CHEMNITZ 10/0225/D4

BRIGADETAGEBUCH DER BRIGADE „JOHN SCHER“ DES VEB INDUSTRIEWERKE KARL-MARX-STADT, 1959-1962
SÄCHSISCHES INDUSTRIEMUSEUM CHEMNITZ

für das Verhalten nicht nur der Arbeiter. Nachdem der Fluchtweg in den Westen endgültig abgeschnitten war, begann eben jene Haltung des Sich-Einrichtens in und Arrangierens mit den Verhältnissen zu dominieren, wie sie als typisch für die nächsten 28 Jahre beschrieben werden muss. Zudem veränderte sich im Zuge der Entstehung neuer Industriezweige, dem Anstieg der Frauenerwerbstätigkeit und einer erfolgreichen Qualifizierungskampagne in den 1960er Jahren auch in der DDR die soziale Zusammensetzung der Belegschaften. Die DDR-Wirtschaft schien auf dem Weg zu einer modernen Industriegesellschaft zu sein. Am Ende dieses Jahrzehnts wurde von Teilen der Parteiführung gemeinsam mit Betriebs- und Wirtschaftsfunktionären ein adäquates Wirtschaftskonzept (NÖSPL) entwickelt, das im Kern darauf gerichtet war, die Macht der Zentrale zugunsten eigenständigeren Wirtschaftens der Betriebsleiter einzuschränken.[16] An eine „Modernisierung" der Interessenvertretung, an ein Streikrecht und an tatsächliche Mitbestimmungsstrukturen hatten ihre Erfinder im Zuge der „Neuen Ökonomischen Politik" allerdings nicht gedacht, die angesichts einer nun nach Gewinn wirtschaftenden Betriebsleitung umso notwendiger gewesen wären. Nach wenigen Jahren und ohne, dass es seine Wirkung in der DDR verbreiten konnte, wurde dieses Experiment im Interesse einer starken Zentralmacht beendet. Die Streiktabelle weist für die 1960er Jahre, trotz Mauerbau, eine erstaunlich hohe Anzahl von Streikaktivitäten aus, die erst am Ende des Jahrzehnts rapide nachlässt. Es waren meist Brigaden, die geschlossen für die Durchsetzung eines in diesen Jahren veränderten Prämien- und Lohnsystems streikten. Die Brigaden hatten am Ende der 1950er Jahren einen offiziellen Bedeutungsaufschwung erhalten, den ihre Mitglieder in alter Tradition kollektiv für sich zu nutzen wussten.[17] Nach einigen Jahren waren die Brigaden auf ihre Funktion zu harmonisieren und zu disziplinieren reduziert. Ein Sinnbild für diese Entwicklung wurde das Brigadebuch, von dessen ordentlicher Führung es abhing, ob die Brigade eine Prämie erhielt.

Das Streikverhalten sollte sich in den 1970er Jahren noch einmal verändern. Immer weniger Beschäftigte beteiligten sich an den ohnehin abnehmenden Streikaktivitäten. Inzwischen arbeitete eine Generation in den Betrieben der DDR, die keine Erinnerung mehr an die frühe Zeit der DDR, auch nicht an den Generalstreik von 1953 hatte, und die sich ohnehin nicht mehr in der Tradition der Arbeitskämpfe der 1920er und 1930er Jahren befand. Die flächendeckenden Kombinatsbildungen und riesigen Landwirtschaftszentren veränderten die Arbeitswelt grundlegend; neben der traditionellen extensiven Produktion mit vorwiegend schwerer körperlicher Arbeit wurden auch in der DDR Datenverarbeitung und Mikroelektronik, also intensive Produktionen, aufgebaut. In diesen Jahren begann, was zum grundlegenden Problem von Arbeitern, Angestellten und Ingenieuren bis zum

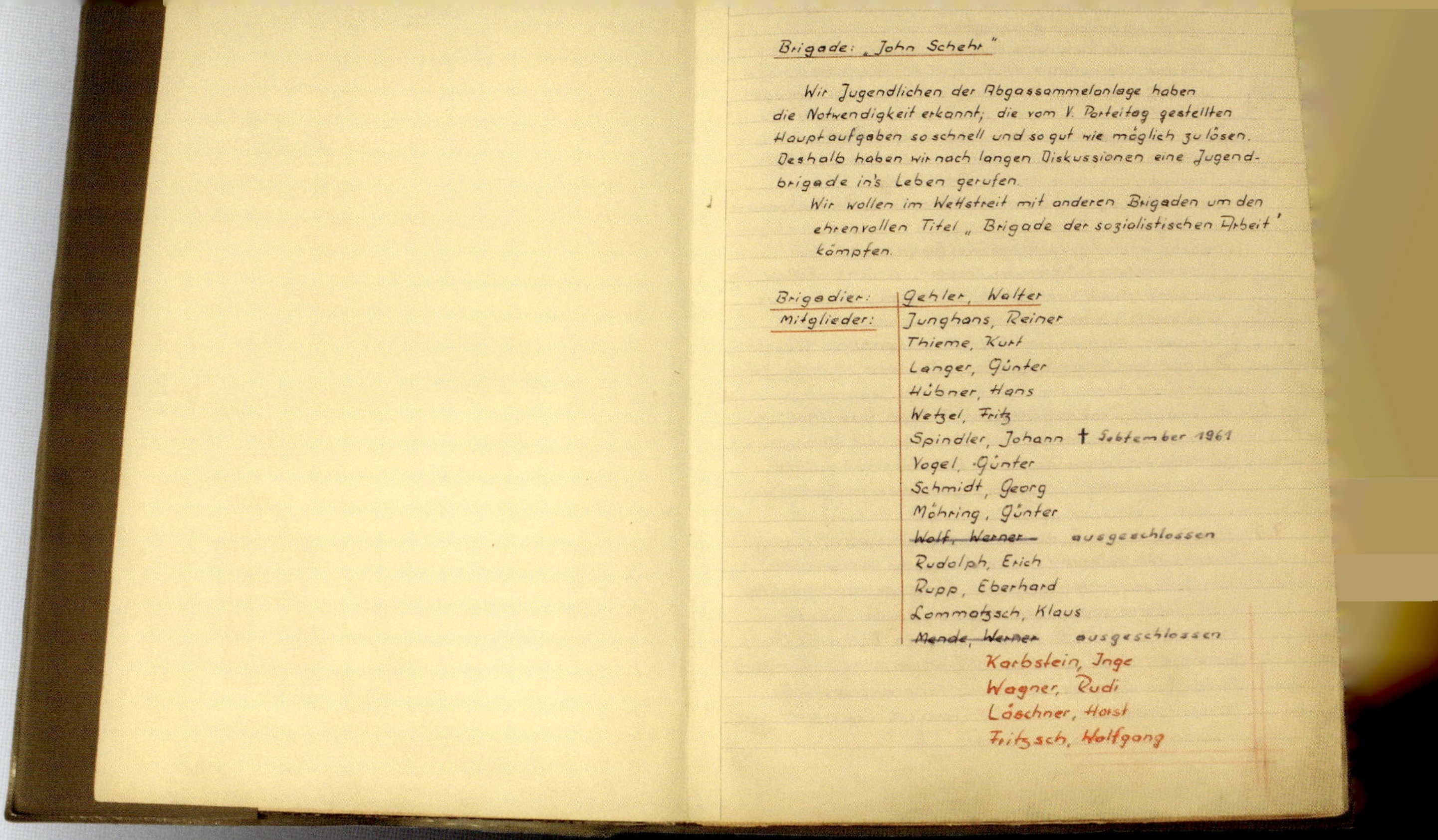

Brigade: „John Schehr"

Wir Jugendlichen der Abgassammelanlage haben die Notwendigkeit erkannt, die vom V. Parteitag gestellten Hauptaufgaben so schnell und so gut wie möglich zu lösen. Deshalb haben wir nach langen Diskussionen eine Jugendbrigade ins Leben gerufen.

Wir wollen im Wettstreit mit anderen Brigaden um den ehrenvollen Titel „Brigade der sozialistischen Arbeit" kämpfen.

Brigadier: Gehler, Walter

Mitglieder:
Junghans, Reiner
Thieme, Kurt
Langer, Günter
Hübner, Hans
Wetzel, Fritz
Spindler, Johann † September 1961
Vogel, Günter
Schmidt, Georg
Möhring, Günter
~~Wolf, Werner~~ ausgeschlossen
Rudolph, Erich
Rupp, Eberhard
Lommatzsch, Klaus
~~Mende, Werner~~ ausgeschlossen
Karbstein, Inge
Wagner, Rudi
Löschner, Horst
Fritzsch, Wolfgang

Am 30. April am Vorabend des 1. Mai, den Kampftag aller Werktätigen war es soweit. Unsere Brigade wurde zusammen mit anderen Brigaden und Aktivisten zu einem Festakt eingeladen.
An diesem Abend wurde unsere Brigade mit den Staatstitel „Brigade der Sozialistischen Arbeit" ausgezeichnet. Des weiteren wurden der Brigadeleiter Gen. Gehler und Gen. Hübner mit den Ehrentitel „Aktivist des 7-Jahrplanes" ausgezeichnet.
Alle Brigademitglieder, welche alle mit ihren Frauen erschienen waren, wurden von dieser Auszeichnung zu tiefst beeindruckt. Mit beiden Händen voll Blumen und zahlreichen Urkunden verließ unsere Brigade nach der Auszeichnung die Bühne.
Anschließend rollte vor uns ein Mustergültiges Kulturprogramm ab.
Für das leibliche Wohl sorgte ein reichlig gedecktes kaltes Buffet.
Geschlossen nahm die Brigade am Morgen an der großen Maidemonstration teil.
Anna Metze-Kirchberg u. Horst Löschner erhielten die Medaille für „Ausgezeichnete Leistungen."

Brigade „John Schehr" während der Auszeichnung

Gen. Pfefferkorn u. Gen. Kroker beglückwünschen Brigadeleiter Walter Gehler.

Gen. Probsthahn beglückwünscht Brigadeleiter W. Gehler

Erich Honecker auf der Ehrentribune bei der Berlinrer Maidemonstration 1978

Plakat „Wir gehen einen guten Weg!“, 1974
Stadtgeschichtliches Museum Leipzig
PL 74/23

Arbeitsniederlegungen 1970,
Quelle: BV des FDGB, Abt. Org., SAPMO B-Arch, DY 34/ 25414

Ende der DDR werden sollte. Sie waren für eine Arbeit qualifiziert und hatten einen Anspruch an ihre Tätigkeit entwickelt, den sie nicht befriedigen konnten: Die Maschinen waren veraltet, die neuen Anlagen arbeiteten nicht effektiv, Material fehlte, die Produktion stockte und musste durch Überstunden ausgeglichen werden, für die vielen gut ausgebildeten Ingenieure und Facharbeiter war kein geeigneter Arbeitsplatz vorhanden. Solche Probleme konnten mit Hilfe eines von Erich Honecker 1972 großangelegten Programms der „Einheit von Wirtschafts- und Sozialpolitik“ nicht beseitigt und auch nicht ausgeglichen werden. In den Betrieben hätte es angesichts fehlender gewerkschaftlicher Vertretung durchaus genug Anlässe für Streiks gegeben. Doch diese nahmen ab, 1979 waren es nur noch acht, an denen sich nur noch ausnahmsweise eine Brigade beteiligte.

In den achtziger Jahren lag die Durchschnittsbeteiligung bei drei bis vier Arbeitern. Davon ausgenommen waren die Arbeitsniederlegungen der ausländischen Beschäftigten, an denen stets eine größere Gruppe von 10-20 Beschäftigten teilnahm. Die Streikgruppen der deutschen Arbeiter waren auf nunmehr wenige „Einzelkämpfer“ reduziert: etwa die drei Fahrer der dritten Schicht eines Baukombinates, die auf diese Weise eine Waschgelegenheit für sich einklagten, zwei „Kollegen der Nachtschicht“, die wegen schlechter Essenversorgung die Arbeit verließen oder der Gewerkschaftsvorsitzende der Deutschen Staatsoper Berlin, der seine Funktion kurzzeitig niederlegte, um für die Mitglieder des Orchesters den Einbau einer Entlüftungsanlage durchzusetzen, was ihm auch gelang. Es stellt sich die berechtigte Frage, ob diese individuellen Verweigerungen von manchmal nur einer Person noch „Streik“ genannt werden können. Ihren kollektiven und damit solidarisierenden Charakter hatten solche Aktionen längst verloren.

Die Informationsberichte des MfS weisen auch aus, welche Beschäftigtengruppen streikten, aus welcher Branche sie kamen und in welchen Bezirken der DDR gestreikt wurde. Am höchsten war die Streikbeteiligung immer in den Bezirken Karl-Marx-Stadt, Halle, Dresden und Gera, erst in den achtziger Jahren spielten Berlin und Rostock eine Rolle in der Streikstatistik. Ursache dafür waren das Süd-Nord-Gefälle des Industrialisierungsniveaus der DDR und der Umstand, dass fast ausschließlich die Beschäftigten aus Produktionsbereichen, den Handwerksbereichen der Betriebe, zu bestimmten Zeiten die Landarbeiter und ab Mitte der siebziger Jahre auch Beschäftigte aus dem Dienstleistungsbereich streikten. Angestellte, medizinisches Personal, technische Intelligenz streikten im Prinzip nicht, ein Umstand, der aus westlichen Industriegesellschaften bekannt ist, hier aber noch eine DDR-spezifische, die besondere Staatsloyalität von Angestellten und betrieblichen Leitern betreffende Note bekommt.

Die Forderungen der Streikenden verbinden sich vor allem mit Lohn-, Prämien-, Versorgungsfragen oder Problemen mit den Arbeitsbedingungen und der Arbeitsorganisation. Da es in den Akten der Staatssicherheit genaue Beschreibungen jedes betrieblichen „Vorkommnisses" gibt, können wir heute Ursachen, Verlauf und eingeleitete Maßnahmen von jedem stattgefundenen Streik nachvollziehen. Demnach wurde gestreikt oder mit Streik gedroht, wenn die Normsetzung zur Lohnminderung führte oder die Jahresendprämie nicht in Vorjahreshöhe ausgezahlt werden sollte, wenn die Toiletten nicht repariert wurden oder die Essensversorgung für die Nachtschicht nicht mehr funktionierte. So verließen drei Rangierer des Bahnhofs Saalfeld ihre Nachmittagsschicht, um gegen eine Prämienminderung zu protestieren, die mit der Umstellung auf den Sommerfahrplan zu erwarten war. Diese Fahrplanumstellung hatte nämlich zu zahlreichen Unpünktlichkeiten der Züge geführt, von der Pünktlichkeit der Züge wurde jedoch ihre Prämie abhängig gemacht. Oft waren es geradezu banale Selbstverständlichkeiten, die eingeklagt wurden, da sie auf anderem Weg bisher nicht zu erreichen gewesen waren: eine bessere Lüftung im Sommer oder ausreichende Heizung im Winter, eine

Datum	Betrieb	Ursache	Anzahl d. beteiligten Kollegen	Dauer
18.3.70	WBK Cottbus, Baustelle Bildungszentrum	Nichtzahlung Jahresendprämie	43	**8 Std.**
19.3.70	VEB DKK Scharfenstein, Jugendbrigade „German Titow"	Verschleppung Lohnprobleme ungenügendes Auftreten der Leiter	35	**½ Std.**
20.3.70	WBK Cottbus, Betriebsteil Elsterwerda (Betonwerk)	Nichtzahlung Jahresendprämie	23	**3 Std**
6.5.70	Fa. Heinrich KG, Elsterwerda (BSB)	Streikandrohung, unpünktliche Lohnzahlung	-	-
21.5.70	VEB Straßen-u. Tiefbaukombinat Magdeburg	mangelnde Information durch Leiter	5	**3 ½ Std.**
8.6.70	VEB Stadtreinigung Dresden	Streikandrohung, Forderung, Ablösung des Produktionsleiters	-	-
17.7.70	Dienstleistungskombinat Textil-Gera, Brigade Wäsche	Normveränderung, Lohneinbuße für Kollegen	Brigade	**1 ½ Std.**
29.7.70	Fernmeldebauamt Potsdam	Streikandrohung, Verfügung von Urlaubssperre	-	-
13.8.70	VEB Buntspecht Neugersdorf Betriebsteil Unterheinersdorf Krs. Reichenbach	Verletzung betrieblicher Festlegungen f. Lohnzahlung	4	**6 Std.**
15.9.70	Stellwerk R II Ablaufberg Bahnhof Güstrow	Arbeits-und Lebensbedingungen	-	-
10.9.70	VEB ESDA-Werke Auerbach	Arbeits- und Lebensbedingungen	20	**3 Std.**
17.9.70.	BW Wismar	Unzufriedenheit über Entlohnung	5 Jugendl.	-
17.9.70	Wohnungsbaukombinat Erfurt	Unstimmigkeit bei Lohnabrechnung	7	-
17.9.70.	BSB Lindner Görlitz (Maschinenfabrik)	Staatsfeindliche Lösung	5	-
17.9.70	Baustelle ASCO'-BLOCK Neubrandenburg	Verspätetet Lohnzahlung	35	**4 Std.**
25.9.70	VEB Fahrzeugelektrik Brotterode	Normenfragen	80	**1 Std.**
25.9.70 u. 28.9.70.	Ziegelwerk Freital	Unstimmigkeit bei Entlohnung	2	-
30.9.70	Schuhfabrik Heidenau Betrieb Weesenstein/ Krs. Pirna	Arbeits- und Lebensbedingungen	33	**25 Min.**
5.10.70	Fa. Glaw KG, Kleiderfabrik	Lohnprobleme	-	-
21.10.70	Betonwerk Abel Köthen (BSB)	Willkürliche Normenänderung	30	**3 Std.**
21.10.70	VEB Fahrzeugelektrik-Kombinat Ruhla – Fahrzeugelektrik Pirna, Werk II	Forderung einer höheren Lohngruppe	8	**3 Std.**
1.12.70	VEB Ziegelwerk Dresden Betrieb Costritz	Administration – Normenfragen	8	**2 Std.**
2.12.70	Fa. Brennicke KG, Sitz Magdeburg (Betonwerk)	Kündigung Arbeitsnormen	13	**4 Std.**
3.12.70	VEB (K) Zentronik/Rechenelektronik Meiningen Zella-Mehlis	Nichtzahlung der Schichtprämie	10	**3 ½ Std.**
4.12.70	BSB Brüske, Geising	Mängel Leitungstätigkeit	13	**ca. 1 Std.**

warme Dusche oder die pünktliche Auszahlung des Lohnes. Gestreikt wurde also in der DDR in der Mehrzahl aller Fälle, um den alten Standard wiederherzustellen bzw. um keine Verschlechterung in Kauf nehmen zu müssen oder um Leiter zu zwingen, Versprechungen einzuhalten. Damit hatte der Streik typischerweise immer einen defensiven Charakter, denn die Streikenden forderten lediglich ein, was ihnen durch schlechte Organisation oder Willkür der staatlichen Leitung verlustig gegangen war und worauf sie meinten, ein Recht zu haben.

Vom Streik zur Eingabe

In der DDR war der Streik zu keiner Zeit ein selbstverständlich genutztes Mittel, eine Forderung durchzusetzen, selbst dann nicht, wenn er spontan von vier oder fünf Beschäftigten durchgeführt wurde, welche ein ihnen zustehendes Recht durchsetzen wollten. Immer haben nur „risikobereite" Belegschaftsgruppen wie Produktionsarbeiter, Handwerker oder Landarbeiter gestreikt. Zudem weist die Erfolgsstatistik aus, dass selbst unter den „berechtigten" Streiks ein positives Ergebnis nicht sicher zu erwarten war, was die Risikobereitschaft nicht erhöht haben wird. Seit Mitte der 1970er Jahre etablierten sich andere Formen, ein betriebliches Anliegen durchzusetzen.

Die bekannteste unter ihnen war die Eingabe, eine Art Beschwerdepraxis, die in den siebziger und achtziger Jahren in der DDR fast zu einer „Bewegung" geworden war und die vor allem bevorzugt wurde, weil sie legal war und nur wenige Risiken barg. Zudem lief der Eingabenschreiber nicht Gefahr, von seinen Kollegen abgelehnt zu werden, die sich mehrheitlich inzwischen auf ein konfliktfreies Dasein im Betrieb eingestellt hatten. Was traditionell und auch noch in der frühen DDR über Streiks oder andere kollektive Widerstandsformen zu erreichen versucht wurde, verlagerte sich auf die individuelle Durchsetzung eines Einzelinteresses. In den Eingaben und Beschwerden wurden zum Teil die gleichen Wünsche und Forderungen vorgetragen, wie Prämienangleichungen, Lohnerhöhungen, Kindergartenplätze, Rentenzuschüsse, Lampen für den Arbeitsplatz oder Kaffeemaschinen, die schon Anlässe für Streiks gewesen waren. Eingaben oder Beschwerden konnten auch mündlich vorgetragen werden. So sprach man, um den Ferienplatz zu ergattern, nun beim Vorsitzenden der Gewerkschaftsleitung persönlich vor, und selbst Lohnfragen wurden gern im Vier-Augen-Gespräch mit dem Abteilungsleiter geklärt. Eine Tabuzone gab es auch hier. Sie war beschritten, wenn in den mündlichen oder schriftlichen Eingaben betriebliche Probleme mit grundsätzlichen Fragen der Partei- und Staatspolitik verbunden wurden oder wenn sich Kollegen/-innen zusammengefunden hatten, die ihr Anliegen in einer sogenannten Kollektiveingabe vortrugen. Derartige Regelverletzungen, die sofort das MfS aktiv werden ließen, stellten jedoch, gemessen an der Menge von Eingaben, eine Ausnahme dar. Der typische

„Arbeitskampf“ hatte in der DDR in den siebziger und achtziger Jahren den Charakter einer individuellen Bittstellung angenommen, die im privaten häuslichen Raum formuliert und lediglich mit der Familie besprochen wurde. Nun ist die Tendenz einer Individualisierung und Zurückdrängung kollektiver Kampfformen der Arbeiter ein in der modernen Industriegesellschaft des ausgehenden 20. Jahrhunderts allgemein zu beobachtender Vorgang. Die in der DDR zu registrierende völlige Aufgabe traditioneller Konfliktszenarien und der Rückzug ins Private müssen allerdings als deutliches Defizit beschrieben werden und nicht als Ausdruck einer der „modernen“ Entwicklung vorauseilenden Arbeiterschaft. Gegen eine „freiwillige“ Wahl der individualisierten und privatisierten Mittel spricht die Tatsache, dass die Arbeiter bis zum Ende der DDR einen sehr traditionellen Milieuhintergrund besaßen, in den ein ebensolches traditionelles Arbeiterbewegungsverhalten wie Streik durchaus seinen Platz gehabt hätte. Die DDR war ein Land, in dem bis 1989 die Industriearbeiterschaft dominierte, eine Industriearbeiterschaft, der infolge ihrer traditionellen Arbeits- und Lebensweise die Gedanken von Kollektivität und Solidarität aus einer gemeinsamen Lage nicht unbekannt waren. Die Selbstverständlichkeit, mit der 1990 die meisten abhängig Beschäftigten aus der ehemaligen DDR in eine Westgewerkschaft ein- oder übertraten, beweist diesen Zusammenhang. Die Atomisierung der DDR-Arbeiterschaft, die bevorzugte Form des individuellen Widerstandes und des privaten „Sich-Durchwursteln“, der Verzicht auf Streik und andere kollektive Kampfformen, erwuchsen nicht naturwüchsig aus ihrer Existenz, sondern waren vor allem im Ergebnis politischer Unterdrückung und fehlender staatsunabhängiger Organisationsformen entstanden.

Der Neubeginn

Letztendlich haben jedoch die individualisierten Aushandlungsformen – die Eingaben und persönlichen Aushandlungen mit den Betriebsleitern – nicht zum erhofften Erfolg geführt, die Unzufriedenheit namentlich der Facharbeiterschaft wuchs stetig. Ihr Verzicht auf Streiks und ihr Versuch, sich auf „privatem Weg“ ein besseres Leben zu erkämpfen, brachten am Ende nicht das gewünschte Resultat. Viele Arbeiter suchten in den 1980er Jahren eine Lösung, indem sie einen Antrag auf Ausreise aus der DDR stellten, in die Botschaften oder über die offene ungarische Grenze in den Westen flüchteten. Die Arbeiter der DDR waren längst in einen politisch atomisierten Zustand geraten, aus dem keine kollektiven und solidarischen Aktionen mehr erwuchsen. Die „verstaatlichte Arbeiterbewegung“ hatte den Bewegungscharakter und das Bewegungsmilieu der Arbeiter in der DDR zerstört, Streiks und andere kollektive betriebliche Kampfformen waren aus dem Gedächtnis der Belegschaften verschwunden. Im Herbst 1989 standen die Arbeiter in der DDR vor einem Neuanfang.[18]

RUM

Potsdam, am Nachmittag des 7. Oktober 1989, zum 40. Jahrestag der DDR, werden Teile der Friedrich-Ebert-Strasse von der Polizei abgesperrt und 104 Personen als Teilnehmer einer nicht genehmigten Demonstration auf der Strasse und im Café Heider verhaftet.

Transparent zur Demonstration auf dem Berliner Alexanderplatz vom 4. November 1989 „40 Jahre Machtmonopol der SED ist genug!“
DHM Berlin
Do2 94/3238.78

Als die Regierung der DDR durch Massendemonstrationen gestürzt wurde und eine zivilgesellschaftliche Struktur die alten Parteien und Organisationen ablöste, kam keine Unterstützung durch Massenstreiks aus den Betrieben. Die Aufrufe zum Generalstreik verhallten, es gab keine überregionale Organisation, die Willens oder in der Lage gewesen wäre, einen solchen Zusammenhang herzustellen. Die Arbeiter der DDR gingen zur Demonstration auf die Strasse. Dennoch ist das Bild von der „Feierabendrevolution“, die im Herbst 1989 in der DDR stattgefunden hätte, irreführend. Dieselben Akteure, die demonstriert oder sich in einer der neuen Oppositionsgruppen engagiert hatten, trugen wenig später die Ideen von der Zerstörung alter Machtstrukturen und dem Aufbau neuer Verhältnisse in ihre Betriebe. Sie gründeten meist kleine Basisgruppen, die ihre Forderungen nach Offenlegung der Betriebssituation, nach Absetzung der Betriebsleitung, nach Auflösung der Partei- und Staatssicherheitsstrukturen in den Betrieben auf Flugblättern verbreiteten und trieben auf diese Weise die revolutionären Ereignisse voran. Die „betriebliche Wende“ – eine weitgehend ignorierte Bewegung – wurde zu einem wesentlichen Bestandteil der Herbstrevolution.[19] Ein solches Vorhaben war zu dieser Zeit durchaus risikovoll, denn die betrieblichen Akteure schützte keine Anonymität der Strasse. In einem zweiten Schritt stellten sie Forderungen nach einer besseren Arbeitsorganisation, nach gerechtem Lohn und nach demokratischen Mitbestimmungsstrukturen auf. Diese Hunderte von offenen Briefen und Aufrufen, die zeitgleich auch an den Bundesvorstand des FDGB geschickt wurden, beschreiben in beeindruckender Weise die Defizite in der Arbeitswelt der letzten 40 Jahre und verändern das Bild von einer Revolution, die ausschließlich des besseren Konsums wegen stattgefunden hätte.[20] Für die Geschichte der Arbeiterbewegung sind jedoch vor allem die zahlreichen Aktivitäten von Belegschaften bedeutsam, die darauf gerichtet waren, eine wirkliche gewerkschaftliche oder betriebliche Interessenvertretung aufzubauen. Im Dezember 1989 und Januar 1990 entstanden zahlreiche Basisgruppen, die sich unabhängige Gewerkschaftsgruppe, Initiativgruppe oder Betriebsrat nannten, Belegschafts- und Vertrauensleuteversammlungen einberiefen, Neuwahlen der BGL oder Abwahl der BGL forderten, oder eigene demokratische Strukturen etablieren wollten. Aus diesen vielen Initiativen, an denen auch maßgeblich Gewerkschaftsmitglieder und Vertrauensleute des FDGB beteiligt waren, entstand jedoch keine Bewegung, kein DDR-weiter Zusammenhang. Die größte „Bewegung“ von Gewerkschaftsmitgliedern blieb der massenweise Austritt aus dem FDGB bzw. die Weigerung, weiterhin Mitgliedsbeiträge zu zahlen. Diese Form des unbotmäßigen Verhaltens war am Ende der 1980er Jahre schon praktiziert worden. In der Rückschau erkennen wir in ihnen und anderen „Spielregelverletzungen“, wie der Aufstellung

von Gegenkandidaten bei der Gewerkschaftswahl, Vorboten des Endes der DDR.

Obwohl diese vielen betrieblichen Aktionen zu keiner eigenständigen unabhängigen Gewerkschaftsbewegung führten, war diese kurze Zeit, die mit der Übernahme der westdeutschen Interessenvertretungsstrukturen spätestens im Sommer 1990 zu Ende ging, für alle Beteiligten ein großer Erfahrungsschatz. Zum ersten Mal waren sie an einem Selbstverständigungsprozess darüber beteiligt, wie eine effektive Interessenvertretung aussehen müsste, welches ihre Rechte als abhängig Beschäftigte sind und wie weit sich die Mitbestimmungsmöglichkeiten ausloten lassen. Diese Diskussionen und die Praxis, die eigenen Interessen gegenüber Staat und Unternehmer durchzusetzen, stärkten nicht nur das Selbstbewusstsein der DDR-Arbeiter und Angestellten, sie waren ein notwendiger Schritt aus der 40-jährigen Unmündigkeit. Trotz vieler Arbeiten über den Freien Deutschen Gewerkschaftsbund, über ostdeutsche Betriebe und Interessenvertretungen nach 1990 mit Bezügen zur Zeit des Umbruchs oder einer Reihe von Einzeldarstellungen zu Betrieben in der DDR 1989 und 1990,

AUFRUF

Kolleginnen und Kollegen!

Was hat der FDGB in 40 Jahren für uns geten?
Hat er die Frage der Arbeitszeitverkürzung als ständige Forderung an die Betriebsleitung gerichtet? Warum hat er nicht die 40-Stunden-Woche mit uns erkämpft?

Hat er dafür gesorgt, daß unsere Löhne der schleichenden Inflation angepaßt werden? Warum sind nicht ständige Tarifverhandlungen über Lohnerhöhungen geführt worden?

Wo stehen die Funktionäre des FDGB, wenn in unserem Betrieb neue Normen eingeführt werden? Auf unserer Seite? Verhindern sie die Normen, bevor nicht klar ist, daß wir auch entsprechend bezahlt werden?

Wie kann der FDGB als unser angeblicher Interessenvertreter es zulassen, daß wir im Durchschnitt 10 Tage weniger Urlaub haben als unsere Kollegen im Westen?

Hat der FDGB sich für die Herabsetzung des Rentenalters stark gemacht?

Haben wir schon mal erlebt, daß die Betriebsgewerkschaftsleitung den staatlichen Plan in unserem Interesse nicht akzeptiert? Haben wir überhaupt schon mal erlebt, daß die Gewerkschaft etwas gegen den Staat und die Partei für uns durchsetzt?

40 Jahre ohne eigene Interessenvertretung sind genug!
Wir dürfen uns nicht mehr organisieren lassen, auch nicht von "neuen Männern" - wir müssen uns selbst organisieren.
Die nächsten Jahre werden für uns kein Zuckerschlecken. Die Daumenschrauben sollen angezogen werden. Die Preise werden steigen, die Löhne kaum. Wenn Subventionen wegfallen, trifft vor allem uns. Der Staat fordert Leistung, bald wird er mit Entlassung drohn. Wir sollen die Karre aus dem Dreck ziehen!
Wenn der Lebensstandard für die meisten von uns nicht erheblich sinken soll, brauchen wir eigene Interessenvertretungen.

- Beruft Vollversammlungen ein und fordert Rechenschaft von der Betriebsgewerkschaftsleitung
- Ernennt Kollegen aus euren eigenen Reihen zu Sprechern
- Laßt diese Kollegen eure Forderungen an die Betriebsleitungen stellen
- Stellt euch hinter diese Kollegen, wenn sie Schwierigkeiten bekommen
- Macht die Ergebnisse sofort öffentlich, das schützt vor Repressalien
- Sucht den Kontakt zu Kollegen in anderen Betrieben
- *Gründet unabhängige Gewerkschaften!*

Kontaktbüro "Initiative für unabhängige Gewerkschaften" im Klub Conrad-Blenkle-Straße 1, Berlin 1055, Telefon: 437 67 28 ab 15. 11. Mittwoch 17.00 - 19.00 und Montag 19.00 - 21.00 Uhr.

DIESE UND FOLGENDE SEITE:
AUFRUF DER INITIATIVE FÜR EINE UNABHÄNGIGE GEWERKSCHAFTSBEWEGUNG, DEN HEINER MÜLLER AM 4.NOVEMBER 1989 AUF DER DEMO AUF DEM ALEXANDERPLATZ VERLESEN HAT.
SAMMLUNG BERND GEHRKE/RENATE HÜRTGENS

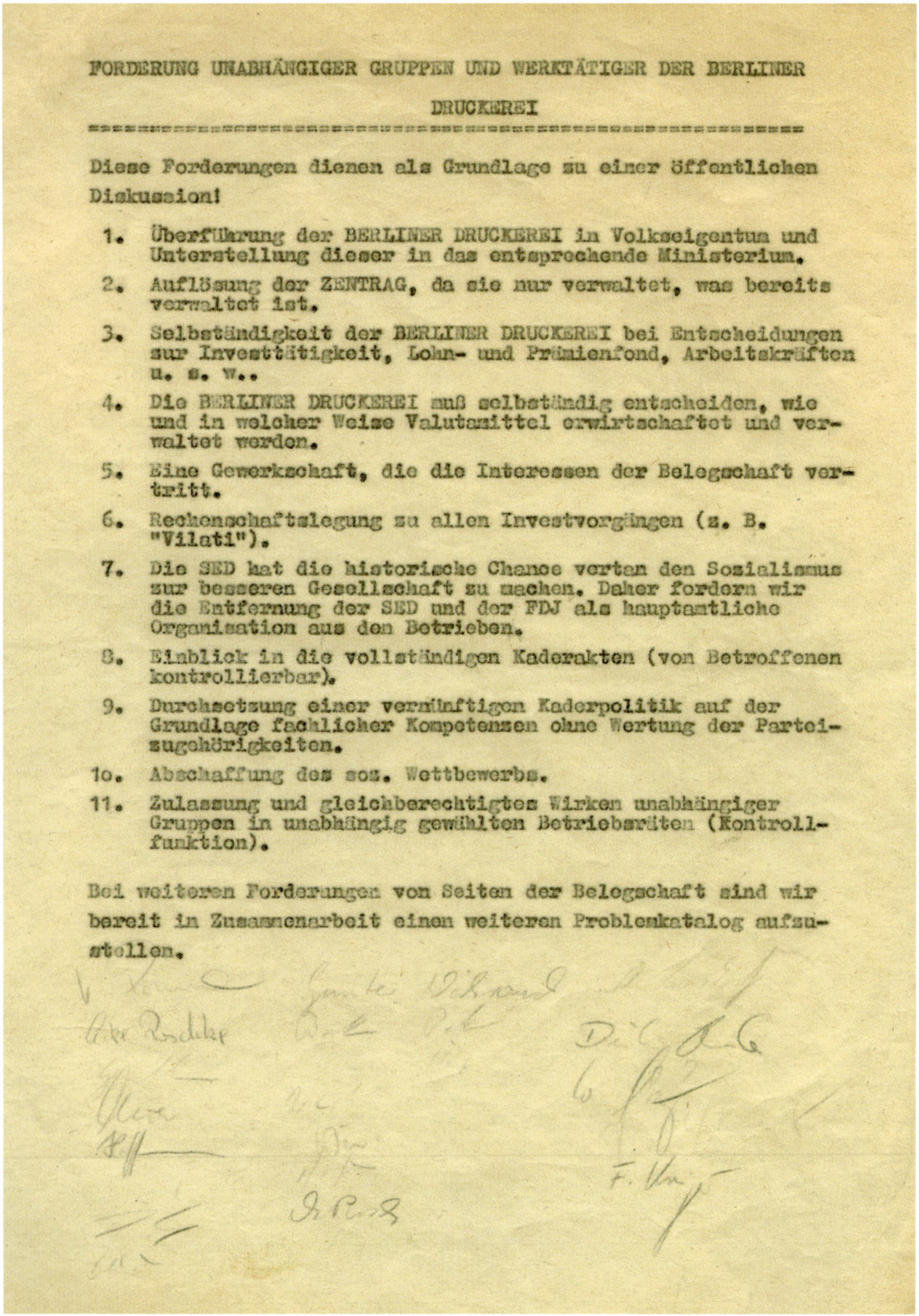

FORDERUNG UNABHÄNGIGER GRUPPEN UND WERKTÄTIGER DER BERLINER DRUCKEREI

Diese Forderungen dienen als Grundlage zu einer öffentlichen Diskussion!

1. Überführung der BERLINER DRUCKEREI in Volkseigentum und Unterstellung dieser in das entsprechende Ministerium.
2. Auflösung der ZENTRAG, da sie nur verwaltet, was bereits verwaltet ist.
3. Selbständigkeit der BERLINER DRUCKEREI bei Entscheidungen zur Investtätigkeit, Lohn- und Prämienfond, Arbeitskräften u. s. w..
4. Die BERLINER DRUCKEREI muß selbständig entscheiden, wie und in welcher Weise Valutamittel erwirtschaftet und verwaltet werden.
5. Eine Gewerkschaft, die die Interessen der Belegschaft vertritt.
6. Rechenschaftslegung zu allen Investvorgängen (z. B. "Vilati").
7. Die SED hat die historische Chance vertan den Sozialismus zur besseren Gesellschaft zu machen. Daher fordern wir die Entfernung der SED und der FDJ als hauptamtliche Organisation aus den Betrieben.
8. Einblick in die vollständigen Kaderakten (von Betroffenen kontrollierbar).
9. Durchsetzung einer vernünftigen Kaderpolitik auf der Grundlage fachlicher Kompetenzen ohne Wertung der Parteizugehörigkeiten.
10. Abschaffung des soz. Wettbewerbs.
11. Zulassung und gleichberechtigtes Wirken unabhängiger Gruppen in unabhängig gewählten Betriebsräten (Kontrollfunktion).

Bei weiteren Forderungen von Seiten der Belegschaft sind wir bereit in Zusammenarbeit einen weiteren Problemkatalog aufzustellen.

fehlt bis heute eine Gesamtdarstellung der demokratischen Aktivitäten in den Betrieben, die für Hunderttausende zu einer der wichtigsten Erfahrungen in ihrem Leben gehören.

Es sollten noch einige Wochen vergehen, bis Streiks und Betriebsbesetzungen die „Wende" vorantrieben. Ende 1989 bis zum Sommer 1990 zog eine Streikwelle über das Land, und wieder waren es vor allem die Beschäftigten aus den industrialisierten Südbezirken der DDR, die wie selbstverständlich an diese Form des kollektiven Widerstandes anknüpften. Ohne jede Erfahrung der Organisation, ohne gewerkschaftliche und andere Führung organisierten sie Streiks und Betriebsbesetzungen, formulierten ihre Forderungen und mobilisierten die Öffentlichkeit. Die Arbeiter aus der DDR hatten erstaunlich rasch an ihre Bewegungstradition anknüpfen können und den Neubeginn gewagt. Jetzt begann eine neue Etappe in der Geschichte der deutschen Arbeiterbewegung, ein komplizierter Prozess des Zusammengehens von Arbeitern aus Ost und West, der sich nicht nur ihrer verschiedenen Traditionen wegen als äußerst schwierig erweisen sollte.

[1] Vgl. Brunner, Detlev: Sozialdemokraten im FDGB. Von der Gewerkschaft zur Massenorganisation. 1945 bis in die frühen 1950er Jahre, Essen 2000

[2] Vgl. Weber, Hermann: Der FDGB in der SBZ/DDR 1945 bis 1950, in: IG Chemie-Papier-Keramik (Hg.) Gewerkschaften in der SBZ/DDR 1945 bis 1950. Anspruch und Wirklichkeit, Hannover 1996, S. 15 – 23

[3] Vgl. zum Streik: Schönhoven, Klaus: Arbeitskonflikte in Konjunktur und Rezession. Gewerkschaftliche Streikpolitik und Streikverhalten der Arbeiterschaft vor 1914, in: Vogel, Hans-Jochen / Ruck, Michael (Hg.), Klaus Schönhoven. Arbeiterbewegung und soziale Demokratie in Deutschland – Ausgewählte Beiträge, Bonn 2002, S. 165 – 182

[4] Vgl. Hürtgen, Renate: Konfliktlösungsstrategien ohne Öffentlichkeit: Individualisierung respektive Privatisierung der Interessendurchsetzung in den 70er und 80er Jahren, in: Dies., Zwischen Disziplinierung und Partizipation. Vertrauensleute des FDGB im DDR-Betrieb, Köln Weimar Wien, 2005, S. 247 – 298

[5] Vgl. Hürtgen, Renate Die Rolle des FDGB während der Ereignisse um den 17. Juni 1953. Erwartung der Mitglieder und Verhalten der betrieblichen Funktionäre, in: Dies., Zwischen Disziplinierung und Partizipation, a.a.O., S. 51 – 65

[6] Vorsitzender der Betriebsgewerkschaftsleitung (BGL)

[7] Vgl. Vernehmungsprotokoll, 19.6.1953, BStU MfS AU Zentralarchiv Nr. 542/ 53, Bd. 2, Bl.27 – 33 sowie BStU MfS AU Zentralarchiv Nr. 538/ 53, Bd. 2, Bl. 21 – 25, 39 – 40

[8] Im Juni 1953 streikten in über 300 Betrieben mehr als 75.000. Vgl. Statistiken, in: Koop, Volker, Der 17. Juni 1953. Legende und Wirklichkeit, Berlin 2003

[9] Vgl. Roth, Heidi: Der 17. Juni 1953 in Sachsen, Köln 1999

[10] Stadtland, Helke: Arbeiter im Streik gegen „ihre" Gewerkschaften. Der Freie Deutsche Gewerkschaftsbund (FDGB) vor und nach dem Aufstand des 17. Juni 1953, in: GMH 54 (2003), S. 360–369

[11] Vgl. Hürtgen, Renate: „Stasi in der Produktion" – Umfang, Ausmaß und Wirkung geheimpolizeilicher Kontrolle im DDR-Betrieb, in: Gieseke, Jens: (Hg.) Staatssicherheit und Gesellschaft. Studien zum Herrschaftsalltag in der DDR, Göttingen 2007, S. 295 – 317

[12] So der Untertitel eines Buches über „Arbeiter im Staatssozialismus", Köln Weimar Wien 2005, hrsg. von Hübner, Peter/Kleßmann, Christoph/ Tenfelde, Klaus

[13] Vgl. Gehrke, Bernd: 1968 – das unscheinbare Schlüsseljahr der DDR, in: Ders., Horn, Gerd-Rainer (Hg.), 1968 und die Arbeiter. Studien zum „proletarischen Mai" in Europa, Hamburg 2007, S. 103 – 128

[14] Allein zwischen Juli und Oktober 1956 registrierte das MfS 44 Streikaktionen. Hürtgen, Zwischen Disziplinierung und Partizipation, a. a. O., S. 256 – 257

[15] Information Nr. 48/1961, BV des FDGB, Abt. Org., Vertraulich! Analyse der klassenfeindlichen Tätigkeit im III. Quartal 1961, SAPMO-BArch, DY 34/20553

[16] Vgl. Steiner, André: Die DDR-Wirtschaftsreform der sechziger Jahre: Konflikt zwischen Effizienz und Machtkalkül, Berlin 1999

[17] Vgl. Reichel, Thomas: Konfliktprävention. Die Episode der „Arbeiterkomitees" 1956/58, in: Hübner, Peter/Tenfelde, Klaus (Hg.): Arbeiter in der SBZ/DDR, Essen 1999, S. 439 – 452

[18] Hürtgen, Renate: Konfliktverhalten der DDR-Arbeiterschaft und Staatsrepression im Wandel, in: Hübner, Peter/Kleßmann, Christoph/Tenfelde, Klaus: Arbeiter im Staatssozialismus. Ideologischer Anspruch und soziale Wirklichkeit, Köln Weimar Wien 2005, S. 383 – 403

[19] Vgl. die einzige Dokumentation von Gehrke, Bernd/Hürtgen, Renate: (Hg.), Der betriebliche Aufbruch im Herbst 1989: Die unbekannte Seite der DDR-Revolution, Berlin 2001

[20] Vgl. die Sammlung von 120 Dokumenten, in: Gehrke, Hürtgen: Der betriebliche Aufbruch, a.a.O., S. 334 – 520

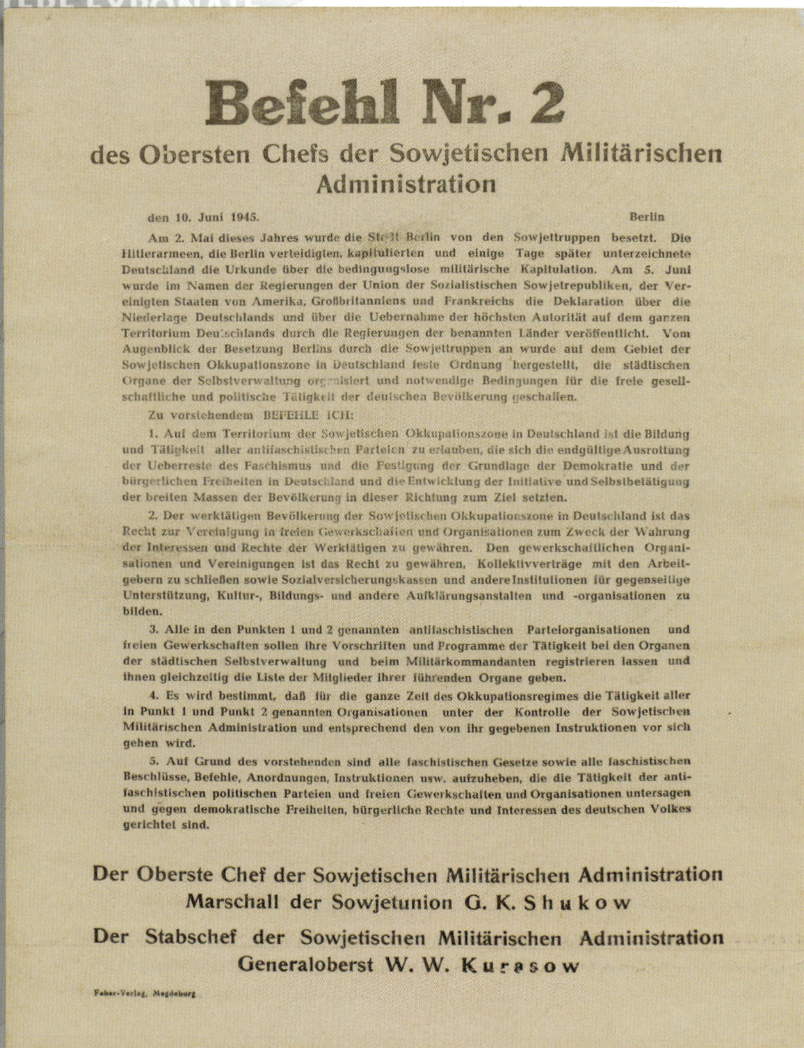

Befehl Nr. 2

des Obersten Chefs der Sowjetischen Militärischen Administration

den 10. Juni 1945. Berlin

Am 2. Mai dieses Jahres wurde die Stadt Berlin von den Sowjettruppen besetzt. Die Hitlerarmeen, die Berlin verteidigten, kapitulierten und einige Tage später unterzeichnete Deutschland die Urkunde über die bedingungslose militärische Kapitulation. Am 5. Juni wurde im Namen der Regierungen der Union der Sozialistischen Sowjetrepubliken, der Vereinigten Staaten von Amerika, Großbritanniens und Frankreichs die Deklaration über die Niederlage Deutschlands und über die Uebernahme der höchsten Autorität auf dem ganzen Territorium Deutschlands durch die Regierungen der benannten Länder veröffentlicht. Vom Augenblick der Besetzung Berlins durch die Sowjettruppen an wurde auf dem Gebiet der Sowjetischen Okkupationszone in Deutschland feste Ordnung hergestellt, die städtischen Organe der Selbstverwaltung organisiert und notwendige Bedingungen für die freie gesellschaftliche und politische Tätigkeit der deutschen Bevölkerung geschaffen.

Zu vorstehendem BEFEHLE ICH:

1. Auf dem Territorium der Sowjetischen Okkupationszone in Deutschland ist die Bildung und Tätigkeit aller antifaschistischen Parteien zu erlauben, die sich die endgültige Ausrottung der Ueberreste des Faschismus und die Festigung der Grundlage der Demokratie und der bürgerlichen Freiheiten in Deutschland und die Entwicklung der Initiative und Selbstbetätigung der breiten Massen der Bevölkerung in dieser Richtung zum Ziel setzten.

2. Der werktätigen Bevölkerung der Sowjetischen Okkupationszone in Deutschland ist das Recht zur Vereinigung in freien Gewerkschaften und Organisationen zum Zweck der Wahrung der Interessen und Rechte der Werktätigen zu gewähren. Den gewerkschaftlichen Organisationen und Vereinigungen ist das Recht zu gewähren, Kollektivverträge mit den Arbeitgebern zu schließen sowie Sozialversicherungskassen und andere Institutionen für gegenseitige Unterstützung, Kultur-, Bildungs- und andere Aufklärungsanstalten und -organisationen zu bilden.

3. Alle in den Punkten 1 und 2 genannten antifaschistischen Parteiorganisationen und freien Gewerkschaften sollen ihre Vorschriften und Programme der Tätigkeit bei den Organen der städtischen Selbstverwaltung und beim Militärkommandanten registrieren lassen und ihnen gleichzeitig die Liste der Mitglieder ihrer führenden Organe geben.

4. Es wird bestimmt, daß für die ganze Zeit des Okkupationsregimes die Tätigkeit aller in Punkt 1 und Punkt 2 genannten Organisationen unter der Kontrolle der Sowjetischen Militärischen Administration und entsprechend den von ihr gegebenen Instruktionen vor sich gehen wird.

5. Auf Grund des vorstehenden sind alle faschistischen Gesetze sowie alle faschistischen Beschlüsse, Befehle, Anordnungen, Instruktionen usw. aufzuheben, die die Tätigkeit der antifaschistischen politischen Parteien und freien Gewerkschaften und Organisationen untersagen und gegen demokratische Freiheiten, bürgerliche Rechte und Interessen des deutschen Volkes gerichtet sind.

Der Oberste Chef der Sowjetischen Militärischen Administration
Marschall der Sowjetunion G. K. Shukow

Der Stabschef der Sowjetischen Militärischen Administration
Generaloberst W. W. Kurasow

Faber-Verlag, Magdeburg

EINZELBLATT „BEFEHL NR. 2 DES OBERSTEN CHEFS DER SOWJETISCHEN MILITÄRISCHEN ADMINISTRATION“ ZUR BILDUNG ANTIFASCHISTISCHER PARTEIEN UND FREIER GEWERKSCHAFTEN, 18. JUNI 1945
DHM BERLIN
DG 65/370

unter der
Kontrolle der Sowjetischen
Militärischen Administration

Organe

Kollektivverträge mit den Arbeitgebern zu schließen

Recht zur Vereinigung in freien Gewerkschaften

Sozialversicherungskassen und andere Institutionen
zu bilden.

Mitgliedsbuch des FDGB,
Walter Becher, 1945
Sächsisches Industriemuseum Chemnitz
00/0690/D8

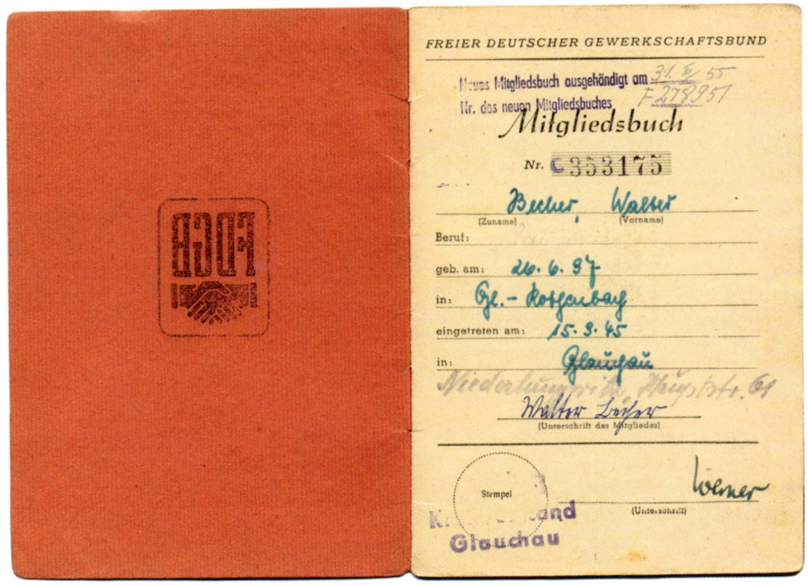

Mitgliedskarte der KPD
für Alfons Bürgermeister, entwertet
am 25. November 1947 und zum SED-
Ausweis umgestempelt
und
Protokollbuch der SPD, geändert in
SED, Jahnsbach
Sammlung Klaus Jürgen Becker,
Ludwigshafen

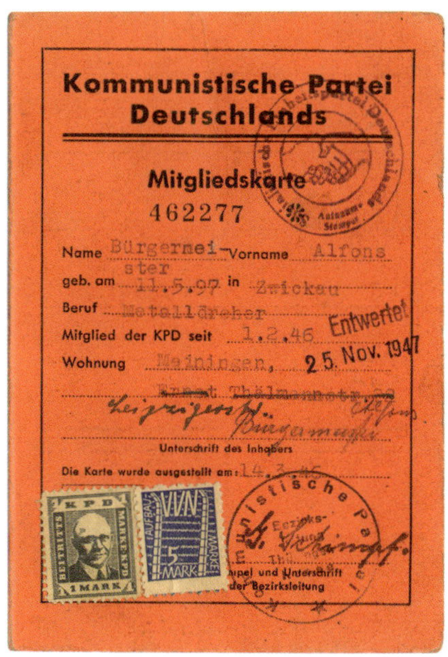

VASE MIT SYMBOL DER ARBEITERBEWEGUNG, 1946/47
DHM BERLIN
SI 90/1064

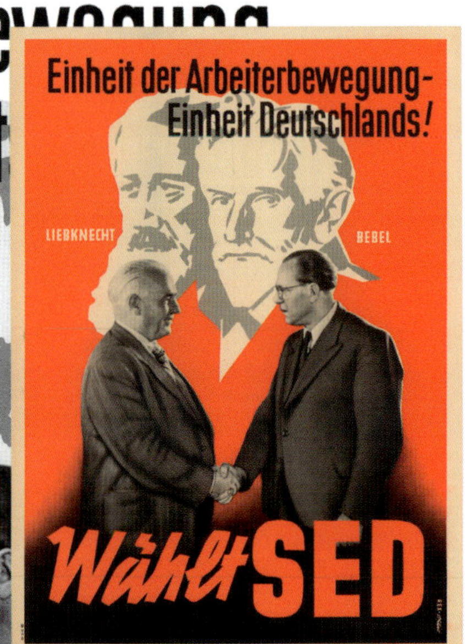

PLAKAT „WÄHLT SED. EINHEIT DER ARBEITERBEWEGUNG – EINHEIT DEUTSCHLANDS!" MIT HÄNDEDRUCK WILHELM PIECK UND OTTO GROTEWOHL, 1946
IISH AMSTERDAM
BG E6/74

Im Hintergrund sind Wilhelm Liebknecht und August Bebel abgebildet.

SPD-Mitgliedsausweis für Elfriede Haake, Bezirksgruppe Leipzig, 1. Februar 1946
Haus der Geschichte der Bundesrepublik Deutschland, Bonn
1998-11-0529

Der Ausweis wurde ungültig gestempelt und mit dem SED-Stempel versehen.

SPD
SOZIALDEMOKRATISCHE PARTEI DEUTSCHLANDS

MITGLIEDSKARTE

Zuname Haake
Vorname Elfriede
geb. am 15.7.29. in Leipzig
Beruf Schülerin
Adresse Böhlitz-Ehrenberg
Heinrich-Heinestr. 52
Mitglied seit 1.2.1946
Organisiert vor 1933 seit wann wo
Elfr. Haake
Unterschrift des Mitgliedes
Ortsverein Böhlitz-Ehrenberg
Der Vorstand
Unterschriften
BEZIRKSGRUPPE LEIPZIG C 1 / KARL-MARX-PLATZ 7

Die geschichtliche Aufgabe der geeinten Arbeiterbewegung ist es, den Kampf der Arbeiterklasse und des schaffenden Volkes bewußt und einheitlich zu gestalten.

Mitgliedsbuch der SED für Werner Büttner, Aue, 6. Juni 1947
Sächsisches Industriemuseum Chemnitz
10/0378/D8

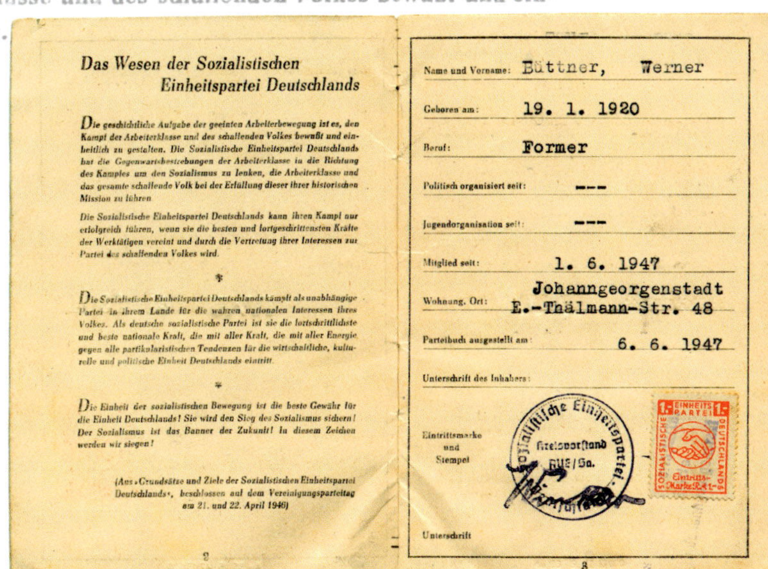

Das Wesen der Sozialistischen Einheitspartei Deutschlands

Die geschichtliche Aufgabe der geeinten Arbeiterbewegung ist es, den Kampf der Arbeiterklasse und des schaffenden Volkes bewußt und einheitlich zu gestalten. Die Sozialistische Einheitspartei Deutschlands hat die Gegenwartsbestrebungen der Arbeiterklasse in die Richtung des Kampfes um den Sozialismus zu lenken, die Arbeiterklasse und das gesamte schaffende Volk bei der Erfüllung dieser ihrer historischen Mission zu führen.

Die Sozialistische Einheitspartei Deutschlands kann ihren Kampf nur erfolgreich führen, wenn sie die besten und fortgeschrittensten Kräfte der Werktätigen vereint und durch die Vertretung ihrer Interessen zur Partei des schaffenden Volkes wird.

*

Die Sozialistische Einheitspartei Deutschlands kämpft als unabhängige Partei in ihrem Lande für die wahren nationalen Interessen ihres Volkes. Als deutsche sozialistische Partei ist sie die fortschrittlichste und beste nationale Kraft, die mit aller Kraft, die mit aller Energie gegen alle partikularistischen Tendenzen für die wirtschaftliche, kulturelle und politische Einheit Deutschlands eintritt.

*

Die Einheit der sozialistischen Bewegung ist die beste Gewähr für die Einheit Deutschlands! Sie wird den Sieg des Sozialismus sichern! Der Sozialismus ist das Banner der Zukunft! In diesem Zeichen werden wir siegen!

(Aus »Grundsätze und Ziele der Sozialistischen Einheitspartei Deutschlands«, beschlossen auf dem Vereinigungsparteitag am 21. und 22. April 1946)

2

Name und Vorname: Büttner, Werner
Geboren am: 19. 1. 1920
Beruf: Former
Politisch organisiert seit: ---
Jugendorganisation seit: ---
Mitglied seit: 1. 6. 1947
Wohnung, Ort: Johanngeorgenstadt E.-Thälmann-Str. 48
Parteibuch ausgestellt am: 6. 6. 1947
Unterschrift des Inhabers:
Eintrittsmarke und Stempel
Sozialistische Einheitspartei Kreisvorstand Aue/Sa.
1.- EINHEITS PARTEI 1.- SOZIALISTISCHE DEUTSCHLANDS Eintritts-Marke RM 1.-
Unterschrift

3

Die Sozialistische Einheitspartei Deutschlands kann ihren Kampf nur erfolgreich führen, wenn sie die besten und fortgeschrittensten Kräfte der Werktätigen vereint und durch die Vertretung ihrer Interessen zur Partei des schaffenden Volkes wird.

Wahlurne für die Wahl zur Berliner Stadtverordnetenversammlung am 20. Oktober 1946
Haus der Geschichte der Bundesrepublik Deutschland, Bonn
1995/01/0414

Haushoher Sieger der ersten und einzigen gemeinsamen Wahl in Groß-Berlin nach dem Zweiten Weltkrieg und bis 1990 ist die SPD mit 48,7 Prozent. Die SED wird hinter der CDU mit 19,8 Prozent nur drittstärkste Kraft.

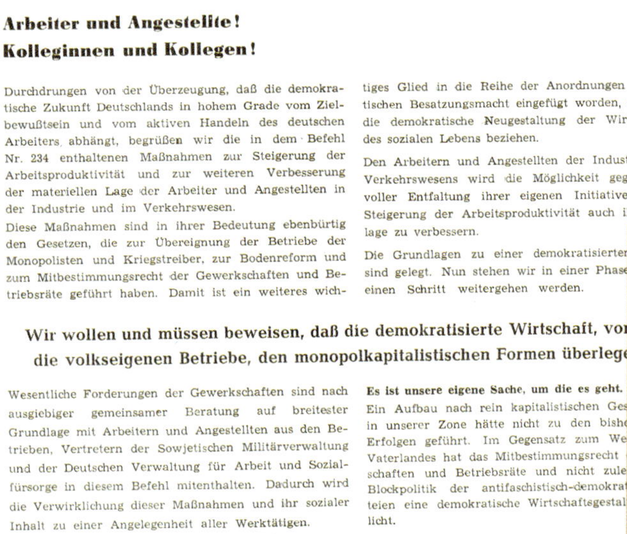

Arbeiter und Angestellte!
Kolleginnen und Kollegen!

Durchdrungen von der Überzeugung, daß die demokratische Zukunft Deutschlands in hohem Grade vom Zielbewußtsein und vom aktiven Handeln des deutschen Arbeiters abhängt, begrüßen wir die in dem Befehl Nr. 234 enthaltenen Maßnahmen zur Steigerung der Arbeitsproduktivität und zur weiteren Verbesserung der materiellen Lage der Arbeiter und Angestellten in der Industrie und im Verkehrswesen.

Diese Maßnahmen sind in ihrer Bedeutung ebenbürtig den Gesetzen, die zur Übereignung der Betriebe der Monopolisten und Kriegstreiber, zur Bodenreform und zum Mitbestimmungsrecht der Gewerkschaften und Betriebsräte geführt haben. Damit ist ein weiteres wichtiges Glied in die Reihe der Anordnungen der sowjetischen Besatzungsmacht eingefügt worden, die sich auf die demokratische Neugestaltung der Wirtschaft und des sozialen Lebens beziehen.

Den Arbeitern und Angestellten der Industrie und des Verkehrswesens wird die Möglichkeit gegeben, unter voller Entfaltung ihrer eigenen Initiative durch die Steigerung der Arbeitsproduktivität auch ihre Lebenslage zu verbessern.

Die Grundlagen zu einer demokratisierten sind gelegt. Nun stehen wir in einer Phase einen Schritt weitergehen werden.

Wir wollen und müssen beweisen, daß die demokratisierte Wirtschaft, vor die volkseigenen Betriebe, den monopolkapitalistischen Formen überlege

Wesentliche Forderungen der Gewerkschaften sind nach ausgiebiger gemeinsamer Beratung auf breitester Grundlage mit Arbeitern und Angestellten aus den Betrieben, Vertretern der Sowjetischen Militärverwaltung und der Deutschen Verwaltung für Arbeit und Sozialfürsorge in diesem Befehl mitenthalten. Dadurch wird die Verwirklichung dieser Maßnahmen und ihr sozialer Inhalt zu einer Angelegenheit aller Werktätigen.

Es ist unsere eigene Sache, um die es geht. Ein Aufbau nach rein kapitalistischen Ges in unserer Zone hätte nicht zu den bishe Erfolgen geführt. Im Gegensatz zum We Vaterlandes hat das Mitbestimmungsrecht schaften und Betriebsräte und nicht zule Blockpolitik der antifaschistisch-demokrat teien eine demokratische Wirtschaftsgestal licht.

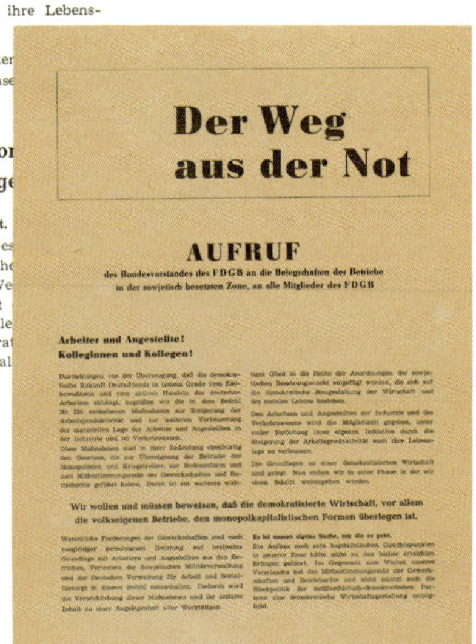

Der Weg aus der Not

AUFRUF

des Bundesvorstandes des FDGB an die Belegschaften der Betriebe in der sowjetisch besetzten Zone, an alle Mitglieder des FDGB

Flugblatt mit dem Aufruf des Bundesvorstandes des FDGB zur Steigerung der Produktion, Oktober 1947
DHM Berlin
DG 56/571

Plakat aus der SBZ „Verstärkt die Henneckebewegung zur Durchführung des Zweijahresplanes“, 1. Mai 1949
Bundesarchiv Berlin
100-026-034

Uniform von Adolf Hennecke
Bergbaumuseum Oelsnitz

Seite aus der Betriebschronik des VEB Starkstromanlagenbau Chemnitz, 1949
Sächsisches Industriemuseum Chemnitz
99/0908 / D4

Das Bild zeigt die „Helden“ der ersten Aktivistenbewegungen, Stachanow und Hennecke, beim ersten Zusammentreffen im Mai 1949.

Plakat des Weltgewerkschafts-bundes zum 1. Mai 1948
Bundesarchiv Berlin
100-026-028

Plakat der SBZ/DDR „4 Jahre Konsum Genossenschaften seit Erlass des Befehls 176 am 18. Dezember 1945 ...“, 1949
Archiv der sozialen Demokratie, Bonn
6/PLKA034948

Propagandaflugblatt der Unabhängigen Gewerkschaftsopposition (UGO) gegen den FDGB, März 1948
DHM Berlin
DG 76/146

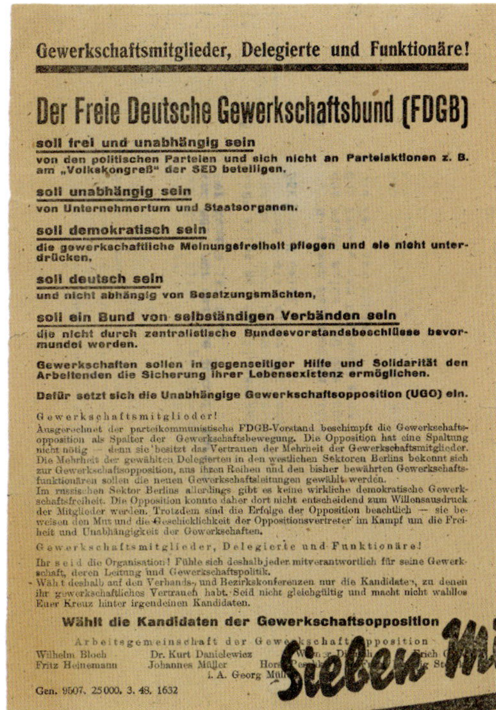

Gewerkschaftsmitglieder, Delegierte und Funktionäre!

Der Freie Deutsche Gewerkschaftsbund (FDGB)

soll frei und unabhängig sein
von den politischen Parteien und sich nicht an Parteiaktionen z. B. am „Volkskongreß" der SED beteiligen.

soll unabhängig sein
von Unternehmertum und Staatsorganen.

soll demokratisch sein
die gewerkschaftliche Meinungsfreiheit pflegen und sie nicht unterdrücken.

soll deutsch sein
und nicht abhängig von Besatzungsmächten,

soll ein Bund von selbständigen Verbänden sein
die nicht durch zentralistische Bundesvorstandsbeschlüsse bevormundet werden.

Gewerkschaften sollen in gegenseitiger Hilfe und Solidarität den Arbeitenden die Sicherung ihrer Lebensexistenz ermöglichen.

Dafür setzt sich die Unabhängige Gewerkschaftsopposition (UGO) ein.

Gewerkschaftsmitglieder!
Ausgerechnet der parteikommunistische FDGB-Vorstand beschimpft die Gewerkschaftsopposition als Spalter der Gewerkschaftsbewegung. Die Opposition hat eine Spaltung nicht nötig — denn sie besitzt das Vertrauen der Mehrheit der Gewerkschaftsmitglieder. Die Mehrheit der gewählten Delegierten in den westlichen Sektoren Berlins bekennt sich zur Gewerkschaftsopposition, aus ihren Reihen und den bisher bewährten Gewerkschaftsfunktionären sollen die neuen Gewerkschaftsleitungen gewählt werden.
Im russischen Sektor Berlins allerdings gibt es keine wirkliche demokratische Gewerkschaftsfreiheit. Die Opposition konnte daher dort nicht entscheidend zum Willensausdruck der Mitglieder werden. Trotzdem sind die Erfolge der Opposition beachtlich — sie beweisen den Mut und die Geschicklichkeit der Oppositionsvertreter im Kampf um die Freiheit und Unabhängigkeit der Gewerkschaften.

Gewerkschaftsmitglieder, Delegierte und Funktionäre!

Ihr seid die Organisation! Fühle sich deshalb jeder mitverantwortlich für seine Gewerkschaft, deren Leitung und Gewerkschaftspolitik.
Wählt deshalb auf den Verbands- und Bezirkskonferenzen nur die Kandidaten, zu denen ihr gewerkschaftliches Vertrauen habt. Seid nicht gleichgültig und macht nicht wahllos Euer Kreuz hinter irgendeinen Kandidaten.

Wählt die Kandidaten der Gewerkschaftsopposition

Arbeitsgemeinschaft der Gewerkschaftsopposition
Wilhelm Bloch — Dr. Kurt Danielewicz
Fritz Heinemann — Johannes Müller
i. A. Georg Müller

Gen. 9507. 25000. 3. 48. 1632

Propagandaflugblatt des FDGB Gross-Berlin „Sieben Millionen Arbeitslose!" mit scharfer Polemik gegen die „Spaltergewerkschaft" UGO in den Westsektoren, Juni 1948
DHM Berlin
DG 65/863

Sieben Millionen Arbeitslose!

Amtlicherseits wird in der Bizone als Auswirkung der separaten Währungsreform mit sieben Millionen Arbeitslosen gerechnet.
Um in Berlin die Arbeiter und Angestellten vor Arbeitslosigkeit zu schützen, hat der Vorstand des FDGB Groß-Berlin beim Magistrat eine Verordnung zur Verhinderung sowohl von Einzel-, wie von Massenentlassungen erwirkt. — **In den westlichen Sektoren Berlins besteht aber die große Gefahr von Betriebsstillegungen.**

Der Vorstand des FDGB Groß-Berlin steht auf dem Standpunkt, daß die Kosten dieser Schäden von jenen zu tragen sind, die die Katastrophe in Berlin heraufbeschworen haben.

Der Vorstand des FDGB Groß-Berlin hat daher als sofortige Schutzmaßnahme die

Wiedereinführung der Arbeitsausfallunterstützung

vom Magistrat gefordert.

Kollegen und Kolleginnen!

Das allein genügt nicht! Alles hängt von unserem Abwehrwillen ab: Die Belegschaften müssen gerüstet sein, um notfalls ihre ganze Kraft zum Schutze ihres Lebens einzusetzen. Schafft in den Betrieben hierzu die Voraussetzung.
Was machen nun die UGO-Kommissare Heinemann, Müller, Scharnowski, Galle, Suhr, Lehrer, Albrecht usw.?

Sie spalten in dieser ernsten Stunde die Gewerkschaften
Sie desorganisieren in den Westsektoren
die Gewerkschaftstätigkeit
Das führt zur Schwächung der Kampfkraft der Werktätigen

Wimpel des Weltgewerkschaftsbundes, 2. Kongress 1949
DHM Berlin
Fa 73/39

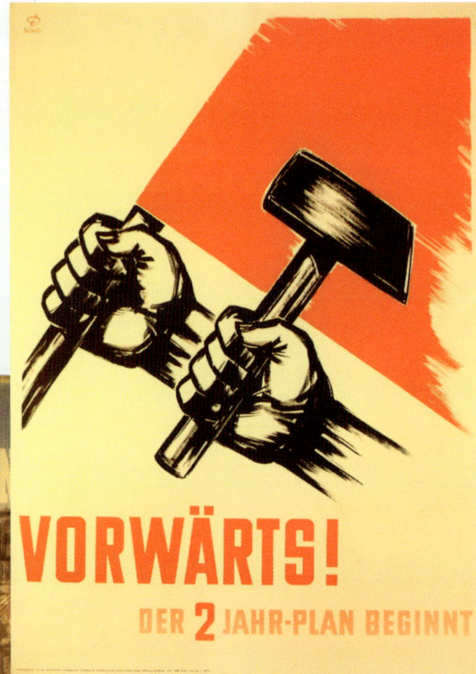

Plakat „Vorwärts! Der 2-Jahr-Plan beginnt“, 1949
Sächsisches Industriemuseum Chemnitz
I12/0176 / D4

Plakat „Vorwärts zu neuen Erfolgen in unserem Fünfjahrplan“, 1951
Sächsisches Industriemuseum Chemnitz
12/0177 / D4

Plakat „Im Kampf um die 100 Millionen. Lenkt die Erfinder und Rationalisatoren auf die Lösung betrieblicher Schwerpunkt-aufgaben“, 1952
Sächsisches Industriemuseum Chemnitz
12/0178 / D4

WALTER **U**LBRICHT: „**D**IE GEGENWÄRTIGE **L**AGE UND DIE NEUEN **A**UFGABEN DER **S**OZIALISTISCHEN **E**INHEITSPARTEI **D**EUTSCHLANDS", **B**ERLIN 1952
TU **C**HEMNITZ, **B**IBLIOTHEK
12/0176 / D4

Zusammenfassung über den Ablauf des 2. Parteitages der SED

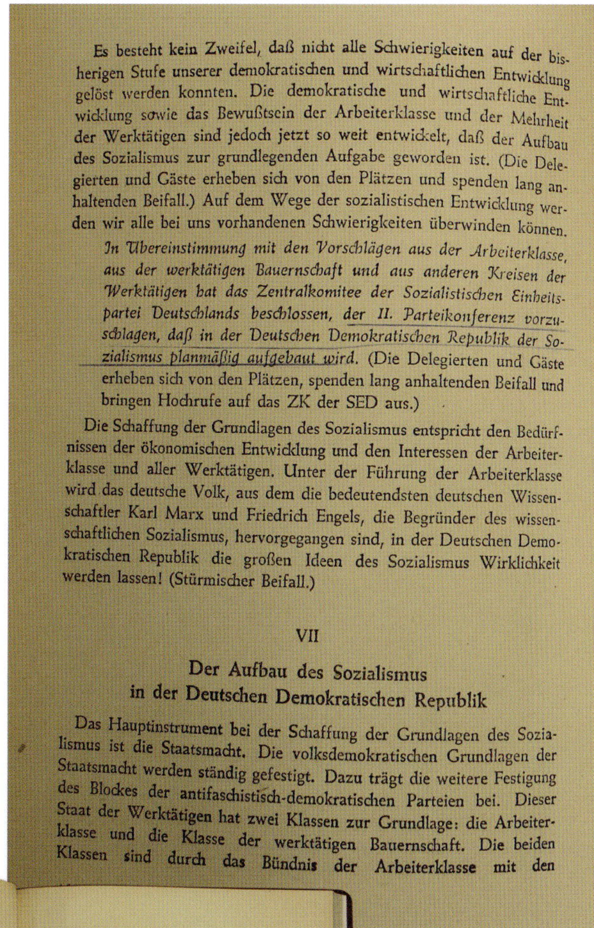

Es besteht kein Zweifel, daß nicht alle Schwierigkeiten auf der bisherigen Stufe unserer demokratischen und wirtschaftlichen Entwicklung gelöst werden konnten. Die demokratische und wirtschaftliche Entwicklung sowie das Bewußtsein der Arbeiterklasse und der Mehrheit der Werktätigen sind jedoch jetzt so weit entwickelt, daß der Aufbau des Sozialismus zur grundlegenden Aufgabe geworden ist. (Die Delegierten und Gäste erheben sich von den Plätzen und spenden lang anhaltenden Beifall.) Auf dem Wege der sozialistischen Entwicklung werden wir alle bei uns vorhandenen Schwierigkeiten überwinden können.

In Übereinstimmung mit den Vorschlägen aus der Arbeiterklasse, aus der werktätigen Bauernschaft und aus anderen Kreisen der Werktätigen hat das Zentralkomitee der Sozialistischen Einheitspartei Deutschlands beschlossen, der II. Parteikonferenz vorzuschlagen, daß in der Deutschen Demokratischen Republik der Sozialismus planmäßig aufgebaut wird. (Die Delegierten und Gäste erheben sich von den Plätzen, spenden lang anhaltenden Beifall und bringen Hochrufe auf das ZK der SED aus.)

Die Schaffung der Grundlagen des Sozialismus entspricht den Bedürfnissen der ökonomischen Entwicklung und den Interessen der Arbeiterklasse und aller Werktätigen. Unter der Führung der Arbeiterklasse wird das deutsche Volk, aus dem die bedeutendsten deutschen Wissenschaftler Karl Marx und Friedrich Engels, die Begründer des wissenschaftlichen Sozialismus, hervorgegangen sind, in der Deutschen Demokratischen Republik die großen Ideen des Sozialismus Wirklichkeit werden lassen! (Stürmischer Beifall.)

VII

Der Aufbau des Sozialismus in der Deutschen Demokratischen Republik

Das Hauptinstrument bei der Schaffung der Grundlagen des Sozialismus ist die Staatsmacht. Die volksdemokratischen Grundlagen der Staatsmacht werden ständig gefestigt. Dazu trägt die weitere Festigung des Blockes der antifaschistisch-demokratischen Parteien bei. Dieser Staat der Werktätigen hat zwei Klassen zur Grundlage: die Arbeiterklasse und die Klasse der werktätigen Bauernschaft. Die beiden Klassen sind durch das Bündnis der Arbeiterklasse mit den

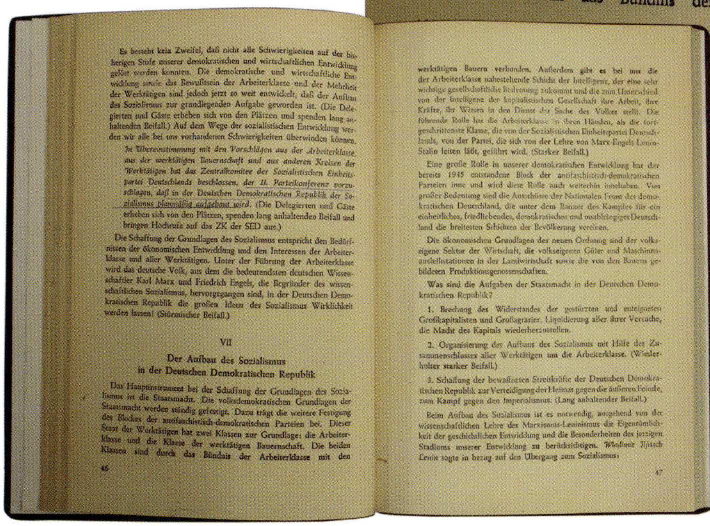

Es besteht kein Zweifel, daß nicht alle Schwierigkeiten auf der bisherigen Stufe unserer demokratischen und wirtschaftlichen Entwicklung gelöst werden konnten. Die demokratische und wirtschaftliche Entwicklung sowie das Bewußtsein der Arbeiterklasse und der Mehrheit der Werktätigen sind jedoch jetzt so weit entwickelt, daß der Aufbau des Sozialismus zur grundlegenden Aufgabe geworden ist. (Die Delegierten und Gäste erheben sich von den Plätzen und spenden lang anhaltenden Beifall.) Auf dem Wege der sozialistischen Entwicklung werden wir alle bei uns vorhandenen Schwierigkeiten überwinden können.

In Übereinstimmung mit den Vorschlägen aus der Arbeiterklasse, aus der werktätigen Bauernschaft und aus anderen Kreisen der Werktätigen hat das Zentralkomitee der Sozialistischen Einheitspartei Deutschlands beschlossen, der II. Parteikonferenz vorzuschlagen, daß in der Deutschen Demokratischen Republik der Sozialismus planmäßig aufgebaut wird. (Die Delegierten und Gäste erheben sich von den Plätzen, spenden lang anhaltenden Beifall und bringen Hochrufe auf das ZK der SED aus.)

Die Schaffung der Grundlagen des Sozialismus entspricht den Bedürfnissen der ökonomischen Entwicklung und den Interessen der Arbeiterklasse und aller Werktätigen. Unter der Führung der Arbeiterklasse wird das deutsche Volk, aus dem die bedeutendsten deutschen Wissenschaftler Karl Marx und Friedrich Engels, die Begründer des wissenschaftlichen Sozialismus, hervorgegangen sind, in der Deutschen Demokratischen Republik die großen Ideen des Sozialismus Wirklichkeit werden lassen! (Stürmischer Beifall.)

VII

Der Aufbau des Sozialismus in der Deutschen Demokratischen Republik

Das Hauptinstrument bei der Schaffung der Grundlagen des Sozialismus ist die Staatsmacht. Die volksdemokratischen Grundlagen der Staatsmacht werden ständig gefestigt. Dazu trägt die weitere Festigung des Blockes der antifaschistisch-demokratischen Parteien bei. Dieser Staat der Werktätigen hat zwei Klassen zur Grundlage: die Arbeiterklasse und die Klasse der werktätigen Bauernschaft. Die beiden Klassen sind durch das Bündnis der Arbeiterklasse mit den

46

werktätigen Bauern verbunden. Außerdem gibt es bei uns die der Arbeiterklasse nahestehende Schicht der Intelligenz, der eine sehr wichtige gesellschaftliche Bedeutung zukommt und die zum Unterschied von der Intelligenz der kapitalistischen Gesellschaft ihre Arbeit, ihre Kräfte, ihr Wissen in den Dienst der Sache des Volkes stellt. Die führende Rolle hat die Arbeiterklasse in ihren Händen, als die fortgeschrittenste Klasse, die von der Sozialistischen Einheitspartei Deutschlands, von der Partei, die sich von der Lehre von Marx-Engels-Lenin-Stalin leiten läßt, geführt wird. (Starker Beifall.)

Eine große Rolle in unserer demokratischen Entwicklung hat der bereits 1945 entstandene Block der antifaschistisch-demokratischen Parteien inne und wird diese Rolle auch weiterhin innehaben. Von großer Bedeutung sind die Ausschüsse der Nationalen Front des demokratischen Deutschland, die unter dem Banner des Kampfes für ein einheitliches, friedliebendes, demokratisches und unabhängiges Deutschland die breitesten Schichten der Bevölkerung vereinen.

Die ökonomischen Grundlagen der neuen Ordnung sind der volkseigene Sektor der Wirtschaft, die volkseigenen Güter und Maschinenausleihstationen in der Landwirtschaft sowie die von den Bauern gebildeten Produktionsgenossenschaften.

Was sind die Aufgaben der Staatsmacht in der Deutschen Demokratischen Republik?

1. Brechung des Widerstandes der gestürzten und enteigneten Großkapitalisten und Großagrarier. Liquidierung aller ihrer Versuche, die Macht des Kapitals wiederherzustellen.

2. Organisierung des Aufbaus des Sozialismus mit Hilfe des Zusammenschlusses aller Werktätigen um die Arbeiterklasse. (Wiederholter starker Beifall.)

3. Schaffung der bewaffneten Streitkräfte der Deutschen Demokratischen Republik zur Verteidigung der Heimat gegen die äußeren Feinde, zum Kampf gegen den Imperialismus. (Lang anhaltender Beifall.)

Beim Aufbau des Sozialismus ist es notwendig, ausgehend von der wissenschaftlichen Lehre des Marxismus-Leninismus die Eigentümlichkeit der geschichtlichen Entwicklung und die Besonderheiten des jetzigen Stadiums unserer Entwicklung zu berücksichtigen. *Wladimir Iljitsch Lenin* sagte in bezug auf den Übergang zum Sozialismus:

47

PLAKAT DES FDGB ZU DEN „GEWERKSCHAFTSWAHLEN 1952/53: STARKE GEWERKSCHAFTSLEITUNGEN HELFEN BEIM AUFBAU DES SOZIALISMUS“
SÄCHSISCHES INDUSTRIEMUSEUM CHEMNITZ
12/0180 / D4

FDJ-BLUSE, 1950
STADTGESCHICHTLICHES MUSEUM LEIPZIG
79/217/G3

Protokoll des 3. FDGB-Kongresses, 1950
Bundesarchiv Berlin
54 /1651-3

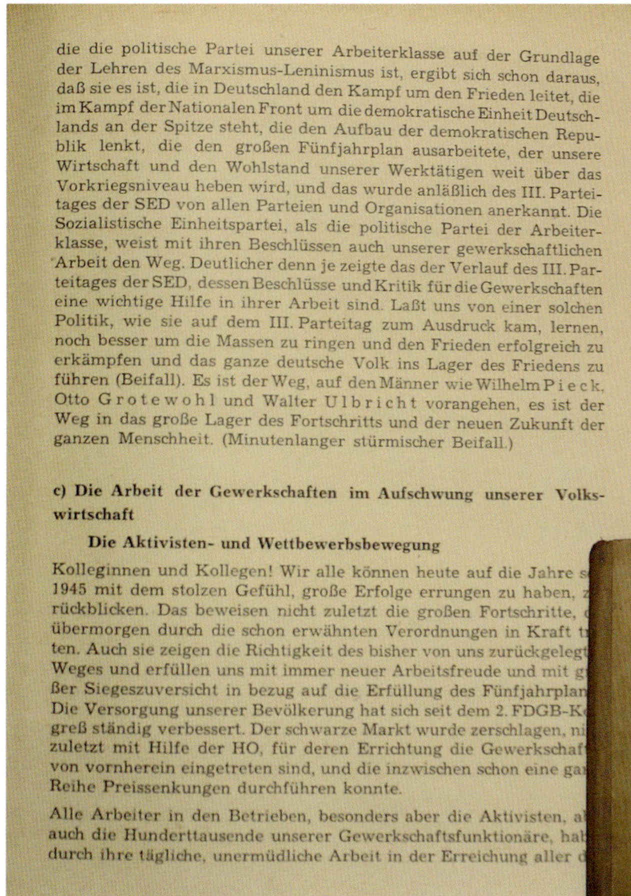

die die politische Partei unserer Arbeiterklasse auf der Grundlage der Lehren des Marxismus-Leninismus ist, ergibt sich schon daraus, daß sie es ist, die in Deutschland den Kampf um den Frieden leitet, die im Kampf der Nationalen Front um die demokratische Einheit Deutschlands an der Spitze steht, die den Aufbau der demokratischen Republik lenkt, die den großen Fünfjahrplan ausarbeitete, der unsere Wirtschaft und den Wohlstand unserer Werktätigen weit über das Vorkriegsniveau heben wird, und das wurde anläßlich des III. Parteitages der SED von allen Parteien und Organisationen anerkannt. Die Sozialistische Einheitspartei, als die politische Partei der Arbeiterklasse, weist mit ihren Beschlüssen auch unserer gewerkschaftlichen Arbeit den Weg. Deutlicher denn je zeigte das der Verlauf des III. Parteitages der SED, dessen Beschlüsse und Kritik für die Gewerkschaften eine wichtige Hilfe in ihrer Arbeit sind. Laßt uns von einer solchen Politik, wie sie auf dem III. Parteitag zum Ausdruck kam, lernen, noch besser um die Massen zu ringen und den Frieden erfolgreich zu erkämpfen und das ganze deutsche Volk ins Lager des Friedens zu führen (Beifall). Es ist der Weg, auf den Männer wie Wilhelm Pieck, Otto Grotewohl und Walter Ulbricht vorangehen, es ist der Weg in das große Lager des Fortschritts und der neuen Zukunft der ganzen Menschheit. (Minutenlanger stürmischer Beifall.)

c) Die Arbeit der Gewerkschaften im Aufschwung unserer Volkswirtschaft

Die Aktivisten- und Wettbewerbsbewegung

Kolleginnen und Kollegen! Wir alle können heute auf die Jahre s
1945 mit dem stolzen Gefühl, große Erfolge errungen zu haben, z
rückblicken. Das beweisen nicht zuletzt die großen Fortschritte, d
übermorgen durch die schon erwähnten Verordnungen in Kraft tr
ten. Auch sie zeigen die Richtigkeit des bisher von uns zurückgelegt
Weges und erfüllen uns mit immer neuer Arbeitsfreude und mit g
ßer Siegeszuversicht in bezug auf die Erfüllung des Fünfjahrplan
Die Versorgung unserer Bevölkerung hat sich seit dem 2. FDGB-K
greß ständig verbessert. Der schwarze Markt wurde zerschlagen, ni
zuletzt mit Hilfe der HO, für deren Errichtung die Gewerkschaf
von vornherein eingetreten sind, und die inzwischen schon eine ga
Reihe Preissenkungen durchführen konnte.

Alle Arbeiter in den Betrieben, besonders aber die Aktivisten, a
auch die Hunderttausende unserer Gewerkschaftsfunktionäre, ha
durch ihre tägliche, unermüdliche Arbeit in der Erreichung aller d

Ehrenabzeichen „Aktivist VEB“, 1949-1951
Sächsisches Industriemuseum Chemnitz
93/286 E1

Aktivist des Fünfjahresplanes, Unterlagen Willy Pfab 1953, VEB Maschinenfabrik Germania Chemnitz
Sächsisches Industriemuseum Chemnitz
10/0377/ D8

Abzeichen der Gesellschaft für Deutsch-Sowjetische Freundschaft
Sächsisches Industriemuseum Chemnitz
98/0063-2 E2

FDJ-Abzeichen für „hervorragende Leistungen im Fünfjahrplan“, 1953
Stadtgeschichtliches Museum Leipzig
A/473/2010

Abzeichen der Pionierorganisationen, 1961 – 1965
Sächsisches Industriemuseum Chemnitz
00/0650-1 bis 2

Puppe „Junge Pioniere“
IISH Amsterdam
BG K21/145

PLAKAT „1. MAI 1953“
DHM BERLIN
P 61/778

Der 1. Mai wird 1949 gesetzlicher Feiertag. Die Maifeiern entwickeln sich zu Militärparaden, mit denen die Wehrfähigkeit und -bereitschaft des „ersten deutschen Arbeiterund Bauernstaates“ vorgeführt werden soll.

TELEFONAPPARAT „HELIOGEN“ DER SAG WISMUT, UM 1950
SÄCHSISCHES INDUSTRIEMUSEUM CHEMNITZ
11/0638-1 / B7

Bis Ende 1953 übergibt die UdSSR ihre „Sowjetischen Aktiengesellschaften“ an die DDR-Wirtschaft, so auch die SAG Wismut. Das Bergbauunternehmen entwickelt sich zwischen 1946 und 1990 zum weltweit drittgrößten Produzenten von Uran. Die „Wismut“ bildet einen „Staat im Staate“.

NACHBILDUNG DES KARL-MARX-MONUMENTS, CHEMNITZ, UM 1980
SÄCHSISCHES INDUSTRIEMUSEUM CHEMNITZ
02/0290-1 4

Erst 1971, also 18 Jahre nach Umbenennung der Stadt, wird das Monument errichtet.

Plakat „Unser Berlin voran im neuen Kurs! Qualitätsarbeit Ehrensache“, 1954
Archiv der sozialen Demokratie, Bonn 6/PLKA035308

Will Schestack (1918 – 2012): „Brigadeleiter Döhler oder Am Prüfstand“, 1959
Sächsisches Industriemuseum Chemnitz 02/0414 / L2

1959 wird der Ehrentitel „Brigade der sozialistischen Arbeit“ anlässlich des 10. Jahrestages der DDR erstmals an 100 ausgezeichnete Brigaden verliehen. Seine Verleihung erfolgt an die Brigaden der Produktion für die vorbildliche Erfüllung der Verpflichtungen sozialistisch zu arbeiten, zu lernen und zu leben.

Fahne „Siegerbetrieb im Wettbewerb“, VEB Automatisierungs- und Elektroenergie-Anlagen, 1955
Sächsisches Industriemuseum Chemnitz 04/0059/E4

Fritz-Heckert-Medaille des FDGB „für hervorragende Dienste in der Gewerkschaftsarbeit“, 1962
Stadtgeschichtliches Museum Leipzig
M 179/1979

Tasche und Foto von Kurt Jäger (1899 – 1977), Eiskonditor und BGL-Vorsitzender bei der HO Gaststätten Karl-Marx-Stadt
Sächsisches Industriemuseum Chemnitz
04/0457 / S4

Spendenbescheinigung über 1.307,87 DM für das Urlauberschiff des FDGB, 1960
Sächsisches Industriemuseum Chemnitz
07/0354 D8

Das FDGB-Urlauberschiff wird durch zusätzliche Leistungen der VEBs und Spenden der Bevölkerung finanziert: 1960 läuft die „Fritz Heckert" vom Stapel. Während ihrer Dienstzeit befördert das Schiff über 63.000 Fahrgäste.

Tüte „Für Seekrankheit", die zur Ausstattung eines FDGB-Urlauberschiffs gehörte
Haus der Geschichte der Bundesrepublik Deutschland, Bonn
1999/03/0052

„Urkunde für Ernestine Müller als Bestarbeiter" der VEB Fettchemie und Fewa-Werk Karl-Marx-Stadt, 13. Oktober 1954
Sächsisches Industriemuseum Chemnitz
97/0786/ D8

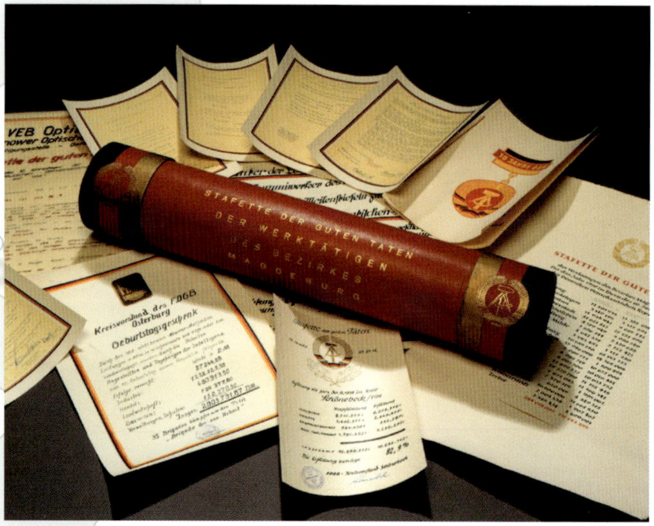

„Stafette der guten Taten der Werktätigen des Bezirkes Magdeburg“ zu Ehren des 10. Jahrestags der DDR, 1959
DHM Berlin
SI 90/1601

In Vorbereitung des 10. Jahrestags der DDR gab es eine Stafette für den 1. Mai unter dem Motto: „Jeder Beitrag ein Geschenk zum Geburtstag unserer Republik“.

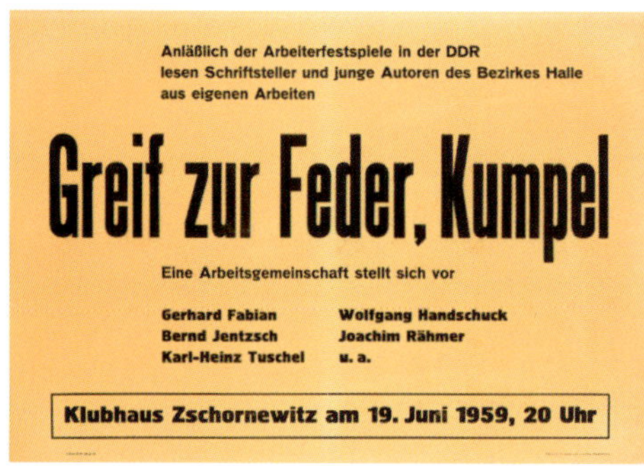

Aufruf „Greif zur Feder, Kumpel“ anlässlich der Arbeiterfestspiele in der DDR, 19. Juni 1959
DHM Berlin
03181698

Schallplatte „Volkskunstensemble ‚Florian Geyer‘“, Karl-Marx-Stadt, 1979
Sächsisches Industriemuseum Chemnitz
01/0584 / S1

Broschüre „Seite an Seite“
Sächsisches Industriemuseum Chemnitz
Ter R 16.1. Che

Zitat: „Gewidmet dem 20. Jahrestag unseres sozialistischen Vaterlandes vom Zirkel schreibender Arbeiter des VEB Werkzeugmaschinenkombinat ‚7. Oktober‘, Berlin Kombinatsbetrieb Modul Karl-Marx-Stadt“

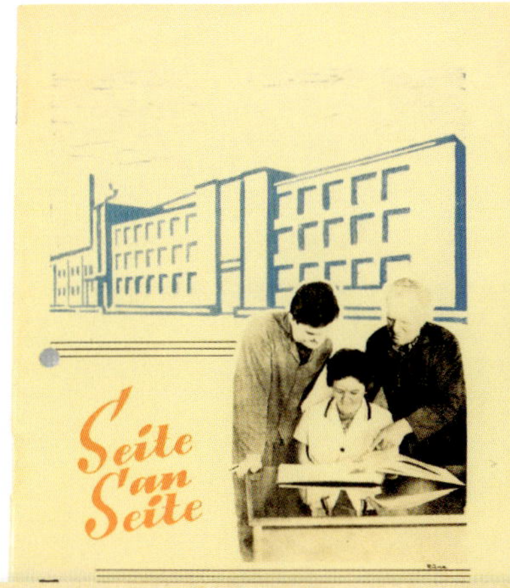

Wolfgang ist der Richtige

Kollege Wolfgang Winkler ist seit 1957 in unserem Betrieb als Schlosser beschäftigt. 1965 übernahm er die Brigade 180 (Flickerei) als Brigadier. Er führte die Harztechnik im Betrieb ein und qualifizierte mehrere Kollegen als Kleber. 1968 wurde er zum Tag der Republik als Aktivist ausgezeichnet.

In seiner Brigade werden in erster Linie Spezialarbeiten ausgeführt. Bei Sondereinsätzen organisiert er die Produktion stets übersichtlich.

Im Vorschlags- und Erfindungswesen arbeitet Kollege Winkler vorbildlich mit. Für viele kleine, aber wertvolle Verbesserungsvorschläge erzielte er einen Nutzen von fast 1500 M. In diesem Jahr schlug er vor, den Einsatz von Propfen anstelle von Flicken beim Ausbessern von porösen Gußteilen vorzunehmen. Dieser Vorschlag bringt insgesamt einen Nutzen von 4300 M.

Schleifer Gerhard Schulz
Meisterbereich Drobniewski

Das Lernen als Lebensinhalt

Schon einige Male war ich ihm begegnet. Ruhig und aufmerksam saß er im Kreise der Kollegen. In seinem Notizbuch reihten sich Zahlen an Zahlen, verbunden mit Zeichen und Symbolen; für den uneingeweihten Gast ein geheimnisvolles Durcheinander. Er aber schien darin zu lesen wie andere in einer gewöhnlichen Buchseite.

Lothar Wolf, der heute als stellvertretender Gruppenleiter der Gruppe technisch-wissenschaftliche Berechnungen arbeitet, begann im Jahre der Gründung unserer Republik seine Lehrzeit als Schlosser. Das war jene Zeit, in der zum ersten Male die neue Hymne erklang, in der es heißt: „.... lernt und schafft wie nie zuvor“. Für Lothar wurden diese Worte zum Lebensinhalt.

Seine guten Noten in der Berufsschule waren ausschlaggebend, das Studium an der Ingenieurschule aufzunehmen. Es folgte ein Abendstudium, das er als Diplomingenieur abschloß.

„Natürlich waren die Jahre, in der unsere erste Verfassung verwirklicht wurde, die entscheidenden für mich. Sie waren bis an den Rand angefüllt mit Lernarbeit. Das geschah nicht nur, weil ich dadurch mehr leisten kann und mehr verdiene, sondern auch deshalb, weil man seine Zeit nutzen muß. Schließlich ist diese Zeit unsere Zeit und unser Nutzen. Oft erzählt meine Muterr davon, wie gern sie studiert hätte, wenn der Geldbeutel im Elternhaus gereicht hätte, und vor allem .... ihre Zeit auch ihre Zeit gewesen wäre. Aber es war die Zeit der Krisen und Kriege. Ich werde nie das Jahr meines „Starts“ vergessen – das Geburtsjahr unserer Republik. Ihr verdanke ich meine schönsten Erfolge.

Redakteur Herbert Lehmann
Aus dem Brigadetagebuch der Abteilung TKE

27

Verpflichtungen sind da!

Hurra! Hurra!
Die Verpflichtungen sind da!
So möchte man jubeln, lachen, singen,
vor Freude einen Salto springen.
Doch sind wir ja gesetzte Leute
und zeigen nicht so unsre Freude.
Zur Erinnerung geht unser Blick
schnell auf die letzte Zeit zurück:

Es war manchmal zum Haare raufen,
nach ein paar Zeilen oftmals laufen.
„Ich tät's ja gern – doch tut's mir leid,
Termin, Termin! – und keine Zeit!“
Das konnte man hören oft und viel,
es war das reinste Puzzlespiel.
Zu 'ner Beratung? So siehst du aus!
Kollege ist heute nicht im Haus.
Der andre zwar – der ist zur Stell',
doch baut der gerade am Modell.
Hat man ihn endlich mal am Kragen,
dann tat er freundlich lächelnd sagen:
„Entschuldige bitte den Verdruß,
weil ich jetzt zu 'ner Sitzung muß.“

Man könnt' darüber noch viel schreiben,
doch soll's bei diesen Zeilen bleiben,
denn das Bild – es hat sich ja verschoben,
zum Beispiel – siehe Anfang oben!

Ökonom Ernst Fis
Kollektiv ÖA/ÖK

Stück aus der Berliner Mauer, herausgeschlagen aus dem Teilabschnitt Berlin-Steinstücken
Sammlung Gunnar Gawehn, Bochum

Plakat „8. März Internationaler Frauentag", 1969
Stadtgeschichtliches Museum Leipzig
PL 69/51

Clara-Zetkin-Medaille, 1959 – 1972
Stadtgeschichtliches Museum Leipzig
MS/29/2010

Kittelschürze, um 1970
Sächsisches Industriemuseum Chemnitz
05/0343/T/KP

Ansteckblumen zum Internationalen Frauentag 1970 – 1989, Hersteller: DFD
Sächsisches Industriemuseum Chemnitz
00/0378-3 / S1

Gehörschutz für die Arbeit in der Weberei
Westsächsisches Textilmuseum Crimmitschau

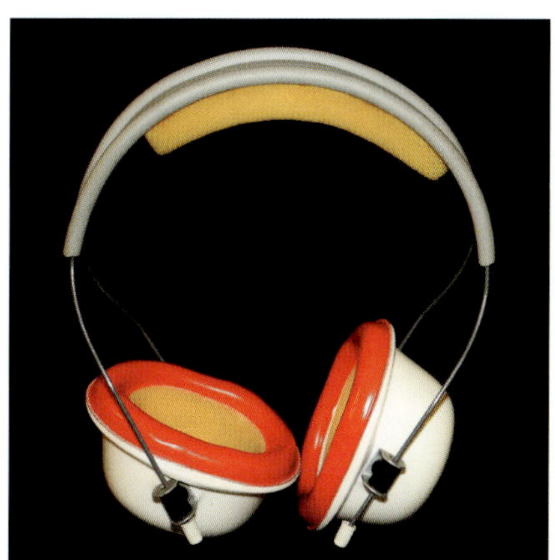

Fußball zum 20jährigen Jubiläum, 1963 – 1983
Stadtgeschichtliches Museum Leipzig
Souv 947

Der Fußball erinnert an das Endspiel zwischen der BSG (Betriebssportgruppe) Motor Zwickau und der BSG Chemie Zeitz um den FDGB-Pokal, das die BSG Motor Zwickau 1963 in Altenberg 3:0 gewonnen hat.

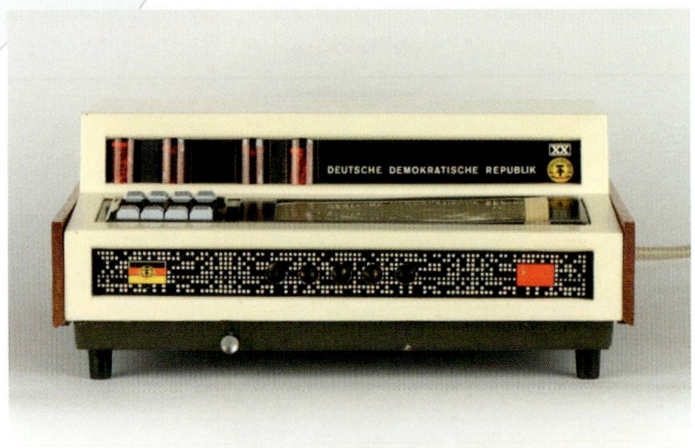

Terminuhr
Sächsisches Industriemuseum Chemnitz

Offizielles Staatsgeschenk zum 20. Jahrestag der DDR, 1969. Die Gäste der offiziellen Staatsfeierlichkeiten erhalten ein Präsent. Digitale Zeitanzeige und vollelektronisch erzeugter Signalton (Anfangstöne Nationalhymne) sollen hohen Parteifunktionären und ausländischen Diplomaten die wirtschaftliche und technologische Leistungsfähigkeit der DDR vor Augen führen. Doch der Schein trügt: Den Takt gibt nämlich ein elektromechanisches Uhrwerk an.
Hersteller:
VEB Technisch-Physikalische Werkstätten Thalheim

Wimpel des Fussball-Oberliga-Verein „Wismut Aue“
Stadtgeschichtliches Museum Leipzig
Wi 997/3

Freizeiturkunde „Freude und Erholung durch Sport im Urlaub“,
Sieger Walther Werner im Abfahrtslauf
26. Februar 1965
Stadtgeschichtliches Museum Leipzig
U 2105

Siegertrophäe des FDGB im Geräteturnen Männer, 1964
Stadtgeschichtliches Museum Leipzig
Troph 160

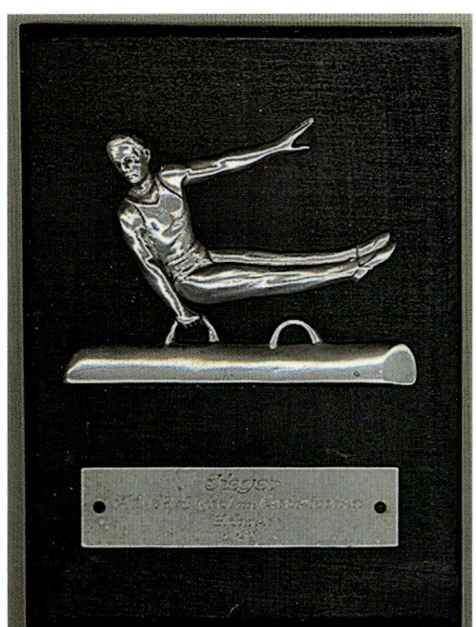

monotex

Käpt'n Seltmann
1. Steuermann Hänel
2. Steuermann Hoppe
Obermaat Franke

LADEN EIN

Sie werte Kollegin, werter Kollege,
als bewährten Neuerer, zusammen mit
Ihrem Ehepartner bzw. Angehörigen zum

Fasching an Bord

am 20. März 1965

Die „monotex"-Flotte liegt an diesem Tage
ab 18.00 Uhr
im Kultursaal des VEB Spinnereimaschinenbau
Karl-Marx-Stadt, Altchemnitzer Straße 27
vor Anker.

Wie zu den Festen der Neuerer in
den vergangenen Jahren werden auch
diesmal

Darbietungen und Tanz

Speisen und Getränke

sowie viele Überraschungen

unserer besten Neuerer
in Produktion und Verwaltung erfreuen.

Kein Kostüm

240

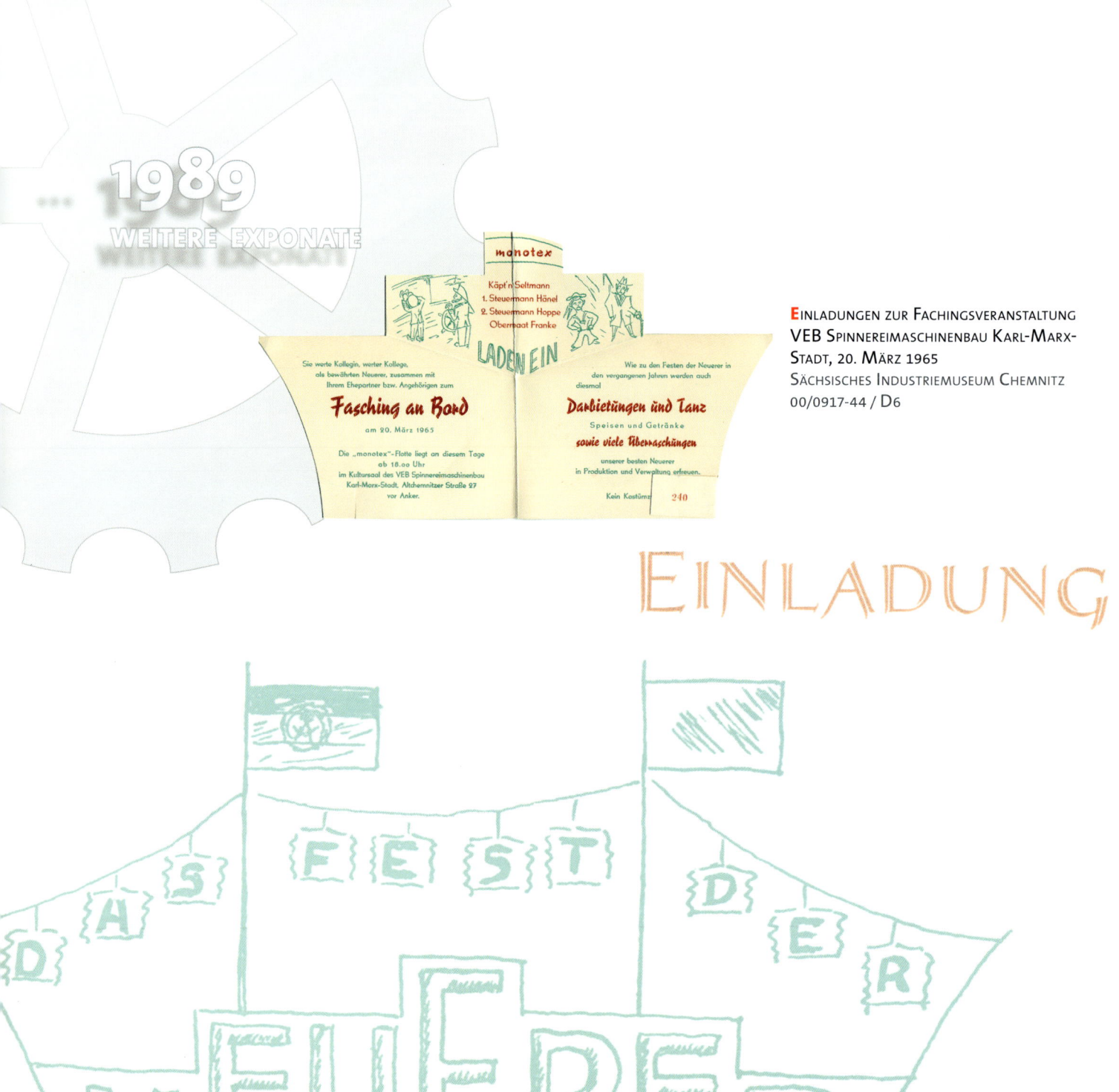

EINLADUNGEN ZUR FACHINGSVERANSTALTUNG VEB SPINNEREIMASCHINENBAU KARL-MARX-STADT, 20. MÄRZ 1965
SÄCHSISCHES INDUSTRIEMUSEUM CHEMNITZ
00/0917-44 / D6

Publikation „Richtlinie für das neue ökonomische System der Planung und Leitung der Volkswirtschaft“, 1963
TU Chemnitz, Bibliothek
M: 15912/2

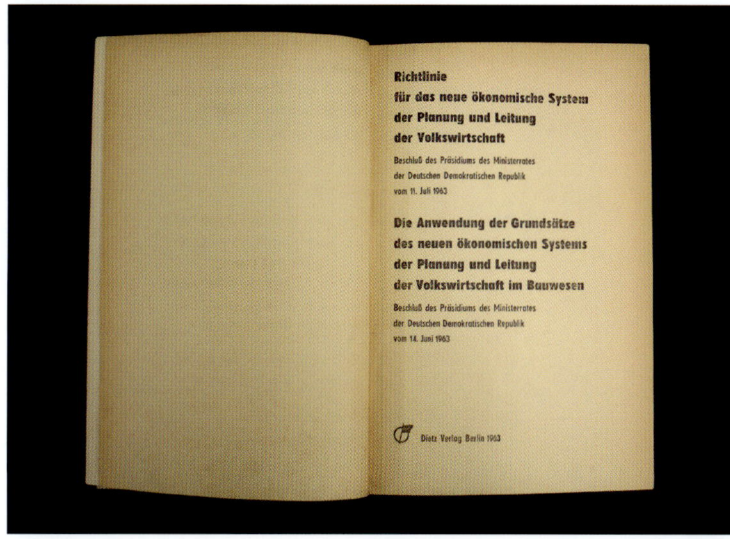

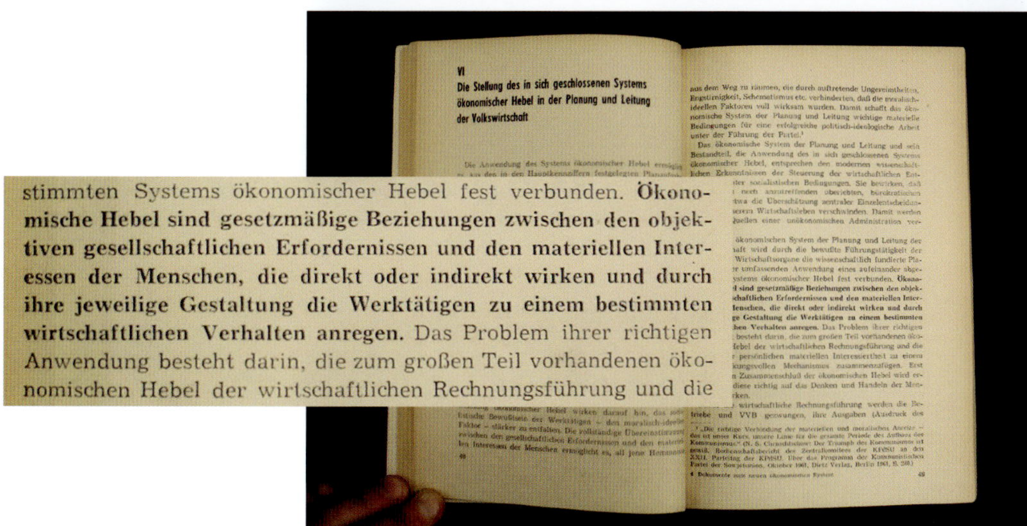

stimmten Systems ökonomischer Hebel fest verbunden. **Ökonomische Hebel sind gesetzmäßige Beziehungen zwischen den objektiven gesellschaftlichen Erfordernissen und den materiellen Interessen der Menschen, die direkt oder indirekt wirken und durch ihre jeweilige Gestaltung die Werktätigen zu einem bestimmten wirtschaftlichen Verhalten anregen.** Das Problem ihrer richtigen Anwendung besteht darin, die zum großen Teil vorhandenen ökonomischen Hebel der wirtschaftlichen Rechnungsführung und die

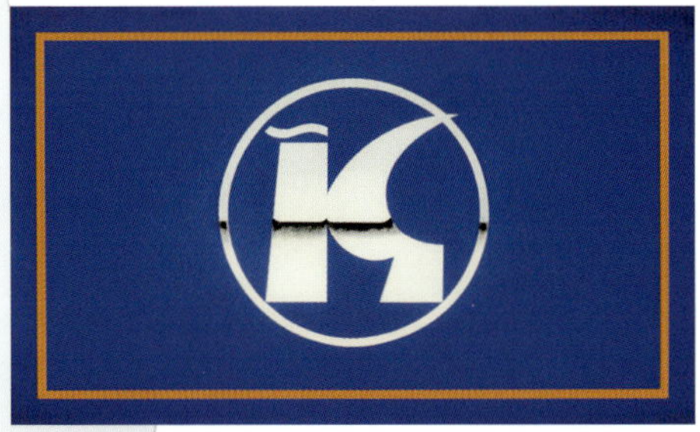

LEUCHTWERBUNG „KONSUM“
KLEINES KONSUM-MUSEUM DER HEINRICH-KAUFMANN-STIFTUNG, HAMBURG

Die Konsumgenossenschaft in der DDR betreibt u.a. hunderte von Gaststätten, organisiert ab den 1970er die „Schülerspeisung“ und besitzt bis zu 1.500 Produktionsbetriebe.

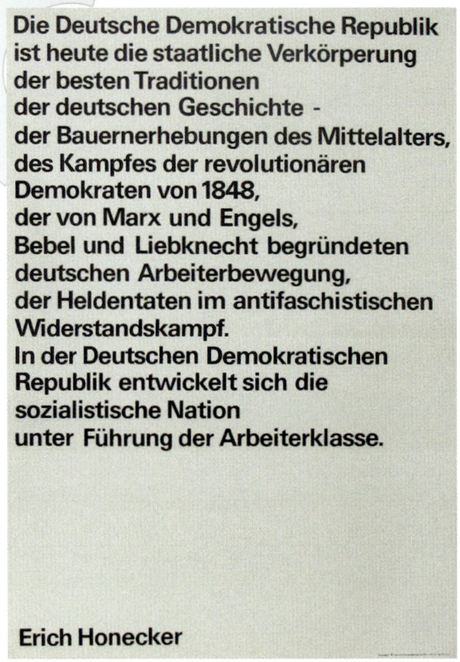

TEXT- UND AGITATIONSPLAKAT ERICH HONECKERS ANLÄSSLICH DES 25. JAHRESTAGES DER DDR AM 7. OKTOBER 1974
STADTGESCHICHTLICHES MUSEUM LEIPZIG
PL 74/13A UND B

BAUARBEITERHELM DES WOHNUNGSBAUKOMBINATES KARL-MARX-STADT, SIGNIERT „E. HONECKER 10. MAI 1981“
SCHLOSSBERGMUSEUM CHEMNITZ

Honecker fördert den Wohnungsbau. Im Juni 1986 übergibt er im Karl-Marx-Städter Sonnenberg-Viertel die 2.5 Millionste Neubauwohnung, die seit Verkündigung des Wohnungsbauprogramms (1971) fertig gestellt worden war.

Baukasten „Grossblock-Baumeister“, 1970er Jahre
Deutsches Spielemuseum Chemnitz

Mit dem Steckbaukasten, der in mehreren Typenreihen erhältlich ist, lassen sich ganze Plattenbau-Siedlungen in HO-Größe bauen.

Katalog „Konsument-Versandhaus Karl-Marx-Stadt“, 1974
Sächsisches Industriemuseum Chemnitz
Ter B 73.1. Che

Fotoapparat Penti II, 1968 – 1970
Sächsisches Industriemuseum Chemnitz
01/0005-1 / OP

ABHÖRWANZEN DES MINISTERIUMS FÜR STAATSSICHERHEIT
SÄCHSISCHES INDUSTRIEMUSEUM CHEMNITZ

SCHALLPLATTEN VON WOLF BIERMANN
„WARTE NICHT AUF BESSRE ZEITEN“, 1973
„AHH-JA!“, 1974
SAMMLUNG HORST STEFFENS, HOFHEIM

Dokument der Arbeitsgruppe Menschenrechte der Lukasgemeinde Leipzig-Volkmarsdorf, 16. September 1989
Stadtgeschichtliches Museum Leipzig
A/2110/2009

„Forum für Kirche und Menschenrechte": Diese innerkirchliche Informationszeitung enthält Aufsätze, Interviews und eine Terminübersicht.

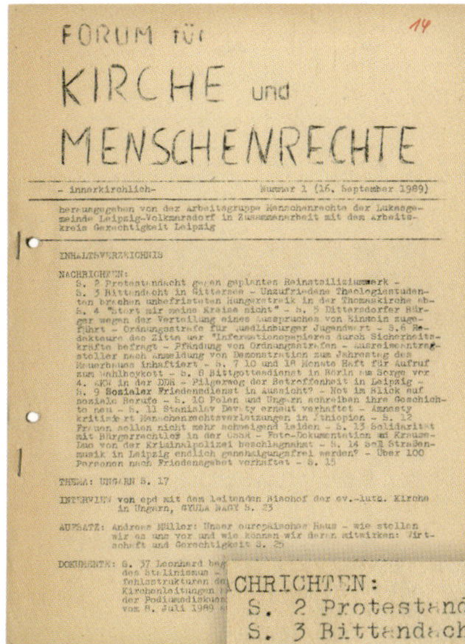
FORUM für
KIRCHE und
MENSCHENRECHTE

- innerkirchlich- Nummer 1 (16. September 1989)

herausgegeben von der Arbeitsgruppe Menschenrechte der Lukasgemeinde Leipzig-Volkmarsdorf in Zusammenarbeit mit dem Arbeitskreis Gerechtigkeit Leipzig

INHALTSVERZEICHNIS

NACHRICHTEN:
S. 2 Protestandacht gegen geplantes Reinstsiliziumwerk - S. 3 Bittandacht in Gittersee - Unzufriedene Theologiestudenten brachen unbefristeten Hungerstreik in der Thomaskirche ab- S. 4 "Stört mir meine Kreise nicht" - S. 5 Dittersdorfer Bürger wegen der Verteilung eines Ausspruches von Einstein zugeführt - Ordnungsstrafe für Quedlinburger Jugendwart - S.6 Redakteure des Zitta uer "Informationspapieres durch Sicherheitskräfte befragt - Pfändung von Ordnungsstrafen - Ausreiseantragsteller nach Anmeldung von Demonstration zum Jahrestag des Mauerbaues inhaftiert - S. 7 10 und 18 Monate Haft für Aufruf zum Wahlboykott - S. 8 Bittgottesdienst in Berlin aus Sorge vor 4. AKW in der DDR - Pilgerweg der Betroffenheit in Leipzig - S. 9 Sozialer Friedensdienst in Aussicht? - Not im Blick auf soziale Berufe - S. 10 Polen und Ungarn schreiben ihre Geschichte neu - S. 11 Stanislav Devaty erneut verhaftet - Amnesty kritisiert Menschenrechtsverletzungen in Äthiopien - S. 12 Frauen sollen nicht mehr schweigend leiden - S. 13 Solidarität mit Bürgerrechtlern in der CSSR - Foto-Dokumentation und Krause-Duo von der Kriminalpolizei beschlagnahmt - S. 14 Soll Straßenmusik in Leipzig endlich genehmigungsfrei werden? - Über 100 Personen nach Friedensgebet verhaftet - S. 15

THEMA: UNGARN S. 17

INTERVIEW von epd mit dem leitenden Bischof der ev.-luth. Kirche in Ungarn, GYULA NAGY S. 23

AUFSATZ: Andreas Müller: Unser europäisches Haus - wie stellen wir es uns vor und wie können wir daran mitwirken: Wirtschaft und Gerechtigkeit S. 25

DOKUMENTE: S. 37 Leonhard ...

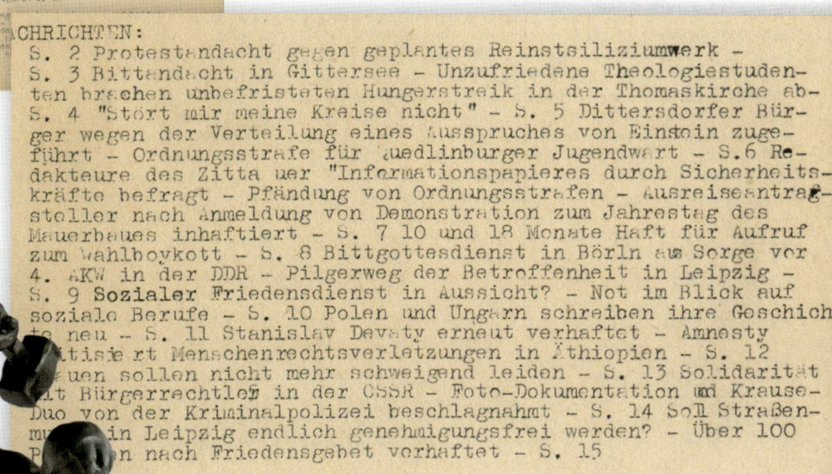
NACHRICHTEN:
S. 2 Protestandacht gegen geplantes Reinstsiliziumwerk - S. 3 Bittandacht in Gittersee - Unzufriedene Theologiestudenten brachen unbefristeten Hungerstreik in der Thomaskirche ab- S. 4 "Stört mir meine Kreise nicht" - S. 5 Dittersdorfer Bürger wegen der Verteilung eines Ausspruches von Einstein zugeführt - Ordnungsstrafe für Quedlinburger Jugendwart - S.6 Redakteure des Zitta uer "Informationspapieres durch Sicherheitskräfte befragt - Pfändung von Ordnungsstrafen - Ausreiseantragsteller nach Anmeldung von Demonstration zum Jahrestag des Mauerbaues inhaftiert - S. 7 10 und 18 Monate Haft für Aufruf zum Wahlboykott - S. 8 Bittgottesdienst in Berlin aus Sorge vor 4. AKW in der DDR - Pilgerweg der Betroffenheit in Leipzig - S. 9 Sozialer Friedensdienst in Aussicht? - Not im Blick auf soziale Berufe - S. 10 Polen und Ungarn schreiben ihre Geschichte neu - S. 11 Stanislav Devaty erneut verhaftet - Amnesty kritisiert Menschenrechtsverletzungen in Äthiopien - S. 12 Frauen sollen nicht mehr schweigend leiden - S. 13 Solidarität mit Bürgerrechtlern in der CSSR - Foto-Dokumentation und Krause-Duo von der Kriminalpolizei beschlagnahmt - S. 14 Soll Straßenmusik in Leipzig endlich genehmigungsfrei werden? - Über 100 Personen nach Friedensgebet verhaftet - S. 15

Kleinplastik „Schwerter zu Pflugscharen", nach dem Original von Jewgeni Wutschetitsch, 1980er Jahre
Haus der Geschichte der Bundesrepublik Deutschland, Bonn
1999/07/0004

Die im Friedenskreis des oppositionellen Pfarrers Rainer Eppelmann hergestellte Plastik stellt den Akt des Umschmiedens eines Schwertes zu einer Pflugschar dar.
Die Figur symbolisiert die Friedensbewegung in der DDR, seitdem 1981 die Landesjugendpfarrer der DDR die 1. Friedensdekade unter dem Motto „Schwerter zu Pflugscharen" initiierten. Das Original steht vor dem UN-Hauptgebäude in New York. Der Slogan ist der alten Arbeiterbewegung entlehnt.

Plakat des Neuen Forums, des Bündnis 90 und der Grünen „Aufwind – Die Kraft von unten“, 1990
IISH Amsterdam
BG E11/338

Plakat von „Bündnis ´90 – neues Forum Chemnitz“, 1990
Sächsisches Industriemuseum Chemnitz
10/0252 / D4

Stacheldraht aus dem ungarisch-österreichischen Grenzzaun mit Plakette
Technoseum
Evz: 2007/0824

Plakat des Neuen Forums „Wir sind das Volk! Wählt das Volk“, 1990
IISH Amsterdam
BG E21/588

Aufkleber

„Volkskammer nein, dafür Parlament der Parteien!“
IISH Amsterdam
BG A50/598

„Neues Forum, neue Hoffnung“, 1990
IISH Amsterdam
BG A50/601

„brDdr“, 1989
IISH Amsterdam
BG A50/596-7

2013

Hans-Günter Thien

„Von der Sozialpartnerschaft zu neuen Konflikten?"

Die Arbeiterbewegung zwischen 1980 und 2013

Warum nicht einmal mit einem Lob auf die vielgescholtene „Sozialpartnerschaft" beginnen, auch wenn sie mit dem gemeinhin gehegten Bild von der Arbeiterbewegung nicht so recht kompatibel zu sein scheint? Denn entgegen manchen von vulgärmarxistischen Hardlinern während der 1950er und 1960er Jahre (und auch zuvor wie später) proklamierten Verelendungsprognosen für die Arbeiterklasse und den Verheißungen eines Zusammenbruchs des Kapitalismus hatte dieser sich in diesem Zeitraum weiter entwickelt und als Moment dieser Entwicklung hatte sich die soziale Lage von Arbeitern und Arbeiterfamilien zumindest in Deutschland in einer Weise verbessert, wie sie noch zu Anfang des 20. Jahrhunderts unmöglich oder nur in einem Sozialismus möglich schien: „In der Krankenversicherung wurde die volle Lohnfortzahlung für Arbeiter eingeführt, die Einkommensgrenze wurde dynamisiert und die Vorsorgeuntersuchungen in die Leistungen aufgenommen; die Renten wurden in der Zweiten Rentenreform nach Mindesteinkommen und flexibler Altersgrenze neu bestimmt; im Arbeitsförderungsgesetz (AFG) wurde das AVAG durch das Instrument der Umschulungen ergänzt und auf die Bedürfnisse einer dynamisch wachsenden Ökonomie ausgerichtet; ein allgemeines Kindergeld wurde eingeführt; die Leistungen der Sozialhilfe wurden verbessert; der Gesundheitsbereich (Krankenhausfinanzierungsgesetz) wurde ausgebaut, der Mieter- und Kündigungsschutz wurden verbessert; die Ausbildungsförderung für Schüler und Studenten wurde eingeführt bzw. vereinheitlicht und verbessert."[1] Und dies alles trotz (oder vielleicht gerade wegen) einer sozusagen befriedeten, nämlich primär sozialdemokratisch dominierten Arbeiterbewegung und ihrer Gewerkschaften, die in einem tripartistischen Klassenarrangement zwischen Arbeit, Kapital und Staat zusammenwirkten. Was konnten angesichts solcher Verbesserungen, wie sie weder in Italien oder Frankreich als Hochburgen klassenkämpferischer Arbeiter und Gewerkschaften zu verzeichnen waren, solche Prognosen bewirken können? Ein Abschied von der „alten" Arbeiterbewegung schien notwendig: „Adieu Proletariat" so Andrè Gorz. Arbeiterklasse und Arbeiterbewegung, wie man sie aus der Geschichte gekannt hatte, mochten verloren haben, aber hatten nicht die Arbeiterindividuen gewonnen? Hatte nicht letztendlich der Gegensatz von Arbeit und Kapital ausgedient, waren an die Stelle der Arbeiter-

bewegung nicht längst die Neuen Sozialen Bewegungen getreten?

So weit, so gut – oder so oberflächlich, mögen manche sagen. Denn gab es nicht auch während der Sozialpartnerschaft, oder, so die geläufige Bezeichnung, der Phase des „Fordismus“[2], soziale Unterschiede innerhalb der Arbeiterschaft – etwa zwischen Facharbeitern und ungelernten Arbeitern, die häufig Migranten waren, oder zwischen Arbeitern und Arbeiterinnen? Ganz zu schweigen davon, dass trotz der genannten Verbesserungen der Abstand zu den „Reichen“, zur Kapitalistenklasse oder Bourgeoisie sich kaum verringert hatte. Und die angesprochenen Errungenschaften hatten sich ja nicht einfach ergeben, sondern sie waren Resultat von teils heftigen Auseinandersetzungen nicht zuletzt zwischen „Arbeitergebern und Arbeitnehmern“, eben den Sozialpartnern.[3] Hier ist vorerst nur festzuhalten, dass die bundesrepublikanische Nachkriegsgesellschaft insbesondere seit den 1960er Jahren eine des zunehmenden Wohlstands auch für Teile der Arbeiterschaft, war; aber diese Gesellschaft blieb eine kapitalistische.

Das schloss Änderungen nicht aus, sondern implizierte sie geradezu. Im Zuge dieser „Modernisierung“ letztlich der gesamten Gesellschaft (Infrastruktur, Erziehungs- und Hochschulwesen, Forschung und Technologie) nahmen jene Prozesse schärfere Konturen an, die als Umwandlung der Industrie- zur Dienstleistungs- oder postindustriellen Gesellschaft bekannt sind. Wichtig für unseren Zusammenhang ist dabei, dass diese Veränderungen zwischen den Sozialpartnern und der herrschenden Politik einvernehmlich und „sozialverträglich“ eingeleitet wurden; das schloss Konflikte und Benachteiligungen für einzelne Gruppierungen nicht aus. Neben der Komprimierung oder gar dem tendenziellen Wegfall ganzer Branchen (Bergbau, Stahlindustrie) handelte es sich dabei sowohl um eine interne Umschichtung des sekundären Bereichs (Neuordnung der Branchenstruktur) als auch um eine Ausweitung der kapitalistisch betriebenen Bereiche von Dienstleistungen. Die hierin eingeschlossenen Umstrukturierungs- und Neuordnungsprozesse innerhalb des „gesellschaftlichen Gesamtarbeitskörpers“ sind evident und häufig[4] beschrieben und analysiert worden. Ihre Pointe besteht darin, dass die Tertiarisierung insgesamt eine Verallgemeinerung der Lohnarbeit, zugleich aber eine neue Strukturierung der Unterschiede innerhalb der Arbeiterschaft beinhaltet.

Wesentlicher und offensichtlicher Bestandteil dieser Entwicklung ist die in der Nachkriegszeit erstmalig auf breiter Linie erfolgende Einbeziehung von Frauen in den formellen Arbeitssektor. Basierend auf einer – zumindest teilweisen – Umdefinition der Rolle von Frauen in Bezug auf ihre bis dahin scheinbar selbstverständliche Sphäre von Hausarbeit und unter Zuweisung auf meist unterbezahlte Positionen stellten viele von ihnen sich – trotz oder auch wegen häufiger Teilzeitbeschäftigung – auf eine langfristige Berufstätigkeit ein. Nicht das

„Ende der Arbeitsgesellschaft“ zeichnete sich für sie ab, sondern eine zunehmende Orientierung auf eigenständig erbrachte Existenzsicherung durch kontinuierliche Erwerbsarbeit. Allerdings wurden sie durch ihre Eingruppierung in Leichtlohngruppen in eklatanter Weise benachteiligt und bildeten eine Unterschicht innerhalb der Arbeiterschaft. Pierre Bourdieu verweist darauf, dass sich das Geschlechterverhältnis in jeder Klasse unterschiedlich gestaltet: „Die geschlechtsspezifischen Merkmale sind ebenso wenig von den klassenspezifischen zu isolieren wie das Gelbe der Zitrone von ihrem sauren Geschmack: eine Klasse definiert sich wesentlich auch durch Stellung und Wert, welche sie den beiden Geschlechtern und deren gesellschaftlich ausgebildeten Einstellungen einräumt. Darin liegt begründet, warum es ebenso viele Spielarten der Verwirklichung von Weiblichkeit gibt wie Klassen und Klassenfraktionen und warum die Arbeitsteilung zwischen den Geschlechtern auf der Ebene der Praxis wie der Vorstellungen innerhalb der verschiedenen Gesellschaftsklassen höchst unterschiedliche Ausprägungen annimmt.“[5]

Insgesamt sind bei den Lohnarbeiterinnen und -arbeitern der im Wandel befindlichen Produktionsbereiche und erst recht des anwachsenden Dienstleistungsbereichs Änderungen in den Orientierungsmustern festzustellen; die gleiche Generationslagerung enthält politische Sozialisationswirkungen, die die bis dahin geltenden Orientierungsmuster affizieren. Bei allen Unterschieden

Plakat „Frauen Streik 8. März ´94“
Technoseum
Avz: 1994/0088

Plakat der ÖTV: „Rationalisierung trifft die Frauen“, 1990
Archiv der sozialen Demokratie, Bonn
6/PLKA036418

MENSCH UND TECHNIK!

zwischen diesen beiden Arbeitsfeldern ergeben sich gleichzeitig Annäherungstendenzen zwischen ihren Beschäftigten, die insbesondere durch die in breiterem Maße beginnende Einführung der Neuen Technologien bewirkt werden. Durch die Umwälzung des Produktionsprozesses und die Veränderung der Arbeitssituation – Technisierung, Entkörperlichung und Diversifizierung der betrieblichen Abläufe lassen immer weniger das Bild eines einheitlichen „Arbeitskörpers" etwa in „der" Fabrik zu. Aber auch „das" Büro erfährt einen Technologisierungsschub, der einher geht mit einer Standardisierung und Routinisierung zumindest mancher Arbeitsabläufe. In Verbindung mit den Lohnunterschieden setzen sich dabei in beiden Fällen seit der frühen Industrialisierung auftretende innerbetriebliche Schließungsprozesse auf neuer Stufenleiter fort. „Das Bild von den ‚klassischen' Arbeitern, die in der Regel als körperlich hart arbeitende vorgestellt werden, trifft inzwischen für die Mehrheit der Arbeitergruppierungen in der Industrie, mehr aber noch für die angestellten Lohnarbeitergruppierungen nicht mehr zu.

Plakat „Kampagne ‚Mensch und Technik'", ca. 1986
Archiv der sozialen Demokratie, Bonn
6/PLKA033720

Plakat der SPD „Ich stehe für Arbeitszeitverkürzung, 1. Mai 1984"
Archiv der sozialen Demokratie, Bonn
6/PLKA012371

Zwar gibt es sie nach wie vor in beträchtlicher Anzahl etwa als Bandarbeiter in der Automobilindustrie oder als Montagearbeiterinnen in der Elektroindustrie, aber insgesamt stellt dieser Arbeitertypus selbst in den bisherigen industriellen Kernsektoren nur eine von mehreren Gruppierungen dar, die zudem zunehmend aus Arbeitsmigranten besteht; insgesamt ist auch hier die Art der Körperlichkeit einem Wandel unterworfen."[6] Aber das aus den Anfangszeiten der Industrialisierung stammende Bild von den Angestellten als „Commis", als direkte Zuarbeiter der Chefs, trifft ebenfalls schon seit langem nicht mehr zu, da die Dienstleistungen gewissermaßen „industrialisiert" wurden, zumindest in größeren Unternehmen.

Statt einer eindeutigen Konstellation mit klarer Gliederung finden wir in den 1980er Jahren verschiedene Entwicklungslinien und Verschiebungen zwischen einzelnen Bereichen, die teilweise Fragmentierungsprozesse beinhalten. Das gilt gleichfalls für Bewusstseinsformen und politische Haltungen und Handlungen. Soziale Lagen, etwa von Arbeiterinnen und Arbeitern, erzeugten und erzeugen nie direkt bestimmte Bewusstseinsformen, Orientierungsmuster und politisches Handeln. Zwar gibt es nach wie vor, „klassenförmige Bearbeitungsformen (z.B. Arbeiterkulturen), deren sozialmoralische Standards sich durch die Geschichte der letzten 150 Jahre ziehen und quasi als Sediment in das Verhaltensrepertoire jeder neuen Generation eingehen; aber die Individuen müssen sich diese erst aneignen und zugleich erneut gestalten. Hierzu gehört – als eine der vorhandenen Möglichkeiten – auch die Unterordnung unter die hegemoniale Politik, wird mit ihr doch auch an Teilinteressen angeknüpft und eine Zukunft verheißen."[7]

Für die Nachkriegszeit und auch für die mit den 80er Jahren beginnende Phase kaum zu überschätzen ist hierbei die Rolle der SPD als quasi nach wie vor genuiner Vertreterin der Interessen der „kleinen Leute". Hatte nicht Willy Brandt mit seiner Devise „Mehr Demokratie wagen" auch langfristig die zu verfolgende Perspektive gewiesen? Und schienen nicht die Gewerkschaften ebenso genuine Verbündete bei dieser Unternehmung? Auf dem Boden einer starken Wirtschaft, die sich auch auf dem Weltmarkt zu behaupten wusste, und gestärkt durch den tripartistischen Verbund schienen sie zumindest für die Zukunft stärker denn je. Allerdings hatte diese Institutionalisierung und damit Disziplinierung des Klassenkonflikts ihren Preis[8]:

- Dominanz der Lohnpolitik gegenüber qualitativen Interessen an Arbeitsbedingungen und Arbeitsplatzsicherheit;
- „Delegation aller über die Lohn- und Arbeitsbedingungen der Lohnabhängigen hinausgehenden sozialen und politischen Forderungen der Lohnabhängigen an das politische System (Parteien, Parlament, Regierung)"[9];
- Akzeptanz lohnpolitischer Verantwortung im Rahmen der so genannten und anerkannten gesamtwirtschaftlichen Vorgaben, die damit zu Imperativen wurden.

Plakat „Callcenter – Für gute Arbeitsbedingungen", 2010

Aber solange die Wirtschaft florierte, konnte sich der „zentralistisch-bürokratische Gewerkschaftsapparat" mit seinem Rückhalt insbesondere in den Stammbelegschaften von Großbetrieben im Verteilungskonflikt gut behaupten. Und wenn die Wirtschaft sich größeren Herausforderungen oder gar krisenhaften Prozessen gegenübersah, dann mussten auf dieser Grundlage eben Opfer gebracht werden, solange sie für diese Klientel wiederum abgefedert werden konnten, während andere Gruppen (Unqualifizierte, Migranten) leichter abgekoppelt wurden.

An kaum einem Beispiel wird das so deutlich, wie an dem der Arbeitslosigkeit, die in der Bundesrepublik zeitweise fast überwunden schien, in diesen Jahren für Millionen aber wieder alltägliche Realität wurde. Denn die grundsätzlich allen Bürgerinnen und Bürgern aufgeherrschte Individualisierung als notwendiger Kampf um bezahlte Arbeit, die grundlegende Angewiesenheit auf den Tausch der Ware Arbeitskraft also, galt für die Stammarbeiter als Kerngruppen der Gewerkschaftsmitglieder nur begrenzt, während andere sich ihr nun voll ausgesetzt sahen. Für die Gewerkschaften war Arbeitslosigkeit zwar ein Thema, aber es blieb eher abstrakt; statt ihrer Thematisierung und Bekämpfung als selbstverständlicher Begleiterscheinung kapitalistischer Gesellschaften, die ein Skandal ist oder zumindest sein sollte. Aber es wurde nicht nur nicht zum Skandal, es wurde vielmehr für immer mehr als fast schon notwendige Begleiterscheinung einer „normalen Entwicklung", der Modernisierung, angesehen. Mochten manche an die Unternehmer appellieren oder einen Groll gegen „die Reichen" oder die von ihnen durch Welten getrennte Bourgeoisie entwickeln, gleichzeitig gab es die Möglichkeit, den gleichen Groll gegen die Arbeitslosen selbst zu wenden. Waren diese es nicht, die sich

Protestplakat „ABM bis 1992– Was dann?", 1992
Sächsisches Industriemuseum Chemnitz
01/0729/E3

den Imperativen der „Modernisierung“ verweigerten? Auf der Basis der im Klassenkompromiss gemachten Erfahrungen lagen soziale Schließungs-, d.h. auch Ausgrenzungsprozesse, nahe. Auch nationalistische Tendenzen fehlten nicht. Das gilt umso mehr für die Haltung gegenüber den Arbeitsmigranten, die inzwischen die Mehrheit der unteren Gruppierungen innerhalb der Arbeiterschaft ausmachten. Hatte sich spätestens in den „wilden Streiks“ im Jahre 1973 insbesondere bei Ford in Köln gezeigt, wie sehr der sich im Laufe des Klassenkompromisses bei den Stammbelegschaften entwickelte „Korporatismus von unten“[10] auch eine erschreckende rassistische Aggressivität aus sich freisetzte, die eine Vereinigung der Arbeiter verunmöglichte.[11] Diese Problematik blieb erhalten. Auf dem Boden einer Segmentierung des Arbeitsmarktes war es einem Teil der deutschen Arbeiter bei der Neuzusammensetzung der Arbeiterschaft gelungen, sich „qualifizierte“ Arbeiten zu sichern, während Migrantinnen und Migranten nur niedrigere Arbeiten geblieben waren: „Im Schutze eines Kompromisses, den die nationale Arbeiterklasse als Eroberung und als Möglichkeit zur Flucht aus den subalternsten Arbeiterverhältnissen aufgefasst hat, hat sich ein System von Ausbeutung und permanenter Spaltung etabliert und institutionalisiert.“[12]

Mehrsprachige Werbeplakate der ÖTV für Gastarbeiter, 1980er Jahre
Archiv für soziale Bewegungen, Bochum

Neue Heimat 1987
- Demonstration der Mieterinitiative
- Hauptsitz in Hamburg
- Treffen des Untersuchungsausschusses des Deutschen Bundestages
- Spiegel-Titel 1982 und 1986

Wie sehr die solcherart begründete Institutionalisierung der Arbeitsbeziehungen in ihrer scheinbaren Festigkeit allerdings schon Anfang der 1980er Jahre gefährdet war, das wurde am Fall „Neue Heimat“ deutlich, der für die damalige Verfasstheit der Arbeiterbewegung von kaum zu überschätzender Bedeutung ist.[13] Seit den Anfängen einer organisierten Arbeiterbewegung war mit der Idee einer Gegenmacht zum Kapital immer auch die Frage ihrer organisatorischen Vergegenständlichung gestellt; das meinte einerseits den Aufbau von Parteien und Interessenorganisationen (mitsamt ihren Vorfeldorganisationen), andererseits die Problematik von gemeinwirtschaftlichen Handlungsfeldern, die in gewissem Sinne als Medien hin zu einer angestrebten anderen Gesellschaft dienen sollten. Im Deutschland der Nachkriegszeit war hier Erhebliches geleistet worden. Denn mit eben jener Wohnungsbaugesellschaft „Neue Heimat“, aber auch mit der „Bank für Gemeinwirtschaft“, der „Volksfürsorge“ oder von „COOP“ waren gemeinwirtschaftliche Vorfeldunternehmungen der reformistischen Arbeiterbewegung zur Blüte gebracht worden, sie erreichten erhebliche Teile der Arbeiterschaft und schienen geradezu ein Modell für solidarisches Handeln zu sein. Von einem Tag zum anderen brach diese heile Welt spätestens 1982 zusammen, und die „Neue Heimat“ erwies sich als Hort der Korruption, wobei Delegierte der Gewerkschaften sich in einem Ausmaß bereicherten, wie manche es den übelsten Klassenfeinden kaum zugetraut hatten. Zudem zeigte sich, dass die Aktivitäten etwa im „Sozialen Wohnungsbau", mit denen man sich als Wohltäter gebrüstet hatte, eingebettet war in den westdeutschen Fordismus und zur Subordinierung der beteiligten Arbeiterinnen und Arbeitern beitrug; letztlich handelte es sich um kapitalistische Unternehmungen, die allerdings außerordentlich schlecht geführt wurden. Zweierlei ist auch heute noch bemerkenswert: Die Gewerkschaften erlitten erstens einen erheblichen Geldverlust; in einer Art Panikreaktion, die Züge einer Reinwaschung trug, beendete man gänzlich die gemeinwirtschaftlichen Aktivitäten und machte dieses Handlungsfeld zum Tabubereich, ohne die Mitglieder auch nur in irgendeiner Weise an dieser Entscheidung zu beteiligen. Zum zweiten resultierte dieses von ihnen selbstverschuldete Desaster in einer „moralischen Niederlage" von außerordentlicher Tragweite: Denn es stellte sich heraus, „daß die ‚eigenen' Leute und Organisationen nicht nur kein Vorbild geben, sondern sich nicht anders, kaum weniger skrupellos und nicht minder ‚unsozial' verhalten als gewöhnliche Kapitalisten"; hierdurch „muß die moralische Ökonomie der Arbeiterbevölkerung weitere antikapitalistische Stacheln verlieren. Die Gewerkschaften werden in den Augen ihrer Mitglieder und Anhänger als Vorkämpfer ‚sozialer Gerechtigkeit' ein gutes Stück unglaubwürdiger. Wieder geht ein Stück rudimentären ‚Klassenbewußtseins' verloren – der Glaube, daß man selbst und die ‚eigenen' Leute die Verhältnisse schon besser einrichten würden, wenn sie nur die Macht dazu hätten."[14]

Der Beginn der 80er Jahre stellte keinen völligen Bruch mit der Vergangenheit dar, wenngleich sich einige Bruchstellen zeigten. Insgesamt aber schien sich der kontinuierliche Aufwärtstrend zumindest für große Teile der Arbeiterschaft zu bestätigen, während andere eher an den Rand rückten. Die ursprüngliche Bedeutung der Gewerkschaften als Interessenorganisationen aller Arbeiterinnen und Arbeitern schien (mit Ausnahme des sich ausweitenden Dienstleistungsbereichs) einigermaßen gefestigt, wurde aber nicht zuletzt durch den Einbruch bei der Gemeinwirtschaft eingeschränkt. Eine Auflösung der Arbeiterschaft hin zu Vermassung oder Verbürgerlichung aber war nicht zu verzeichnen; vielmehr besteht eines der erstaunlichsten Phänomene der 1980er Jahre darin, dass die bekannten Eigen- und Fremdbilder in den Grundzügen weiterhin gültig sind. Nach wie vor gab es gewissermaßen unterhalb der durch die Umbrüche in der Wirtschaft und die genannten Differenzierungen innerhalb des Gesamtarbeiters bewirkten Veränderungen ein Festhalten an allgemeinen Orientierungsmustern. Das gilt insbesondere für das zwar mehrfach gebrochene und ambivalente Bild von einer Arbeiterschaft, der man/frau sich verbunden weiß. Dabei geht es nicht um Relikte vergangener Zeiten, Überreste sozusagen. Nein, auch unter den Bedingungen eines „Dienstleistungskapitalismus", um es überspitzt zu sagen, weisen Lohnar-

beiterinnen und -arbeiter in der BRD den (nach den Bauern) „sozial homogensten Verkehrskreis aller gesellschaftlichen Großgruppen"[15] auf, der sich über das Heiratsverhalten auch im historischen Wandel reproduzierte. Zwar ist auch die Ehe als gesellschaftlich gültige Form des privaten Zusammenlebens einem Veränderungsschub ausgesetzt, aber dieser wird sehr unterschiedlich aufgenommen. Grob gesagt dominiert auf der einen Seite im „Arbeitermilieu" eine eher pragmatische Orientierung, die dem familialen Zusammenhalt (und d.h. auch den Kindern) eine deutliche Priorität zuweist[16]; demgegenüber dominieren auf der anderen Seite im akademisch-alternativen Spektrum auf der Basis einer deutlichen Berufsbezogenheit beider Geschlechter sehr viel stärker individualistische Beziehungsformen mit ideeller Aufladung.

Politisch schien der „Wohlfahrtsstaat" gesichert, das Verhältnis zwischen Arbeiterinnen sowie Arbeitern und Unternehmern, ein Klassenverhältnis, ruhiggestellt. Turbulenzen wie in Italien oder Frankreich wurden nicht erwartet, von manchen gerade deshalb ersehnt. Allerdings zeichneten sich Veränderungen ab.

Der „Struktur- oder Epochenbruch" oder vom „Fordismus zum Postfordismus"

Auch in einem zeitweise befriedeten und scheinbar stillgelegten Klassenarrangement bleibt seine Voraussetzung, das Kapitalverhältnis, dynamisch, und zieht Veränderungen des Arrangements nach sich. Manche sprechen von einem mit den 1980er Jahren herausgesetzten „Strukturbruch" (v. Manteuffel/Raphael), andere von einem „Epochenbruch" (F.O. Wolf), wiederum andere bezeichnen die neue Phase als „Postfordismus" oder sprechen von einem „Neoliberalismus".[17] Als gemeinsamer Nenner können grob die Herausbildung eines neuen Produktivitäts- und Regulationstyps, die Flexibilisierung der Massenproduktion und flexible Spezialisierung, die Flexibilisierung arbeitspolitischer Regulationsformen, die Erweiterung des Binnenmarktes durch die Europäisierung und die weitergehende Internationalisierung der Produktion sowie die Ausweitung und Flexibilisierung der internationalen Geldkapitalmärkte bezeichnet werden. Die Bestandteile des Kapitals werden selbständiger und verselbständigen sich zum Teil, und durch die erweiterte Durchlässigkeit der Marktgrenzen wird auch das Verbandswesen unter Druck gesetzt. Klaus Dörre bezeichnet als Kern dieser neuen Phase kapitalistischer Entwicklung den Schub einer „neuen finanzkapitalistischen Landnahme" des Akkumulations- und Reproduktionsprozesses, in dem sich „der Übergang von einer fordistisch pazifizierten zu einer stärker polarisierten Klassengesellschaft vollzieht, die sich allerdings durch eine eigentümliche Stabilisierung des Instabilen auszeichnet".[18]

Die Implikationen dieses Zusammenhangs können hier nur in aller Kürze zusammengefasst werden.[19]

Auf der Ebene der Erwerbsarbeit sin dies:

- Verschlechterung der Einkommenssituation;

- wachsende Unsicherheit des Arbeitsplatzes;
- Entgrenzung der Arbeitsbedingungen;
- Erosion kollektiver Interessenvertretungssysteme;
- verstärkte Vereinzelung und Konkurrenz durch einen zunehmenden Zwang zur Individualisierung.

Und auf der Ebene des Sozialstaats:
- massive Deregulierung des Arbeitsmarktes;
- radikale Kostensenkung der sozialpolitischen Errungenschaften (Umbau des Rentensystems, der Arbeitslosenversicherung).

Im Ergebnis handelt es sich um eine umfassende Transformation des gesellschaftlichen Reproduktionszusammenhangs, Kerstin Jürgens spricht von „Deutschland in der Reproduktionskrise".[20] Aber die Auswirkungen der Krise auf die Bevölkerung und insbesondere die Arbeitsbevölkerung waren nicht derart, dass es zu gesellschaftlichen und politischen Turbulenzen kam. Zwar avancierte der Begriff der Prekarisierung oder Prekarität in den Sozialwissenschaften zu einem geradezu inflationären Modebegriff für soziale Ausgrenzungsprozesse, aber politisch-praktisch wurden Reaktionen auf die damit einsetzenden Veränderungen in Deutschland kaum sichtbar.[21]
Wesentlicher Bestandteil dieses Prozesses ebenso wie Akteur desselben waren wiederum die – von manchen noch zu Ende des 20. Jahrhunderts als „die Roten" bezeichnete – SPD und die ihnen verbundenen Gewerkschaften. Zwar konnte spätestens seit dem Godesberger Programm eine Bezugnahme auf die Arbeiterschaft und gegen einen Kapitalismus kaum noch festgestellt werden, aber die nunmehrige Volkspartei SPD hatte durch ihre Ausrichtung auf die „Keynesianisierung der Gesellschaft"[22] immerhin eine Erweiterung des Sozialstaats im Zentrum ihres Programms und schien manchen damit quasi immun gegenüber den Verheißungen eines neuen Liberalismus mitsamt seinen Forderungen nach einem radikalen Abbau der bisherigen Regulationsformen, die gemeinhin als „Sozialstaat" bezeichnet werden. Das sollte sich als Trugschluss herausstellen. Zwar wurden wichtige Weichenstellungen zur Deregulierung der sozialstaatlichen Absicherung der Widrigkeiten des Lebens im Kapitalismus der 80er und 90er Jahre von jenem schließlich schwergewichtigen CDU-Kanzler vorgenommen, der nach der Wiedervereinigung auch die „blühenden Landschaften" in den Neuen Ländern verhieß, aber der eigentliche Schub wurde ihm von seinem Nachfolger gegeben,

Plakat des DGB „Auf nach Bonn!", 15. Juni 1996
Haus der Geschichte der Bundesrepublik Deutschland, Bonn; 1996/11/0146

Plakat des DGB „Deine Stimme für Arbeit und soziale Gerechtigkeit!", 1. Mai 1998
Archiv der sozialen Demokratie, Bonn 6/PLKA015370

ANSTECKER DER JUSOS
(JUGENDORGANISATION DER SPD) CA. 2010
HAUS DER GESCHICHTE DER BUNDESREPUBLIK
DEUTSCHLAND, BONN; 2010/03/0086

PLAKAT DER GRÜNEN (HESSEN)
„AUSSPERRUNG IST TERROR!“, 1989
TECHNOSEUM
AVZ: 1992/0475

PLAKAT DER GRÜNEN ZUR LANDTAGSWAHL
IN BREMEN, 1983
ARCHIV DER SOZIALEN DEMOKRATIE, BONN
6/PLKA028818

der schon als junger JUSO an den Pforten des Kanzleramts gerüttelt hatte und schließlich gemeinsam mit den Grünen als Verkörperung der Neuen Sozialen Bewegungen dieses tatsächlich erreichte. Gerhard Schröder sah seine entscheidende Mission darin, den Sprung nach vorne zu schaffen, geradewegs hinein in den deregulierten internationalisierten Kapitalismus und seine „Wettbewerbsstaaten“. Der geradezu geniale Einfall bestand darin, den Arbeitsdirektor von VW, einem der größten bundesdeutschen multinationalen Konzerne, mit der Erstellung eines neuen Konzepts von Arbeitsmarkt- und Sozialpolitik zugleich zu betrauen. Heraus kamen „Hartz I – IV“ und „Agenda 2010“, und der Bruch mit den vorherigen Regelungen, den auch schon keineswegs großzügigen Wohltaten für die arme Bevölkerung, war geleistet.

Hartz IV hat einen gesellschaftlichen Status unterhalb einer Schwelle der Respektabilität geschaffen. Das nicht nur, weil die Regelsätze für die Leistungsbezieher zumindest relative Armut bedeuten. Hartz IV, das bedeutet staatliche Kontrolle des gesamten Alltagslebens. Eigentum, Schonvermögen, Größe der Wohnung, Formen des Zusammenlebens, Kindererziehung und selbst der Umfang eines Geburtstagsgeschenks – alles kann zum Gegenstand staatlicher Aufsicht und Reglementierung werden.[23] Aber nicht nur das; im Weg nach Brandt zu Schmidt und schließlich zu Schröder vollzog sich auch in Bezug auf das, was wir Ökonomie zu nennen gewohnt sind, ein schließlich gravierender Übergang von einer keynesianisch ausgerichteten zu einer neoliberalen Wirtschaftspolitik.

In gewissem Sinne stellte der Prozess der Verbindung von BRD und DDR zum vereinheitlichten Deutschland schon eine Art Testfall für die gewählte Politikgestaltung dar. Denn hier nun war ein quasi freies Bewegungsfeld vorhanden, das es Politik und Kapital ermöglichte, ihre Vorstellungen fast bruchlos umzusetzen. Die vorbehaltlose Geltendmachung der DM im vereinten Deutschland war es, welche es westdeutschen Unternehmen quasi im Handstreich ermöglichte, die vormalige DDR zu übernehmen; ihrem nachdrücklichen Akkumulationsimperativ war keiner der „unmodernen" DDR-Betriebe gewachsen; es wurde gnadenlos gesundgeschrumpft. Leidtragende waren die Belegschaften und ihre Angehörigen.

Hatte noch der Kollaps des „real existierenden Sozialismus" eine blendende Zukunft auch den Gewerkschaften verheißen, so zeigte sich schlagartig, dass die Zeiten des „Modell Deutschland" auch und gerade für die Neubürger, sprich potentiellen Arbeitskräfte dahin waren. Die industriellen Beziehungen wurden nunmehr unter dem Vorzeichen einer zunehmenden Standortkonkurrenz im Wettbewerbskarussell des deutschen Kapitalismus in der Hierarchie der internationalen Arbeitsteilung eingerichtet. Die nunmehr individualisierten Arbeiterinnen und Arbeiter hatten dem kaum etwas entgegenzusetzen. Wie sollten sie die erforderliche Kampfkraft aufweisen, nachdem sie über Jahrzehnte durch die DDR-Obrigkeit gegängelt worden waren? Hatten sie sich dem zum Teil noch durch ein Schlängeln zwischen den Linien entziehen können, so war hierdurch eine selbstbewusste Orientierung an gemeinsamen Zielen nicht zu erreichen.[24] Hinzu kam, dass die importierten westdeutschen Gewerkschaftsspezialisten, die in den neuen Gebieten den Aufbau der Gewerkschaften nach dem ihnen bekannten Vorbild übernahmen, Neuland betraten, von ihren neuen Kolleginnen und Kollegen häufig mit Misstrauen betrachtet wurden und an unmittelbar sichtbaren Erfolgen gemessen wurden. Als diese angesichts der anhaltenden Härte des Gegners ausblieben, kehrte sich der anfangs festzustellende Eintritt in die Gewerkschaften um.

Wenn sich in den Gebieten der ehemaligen DDR die „neue" Politik der Arbeitgeber erfolgreich durchsetzen ließ, so galt es nun, dieses „Modell" zu verallgemeinern; ein wichtiges Ergebnis konnte in Bezug auf die Flächentarifverträge erreicht werden: „Waren 1981 noch 75 Prozent der betriebsbezogenen Tarifabschlüsse praktisch identisch mit dem jeweiligen Verbandstarif, so hatte sich dies bis 2003 umgekehrt: ca. 70 Prozent betrieblicher Abschlüsse enthielten nunmehr temporäre oder dauerhafte Abweichungen von den Regulationen des Flächentarifvertrages."[25] Waren die Gewerkschaften damit in der Fläche schwächer geworden, so waren sie auch in den größeren Einzelbetrieben stärker gefordert, da hier der Einfluss der Betriebsräte größer geworden

TRANSPARENT DER IG METALL VW BRAUNSCHWEIG „LEIHARBEIT HEUTE UND HARTZ IV ", 2011
HAUS DER GESCHICHTE DER BUNDESREPUBLIK DEUTSCHLAND, BONN
2011/11/0096

ANSTECKER DER IG BCE: „MODELL DEUTSCHLAND, ...ZUERST DER MENSCH", 2004
ARCHIV DER SOZIALEN DEMOKRATIE, BONN
6/STICK00734

Plakat der IG Metall „Samstags gehört Vati mir – Dabei bleibt es“
Technoseum
Avz: 1991/0235-0003

war. „Die Defensive verwandelte sich in eine tiefe Krise institutioneller Gewerkschaftsmacht, weil sie nicht mehr von der Organisationsmacht aus Betrieb und Gewerkschaften gestützt werden konnte. Um von der Gegenseite der ‚antagonistischen Kooperation‘ überhaupt noch als Verhandlungspartner anerkannt zu werden, mussten Gewerkschaften zunehmend deren Positionen bereits in ihren Forderungen antizipieren. Die Herrlichkeit korporatistischer Gewerkschaftspolitik war verdampft.“[26]

Für die Gewerkschaften hatten sich die Bedingungen damit verändert, sie sahen sich mit einer „Erosion kollektiver Interessenvertretungssysteme“[27] konfrontiert. Das meint nicht nur – nach einem kurzzeitigen Hoch unmittelbar nach der Vereinigung – gravierende Mitgliederverluste, sondern mehr noch das schon angesprochene Brüchigwerden von Flächentarifverträgen, die Verhinderung von Betriebsratswahlen im Zuge einer generellen Verbetrieblichung von Interessenvertretung; am gravierendsten aber war sicherlich die weitergehende Fragmentierung des „GesamtarbeiterInnenkörpers“; denn durch „Polarisierungen zwischen Kern- und Randbelegschaft, Leiharbeit, Personalfluktuation als Geschäftsmodell, Arbeitsintensivierung und wachsenden Leistungs- und Lohndruck werden gemeinsame Erfahrungszusammenhänge reduziert und Solidarisierungen verhindert. Resultat entgrenzter Arbeit ist somit eine Individualisierung nicht nur der Arbeitsregulierung (...), sondern auch des Arbeitskonflikts.“[28]

Spätestens die historische Niederlage der IG Metall im Kampf um die 35-Stunden-Woche, der nach sieben Wochen Arbeitskampf abgebrochen wurde, zeigte die Beendigung eines Kampfzyklus und die gravierende Veränderung der Kräfteverhältnisse.[29] Wenn maßgebliche Teile des Arbeitgeberlagers die Sozialpartnerschaft längst aufgekündigt hatten und sich daran machten, sowohl die Produktion wie die Arbeitsbeziehungen umzumodeln, dann waren die Gewerkschaften spätestens seit Mitte der neunziger Jahre massiv herausgefordert, hierauf Antworten zu finden. Die Internationalisierung der Produktion und der Arbeitsmärkte hatte deutlich zugenommen, die Massenarbeitslosigkeit machte sich geltend und prekäre Arbeitsverhältnisse wurden ausgeweitet.

Das meint allerdings bei aller Gemeinsamkeit auch ganz Unterschiedliches: z.B. die rapide Ausweitung von Leiharbeit, den Abbau kollektiver Sicherungssysteme und Schutzrechte insbesondere im Niedriglohn- und Non-Profit-Sektor, der nach wie vor durch überdurchschnittliche Frauenarbeit gekennzeichnet ist und vorwiegend in kleinen und mittleren Betrieben, etwa in der Gastronomie, im Pflegebereich, im Hotelgewerbe oder im Zustellbereich, ausgeweitet wurde. Gerade letzterer war seit der Privatisierung der Post ein geradezu ausuferndes Feld neuer Anlagemöglichkeiten durch nationale wie internationale Einzelkapitale, die ihre scharfe Konkurrenz auf dem Rücken der Arbeiterinnen und Arbeiter austrugen, die z.T. als „neue Selbständige" ihr großes Risiko wieder weiterzugeben suchten (Sub-sub-untersub-Unternehmer). Ähnliches gilt für den ebenfalls expandierenden Medienbereich, die aufblühende Kulturwirtschaft und neue Weiterbildungsunternehmen, die im Gefolge der insgesamt ausgerufenen Privatisierung ins Spiel zu kommen suchten und dies häufig in Form von Beschäftigungs- und Transfergesellschaften durch wechselnde Zeitarbeit und niedrigste Löhne zu bewerkstelligen suchten. Das Feld ist unübersichtlich und lädt zu allzu großen Vereinfachungen ein, wie sie sich etwa in der Vorstellung „des" Prekariats ausdrücken. Klaus Dörre unterscheidet demgegenüber für das Jahr 2007 „drei Strukturformen von Prekarität":

- „die Mehrzahl der 7,4 Millionen Empfänger der Grundsicherung, unter ihnen etwa 2,5 Millionen Arbeitslose und 1,3 Millionen abhängig Beschäf tigte";
- die mehr als eine Million Leiharbeiter, die über längere Zeiträume auf die Ausübung unsicherer, niedrig entlohnter und gering angesehener Arbeiten angewiesen sind; die „Zunahme atypischer Erwerbsverhältnisse von 17,5 (1997) auf 25,5 Prozent aller abhängig Beschäftigten (2007)", wobei 6,5 Millionen Menschen weniger verdienen als zwei Drittel des Medianlohns, was vor allem Frauen (30,5 Prozent) und Geringqualifizierte (45,6 Prozent) trifft; dabei verfügen drei Viertel aller Niedriglohnbeschäftigten über einen qualifizierten Berufsabschluss;
- eine eher versteckte Ausprägung von Prekarität innerhalb der formal gesicherten Beschäftigung – sichtbar etwa an im gleichen Betrieb beschäftigten Leiharbeitern, die zur Verunsicherung beiträgt.[30]

Es ist nicht so, als ob die Gewerkschaften auf all dies nicht reagiert hätten: In den 1980er und 1990er Jahren wurde breit debattiert über die neuen Aufgaben der Gewerkschaften, etwa in den großen Zukunftskonferenzen der IG Metall, aber nicht zuletzt auch in innergewerkschaftlichen Diskussionsgruppen wie z.B. dem „Hattinger Forum"[31], die eine Veränderung der Organisationsstruktur wie auch die ihrer Politik anmahnten.

Erst einmal erfolgte eine erweiterte Kooperation zwischen Einzelgewerkschaften, die z.B. zur Kooptation der Gewerk-

Plakat einer bundesweiten Kampagne gegen Leiharbeit, 2009
Sammlung Torsten Bewernitz, Mannheim

Anstecker der IG Metall „Gleiche Arbeit? Gleiches Geld!", 2011
Haus der Geschichte der Bundesrepublik Deutschland, Bonn
2011/11/0097

schaft Textil und Bekleidung durch die IG Metall und dann zum Anschluss der Gewerkschaft Holz und Kunststoff an diese führte. Wurde hierdurch eine verstärkte Durchschlagskraft der IG Metall erwartet, so galt dies umso mehr für die nach schwierigen Verhandlungen, in denen immer wieder auch die unterschiedlichen organisationspolitischen Gewichte der Einzelgewerkschaften ins Spiel gebracht wurden, erfolgte Gründung einer neuen Dienstleistungsgewerkschaft, die erstmals branchenübergreifend ausgerichtet war, ver.di, die die Gewerkschaften ÖTV, HBV, DPG, IG Medien und wohl das wichtigste Phänomen die bisher außerhalb des DGB befindliche DAG, einbinden konnte.[32]

Hier nun wurde versucht – und musste wohl versucht werden – in gewissem Sinne an Nachkriegsvorstellungen einer „allgemeinen Gewerkschaft" anzuknüpfen; denn zu breit und unterschiedlich waren die sich zusammenschließenden Einzelgewerkschaften als dass dies durch einen nur formalen Akt hätte gelingen können. Der ver.di-Gründung kam damit das Verdienst zu, Grundfragen gewerkschaftlichen Organisierens und Handelns zu thematisieren, wie das außerhalb kleiner Kreise lange nicht mehr der Fall gewesen war. Bald zeigte sich etwa in gezielten Streikaktionen und langwierigen Arbeitskämpfen, dass zumindest versucht wurde, die bisher gängige Gewerkschaftspraxis ein Stück weit zu radikalisieren. Das gelang mitunter erfolgreich (etwa 2006 in einem viermonatigen Arbeitskampf im öffentlichen Dienst oder in der öffentlichkeitswirksamen „Lidl-Kampagne"), und die Vorstellung einer Gewerkschaft „als sozialer Bewegung" (Kempe) wurde sichtbar, aber gleichzeitig geriet man auch an Grenzen, die nicht zuletzt in der Unterschiedlichkeit in den verschiedenen Arbeitsfeldern begründet waren und sich in Ressourcen- und Organisationsproblemen äußerten.[33] Aber verglichen mit der IG Metall und ihrer Verankerung insbesondere in den Großbetrieben der multinationalen Konzerne, etwa der Automobilindustrie und ihrer Dominanz im DGB, konnte ver.di nicht mithalten. Nicht gering zu schätzen ist allerdings, dass auch dort angesichts der beschriebenen wirtschaftlich-politischen Umbrüche und nicht zuletzt durch das Vorbild von eben ver.di neue Konzeptionen gewerkschaftlichen Organisierens überdacht wurden. Die gewerkschaftliche Basis musste weitergehend berücksichtigt werden; in Anbetracht der globalisierten Arbeitsverhältnisse und unter Rückgriff auf die US-Gewerkschaften, die sich aus ihrer langjährigen Defensive zu befreien versuchten, überdachte man operativere Zugangsweisen, das sogenannte „Organizing", zur Rekrutierung neuer Gewerkschaftsmitglieder.[34]

Die Krise und Europa

Halten wir fest, dass die lang anhaltende Entwicklung zur Herstellung eines Weltmarktes und einer Transnationalisierung von Produktion und Handel im Zuge der sukzessiven Auflösung der Phase des Fordismus in den 1980er Jahren an Geschwindigkeit zunahm. Auch der Kapitalismus in Deutschland wurde nunmehr festgelegt auf die Privatisierung bisher öffentlicher Güter, die Deregulierung der gesellschaftlichen Bedingungen der Kapitalakkumulation und die Aushöhlung der bis dahin bestehenden Regulierungen gesellschaftlicher Arbeit. Und nicht zuletzt „wurde dabei auch die enge Verzahnung von Industrie- und Finanzkapital als weiteres Strukturmerkmal des einstigen ‚Modell Deutschland' erledigt – zwar nicht für Großkonzerne wie Siemens oder Porsche mit ihren allein am Finanzmarkt operierenden Investmentabteilungen, sondern für mittelständische Unternehmen und ihr Verhältnis zu den „Hausbanken".[35]

Angesichts verschlechterter Akkumulationsbedingungen in der Realwirtschaft, sprich sinkender Profitraten, und des gleichzeitigen Drucks durch immense Gewinnverheißungen in der Spekulation internationaler Finanzanlagen, die weitaus lukrativer als Investitionen in Realkapital waren, ebnete die Schröder-Regierung von Rot-Grün den Weg zu einer weitergehenden Anpassung an die „Imperative des Weltmarkts"; in der Merkel-SPD-Koalition wurde dann unter maßgeblicher Initiative und Federführung ihres Finanzministers Steinbrück der endgültige Umstieg in den Finanzmarktkapitalismus vollzogen, indem rechtliche Hindernisse zur freien Bewegung auf den sich eröffnenden Spekulationsfeldern beseitigt wurden.

Man sah sich angesichts des wachsenden Konkurrenzdrucks und angesichts des vermuteten Konkurrenzvorteils der USA durch deren Dominanz auf dem Felde der Neuen Technologien gehalten, die europäische Karte stärker ins Spiel zu bringen, da die Karten in der internationalen Konkurrenz gerade neu gemischt wurden. Die nach 1945 herrschende Dominanz der USA über den Rest der Welt wurde nunmehr durch das Erstarken insbesondere von China und Indien herausgefordert. „Dies ist der Grund, warum auch die EU in Konkurrenz zu den USA gerät, und inzwischen auch mit China, Indien und anderen Ländern aus der ehemaligen Dritten Welt zu rechnen hat, weil dort mittelfristig potente Konkurrenten heranreifen."[36]

Spätestens mit der Lissabon-Strategie waren die geopolitischen Weichen gestellt, sollte nicht zuletzt die Vorherrschaft US-amerikanischer Konzerne auf dem Feld der modernen Techniken gebrochen werden.

Herzustellen war deshalb die Wettbewerbsfähigkeit der EU; das hatte Auswirkungen nach innen und außen: „Damit sind nicht nur Maßnahmen der Harmonisierung von sozialpolitischen, umwelt- und gesundheitsbezogenen Regulierungen innerhalb der EU gemeint, von denen eine (negative) Wirkung auf die globale Wettbewerbsfähigkeit von Unternehmen befürchtet wird, sondern auch Anpassungen an die Regulierungsbestimmungen wichtiger Handelspart-

Ruf nach behördlicher Untersuchung bei Foxconn

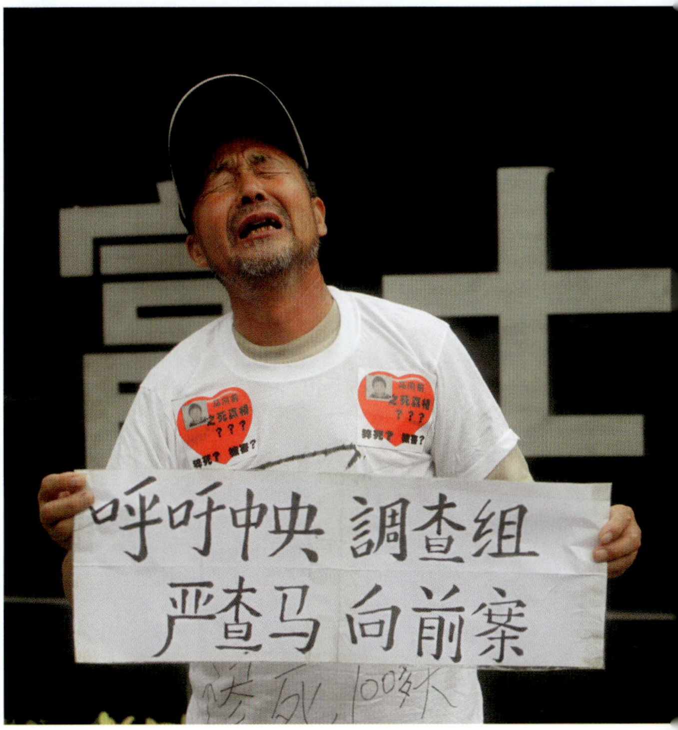

ner, also wiederum vor allem an US-amerikanische Bestimmungen. Beabsichtigt ist, die EU zum ‚Schrittmacher' für globale Unternehmensstandards zu machen und europäische Wettbewerbsregeln in den Zielländern europäischer Export- und Investitionsinteressen durchzusetzen, so dass europäische Unternehmen die bestmöglichen Voraussetzungen vorfinden, um ‚Weltmarktführer' zu werden (oder zu bleiben)."[37]

Die Zeichen hatten sich also geändert; statt der für gewöhnlich vollmundigen Bekundungen zu einem neuen Europa oder gar zu einem sozialen Europa, an das manche geglaubt haben mochten, machten sich zunehmend ihre ökonomischen Widerhaken geltend. Mit der Einführung einer europäischen Währung im Jahre 1999 gewann das „Modell Tietmeyer" (Bourdieu) die Oberhand in Europa und mit ihm die Priorität monetärer Stabilisierung. Aber noch gab es eine divergente Entwicklung in den Ländern der EU, die für die jeweilige Wettbewerbsfähigkeit von Ländern innerhalb der Währungsunion stehen; d.h. innerhalb der EU war von Anfang an eine interne Hierarchie vorhanden, die nun durch die Währungsunion offensichtlich wurde. Die europäische Gemeinschaft erwies sich auch als ein Zusammenschluß der Konkurrenz zwischen den Wirtschaften der einzelnen Länder, und sie wurde nach Maßgabe der „ökonomischen Leistungsfähigkeit" vollzogen, um nicht zu sagen, exekutiert. Ein Maßstab hierfür sind die jeweiligen Lohnstückkosten und ihre Entwicklung. „Zwischen 2000 und 2011 sanken die Reallöhne in Deutschland um 4,5%, während sie in den europäischen Staaten sonst stiegen (Spanien: 7,5%; Frankreich 8,6%; Portugal 9,4%; Griechenland: 16%). Gepaart mit Inflationsraten, die weit geringer waren als in den meisten Ländern der Euro-Zone, hatte sich die preisliche Wettbewerbsfähigkeit Deutschlands deutlich verbessert; die Ungleichgewichte resultieren kaum mehr aus einer überlegenen Produktivität. Die neue deutsche Dominanz ist vor allem einem Akkumulationsmodell geschuldet, das auf rigider werdenden Formen des Abpressens von Mehrarbeit aufbaut."[38]

Dann kam 2008 die Finanzkrise und die gewinnträchtige Spekulation in den hochprofitablen Feldern des Finanz- und Bankkapitals erwies sich als auf Sand gebaut mit den bekannten verheerenden Folgen für manche der beteiligten Akteure, insbesondere aber für die vielen beteiligten Kleinanleger. Allerdings wurde dem Krisenverlauf bald eine eigenartige Wendung gegeben: „Die notwendige Kapitalberichtigung durch die Abschreibung von entwertetem Kapital hat nach der Finanzkrise von 2008 ebenso wenig stattgefunden wie die Schließung von Banken, deren Eigenkapital nicht mehr zur Haftung für die Verpflichtungen reicht, oder eine Zufuhr von frischem Geld durch private ‚Investoren', um das Haftungskapital zu erhöhen. Die Krise hatte ihre ‚bereinigenden Wirkung' also gar nicht ausüben können."[39] Stattdessen wurde sie umgedeutet. Aus der Finanzkrise wurde nun eine Staatsschuldenkrise gemacht, unter der Voraussetzung einer Sicherstellung der Funktionsfähigkeit der

Banken, der sich die einzelnen Staaten beugen sollten. Das geht, unter maßgeblicher Federführung der starken EU-Staaten und durch die EU-Kommission, bis hin zu konkreten Verhaltensvorschriften, überwacht durch EU-Kommissare, die die schwachen Staaten, insbesondere die EU-Länder des Südens bei der Neumodellierung der Gesellschaft kontrollieren. Auf den Weg gebracht ist ein „Fiskalpakt", der die finanzielle Unterstützung der durch die nachwirkende Krise, sprich durch die Resultate der insbesondere mittels der Banken betriebenen Spekulationswellen, auf diese Weise festschreiben soll.

Vorausgegangen war dem hierzulande die Demonstration der Handlungsfähigkeit des deutschen Staates durch die Sicherheitszusage der Bankeinlagen und die mit Banken und Gewerkschaften abgesicherte Zusammenarbeit bei der Bewältigung der Krise. Hatten die Gewerkschaften schon 2009 eine lohnpolitische Zurückhaltung gezeigt, so bot die IG Metall quasi im Gegenzug zur so bezeichneten „Abwrackprämie" für den Kauf neuer Autos, mit der ein erheblicher Konsumschub erfolgte, im Gegenzug eine Art Stillhalteabkommen an: „Der Verzicht auf stabile Löhne wurde gegen die Sicherung der Arbeitsplätze der Kernbelegschaften getauscht, wobei dem Staat die Aufgabe zugewiesen wurde, diesen Tausch extern (also durch Maßnahmen außerhalb der Tarifautonomie) abzusichern und zu regulieren."[40] So gelang es, die Gewerkschaften und insbesondere die IG Metall gewissermaßen unter Rückgriff auf die korporative Phase der Kooperation wieder in jenen längst überholten, aber nun reaktualisierten Tripartismus einzubinden, eine „Neuauflage der „rheinischen"[...] Form des Korporatismus.[41] Und immerhin hatten sich maßgebliche Politikerinnen und Politiker zumindest zeitweise und vorsichtig gegen manche Banken und „die" Spekulation ausgesprochen, auch brachte man sich selbstverständlich angesichts der Opel-Turbulenzen in Stellung. Für die Gewerkschaften immerhin Grund genug, auf die Reaktualisierung der Sozialpartnerschaft auch unter den inzwischen erheblich veränderten Bedingungen wiederum einzugehen.[42]

Die Welt war angesichts der nach wie vor nicht überwundenen Krise zwar nicht in Ordnung, aber angesichts der Dominanzposition Deutschlands in der EU und angesichts der in anderen Ländern sehr viel massiver wirksamen Überwälzung der entstandenen Krisenkosten auf die abhängige Bevölkerung (Griechenland, Spanien, Portugal) schmerzten die auch hierzulande vorgenommenen oder in Aussicht gestellten Einschränkungen nur begrenzt; denn die Auswirkungen der Krise blieben für die materielle und soziale Lage der Mehrheit der Arbeitsbevölkerung begrenzt. Den anderen, jenen vorgeblich „maßlosen" Griechen, Spaniern oder wem auch immer, ging es allemal schlechter. Sicherlich gab es in einzelnen Gewerkschaften, mehr noch von vielen Einzelnen und politischen Gruppierungen, Einwände gegen eine solche Ausrichtung letztlich auf die Instrumentalisierung nationalistischer Konkurrenzen innerhalb der EU und gegen die Schonung und

Demonstrationen in Murcia/ Spanien während des Generalstreiks am 14. November 2012

Impressionen vom 14. November 2012

Demonstrationen gegen die wirtschaftspolitischen Massnahmen der EU

Palma de Mallorca

Athen

Spanien

VOLKSWAGEN-FABRIK
IN NAVARRA, SPANIEN

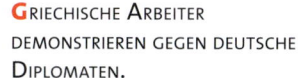

GRIECHISCHE ARBEITER
DEMONSTRIEREN GEGEN DEUTSCHE
DIPLOMATEN.

ATHEN

„Achtung: Sozialer Kahlschlag – Gerechte Finanzpolitik geht anders!“, Oktober 2010
Technoseum
Evz: 2011/0517-017

Unterstützung der Verursacher der Krise,[43] aber damit konnten diese sich öffentlich kaum Gehör oder Wirkung verschaffen. Mochten die Volksparteien mitsamt ihrem liberalen Appendix sich in manchen Details uneinig sein oder mitunter gar streiten, im Kern waren sie sich einig. Auch gibt es innerhalb der herrschenden Kreise unterschiedliche Optionen und Politikvarianten für die Zukunft der EU,[44] aber all das spielt sich auf einer eigenen Ebene ab, die der Mehrheit der Bevölkerungen versperrt bleibt. Die Resultate der schlussendlich getroffenen Entscheidungen sind ihnen aber gleichwohl zu vermitteln. Und bisher konnte man dabei zumindest in Deutschland anscheinend auch auf die Mehrheit der arbeitenden Bevölkerung bauen. Es war wohl gelungen, die Zustimmung (oder zumindest nicht Ablehnung) der Arbeiterschaft zu einer Politik herzustellen, die sie, genauer: eine Mehrheit ihrer Gruppierungen, in ihrer untergeordneten Stellung festschreibt oder diese gar noch verschärft.

Aber: Hatte die arbeitende Bevölkerung, ob aktuell arbeitslos oder beschäftigt, in Leiharbeit oder prekärer Beschäftigung, jene potentielle Arbeiterklasse also, die manche fürchten, andere sich wünschen oder erhoffen, nicht mehr als genug Gründe für eine solche Haltung? In Bezug auf die Arbeitslosigkeit zumindest ist für Deutschland festzuhalten: „Fakt ist, dass die Arbeitslosigkeit seit der konjunkturellen Belebung, die auf den tiefen weltwirtschaftlichen Einbruch 2008/09 folgte, wieder sinkt. Hatte die Zahl der Arbeitslosen 2005 zeitweilig die Fünf-Millionen-Grenze überschritten, wurden im Juli 2010 in Deutschland noch rund 3,2 Millionen Arbeitslosen, registriert. Lag die Quote 2005 im Jahresdurchschnitt bei 11,7 Prozent, so ist sie 2009 auf durchschnittlich 8,2 Prozent und im Juli 2010 auf 7,0 Prozent abgesunken. Auch die Zahl der Langzeitarbeitslosen ist deutlich zurückgegangen. Im Juli 2010 waren von den ca. 3,2 Millionen Arbeitslosen 947.000 (32%) langzeitarbeitslos (länger als ein Jahr), knapp die Hälfte (440.000) von ihnen war mehr als 24 Monate ohne Erwerbsarbeit. 2005 hatte die Zahl der Langzeitarbeitslosen noch über 1,8 Millionen gelegen.“[45] Das ist zwar weitaus schlechter als noch in der Hochphase des Fordismus; damals schien es fast undenkbar, dass es eine solch hohe Arbeitslosigkeit hierzulande jemals wieder geben könnte. Und auch die zwischenzeitlich vorgenommenen und hier nicht noch einmal zu wiederholenden Veränderungen der Arbeitsbedingungen und Verschiebungen innerhalb der Arbeiterschaft sind nicht gering zu schätzen. Im Vergleich zur Lage in den südlichen Ländern Europas oder zu der in China kann die Lage zumindest für einen Teil der Lohnarbeiterinnen und -arbeiter als relativ solide und abgesichert betrachtet werden, ohne damit den anderen Teil zu vergessen.

Abspann

In gewissem Sinne sind wir damit wieder beim Ausgangspunkt angelangt, bei jener von mir genannten „Sozialpartnerschaft“, die besser als Klassenkompromiss bezeichnet wird. Auch heute sind Elemente eines solchen Kompromisses zwischen „Arbeit und Kapital", sprich zwischen Teilen der Lohnarbeiterinnen und -arbeiter insbesondere in Gestalt ihrer Gewerkschaften und Teilen der Unternehmerschaft noch immer vorhanden. Aber gleichzeitig hat sich die Lage gegenüber den 1980er Jahren gravierend verändert.

Wenn manche erwartet oder befürchtet hatten, dass es im Gefolge der Finanzkrise zu einem Aufschrei der Lohnabhängigen und zu massenhaften Protesten kommen würde, so wurden sie eines Besseren belehrt. Zwar gab es auch in Deutschland durchaus Proteste gegen die Finanzkrise und ihre Behandlung durch die Regierung der beiden Volksparteien und später die der CDU-FDP, aber sie waren in ihrer sozialen Reichweite ausgesprochen begrenzt. Nicht primär Lohnarbeiterinnen und -arbeiter protestierten, sondern vornehmlich Vertreter der Neuen Sozialen Bewegungen, linke Gruppierungen und die Partei „Die Linke" sowie Teile der durch die Banken geprellten Kleinanleger; sie alle aber sind keine Arbeiter-Organisationen (mit Ausnahme „Die Linke" für Ostdeutschland, aber das birgt andere Implikationen), vertreten auch nicht deren Interessen, sondern sind häufig auch gerade in ihren Zielsetzungen weit von ihnen entfernt. Nicht zufällig wird in Bezug auf Industriearbeit (auch in Dienstleistungsform) von der „alten sozialen Frage" gesprochen. Dass diese aktueller denn je ist, sollte spätestens die Finanzmarktkrise schlagartig vor Augen geführt haben. Es wäre meines Erachtens voreilig, aus den Nicht-Protesten zu schließen, dass eine Übereinstimmung mit all dem, was in Bezug auf die Krise geschieht und wie politisch mit ihr umgegangen wird, in breiten Teilen der Bevölkerung vorhanden wäre. Ich vermute, dass hier sehr viel Skepsis und Misstrauen gegenüber der Politik entstanden ist. Allerdings ist schon bemerkenswert, dass gerade CDU-Kanzlerin Angela Merkel zur Zeit auf dem Zenit ihrer Beliebtheit angekommen zu sein scheint. Aber ist das angesichts der Dominanzposition Deutschlands innerhalb der europäischen Wirtschaftpolitik, die sie ebenso energisch wie kurzsichtig betreibt, überraschend? Wer will schon Verhältnisse wie in Griechenland haben? Und kommt dabei nicht zum Tragen, dass es keine Opposition auf Augenhöhe gibt, wie die Zustimmung von SPD und Grünen nicht nur zum Fiskalpakt zeigt? Waren sie es nicht, die die Geister riefen, die sie nun nicht mehr loswerden? Insgesamt hat der langjährige Klassenkompromiss Auswirkungen für die Beteiligten weit über die Zeit hinaus als er geschmiedet wurde und für alle Beteiligten von Vorteil war. Das hat sich nun zu Ungunsten zumindest von Teilen der Arbeiterschaft geändert, aber der Kompromiss wurde nicht gänzlich ge-

Maske der Occupy-Bewegung, inspiriert durch den Comic "V wie Vendetta" und die historische Figur Guy Fawkes
Technoseum

Tür aus einem Jugendzimmer, 1970 – 1989 (Aufklebern auf beiden Seiten)
Haus der Geschichte der Bundesrepublik Deutschland, Bonn
2009/03/0030

kündigt und ist zudem im kollektiven Gedächtnis verankert, das bekanntlich nicht von kurzer Dauer ist.

Aus diesen Gründen verwundert die vermisste Reaktion von Teilen der Arbeiterinnen und Arbeiter auf die Finanzkrise und die herrschende Politik nicht, und es besteht kein Grund, dass sich das in den nächsten Jahren ändern wird. Zwar mögen die Gewerkschaften dazulernen und ihren Blick weiten, aber warum sollten die dabei möglicherweise verstärkt angesprochenen Arbeiterinnen und Arbeiter ihnen nach der Zeit der Sozialpartnerschaft folgen? Warum sollten die Lohnarbeiterinnen und -arbeiter, oder zumindest weite Teile von ihnen, etwa noch der SPD folgen, wenn sie oder zumindest die JUSOS eine kritische Aufarbeitung der Finanzkrise versprechen, aber genau jener ehemalige Finanzminister sich an die Spitze der Aufarbeiter einer Krise setzt, die er selbst mit ermöglicht hat? Da ist es doch „realistischer“, gleich die CDU zu wählen. Und selbstverständlich hängt der Linkspartei ihre Entstehung im Land des ehemaligen „realen Sozialismus“ und des „Sozialistischen Lagers“ nach, mag sie sich noch so sehr davon distanzieren. Stalin und die stalinschen Prozesse und Lager, Ungarn 1954 und Prag 1968 und eben das Leben in der DDR lassen sich nicht einfach wegdrücken, und das ist auch gut so.

Wenn wir uns deshalb probehalber einmal eine emphatische Arbeiterbewegung vorstellen, also eine, die sich zugleich gegen den Mechanismus der Ausbeutung und Benachteiligung der Lohnarbeiterinnen und -arbeiter sowie deren Betreiber wendet, demgegenüber eine Befreiung aller Elenden und Unterdrückten anstrebt, und zwar durch eigene Tat und selbstbestimmte Organisation – heutzutage eine sehr kühne Vorstellung –, dann wird es eine solche Arbeiterbewegung zumindest in Deutschland in absehbarer Zeit nicht geben. Es wird Proteste geben, und sie werden sich vermutlich häufen, aber kaum längere Dauer haben, und sie werden auch kaum in eine veritable Arbeiterbewegung münden. So konstatiert auch Peter Birke: „Die Proteste gegen die Verschlechterung der Arbeits- und Lebensbedingungen sind in der Bundesrepublik auch im dritten Jahr nach dem Beginn der Krise vor allem auf lokale Entwicklungen bezogen und finden in dezentrierter Form statt. Auch den Arbeitskämpfen fehlt die Vernetzung.“[46] Ich vermute und befürchte, das wird sich angesichts der herrschenden Kräfteverhältnisse in den nächsten Jahren nicht wesentlich ändern; das schließt allerdings Änderungen innerhalb des gegebenen Zusammenhangs nicht aus. Insgesamt handelt es sich dabei um die Implikationen und Veränderungen jenes schon mehrfach angesprochenen Prozesses der Hegemonie oder besser einer Hegemonialisierung, den ich abschließend noch einmal in seiner Bedeutung hervorheben möchte: „Allgemeiner: damals wie heute standen und stehen Parteien, Gewerkschaften und Klassenindividuen in einem widersprüchlichen politischen Feld, das den unterschiedlichen Praxisformen in ihrer jeweiligen

Strukturiertheit einen eigenen ‚Stellenwert' verleiht; dieser ist nie endgültig, sondern Moment der gesellschaftlichen Entwicklung und damit auch Resultat des Handelns oder/und zeitweiligen Nicht-Handelns. Voraussetzung der Handlungsweise – damals wie heute – ist nicht nur die Ausprägung des Klassenantagonismus, sondern auch die innere Differenziertheit der Arbeiterklasse sowie ihre Reproduktionsmöglichkeit, sowie der Bewegungsraum innerhalb der politischen Hegemonie der Bourgeoisie."[47]
Dies gilt nicht nur für Deutschland, sondern für alle Länder, in denen kapitalistische Produktionsverhältnisse vorherrschend sind; allerdings stellt es sich für die Lohnarbeiterinnen und -arbeiter der einzelnen Länder unterschiedlich dar, wie am Beispiel der EU angesprochen wurde. Aus diesem Grunde sind alle Bestrebungen, den Blick über alle die nationalen Grenzen hinweg auf die Entwicklung innerhalb des Weltzusammenhangs zu richten, unterstützenswert. Aber dieser Blick sollte dann auch die jeweiligen Besonderheiten ins Auge fassen und in einen Zusammenhang zu bringen suchen; denn allzu leicht verfängt man sich in Vereinfachungen. Seit Beginn der Arbeiterbewegung gehörte zum Kern ihres Selbstverständnisses ein „proletarischer Internationalismus", der sich aber allzu leicht an den politischen Realitäten brach, wie spätestens im Ersten Weltkrieg offenkundig wurde; und die Politik der „Kommunistischen Internationale" seit den 1920er Jahren trug maßgeblich zum Desaster (eines Strangs) der Arbeiterbewegung bei. Selbstverständlich ist die von Karl-Heinz Roth und Marcel van der Linden geforderte Überwindung eines „nationalen Methodologismus" und die Inblicknahme eines „Multiversums der Arbeiterinnen und Arbeiter" vorwärts weisend; aber man sollte die sich leicht einstellende Gefahr vermeiden, die Lage der Arbeiterinnen und Arbeiter der Welt substanzhaft aufzuladen, was zumindest naheliegt, wenn man sie schon als „Weltarbeiterklasse"[48] bezeichnet, auch wenn auf deren innere Differenzierung hingewiesen wird. Hier konnte vielleicht ein wenig aufgewiesen werden, wie schwer eine solche politische Verbindung von Lohnarbeiterinnen und -arbeiter schon für Deutschland ist. Somit wären wir schließlich wieder bei der die Arbeiterbewegungsschichte durchziehenden allgemeinen Frage angelangt, wie aus Individuen, Arbeiter-Individuen, möglicherweise eine Klasse werden kann, und das auch noch im Weltzusammenhang: Sie bleibt bestehen.

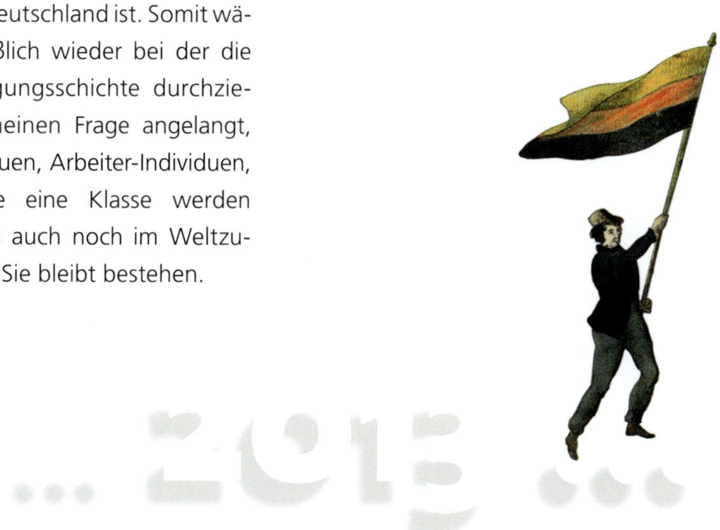

1 Hoffmann, Jürgen: Politisches Handeln und gesellschaftliche Struktur. 3. erweiterte und völlig überarbeitete Auflage Münster 2009, S. 565f; vgl. insgesamt die zahlreichen empirischen Belege bei Mooser, Josef: Arbeiterleben in Deutschland 1900 – 1970. Frankfurt 1984

2 Die Diskussion um den Fordismus ist nahezu unendlich; siehe als verlässliche Informationsquelle die Beiträge in: Zeithistorische Forschungen/ Studies in Contemporary History, Online-Ausgabe, 6 (2009), H. 2, URL: http://www.zeithistorische-forschungen.de, insbes. die Beiträge von Adelheid v. Saldern und Rüdiger Hachtmann. Siehe Kohlmorgen, Lars: Regulation, Klasse, Geschlecht. Die Konstituierung der Sozialstruktur im Fordismus und Postfordismus. Münster 2004

3 Die Vielschichtigkeit dieser Auseinandersetzungen erschließt sich z.B. bei der Lektüre der „Kritischen Gewerkschaftsjahrbücher", die seit den 70er Jahren erschienen, z.B. für 1980: Jacobi, Otto/Schmidt, Eberhardt/Müller-Jentsch, Walther (Hrsg.): Moderne Zeiten – alte Rezepte. Kritisches Gewerkschaftsjahrbuch 1980/81. Berlin 1980; oder der auch heute noch erscheinenden Zeitung „express. Zeitung für sozialistische Betriebs- und Gewerkschaftsarbeit". Frankfurt. Siehe auch die aufschlussreichen autobiographischen Publikationen zu einzelnen Großbetrieben: Hoss, Willi: Komm ins Offene, Freund. Münster. 2. Auflage 2006 (Mercedes /Stuttgart); Balko, Gerd: Land in dunklen Zeiten. Erinnerungen eines Arbeiters. Münster 2004 (Klöckner/Bremen)

4 Die in den 80er Jahren geradezu ausufernde Debatte um die Rolle der Angestellten, ihre Klassenlage und politischen Optionsmöglichkeiten ist heute in ihrer damals behaupteten Tragweite kaum nach nachvollziehbar; praktisch aber ist sie – etwa für die Gewerkschaften – nach wie vor erst einzuholen. So materialreich: Kadritzke, Ulf: Der Blick nach oben und die Angst vor dem Absturz. Die professionellen Mittelklassen in der Zone der Verwundbarkeit. In: Hödl, Josef/Posch, Klaus/Wilhelmer, Peter (Hrsg.): Sprache und Gesellschaft. Wien 2006

5 Bourdieu, Pierre: Die feinen Unterschiede. Frankfurt 1982, S. 185

6 Thien, Hans-Günter: Strukturen, Klassen und Kulturen oder von der Schwierigkeit, soziale Ungleichheit in heutigen kapitalistischen Gesellschaften zu erkennen. In: Ders.: Die verlorene Klasse. ArbeiterInnen in Deutschland. Münster 2010, S. 123

7 Ebd., S. 146

8 Ich folge hier weitgehend der Darstellung von Esser, Josef: Gewerkschaften in der Krise. Frankfurt/M 1982, S. 233

9 Ebd.

10 Ebd.

11 Siehe hierzu die grundlegende Arbeit von Bojadzijev, Manuela: Die windige Internationale. Rassismus und Kämpfe der Migration, Münster 2008; zur generellen Problematik dieses viel zu wenig beachteten Zusammenhangs siehe auch: Türkmen, Ceren: Rethinking Class-Making. Zur historischen Dynamik von Klassenzusammensetzung, Gastarbeitsmigration und Politik. In: Thien, Hans-Günter (Hrsg.): Klassen im Postfordismus. Münster, 2. korrigierte Auflage 2011, S. 202 – 234

12 Moulier Botang, zit .n. Bojadzijev, Manuela: Die windige Internationale, S. 172

13 Statt vieler Nachweise und Literaturangaben verweise ich hier nur auf das Schwerpunktheft 162 der Zeitschrift „Das Argument" aus dem Jahre 1987 mit nach wie vor sehr lesenswerten Aufsätzen, insbesondere von Michael Krätke, Frieder O. Wolf und Hinrich Oetjen; siehe die nächste Anmerkung

14 Krätke, Michael, Vom hilflosen Antikapitalismus der Gewerkschaften. In: Das Argument, 29.Jg. (1987), H. 162, S. 212

15 Mooser, Josef: Arbeiterleben in Deutschland. S. 194, 137

16 Vgl. Burkart, Günter: Treue in Paarbeziehungen. Theoretische Aspekte, Bedeutungswandel und Milieu-Differenzierung. In: Soziale Welt, 42. Jg.(1991), H.4, S. 489 – 509

17 Vgl. die Beiträge im Sammelband von Andresen, Knud/Bitzegeio, Ursula/ Mittag, Jürgen (Hrsg.): „Nach dem Strukturbruch"? Kontinuität und Wandel von Arbeitsbeziehungen und Arbeitswelt(en) seit den 1970er Jahren. Bonn 2011, in dem auch Anselm v. Doering-Manteuffel und Lutz Raphael ihre These verteidigen; Scholz, Dieter/Glawe, Heiko/Martens, Helmut/Paust-Lassen, Pia/Peter, Gerd/Reitzig, Jörg/Wolf, Frieder O. (Hrsg.) Turnaround? Strategien für eine neue Politik der Arbeit. Münster 2006

18 Dörre, Klaus: Landnahme und soziale Klassen, in: Thien, Hans-Günter (Hrsg.), Klassen im Postfordismus, Münster 2. korrigierte Auflage 2011, S.115

19 Ders. S. 559 – 588, und die Ausführungen bei Hoffmann, Jürgen: Politisches Handeln und gesellschaftliche Struktur, S. 586ff

20 Jürgens, Kerstin: Deutschland in der Reproduktionskrise. (2010). In: Leviathan 38, H. 4, S. 559 – 587

21 Aus der Fülle der Literatur verweise ich auf die m. E. gründlichste Thematisierung durch : Castel, Robert/Dörre, Klaus: Prekariat, Abstieg, Ausgrenzung. Die soziale Frage am Beginn des 21. Jahrhunderts. Frankfurt/New York. 2009. Siehe auch Steinert, Heinz: Das Prekariat: Begriffspolitik und Klassenpolitik. In: Thien, Hans-Günter (Hrsg.): Klassen im Postfordismus, S. 174 – 201

22 Buci-Glucksmann, Christine/Therborn, Göran: Der sozialdemokratische Staat. Die „Keynesianisierung" der Gesellschaft. Hamburg 1982

23 Dörre, Klaus: Hartz-Kapitalismus. Vom erfolgreichen Scheitern der jüngsten Arbeitsmarktreformen. In: Heitmeyer, Wilhelm: Deutsche Zustände, Folge 9. Frankfurt 2010, S. 300f

24 Die deutsche Vereinigung mit ihren Folgen gerade auch für die Arbeitsbevölkerung ist m. E. nach wie vor in ihrer Bedeutung kaum erkannt; umso verdienstvoller sind die wichtigen Arbeiten von Hürtgen, Renate: Zwischen Disziplinierung und Partizipation. Vertrauensleute des FDGB im DDR-Betrieb. Köln/Weimar/Wien 2005; dies.: Angestellt im VEB. Loyalitäten, Machtressourcen und soziale Lagen der Industrieangestellten in der DDR. Münster 2009; Gehrke, Bernd/Hürtgen, Renate (Hrsg.): Der betriebliche Aufbruch im Herbst 1989: Die unbekannte Seite der DDR-Revolution. Berlin 2. korrigierte Auflage 2001. Siehe auch: Gehrke, Bernd/Rüddenklau, Wolfgang: ...das war doch nicht unsere Alternative. DDR-Oppositionelle zehn Jahre nach der Wende. Münster 1999

25 Candeias, Mario/Röttger, Bernd: Ausgebremste Erneuerung?. Gewerkschaftspolitische Perspektiven in der Krise. In: Das Argument, 51. Jg. (2009), H. 284, S. 897

26 Ebd.

27 Jürgens, Kerstin: Deutschland in der Reproduktionskrise, S. 567

28 Ebd.

29 Vgl. Röttger, Bernd: Noch immer "Modell Deutschland"? Mythen und Realitäten politökonomischer Kontinuität einer Gesellschaftsformation. In: PROKLA. Zeitschrift für kritische Sozialwissenschaft, 42. Jg. (2012), H. 166, S. 40

30 Dörre, Klaus: Prekariat im Finanzmarkt-Kapitalismus. In: Castel, Robert/Dörre, Klaus: Prekariat, Abstieg, Ausgrenzung, S. 45f

31 Siehe hierzu z.B. Hoffmann, Jürgen/Hoffmann, Rainer/Mückenberger, Ulrich/Lange, Dietrich (Hrsg.): Jenseits der Beschlusslage – Gewerkschaft als Zukunftswerkstatt. Köln 2. erweiterte Auflage 1993. Kempe, Martin: Die Kraft kommt von den Wurzeln. Frankfurt/M 1990

32 Vgl. zum Folgenden die pointierte Darstellung bei Kempe, Martin: 10 Jahre ver.di – die Chancengewerkschaft. Münster 2011

33 Vgl. Ebd.

34 Vgl. Bremme, Peter/Fürniß, Ulrike/Meinecke, Ulrich (Hrsg.): Never work alone. Organizing – ein Zukunftsmodell für Gewerkschaften. Hamburg 2007

35 Röttger, Bernd: Noch immer "Modell Deutschland"? Mythen und Realitäten politökonomischer Kontinuität einer Gesellschaftsformation. In: PROKLA, H. 166, S. 42

36 Altvater, Elmar/Mahnkopf, Birgit: Konkurrenz für das Empire. Die Zukunft der Europäischen Union in der globalisierten Welt. Münster 2007. Vgl. auch die frühzeitige Diagnose der hier angesprochenen Problematik der Arbeitsbeziehungen in Europa bei: Altvater, Elmar/Mahnkopf, Birgit: Gewerkschaften vor der europäischen Herausforderung. Münster 1993

37 Ebd. S. 183

38 Röttger, Bernd: Noch immer "Modell Deutschland"?, S. 43

39 Altvater, Elmar: Der große Krach oder die Jahrhundertkrise von Wirtschaft und Finanzen, von Politik und Natur. Münster 2010, S. 90

40 Birke, Peter: Macht und Ohnmacht des Korporatismus. Eine Skizze zu den aktuellen Arbeitskämpfen in Deutschland. In: Birke, Peter/Henninger, Max: Krisen Proteste. Berlin/Hamburg 2012, S. 178f

41 Ebd. S. 178

42 Vgl. Kaindl, Christina: Zumutungen und Selbstbestimmung. Subjekte in Neoliberalismus und Krise. In: Kurswechsel, H. 2/2012. Wien 2012, S. 24

43 Siehe z.B. Urban, Hans-Jürgen: Europa neu begründen. Radikaler Politikwechsel statt Fiskalpakt und Demokratieabbau. In: Sozialismus, 39. Jg. 2012 (H. 7), S. 54 – 57; Kowalsky, Wolfgang/Scherrer, Peter (Hrsg.): Gewerkschaften für einen europäischen Kurswechsel. Das Ende der europäischen Gemütlichkeit. Münster 2011

44 Siehe neben den schon genannten Arbeiten von Elmar Altvater und Birgit Mahnkopf neuerdings auch die Beiträge in: Forschungsgruppe „Staatsprojekt Europa" (Hrsg.): Die EU in der Krise. Zwischen autoritärem Etatismus und europäischem Frühling. Münster 2012; und Demirovic, Alex/Sablowski, Thomas: Finanzdominierte Akkumulation und die Krise in Europa. In: PROKLA, 42.Jg. (2012), Nr. 166, S. 77 – 106

45 Dörre, Klaus: Hartz-Kapitalismus, S. 297

46 Birke, Peter: Macht und Ohnmacht des Korporatismus, S. 181

47 Thien, Hans-Günter: Arbeiterklasse, Klassenindividuen und Arbeiterkultur. In: Ders.: Die verlorene Klasse. Münster 2010, S. 77f

48 Roth, Karl-Heinz/van der Linden, Marcel: Ergebnisse und Perspektiven. In: Dies.: Über Marx hinaus. Arbeitsgeschichte und Arbeitsbegriff in der Konfrontation mit den globalen Arbeitsverhältnissen des 21. Jahrhunderts. Berlin/Hamburg 2009, S. 560

Plakat zur Benefiz-Veranstaltung für die Tschernobyl-Opfer „Rock Open Air ´86 gegen Atom" in St. goarshausen/ Loreley, 16. August 1986.
Archiv der sozialen Demokratie, Bonn 6/PLKA035966

Plakat der DAG „Arbeit und Ausbildung frei von Markt und Macht!“, o.J.
Technoseum
Avz: 1990/0339

Plakat der IGBE „Arbeitnehmer-Votum gegen § 116“, ca. 1986
Archiv für soziale Bewegungen Bochum

Bis 1986 konnten in Arbeitskämpfen „kalt“ Ausgesperrte, d.h., Arbeiter, die nicht am Streik teilnahmen und trotzdem von Arbeitgeberseite nicht in den Betrieb gelassen wurden, für diese Zeit Arbeitslosengeld erhalten. Durch die Novellierung des Paragraphen 116 des Arbeitsförderungsgesetzes (AFG) wurde diese Möglichkeit gestrichen. Gewerkschaften und SPD, aber auch die Grünen, protestierten heftigst.

Plakat von Klaus Staeck „Die Arbeiterklasse: Dem Morgenrot entgegen“, 1. Mai 1989
Sammlung Klaus Staeck, Heidelberg

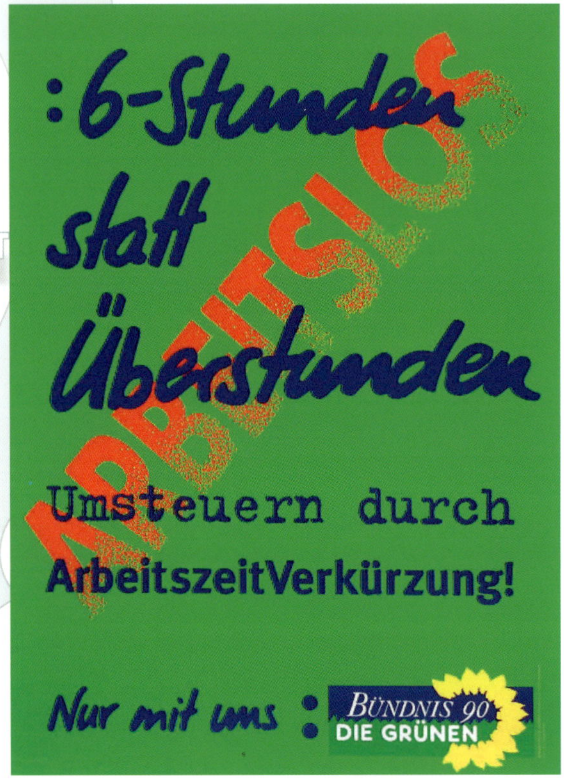

Plakat der Grünen zur Bundestagswahl „6-Stunden statt Überstunden", 16. Oktober 1994
Archiv der sozialen Demokratie, Bonn
6/PLKA001791

Plakat der IG Metall „Chemnitzer Streiklichter", 1993
Sächsisches Industriemuseum Chemnitz
03/0181/D4

Plakat der PDS zur Bundestagswahl „Arbeit, Solidarität, Gerechtigkeit“, 16. Oktober 1994
Archiv der sozialen Demokratie, Bonn
6/PLKA001095

Rote Socke zum PDS-Wahlkampf 1994
Haus der Geschichte der Bundesrepublik Deutschland, Bonn
1996/01/0673

Computerspiel „Captain Gysi und das Raumschiff Bonn“, 1997
Haus der Geschichte der Bundesrepublik Deutschland, Bonn
DG 2002/04/0422

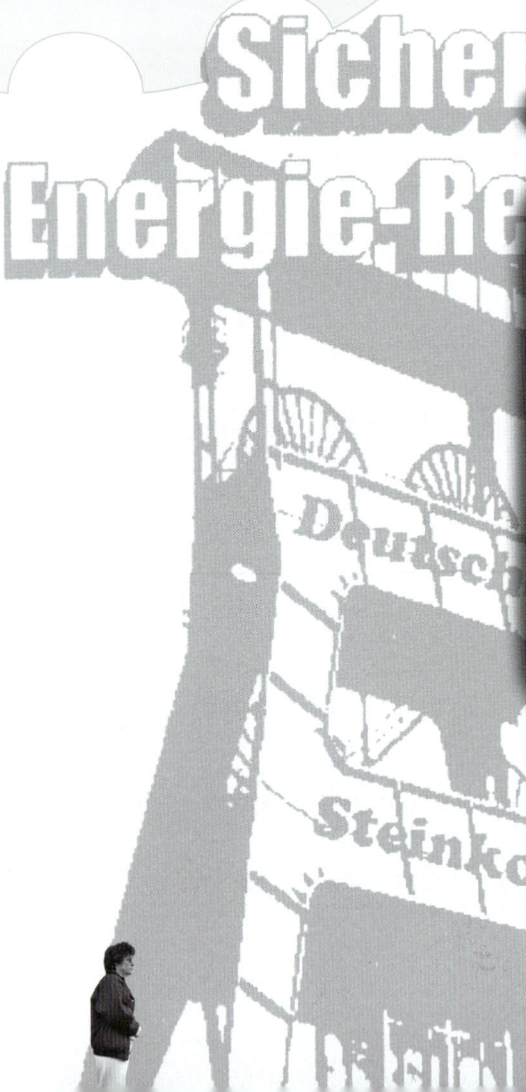

GLAS MIT STEINKOHLE „MEINE STIMME FÜR DEN HEIMISCHEN BERGBAU IGBE, BEZIRK RUHR-NORD, 1995

HAUS DER GESCHICHTE DER BUNDESREPUBLIK DEUTSCHLAND, BONN

1995/04/0342

Dies war der Protest gegen den „Kohlepfennig".

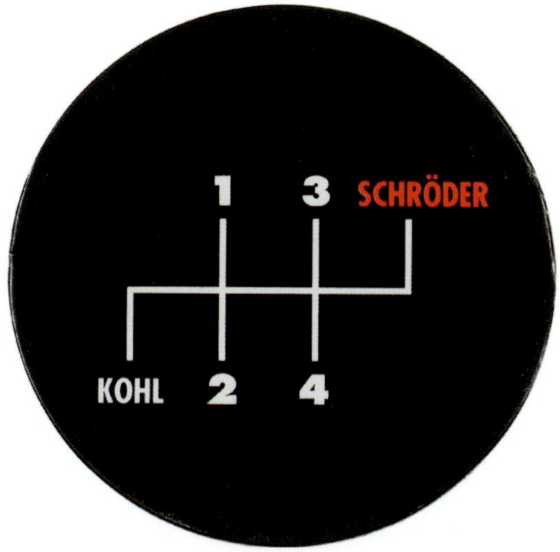

Anstecker der SPD zum Wahlkampf 1998 mit KFZ-Schaltgetriebe-Schema
Archiv der sozialen Demokratie, Bonn
6/STICK00342

Anstecker der WASG-NRW „Eine andere Politik ist möglich!“
Archiv der sozialen Demokratie, Bonn
6/STICK00799

Die „Wahlalternative Arbeit und Soziale Gerechtigkeit“ (WASG) spaltete sich 2004 von der SPD ab, kandidierte 2005 als eigene Partei und schloss sich 2007 mit der PDS zu der Partei „Die Linke“ zusammen.

Anstecker „Aufstehen für eine andere Politik“, Berlin, 20. Juni, 1998
Archiv der sozialen Demokratie, Bonn
6/STICK00423

1997 veröffentlichten Intellektuelle und Gewerkschafter eine „Erfurter Erklärung für Verantwortung für die soziale Demokratie“. Logo der Initiative war der weckende Hahn.

PLAKAT DER IG METALL ZUR RATIONALISIERUNG DER BÜROARBEIT „ARBEITSPLATZ BILDSCHIRM: MONOTON, ISOLIERT, KONTROLLIERT“, 1981
ARCHIV DER SOZIALEN DEMOKRATIE, BONN
6/PLMV001818

PLAKAT DES DGB „GLOBALISIERUNG GERECHT GESTALTEN“, 1. MAI 2002
ARCHIV DER SOZIALEN DEMOKRATIE, BONN
6/PLKA039305

ZWEI NÄHMASCHINEN DER NUEVA VIDA FAIR TRADE ZONE AUS CIUDAD SANDINO, NICARAGUA
ZÜNDSTOFF FREIBURG/ NUEVA VIDA FAIR TRADE ZONE, NICARAGUA

In der „Nueva Vida Fair Trade Zone“ haben sich 1998, nach dem Hurricane „Mitch“, ca. 100 Frauen zusammengeschlossen und sich mit einem Kollektivbetrieb eine neue Zukunft aufgebaut. Bevor die Nähmaschinen dort benutzt wurden, waren sie in einer mexikanischen Maquiladora, einer Großnäherei, in Betrieb.

ver.di
ver.di Erwerbslose

KOS
Koordinierungsstelle gewerkschaftlicher Arbeitslosengruppen

ALV
Arbeitslosenverband Deutschland

IG Metall Außerbetriebliche Gewerkschaftsarbeit

Arbeitslos – nicht wehrlos

Aufstehen am 3. April 2004!

Demonstrationen in Berlin, Köln und Stuttgart

Sozialabbau schafft keine Arbeit sondern Armut. Die Agenda 2010 ist Umverteilung von unten nach oben. Beschäftigte und Erwerbslose, Rentner und Kranke, Schüler und Studenten werden geschröpft. Arbeitgeber, Reiche und Vermögende profitieren.

Eine grundsätzlich andere Politik ist nötig - und möglich. Deshalb rufen wir auf, am 3. April 2004 für eine solidarische Gesellschaft zu demonstrieren.

Mehr und bessere Arbeit:

Arbeit für alle, von der man auch leben kann!

Einkommen zum Auskommen:

Für eine soziale Mindestsicherung, die auch Erwerbslose vor Armut schützt!

Arbeit und Reichtum um*fair*teilen:

Arbeitszeit verkürzen, Reiche stärker besteuern, öffentliche Investitionen erhöhen! Rücknahme der Agenda 2010 und der Hartz-Gesetze!

Erkundigt euch in den örtlichen Gewerkschaftsbüros oder bei **www.dgb.de** oder **www.igmetall.de** oder **www.aktionstag.verdi.de** oder **www.arbeitslosenverband.org** oder **www.erwerbslos.de**

Flugblatt der IG Metall „Arbeitslos – nicht wehrlos“, 2004
Sächsisches Industriemuseum Chemnitz
04/0375/D4

Anstecker des DGB „Aufstehen!“, 2004
Archiv der sozialen Demokratie, Bonn
6/STICK00712

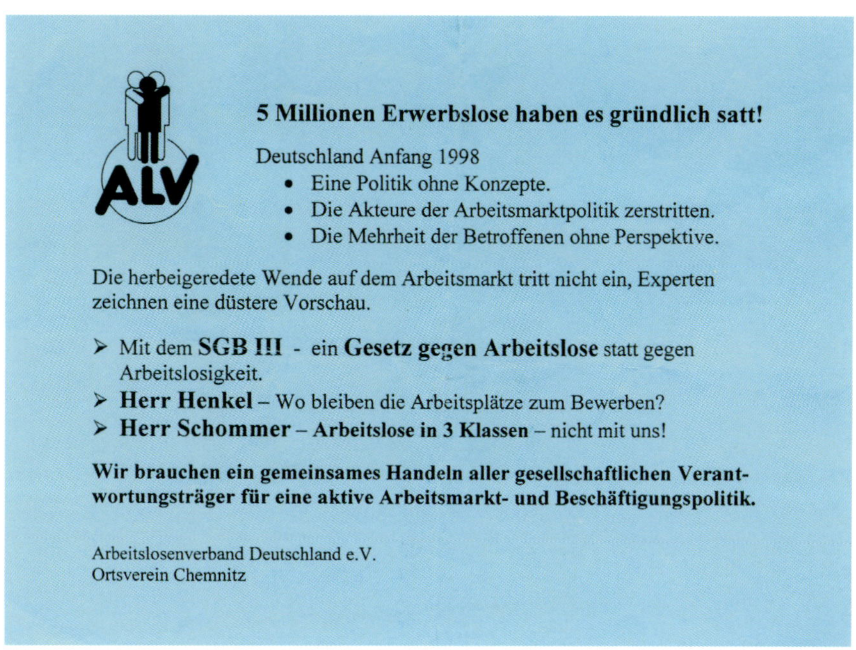

ALV

5 Millionen Erwerbslose haben es gründlich satt!

Deutschland Anfang 1998

- Eine Politik ohne Konzepte.
- Die Akteure der Arbeitsmarktpolitik zerstritten.
- Die Mehrheit der Betroffenen ohne Perspektive.

Die herbeigeredete Wende auf dem Arbeitsmarkt tritt nicht ein, Experten zeichnen eine düstere Vorschau.

- Mit dem **SGB III** - ein **Gesetz gegen Arbeitslose** statt gegen Arbeitslosigkeit.
- **Herr Henkel** – Wo bleiben die Arbeitsplätze zum Bewerben?
- **Herr Schommer** – **Arbeitslose in 3 Klassen** – nicht mit uns!

Wir brauchen ein gemeinsames Handeln aller gesellschaftlichen Verantwortungsträger für eine aktive Arbeitsmarkt- und Beschäftigungspolitik.

Arbeitslosenverband Deutschland e.V.
Ortsverein Chemnitz

Flugblatt des Arbeitslosenverbandes Deutschland e.V., Ortsgruppe Chemnitz, 1998
Sächsisches Industriemuseum Chemnitz
99/0188/D4

Plakat des DGB „Du bist mehr.“,
1. Mai 2004
Archiv der sozialen Demokratie, Bonn
6/PLKA039313

Plakat „Menschen Würde(n) Arbeit(en)“
Haus der Geschichte der Bundesrepublik
Deutschland, Bonn
2004-9-0006

Zeitung „Zeitbombe“ Nr. 1
der Gruppe Neue Arbeit Chemnitz e.V.,
April 1998
Sächsisches Industriemuseum Chemnitz
99/0187/D4

Nummer 1
1. Jahrgang
April 1998

Zeitbombe

Informationsblatt rund um den Arbeitsmarkt
Aktuelle Entwicklungen, Initiativen, Projekte, Beschäftigungsperspektiven

Liebe Leserinnen, liebe Leser

von unserer Mitarbeiterin
Erika Zoller-Bender

Jeden Monat ein neuer Rekord. 56.091 Menschen waren im Arbeitsamtsbezirk Chemnitz im Januar 1998 arbeitslos registriert. Das sind 3.569 mehr Personen als im Vormonat und gegenüber dem Vorjahr beträgt die Steigerung 19,0%. Bundesweit waren am Jahresanfang 1998 4,8 Mio. Arbeitslose von der Statistik erfaßt. Rekorde am laufenden Band lassen die Aufmerksamkeit verkümmern. Von politischer Unruhe ist - im Gegensatz zu Frankreich - bei uns noch wenig zu spüren.

Warum dann der Titel "ZEITBOMBE"? Wird es einen großen Knall geben?

Sicher ist, daß es bereits heute alltäglich ungezählte soziale Sprengsätze gibt, die Gift sind für einen Staat, der demokratisch und sozial zu sein beansprucht. Ein gigantischer Umverteilungsprozeß von unten nach oben läßt innergesellschaftlich Mauern entstehen. Immer mehr Menschen werden aus dem Erwerbsleben ausgesondert und vom allgemein erreichten Lebensstandard abgehängt. Langzeitarbeitslosigkeit und Sozialhilfebedürftigkeit zeugen von diesem Aussonderungsprozeß. Die Arbeitsamtsstatistik weist für Chemnitz zum Jahresende 1997 16.558 Langzeitarbeitslose aus, und die Zahl der SozialhilfeempfängerInnen nimmt jährlich um etwa 1000 zu. Arbeitslosigkeit sowie niedrige Einkommen knapp über dem Sozialhilfesatz sind die wichtigsten Faktoren für drohenden Wohnungsverlust von Familien und Alleinerziehenden. 1997 suchte ein Drittel mehr Menschen Hilfe beim Amt für Jugend und Familie als im Jahr davor. Zu Zwangsräumungen kam es bis Mitte Dezember 1997 in 202 Fällen.

Arbeit ist das halbe Leben
Ulysses Voelker, Düsseldorf, 1. Preis der Plakatausstellung "Plakate gegen Arbeitslosigkeit" (siehe letzte Seite)

Auch junge Menschen werden ausgegrenzt, noch bevor sie die Chance haben, im Erwerbsleben richtig Fuß zu fassen. Nur 48% der AusbildungsplatzbewerberInnen des Jahres 1997 erhielten im Arbeitsamtsbezirk Chemnitz die Möglichkeit, eine betriebliche Ausbildung anzutreten. Rund ein Drittel der Ausbildungplatzsuchenden war bereits im Vorjahr leer ausgegangen. Über die Hälfte der Lehrstellensuchenden von 1997 mußte sich mit Ausweichmöglichkeiten begnügen, begab sich in Ersatzmaßnahmen, Warteschleifen oder Bundeswehrkasernen, wanderte ab in andere Regionen oder findet sich ab mit der no-future-Perspektive.

Der fahrlässige Umgang mit der jungen Generation, der hier besonders ausgeprägt ist, spiegelt sich auch in einer anderen Tatsache wider: so ist der Anteil jugendlicher Strafgefangener in

Impressum:

Herausgeber:
Neue Arbeit Chemnitz

Verantwortlich:
Erika Zoller-Bender (v. i. S. d. P.)

Redaktion:
H. Höcker, W. Hoffmann, K. Kober, G. Lessig, K. Liebert, B. Ludwig, D. Müller, E. Schawohl, Th. Scherzberg, A. Wagner, A. Walther

Satz/Layout:
E. Schawohl

Druck:
Messedruck Leipzig GmbH

Flugblatt zur Montagsdemonstration in Chemnitz, 2. Mai 2005
Sächsisches Industriemuseum Chemnitz
05/0665/D4

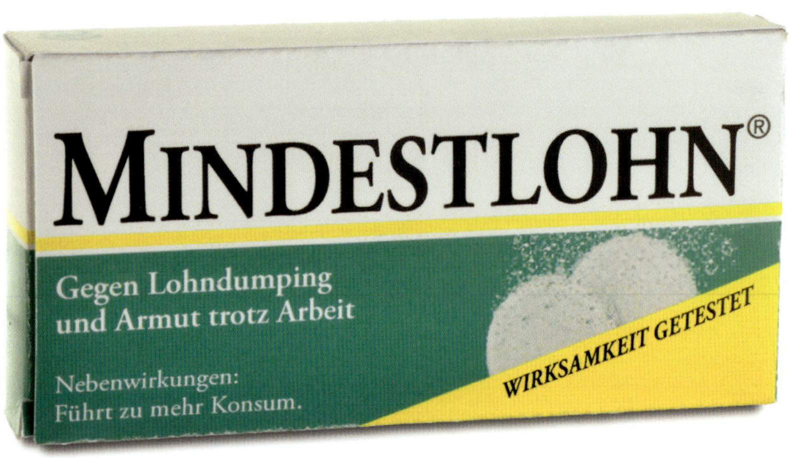

Medikamentenverpackung „Mindestlohn", Januar 2009
Haus der Geschichte der Bundesrepublik Deutschland, Bonn
2009/04/0050

In vielen Staaten begrenzt ein Mindestlohn die Stundenlöhne nach unten. In Deutschland fordern u.a. die DGB-Gewerkschaften seit Mitte der 2000er Jahre eine entsprechende Regelung.

Plakat der SPD zur Landtagswahl Baden-Württemberg „Mensch und Technik", Frühjahr 1988
Archiv der sozialen Demokratie, Bonn 6/PLKA000896

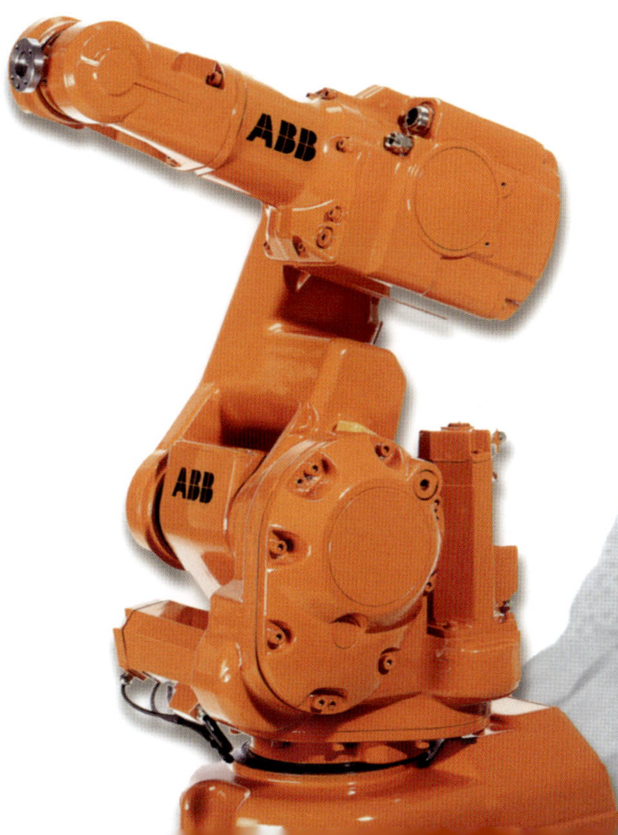

ABB-Roboter IRB 140 aus aktueller Fertigung
ABB

Streik bei Koenig & Bauer, Frankenthal 2011

Vom 5. Mai bis zum 17. Juni 2011 streikt die in der IG Metall organisierte Belegschaft des Druckmaschinenherstellers Koenig & Bauer. Das Frankenthaler Werk sollte geschlossen werden. Die IG Metall verhandelt eine fünfjährige Standortgarantie und einen Sozialplan.

Baseballmützen der IG-Metall, 2011
Technoseum
Evz: 2011/0517-001

Megaphon der IG-Metall, 2011
Technoseum
Evz: 2011/0517-012

Regenschutz „Wir streiken", 2011
Technoseum
Evz: 2011/0517-013

Banner „Siemens Frankenthal"
Technoseum
Evz: 2011/0518-002

Solidaritäts-Transparent der Belegschaft von Siemens Frankenthal zur Unterstützung der streikenden Kollegen bei Koenig & Bauer

Anstecker der IG-Metall zum KBA Streik
Technoseum
Evz: 2011/0517-002

Schild „Wir Pfälzer sind Kämpfer“
Technoseum
Evz: 2011/0518-004

Streiktonne, 2011
Technoseum
Evz: 2011/0518-013

Streiktonne, an der sich die Streikenden der Firma Koenig & Bauer AG (KBA), Frankenthal, während des Streiks abends wärmen.

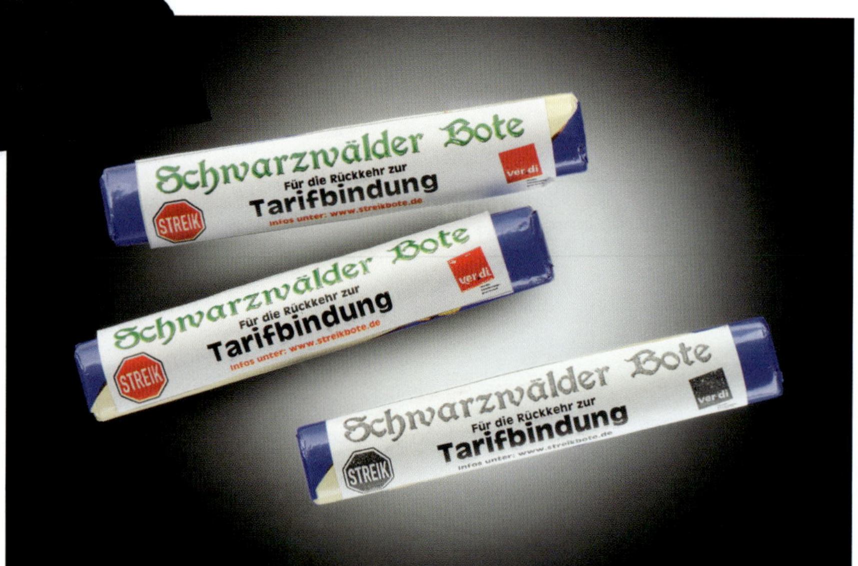

Streik beim „Schwarzwälder Boten" 2011

Die Streiks in der Medienlandschaft sind an sich schon eine Neuerung im Streikgeschehen – erstmals streiken zahlreiche freie Journalisten und Auszubildende, erstmals finden Streikaktionen koordiniert zwischen Journalisten und Druckern statt. Die Dienstleistungsgewerkschaft ver.di verhandelt einen Tarif für 14.000 Redakteure und freie Journalisten. Der „Schwarzwälder Bote" geht jedoch einen anderen Weg: Durch Auslagerung in drei Einzelbetriebe soll der neue Tarif umgangen werden. Die Belegschaft der Zeitung streikt weiter bis in den Dezember und kann eine Tarifbindung bis Ende 2014 erkämpfen.

Anstecker
Technoseum
Evz: 2012/0924

T-Shirt „Stopp Lohn- und Preisdumping"
Technoseum
Evz: 2012/0929

Schokoriegel mit beklebter Verpackung zum Streik
Technoseum
Evz: 2012/0924

Erste und zweite Ausgabe der Streik-zeitung „Streikbote“
Technoseum
Evz: 2012/0924

Streikweste „Schwabo im Streik“
Technoseum
Evz: 2012/0924

Flyer und Infobroschüren zum Streik
Technoseum
Evz: 2012/0924

Essays...

Werner Plumpe

Kapital und Arbeit in Deutschland von der Mitte des 19. Jahrhunderts bis zur Gegenwart

Vorbemerkung

In den 1990er Jahren prägte der französische Soziologe Michel Albert den Begriff vom „Rheinischen Kapitalismus", um damit die besondere Variante der Ausgestaltung des kapitalistischen Wirtschaftssystems in Kontinentaleuropa, insbesondere in der Bundesrepublik Deutschland zu bezeichnen. Der „Rheinische Kapitalismus", so Albert, unterscheide sich etwa von angelsächsischen Varianten durch eine besondere, kooperative Beziehung von Kapital und Arbeit, die überdies durch den Sozialstaat gerahmt, gestützt und abgefedert werde. Es gebe entsprechend eine relativ starke Arbeiter- und Gewerkschaftsbewegung, die ebenso den Ausgleich suche, wie die auf spezifische Weise untereinander vernetzten Unternehmen, deren Vernetzung es ihnen gestatte, sich vergleichsweise unabhängig von kurzfristigen Verwertungsinteressen zu verhalten.[1] Auch wenn dieser „Rheinische Kapitalismus" in den Jahren um die Jahrtausendwende als überaltert galt[2] und gerade eine sozialdemokratisch/grüne Regierung tatkräftig an der Beseitigung der eigentümlichen Vernetzung der deutschen Unternehmen untereinander arbeitete, also die Auflösung der „Deutschland AG" betrieb, so hat doch die Finanz- und Wirtschaftskrise seit 2007 dem vermeintlich überlegenen angelsächsischen Modell eines liberalen Finanzmarktkapitalismus den Glanz genommen. Der weiterhin stark industriell geprägte deutsche Kapitalismus hat nicht zuletzt dank der Stärke des Sozialstaates und der zumindest weitgehend einvernehmlichen Flexibilisierung des Arbeitsmarktes die derzeitige Finanz- und Wirtschaftskrise vergleichsweise erfolgreich bewältigt, während die anderen Varianten des Kapitalismus erhebliche Anpassungsschwierigkeiten zeigen, nachdem der schöne Schein des spekulativen Booms vorüber ist. All das lässt zumindest annehmen, dass das vorschnelle Reden vom Ende des „Rheinischen Kapitalismus" nicht wirklich begründet war. Aufzuklären, woher diese besondere Variante der sozialen Beziehungen kommt, bleibt mithin von großem historischem wie aktuellem Interesse. Der Entwicklung der Beziehungen von Kapital und Arbeit in Deutschland, die ein Kernstück der Geschichte des „Rheinischen Kapitalismus" bildeten und bilden, will ich daher in den folgenden Überlegungen nachgehen. Dabei wird sich schnell zeigen, dass es keineswegs erst die Welt des „Wirtschaftswunders" der Nachkriegszeit war, die den „Rheinischen Kapitalimus" hervorbrachte. Er hat sehr viel tiefere historische Wurzeln.

Die „wilde Phase" des Kapitalismus im Deutschland der 1840er bis 1870er Jahre

In der wirtschafts- und sozialhistorischen Literatur seit den 1960er Jahren haben sich, geht es um die Beschreibung und Bewertung der gesellschaftlichen Entwicklung Deutschlands seit dem Ende des 18. Jahrhunderts Begriffe wie „Rückständigkeit", „Modernisierungsdefizit" oder „Ungleichzeitigkeit" in einer Weise eingebürgert, dass zumindest ein Teil der literarischen Urteile mittlerweile für die Sache selbst genommen wird.[3] Hans-Ulrich Wehler wird es freuen; zutreffend ist es gleichwohl nicht. Der deutsche Kapitalismus, dessen Wurzeln sehr weit zurückreichen, wie bereits die Studien von Werner Sombart gezeigt haben[4], machte zwar den Schub nur sehr bedingt mit, den Großbritannien – getragen von der Entfaltung des Textilgewerbes – seit der Mitte des 18. Jahrhunderts erlebte[5], doch setzte spätestens mit dem Eisenbahnzeitalter seit den 1840er Jahre ein autochthoner Wachstums- und Entwicklungsprozess ein, der sehr schnell eigene Züge gewann und kaum als Aufholen oder gar Kopieren der „fortschrittlicheren" Entwicklung in Großbritannien begriffen werden kann. Die industriellen Strukturen Deutschlands waren von Anfang an andere als in Großbritannien; auch die im Zuge des Ausbaus der Eisenbahnen aufblühende Schwerindustrie trat rasch aus dem Schatten der englischen oder belgischen „Vorzügler" heraus. Die in den Gründerjahren seit den 1850er Jahren entstehenden Industrien der Elektrotechnik, der Chemie oder der Feinmechanik und Optik waren faktisch ohne ausländisches Vorbild; Kopien waren sie auf gar keinen Fall.[6]

Nicht zuletzt aufgrund der strukturellen Unterschiede stellte sich auch die soziale Frage in Deutschland anders als in Großbritannien oder den anderen Staaten des europäischen Kontinents. Frauen- und Kinderarbeit gab es; doch war sie aufgrund der geringeren Bedeutung der Textilindustrie weit weniger verbreitet als in England. Das große soziale Problem Deutschlands bis in das zweite Jahrhundertdrittel hinein war nicht die „Ausbeutung" der Arbeiter [7], sondern die strukturelle Unterbeschäftigung einer stark wachsenden Bevölkerung, die zu Massenarmut und wiederholten Auswanderungsschüben führte.[8] Kennzeichnend für weite Teile des späteren Reiches war die Armut insbesondere der wachsenden unterbäuerlichen Bevölkerungsschicht und der zahlreichen Handwerksgesellen und Tagelöhner. Die soziale Lage der Beschäftigten zog zudem rasch die öffentliche Aufmerksamkeit auf sich, da die unterschiedlichen sozialen Proteste teils als berechtigt anerkannt, teils als gefährlich erachtet wurden. Im Umfeld der Revolution von 1848 sind daher verschiedene Momente zu beobachten, die später in die typische deutsche Sozialpartnerschaft von Kapital und Arbeit einmündeten. Dabei war der staatliche Anteil selbst zunächst noch durchaus gering. Wenn es zu wirksamen sozialpolitischen Maßnahmen kam, so gingen diese stärker von sozialverantwortlichen Fabrikanten aus, die wie Friedrich Harkort in ihren Unternehmen erste Ansätze einer betrieblichen Sozialpolitik entwickelten.[9]

Aus diesen Kreisen stammten auch Überlegungen zu einer Art bürgerlichen Sozialreform und zahlreiche Pilotprojekte zur Entwicklung von Strukturen und Maßnahmen, die später unter dem Begriff der betrieblichen Sozialpolitik gebündelt wurden. Im wirtschaftlichen Aufschwung der Gründerjahre, der nach dem Ende der Revolution von 1848 und der mit ihr verbundenen Wirtschaftskrise zu Beginn der 1850er Jahre einsetzte, blieben diese ersten Schritte zur Verbesserung der Lage der arbeitenden Klassen freilich noch sehr randständig; angesichts der Tatsache, dass die Zahl der „Proletarier" noch gering und auf bestimmte Orte im seinerzeitigen Deutschen Bund beschränkt war, ist das nachvollziehbar. In den rasch wachsenden Fabriken zeigte sich indes bald, dass eine allein über Zwang und Strafen funktionierende Unternehmensführung kaum ausreichen würde, um die sozialen Probleme zu bewältigen. In den Industriebezirken, insbesondere des Berliner Raumes, im Rheinland und im westlichen Westfalen, in Oberschlesien und an der Saar häuften sich die sozialen Probleme. Die großen Unternehmen suchten in einer Art patriarchalischen Sozialpolitik einen Ausweg. Individuelles Arbeitsrecht und patriarchalisch konzipierte betriebliche Sozialpolitik waren dabei die Eckpfeiler der Industriellen Beziehungen, in denen die Arbeitgeber noch relativ autonom nach dem Gesichtspunkt des „Herrn im Hause" verfahren konnten.

Der „Rheinische Kapitalismus" des Kaiserreiches

Nach der Gründung des Kaiserreiches 1871 war es vor allem die wirtschaftliche Entwicklung, die für die Struktur und den Wandel der Industriellen Beziehungen jener Zeit prägend wurde. In den mehr als 40 Jahren vor 1914 wuchs die deutsche Wirtschaft in einer Weise, dass das Land schließlich nach den USA den zweiten Platz in der Rangfolge der Wirtschaftsnationen der Welt aufwies. Kurz vor dem ersten Weltkrieg wurde Großbritannien, in den ersten Jahrzehnten des 19. Jahrhunderts unbestrittene Weltwirtschaftsmacht Nummer 1, überholt. Frankreich war bereits seit den 1870er Jahren zurückgefallen. Auch wenn Pro-Kopfeinkommen und Lebensstandard in Großbritannien und auch in Frankreich noch höher waren; von der gesamtwirtschaftlichen Leistungsfähigkeit gesehen musste das Reich in Europa keine Konkurrenz fürchten. Dabei war der wirtschaftliche Aufstieg keineswegs stetig verlaufen. Zu Beginn blendete der Gründerboom, die durch die französischen Kriegskontributionen noch angeheizte Hochkonjunktur der Jahre bis 1873. Der Gründerkrach beendete diese Hochphase; eine Phase langsameren Wachstums begann. Die in der älteren Literatur missverständlich als „Große Depression" bezeichnete Phase moderaten Wachstums und wiederholter Konjunktureinbrüche dauerte bis in die Mitte der 1890er Jahre. Danach setzte erneut stürmisches Wachstum ein, das mit Unterbrechungen bis zum ersten Weltkrieg anhielt.[10]

Hatte im Gründerkrach und den sich anschließenden Jahren noch wiederholt Unterbeschäftigung geherrscht, ja war es in den 1880er Jahren noch einmal zu Massenauswanderungen gekommen, so herrschte seit der Mitte der 1890er Jahre Vollbeschäftigung, und die Migrationsströme kehrten sich zumindest punktuell um. Nun stiegen auch die Reallöhne, insbesondere in den industriellen Zentren deutlich an, nachdem sie in der zweiten Hälfte der 1870er Jahre leicht gesunken waren und danach nur moderat gewachsen waren. Von 1890 bis 1914 nahmen die realen Jahresverdienste von Beschäftigten im Deutschen Reich durchschnittlich um mehr als 25% zu.[11] Auch der Lebensstandard der Menschen, gemessen an Umfang und Struktur der Konsumausgaben, verbesserte sich wesentlich.[17] Man darf diese Verbesserungen, die zudem bei langsam sinkenden Arbeitszeiten erreicht wurden, freilich nicht überschätzen, da die Existenz zahlreicher Arbeiterfamilien gerade auf dem Land und in kleineren Städten durchweg prekär blieb und sich in den rasch wachsenden Großstädten das Wohnungsproblem zumindest nicht entspannte.[14] Aber immerhin – trotz eines liberalen Arbeitsrechtes, das Tarifverträge und kollektive Verhandlungen nicht kannte, sorgte allein die wirtschaftliche Entwicklung für eine durchgreifende Verbesserung der Lage der abhängig Beschäftigten.

In der Sicht der Unternehmen war die Arbeitswelt daher in Ordnung. Die Arbeiterschaft teilte diese Sicht allerdings nicht. Im Gegenteil nahmen in den 1870er und 1880er Jahren sowohl die sozialdemokratische wie die Gewerkschaftsbewegung deutlich an Gewicht und Bedeutung zu.[14] In den 1890er Jahren wurden die Gewerkschaften zur Massenbewegung; mit der Reichstagswahl von 1903 wurde die SPD zumindest den Stimmen nach die stärkste Partei im Deutschen Reich.[15] Für die Arbeitgeber schien die Lage nun geradezu paradox: Obwohl sich die wirtschaftlichen Bedingungen laufend verbesserten, die Arbeitslosigkeit verschwand, die Arbeitszeiten sanken und die Löhne stiegen, wurde die Arbeiterschaft nicht nur laufend politisch radikaler; auch die sozialen Kämpfe nahmen an Häufigkeit und Heftigkeit zu.[16] Zudem genossen die Gewerkschaften und die streikenden Arbeiter in der deutschen Öffentlichkeit anfangs durchaus große Sympathie. Kaiser Wilhelm II. schmückte seine Inthronierung 1888 mit Bekundungen zum sozialen Königtum und mit dem Willen zur sozialen Reform.[17] Wenig später begannen in Preußen unter dem an sozialpolitischen Reformen orientierten Handelsminister von Berlepsch umfangreiche Arbeiten zur Novellierung der Gewerbeordnung und des Unternehmensrechtes mit dem Ziel, der Arbeiterschaft erstmals gewisse Mitwirkungsmöglichkeiten in den Unternehmen einzuräumen. Damit unterstrich die Regierung, dass sie gewillt war, an der von Bismarck Ende der 1870 Jahre inaugurierten staatlichen Sozialpolitik[18] (Krankenversicherung, Unfallversicherung, Rentenversicherung) nicht nur festzuhalten, sondern sie weiter auszubauen, und zwar in einer Weise, die die Möglichkeiten der Arbeiterschaft erweiterte.[19] Folgerichtig wurde auch das 1890 auslaufende Sozialistengesetz nicht verlängert. Zwar blieb die Frontstellung zwischen Obrigkeit und Sozialdemokratie erhalten; doch die ärgsten Formen der Repression unterblieben, und der Staat zeigte sich um die Arbeiterschaft bemüht. Dieser Reformeifer hielt in den kommenden Jahren nicht an, sondern erlahmte rasch. Über eine Reform der Gewerbeordnung und die fakultative Einrichtung von Arbeiterausschüssen gingen die staatlichen Initiativen letztlich nicht hinaus, im Gegenteil begannen seit dem Ende der 1890er Jahre wieder Überlegungen zu einem repressiveren Vorgehen gegen die Arbeiterbewegung, die indes politisch nicht durchsetzbar waren. Auch wurden die Grundsätze des liberalen, individuellen Arbeitsrechtes nicht in Frage gestellt. Dem Gesetz[20] nach blieben Arbeitsverträge und die Bestimmung der Arbeitsbedingungen Gegenstand der freien Vereinigung von Arbeitgebern und einzelnen Arbeitnehmern – aus deren Sicht die Fixierung eines grotesken Ungleichgewichtes, aus Sicht der Arbeitgeber hingegen ein sinnvoller Zustand, da man nicht davon ausging, gewerkschaftliche Vorgaben oder kollektive Regelungen seien den jeweiligen Unternehmensbedingungen angemessen.

Auch wenn die Arbeitgeber daher das Erlahmen der sozialpolitischen Reformversuche in der zweiten Hälfte der 1890er Jahre begrüßten, blieben sie der staatlichen Haltung in diesen Fragen gegenüber mehr als skeptisch. Zum einen fehlte es der Industrie an energischen Maßnahmen zur Bekämpfung der Sozialdemokratie, die ja immerhin die Beseitigung der gegebenen Wirtschaftsordnung auf ihre Fahnen geschrieben hatte. Sodann hielt der Staat an der unter Bismarck begonnenen Sozialpolitik fest, ja baute sie etwa im Bereich der Rentenversicherung der Angestellten und der Einbeziehung der Angestellten in die gesetzliche Krankenversicherung weiter aus. Schließlich tat der Staat nichts, um die seit der zweiten Hälfte der 1890er Jahre um sich greifende Streikbewegung, die von Jahr zu Jahr an Umfang und Heftigkeit zunahm, einzudämmen, mehr noch schien er wiederholt mit den Streikenden zu sympathisieren, sie zumindest moralisch zu unterstützen und durch zweifelhafte Zugeständnisse, wie die Reform des Preußischen Berggesetzes mit der Einführung von Arbeiterausschüssen im Jahr 1905, zum Frieden bewegen zu wollen.[21] Im Reichstag wurden zudem ständig neue Reformmodelle diskutiert (1908 etwa die Einführung von Arbeiterkammern) – alles das stimmte die Arbeitgeberseite gegenüber Staat und Politik außerordentlich skeptisch. Und auch in der Öffentlichkeit verbesserte sich der Ruf der Arbeitgeberschaft nicht wirklich. Weiterhin bestimmten Berichte etwa aus den Verhältnissen in der Schwerindustrie an der Saar und in Oberschlesien mit ihrem Betriebsabsolutismus das Bild; der Kampf der Arbeiterbewegung schien nur zu gerechtfertigt, wenn selbst derartig „bürgerliche" Organisationen wie der Verein für Sozialpolitik wieder und wieder Reformen der Arbeitsverhältnisse einklagte.[22]

Dem Aufschwung der Gewerkschaften, der Ausdehnung der Streikbewegungen und der Intensivierung der sozialen Kämpfe begegnete die Arbeitgeberschaft daher seit den 1890er Jahren mit eigenen Organisationsbildungen, den Arbeitgeberverbänden. Dabei bildeten sich im Laufe der Zeit zwei Strömungen heraus. Einerseits entstand mit der Hauptstelle der Arbeitgeberverbände eine schwerindustriell dominierte Dachorganisation, die jeden Kompromiss mit der Gewerkschaftsbewegung ausschloss und ihre Mitglieder verpflichtete, auf gewerkschaftliche Streikmaßnahmen kompromisslos und mit aller möglichen Härte zu reagieren. Den Ton gaben in dieser Richtung die „Herren aus dem Westen" an, also die Vertreter der großen Montankonzerne des Ruhrgebietes. Unterstützung fanden sie nicht nur bei den Magnaten Oberschlesiens und den Schwerindustriellen von der Saar. Auch große Teile der Textilindustrie unterstützten den hier verfolgten Konfrontationskurs, ja der Textilarbeiterstreik von Crimmitschau von 1904 wurde geradezu zum Symbol dieser Politik, da es erst die „Solidarität" der Schwerindustrie den Textilindustriellen ermöglichte, den Streik ohne Kompromiss durchzustehen.[23] Mit dieser Taktik der Härte war die Schwerindustrie des Reiches vor 1914 durchaus erfolgreich; es gelang ihr, die Erfolge der Gewerkschaften gering, ja die Organisationen der Arbeiterschaft selbst relativ klein zu halten. Im Ruhrgebiet etwa lag vor dem Ersten Weltkrieg, trotz der Industriedichte und des zutiefst proletarischen Charakters des Montanreviers, kein Schwerpunkt der Metallarbeitergewerkschaften.[24]

Die Arbeitgeberverbände großer Teile der verarbeitenden Industrie, der Chemie und anderer Branchen lehnten die Haltung der Hauptstelle nicht prinzipiell ab, waren aber nicht bereit sich unter die Kuratel der Schwerindustrie zu begeben.[25] Gerade die vor 1914 ausgesprochen erfolgreiche chemische Industrie wollte ihre eigenen Handlungsspielräume behalten. Zwar bekämpften auch die großen Farbenhersteller Gewerkschaften und Sozialdemokratie im Konfliktfall mit aller Härte; doch verfolgte man insgesamt einen flexibleren Kurs. Der Masse der kleinen und mittleren Unternehmen blieb ohnehin nicht viel anderes übrig. In bestimmten Bereichen des verarbeitenden Gewerbes, etwa im Bereich der Druckindustrie oder in Teilen des Nahrungsmittelgewerbes, lagen die Verhältnisse schließlich so, dass die Arbeitgeber die Entstehung kollektiver Regelungen des Arbeitsverhältnisses akzeptierten bzw. akzeptieren mussten, da die Gewerkschaften stark genug waren, sich gegen die kleinen und wirtschaftlich verwundbaren Betriebe im Zweifel mit Streiks wirksam durchsetzen zu können.[26] Die Dachorganisation dieser flexibleren und teilweise kompromissbereiten Arbeitgeberverbände, die Vereinigung der Arbeitgeberverbände (VdA) verfolgte daher insgesamt einen anderen Kurs als die Hauptstelle. Die Arbeitgeber der Chemie standen zwischen diesen Verbänden und blieben bis 1914 auch den Organisationen deshalb fern, weil sie einen eigenständigen Arbeitgeberverband gar nicht erst begründeten. Die großen Unternehmen der chemischen Industrie beteiligten sich statt dessen an einer Art dritten Säule der Arbeitgeberverbände, den regionalen, branchenübergreifenden Organisationen, in denen es ihnen leicht fiel, den Ton anzugeben. Der Arbeitgeberverband für den bergischen Industriebezirk stand bis 1914 weitgehend unter dem maßgeblichen Einfluss der Farbenfabriken in Elberfeld/Leverkusen. Deren späterer Generaldirektor Carl Duisberg war dessen langjähriger Vorsitzender, der im Übrigen auch durchsetzte, dass man nicht der Hauptstelle beitrat. Zum Anhängsel der Schwerindustrie wollte man nicht werden.[27]

Dass zahlreiche Unternehmen und auch viele Arbeitgeberverbände insgesamt eine flexible Linie verfolgten, hatte einen plausiblen Grund. Denn auch wenn man den Arbeitern keine kollektiven Rechte zugestand und gegen Streikbewegungen und Gewerkschaftsorganisationen brachial vorging, waren diese keineswegs hilflos. Die vorwiegend gute Konjunktur der Jahre vor 1914 und die faktische Vollbeschäftigung der Zeit begünstigten vielmehr individuelle Strategien, die vor dem Krieg Massencharakter annahmen.[28] Spiegelbildlich zum Fehlen kollektiver Rechte wuchs in jenen Jahren die Fluktuation der Belegschaften auf ein seither nicht mehr erreichtes Niveau. In Leverkusen lag die Fluktuationsrate vor 1914 über 100%, d.h. auf 100 Beschäftigte kamen im Jahr mehr als 100 Entlassungen bzw. Neueinstellungen, und die Bayerwerke am Rhein waren keineswegs eine Ausnahme. Ähnliche Fluktuationsphänomene fanden sich in fast allen Betrieben der chemischen Großindustrie, aber auch bei der Metallverarbeitung oder im Bergbau. Hatte die betriebliche Sozialpolitik der Gründerjahre und der unmittelbaren Jahre danach nicht selten noch einen patriarchalischen, bevormundenden und paternalistischen Charakter, so änderte sich dies jetzt ganz grundlegend. Unternehmen der Großchemie, Teile der Metallerzeugung und der Metallverarbeitung, insbesondere aber auch die feinmechanische und optische Industrie, deren wirtschaftlicher Erfolg maßgeblich von der Produktivität der Beschäftigten abhing, entwickelten ausgeklügelte Strategien der Personalführung, die insbesondere auf die Bindung strategisch wichtiger Belegschaftsgruppen abzielten. Dafür war man bereit, sehr viel Geld in die Hand zu nehmen. Die großen Chemieunternehmen zahlten vor 1914 ein Vielfaches der gesetzlichen Sozialleistungen freiwillig.[29] Zum Inbegriff dieser Entwicklung wurde Zeiss in Jena. Das Statut der Carl Zeiss-Stiftung sah den Achtstundentag ebenso vor wie Kündigungsschutz und Urlaubsanspruch, Krankenversorgung und weitgehende Altersversorgung.[30] Dieses Modell ging selbst der Großchemie zu weit und blieb insofern eine Ausnahme. Insgesamt aber zeigte sich nun, dass der alte Betriebspatriarchalismus ausgedient hatte. Das moderne, ausdifferenzierte Großunternehmen verlangte nach einer Struktur der Industriellen Beziehungen, die der Realität der Arbeitsprozesse Rechnung trug. Die Frage der Unternehmensführung ließ sich insofern nicht mehr einfach als Machtproblem begreifen; sie musste mit der Arbeiterschaft rechnen und deren Verhalten in das eigene Kalkül aufnehmen. Der Abschied vom Betriebsabsolutismus war insofern nur eine Frage der Zeit, und die klugen Unternehmen nahmen diese Entwicklung auch bereits vorweg. Die verbreiteten Ideologien mochten dem noch entgegenstehen, doch war deren Ende abzusehen. Auch die Arbeiterbewegung, für die sich die Industriellen Beziehungen ebenfalls vor allem als Machtfrage stellten, würde über kurz oder lang einsehen müssen, dass jenseits derartiger Auffassungen der Betriebsalltag nicht gegeneinander, sondern nur kooperativ zu bewältigen sein dürfte.

Der „Große Krieg"

Der Krieg beschleunigte daher eine Entwicklung; er führte sie aber nicht herbei. Zunächst schien im Rahmen des Burgfriedens die Dringlichkeit der Gestaltung der Beziehungen von Kapital und Arbeit ohnehin nicht mehr gegeben, sondern war auf die Zeit nach dem Ende des Krieges verschoben. Mit der langen Dauer des Krieges aber kehrten die Probleme zurück, ja sie verschärften sich angesichts der Lebensmittel- und der Arbeitskräfteknappheit nach und nach dramatisch.[31] Denn einerseits sollte die Arbeiterschaft aufgrund der Totalisierung des Krieges immer mehr leisten; andererseits wurden die Lebensmittel knapp und ihre Preise stiegen trotz Rationierung und Zuteilung deutlich an. Allein Appelle an das vaterländische Pflichtgefühl reichten schließlich nicht mehr, die Arbeiterschaft zu Höchstleistungen zu bringen, die doch notwendig waren, wollte man der materiellen Überlegenheit des Feindes zumindest irgendwie Paroli bieten. Da die Möglichkeiten für materielle Zugeständnisse objektiv begrenzt waren, gestanden Reichsleitung und Reichstagsparteien der Arbeiterschaft im Herbst 1916 als Gegenleistung für eine Ausweitung der Dienstpflicht weitgehende Mitbestimmungsrechte bei der Gestaltung der Arbeits- und Lohnverhältnisse zu und werteten damit zugleich die Gewerkschaften als Partner in den Arbeitsbeziehungen massiv auf. Mit dem Gesetz über den vaterländischen Hilfsdienst vom Dezember 1916 wurden die Menschen zwischen 14 und 65 Jahren zwar grundsätzlich zur Arbeit in der Kriegswirtschaft verpflichtet, bekamen aber das Recht, bei Vorliegen materieller Gründe den Arbeitsplatz zu wechseln, so dass zumindest aus der Sicht der händeringend nach Arbeitern suchenden Rüstungsindustrie die Verpflichtung bloß auf dem Papier stand, ja in ihrer konkreten Form eine Prämie auf Lohn-Hopping darstellte. Überdies konnten Forderungen der Arbeiterschaft nach Verbesserung der Arbeitsbedingungen und Erhöhung der Löhne über neu zu wählende unabhängige Arbeiterausschüsse vorgetragen werden, die im Falle der Nichteinigung das Recht erhielten, diese Fragen paritätisch von Militär, Arbeitgebern und Gewerkschaften besetzten Schlichtungsausschüssen vorzulegen.[32] Damit waren faktisch Strukturen des kollektiven Arbeitsrechtes in die deutschen Unternehmen eingezogen, zumal es den Unternehmern nun auch nicht mehr möglich war, Angehörige der freien Gewerkschaften von den Arbeiterausschuss-Wahlen auszuschließen. Deren Vertreter gewannen die im Frühjahr 1917 erstmals abgehaltenen Wahlen mit großer Mehrheit. Erstmals saßen sich nun Vertreter von Gewerkschaften und Unternehmensleitungen auch in großen Betrieben unmittelbar gegenüber, um gemeinsam die alltäglichen Probleme im Betrieb zu besprechen und zu lösen.
Die wenigen bislang vorliegenden Studien zum Alltag der Industriellen Beziehungen unter dem Hilfsdienstgesetz

vermitteln ein überaus vielfältiges Bild der betrieblichen Realität. In der Schwerindustrie, namentlich im Bergbau, funktionierte die betriebliche Kommunikation kaum; dafür gewannen die Schlichtungsausschüsse an Bedeutung, in denen sich Gewerkschaften und Arbeitgebervertreter zwar spinnefeind gegenüberstanden, auf Kosten höherer Kohlenpreise aber stets zu staatlich vermittelten Kompromissen fanden. In der chemischen und in weiten Teilen der verarbeitenden Industrien war die Lage eine andere. Zwar klagten auch hier die Unternehmer, dass das Hilfsdienstgesetz seine eigentliche Aufgabe, nämlich die Arbeitskräfteknappheit zu beseitigen, kaum erfülle, doch arrangierten sich Unternehmensleitungen und gewerkschaftlich dominierte Arbeiterausschüsse im betrieblichen Alltag in der Regel recht gut. Selbst bisherige „Gewerkschaftsfresser" wie der Leverkusener Generaldirektor Carl Duisberg, der die Sitzungen des dortigen Arbeiterausschusses zumeist persönlich leitete, hatte an dieser neuen Form der betrieblichen Mitbestimmung wenig auszusetzen, zumindest solange sie nicht zu einer aus seiner Sicht leistungsfeindlichen Schematisierung der Löhne und Arbeitsverhältnisse führte.[33] Dass sich trotz der abzeichnenden „Sozialpartnerschaft" die sozialen Beziehungen nicht stabilisieren ließen, sondern Streiks und Arbeitskonflikte in der zweiten Kriegshälfte zunahmen, lag weniger an einem Versagen der neuen Mitbestimmungsregeln als vielmehr an objektiven Gegebenheiten, einerseits der Lebensmittelknappheit, andererseits den Zwängen der Rüstungsproduktion. Die sich zunehmend vom Burgfrieden abwendenden Teile der Arbeiterbewegung, insbesondere der sich in der USPD organisierende linke Flügel der Sozialdemokratie und die Berliner Vertreter des Deutschen Metallarbeiterverbandes, kritisierten daher zunehmend die Gesamtkonstellation. Ihnen fehlte es nicht an Mitbestimmungsmöglichkeiten und materiellen Zugeständnissen; sie generalisierten die Krise der Kriegswirtschaft zu einer Krise des kapitalistischen Systems. Die Industriellen Beziehungen wurden in dieser Sicht daher wieder zum Moment eines an der Systemfrage orientierten Klassenkampfes, in dessen Licht jede Form der „Sozialpartnerschaft" bereits als Klassenverrat erschien.[34]

Den wenig kompromissbereiten Vertreter der Schwerindustrie, denen jedes Zugeständnis an die Arbeiterschaft zu weit ging und die folgerichtig einer Militarisierung des Arbeitsverhältnisses das Wort redeten, stand mithin der linke Teil der Arbeiterbewegung im Willen zur Politisierung der Industriellen Beziehungen keineswegs nach. Als sich im Herbst 1918 das Ende des Kaiserreiches abzeichnete und die Möglichkeit einer militärischen Niederlage im Krieg immer wahrscheinlicher wurde, waren daher die Erwartungen außerordentlich hoch, zugleich mit Krieg und Kriegswirtschaft das kapitalistische System überhaupt loswerden zu können. Gemessen daran war die Realität der Weimarer Republik eine einzige Enttäuschung. Aber auch die Schwerindustrie konnte nicht jubilieren.

Konsens und Konflikt in der Weimarer Republik

Es zählt zu den bemerkenswertesten Ereignissen der deutschen Geschichte im 20. Jahrhundert, dass der politische Umsturz des Novembers 1918 ohne größere wirtschaftliche und soziale Folgen blieb, obwohl die Systemfrage ständig im Raum stand und bis zum Ende der großen Inflation 1923 stets wieder aktuell wurde.[35] Im Nachhinein kann man diesen Sachverhalt recht leicht damit erklären, dass die Mehrheit der deutschen Bevölkerung ohnehin keine sozialistische Systemtransformation wünschte, ein derartiger Wechsel daher nur in Form einer (proletarischen) Diktatur hätte durchgesetzt werden können. Doch im Oktober 1918 war die Situation völlig offen. Das politische System des Kaiserreiches sackte geradezu in sich zusammen; es fand sich kaum eine Hand zu seiner Verteidigung und in den Kreisen der westdeutschen Großindustrie rechnete man bereits mit tiefgreifenden Einschnitten. Zwar war die Stimmung nicht überall so schlecht wie in der Schwerindustrie, die aus vielerlei Gründen damit rechnen musste, zum Hauptzielpunkt einer revolutionären Bewegung zu werden, doch auch in der Großchemie, die sich aufgrund der technischen Komplexität ihrer Anlagen vor einer Sozialisierung recht sicher wähnte, war man alles andere als zukunftsfroh.[36] Dass man in dieser Konstellation einem Abkommen zustimmte, das die Gewerkschaften als gleichberechtigte Verhandlungspartner akzeptierte, den Achtstundentag einführte und Arbeitsbedingungen und Löhne künftig durch Tarifverträge regeln wollte, war daher nicht unbedingt überraschend, garantierte es doch auf der anderen Seite implizit auch das Existenzrecht der privaten Industrie. Das Abkommen über die Zentralarbeitsgemeinschaft der gewerblichen Arbeitgeber und Arbeitnehmer Deutschlands, nach seinen Vätern auch Stinnes-Legien-Abkommen genannt, wurde damit, obwohl es von Seiten der Industrie ohne förmliches Mandat von Hugo Stinnes ausgehandelt worden war, zur Gründungsurkunde des kollektiven Arbeitsrechtes in Deutschland und zum Grundstein der weiteren Entwicklung der Industriellen Beziehungen – im Grunde bis in die Gegenwart. Denn in dem Abkommen wurden weniger materielle Zugeständnisse gemacht als vielmehr Verfahrensabläufe geregelt, von der betrieblichen Mitbestimmung bis hin zum Tarif- und Schlichtungswesen und zur Frage der industriellen Unterstützung für die sogenannten Gelben Gewerkschaften, also unternehmensnahe Verbände. Diese „Unternehmerknechte" sollten fortan keine Hilfen mehr erhalten; alles hatte sich vielmehr zwischen unabhängigen, gleichberechtigten Partnern abzuspielen, die ihre betrieblichen wie Lohnkonflikte nach klaren Regeln der Aushandlung und der Schlichtung gemeinsam lösten.[37]

Für große Teile der Arbeiterbewegung[38], die in der sogenannten Novemberrevolution und den nachfolgenden Monaten nicht nur erheblichen Mitgliederzulauf erhielt, sondern über den Rat der Volksbeauftragten auch die politische Macht glaubte errungen zu haben, war dieses Abkommen ein Danaergeschenk, das zwar traditionelle Forderungen befriedigte, aber weitere Änderungen im Grunde ausschloss. Selbst der Achtstundentag war, in einem geheimen Zusatzvermerk, an die Klausel gebunden, dass er sich international durchsetze. Die Unzufriedenheit großer Teile der Arbeiterschaft war daher schon nachvollziehbar, zumal ihre neuen, mit der Revolution ins Amt gespülten radikaleren Vertreter in den Betrieben sehr rasch die Grenzen ihres Einflusses erkennen mussten. Nachdem im Dezember überdies die Entscheidung zugunsten einer parlamentarischen Republik und gegen die Räteherrschaft gefallen war, erwies sich auch die Vorstellung der politischen Herrschaft der Arbeiterschaft als Illusion. Noch die Regierung unter Friedrich Ebert machte aus dem privaten Stinnes-Legien-Abkommen mit der Verordnung über Tarifverträge, Arbeiter- und Angestelltenausschüsse und Schlichtung von Arbeitsstreitigkeiten vom 23. Dezember 1918 [39] geltendes Recht. Mit dieser Verordnung war nun ganz offensichtlich, dass sich in der Revolution vor allen Dingen die Verfahren geändert hatten, mit denen soziale Konflikte ausgetragen werden konnten. Für die Arbeiterschaft, die vor allem materielle Verbesserungen erwartet hatte (von der sozialistischen Revolution noch ganz abgesehen), erwiesen sich diese Regelungen nun auch deshalb als überaus zwiespältig, weil sie die Aktionsmöglichkeiten der Belegschaften geradezu drastisch reduzierten. Hatten sich im liberalen, individuellen Arbeitsrecht der Kaiserzeit, wenn man so will, spontane Konfliktstrukturen herausgebildet, mit denen jeweils im Einzelfall Forderungen vorgetragen und auch durchgesetzt werden konnten, so war es nach dem Dezember 1918 mit dieser Art der „direkten Aktion" vorbei. Arbeitsbedingungen und Löhne wurden nun durch Rahmentarif- und Lohntarifverträge geregelt, die zwischen Gewerkschaften und Arbeitgeberverbänden ausgehandelt wurden und danach für beide Seiten verbindlich waren. Konflikte um Tarifverträge hatten einem genau festgelegten Muster von Verhandlung, freiwilliger Schlichtung, ggf. staatlicher Schlichtung, Streik/Aussperrung, Vertragsschluss zu folgen, gegen das nicht verstoßen werden durfte. Belegschaften, die sich nicht an diese Regularien hielten, begingen Tarifbruch, bekamen keine Unterstützung durch die tariftreuen Gewerkschaften und mussten damit rechnen, dass sie auch vor Gerichten unterliegen würden. Den Arbeiter- und Angestelltenausschüssen in den Unternehmen waren mit dieser Regelung faktisch alle wirklichen Rechte entzogen, da sie bestenfalls noch darüber wachen konnten, ob die Verträge auch wirklich eingehalten wurden.[40]

Die Aufwertung der kollektiven Strukturen und die Beschneidung der Rolle der betrieblichen Interessenvertretungen war durchaus im Sinne der sozialdemokratischen, freien Gewerkschaften, die den betrieblichen Ausschüssen deshalb sehr skeptisch gegenüberstanden, weil sie sie für betrieblich borniert hielten und eine zu enge Zusammenarbeit mit den Werksleitungen befürchteten.[41] Angesichts der Praxis der zumeist von gelben Gewerkschaften dominierten Arbeiterausschüsse der Vorkriegszeit war diese Skepsis berechtigt, die sich seit dem Ende des Jahres 1918 aber vor allem gegen kommunistische und syndikalistische Tendenzen in den Betrieben richtete. Diese waren mit den Bestimmungen der Schlichtungsverordnung auch keineswegs einverstanden. Große Streikbewegungen insbesondere im Ruhrbergbau im Frühjahr 1919 glaubte die Reichsregierung daher auch nur dadurch entschärfen zu können, dass sie den Belegschaften mit der Einrichtung von „Betriebsräten" semantisch entgegenkam. In Ergänzung zu den bestehenden Regelungen zur Tarifvertragsgestaltung, zur Schlichtung und zur betrieblichen Mitbestimmung durch Ausschüsse sollten nun neue Betriebsräte als Interessenvertretungen der Belegschaften geschaffen werden, um deren Gestaltung aber bald ein zäher Kampf entstand.[42] Dabei zeigte sich rasch, zumal nach dem zeitweiligen Abflauen der sozialen Konflikte im Ruhrbergbau, dass an eigenständigen und handlungsfähigen betrieblichen Interessenvertretungen nirgendwo ein existentielles Interesse bestand. Das Reichsarbeitsministerium sah sich eher als Makler; die preußischen Behörden bremsten, da man nicht nur eine Förderung des betrieblichen Radikalismus befürchtete, sondern überdies Signalwirkungen für mögliche Regelungen in den öffentlichen Betrieben von Bahn und Post vermeiden wollte. Die Arbeitgeber drangen auf eine weitgehende Orientierung der Betriebsräte am Betriebswohl und wollten vor allem durch detaillierte Wahlvorschriften verhindern, dass zu junge Beschäftigte in die Betriebsräte vordringen konnten. Die freien Gewerkschaften sprachen sich gegen autonome Betriebsvertretungen aus und wollten diese bestenfalls als verlängerten Gewerkschaftsarm in den Betrieben, der auf die Überwachung der kollektiven Vereinbarungen beschränkt blieb. Die Angestelltenverbände schließlich votierten scharf gegen einheitliche Betriebsräte und setzten durch, dass der Betriebsrat durch je gesondert zu wählende Arbeiter- und Angestelltenräte gebildet wurde.

Diese Auseinandersetzungen verzögerten die Gesetzgebung maßgeblich. Heraus kam schließlich ein Gesetzentwurf, mit dem alle bis auf die radikalen Gruppen leben konnten. Im Grunde erhielten die bisherigen Ausschüsse einen neuen Namen. Der Betriebsrat selbst war eher ein Informations- und Kommunikationsorgan. Konkrete Funktionen nahmen der Arbeiter- bzw. der Angestelltenrat wahr, deren einziges handfestes Mitbestimmungsrecht die Zustimmung zu Entlassungen war. Hier änderte sich in den folgenden Jahren auch die Art der Unternehmensführung, die auf die mögliche Intervention des Arbeiterrates Rücksicht nehmen musste, da im Konfliktfalle die Arbeitsgerichte im einzelnen eher zugunsten der Arbeitnehmer entschieden. Manche Unternehmen suchten die Entstehung von Betriebsräten zu verhindern, andere arrangierten sich. Ansonsten blieben die Rechte der Räte weitgehend eingeschränkt. Vorrangig ging es um Information, aber auch um betriebliche Abläufe, Fragen der tariflichen Eingruppierung und Alltagskonflikte. Dabei konnten die Arbeiterräte dort, wo die Werksleitungen um Kooperation bemüht waren, durchaus große Erfolge erzielen. Für die radikalen Strömungen in der Arbeiterschaft aber lief jede Form der Kooperation auf Klassenverrat hinaus. Einem Gesetz, das Kooperation regelrecht einforderte, stand man daher ablehnend gegenüber. Bei der Verabschiedung des Betriebsrätegesetzes im Februar 1920 kam es folgerichtig zu schweren Auseinandersetzungen vor dem Reichstag, die von Republikschutztruppen schließlich gewaltsam beendet wurden.

Die Toten der Verabschiedung des Betriebsrätegesetzes signalisierten, dass dieses Gesetz, ja, dass die gesamte Regelung der Beziehung von Kapital und Arbeit nach 1918 auf der linken Seite der Arbeiterbewegung, bei den kommunistischen und syndikalistischen Bewegungen auf Ablehnung stieß und bestenfalls instrumentelle Bedeutung besaß.[43] Im Falle von Wahlerfolgen konnten die Räte zur Agitation genutzt werden und Hilfsmittel im Klassenkampf sein. Dort, wo kommunistische und syndikalistische Mehrheiten die Räte beherrschten, brach folgerichtig jegliche Kooperation zusammen; Sozialpartnerschaft konnte nicht entstehen. Angesichts der relativen Erfolglosigkeit dieser Taktik kehrten die kommunistischen Gruppen 1925 in die Gewerkschaften zurück und in der Mehrzahl der Betriebe entstand eine leidliche Zusammenarbeit, die aber in der Weltwirtschaftskrise erneut zusammenbrach, als sich die kommunistischen Gewerkschaften im Zuge der Sozialfaschismuskampagne gegen die SPD wandten und in den Betrieben mit eigenen Listen antraten. Mit diesen Listen war man durchaus erfolgreich, weil viele Arbeiter, die angesichts der sozialen Not den offenen Protest scheuten, in der Wahlkabine zur Radikalität neigten. Da auch rechtsradikale Bewegungen in der Weltwirtschaftskrise an Boden gewannen, waren die kooperationswilligen Gewerkschaften nach 1929 erneut in der Defensive.
Es waren aber nicht allein linksradikale Manöver, die eine zufriedenstellende und funktionsfähige Sozialpartnerschaft behinderten; auch auf der Seite der Industrie gab es weiterhin „Gewerkschaftsfresser", die die Zugeständnisse aus der Revolution – so rasch es ging – wieder loswerden wollten. Die Schwerindustrie, namentlich der Bergbau[44] in Schlesien, an der Saar und im Ruhrgebiet suchte die Arbeit der Betriebsräte zu behindern, wo es nur möglich war. Die Eisen- und Stahlindustrie[45] war nicht viel kompromissbereiter, und auch in zahlreichen kleinen und mittleren Unternehmen des verarbeitenden Gewerbes suchten die Werksleitungen nach dem Ende von Revolution und Inflation die Betriebsräte möglichst lahmzulegen, ja, ganz ohne sie auszukommen, um mögliche Entlassungskonflikte zu vermeiden. Die Praxis der Betriebsräte war daher nur dort zufriedenstellend, wo beide Seiten das Potential der Kooperation ausnutzen wollten und konnten wie etwa in zahlreichen Betrieben der chemischen Industrie. Dann erwiesen sich die Arbeiter- und Angestelltenräte durchaus als effektive Interessenvertretung, von der auch die Werksleitung bei der Professionalisierung der betrieblichen Sozialpolitik und der Neugestaltung der Arbeitsorganisation im Zuge der Rationalisierung profitieren konnte. Das Gesamtbild ist mithin uneinheitlich: Nimmt man allein die von den Gewerkschaften veröffentlichten Zahlen, so breiteten sich die Betriebsräte nach der Revolution und bis zum Ende der Inflation ziemlich flächendeckend aus. Mit der Stabilisierung der Mark und dem raschen Anstieg der Arbeitslosigkeit ging ihre Verbreitung deutlich zurück, zumal viele Unternehmen nun die Gunst der Stunde suchten, um ihre von der Krise gebeutelten Belegschaften zu verringern und dabei zugleich die häufig ungeliebte Betriebsvertretung gleich mit zu beseitigen. Die Gewerkschaften forderten daher 1927 und 1928 im Übrigen erfolgreich einen besseren Schutz der Betriebsräte und mehr gewerkschaftliche Rechte bei ihrer Einrichtung. Das konnte aber nicht darüber hinweg täuschen, dass es zu Beginn der Weltwirtschaftskrise Betriebsräte vor allem in großen Betrieben und dort gab, wo die Gewerkschaften stark waren. Ansonsten war die Lage überaus differenziert.[46]
Die betriebliche Mitbestimmung, die ihre Anfänge letztlich im Hilfsdienstgesetz hatte, wurde nach 1918 mit dem Betriebsrätegesetz also schließlich verdauert. Zu einer nennenswerten Unternehmensmitbestimmung kam es hingegen nicht.[47] Auch hier war es wieder eine eigenartige Koalition, die ein weiterreichendes Mitbestimmungsrecht der Belegschaftsvertreter in den Aufsichtsorganen der großen Gesellschaften verhinderte. Dass die Arbeitgeber keine Arbeitervertreter in den Aufsichtsräten wünschten, war zu erwarten. Aber auch die freien Gewerkschaften waren 1920 und 1921, als es darum ging, die Vertretung der Belegschaften in den Aufsichtsräten gesetzlich zu regeln, überaus zurückhaltend. Es waren vor allem Angehörige des Reichsarbeitsministeriums, der christlichen Ge-

werkschaften und der Angestelltenverbände, die eine weitergehende Unternehmensmitbestimmung über Aufsichtsratsrepräsentanz favorisierten, doch gerade ihre Gründe waren zugleich die Motive der Ablehnung durch die freien Gewerkschaften. Denn solange die Betriebe nicht sozialisiert seien, führe eine weitergehende Vertretung der Belegschaftsvertreter lediglich zur Bildung „industrieller Herzogtümer", in denen die Gewerkschaften schließlich durch enge Interessenkoalitionen der Unternehmensangehörigen an den Rand gedrängt würden. Aufgrund des doppelten Widerstands durch Arbeitgeber und Gewerkschaften kam es daher nur zu einer wenig durchgreifenden Regelung, nach der in großen Kapitalgesellschaften zwei Betriebsräte zugleich im Aufsichtsrat vertreten sein sollten. Das Gesetz trat 1921 in Kraft, entfaltete aber keine große Wirksamkeit, zumal die Aufsichtsratsmehrheit der Kapitalseite alle sensiblen Fragen vor dem Einfluss der Betriebsräte durch die Bildung nichtmitbestimmter Sonderausschüsse abschirmten. Es entbehrt freilich nicht der Ironie, dass die Vertreter der freien Gewerkschaften diese Praktiken, die sie ja selbst durch ihre ablehnende Haltung mit herbeigeführt hatten, später anprangerten, um die Unternehmensmitbestimmung grundsätzlich in Frage zu stellen: Solange es keine Wirtschaftsdemokratie gebe, sei derartige Mitbestimmung nicht sinnvoll, was im Übrigen ja die Praxis auch zeige!

Im Gegensatz zu den Mitbestimmungsregelungen war die Ein- und Durchführung des kollektiven Arbeitsrechtes im Bereich der Tarifverträge in der Weimarer Republik nicht in Frage gestellt. Das Tarifsystem breitete sich sehr rasch aus, da es ja keineswegs nachteilig für die Unternehmen war. Sie verloren zwar einen Teil ihrer Autonomie, gewannen aber an Berechenbarkeit und besaßen nun ein wirksames Mittel, die Belegschaften zu kooperativem Verhalten zu zwingen, da abweichendes Verhalten schnell zum Tarifbruch werden konnte. In der Inflation spielten zudem Kostengesichtspunkte keine so große Rolle; steigende Aufwendungen konnten über die Preise relativ rasch überwälzt werden. Insofern kam es zu der eigenartigen Situation, dass die Unternehmen schließlich das Tarifsystem, das ihnen erst abgetrotzt werden musste, nun selbst auch zur Disziplinierung der Belegschaften nutzen konnten. Bis zum Ende der Inflation waren es daher zumeist auch die Belegschaften, zumal jene, die unter dem Einfluss kommunistischer und/oder syndikalistischer Gruppen standen, die wiederholt Tarifverträge brachen bzw. gegen die Ergebnisse von Tarifverhandlungen in wilde Streiks eintraten, um sich auf diese Weise weitergehende Zugeständnisse zu erkämpfen. Diese Kämpfe drohten dabei schließlich derart zu eskalieren, dass das Reich erneut eingriff und mit der Schlichtungsverordnung vom November 1923 schließlich die Regeln der Tarifauseinandersetzung und der ggf. nötigen Schlichtung erneut fixierte.[48] Nach dieser Verordnung waren Rahmen- und Lohntarife in kollektiven Verhandlungen auszuhandeln, wobei Kampfmaßnahmen erst nach förmlichen Schlichtungsverhandlungen ergriffen werden durften. Diese Schlichtung sollte grundsätzlich durch tarifliche Schlichtungsordnungen erfolgen, jedoch behielt sich der Staat in all den Fällen, in denen eine Konflikteskalation existentielle Bedeutung erlangen konnte, vor, auch „von Amts wegen" zu schlichten und das dann verkündete Schlichtungsergebnis auch für verbindlich zu erklären. Der Staat bzw. seine Schlichtung hatten sich damit Ende 1923 selbst zur ultima ratio des Tarifsystems erklärt.

Mit der Stabilisierung der Mark und der nunmehr einsetzenden Anpassungskrise der Wirtschaft, die in Rationalisierung und relativ hohe Dauerarbeitslosigkeit mündeten, verkehrten sich nach 1924 die wirtschaftlichen Rahmenbedingungen des Tarif- und Schlichtungssystems. Hatte es bisher die Unternehmen vor der radikalen Arbeiterschaft geschützt, wurde es nun zum Schutzschirm für die Arbeiterschaft, die sich ohne staatliche Schlichtung in den härter werdenden Lohnauseinandersetzungen nicht so ohne weiteres hätte behaupten können. Dass das Tarifsystem insgesamt die Lohnkosten erhöhen und diese Höhe stabilisieren könnte, hatten die Unternehmen zuvor zwar geahnt, angesichts der Möglichkeit, die Kostensteigerungen unmittelbar weiterzugeben, aber verdrängt. Mit dem

Schleier der Inflation war auch hier die Gelassenheit vorbei. In den Augen jener Industriezweige, die unter der multiplen ökonomischen Krise der 1920er Jahre stark litten, wurde daher das Tarifsystem und mit ihm der Weimarer Sozialstaat immer mehr zur Zielscheibe von Angriffen, denn es war die staatliche Schlichtung, die einen Durchmarsch der Arbeitgeber in den Tarifauseinandersetzungen jener Jahre verhinderte. Zwar trieb die Schlichtung die Löhne nicht nach oben, sondern stabilisierte ihre Entwicklung eher; die aus Arbeitgebersicht notwendige Senkung der Lohnkosten war aber so nicht möglich. Das Tarifsystem geriet damit zumindest bei der wirtschaftlich angeschlagenen Schwerindustrie grundsätzlich in die Kritik, während in den Bereichen Metallverarbeitung und Elektrotechnik die Konflikte schon gemäßigter ausfielen und in der chemischen Industrie das Tarifsystem sogar ganz ohne staatliche Schlichtung auskam.[49]

Trotz aller Funktionsprobleme aber gab es Mitte der 1920er Jahre schon eine durchaus funktionierende neue Struktur der industriellen Beziehungen in Deutschland, die nicht nur international geradezu vorbildlich war[50], sondern auch entwicklungsfähig und konsolidierbar gewesen wäre, hätte nicht das wirtschaftliche Desaster der Weltwirtschaftskrise alle Formen der Kooperation erneut in Frage gestellt bzw. angesichts der um sich greifenden wirtschaftlichen und sozialen Not delegitimiert. Denn wie sollte man ein System verteidigen, das den Arbeitern das Überleben mehr schlecht als recht ermöglichte? Aus der Sicht der Arbeitgeber war es ähnlich: Ein Tarifsystem, das die wirtschaftlich geradezu lebenswichtige Flexibilität der Lohnkosten ausschloss, das Lohnhöhen auch dann garantierte, wenn sie wirtschaftlich nicht mehr vertretbar waren, konnte nicht funktionieren.[51] Dabei waren es keineswegs die Strukturen des Tarifsystems, die nicht funktionierten, sondern die Tiefe der Krise und die mangelnde Kompromissbereitschaft der Akteure, die zum Scheitern führten.

Die Illusion der „Betriebsgemeinschaft"

Der Nationalsozialismus hatte ein eigentümlich ambivalentes Verhältnis zum kollektiven Arbeitsrecht. Einerseits lehnte er jede Form sozialer Auseinandersetzungen offiziell ab und konnte sich daher auf ein Konzept der „Konfliktpartnerschaft", wie es in der Weimarer Republik institutionalisiert war, nicht einlassen. Andererseits war eine Rückkehr zum liberalen Arbeitsrecht der Kaiserzeit programmatisch und praktisch ausgeschlossen. Die NSDAP, namentlich ihre Vorfeldorganisation im Bereich der Arbeiterschaft, die Nationalsozialistische Betriebszellenorganisation (NSBO), schwankte zudem in der ersten Zeit zwischen antimarxistischer Programmatik und betrieblicher Radikalität. Die „Machtergreifung" in den Betrieben bestand daher vor allem in einer Verdrängung sozialdemokratischer, kommunistischer und christlicher Betriebsräte und ihrer Ersetzung durch entsprechende nationalsozialistische Aktivisten, die die bisherigen Rechte der Betriebsräte aber keineswegs aufgeben wollten, sondern nun selbstbewusst für sich in Anspruch nahmen.[52] Diese Art der Landnahme in den Unternehmen schmeckte den Unternehmensleitungen keineswegs, die zwar gegen die Verdrängung der ehemaligen Betriebsräte nichts einzuwenden hatten, aber sowohl die illegale Form der Machtergreifung wie das Auftreten der NSBO-Funktionäre äußerst distanziert zur Kenntnis nahmen und bald darauf drangen, derartige Veränderungen auf eine gesetzliche Grundlage zu stellen. Das Reichsarbeitsministerium ging daher frühzeitig daran, die Fragen der Betriebsverfassung und des Tarifrechtes neu zu regeln.[53]

Mit zwei wesentlichen Gesetzgebungsakten wurde 1933/1934 das geltende Arbeitsrecht grundlegend verändert. Noch im April 1933 legalisierte zunächst ein bislang in der Forschung zu wenig beachtetes Gesetz über Betriebsvertretung und wirtschaftliche Interessenvertretungen die Verdrängung der bisherigen Betriebsräte im Nachhinein. Am 2. Mai 1933 wurden die Gewerkschaften zerschlagen. Das Gesetz über die Treuhänder der Arbeit vom 19. Mai

1933 beseitigte das bisherige Tarif- und Schlichtungsrecht und ersetzte es durch ein staatliches System der Tarifverordnung durch vom Reichsarbeitsministerium ernannte „Treuhänder der Arbeit", die von nun an in insgesamt in 22 Tarifbezirken das Recht hatten, Rahmen- und Lohntarife im Benehmen mit den Unternehmen und den zuständigen staatlichen Stellen autonom zu bestimmen.[54] Das kollektive Arbeitsrecht war damit im Bereich der Lohnsetzung nicht beseitigt; nur gab es keine Verhandlungen und keine autonome Interessenvertretung der Arbeiterschaft mehr. Die kollektiven Regelungen blieben indes bestehen, wie überhaupt die Reichstreuhänder de facto alle Rahmentarifordnungen der Weimarer Zeit übernahmen und bestenfalls leicht geändert fortschrieben. Auf der Ebene der Lohntarife bedeutete das Treuhändersystem de facto die reibungslose Durchsetzung des ohnehin angestrebten Preis- und Lohnstopps zumindest auf dem Gebiet der Arbeitsentgelte. Wenn sich die Lage der Arbeiterschaft nach 1933 wieder besserte, dann weniger wegen höherer Löhne, sondern vor allem wegen der wieder länger werdenden Arbeitszeiten. So lange die Arbeitslosigkeit hoch war, funktionierte dieses System der staatlich verordneten Löhne leidlich; mit der Rückkehr zur Vollbeschäftigung geriet das Treuhändersystem jedoch rasch in die Krise.[55]

Nach der Verabschiedung des Treuhändergesetzes war die Frage der Betriebsverfassung weiterhin offen. Im Frühjahr 1933 hätten eigentlich Betriebsratswahlen stattfinden müssen, die jedoch nach Vorliegen der ersten, für die NSBO keineswegs schmeichelhaften Wahlergebnisse abgesetzt und verschoben wurden. Das am 20. Januar 1934 in Kraft tretende Gesetz zur Ordnung der nationalen Arbeit sah daher in Zukunft von Betriebsratswahlen nicht nur ab, sondern schaffte sie selbst gleich ganz ab. An ihre Stelle traten letztlich rechtlose Vertrauensräte, die der nunmehr zum „Betriebsführer" ernannte Unternehmensleiter als Sprecher der „Gefolgschaft" bestenfalls anhören musste. Ansonsten galt von nun an auch in den Betrieben das Führerprinzip; kollegiale oder gar demokratische Entscheidungsverfahren waren damit beseitigt, Partizipation nicht mehr vorgesehen. Die Vertrauensräte sollten sich vielmehr der weltanschaulichen Schulung der „Gefolgschaften" widmen und dementsprechend einen Beitrag zur Steigerung der Arbeitsproduktivität und zur Rationalisierung der Arbeit leisten. Die Arbeiterschaft, zur „Gefolgschaft" ernannt, war damit faktisch rechtlos, auch wenn die Möglichkeit weiterhin bestand, individuelle Konflikte arbeitsrechtlich klären zu lassen. Die Zahl der einschlägigen Fälle ging jedoch bald nach der Machtergreifung deutlich zurück. An die Stelle effektiver Rechte setzte das Arbeitsordnungsgesetz den „Schutz der Ehre" jener „Gefolgschaftsangehöriger", denen eine solche zugesprochen wurde, also vor allem keine Kommunisten, Sozialdemokraten, christliche Gewerkschafter oder Juden waren. Die neugeschaffenen Ehren- und Disziplinargerichte sollten die Belegschaften insbesondere vor Schikane, ungerechter Führung und Drangsalierungen schützen und konnte im Einzelfall durchaus abschreckende Wirkung haben. Ihre Praxis, auch wenn sie noch nicht umfassend erforscht ist, dürfte jedoch von dem früherem Rechtsschutz durch Betriebsräte und Arbeitsgerichte kaum etwas aufgenommen haben. Die so konstituierte „rassistische Betriebsgemeinschaft" blieb bei allen Propagandaerfolgen des Regimes letztlich doch eine Chimäre. Und die Mehrzahl der Arbeiter wusste das auch.[56]

Die Vertrauensratswahlen 1934 und 1935 jedenfalls fielen derart enttäuschend aus, dass das Regime danach von weiteren Abstimmungen in den Betrieben absah. 1934 konnte über die Kandidaten auf den Listen einzeln abgestimmt werden mit der Folge, dass besonders prominente NS-Funktionäre in den Betrieben deutlich abgestraft wurden. 1935 durfte nur noch über die Listen insgesamt abgestimmt werden; jetzt votierten etwa 20% der Stimmberechtigten ungültig. Aber nicht nur die Betriebsverfassung stieß nicht unbedingt auf Zustimmung und Akzeptanz. Auch das System der Treuhänderschaft wies sehr rasch große Schwächen auf.[57] Spätestens mit Erreichen der Vollbeschäftigung 1936 erwies sich das System der Treuhänderlöhne als überaus starr; eine effiziente Allokation der

Arbeitskräfte entsprechend der wirtschaftlichen Dynamik war so nicht zu erreichen. Das vorhandene System begann damit, die rüstungspolitischen Ziele des Regimes zu gefährden, da eine Steuerungsfunktion der Löhne als Knappheitsindikatoren ausfiel, die händeringend nach Arbeitskräften suchenden Betriebe daher begannen, die offiziellen Ordnungen durch Sonderzulagen oder besondere Vergünstigungen zu unterlaufen. Folgerichtig nahm seit 1936 die Fluktuation der Arbeitskräfte stark zu. Das Regime konnte entweder durch deutlich höhere Löhne etwa in bestimmten Bereichen der Rüstungsindustrie reagieren, doch war das aus wirtschaftlichen und sozialpolitischen Gründen gleichermaßen riskant. Oder man griff in die Freiheit der Arbeitnehmer direkt ein. Genau das tat man, zunächst durch Einführung eines Arbeitsbuches, schließlich 1938 durch Einführung einer faktischen Arbeitspflicht, die den Stellungswechsel an eine behördliche Genehmigung band. Das war eine wirtschaftlich ebenfalls ineffiziente Art der Zwangswirtschaft, aber eine unvermeidliche Folge des bestehenden Systems der Tarifsetzungen. Die vollständige Militarisierung des Arbeitsverhältnisses im Krieg, verschärft noch durch den rasch wachsenden Anteil von Zwangs- und Fremdarbeitern, war die logische Folge, von der selbst führende Vertreter des Regimes wussten, dass das wirtschaftlich eine große Katastrophe war. Zumindest für die Zeit nach dem Krieg überlegte man daher, wie man durch eine Rückkehr zu Verhandlungsstrukturen die bisherigen Schwächen überwinden könnte. Dazu kam es nicht mehr, da der Krieg und sein Ausgang alle derartigen Planungen im Wortsinne in Rauch aufgehen ließ.

Wiederkehr und Blüte des „Rheinischen Kapitalismus"

In der unmittelbaren Nachkriegszeit entstanden in zahlreichen Großunternehmen die Betriebsräte schon in den ersten Nachkriegstagen spontan neu, da viele Arbeiter zu verhindern suchten, dass in ihren Betrieben Chaos ausbrach oder sie noch in den letzten Kriegstagen sinnloser Zerstörung zum Opfer fielen.[58] Betriebsräte im klassischen Sinne waren das nur zum Teil; die Arbeiterausschüsse und -initiativen der ersten Nachkriegswochen beanspruchten weit über das alte Betriebsrätegesetz hinausgehend eine umfassende Rolle beim wirtschaftlichen Wiederaufbau, insbesondere ihre maßgebliche Beteiligung an der Unternehmensleitung. Diese Art der unmittelbaren antifaschistischen Initiative war freilich alles andere als nach dem Geschmack der Besatzungsmächte, die die Initiativen nach und nach erstickten und mit dem Kontrollratsgesetz über die Betriebsräte vom 10. April 1946 die Rückkehr zu den Regelungen der Weimarer Republik erzwangen. Die betriebliche Mitbestimmung war damit bereits wenige Monate nach Kriegsende wieder in ihre historische Lage versetzt; auch das Betriebsverfassungsgesetz von 1952, das diese Frage für das deutsche Arbeitsrecht regelte, knüpfte mehr oder weniger bruchlos an die Vorgängerregelung von 1920 an. Betriebsräte waren hiernach dem Betriebswohl verpflichtet; sie besaßen in wirtschaftlicher Hinsicht Informations-, in sozialer Hinsicht (Frage der Kündigung) auch gewisse effektive Handlungsrechte, waren aber zweifellos keine Gefahr für die Handlungsautonomie der Unternehmensleitungen. Dies galt auch für die Unternehmensmitbestimmung, die über das Betriebsverfassungsgesetz ebenfalls geregelt wurde. Das Gesetz von 1952 ging mit seinen drittelparitätischen Vorschriften über die entsprechende Weimarer Regelung hinaus, ohne allerdings die Arbeitnehmerbank im Aufsichtsrat wirklich handlungsfähig zu machen.[59]

Anders lag der Fall im Bereich der Montanmitbestimmung. In Unternehmen der Eisen- und Stahlindustrie gab es seit 1951 eine effektive paritätische Mitbestimmung. Arbeitnehmer und Arbeitgeber stellten unter der Leitung eines neutralen Dritten jeweils die Hälfte der Aufsichtsratsvertreter. Das war für die damalige Zeit eine geradezu revolutionäre Lösung, bei näherem Hinsehen freilich alles andere als ein Sieg der Gewerkschaften.[60] Denn die Gewerkschaften hatten nach dem Krieg aus einer Vielzahl von Gründen die Vergesellschaftung der Schlüsselindustrien gefordert, vor allem um die vermeintlichen Verantwortlichen für die Katastrophe des Nationalsozialismus zu entmachten, aber auch, da man an eine Zukunft des Kapitalismus nicht glauben mochte. Das war nicht allein eine sozialdemokratische oder gar kommunistische Haltung. Selbst die CDU in Nordrhein-Westfalen äußerte 1947, wenn auch aus wahltaktischem Kalkül, die Auffassung, der Kapitalismus sei den „Lebensinteressen des deutschen Volkes" nicht gerecht geworden. Die Hoffnungen, die SPD und Gewerkschaften in dieser Frage auf die britische Besatzungsmacht gesetzt hatten, die ja eine unmittelbar nach Kriegsende ins Amt gekommene Labour-Regierung repräsentierte, wurden freilich rasch enttäuscht, da der britischen Besatzungsmacht für derartige Experimente das Geld, die politische Durchsetzungskraft und schließlich auch der Wille fehlten. Zum Ärger der Gewerkschaften wurde die 1945/46 beschlagnahmte Eisen- und Stahlindustrie keineswegs sozialisiert, sondern lediglich unter Kontrolle gestellt und entflochten. Anders lautende britische Erklärungen waren bald vom Tisch; Großbritannien liebäugelte zwar damit, eine verstaatlichte Schwerindustrie dem extra zu diesem Zweck neugebildeten Land Nordrhein-Westfalen zu übergeben, doch waren damit Frankreichs Vorbehalte, das eine große Schwerindustrie in den Händen des neuen deutschen Staates schwerlich für tolerabel hielt, keineswegs ausgeräumt. Vor allem aber wollten die USA eine Sozialisierung welcher Art auch immer auf keinen Fall. Ein Gesetz zur Sozialisierung des Kohlenbergbaus, das der nordrhein-westfälische Landtag 1948 verabschiedet hatte, scheiterte zwar offiziell am Einspruch der britischen Besatzungsmacht, die damit aber vor allem amerikanischen Wünschen entsprach. In den Augen der Gewerkschaften war das alles eine einzige Zumutung, was man auch offen zum Ausdruck brachte. Die Montanmitbestimmung im Kohlenbergbau und in den neugeschaffenen Unternehmen der Eisen- und Stahlindustrie war daher eine Art Trostpflaster, das man schließlich widerwillig als eine Art Anzahlung akzeptierte. Erst als 1950 bei der Frage der Übernahme dieser Regelungen in deutsches Recht die Regierung und manche Industrievertreter die Montanmitbestimmung zu kippen versuchten, machten die Gewerkschaften zugunsten der Montanmitbestimmung mobil, durchaus erfolgreich im Übrigen, weil die Bundesregierung beim Abschluss der Entflechtung der Eisen- und Stahlindustrie und im Vorfeld der Gründung der Europäischen Gemeinschaft für Kohle und Stahl auf die Unterstützung der Gewerkschaften angewiesen war. Diese Lage erklärt die Erhaltung der Montanmitbestimmung, aber auch, warum sie, in einer anderen Konstellation, 1952 gerade nicht auf die gesamte Wirtschaft ausgedehnt wurde.[61]

Im Tarifrecht gelang der Übergang hingegen geradezu reibungslos. Als eines der ersten Gesetze, das der neugewählte deutsche Bundestag 1949 verabschiedete, wurde das Tarifvertragsgesetz[62] geradezu zum bis heute gültigen Grundgesetz der Tarifbeziehungen. Ganz ähnlich wie zu Zeiten der Weimarer Republik wurde die tarifäre Ausgestaltung den großen Tarifparteien überlassen, die in einem geregelten Verfahren über Verhandlungen, Schlichtung bis zum Arbeitskampf die jeweiligen Arbeitsbedingungen und Löhne kollektiv bestimmten. Der markanteste Unterschied zur Zwischenkriegszeit bestand im Verzicht auf eine staatliche Zwangsschlichtung. Die Erfahrung hatte gelehrt, dass der Staat auf diese Weise zu leicht in die sozialen Konflikte hineingezogen und schließlich insgesamt diskreditiert werden konnte. Insofern war diese Zurücknahme der staatlichen Aufgaben nur folgerichtig; bewähren konnte sich die tarifäre Ordnung freilich nur deshalb, weil die Bundesrepublik sehr rasch wirtschaftliche Zuwächse erzielte, die den Arbeitskonflikt beherrschbar und das Tarifsystem überaus stabil machten. Dass eine Regelung, die in Weimar nicht funktioniert hatte, nun zu aller Zufriedenheit ihre Arbeit erledigte, hatte dabei zweifellos mit dem wirtschaftlichen Erfolg der Bundesrepublik zu tun. Das war es aber keineswegs allein. Einerseits handhabten die westdeutschen Gerichte das Streikrecht der Arbeiterschaft sehr eng. Es blieb auf den Bereich der Tarifauseinandersetzungen beschränkt und konnte auch dort nur unter prozedural eng definierten Bedingungen genutzt werden; politische Streiks, wie sie von Teilen der Arbeiterbewegung zunächst noch gefordert wurden, verbot das Bundesarbeitsgericht schließlich grundsätzlich. Andererseits verloren aber auch die radikalen Teile der Arbeiterschaft nach und nach an Bedeutung und Einfluss. Die KPD, schließlich verboten, war rasch durch ihre Nähe zur sowjetkommunistischen Diktatur in Mitteldeutschland im Abseits. Vor allem aber wirkte die Bildung der Einheitsgewerkschaft nach 1945 als disziplinierend. Hatte man die Aufteilung in weltanschauliche Richtungen und Qualifikationsgruppen, wie sie für die deutsche Gewerkschaftsbewegung bis 1933 prägend gewesen waren, nach dem Krieg zunächst deshalb nicht wieder aufgenommen, weil man in der Zersplitterung der Gewerkschaften ein Moment der Schwäche gegenüber dem raschen Anwachsen der nationalsozialistischen Bewegung sah, so wirkte sich die von den Besatzungsmächten schließlich unter Kautelen akzeptierte Einheitsgewerkschaft nach 1950 als disziplinierend im Sinne der Sozialpartnerschaft aus. Der Deutsche Gewerkschaftsbund wurde zu einer ihrer Säulen. Das wirkte sich auch auf die Arbeitskämpfe aus.[63]

Denn der große Generalstreik vom Herbst 1948, als die Gewerkschaften gegen Teuerung und Arbeitslosigkeit im Gefolge der Währungsreform mobil machten, blieb die große Ausnahme.[64] Das Tarifsystem der Folgejahre kannte nur wenige große Konflikte, wie etwa den Streik der schleswig-holsteinischen Metallarbeiter von 1957/58, mit dem die Lohnfortzahlung im Krankheitsfall auch für die Arbeiter verbessert werden sollte. Die große Menge der Tarifauseinandersetzungen verlief hingegen im Rahmen des Tarifrechtes überaus geordnet, auch wenn etwa die IG Metall durchweg eine klassenkämpferischere Sprache nutzte als etwa die IG Chemie oder die IG Bau. Für die Sozialpartnerschaft selbst war das weitgehend bedeutungslos. Es stellte sich vielmehr rasch ein Muster der produktivitätsorientierten Lohnpolitik ein, das bis in die frühen 1970er Jahre relativ gut funktionierte, ja selbst zu einem wesentlichen Faktor des wirtschaftlichen Erfolges der Bundesrepublik wurde. In diesem Muster waren die Gewerkschaften durchweg dazu bereit, die Lohnabschlüsse an der Produktivitätsentwicklung zu orientieren und den jeweiligen Verteilungsspielraum nicht voll auszureizen. Angesichts der Währungsstabilität einerseits und dem Wissen aus der Mitbestimmung andererseits, dass einbehaltene Gewinne in die Modernisierung des Kapitalstocks investiert werden würden, war das aus gewerkschaftlicher Sicht überaus umsichtig, zumal die Arbeitslosigkeit 1952/53 überwunden war, die Reallöhne durchweg stiegen, die Arbeitszeiten sanken und die Urlaubstage mehr wurden. Umfangreiche tarifliche Sozialprogramme, wie das Sozialwerk im Baugewerbe etwa, ergänzten diese Art der produktivitätsorientierten Sozialpartnerschaft, mit der es der Bundesrepublik lange gelang, die Lohnstückkosten im OECD-Vergleich relativ niedrig und damit die Wettbewerbsfähigkeit der westdeutschen Industrie zu erhalten.[65] Dabei profitierte das Land zweifellos auch davon, dass die D-Mark im System von Bretton Woods tendenziell unterbewertet war, doch erhöhte dies andererseits den inflationären Druck in der Bundesrepublik – und Inflation musste wie ein schleichendes Gift auf die Sozialpartnerschaft wirken.

Der Niedergang der Industriegesellschaft und die Globalisierung

Dass die für die Wiederaufbauzeit typische Form der Sozialpartnerschaft Ende der 1960er Jahre in eine Anpassungskrise geriet, lag aber nicht allein am zunehmenden inflationären Druck, der eine produktivitätsorientierte Lohnpolitik mehr und mehr in Frage stellte. 1969 kam es in großen Teilen der westdeutschen Industrie zu wilden Streiks, also Arbeiterausständen zur Durchsetzung höherer Löhne jenseits der tariflich hierfür vorgeschriebenen Verfahrensweisen.[66] Damit waren die Belegschaften durchaus erfolgreich; die Streiks zeigten aber Wirkung weit über den unmittelbaren Lohnkampf hinaus. Ende der 1960er Jahre schien das gesamte Konzept der Sozialpartnerschaft plötzlich brüchig, denn gerade ihre Bereitschaft, sich in der Krise 1967 und im folgenden Jahr an die Empfehlungen der neugebildeten „Konzertierten Aktion" zu halten, brachte die Gewerkschaften in eine schwere Legitimitätskrise.

Als Reaktion auf die erste Nachkriegskrise 1967 war mit der „Konzertierten Aktion" eine gemeinsame Koordinationsstelle von Regierung, Arbeitgebern und Gewerkschaften eingerichtet worden, die sich zum Ziel setzte, die Wirtschafts- und Sozialpolitik der Regierung durch ein entsprechendes Verhalten der Tarifparteien abzustützen.[67] Angesichts der schwierigen Wirtschaftslage empfahl die Konzertierte Aktion für 1968 und 1969 Lohnzurückhaltung, was die Gewerkschaften auch befolgten. Da die wirtschaftlichen Zuwachsraten in diesen Jahren aber erstaunlich hoch waren und auch die Inflation anzog, waren die Beschäftigten die Verlierer – und reagierten mit wilden Streiks.

Die Gewerkschaften ließen sich daraufhin von der „Konzertierten Aktion" nicht mehr einbinden, sondern orientierten ihre Lohnpolitik stärker an der Inflationsentwicklung. Da die Inflation in den kommenden Jahren nicht nachließ, sondern weiter anstieg, wurden die Lohnauseinandersetzungen härter und aggressiver: Der bislang vor allem von der IG Metall eher aus folkloristischen Gründen gepflegte Klassenkampfton bekam eine neue Schärfe. 1974 eskalierten die Konflikte in den Tarifauseinandersetzungen des öffentlichen Dienstes, in denen die Gewerkschaft Öffentliche Dienste, Transport und Verkehr mit umfangreichen Streiks schließlich eine elfprozentige Lohnerhöhung durchsetzte – was zumindest mittelbar den Sturz des sozialdemokratischen Kanzlers Willy Brand noch beschleunigte.[68] Die auf diese Weise in Gang gesetzte Lohn-Preis-Spirale beschleunigte sich in den kommenden Jahren. Es kam zu einer Schere, da auch in Folge einer aus dem Gleichgewicht geratenen Tarifentwicklung die wirtschaftliche Dynamik nachließ und ein neues Schlagwort, das von der Stagflation, also dem gleichzeitigen Auftreten von wirtschaftlicher Stagnation und Inflation die Runde machte.[69] Die damit verbundene Zunahme sozialer Konflikte erschien der Gewerkschaftsbewegung und großen Teile der Sozialdemokratie freilich als Bestätigung dafür, dass man bereits seit dem Ende der 1960er Jahre weit über einzelne Tarifforderungen hinaus Schritte zur Entmachtung des Kapitals und zur Humanisierung des Arbeitslebens gefordert hatte, die vor allem in einer Ausdehnung der Mitbestimmungsrechte auch auf wirtschaftliche Entscheidungen in den Unternehmen gipfelten.[70] Denn in dieser Sicht war es vor allem die ungezügelte Macht der Banken und der großen Unternehmen, die es zu bändigen galt, um die Stellung der Arbeitnehmer zu verbessern und ihren Anteil am Wohlstand zu vergrößern. Unter der Regierung der sozialliberalen Koalition war man damit zunächst auch überaus erfolgreich. 1972 wurde das Betriebsverfassungsgesetz novelliert und erstmals Momente betrieblicher Mitbestimmung auch in wirtschaftlichen Fragen verankert. Die Gewerkschaften kritisierten diese Regelungen (Informationsrecht) aber als nicht weitgehend genug. Entscheidend wurde daher – neben den zahlreichen Programmen zur Humanisierung der Arbeit – die Reform der Unternehmensmitbestimmung. Seit der zweiten Hälfte der 1960er Jahre hatte es unter anderem wegen des Auslaufens der Mitbestimmungsrechte in jenen Unternehmen, die im Zuge des Strukturwandels ihren montanindustriellen Charakter verloren, Debatten über die Frage gegeben, wie das Mitbestimmungsrecht der Arbeitnehmer auf Unternehmensebene zu gestalten sei (Biedenkopfkommission etc.). 1976 verabschiedete die sozialliberale Koalition zur Freude der Gewerkschaften und zum Missfallen der Arbeitgeber das Gesetz über die paritätische Mitbestimmung in Unternehmen mit mehr als 2.000 Beschäftigten, mit dem die bisher nur im Montanbereich geltende Regelung auf die gesamte Wirtschaft ausgedehnt wurde.[71] Die Arbeitgeber erhoben gegen diese Beschneidung ihrer Eigentumsrechte erfolgreich Verfassungsklage, woraufhin die Gewerkschaften die Zusammenarbeit in der Konzertierten Aktion aufkündigten. Im Ergebnis wurde das Gesetz so gefasst, dass seitdem zwar formal die beiden Gruppen gleich stark vertreten sind, aber auf der Arbeitnehmerbank eine entsprechende Gruppe der leitenden Angestellten ebenso zu berücksichtigen ist, wie der im Zweifelsfall mit doppelter Stimmzahl ausgestattete Vorsitzende des Aufsichtsrat nicht gegen den Willen der Kapitalseite bestimmt werden kann. Die derart entschärften Regelungen blieben freilich in der Kritik, die nicht verstummte und angesichts von Verfilzungen und gegenseitiger Vorteilsnahme in manchen Unternehmen immer wieder neu thematisiert wurde und wird. Vor allem aber kritisieren zahlreiche Unternehmensleitungen die Behinderung ihrer Entscheidungsfähigkeit, eine Kritik, die in manchen Fällen die Flucht aus dem deutschen Unternehmensrecht hin zur Société Européenne zusätzlich begründet haben dürfte. Das ist umstritten, aber die Entwicklungstendenz ist doch unmissverständlich. Das aktuelle deutsche Mitbestimmungsrecht wird in Europa kaum Vorbildcharakter gewinnen.

Die Entwicklung der Industriellen Beziehungen, insbesondere des Tarifsystems, nahm freilich seit der Mitte der 1970er Jahre eine andere Entwicklung, als sie die Klassenkampftöne der Vorjahre erwarten ließen. Denn der sich beschleunigende Strukturwandel blieb auch hier nicht ohne Folgen. Der Untergang des Systems von Bretton Woods beendete die Unterbewertung der D-Mark, die immer auch als eine Art Wettbewerbsschutz gedient hatte. Nun beschleunigte sich der Strukturwandel auch deshalb, weil viele traditionelle Branchen unter den Bedingungen einer verschärften Weltmarktkonkurrenz in Deutschland nicht mehr wettbewerbsfähig waren. Große Teile der Textil-, aber auch der verarbeitenden Industrien schrumpften oder wurden ins Ausland verlagert. Das Ende des Wiederaufbaus ließ zugleich den Bausektor deutlich schrumpfen, ein Prozess, der durch die technische Rationalisierung der Branche noch beschleunigt wurde. Diese strukturell bedingte Deindustrialisierung ließ die Arbeitslosenzahlen nach oben schießen und hielt sie auch in konjunkturell guten Zeiten auf hohem Niveau. Demographische Probleme (hohe Geburtenraten der frühen 1960er Jahre) und die Folgen der Zuwanderung gering qualifizierter „Gastarbeiter" verschärften das Arbeitslosenproblem und machten es politisch schwer handhabbar. In der Folge verloren die Gewerkschaften zusehends an Mitgliedern und an Gestaltungsspielraum, während auf der anderen Seite die großen (und auch viele kleine und mittlere) Unternehmen sich dem international scharfen Wettbewerb stellten und ihre Kosten und Strategien nun an weltweit gültigen Maßstäben orientierten. Das alte Modell der Sozialpartnerschaft, wie es für den Wiederaufbau typisch war, kam an sein Ende.

Unter den christlich-liberalen Regierungen nach 1982 beschleunigte sich dieser Erosionsprozess auch deshalb, weil die Regierung einerseits den vermeintlich überregulierten deutschen Markt nach angelsächsischem Vorbild liberalisieren wollte, andererseits dabei aber die Gewerkschaften und ihr Verhalten als mögliche Modernisierungsbremse begriff. Zwar ging die Regierung Kohl nicht daran, die Sozialpartnerschaft grundsätzlich in Frage zu stellen; aber die Möglichkeiten der Gewerkschaften sollten doch deutlich begrenzt werden. Der Streit um den Paragraphen 116 des Arbeitsförderungsgesetzes wurde 1983 daher zu einer Art Symbol der Entwicklung der industriellen Beziehungen in den folgenden Jahren. Nicht zuletzt aufgrund ihrer strukturellen Schwäche hatten die Gewerkschaften seit den 1970er Jahren ihre Streiktaktik geändert, Streikmaßnahmen auf Schwerpunktbetriebe konzentriert und über diese ganze Branchen lahmgelegt. Da die Mehrzahl der Arbeitnehmer nicht arbeiten konnte, aber auch nicht streikte, beantragte man für diese erfolgreich Lohnersatzleistungen beim Arbeitsamt mit der Folge, dass die gewerkschaftlichen Streikkassen zulasten der Sozialversicherung geschont wurden. Diese „öffentliche Finanzierung" von Streikmaßnahmen war den Arbeitgebern schon immer ein Dorn im Auge gewesen. Die Regierung Kohl änderte die entsprechende Vorschrift des Gesetzes trotz erheblicher gewerkschaftlicher Proteste. Gleichwohl, oder vielleicht auch deshalb, kehrte in den 1980er Jahren mit dem Abflauen der Inflation im Bereich der Tarifauseinandersetzungen die alte produktivitätsorientierte Lohnpolitik zurück – und erwies sich erneut als überaus erfolgreich, auch wenn die Unternehmensleitungen die Mitbestimmung grundsätzlich störte. Im Alltag lernte man mit ihr zu leben. Gemessen an den Erfahrungen anderer europäischer Länder dieser Jahre jedenfalls war das „bundesdeutsche Modell" der Sozialpartnerschaft wirtschaftlich und sozial überaus erfolgreich, auch wenn damit ein Wandel der wirtschaftli-

chen Strukturen, wie er sich etwa zeitgleich in Großbritannien unter der Regierung von Margaret Thatcher vollzog, weitgehend ausgeschlossen war. Das wollte aber selbst die Regierung Kohl nicht; ihr Arbeitsminister Norbert Blüm war vielmehr persönlich die Verkörperung dieser Art des sozialen Ausgleichs.
Das Ende der Teilung Europas und die deutsche Wiedervereinigung waren für die „Soziale Marktwirtschaft" eine zusätzliche Bestätigung, ging doch das konkurrierende Modell einer sozialistischen Arbeitswelt geradezu dramatisch zu Grunde. Es bestand freilich nur kurz Anlass zur Freude, denn Wiedervereinigung und Globalisierung waren zunächst keineswegs hilfreich für die sozialpartnerschaftliche Tradition. In den neuen Ländern brach mit der wirtschaftlichen Wiedervereinigung und der sich anschließenden Deindustrialisierung auch die soziale Basis der Gewerkschaftsbewegung weg; weite Teile der Wirtschaft in den neuen Ländern gerieten daraufhin in eine Art tariflosen Zustand, der freilich der Lage durchaus entsprach. Westdeutschland blieb von diesen Entwicklungen zwar verschont, doch zeigten sich auch hier Risse in mehrerer Hinsicht. Die Arbeitsbeziehungen differenzierten sich mehr und mehr aus; immer häufiger suchten einzelne Beschäftigtengruppen für sich Vorteile zu erzielen, wodurch die großen Gewerkschaften weiter geschwächt wurden. Vor allem aber geriet der eigentliche Kern der Sozialpartnerschaft, die Industrie, im Zuge der Globalisierung zunehmend unter Druck. Wichtige Produktionsstufen wanderten ins Ausland ab, der Kostendruck nahm infolgedessen enorm zu. Schließlich geriet die Industrie selbst in die Kritik. Produktion galt, gemessen zumal an einer sich globalisierenden Dienstleistungsgesellschaft, als veraltet und ohne große Zukunft. Die Londoner City und das Silicon Valley wurden zu Vorbildern. Die großen und scheinbar strukturell verkrusteten deutschen Unternehmen, ja die sogenannte Deutschland AG insgesamt erschien plötzlich wie ein Relikt aus einer Welt von gestern, wie ein Dinosaurier in der schönen neuen Welt der Computer und der Finanzdienstleistungen. Der Sog war derart stark, dass alle deutschen Regierungen jener Jahre ihm nachgaben und ihr Heil in einer Art Flucht nach vorn suchten. Es war die Regierung von Gerhard Schröder, die schließlich der Deutschland AG den Todesstoß versetzte, als sie Veräußerungsgewinne steuerfrei stellte. Das war ein bewusster Akt: Man wollte den Bruch mit der Tradition und damit auch den Bruch mit deren Formen, Mechanismen und Symbolen. Die Ökonomie und ihre Regeln haben dem hybriden Spiel des so gepäppelten Finanzmarktkapitalismus schließlich ein hartes Ende bereitet. In der Krise seit 2008 erwies und erweist sich statt dessen der industrielle Kern der Wirtschaft nicht nur als überlegen; auch die spezifische Form der Sozialpartnerschaft wurde im Zuge der Krisenbewältigung geradezu glänzend bestätigt.

Fazit

Die Beziehungen von Kapital und Arbeit, die Industriellen Beziehungen also, unterlagen und unterliegen bis in die Gegenwart hinein einer doppelten Bestimmung. Einerseits entschied und entscheidet ihre Funktionsfähigkeit über den wirtschaftlichen Erfolg eines Unternehmens, andererseits sind sie immer auch Moment einer Machtbeziehung von Kapital und Arbeit, Unternehmensleitungen und Betriebsvertretungen. Diese doppelte Bestimmung macht ihre Dynamik aus, da jede konkrete Gestaltung der Arbeitsbeziehungen immer zugleich unter funktionalen bzw. Machtgesichtspunkten gesehen werden kann, die keineswegs deckungsgleich sind. Da es bei den Industriellen Beziehungen zugleich stets erneut auch darum geht, wie die Erträge des Produktionsprozesses verteilt und verwendet werden sollen, kann zudem kein statischer Zustand eintreten, in dem Fragen von Funktionalität und Macht für alle Zeiten zufriedenstellend geregelt sind. Denn die zustimmungsfähige Lösung von heute kann unter veränderten technischen, wirtschaftlichen und sozialen Bedingungen morgen gerade ein Problem sein. Dass es bei den Beziehungen von Kapital und Arbeit keinen Stillstand, sondern nur ständige Bewegung, ständige Aushandlungskämpfe gibt, ist mithin kein zu vermeidendes Übel, sondern Ausdruck der diese Konfliktbeziehung konstituierenden wirtschaftlichen Realität. Dabei zeigen sich freilich historische Prägungen, Erfahrungen und auf diese Weise verfestigte Einstellungen als durchaus dauerhaft, die den stets neuen Auseinandersetzungen insofern einen wiedererkennbaren Zug geben. Dieser wiedererkennbare Zug ist im Fall der Industriellen Beziehungen in Deutschland die Sozialpartnerschaft, oder etwas technischer ausgedrückt, die Bereitschaft zur Konfliktkooperation.[72] Diese Bereitschaft ist dabei keineswegs nur eine Frage der Einstellungen und der Attitüden der beteiligten Akteure und Gruppen, sondern zugleich auch Ausdruck der Erfahrungen vom jeweiligen Umgang mit Konflikt und Kooperation. Industrielle Beziehungen lassen sich daher nie aus nur einer Perspektive begreifen. Denn immer wenn es einer Seite oder Gruppe gelang, die eigenen politischen Vorstellungen durchzusetzen und der anderen Seite die Kooperationsmöglichkeit dadurch zu nehmen, dass man sie zur Unterwerfung zwang, blockierte das System der industriellen Beziehungen in funktionaler Hinsicht und erzwang wiederum Anpassungen und Veränderungen. Das geht nicht ohne handfeste Konflikte, funktioniert aber in Form einer Konfliktpartnerschaft[73], in der die Machtkämpfe immer um die Sache und nicht um die Handlungsmöglichkeiten der jeweiligen Gegenseite geführt werden. Das ist nicht nur sachlich erfolgreich gewesen, es ist auch vernünftig, da die jüngere Geschichte zeigt, dass Modelle ohne Konfliktpartnerschaft bestenfalls in Ausnahmesituationen funktionieren. Die deutsche Neigung zur Sozialpartnerschaft bringt daher weniger einen Hang zur Harmonie zum Ausdruck als schlicht das Wissen darum, dass wirtschaftlicher Erfolg soziale Kooperation voraussetzt.[74] Das setzt freilich eine stabile Währung voraus, ohne die derartige Absprachen das Papier nicht wert sind, auf dem sie stehen. Man kann daher nur hoffen, dass das auch in Zukunft so bleiben wird.

1 Albert, Michel: Kapitalismus contra Kapitalismus. Frankfurt am Main 1992

2 Michel Albert spricht von einer gewissen Annäherung der Kapitalismusmodelle um die Jahrtausendwende: Albert, Michel: Kapitalismus Contra Kapitalismus – zehn Jahre danach, in: Blätter für deutsche und internationale Politik, Heft 12/2001, S. 1451–1462

3 Hierzu vor allem Wehler, Hans Ulrich: Deutsche Gesellschaftsgeschichte, Bd. 2 und Bd. 3, die das Bild eines politisch und sozial rückständigen Landes zeichnen, das sich allein wirtschaftlich „modernisierte", ansonsten aber in vielerlei Hinsicht „vormodern" blieb, woraus „Ungleichzeitigkeit" und besondere Krisenanfälligkeit resultierten.

4 Sombart, Werner: Der moderne Kapitalismus. Leipzig 1902

5 Vgl. jetzt hierzu Mokyr, Joel: The Enlightened Economy. An Economic History of Britain 1700 – 1850. Yale 2009

6 Zur europäischen Industrialisierung Buchheim, Christoph: Industrielle Revolutionen. Langfristige Wirtschaftsentwicklung in Großbritannien, Europa und in Übersee. München 1994. Zu Deutschland Pierenkemper, Toni: Gewerbe und Industrie im 19. und 20. Jahrhundert. München 1994. Vgl. auch Pierenkemper, Toni/ Tilly, Richard H.: The German Economy During the Nineteenth Century. New York 2004. Hahn, Hans-Werner: Die industrielle Revolution in Deutschland. München 1998

7 Die Zahl der Fabrikarbeiter war zunächst noch gering und überschritt erst im Gründerboom die Millionengrenze. Vor 1914 war im Übrigen die Zahl der Landarbeiter stets höher als die der Fabrikarbeiter.

8 Kocka, Jürgen: Arbeitsverhältnisse und Arbeiterexistenzen. Grundlagen der Klassenbildung im 19. Jahrhundert. Bonn 1990; Ehmer, Josef: Bevölkerungsgeschichte und Historische Demographie 1800–2000. München 2004

9 Reulecke, Jürgen: Sozialer Frieden durch soziale Reform. Der Centralverein für das Wohl der arbeitenden Klassen in der Frühindustrialisierung. Wuppertal 1983

10 Zur wirtschaftlichen Entwicklung Plumpe, Werner: Eine wirtschaftliche Großmacht? Die wirtschaftliche Entwicklung in Deutschland 1871 bis 1914. In: Heidenreich Bernd/Neitzel, Sönke (Hrsg.): Das Deutsche Kaiserreich 1871–1914. Paderborn 2011, S. 39–60

11 Hohorst, Gerd/Kocka, Jürgen/Ritter, Gerhard A.: Sozialgeschichtliches Arbeitsbuch. Materialien zur Statistik des Kaiserreichs 1870 – 1914. München 1975, S. 107

12 Hoherst/Kocka/Ritter, Sozialgeschichtliches Arbeitsbuch (wie Anm. 16.). S. 112f

13 Vgl. die insgesamt etwas düstere Darstellung bei Ritter, Gerhard A./Tenfelde, Klaus: Arbeiter im Deutschen Kaiserreich 1871–1914. Bonn 1992. Ganz trübe wird die Lage von Kuczynski, Jürgen: Die Geschichte der Lage der Arbeiter unter dem Kapitalismus. Berlin 1961 geschildert.

14 Zu den Gründungsprozessen Welskopp, Thomas: Das Banner der Brüderlichkeit. Die deutsche Sozialdemokratie vom Vormärz bis zum Sozialistengesetz. Bonn 2000

[15] Grebing, Helga: Geschichte der deutschen Arbeiterbewegung. Ein Überblick. München 1980

[16] Tenfelde, Klaus/Volkmann, Heinrich: Streik. Zur Geschichte des Arbeitskampfes während der Industrialisierung in Deutschland. München 1981

[17] Ditt, Karl/Kift, Dagmar (Hrsg.): 1889 – Bergarbeiterstreik und wilhelminische Gesellschaft. Hagen 1989

[18] Die für das Thema zweifellos wesentliche staatliche Sozialpolitik kann hier nur gestreift werden; grundsätzlich dazu Hentschel, Volker: Geschichte der deutschen Sozialpolitik 1880–1980. Frankfurt am Main 1983. Vgl. auch Ritter, Gerhard A.: Sozialpolitik im Deutschen Kaiserreich. In: Historische Zeitschrift 282, 2006, S. 97–147

[19] Berlepsch, Hans Jörg von: „Neuer Kurs" im Kaiserreich. Die Arbeiterpolitik des Freiherrn von Berlepsch 1890 bis 1896. Bonn 1987

[20] Es galt das bürgerliche Vertragsrecht in seiner Fassung durch das BGB von 1900. Vgl. generell Blanke, Thomas u.a. (Hrsg.): Kollektives Arbeitsrecht. Quellentexte zur Geschichte des Arbeitsrechtes, Bd. 1: 1840–1933. Reinbek 1975

[21] Brüggemeier: Franz-Josef, Leben vor Ort. Ruhrbergleute und Ruhrbergbau 1889 – 1919. München 1983

[22] Lindenlaub, Dieter: Richtungskämpfe im Verein für Sozialpolitik. Wissenschaft und Sozialpolitik im Kaiserreich vornehmlich vom Beginn des „Neuen Kurses" bis zum Ausbruch des Ersten Weltkrieges (1890–1914), Bd.1. Wiesbaden 1967

[23] Erdmann, Gerhard: Die deutschen Arbeitgeberverbände im sozialgeschichtlichen Wandel der Zeit. Berlin 1966

[24] Reulecke, Jürgen (Hrsg.): Arbeiterbewegung an Rhein und Ruhr. Beiträge zur Geschichte der Arbeiterbewegung in Rheinland-Westfalen. Wuppertal 1974. Vgl. auch Feige, Ulrich: Bergarbeiterschaft zwischen Tradition und Emanzipation. Das Verhältnis von Bergleuten und Gewerkschaften zu Unternehmern und Staat im westlichen Ruhrgebiet um 1900. Düsseldorf 1986

[25] Tänzler, Fritz: Die deutschen Arbeitgeberverbände 1904–1929. Ein Beitrag zur Geschichte der deutschen Arbeitgeberbewegung. Berlin 1929

[26] Ullmann, Peter: Tarifverträge und Tarifpolitik in Deutschland bis 1914. Frankfurt am Main 1977

[27] Vgl. etwa Plumpe, Werner: Vom individuellen Arbeitsrecht zur Sozialpartnerschaft: Carl Duisberg in den sozialen Konflikten zwischen Kaiserreich und Weimarer Republik. In: Führer, Karl Christian/Tenfelde, Klaus (Hrsg.): 90 Jahre Zentralarbeitsgemeinschaft (im Druck)

[28] Zu den innerbetrieblichen Auseinandersetzungen vgl. etwa Welskopp, Thomas: Arbeit und Macht im Hüttenwerk. Arbeits- und industrielle Beziehungen in der deutschen und amerikanischen Eisen- und Stahlindustrie von den 1860er bis zu den 1930er Jahren. Bonn 1994

[29] Vgl. Nieberding, Anne: Unternehmenskultur im Kaiserreich: J.M. Voith und die Farbenfabriken vorm. Friedr. Bayer & Co. München 2003

[30] Plumpe, Werner: Menschenfreundlichkeit und Geschäftsinteresse: Die betriebliche Sozialpolitik Ernst Abbes im Lichte der modernen Theorie. In: Markowski, Frank (Hrsg.): Der letzte Schliff – 150 Jahre Arbeit und Alltag bei Carl Zeiss. Berlin 1997, S. 10 – 33

[31] Kocka, Jürgen: Klassengesellschaft im Krieg. Deutsche Sozialgeschichte 1914–1918. Frankfurt am Main 1988

[32] Vgl. hierzu Feldman, Gerald D.: Armee, Industrie und Arbeiterschaft in Deutschland 1914 – 1918, Berlin 1985. Mai, Gunther: Kriegswirtschaft und Arbeiterbewegung in Württemberg 1914 – 1918. Stuttgart 1983

[33] Plumpe, Werner: Betriebliche Mitbestimmung in der Weimarer Republik. Fallstudien zum Ruhrbergbau und zur Chemischen Industrie. München 1999

[34] Heer, Hannes: Burgfrieden oder Klassenkampf. Zur Politik der sozialdemokratischen Gewerkschaften 1930–1933. Neuwied/Berlin 1971

[35] Generell Schulze, Hagen: Weimar. Deutschland 1917–1933. Berlin 1982

[36] Zunkel, Friedrich: Industrie und Staatssozialismus. Der Kampf um die Wirtschaftsordnung in Deutschland 1914 – 1918. Düsseldorf 1974

[37] Zum Gesetz ausführlich Feldman, Gerald D./Steinisch, Irmgard: Industrie und Gewerkschaften 1918 – 1924. Die überforderte Zentralarbeitsgemeinschaft. Stuttgart 1985

[38] Winkler, Heinrich August: Von der Revolution zur Stabilisierung. Arbeiter und Arbeiterbewegung in der Weimarer Republik 1918 – 1924. Berlin 1984

[39] Hierzu Plumpe, Betriebliche Mitbestimmung (wie Anm. 37)

[40] Stolle, Uta: Arbeiterpolitik im Betrieb. Frauen u. Männer, Reformisten und Radikale, Fach- und Massenarbeiter bei Bayer, BASF, Bosch und in Solingen (1900 – 1933). Frankfurt am Main/New York 1980

[41] Winkler, Von der Revolution zur Stabilisierung (wie Anm. 42)

[42] Plumpe, Betriebliche Mitbestimmung (wie Anm. 37)

[43] Schöck, Eva Cornelia: Arbeitslosigkeit und Rationalisierung. Die Lage der Arbeiter und die kommunistische Gewerkschaftspolitik 1920–1928. Frankfurt am Main/New York 1977

[44] Zum Ruhrbergbau Tschirbs, Rudolf: Tarifpolitik im Ruhrbergbau 1918–1933. Berlin/New York 1986

[45] Grundsätzlich Weisbrod, Bernd: Schwerindustrie in der Weimarer Republik. Interessenpolitik zwischen Stabilisierung und Krise. Wuppertal 1978

[46] Vgl. Plumpe, Werner: Die Betriebsräte in der Weimarer Republik. Eine Forschungsskizze. In: Ders./Kleinschmidt, Christian (Hrsg.): Unternehmen zwischen Markt und Macht. Essen 1992, S. 42–60

[47] Potthoff, Heinz (Hrsg.): Die sozialen Probleme des Betriebes. Ein Sammelwerk. Berlin 1925

[48] Bähr, Johannes: Staatliche Schlichtung in der Weimarer Republik : Tarifpolitik, Korporatismus und industrieller Konflikt zwischen Inflation und Deflation 1919 – 1932. Berlin 1989

[49] Bähr, Schlichtung (wie Anm. 52)

[50] Die betriebliche Mitbestimmung war eine Art deutsches Unikat mit Ausläufern in den Nachfolgestaaten der Habsburger Monarchie, namentlich in der Tschechoslowakei und in Österreich, wie das Internationale Arbeitsamt sehr genau beobachtete.

[51] Weisbrod, Bernd: Die Befreiung von den „Tariffesseln". Deflationspolitik als Krisenstrategie der Unternehmer in der Ära Brüning. In: GG 11 (1985), S. 295–325

[52] Hierzu Plumpe, Betriebliche Mitbestimmung (wie Anm. 37), vor allem S. 58–63. Vgl. auch Frese, Matthias: Betriebspolitik im „Dritten Reich". Deutsche Arbeitsfront, Unternehmer und Staatsbürokratie in der westdeutschen Großindustrie 1933–1939. Paderborn 1991

[53] Mason, Tim: Zur Entstehung des Gesetzes zur Ordnung der nationalen Arbeit vom 20. Januar 1934. Ein Versuch über das Verhältnis „archaischer" und „moderner" Elemente in der neuesten deutschen Geschichte. In: Mommsen, Hans u.a. (Hrsg.): Industrielles System und politische Entwicklung in der Weimarer Republik. Düsseldorf 1974, S. 322–351

[54] Ausführlich hierzu Hachtmann, Rüdiger: Industriearbeit im „Dritten Reich". Untersuchungen zu den Lohn- und Arbeitsbedingungen in Deutschland 1933 – 1945. Göttingen 1989

[55] Hachtmann, Industriearbeit (wie Anm. 58)

[56] Generell Herbert, Ulrich: Arbeiterschaft im „Dritten Reich". Zwischenbilanz und offene Fragen. In: GG 15, 1989, S. 320–360

[57] Zum folgenden Hachtmann Rüdiger: Die Krise der nationalsozialistischen Arbeitsverfassung. Pläne zur Änderung der Tarifgestaltung 1936–1940. In: Kritische Justiz 17, 1984, S. 281–299

[58] Borsdorf, Ulrich/ Brandt, Peter/Niethammer, Lutz: Arbeiterinitiative 1945: antifaschistische Ausschüsse und Reorganisation der Arbeiterbe wegung in Deutschland. Wuppertal 1976

[59] Zum Betriebsverfassungsgesetz Müller, Gloria: Mitbestimmung in der Nachkriegszeit. Britische Besatzungsmacht – Unternehmer – Gewerkschaften. Düsseldorf 1987

[60] Das folgende nach Müller, Mitbestimmung (wie Anm. 63). Der gesamte Prozess ist dokumentiert bei Müller-List, Gabriele: Montanmitbestimmung. Das Gesetz über die Mitbestimmung der Arbeitnehmer in den Aufsichtsräten und Vorständen der Unternehmen des Bergbaus und der Eisen und Stahl erzeugenden Industrie vom 21. Mai 1951. Düsseldorf 1984

[61] Thum, Horst: Mitbestimmung in der Montanindustrie: Der Mythos vom Sieg der Gewerkschaften. Stuttgart 1982. Vgl. auch Lauschke, Karl: Die halbe Macht. Mitbestimmung in der Eisen- und Stahlindustrie 1945–1989, Essen 2007

[62] Nautz, Jürgen P.: Die Durchsetzung der Tarifautonomie in Westdeutschland. Das Tarifvertragsgesetz vom 9. April 1949. Frankfurt am Main 1984

[63] Vgl. die Beiträge in Vetter, Heinz Oskar (Hrsg.): Vom Sozialistengesetz zur Mitbestimmung. Zum 100. Geburtstag von Hans Böckler. Köln 1975

[64] Beier, Gerhard: Der Demonstrations- und Generalstreik vom 12. November 1948 im Zusammenhang der parlamentarischen Entwicklung Westdeutschlands. Frankfurt am Main 1975

[65] Die wirtschaftliche Bedeutung der Mitbestimmung und des Tarifsystems sind bis heute quantitativ nicht exakt zu fassen, doch ist ihr Beitrag zur wirtschaftlichen Entwicklung der Nachkriegszeit unstrittig; vgl. Broadberry, Stephen; O'Rourke, Kevin H. (Hrsg.): The Cambridge Economic History of Modern Europe. Vol. 2: 1870 to the Present. Cambridge 2010. Des Weiteren Streeck, Wolfgang/Kluge, Norbert (Hrsg.): Mitbestimmung in Deutschland. Tradition und Effizienz. Frankfurt am Main 1999. Siehe auch Judith, Rudolf: 40 Jahre Mitbestimmung. Erfahrungen, Probleme, Perspektiven. Köln 1986. Geradezu programmatisch Abelshauser, Werner: Wirtschaftsgeschichte der Bundesrepublik Deutschland (1945–1980). Frankfurt am Main 1993

[66] Vgl. Birke, Peter: Wilde Streiks im Wirtschaftswunder. Arbeitskämpfe, Gewerkschaften und soziale Bewegungen in der Bundesrepublik und Dänemark. Frankfurt am Main 2007

[67] Hierzu Schanetzky, Tim: Sachverständiger Rat und Konzertierte Aktion: Staat, Gesellschaft und wissenschaftliche Expertise in der bundesrepublikanischen Wirtschaftspolitik. In: Vierteljahrsschrift für Sozial- und Wirtschaftsgeschichte 3 (2004), S. 310–331

[68] Görtemaker, Manfred: Geschichte der Bundesrepublik Deutschland. Von der Gründung bis zur Gegenwart. München 1999

[69] Scherf, Harald: Enttäuschte Hoffnungen – Vergebene Chancen. Die Wirtschaftspolitik der sozial-liberalen Koalition 1969–1982. Göttingen 1986. Schanetzky, Tim: Die große Ernüchterung. Wirtschaftspolitik, Expertise und Gesellschaft in der Bundesrepublik 1966 bis 1982. Berlin 2007

[70] Lompe, Klaus: Gewerkschaftliche Politik in der Phase gesellschaftlicher Reformen und der außenpolitischen Neuorientierung der Bundesrepublik 1969–1974. In: Hemmer, Hans-Otto/Schmitz, Kurt Thomas (Hg.): Geschichte der Gewerkschaften in der Bundesrepublik. Von den Anfängen bis heute. Köln 1990, S. 281–338

[71] Müller, Gloria: Strukturwandel und Arbeitnehmerrechte. Die wirtschaftliche Mitbestimmung in der Eisen- und Stahlindustrie 1945–1975. Essen 1991

[72] Vgl. den Überblick bei Milert, Werner/Tschirbs, Rudolf: Von den Arbeiterausschüssen zum Betriebsverfassungsgesetz. Geschichte der betrieblichen Interessenvertretung. Köln 1991. Jetzt aktuell dieslb.: Die andere Demokratie. Betriebliche Interessenvertretung in Deutschland 1848 bis 2008. Essen 2012

[73] Zu Begriff und Konzept der Konfliktpartnerschaft vgl. Müller-Jentsch, Walther (Hrsg.): Konfliktpartnerschaft. Akteure und Institutionen der industriellen Beziehungen. München 1991

[74] Priddat, Birger P.: Leistungsfähigkeit der Sozialpartnerschaft in der sozialen Marktwirtschaft. Mitbestimmung und Kooperation. Marburg 2011

Frank Engelhausen

Sozialdemokratie und Staat

Das Verhältnis der Arbeiterbewegung zum Staat war von ihren Anfängen bis zur Mitte des 20. Jahrhunderts von einem markanten Zwiespalt geprägt, der bereits in der Revolution von 1848/49 sichtbar wurde: Kleinere Teile der Arbeiterbewegung legten sich unter dem Eindruck einer sozialistischen politischen Theorie, für deren Ausbreitung Karl Marx und Friedrich Engels mit ihrem „Manifest der Kommunistischen Partei" von 1848 den Boden bereiteten, auf eine grundsätzliche Opposition zum Staat fest, der bis zum vermeintlich unvermeidlichen Sieg der proletarischen Revolution immer ein Klassenstaat bleiben werde, und wollten unter dieser Prämisse in den Kontroversen um die Entwicklung einer (bürgerlichen) staatlichen Ordnung immer nur mit der taktischen Nebenabsicht agieren, Hindernisse auf dem Weg zur Revolution zu beseitigen.

Der Mehrzahl der frühen Aktivisten der Arbeiterbewegung blieben solche weitgreifenden Revolutionstheorien zunächst fremd; sie richteten den Blick primär auf die Gegenwartsnöte des Arbeiterstandes und gingen davon aus, dass sich dessen Stellung auch kurz- und mittelfristig verbessern ließe. Als Mittel hierzu benannte der Gründungskongress der Arbeiterverbrüderung, der mitgliederstärksten Arbeiterorganisation in der Revolution, Anfang September 1848 neben vielfältigen Maßnahmen der „Selbsthilfe der Arbeiter" in knapp drei Dutzend Einzelforderungen auch die „Hilfe des Staates". Ganz überwiegend betrafen diese Forderungen wirtschafts- und sozialpolitische Themen, die direkte (Niederlassungsfreiheit, Arbeitszeitbeschränkung auf zehn Stunden) oder indirekte Relevanz (Aufhebung von Binnenzöllen und indirekten Steuern) für die Arbeitsverhältnisse und die Lebensumstände der Arbeiter besaßen. Zugleich erhob die Arbeiterverbrüderung aber auch einige staatspolitische Forderungen (aktives und passives Wahlrecht für alle Deutschen ab dem 21. Lebensjahr) und deutete damit an, dass sie eine Änderung der Staatsorganisation für unverzichtbar zur Durchsetzung der eigenen Ziele hielt.[1] Der eher auf rasche Reformen als auf eine revolutionäre Perspektive ausgerichtete Kurs führte zu einer Annäherung der Arbeiterverbrüderung an die bürgerliche Verfassungsbewegung der Revolution. Auch wenn dabei auf Seiten der Arbeiterverbrüderung keine weiteren programmatischen Festlegungen in staatspolitischen Fragen getroffen wurden, zeigte insbesondere die Reichsverfassungskampagne vom Mai und Juni 1849, dass die Aktivisten der frühen Arbeiterbewegung mehrheitlich dem liberalen Reichsgründungsmodell der Paulskirche nicht vorbehaltlos folgten, sondern mit dem Konzept einer republikanischen Neuordnung Deutschlands sympathisierten.

Die Annäherung an den demokratischen Flügel der National- und Verfassungspartei, die für die Arbeiterbewegung das Problem aufgeworfen hatte, wie sie sich in staatspolitischen Fragen positionieren solle, wurde mit der gewaltsamen Niederschlagung der Revolution 1849 unterbrochen, da beide Gruppen in der folgenden Reaktionsphase ihre öffentlichen Einflussmöglichkeiten weitgehend einbüßten und die Tätigkeit sowohl der politischen als auch der Arbeitervereine kriminalisiert wurde. Als sich jedoch die Repressionspolitik des Deutschen Bundes und der deutschen Einzelstaaten Anfang der 1860er Jahre milderte und die Arbeiterbewegung zu neuen und nun dauerhafteren Organisationsgründungen in die Lage versetzt wurde, traten auch die Ambivalenzen in der Definition der eigenen Stellung zum Staat wieder deutlich zutage. Wie sich das Verhältnis von revolutionärem Selbstverständnis und damit einhergehender Totalnegation aller nichtsozialistischen staatlichen Ordnungen auf der einen und den Erwartungen, durch politische Partizipation den bestehenden Klassenstaat verändern und ihn zur Verbesserung der eigenen Arbeits- und Lebensverhältnisse instrumentalisieren zu können, auf der anderen Seite entwickelte, soll in dem folgenden Überblick geschildert werden, der in den Mittelpunkt die einschlägigen programmatischen Festlegungen der Sozialdemokratie stellt.

Die Anfänge der Arbeiterparteien und die Reichsgründung

Während die Anfänge der Organisation der Arbeiterbewegung 1848/49 in einer revolutionären Situation gelegen hatten, in der die Frage der zukünftigen Staatsverfassung offen zu sein schien, vollzog sich die erste sozialdemokratische Parteigründung 15 Jahre später in einer allgemeinpolitischen Konstellation, in der wenig darauf hindeutete, dass sich die monarchisch-konstitutionell geprägten Herrschaftsordnungen in den deutschen Einzelstaaten und deren staatenbündische Verbindung untereinander kurz- oder mittelfristig durchgreifend ändern würden. Für die programmatischen Aussagen der sich formierenden Arbeiterbewegung bedeutete dies, dass in der Bestimmung der eigenen Stellung zum Staat zwar auch Idealbilder einer neuen Herrschaftsordnung aufscheinen konnten, dass der Hauptbezugspunkt aber die tatsächlich gegebenen Verhältnisse waren sowie die Möglichkeiten, diese zu verändern. Bis weit in das 20. Jahrhundert hinein überwog in den Stellungnahmen der Arbeiterbewegung zum Staat diese negative, das heißt die bestehenden Verhältnisse kritisierende Perspektive und blieben die Konzepte für das eigene staatspolitische Fernziel in Hinblick sowohl auf die territoriale Ausdehnung des Staates als auch auf Details der Verfassungsorganisation eher vage.
Den tagespolitischen Kontext der ersten sozialdemokratischen Parteigründung 1863 bildete der preußische Heeres- und Verfassungskonflikt, in dem der preußische Ministerpräsident Otto von Bismarck versuchte, die Stellung der Krone gegenüber der liberalen Opposition zu stärken, und in dem das Szenario einer Aushöhlung der preußischen Verfassung drohte, die in den Jahren 1848 bis 1850 das politische System des Landes in eine konstitutionelle Monarchie umgewandelt hatte. In seinem „Offenen Antwortschreiben an das Zentralkomitee zur Berufung eines allgemeinen deutschen Arbeiterkongresses", das für den im Mai 1863 in Leipzig gegründeten Allgemeinen Deutschen Arbeiterverein (ADAV) den Status eines Parteiprogramms gewann, nahm Ferdinand Lassalle unmittelbar Bezug auf die tagesaktuellen Probleme und leitete aus ihnen die Forderung ab, die Arbeiter müssten sich in einer eigenen Partei organisieren anstatt sich als „Anhang der preußischen Fortschrittspartei zu betrachten und den selbstlosen Chor und Resonanzboden für sie abzugeben".[2] Diese Abgrenzung von der liberalen Opposition hielt Lassalle für nötig, weil zum einen die Fortschrittspartei in der Auseinandersetzung mit Bismarck schwere Fehler gemacht habe und zum anderen sie nicht in der Lage sei, die Arbeiterinteressen in vollem Umfang zu vertreten. Worin diese bestünden, legte Lassalle in seinem Antwortschreiben in ambitionierten sozioökonomischen Reflektionen dar, deren theoretisches Kernstück das von ihm angenommene „eherne Lohngesetz" bildete, demzufolge die Arbeiter in der kapitalistischen Wirtschaftsordnung zwangsweise ein Leben am Rande des Existenzminimums fristen müssten, solange es ihnen nicht gelinge, durch die Gründung von Produktionsgenossenschaften die Abhängigkeit der Arbeitslöhne von den Unternehmergewinnen aufzubrechen.

Da er annahm, dass es den Arbeitern nicht gelingen werde, aus eigener Kraft konkurrenzfähige Produktionsgenossenschaften aufzubauen, erklärte Lassalle es zur „Sache und Aufgabe des Staates, Ihnen dies zu ermöglichen, die große Sache der freien individuellen Assoziation des Arbeiterstandes fördernd und entwickelnd in seine Hand zu nehmen und es zu seiner heiligen Pflicht zu machen, Ihnen die Mittel und die Möglichkeit zu dieser Ihrer Selbstorganisation und Selbstassoziation zu bieten".[3] Mit dieser Zielsetzung gewann der Staat – nicht in einer idealen Zukunftsgestalt, sondern in seiner aktuellen Beschaffenheit, so sehr diese auch verbesserungsbedürftig sein mochte – eine positive Funktion für den ADAV, der sich also nicht auf den Standpunkt zurückzog, eine Totalopposition einzunehmen, bis die kapitalistische Wirtschaftsordnung und mit ihr das konstitutionell-monarchische Herrschaftssystem durch eine Revolution beseitigt sei. Da nicht damit zu rechnen war, dass der Staat es sich von selbst zu seiner „heiligen Pflicht" machen würde, die Selbstorganisation des Arbeiterstandes zu fördern, forderte Lassalle folgerichtig dazu auf, zunächst und in erster Linie größere politische Partizipationsrechte für die Arbeiter zu erkämpfen: „Organisieren Sie sich als ein allgemeiner deutscher Arbeiterverein zu dem Zweck einer gesetzlichen und friedlichen, aber unermüdlichen, unablässigen Agitation für die Einführung des allgemeinen und direkten Wahlrechts in allen deutschen Ländern."[4]
Diesem zentralen politischen Teilziel kam der ADAV, wenn auch ohne eigenes Dazutun, näher, als Bismarck 1867 bei der Gründung des Norddeutschen Bundes, der nördlich der Mainlinie das Machtvakuum füllte, das mit dem Untergang des Deutschen Bundes im Krieg von 1866 entstanden war, für dessen Reichstag das allgemeine Männerwahlrecht durchsetzte – nicht als Zugeständnis an die Arbeiterbewegung, sondern weil er sich dadurch eine Schwächung des Liberalismus versprach. Bismarcks Politik, die auf eine kleindeutsch-preußische Reichsgründung zielte, vereinfachte es der Arbeiterbewegung nicht, ihre Stellung zum Staat zu definieren; im Gegenteil verursachte die Überlagerung staats- und nationalpolitischer Fragen massive Spannungen in dem Prozess ihrer organisatorischen Formierung und Konsolidierung: War es dem ADAV schon vor 1866 nicht gelungen, den Anspruch einzulösen, sich zu einem „allgemeinen deutschen" Verein in dem Sinne, dass sich die weit überwiegende Mehrzahl der Arbeitervereine ihm anschließen sollte, zu entwickeln, weil es in beträchtlichen Teilen der Arbeiterbewegung Vorbehalte gegen einige der Grundanschauungen Lassalles gab, so verminderte sich sein Integrationspotential noch weiter, als die Fragen nach den Grenzen und der inneren Beschaffenheit des deutschen Nationalstaats akut wurden.
Der ADAV selbst, der sich nach dem frühen Tod Lassalles (1864) in langwierige Personal- und Sachquerelen verstrickt hatte, stellte sich auf seiner Generalversammlung in Braunschweig 1867 auf den Boden der kleindeutschen Einigungspolitik Bismarcks, wenngleich er in den dort verabschiedeten „Grundzügen der Bestrebungen des ADAV" nur ein verklausuliertes und durch den Rekurs auf künftige Idealzustände gemildertes Bekenntnis zur preußischen Führungsrolle in Deutschland ablegte: „Die deutsche Nation kann nur dann zur vollen Betätigung ihrer Kraft gelangen, wenn ihr die freie Bewegung gesichert ist und wenn sie einheitlich zu wirken vermag. Aus diesen Gründen bekämpft der Allgemeine deutsche Arbeiterverein ebensosehr jeden despotischen Druck und jede Bevormundung von oben wie jede bundesstaatliche Gestaltung; er will das ganze Deutschland zu einem einheitlichen und freien Volksstaate verbunden wissen".[5]
Mit der darin implizierten Einschätzung, dass der Norddeutsche Bund die Vorstufe zu einem Einheitsstaat markiere und vielleicht sogar die Keimzelle zu einem freien Volksstaat bilden könne, grenzte sich der ADAV von anderen Kräften in der Arbeiterbewegung ab, die bis dahin die Kooperation mit dem linken Flügel der bürgerlichen Opposition aufrecht erhalten hatten, nun aber die Bemühungen um eine eigenständige Organisation forcierten. Das

Forum hierfür bot ihnen der 1863 ins Leben gerufene „Vereinstag der Deutschen Arbeitervereine" (VDAV), ein föderalistisch strukturierter Dachverband von anfangs unter liberaler Kuratel stehenden Arbeiterbildungsvereinen, der sich unter maßgeblicher Mitwirkung August Bebels seit 1866 um ein klareres politisches Profil bemühte. Große Bedeutung hierbei hatte der Nürnberger Vereinstag von 1868, auf dem der Verband nach sehr kontroverser Diskussion und gegen das Votum einer stattlichen Minderheit ein Programm verabschiedete, das sich an die Zentralforderungen anlehnte, die die Internationale Arbeiterassoziation unter dem Einfluss von Karl Marx in den Vorjahren formuliert hatte. Der Vereinstag übernahm damit dessen revolutionäre Fernperspektive, die für eine auch nur bedingt positive Wertung des Staates in seiner aktuellen Verfassung nur wenig Raum bot und zugleich den Klassenkampf in seiner übernationalen Dimension betonte: Die „Emanzipation der Arbeit" sei, hieß es in dem Programm des Vereinstages, „weder ein lokales, noch ein nationales, sondern ein soziales Problem …, welches alle Länder umfaßt, in denen es moderne Gesellschaft gibt, und dessen Lösung von der praktischen und theoretischen Mitwirkung der vorgeschrittensten Länder abhängt".[6]
Die zentralen Nürnberger Punkte fanden sich auch in dem Parteiprogramm wieder, das der Gründungskongress der Sozialdemokratischen Arbeiterpartei (SDAP) im August 1869 in Eisenach aufstellte: Die internationale Perspektive des Klassenkampfes wurde auch dort betont; hinzu kam eine Reihe von Forderungen für eine politische Modernisierung Deutschlands, die sich teilweise mit den linksliberal-demokratischen Programmen der Zeit deckten (Presse-, Vereins- und Koalitionsfreiheit, Trennung der Kirche vom Staat), teilweise Anhänger des ADAV anzulocken versprachen („staatliche Förderung des Genossenschaftswesens") und nur ansatzweise erkennen ließen, wie die Herrschaftsordnung verändert werden sollte (allgemeines Männerwahlrecht für alle Repräsentationskörperschaften, „Einführung der direkten Gesetzgebung durch das Volk").[7] Dass die Eisenacher Parteigründer darauf verzichteten, in ihrem Programm ihre Stellung gegenüber dem Norddeutschen Bund präzise zu beschreiben, lag zum einen an ihrer taktischen Absicht, sich nicht durch explizite Grundsatzkritik strafrechtlicher Verfolgung oder gar einem unmittelbaren Parteiverbot auszusetzen, gleichzeitig spiegelte sich darin aber wohl auch ihre Überzeugung wider, dass das bestehende politische System nur durch eine Revolution überwunden werden könne. An ihrer grundsätzlichen Opposition gegenüber dem im Entstehen begriffenen kleindeutschen Nationalstaat unter preußischer Führung jedenfalls hatten Bebel und Wilhelm Liebknecht, der zweite Protagonist der Eisenacher Parteigründung, bei anderen Gelegenheiten keinen Zweifel gelassen: Bebel unter anderem im konstituierenden Reichstag des Norddeutschen Bundes, dem er als Abgeordneter der demokratischen Sächsischen Volkspartei angehört hatte, in einer Rede, in der er „entschieden" protestierte gegen „einen Bund, der dazu bestimmt ist, Deutschland zu einer großen Kaserne zu machen",[8] und Liebknecht in zahlreichen Zeitungs- und Zeitschriftenartikeln, die an Bismarcks Nationalpolitik kein gutes Haar ließen.[9]
Die im Gefolge des deutsch-französischen Krieges von 1870/71 vollzogene Reichsgründung veränderte die nationalpolitische Haltung der SDAP nicht, für die insbesondere Bebel als Reichstagsabgeordneter massive Kritik an den aktuellen innen- und außenpolitischen Entwicklungen äußerte. Größeres Aufsehen noch als seine grundsätzliche Ablehnung der Reichsverfassung verursachte seine Reichstagsrede vom 25. Mai 1871, in der Bebel sich gegen die Verbindung des als Kriegsbeute erworbenen Elsass-Lothringens mit dem Reich aussprach und vor allem seine Sympathie mit der Pariser Kommune zum Ausdruck brachte: „Der Kampf in Paris sei nur ein kleines Vorpostengefecht, und ehe wenige Jahrzehnte ins Land gegangen seien, werde der Schlachtruf des Pariser Proletariats, ‚Krieg den Palästen, Friede den Hütten, Tod der Not und dem Müßiggang', der Schlachtruf des europäischen Proletariats sein. Ich schloß meine Rede, indem ich der Hoffnung Ausdruck gab, die elsaß-lothringische Bevölkerung werde, ihrer

freiheitlichen Mission bewußt, den freiheitlichen Kampf mit uns in Deutschland aufnehmen, damit endlich die Zeit komme, wo die europäischen Bevölkerungen ihr volles Selbstbestimmungsrecht erlangten, das sie aber nur erreichen könnten, wenn die Völker Europas in der republikanischen Staatsform das Ziel ihrer Bestrebungen erblicken würden."[10]

Solche und andere Stellungnahmen boten der kaiserlichen Regierung einen willkommenen Anlass, die Sozialdemokraten als „vaterlandslose Gesellen" zu diskreditieren[11] und damit ein propagandistisches Exklusionsinstrument zu konstruieren, das langfristige Wirksamkeit entfalten sollte. Der Außenseiterstatus, den sich die Sozialdemokraten teilweise selbst zugeschrieben hatten und der ihnen teilweise durch die Anfeindungen von konservativer Seite aufgenötigt wurde, verstärkte sich noch dadurch, dass die Reichsregierung versuchte, insbesondere die sozialdemokratischen Parteiführer mit strafrechtlichen Maßnahmen mundtot zu machen. Der hierdurch ausgelöste Solidarisierungseffekt trug maßgeblich dazu bei, dass sich der ADAV und die SDAP in den Jahren nach der Reichsgründung einander annäherten – hinzu kam, dass die unterschiedlichen Auffassungen in nationalpolitischen Fragen, die bis 1870 das Verhältnis der beiden Parteien belastet hatten, nun ihre aktuelle Relevanz verloren, und man sich nun auf den Boden des Faktischen stellen und die Existenz eines kleindeutschen Kaiserreichs als gegeben hinnehmen musste.

Die vereinte Arbeiterpartei und das Sozialistengesetz

Das auf dem Vereinigungskongress in Gotha beschlossene Programm der nun als Sozialistische Arbeiterpartei Deutschlands (SAP) titulierten Fusionsorganisation war ein typisches Kompromisspapier, das auch in den Aussagen über das Verhältnis der Arbeiterbewegung zum Staat den Anschauungen beider Seiten Rechnung zu tragen versuchte. Die von den Vorstellungen von Marx geprägte Position der Eisenacher fand zum Beispiel in der Prämisse Ausdruck, dass die „Befreiung der Arbeit … das Werk der Arbeiterklasse sein" müsse, „nur eine der gegenüber alle andere Klassen reaktionäre Masse" seien. Charakterisierte diese Aussage das Selbstverständnis der Partei als prinzipielle Gegnerin des bestehenden Herrschaftssystems, das überwunden werde müsse, bevor substantielle Verbesserungen der Lage der Arbeiter möglich seien, so fand doch auch die Vorstellung Lassalles, mit Staatshilfe die sozialen Probleme lösen zu können, Niederschlag in dem Programm: Es forderte die „Zerbrechung des ehernen Lohngesetzes" und „die Errichtung von sozialistischen Produktivgenossenschaften mit Staatshilfe unter der demokratischen Kontrolle des arbeitenden Volkes". Auch in der Frage, ob die eigene Arbeit national oder international auszurichten sei, wollte die neue Partei einen Mittelweg beschreiten und bekannte, „obgleich zunächst im nationalen Rahmen wirkend, … sich des internationalen Charakters der Arbeiterbewegung bewußt und entschlossen" zu sein, „alle Pflichten, welche derselbe den Arbeitern auferlegt, zu erfüllen, um die Verbrüderung aller Menschen zur Wahrheit zu machen".[12]

So wie die SAP in ihren Grundsatzaussagen lavierte, gaben auch die konkreten Reformforderungen, die sie 1875 im Gothaer Programm aufstellte, nur wenige Anhaltspunkte, um ihre Stellung zum Staat präzise zu beschreiben. Einerseits forderte sie Gesetzesmaßnahmen, um die soziale Lage der Arbeiter zu verbessern (Verbot von Sonntags- und Kinderarbeit, Einführung einer progressiven Einkommenssteuer u. a.), und ging damit wenigstens stillschweigend davon aus, dass auch unter den bestehenden Verhältnissen Reformen möglich seien. Andererseits demonstrierte die SAP mit ihren wenigen verfassungspolitischen Forderungen, dass ihr Idealbild eines Staates mit den aktuellen Zuständen kaum eine Schnittmenge hatte. Deutlich wurde dies zum Beispiel in der offenkundig durch die Erfahrungen bei den jüngsten Wahlen gewachsenen Skepsis gegenüber dem damaligen parlamentarischen

System – an seine Stelle sollte die „direkte Gesetzgebung durch das Volk" treten, dem auch die „Entscheidung über Krieg und Frieden" zustehe.[13] Dass das Programm keine präziseren Aussagen machte, dürfte in erster Linie wiederum dem mit offener Kritik an dem staatspolitischen Status quo verbundenen Risiko eines Parteiverbots geschuldet gewesen sein; zugleich dürften die Gräben zwischen den Fusionspartnern aber auch noch zu tief gewesen sein, um eine verbindliche Stellungnahme in dieser Frage formulieren zu können.

Eine Einigung darüber, ob man sich selbst nach Eisenacher Tradition als revolutionäre Partei verstehen solle oder ob nicht doch in Anknüpfung an die Ideen von Lassalle eine bedingte Reformfähigkeit des bestehenden politischen Systems anzunehmen sei, wurde auch in der Folgezeit nicht in parteiinternen Diskussionen hergestellt; vielmehr führte der Außendruck des 1878 auf Bismarcks Initiative vom Reichstag verabschiedeten Sozialistengesetzes zu einer vorläufigen Klärung der Fronten: Da die Reichsregierung und die Reichstagsmehrheit sich entschlossen zeigten, die Parteiorganisation der SAP dauerhaft zu zerschlagen und ihre politische Agitation konsequent zu unterbinden, blieb den Sozialdemokraten, sofern sie ihre Identität nicht verlieren wollten, keine Wahl, als sich nun selbst als konsequente Gegner des bestehenden Herrschaftssystems, das offen als Unrechtsstaat erkennbar wurde, zu verstehen. Die Verfolgungssituation, in der sich die Sozialdemokraten zwischen 1878 und 1890 befanden, erleichterte eine Rezeption des Gedankenguts von Karl Marx und Friedrich Engels – nicht weil die ihrer Ideologie zugrundeliegenden sozioökonomischen Analysen an Plausibilität gewannen, sondern weil das aus ihnen abgeleitete Geschichtsbild, das den letztlichen Sieg des Proletariats im Klassenkampf wie ein Naturgesetz präsentierte, einem Heilsversprechen gleichkam, das für die in ihrer Existenz bedrohte Partei eine beträchtliche Attraktionskraft besaß.[14]

Nur vordergründig paradoxerweise begünstigte dies in mittelfristiger Perspektive die Integration der Sozialdemokraten in das Kaiserreich, da die marxistische Geschichtsauffassung die Partei nicht zum oppositionellem Aktivismus verleitete, sondern einen revolutionären Attentismus[15] förderte: Im Vertrauen auf den historisch notwendigen Zusammenbruch des verhassten Klassenstaates sollte man zwar nicht die Hände in den Schoß legen, konnte sich aber darauf konzentrieren, die eigenen Kräfte zu stärken, um für den revolutionären Neuanfang gerüstet zu sein. Dass sich eine solche mentale Disposition entwickeln konnte, lag auch an der unmittelbaren Reaktion der Parteiführung auf das Inkrafttreten des Sozialistengesetzes, die alle Maßnahmen eines gewaltsamen Widerstands ablehnte. Stattdessen konzentrierten sich die Sozialdemokraten darauf, den inneren Zusammenhalt durch die Gründung von Tarnorganisationen aufrecht zu erhalten und die Pressearbeit in der Illegalität fortzusetzen. Um dies zu ermöglichen, wurde auf einem geheimen Parteitag in der Schweiz 1880 beschlossen, aus dem Programm die Worte zu streichen, die Partei wolle ihre Ziele nur mit gesetzlichen Mitteln erreichen – ein revolutionärer Akt, „der die bisherige Taktik über den Haufen werfen sollte", war dies nach Bebels Auffassung nicht, sondern die „einfache Konsequenz der Lage …, in der sich die Partei befand".[16]

Der revolutionäre Attentismus wäre vermutlich nicht zu einer so plausiblen Handlungsstrategie für die Sozialdemokraten geworden, wenn es ihnen nicht auch unter den Bedingungen des Sozialistengesetzes möglich gewesen wäre, mit Erfolg um Zustimmung zu ihren Zielen zu werben. Der wichtigste Ansatzpunkt hierfür war die Beteiligung an den Reichstagswahlen, die der SAP – gegen den ursprünglichen Willen Bismarcks – auch nach 1878 erlaubt blieb und die ihr in den 1880er Jahren erstaunliche Zuwächse bescherte. Dass sie 1890 – im Jahr des Auslaufens des Sozialistengesetzes – schon annähernd ein Fünftel der Wählerstimmen gewinnen konnte, wurde, auch wenn sich diese Stärke wegen des Mehrheitswahlrechts und einiger Nachteile der Wahlkreiseinteilung nicht in entsprechenden Mandatszahlen niederschlug, zu einem beachtenswerten Argument, als sich die nun wieder legale Sozialdemokratie auf ihrem Parteitag in Erfurt 1891 ein neues Grundsatzprogramm gab und dabei erneut mit dem Problem konfrontiert wurde, die eigene Stellung gegenüber dem Staat zu definieren.

Zwischen Revolution und Revisionismus – die SPD im wilhelminischen Kaiserreich

In wohl keinem anderen Dokument sind die Ambivalenzen des Verhältnisses der Arbeiterbewegung zum Staat so deutlich zu erkennen wie in dem Erfurter Programm, das für mehr als ein Vierteljahrhundert die Grundsatzpositionen der Sozialdemokratie prägte. Dies wird schon in der Form des Textes erkennbar, der in zwei Teile zerfällt: eine von Karl Kautsky verfasste prägnante Zusammenfassung des materialistischen Geschichtsbildes, das innerhalb der Sozialdemokratie inzwischen fast kanonische Bedeutung gewonnen hatte, und ein von Kautskys späterem ideologischen Gegenspieler Eduard Bernstein aufgestelltes kurz- und mittelfristig orientiertes politisches Reformprogramm.
Wie Marx ging Kautsky von einer „Naturnotwendigkeit" der Verschärfung der Klassengegensätze aus und prognostizierte: „Immer größer wird die Zahl der Proletarier, immer massenhafter die Armee der überschüssigen Arbeiter, immer schroffer der Gegensatz zwischen Ausbeutern und Ausgebeuteten, immer erbitterter der Klassenkampf zwischen Bourgeoisie und Proletariat, der die moderne Gesellschaft in zwei feindliche Lager trennt." Zwar sei von den Klassenkämpfen nicht die Arbeiterklasse allein betroffen, aber nur sie könne das Werk der Befreiung herbeiführen, „weil alle anderen Klassen, trotz der Interessenstreitigkeiten unter sich, auf dem Boden des Privateigentums an Produktionsmitteln stehen und die Erhaltung der Grundlagen der heutigen Gesellschaft zum gemeinsamen Ziel haben". Hieraus ergab sich, dass die Arbeiterklasse in dem Befreiungskampf nicht auf Hilfe zählen konnte, sondern die kapitalistische Ausbeutung aus eigener Kraft überwinden musste: „Die Arbeiterklasse kann ihre ökonomischen Kämpfe nicht führen und ihre ökonomische Organisation nicht entwickeln ohne politische Rechte. Sie kann den Übergang der Produktionsmittel in den Besitz der Gesamtheit nicht bewirken, ohne in den Besitz der politischen Macht gekommen zu sein."[17]
Wie die ganz auf sich gestellte Arbeiterbewegung in den Besitz der politischen Macht gelangen sollte, erörterte Kautsky im Erfurter Programm nicht – unter seinen Prämissen wäre dafür eine Revolution jedoch unumgänglich gewesen. Ein Szenario hierfür entwickelte auch der zweite Teil des Grundsatzprogramms nicht, in dem Bernstein eine Reihe politischer Reformforderungen formulierte, die indes offenkundig noch nicht eine Vorschau auf das nachrevolutionäre staatspolitische Ideal der Sozialdemokraten gaben, sondern lediglich aufzeigen wollten, auf welche Weise – und hiermit ergab sich eine logische Verbindung mit dem theoretischen ersten Teil des Programms – die Stellung der Arbeiterklasse in ihrem aktuellen Kampf gestärkt werden solle. Die zentralen Punkte hierbei waren die konsequente Demokratisierung des Wahlrechts, das auch die Frauen künftig nicht mehr ausschließen sollte, sowie in etwas verklausulierter Form die Durchsetzung des Prinzips der Volkssouveränität: „Selbstbestimmung und Selbstverwaltung des Volks in Reich, Staat, Provinz und Gemeinde. Wahl der Behörden durch das Volk, Verantwortlichkeit und Haftbarkeit derselben."[18]
Das Erfurter Programm bildete die Grundlage, auf der die Partei, die seit 1891 den Namen Sozialdemokratische Partei Deutschland (SPD) trug, die politischen Herausforderungen bis zum Ersten Weltkrieg zu bewältigen versuchte. Nach dem zwölfjährigen Überlebenskampf, den sie unter dem Sozialistengesetz hatte führen müssen, waren ihre Hauptaufgaben nun die Konsolidierung und der Ausbau der Parteiorganisation, die mit den Wahlerfolgen, die sie in den 1890er Jahren regelmäßig erzielte, beträchtlich wuchs. Zwar bot dieses Wachstum eine gute Basis zur politischen Selbstvergewisserung, zugleich schuf es allerdings auch Integrationsprobleme, die um die Jahrhundertwende in Diskussionen über die politische Strategie der Partei offenkundig wurden. Diese entzündeten sich zum

einen an dem Verhalten sozialdemokratischer Abgeordneter in den Parlamenten, zunächst in den süddeutschen Landtagen, in denen die Fraktionen der SPD mitunter eine Politik der partiellen Kooperation mit bürgerlichen Parteien betrieben, um die eigene Position zu festigen und bestimmten Gesetzesvorhaben bei unübersichtlichen Mehrheitsverhältnissen zum Erfolg zu verhelfen. So sehr dies in Anbetracht regionaler tagespolitischer Konstellationen auch plausibel erscheinen mochte, widersprach es doch dem revolutionären Selbstverständnis breiter Parteikreise, die wiederholt auf den Parteitagen versuchten, Wahlabsprachen mit bürgerlichen Parteien, Budgetbewilligungen in den Landtagen und andere Taktikten, die als Ausfluss eines vermeintlichen „Reformismus" gebrandmarkt wurden, zu unterbinden.[19]

Zum anderen geriet die politische Strategie auch im Gefolge eines Streits über die theoretischen Grundlagen der Partei in die Diskussion. Den Anstoß zu diesem Streit hatte Eduard Bernstein mit einer Reihe von Artikeln gegeben, in denen er einige Grundsätze des marxistischen Sozialismus in Frage stellte, zum Beispiel die Theorie einer fortschreitenden Verelendung des Proletariats, die er vor dem Hintergrund der realen sozioökonomischen Entwicklungen der jüngeren Vergangenheit nicht mehr für tragfähig hielt: Hätte sich die Gesellschaft „so entwickelt, wie die sozialistische Doktrin es bisher unterstellte, dann würde allerdings der ökonomische Zusammenbruch nur die Frage einer kurzen Spanne Zeit sein können. Aber das ist eben, wie wir sehen, nicht der Fall".[20] Mit der aus dieser Feststellung folgenden Preisgabe der revolutionären Naherwartung verband Bernstein die Anregung, die kurz- und mittelfristigen Aufgaben der Sozialdemokratie neu zu bewerten und sich stärker als zuvor um eine Reform des bestehenden politischen Systems zu bemühen. Die Demokratie sei „in weit höherem Grade Voraussetzung des Sozialismus, als es vielfach noch angenommen, das heißt, sie ist es nicht nur als Mittel, sondern auch als Substanz"[21], meinte Bernstein und maß damit auch den parlamentarischen Kämpfen der Partei eine größere Bedeutung als zuvor zu. Die Zentralfrage, mit der er das revolutionäre Selbstverständnis der Partei anzweifelte, lautete: „Ist aber die Sozialdemokratie heute etwas anderes als eine Partei, welche die sozialistische Umgestaltung der Gesellschaft durch das Mittel demokratischer und wirtschaftlicher Reform anstrebt?"[22]

Bernsteins Thesen verursachten innerhalb und außerhalb der Partei beträchtliches Aufsehen und beschäftigten um die Jahrhundertwende, teilweise in Verquickung mit den Kontroversen über die reformistische parlamentarische Praxis, nahezu jeden Parteitag. Einen Schlusspunkt versuchte die Parteiführung um Bebel auf dem Dresdner Parteitag 1903 zu setzen, der mit breiter Mehrheit eine scharfe, im Kern gegen Bernstein gerichtete Resolution annahm: „Der Parteitag verurteilt auf das entschiedenste die revisionistischen Bestrebungen, unsere bisherige bewährte und sieggekrönte, auf dem Klassenkampf beruhende Taktik in dem Sinne zu ändern, daß an Stelle der Eroberung der politischen Macht durch Überwindung unserer Gegner eine Politik des Entgegenkommens an die bestehende Ordnung der Dinge tritt." Die Folge einer solchen Taktik wäre es, so die Resolution weiter, „daß aus einer Partei, die auf die möglichst rasche Umwandlung der bestehenden bürgerlichen in eine sozialistische Gesellschaftsordnung hinarbeitet, also im besten Sinne des Wortes revolutionär ist, eine Partei tritt, die sich mit der Reformierung der bürgerlichen Gesellschaft begnügt". Dies kam schon deshalb nicht in Frage, weil die Parteitagsmehrheit überzeugt war, „daß die Klassengegensätze sich nicht abschwächen, sondern stetig verschärfen".[23]

Eine Richtungsentscheidung für das Verhältnis der SPD zum Staat bedeutete die Dresdner Resolution von 1903 nicht, da den markigen Worten keine Taten folgten und weder Bernstein noch die Protagonisten des Reformismus aus der Partei ausgeschlossen wurden. Auch bei den folgenden Parteitagen, die sich mit der Taktik der Sozialdemokratie als Grundsatzproblem beschäftigten, wurde das revolutionäre Selbstverständnis der Partei hervorgehoben, zugleich aber in den einschlägigen Resolutionen mit dissimulierenden Formeln operiert, die es den vermeintlichen

Revisionisten und Reformisten erlaubten, sich weiterhin als parteizugehörig zu betrachten. Ebenso wenig wie die Kontroversen um Revisionismus und Reformismus führte die Massenstreikdebatte, die innerhalb der Sozialdemokratie im letzten Vorkriegsjahrzehnt geführt wurde, zu einer Klärung des Verhältnisses der Arbeiterbewegung zum Staat: Ob man einen politischen Generalstreik als offensives Mittel zur Herbeiführung der Revolution nutzen oder lediglich als defensive Maßnahme im Falle eines Angriffs auf elementare politische Rechte anwenden solle, blieb auch deshalb eine weitgehend akademische Diskussion, weil die der Sozialdemokratie verbundenen Gewerkschaften, die als Träger solcher Aktionen unverzichtbar waren, wenig Neigung zeigten, sich für einen politischen Massenstreik instrumentalisieren zu lassen.[24]
Die massiven innerparteilichen Flügelkämpfe, die letztlich aus den unterschiedlichen Anschauungen über die eigene Stellung zum Staat resultierten, beschworen das Szenario einer Parteispaltung herauf, die indes wegen der bis zu Bebels Tod 1913 hohen Integrationsfähigkeit der Parteiführung und vor allem wegen der Organisations- und Wahlerfolge, die die Sozialdemokratie in den letzten Vorkriegsjahren erzielte, ausblieb. Bei Kriegsausbruch 1914 konnte die Sozialdemokratie dann allerdings nicht länger eine klare Stellungnahme vermeiden, wobei sich der Akzent des Problems verlagerte weg von einer grundsätzlichen Definition des Verhältnisses von Arbeiterbewegung und Staat hin zur eigenen Positionierung zur Nation in einem konkretem Handlungskontext, der jedoch prinzipielle Bedeutung zukommen musste. Gut vorbereitet auf eine solche Positionierung waren die Sozialdemokraten nicht: Zwar hatten ihre Parteiprogramme seit 1869 durchgehend die internationale Solidarität der Arbeiterklasse betont und war auf verschiedenen Konferenzen mit Schwesterparteien aus dem Ausland der Antimilitarismus als eine gemeinsame Handlungsstrategie verkündet worden; allerdings war es nicht gelungen, klare Absprachen über das Verhalten in konkreten Krisensituationen zu treffen und insbesondere zwischen Angriffs- und Verteidigungskriegen zu unterscheiden.[25]
Dass in Ausnahmekonstellationen die grundsätzliche Gegnerschaft der Sozialdemokratie zum bestehenden politischen System hinter der Pflicht zur Vaterlandsverteidigung zurückzustehen habe, betonte der Partei- und Fraktionsvorsitzende Hugo Haase, als er am 4. August 1914 die Zustimmung der SPD zu den Kriegskrediten im Reichstag begründete: Man stehe vor der „ehernen Tatsache des Krieges", den zu verhindern die SPD bis zuletzt versucht habe. Nun habe man nicht mehr „für oder gegen den Krieg zu entscheiden, sondern über die Frage der für die Verteidigung des Landes erforderlichen Mittel". Da Haase voraussetzte, dass es sich um einen Verteidigungs- und nicht um einen Angriffskrieg handele, hielt er auch die Position seiner Partei für konsequent: „Für unser Volk und seine freiheitliche Zukunft steht bei einem Siege des russischen Despotismus, der sich mit dem Blut der besten des eigenen Volkes befleckt hat, viel, wenn nicht alles, auf dem Spiel. Es gilt, diese Gefahr abzuwehren, die Kultur und Unabhängigkeit unseres eigenen Landes sicherzustellen. Da machen wir wahr, was wir immer betont haben: wir lassen in der Stunde der Gefahr das eigene Vaterland nicht im Stich."[26]
Die Strategie, der Notwendigkeit der Vaterlandsverteidigung den Vorrang gegenüber der Kritik an den bestehenden politischen Zuständen zu geben, verbesserte die Stellung der Sozialdemokratie gegenüber der Regierung und den bürgerlichen Parteien: Anstatt erneut Repressionen oder sogar einem Parteiverbot, das unmittelbar bei Kriegsausbruch 1914 von Teilen der Partei befürchtet worden war, ausgesetzt zu werden, milderte sich in den Kriegsjahren unter dem Eindruck der Burgfriedenspolitik die Außenseiterstellung, die die SPD und die Gewerkschaften bis dahin inngehabt hatten. Innerparteilich entfaltete die am 4. August 1914 von der Reichstagsfraktion getroffene Entscheidung dagegen keine dauerhafte Integrationswirkung: Die Zahl der Kritiker der Kriegskreditbewilligung, die 1914 noch eine kleine Minderheit in der SPD gebildet hatten, wuchs ständig, bis 1916 zunächst die Reichstagsfraktion

zerfiel und sich schließlich 1917 die Kritiker des Mehrheitskurses in der Unabhängigen Sozialdemokratischen Partei Deutschlands (USPD) eigenständig organisierten. Auch wenn diese auf die Aufstellung eines detaillierten Parteiprogramms verzichtete, war doch unübersehbar, dass die Parteispaltung nicht nur entlang der durch die Kriegsverhältnisse aufgeworfenen Bruchlinien erfolgte, sondern dass hierbei auch die Flügelkämpfe der Vorkriegsjahre nachwirkten und die sich selbst als kompromisslose Gegner des bestehenden Staates und als Revolutionäre verstehenden Kräfte leichter den Weg in die USPD fanden als die vermeintlichen Revisionisten und Reformisten.[27]

Zwischen Regierungsverantwortung und Opposition – die SPD in der Weimarer Republik

Einen entscheidenden Wendepunkt im Verhältnis der Arbeiterbewegung zum Staat, wenn auch bei weitem noch nicht das Ende der Ambivalenzen, brachten die Novemberrevolution 1918 und die Gründung der Weimarer Republik 1919, die die beiden sozialdemokratischen Parteien mit sehr unterschiedlichen Erwartungen mitgestalteten beziehungsweise begleiteten. Über ein ausgefeiltes Revolutionskonzept verfügten weder die SPD noch die USPD, die nach dem Zusammenbruch der deutschen Monarchien am Ende des Weltkriegs eher situativ als strategisch handelten. Die besondere Konstellation beim Zusammenbruch nötigte beide Parteien zunächst zur Zusammenarbeit im Rat der Volksbeauftragten, der als provisorische Regierung über die Einführung des Frauenwahlrechts und des achtstündigen Arbeitstages hinaus zunächst keine politischen Grundsatzentscheidungen traf, sondern die dauerhafte Neuordnung der staatlichen Verhältnisse einer verfassunggebenden Versammlung überließ. Über der Frage, wann diese zusammentreten solle, zerfiel die sich als sozialistische Regierung verstehende Zwangsallianz rasch, und die USPD machte bereits im März 1919 mit einer programmatischen Kundgebung deutlich, dass sie sich nicht vorbehaltlos auf den Boden der parlamentarischen Demokratie stellen werde: „In der kapitalistischen Rechtsordnung sind demokratische Rechtsformen Truggebilde. Solange der politischen Befreiung nicht auch die wirtschaftliche Befreiung und Unabhängigkeit gefolgt ist, besteht keine wahre Demokratie." Deshalb stelle sich die USPD „auf den Boden des Rätesystems. Sie unterstützt die Räte in ihrem Ringen um die wirtschaftliche und politische Macht. Sie erstrebt die Diktatur des Proletariats, des Vertreters der großen Volksmehrheit, als notwendige Vorbedingung für die Verwirklichung des Sozialismus. Erst der Sozialismus bringt die Beseitigung jeder Klassenherrschaft, die Beseitigung der Diktatur, die wahre Demokratie".[28]

Die Mehrheitssozialdemokraten hingegen stellten sich vorbehaltlos auf den Boden der neugeschaffenen Verhältnisse, wie sie mit ihrer geschlossenen Zustimmung zur maßgeblich von ihnen mitgestalteten Weimarer Verfassung im Reichstag dokumentierten. Die Bewältigung der enormen tagespolitischen Nöte, an der die SPD als zentraler Faktor in den ersten Regierungen der Weimarer Republik mitwirkte, ließ ihr wenig Raum zu grundsätzlichen Reflektionen über die eigene Rolle in dem neuen Staat. Da allerdings das im Gefolge des Sozialistengesetzes entstandene und mittlerweile 30 Jahre alte Erfurter Programm kaum noch Orientierungshilfe in der aktuellen Situation geben konnte, führte man dann doch Programmdebatten, die auf dem Parteitag in Görlitz 1921 einen Abschluss fanden. In dem Görlitzer Programm betrachtete die SPD „die demokratische Republik als die durch die geschichtliche Entwicklung unwiderruflich gegebene Staatsform, jeden Angriff auf sie als ein Attentat auf die Lebensrechte des Volkes". Grenzte sie sich damit eindeutig von der USPD ab, die die demokratischen Rechtsformen ohne die wirtschaftliche Befreiung für Truggebilde erklärt hatte, so machte allerdings auch die SPD deutlich, dass sie – im Unterschied zur USPD jedoch auf den bestehenden Verfassungsrechtsgrundlagen – eine „Erneuerung der Gesellschaft im Geiste sozialistischen Gemeinsinns" anstrebe: „Die Überführung der großen konzentrierten Wirtschaftsbetriebe in die Gemeinwirtschaft und darüber hinaus die fortschreitende Umformung der gesamten kapitalistischen Wirtschaft

zur sozialistischen, zum Wohle der Gesamtheit betriebenen Wirtschaft erkennt sie als notwendige Mittel, um das schaffende Volk aus den Fesseln der Kapitalherrschaft zu befreien, die Produktionserträge zu steigern, die Menschheit zu höheren Formen wirtschaftlicher und sittlicher Gemeinschaft emporzuführen."[29]
Dies in kurz- oder auch nur mittelfristiger Perspektive erreichen zu können, erwies sich als eine Fehleinschätzung, da die SPD weit entfernt davon blieb, parlamentarische Mehrheiten für solche wirtschafts- und sozialpolitischen Reformen zu erzielen und bereits 1923 zeitweise aus der Regierungsverantwortung verdrängt wurde. Dass man von dem in Görlitz eingeschlagenen Kurs bald abwich, war jedoch nicht nur der Enttäuschung über den eigenen Einflussverlust geschuldet, sondern auch das Resultat taktischer Erwägungen, die es angezeigt erschienen ließen, den Anhängern der USPD, die zwischen der Mehrheitssozialdemokratie und der expandierenden Kommunistischen Partei Deutschlands (KPD) zerrieben zu werden drohte und 1922 auseinanderfiel, durch eine stärkere Betonung des revolutionären Profils eine Rückkehr in die alte Partei zu erleichtern. Beides fand Niederschlag in dem neuen Grundsatzprogramm, das sich die SPD, nach nur vier Jahren, auf ihrem Heidelberger Parteitag 1925 gab. In einer gewissen formalen Analogie zum Erfurter Programm von 1891 wurden auch in dem Heidelberger Programm zunächst einige theoretische Grundsätze formuliert, die der Standortbestimmung in dem ökonomischen Entwicklungsprozess der Epoche dienen sollten, aber auf eine naturgesetzliche Herleitung des letztlichen Sieges des Sozialismus verzichteten, der gleichwohl als das Hauptziel der Partei – deutlicher als in dem Vorgängerprogramm von 1921 – hervorgehoben wurde. Die bestehende politische Ordnung wurde dagegen nicht mehr vorbehaltlos als ein Wert an sich gewürdigt, sondern wieder zu einem Mittel zum Zweck herabgestuft: „Die demokratische Republik ist der günstigste Boden für den Befreiungskampf der Arbeiterklasse und damit für die Verwirklichung des Sozialismus. Deshalb schützt die Sozialdemokratische Partei die Republik und tritt für ihren Ausbau ein."[30]
Auch wenn die Definition der eigenen Stellung zum Staat im Vergleich zu 1921 nur in Nuancen verändert wurde, ist in dem Grundsatzprogramm von 1925 doch der Versuch zu erkennen, das revolutionäre Selbstverständnis der Sozialdemokratie wieder zu befestigen. Welche Auswirkungen die partielle Renaissance marxistischen Gedankenguts hatte, ist schwierig zu ermessen: Sicherlich stärkte sie den inneren Zusammenhalt der Partei, die sich nicht als eine unter mehreren politischen Interessengruppen sah, sondern sich selbst weiterhin eine Avantgardestellung zumaß. Die Grundlagen sozialdemokratischer Politik veränderte sie indes nicht, denn die SPD fungierte auch nach der Mitte der 1920er Jahre noch als staatstragende Partei – mit ihrer Tolerierungspolitik gegenüber den bürgerlichen Koalitionsregierungen zwischen 1924 und 1928 und auch gegenüber den Präsidialkabinetten Brünings seit 1930 sowie in den dazwischen liegenden Jahren selbst als Regierungspartei. Allerdings trug die wieder deutlicher aufscheinende revolutionäre Komponente in ihrem Selbstverständnis wohl dazu bei, dass sie sich nicht in stärkerem Maße darum bemühte, maßgeblichen Einfluss auf die Regierungspolitik zu gewinnen und sich nach dem Scheitern des Kabinetts Hermann Müller 1930 vielleicht nicht ungern auf die Oppositionsbänke zurückzog, auf denen sie sich der kollektiven mentalen Disposition breiter Parteikreise zufolge heimisch fühlte.[31]
Dass die revolutionären Einsprengsel in der Mentalität stärker waren als in dem Verhalten, zeigte sich auch in der Politik der Sozialdemokratie in der Niedergangsphase der Weimarer Republik 1932/33 und insbesondere in ihren Reaktionen auf die Machtergreifung der Nationalsozialisten. Obwohl der SPD wohl weit weniger als den übrigen Parteien vorzuwerfen ist, dass sie die Gefahr unterschätzt habe, die vom Nationalsozialismus ausging, ist doch auch zu konstatieren, dass die inzwischen von ihr vollzogene Verinnerlichung des Wertekanons des demokratischen Rechtsstaats sie dazu verleitete, zunächst eine abwartende Haltung einzunehmen, wodurch es der Regierung Hitler erleichtert wurde, die Diktatur auf scheinlegalem Weg zu errichten, oder anders formuliert: Wenn die SPD

tatsächlich noch so revolutionär gewesen wäre, wie es dem Selbstverständnis eines Großteils ihrer Mitglieder entsprochen hätte, hätte sie sich vermutlich nicht auf die Position zurückgezogen, mit Widerstandsaktionen gegen die Nationalsozialisten so lange warten zu wollen, bis diese einen offenen Verfassungsbruch begangen hätten.[32] Der Schutz der Verfassung und nicht etwa ein revolutionäres Konzept war auch die Grundlage des Schlüsseltextes zum Verständnis der Reaktionen der Sozialdemokraten auf die Machtergreifung. Zwar sei die Weimarer Verfassung, meinte der Fraktionsvorsitzende der SPD Otto Wels am 23. März 1933 im Reichstag anlässlich der Beratungen über das sogenannte Ermächtigungsgesetz, „keine sozialistische Verfassung. Aber wir stehen zu den Grundsätzen des Rechtsstaates, der Gleichberechtigung, des sozialen Rechtes, die in ihr festgelegt sind".[33]

Zwischen Anpassung und Revolutionsträumen – die SPD und das Dritte Reich

In der Übergangsphase vom März 1933 bis zum Parteiverbot im folgenden Juni betrieben Teile der SPD, insbesondere diejenigen Parteiführer, die sich entschlossen hatten, zunächst nicht zu emigrieren, analog zu dem Verhalten vieler Gewerkschaftsführer eine sehr vorsichtige Anpassungspolitik, die manchem Kritiker sogar als eine Anbiederung an die neuen Machthaber erscheinen mochte. Allerdings war dies nicht Ausdruck eines gewandelten Staatsverständnisses, etwa in dem Sinne, dass man nun in ordnungs- oder machtpolitischen Wahrnehmungskategorien auch ein diktatorisches Regime anzuerkennen bereit gewesen wäre, sondern dem Bemühen geschuldet, der eigenen Parteiorganisation wenigstens noch kleine Handlungsspielräume zu erhalten. Als dieser Strategie mit dem Parteiverbot vom Juni 1933 endgültig der Boden entzogen war, wurde das Problem der eigenen Haltung zum Staat für die Sozialdemokraten von einer kollektiven zu einer individuellen Frage, auf die von der Anpassung bis zum aktiven Widerstand eine breite Palette von Antworten gegeben werden konnte.

Auch wenn in Anbetracht der vollständigen Zerschlagung des Parteiapparats die programmatische Ausrichtung der Sozialdemokratie keine Priorität haben musste, bemühte sich der exilierte Parteivorstand doch, strategische Orientierungshilfe zu leisten und setzte mit dem „Prager Manifest" 1934 eine Programmschrift auf, die in markanter Form die revolutionären Perspektiven der Sozialdemokratie wieder hervorhob. Das Manifest übte dabei auch Selbstkritik und konzedierte insbesondere, dass die SPD in der Umbruchsituation von 1918/19 Fehler begangen habe, die sich künftig nicht wiederholen dürften. „Die Niederwerfung des nationalsozialistischen Feindes durch die revolutionären Massen", so die Zukunftserwartung des Manifests, schaffe „eine starke revolutionäre Regierung, getragen von der revolutionären Massenpartei der Arbeiterschaft, die sie kontrolliert. Die erste und oberste Aufgabe dieser Regierung ist es, die Staatsmacht für die siegreiche Revolution zu sichern".[34] Offenkundig sollte also, anders als 1918/19, kein schneller Übergang zu parlamentarisch-demokratischen Formen erfolgen, sondern stattdessen durch revolutionäre Maßnahmen der Boden für den Sozialismus bereitet werden.

Die Wirkung des Prager Manifests dürfte bescheiden geblieben sein, da seiner Rezeption in Deutschland durch die Diktatur enge Grenze gesetzt waren; auch ist fraglich, ob der Appell zur Rückkehr zu revolutionären Handlungsstrategien unter den Sozialdemokraten breite Zustimmung gefunden hätte. Dass das Prager Manifest mittelfristig für die Standortbestimmung der Sozialdemokratie gegenüber dem Staat folgenlos blieb, hatte jedoch eine andere Ursache, nämlich den Umstand, dass die Voraussetzung, von der das Manifest ausging, sich als bloßes Wunschdenken erwies: Statt den Nationalsozialismus in einer revolutionären Erhebung der Arbeiterschaft zu überwinden, konnte das Ende des Dritten Reiches – wie im Verlauf des Krieges immer deutlicher und spätestens mit dem Scheitern des Staatsstreichs vom 20. Juli 1944 ganz offenkundig wurde – nur von außen durch die Alliierten herbeigeführt werden. Alle Überlegungen zu den Neuaufbauszenarien mussten also berücksichtigen, dass die künftigen

Siegermächte auf die Gestalt der staatlichen Ordnung Einfluss nehmen würden und dass somit eine revolutionäre Handlungsfreiheit der Sozialdemokratie nicht gegeben wäre. Spätere programmatische Pläne, etwa Erich Ollenhauers vor der „Union deutscher sozialistischer Organisationen in Großbritannien" im Jahr 1942 vorgetragene Grundsatzüberlegungen, berücksichtigten dies bereits und betonten statt der revolutionären Perspektiven die Wiedereingliederung „des deutschen Volkes in die Gemeinschaft der europäischen demokratischen Völker" und die Notwendigkeit, sich mit der „Problematik moderner demokratischer Staatsführung" auseinanderzusetzen.[35]

Integration ohne Vorbehalte – die SPD in der zweiten Nachkriegszeit

Die Besatzungspolitik seit 1945 bot der rasch wiedergegründeten Sozialdemokratie wesentlich geringe Handlungsmöglichkeiten, als dies Ollenhauer und mit ihm wohl auch die meisten anderen Parteiführer vorhergesehen hatten. Statt in einer revolutionären Übergangsphase den Weg für den Sozialismus bereiten zu können, mussten sich die Sozialdemokraten in den drei westlichen Zonen darauf konzentrieren, gegenüber den Besatzungsmächten möglichst bald den Wiederaufbau demokratischer Selbstverwaltungs- und Selbstregierungsstrukturen durchzusetzen; überdies büßten alle Zwangsmaßnahmen, die den Sozialismus fördern sollten, vor dem Hintergrund des rasch aufziehenden Kalten Krieges und in direkter Anschauung der Entwicklungen in der sowjetischen Besatzungszone, einen beträchtlichen Teil der Attraktionskraft ein, den sie unter den Sozialdemokraten noch gehabt haben mochten. Eine revolutionäre Perspektive wurde in den programmatischen Stellungnahmen der Sozialdemokraten der westlichen Besatzungszonen in der unmittelbaren Nachkriegszeit denn auch nur noch in der Rückschau deutlich, wenn der Untergang der Weimarer Republik und der Aufstieg des Nationalsozialismus in klassisch historisch-materialistischer Deutung als ein Degenerationsphänomen des Kapitalismus präsentiert wurden.[36]
Wann immer die Sozialdemokraten dagegen in der unmittelbaren Nachkriegszeit nach vorne blickten, erklärten sie die Rückkehr zum Modell der parlamentarischen Republik für alternativlos, auch wenn dieses natürlich gegenüber den Weimarer Verhältnissen erheblich verbessert werden müsse. Der Sozialismus erschien nicht mehr als Alternative zur Demokratie, sondern wurde in engem Zusammenhang mit ihr gesehen, zum Beispiel in den „Politischen Richtlinien für die SPD", die Kurt Schumacher 1945 formulierte: „Als geistige und politische Grundlage steht neben dem Sozialismus und völlig mit ihm zusammengewachsen die Demokratie. ... Der Sozialismus ist in sich demokratisch, ist als Kampf um die geistige, politische und ökonomische Befreiung der arbeitenden Massen ein Kampf um das Recht und die Freiheit gegen die Vergewaltigung und Knechtung."[37] Schumacher griff damit in seinem Staatsverständnis auf die Position zurück, die die SPD bereits in ihrem Görlitzer Programm von 1921 bezogen hatte: Die parlamentarische Republik sei nicht eine Vorstufe des Sozialismus, sondern der verfassungsrechtliche Boden, auf dem seine Verwirklichung angestrebt werden müsse und der bei seiner Verwirklichung auch nicht verlassen werden dürfe. Von diesem Staatsverständnis ließ sich die SPD fortan leiten, und mit ihrer Zustimmung zum Grundgesetz machte sie deutlich, dass die 1949 im Kompromiss mit den konkurrierenden Parteien und unter Einwirkung der westlichen Besatzungsmächte zustande gekommene neue Verfassungsordnung ihre vorbehaltlose Billigung fand.
Von dieser Position wich die SPD auch in den folgenden Jahrzehnten nicht ab, was ihr dadurch erleichtert wurde, dass sich zum einen die erneuerte parlamentarische Republik als wesentlich stabiler erwies als ihre Vorgängerin und sich zum anderen die sozialen Probleme im Zuge des in den fünfziger Jahren einsetzenden wirtschaftlichen Aufschwungs dauerhaft milderten, obwohl die in der Sozialdemokratie in den ersten Nachkriegsjahren weit verbreiteten Erwartungen, schrittweise einen demokratischen Sozialismus etablieren zu können, enttäuscht wurden.

Als Leitidee lebte der demokratische Sozialismus jedoch auch in dem ersten Grundsatzprogramm der Nachkriegs-SPD fort, dem Godesberger Programm von 1959, das den inzwischen in Anbetracht der langjährigen politischen Praxis der Partei wohl schon überfälligen Bruch mit ihren marxistischen Traditionen vollzog, den Übergang der SPD von einer Arbeiter- zu einer Volkspartei dokumentierte und das eigene Verhältnis zu der nunmehr seit zehn Jahren bestehenden staatlichen Ordnung frei von Ambivalenzen definierte: Die SPD „steht zum Grundgesetz der Bundesrepublik Deutschland". Sie „bekennt sich zur Demokratie, in der die Staatsgewalt vom Volke ausgeht und die Regierung jederzeit dem Parlament verantwortlich und sich bewußt ist, daß sie ständig seines Vertrauens bedarf. … Die Sozialdemokratische Partei Deutschlands will in gleichberechtigtem Wettstreit mit den anderen demokratischen Parteien die Mehrheit des Volkes gewinnen, um Staat und Gesellschaft nach den Grundforderungen des demokratischen Sozialismus zu formen".[38]

Hatte die SPD 1959 erstmals in ihrer mittlerweile fast 100-jährigen Geschichte in einem Grundsatzprogramm bekannt, dass die bestehende Verfassung ungeachtet des Optimierungspotentials von Detailregelungen deckungsgleich mit ihrem Idealbild einer Staatsordnung sei, so schwankte sie noch mehrere Jahrzehnte in der Frage, wie weit sich der territoriale Geltungsraum dieser Verfassung erstrecken solle. Die Aussagen des Godesberger Programms hierzu bewegten sich noch ganz auf dem Boden des nationalpolitischen Gründungskompromisses der Bundesrepublik, demzufolge das Grundgesetz nur eine provisorische Funktion bis zur angestrebten deutschen Einigung haben solle: „Erst in einem wiedervereinigten Deutschland" werde „das ganze Volk in freier Selbstbestimmung Inhalt und Form von Staat und Gesellschaft gestalten können"[39], hieß es in dem Grundsatzprogramm von 1959, das im Übrigen klare Festlegungen für die bald brisant werdenden deutschlandpolitischen Probleme – Alleinvertretungsanspruch der Bundesrepublik oder Anerkennung der DDR, Wiedervereinigung auf der Grundlage der aktuellen Grenzen beider Staaten oder darüber hinaus Einschluss inzwischen polnischer Gebiete – nicht vornahm.

Wie die SPD in der Folgezeit in der Deutschlandpolitik agierte und insbesondere in ihrer Zeit als Regierungspartei dazu beitrug, das Verhältnis zwischen der Bundesrepublik und der DDR auf eine neue Grundlage zu stellen, von der aus dann die spätere Vereinigung erfolgte, kann hier nicht geschildert werden.[40] Es soll jedoch abschließend kurz der Blick auf die Vereinigung von 1989/90 gerichtet werden, die wenigstens hypothetisch die in dem Godesberger Programm angesprochene Option bot, „das ganze Volk in freier Selbstbestimmung Inhalt und Form von Staat und Gesellschaft gestalten" zu lassen, und damit der SPD die Chance, ihr Verhältnis zum Staat noch einmal neu zu definieren. Bekanntlich wurde diese explizit auch im Grundgesetz als Mechanismus (Art. 146) vorgesehene Option nicht wahrgenommen und die Vereinigung als Beitritt der DDR (Art. 23) vollzogen – gegen zahlreiche Stimmen aus den Reihen der SPD, die indes eine Volksabstimmung über eine neue Verfassung nicht primär wegen Defiziten des Grundgesetzes forderten, sondern aus dem kollektivpsychologischen Motiv, die Vereinigung nicht als bloßen Anschluss der DDR erscheinen zu lassen. Da sich schließlich formal an der Verfassungsordnung kaum etwas änderte, entfiel denn auch für die SPD die Notwendigkeit einer erneuten Vergewisserung über ihre eigene Stellung zum Staat.[41]

In den allerjüngsten programmatischen Festlegungen der SPD hat die Frage nach der eigenen Stellung zum Staat so gut wie gar keine Bedeutung mehr. Die in Godesberg 1959 vollzogene Selbstidentifikation als in das politische System der Bundesrepublik vorbehaltlos integrierte Partei hat sie schon seit geraumer Zeit in so starkem Maße verinnerlicht, dass ihr ambivalentes Rollenverständnis, das die Geschichte der SPD über viele Jahrzehnte hinweg geprägt hat, nur als historische Reminiszenz Erwähnung findet. Dies geschieht auch in dem Hamburger Grundsatzprogramm von 2007, das die eigenen „Grundwerte und Grundüberzeugungen" aus der Geschichte herleitet, sich dabei einiger Glättungen bedient, aber den Zwiespalt zwischen Arbeiter- und Volkspartei, der die SPD lange in ihrer Standortbestimmung gegenüber dem Staat schwanken ließ, durchaus noch erkennen lässt: „Die Sozialdemokratie entstand als Teil der Arbeiterbewegung. Sie hat Arbeiterrechte erstritten, den Sozialstaat ausgebaut und zusammen mit den Gewerkschaften aus verachteten Proletarierinnen und Proletariern gleichberechtigte und selbstbewusste Staatsbürgerinnen und Staatsbürger gemacht. ... Die Sozialdemokratie war von Anbeginn die Demokratiepartei. Sie hat die politische Kultur unseres Landes entscheidend geprägt. In ihr arbeiten Frauen und Männer unterschiedlicher Herkunft, verschiedener religiöser und weltanschaulicher Überzeugungen zusammen. Sie verstehen sich seit dem Godesberger Programm von 1959 als linke Volkspartei."[42]

[1] Vgl. die „Beschlüsse des Gründungskongresses der Arbeiterverbrüderung in Berlin, 1848" in: Dowe, Dieter u. Klotzbach, Kurt (Hg.): Programmatische Dokumente der deutschen Sozialdemokratie, 3. Aufl. Bonn 1990, S. 91 – 109, und zur Arbeiterverbrüderung allgemein Balser, Frolinde: Sozial-Demokratie 1848/49 – 1863. Die erste deutsche Arbeiterorganisation „Allgemeine Arbeiterverbrüderung" nach der Revolution, 2. Bde., Stuttgart 1962

[2] Lassalle, Ferdinand: Ausgewählte Reden und Schriften, hg. v. Hans Jürgen Friederici, Berlin 1991, S. 219

[3] Ebd., S. 237

[4] Ebd., S. 246

[5] Progammatische Dokumente (wie Anm. 1), S. 166

[6] Ebd., S. 170

[7] Ebd., S. 172f

[8] Engelberg, Ernst (Hg.): Im Widerstreit um die Reichsgründung. Eine Quellensammlung zur Klassenauseinandersetzung in der deutschen Geschichte von 1849 bis 1871, Berlin (DDR) 1970, S. 392

[9] Vgl. Ebersold, Günther: Die Stellung Wilhelm Liebknechts und August Bebels zur deutschen Frage 1863 bis 1870, phil. Diss. Heidelberg 1963, S. 123 – 146

[10] Bebel, August: Aus meinem Leben, Berlin (DDR) 1978, S. 348

[11] Zur Genese dieses Topos vgl. Groh, Dieter u. Brandt, Peter: „Vaterlandslose Gesellen". Sozialdemokratie und Nation 1860 – 1990, München 1992, S. 20 – 27

[12] Progammatische Dokumente (wie Anm. 1), S. 178

[13] Ebd., S. 179

[14] Zu den Auswirkungen des Sozialistengesetzes auf die Sozialdemokratie vgl. Lehnert, Detlef: Sozialdemokratie zwischen Protestbewegung und Regierungspartei 1848 – 1983, Frankfurt/Main 1983, S. 67 – 77

[15] Vgl. zu diesem Begriff Groh, Dieter: Negative Integration und revolutionärer Attentismus. Die deutsche Sozialdemokratie am Vorabend des Ersten Weltkriegs, Frankfurt/Main u. a. 1974, S. 57 – 63

[16] Bebel (wie Anm. 10), S. 611

[17] Progammatische Dokumente (wie Anm. 1), S. 186f

[18] Ebd., S. 188

[19] Zum Reformismusstreit vgl. Engehausen, Frank: Die sozialdemokratische Reichstagsfraktion im Wilhelminischen Kaiserreich: Altersstruktur und Generationenkonflikte, in: Schönhoven, Klaus u. Braun, Bernd (Hg.): Generationen in der Arbeiterbewegung (Schriftenreihe der Stiftung Reichspräsident-Friedrich-Ebert-Gedenkstätte Bd. 12), München 2005, S. 155 – 158

[20] Bernstein, Eduard: Die Voraussetzungen des Sozialismus und die Aufgaben der Sozialdemokratie, hg. v. Manfred Tetzel, Berlin 1991, S. 66f

[21] Ebd., S. 161

[22] Ebd., S. 188

[23] Programmatische Dokumente (wie Anm. 1), S. 192

[24] Vgl. dazu Grunenberg, Antonia (Hg.): Die Massenstreikdebatte. Beiträge von Parvus, Rosa Luxemburg, Karl Kautsky und Anton Pannekoek, Frankfurt/Main 1970, S. 5 – 44

[25] Vgl. dazu Groh u. Brandt (wie Anm. 11), S. 75 – 87, 121 – 130

[26] Miller, Susanne u. Potthoff, Heinrich (Hg.): Kleine Geschichte der SPD. Darstellung und Dokumentation 1848 – 1990, 7. Aufl. Bonn 1991, S. 344

[27] Vgl. Engehausen (wie Anm. 19), S. 160 – 163

[28] Miller u. Potthoff (wie Anm. 26), S. 351

[29] Ebd., S. 357

[30] Ebd., S. 363

[31] Zur Entwicklung der SPD in der Weimarer Republik vgl. Lehnert (wie Anm. 14), S. 132 – 154

[32] Zum Problem der Scheinlegalität der Machtergreifung vgl. Engehausen, Frank: 1933 – Der Beginn des Dritten Reiches, in: Ders. u. Bräunche, Ernst Otto, 1933 – Karlsruhe und der Beginn des Dritten Reiches, Karlsruhe 2008, S. 9 – 21

[33] Miller u. Potthoff (wie Anm. 26), S. 370

[34] Programmatische Dokumente (wie Anm. 1), S. 225

[35] Ebd., S. 242

[36] Vgl. dazu Wolgast, Eike: Die Wahrnehmung des Dritten Reiches in der unmittelbaren Nachkriegszeit (1945/46), Heidelberg 2001, S. 112 – 115

[37] Programmatische Dokumente (wie Anm. 1), S. 252

[38] Ebd., S. 353f

[39] Ebd., S. 353

[40] Vgl. dazu Groh u. Brandt (wie Anm. 11), S. 271 – 334

[41] Vgl. z. B. das „Manifest zur Wiederherstellung der Einheit der Sozialdemokratischen Partei Deutschlands" vom September 1990, das in diesem Kontext lediglich die „Sicherung eines handlungsfähigen, demokratisch verfaßten Staates" ansprach; Miller u. Potthoff (wie Anm. 26), S. 518

[42] www.spd.de/linkableblob/1778/data/hamburger_programm.pdf, S. 12f

Sylvia Schraut

Arbeiterbewegung und Geschlechterverhältnisse

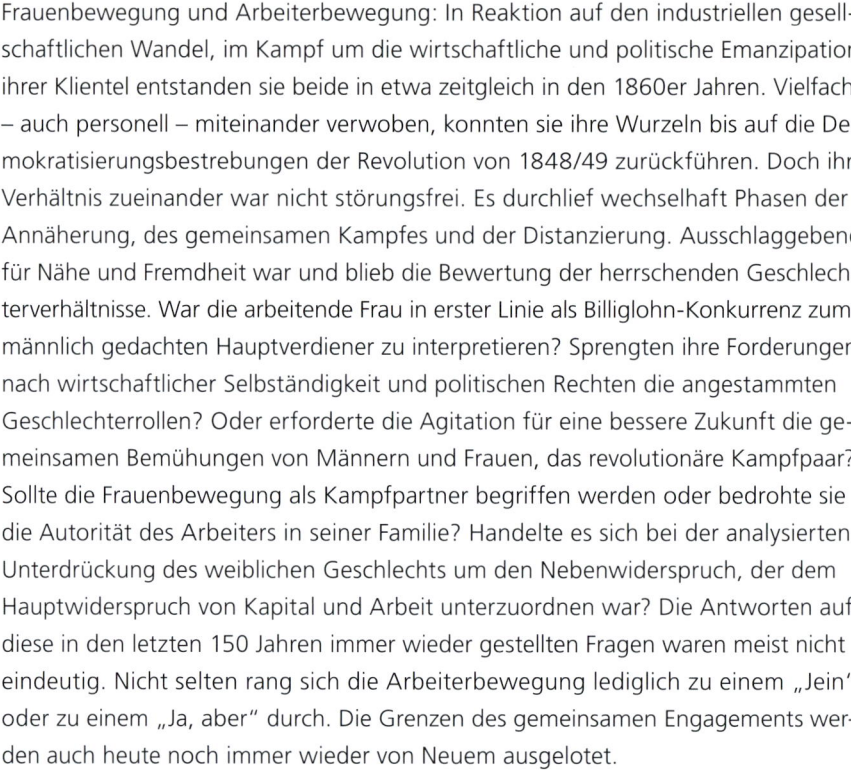

Frauenbewegung und Arbeiterbewegung: In Reaktion auf den industriellen gesellschaftlichen Wandel, im Kampf um die wirtschaftliche und politische Emanzipation ihrer Klientel entstanden sie beide in etwa zeitgleich in den 1860er Jahren. Vielfach – auch personell – miteinander verwoben, konnten sie ihre Wurzeln bis auf die Demokratisierungsbestrebungen der Revolution von 1848/49 zurückführen. Doch ihr Verhältnis zueinander war nicht störungsfrei. Es durchlief wechselhaft Phasen der Annäherung, des gemeinsamen Kampfes und der Distanzierung. Ausschlaggebend für Nähe und Fremdheit war und blieb die Bewertung der herrschenden Geschlechterverhältnisse. War die arbeitende Frau in erster Linie als Billiglohn-Konkurrenz zum männlich gedachten Hauptverdiener zu interpretieren? Sprengten ihre Forderungen nach wirtschaftlicher Selbständigkeit und politischen Rechten die angestammten Geschlechterrollen? Oder erforderte die Agitation für eine bessere Zukunft die gemeinsamen Bemühungen von Männern und Frauen, das revolutionäre Kampfpaar? Sollte die Frauenbewegung als Kampfpartner begriffen werden oder bedrohte sie die Autorität des Arbeiters in seiner Familie? Handelte es sich bei der analysierten Unterdrückung des weiblichen Geschlechts um den Nebenwiderspruch, der dem Hauptwiderspruch von Kapital und Arbeit unterzuordnen war? Die Antworten auf diese in den letzten 150 Jahren immer wieder gestellten Fragen waren meist nicht eindeutig. Nicht selten rang sich die Arbeiterbewegung lediglich zu einem „Jein" oder zu einem „Ja, aber" durch. Die Grenzen des gemeinsamen Engagements werden auch heute noch immer wieder von Neuem ausgelotet.

Die Berührungsängste der Arbeiterbewegung mit dem weiblichen Emanzipationsstreben mögen auf den ersten Blick verwundern, schienen die gleichermaßen minderberechtigten Arbeiterinnen doch natürliche Kampfgenossinnen gegen die gemeinsamen Feinde, den Unternehmer und die parteiliche Obrigkeit. Schon Karl Marx konstatierte 1868 (nicht unbeeinflusst von zeittypischer bürgerlicher Galanterie und überzeitlichem Sexismus): „Jeder, der etwas von der Geschichte weiß, weiß auch, daß große gesellschaftliche Umwälzungen ohne das weibliche Ferment unmöglich sind. Der gesellschaftliche Fortschritt lässt sich exakt messen an der gesellschaftlichen Stellung des schönen Geschlechts (die Hässlichen eingeschlossen)."[1] Doch offenbar taten sich viele engagierte Arbeiter schwer, die Arbeiterin als gleichberechtigte Kampfpartnerin zu akzeptieren.

Weibliche Erwerbsarbeit und Geschlechterrollen im 19. Jahrhundert

Traditionell hatten Frauen immer schon ihren Teil zum Erwerb des nicht selten kargen Familieneinkommens beigetragen. In der Landwirtschaft waren sie tätig als Angehörige des hart arbeitenden und schlecht verdienenden Gesindes. Als mithelfende Familienmitglieder auf dem Bauernhof oder im Handwerksbetrieb verbanden auch die meisten verheirateten Frauen Familien- und Erwerbsarbeit. Ihr Alltag hatte wenig gemeinsam mit den bürgerlichen Vorstellungen konträrer und komplementärer

Geschlechterrollen. Er aktiv, sie passiv, er draußen, sie drinnen, er zuständig für das Einkommen, sie für das gemütliche Heim und die Kindererziehung, er wirtschaftlich und politisch mündig, sie bemüht um das Wohlbefinden des männlichen Haushaltsvorstands – ein solches Geschlechtermodell, wie es einflussreich Jean-Jacques Rousseau im 18. Jahrhundert entworfen hatte, entsprach im 19. Jahrhundert vor allem den Vorstellungen des Bürgertums, den Phantasien der bürgerlichen Pädagogen und Gesetzgeber. Doch die bürgerlichen geschlechtsspezifischen Rollenmodelle zeitigten Auswirkungen auf die Lebensverhältnisse nicht nur der Bürgerinnen, sondern aller Frauen. Sie waren vom politischen Wahlrecht ausgeschlossen. Seit dem Scheitern der Revolutionen von 1848/49 durften sie in den meisten Ländern des Deutschen Bundes weder politische Organisationen gründen noch ihnen beitreten. Der Zugang zu höherer Bildung war ihnen verwehrt. Als Ehefrauen hatten sie die Verfügung über ihr Vermögen an ihre Ehemänner abzutreten, denen ohnehin die Richtlinienkompetenz in allen Familienfragen oblag. Für eine Angehörige gehobener gesellschaftlicher Schichten war bezahlte Berufsarbeit kaum vorstellbar. Aber auch unterbürgerliche Schichten begriffen außerhäusliche Erwerbsarbeit lediglich als Lebensabschnittsphase junger Frauen vor der Heirat, die – der schwachen Natur der Frau geschuldet – entsprechend gering entlohnt werden musste.
Doch die Realität sah anders aus. Mehr und mehr Frauen drängten seit der Mitte des 19. Jahrhunderts in die junge Industrie. Bei wachsender Bevölkerung stieg die Zahl der berufstätigen Frauen zwischen 1882 und 1939 von fünf auf 12,7 Millionen an. Ihr Anteil an den Erwerbspersonen betrug 1939 37 Prozent. Drei von zehn Arbeitern waren zu diesem Zeitpunkt weiblich. Im Schnitt weniger ausgebildet als männliche Erwerbstätige, selbst für gleiche Arbeit schlechter als diese entlohnt, stellten Frauen gegen Ende des 19. Jahrhunderts einen besonders hohen Anteil an den Beschäftigten in der Landwirtschaft, in den häuslichen Diensten, im Textil- und Bekleidungsgewerbe. In den nächsten Jahrzehnten gelang es ihnen, verstärkt in die Wachstumsbranche Handel eindringen. Immer häufiger versuchten Frauen, auch nach der Heirat, die außerhäusliche Lohnarbeit beizubehalten, nicht selten aus schierer Not. Dass die wirtschaftliche Misere und politische Entrechtung der weiblichen Arbeiterschaft der männlichen in Nichts nachstand, ja diese vielfach sogar noch übertraf, lag bereits in den 1860er Jahren offen zu Tage. In der Regel reichte weibliches Einkommen nicht dazu aus, eine selbständige Lebensführung zu ermöglichen oder gar eine Familie zu ernähren. Bei Bedarf waren billige weibliche Arbeitskräfte in der Industrie willkommen, in Krisenzeiten konnte man auf sie rascher und leichter als auf besser qualifizierte männliche Arbeiter verzichten. Entsprechend ungesichert waren Frauenarbeitsverhältnisse. Dazu kam die Doppel- und Dreifachbelastung durch bezahlte Lohnarbeit, Haushalt und Kindererziehung; letztere wurden auch in Arbeiterhaushalten als primär weibliche Aufgaben begriffen.

Arbeiterbewegung und Frauenfrage (1860 – 1890)

Die junge Gewerkschaftsbewegung und ihr sich entfaltender politischer Partner standen bis in die 1880er Jahre hinein den weiblichen Erwerbstätigen eher skeptisch als positiv gegenüber. Zwar hatte der erste Vereinstag der Arbeiterbildungsvereine 1865 die Einbeziehung von Arbeiterinnen in zukünftig zu gründende Arbeiterorganisationen gefordert, und August Bebel legte 1868 ein Musterstatut für die gemeinsame Organisation von Arbeitern und Arbeiterinnen in Gewerksgenossenschaften vor. Diesem folgend, ließ die ein Jahr später in Sachsen gegründete „Allgemeine Deutsche Manufaktur-, Fabrik- und Handarbeitergenossenschaft" weibliche Mitglieder zu. Doch die Mehrheit der gewerkschaftlichen Neugründungen und die politisch organisierte Arbeiterschaft lehnten weibliche Fabrikarbeit entschieden ab. So stand 1867 auf der sechsten Generalversammlung des „Allgemeinen Deutschen Arbeitervereins" (ADAV) in Berlin auch die Frage der Frauenarbeit auf der Tagesordnung. Der Kongress nahm mehrheitlich eine Resolution gegen weibliche Fabrikarbeit an und konstatierte: „Die Beschäftigung der Frauen in den

Werkstätten der großen Industrie ist einer der empörendsten Missbräuche unseres Zeitalters."[2] „Mit großem Beifall und einstimmig" beschloss fünf Jahre später ebenso der in Erfurt tagende Gewerkschaftskongress, „gegen alle Frauenarbeit in den Fabriken und Werkstätten zu wirken und dieselbe abzuschaffen".[3] Auch auf dem Gründungskongress der „Sozialdemokratischen Arbeiterpartei" (SDAP) 1869 in Eisenach und auf dem Vereinigungskongress 1875 in Gotha, der zum Zusammenschluss zur „Sozialistischen Arbeiterpartei Deutschlands" (SAPD) führte, debattierten die Delegierten über Frauenarbeit und entschieden sich mehrheitlich dafür, ein Verbot der Kinderarbeit und eine Beschränkung der Frauenarbeit zu fordern. Eine Durchsicht der ausgetauschten Argumente zeigt, dass es den Beteiligten zwar auch um die Einschränkung von Billigkonkurrenz ging; doch vor allem sollte weibliche außerhäusliche Lohnarbeit das angestammte Familienmodell und die Geschlechterhierarchie in der Familie nicht gefährden. Vor dieser Schranke scheiterte auch die Forderung für ein allgemeines geheimes politisches Wahlrecht beider Geschlechter.

Die da und dort, in Berlin und in Sachsen, in Nischen entstehenden Organisationen von Arbeiterinnen wie zum Beispiel die in den 1880er Jahren von der schlesischen Adeligen Gertrud Guillaume-Schack und anderen gegründeten „Vereine zur Wahrung der Interessen der Arbeiterinnen" hatten es schwer, sich die Akzeptanz der männlichen Berufskollegen zu erwerben. Dabei mangelte es nicht an berühmten Fürsprechern im eigenen Lager, die sich für die wirtschaftliche und politische Emanzipation des weiblichen Geschlechts einsetzten. August Bebel publizierte 1879 eine grundlegende Darstellung zur Rolle der Frau im Kampf für den Sozialismus, Friedrich Engels machte in „Der Ursprung der Familie, des Privateigentums und des Staats" (1884) klar, dass Familienformen und damit zusammenhängende Geschlechterrollen historisch bedingt und deshalb veränderbar seien.

Die Frau und der Sozialismus (August Bebel)

Besonders engagiert für die Sache der Frauen war August Bebel. Sein 1879 während des Sozialistengesetzes publiziertes Buch „Die Frau und der Sozialismus" lieferte vor dem Hintergrund einer historischen Herleitung patriarchaler Strukturen und der Minderberechtigung von Frauen in Familie, Wirtschaft und Gesellschaft eine Begründung, warum Frauen eine gleichberechtigte Stellung zustünde. Aber nur die Frau, die selbst bezahlter Lohnarbeit nachging, konnte Bebel zufolge, zur gleichberechtigten Partnerin ihres Ehemannes werden, nur diese mit ihm zusammen den Kampf für den Sozialismus und die Emanzipation beider Geschlechter aufnehmen und schließlich Gleichberechtigung im Sozialismus erreichen. „Wir leben im Zeitalter einer großen sozialen Umwälzung. [...] Alle fühlen, daß der Boden schwankt, auf dem sie stehen", heißt es in der Einleitung. „Eine Menge Fragen sind aufgetaucht, die immer weitere Kreise beschäftigen, über deren Lösung für und wider gestritten wird. Eine der wichtigsten dieser Fragen, die immer mehr in den Vordergrund tritt, ist die Frauenfrage. Bei dieser handelt es sich um die Stellung, welche die Frau in unserem sozialen Organismus einnehmen soll, wie sie ihre Kräfte und Fähigkeiten nach allen Seiten entwickeln kann, damit sie ein volles gleichberechtigtes und möglichst nützlich wirkendes Glied der menschlichen Gesellschaft werde."[4]

„Man könnte Bebel den Marx der Frauen nennen", schrieb 1926 die junge promovierte Volkswirtin Hilde Lion in ihrem Vergleich der sozialistischen und katholischen Frauenbewegung. „Was der eine gigantisch aus Gestaltungskraft um der Grundsätzlichkeit willen schuf, hat Bebel dem Zeitbedürfnis – nach Stoffauswahl und Darstellungsart angemessen – vor allem der deutschen Proletarierin gegeben."[5] Unter den Bedingungen des Sozialistengesetzes illegal als „Bericht der Fabrikinspektion 1883" oder als „Engels Statistik, 5. Heft" verbreitet, provozierte Bebels Werk weit über das sozialistische Lager hinaus eine Diskussion der gesellschaftlichen Rolle der Frau im Allgemeinen und der arbeiterbewegten Frau im Besonderen. „Jede Agitatorin musste es lesen, und fast jede hat daraus zitiert."[6] Nicht zuletzt trug das Buch dazu bei, die Abwehrfronten in der Arbeiterbewegung gegenüber weiblicher Lohnarbeit und Politikfähigkeit abzubauen. Es schuf eine Basis dafür, eine proletarische Frauenbewegung zu legitimieren, die eigenständige Antworten auf die Emanzipationsbestrebungen der bürgerlichen Frauenbewegung formulieren konnte. Denn diese trat seit den 1860er Jahren zunehmend sichtbarer auf die politische Bühne und forderte bessere Bildungsmöglichkeiten für Mädchen, den Zugang zu Abitur und Studium, die Eröffnung qualifizierter Berufsmöglichkeiten für das weibliche Geschlecht und weibliche Partizipation an den öffentlichen Aufgaben.

Clara Zetkin und die sozialdemokratische Frauenbewegung

Der schließlich gegen alle Widerstände doch stattfindende Aufbau der proletarischen Frauenbewegung ist eng mit dem Namen Clara Zetkin (1857 – 1933) verbunden. Die Tochter eines Dorfschullehrers im Erzgebirge und einer von der bürgerlichen Frauenbewegung beeinflussten Mutter verdankte ihre qualifizierte Ausbildung zur Lehrerin den frühen Einrichtungen der bürgerlichen Frauenbewegung in Leipzig. Das Jahr ihres Lehrerinnenexamens und des Sozialistengesetzes (1878) markiert jedoch auch den Bruch mit dem eigenen liberalen Herkunftsmilieu und den Eintritt in die „Sozialistische Arbeiterpartei". Bis zum Fall des Sozialistengesetztes im Exil in Paris lebend, engagierte sie sich zunehmend für den Aufbau einer proletarischen Frauenbewegung, vor allem aber dafür, dass sich die Sozialisten auf internationaler Ebene der sozialen und politischen Frauenfrage annahm. Die große Stunde Clara Zetkins schlug 1889. Auf dem Gründungskongress der „Zweiten Internationalen" in Paris warb sie zusammen mit Emma Ihrer, dem zweiten deutschen weiblichen Delegationsmitglied, erfolgreich für das Recht der Frauen auf Lohnarbeit und politische Gleichberechtigung. „Die Sozialisten müssen wissen, daß bei der gegenwärtigen wirtschaftlichen Entwicklung die Frauenarbeit eine Notwendigkeit ist; [...] Die Sozialisten müssen vor allem wissen, daß auf der ökonomischen Abhängigkeit oder Unabhängigkeit die soziale Sklaverei oder Freiheit beruht. Diejenigen, welche auf ihr Banner die Befreiung all dessen, was Menschenantlitz trägt, geschrieben haben, dürfen nicht eine ganze Hälfte des Menschengeschlechts durch wirtschaftliche Abhängigkeit zu politischer und sozialer Sklaverei verurteilen. Wie der Arbeiter vom Kapitalisten unterjocht wird, so die Frau vom Manne."[7] Zwei Jahre später nahm die Sozialdemokratie das Frauenstimmrecht und den Anspruch auf politische, rechtliche und wirtschaftliche Gleichberechtigung im Parteiprogramm auf. Clara Zetkin selbst entwickelte sich zur tonangebenden Gallionsfigur der sozialistischen Frauenbewegung und sie bestimmte – durchaus nicht ohne Sinn für Machtpolitik – die Ausgestaltung des Frauenprogrammes der Partei. Dies bedeutete die konsequente Einschwörung der Sozialistinnen auf die enge Anbindung an die Partei, im Gegenzug die klare Verpflichtung der Partei auf die Gleichberechtigung des weiblichen Geschlechts in Politik und Arbeitswelt, freilich um den Preis der reinlichen Scheidung der proletarischen Frauenbewegung von der bürgerlichen. Für die sozialdemokratische Frauenorganisation unter Führung Clara Zetkins stand fest, das Hauptziel der Bewegung hatte der gemeinsame Kampf für den Sozialismus zu sein. Diesem Kampf nachgeordnet waren alle weiteren Forderungen für die Verbesserung der wirtschaftlichen und rechtlichen Lage von Frauen. „Die Proletarierinnen sind durch die engste Solidarität der Klasseninteressen mit dem männlichen Proletariat verbunden, sie sind durch einen unüberbrückbaren Gegensatz der Klassenlage und der Klasseninteressen von den bürgerlichen Frauen getrennt", formulierte prägnant und fast beschwörend Ottilie Baader.[8] Die proletarische Frauenbewegung fordere zwar die Gleichberechtigung des weiblichen Geschlechts, doch sie erstrebe diese und „andere Reformen, welche sie ebenso wie die bürgerliche Frauenbewegung fordert, [...] als Mittel zu dem Zwecke, die kapitalistische Ordnung zu bekämpfen und zu stürzen, während die bürgerlichen Frauenrechtlerinnen durch dieselben diese Ordnung stützen und erhalten wollen", so die Zentralvertrauensperson der Genossinnen und erste besoldete Funktionärin der Partei. [9]

Richtungskämpfe und der mühsame Weg durch die Institutionen (1890 – 1914)

Trotz der klaren Anbindung weiblicher Emanzipationsforderungen an den Kampf für den Sozialismus blieb der Weg der proletarischen Frauenbewegung in die Institutionen der Arbeiterbewegung mühselig. Dies zeigt sich nicht zuletzt an ihren Mühen, in die sozialistische Gewerkschaftsbewegung Eingang zu finden. Das Ende des Sozialistengesetzes (1890) eröffnete den der Sozialdemokratie nahestehenden Gewerkschaften eine neue Chance, nicht mit Hilfe von Tarnorganisationen, sondern offen und überregional organisiert in Erscheinung zu treten. Und so waren bei den frühen zentralen Gewerkschaftsversammlungen auch Frauen vertreten. Es ist wohl der Agitation der bereits erwähnten Sozialdemokratin Emma Ihrer, Apothekersehefrau und Mitbegründerin des „Vereins zur Vertretung der Interessen der Arbeiterinnen", zu verdanken, dass sich die Gewerkschaften Frauen zu öffnen begannen. Auf der „Ersten Konferenz der Gewerkschaften Deutschlands" (1890) wurde eine Generalkommission der Gewerkschaften eingerichtet. Neben sechs Männern wählten die Delegierten Emma Ihrer in die neugeschaffene Zentralinstanz. Der erste Gewerkschaftskongress 1892 beschloss überdies, allen Gewerkschaftsorganisationen die Aufnahme von Frauen zu empfehlen. Er wählte 1892 als Nachfolgerin für Emma Ihrer Wilhelmine Kähler (Verband der Fabrik- und Handarbeiterinnen) in die Generalkommission. Sie wurde auf dem zweiten Gewerkschaftskongress 1896 erneut bestätigt. Danach gelang es bis zum Ersten Weltkrieg keiner Frau mehr, die erforderlichen Wahlstimmen für die Generalkommission auf sich zu vereinen. Nach dem Ersten Weltkrieg, in der jungen Republik, fanden sich nicht mal mehr Kandidatinnen für ein Amt im Bundesvorstand des neu geschaffenen „Allgemeinen Deutschen Gewerkschaftsbundes" (ADGB). Auch in der inhaltlichen Arbeit mit den weiblichen Mitgliedern taten sich viele Gewerkschaftsfunktionäre und -mitglieder nach wie vor schwer. Falls überhaupt ein spezifisches gewerkschaftliches Frauenthema benannt wurde, dann handelte es sich allenfalls um die Frage, wie mehr weibliche Mitglieder für die Organisation gewonnen werden könnten. Eine reichsweit angesetzte Frauenagitationskampagne 1895 wurde in vielen Regionen und Branchen nicht ernsthaft aufgegriffen. Zwar gab es 1899 die Empfehlung, Beschwerdekommissionen unter Zuziehung weiblicher Vertrauenspersonen einzurichten, und seit 1904 war sogar ein gewerkschaftliches Frauenagitationskomitee institutionalisiert, das die Agitation unter Frauen koordinieren sollte. Doch die Empfehlung des Komitees, eine neue Frauenagitationskampagne durchzuführen, wurde auf dem Gewerkschaftskongress 1905 von den Delegierten abgelehnt. Stattdessen empfahl man den männlichen Gewerkschaftsmitgliedern, ihre Frauen an die Gewerkschaft heranzuführen. Appelle dieser Art diskutierten auch viele folgende Gewerkschaftskongresse bis 1925. Schließlich würden viele Ehefrauen in Heimarbeit in der Bekleidungsbranche arbeiten. Nicht zuletzt bei Arbeitskämpfen sei der streikende Mann auf den Zuverdienst seiner Frau angewiesen: Aber „leider haben wir", so eine Berliner Delegierte des Schneiderverbands 1914, „die Erfahrung gemacht, daß gewerkschaftlich organisierte Männer unseren Agitatoren die Tür gewiesen und gesagt haben, meine Frau braucht sich nicht zu organisieren".[10] Zur Bildung einer zentralen Organisation für Hausangestellte kam es 1908 nur gegen den Widerstand der Generalkommission.

Auch der politische Arm der Arbeiterbewegung folgte mehr in der Programmatik und weniger in der alltäglichen Bewegungsarbeit den Vorgaben des Parteiprogramms in Sachen proletarischer Geschlechtergleichheit. Noch in der Illegalität bildete die Partei Frauenagitationskommissionen, die sich der Werbung weiblicher neuer Mitglieder widmen sollten. Auf dem Parteitag in Halle 1890 wurde die Gründung einer Frauenzeitschrift beschlossen. Die unter dem Titel „Die Arbeiterin" von Emma Ihrer 1891 erstmals herausgegebene Zeitung wurde eine Jahr später von Clara Zetkin übernommen. Umbenannt in „Die Gleichheit", entwickelte sich die Zeitschrift unter der Leitung Zetkins zum zentralen Presseorgan der Sozialdemokratinnen. Dies spiegelt sich nicht zuletzt in der Auflagenzahl wider. Sie stieg zwischen 1900 und 1913 von 4.000 auf 112.000 Exemplare an.

Schwierig blieb es, eine klare Parteilinie in der Frage zu finden, ob Frauen in der Partei spezifisch zu unterstützen oder genauso wie alle männlichen Mitglieder zu behandeln seien. So hatte der Parteitag 1890 in den Organisationsstuten niedergelegt, dass besondere Frauenversammlungen eigene Vertreterinnen wählen könnten, „insoweit nicht unter gewählten Vertretern des Wahlkreises Frauen sich befinden".[11] Zwei Jahre später beantragten die Parteifrauen erfolgreich die Streichung des Paragrafen. Man wollte keine Sonderbehandlung und hoffte darauf, dass auch die männlichen Parteigenossen weibliche Delegierte wählten. Als sich die Hoffnung als Illusion entpuppte, wurde 1894 der umstrittene Paragraf wieder in die Organisationsstatuten aufgenommen. Im Jahr 1900 beschloss die Partei schließlich, über vor Ort zu wählende weibliche Vertrauenspersonen und die Wahl einer Zentralvertrauensperson die Agitation unter den Frauen voranzutreiben. Im gleichen Jahr wurden eigenständige Frauenkonferenzen institutionalisiert. In zweijährigem, später dreijährigem Rhythmus vor den eigentlichen Parteitagen stattfindend, sollten sie der Festlegung gemeinsamer frauenpolitischer Programmpunkte dienen, die auf den Parteitagen eingebracht werden konnten. Doch die Funktionärinnen wurden nicht müde, ihre solidarische Einbindung in die Partei zu beschwören. „Wir sozialdemokratischen Frauen erstreben innerhalb der Partei nichts Besonderes, sondern wollen gerade für die Sozialdemokratie die Frauen als Anhängerinnen werben", argumentierte Ottilie Baader auf dem Frauenkongress 1902.[12]

An der Zahl der weiblichen Delegierten zu den Frauenkonferenzen lässt sich der mühsame Weg der Frauen in die und in der Partei ablesen. 20 Delegierte (16 Frauen und vier Männer) waren auf der ersten Frauenkonferenz im Jahr 1900 vertreten, nahezu die Hälfte von diesen kam aus den Räumen Berlin und Hamburg. Auf 75 gewählte Vertreterinnen und Vertreter (48 Frauen und 27 Männer) brachte es die sechste und letzte Frauenkonferenz vor dem Ersten Weltkrieg 1911. Ihnen standen im gleichen Jahr 338 mehrheitlich männliche Delegierte gegenüber, die den eigentlichen Parteitag in Jena besuchten. Über die großen Metropolen hinaus taten sich die Sozialdemokratinnen offensichtlich nach wie vor schwer, Fuß in der politischen Arbeiterbewegung zu fassen. Der Stoßseufzer von Laura Schradin, Reutlingen, auf der vierten Frauenkonferenz 1906 in Mannheim charakterisiert die Lage zweifellos nicht nur im Süden des Deutschen Reiches. Sie konnte „leider nicht über große Erfolge in der Frauenbewegung berichten. Daran trägt die Hauptschuld die Gleichgültigkeit der männlichen Genossen in Württemberg, die der Meinung sind, die Frauen betrieben die Agitation nur als Sport. Der Gewerkschaftssekretär Naether in Stuttgart meinte, erst sollte man die Männer zu organisieren suchen, dann erst kämen die Frauen dran. Die Frauen seien zu dumm, um in den Versammlungen die Referate zu verstehen. (Hört, hört!) Es gehört eine Roßnatur dazu, um bei solchen Redensarten kühl und ruhig zu bleiben. Beim Landesvorstand stellten wir den Antrag, er möge einige Hundert Mark auswerfen für eine Person, die mich in der Agitation unterstützen sollte. Er wies mich an das städtische Komitee, von da wurde ich zum Parteisekretariat geschickt. Es tut mir leid, daß ich hier über die Rückständigkeit der württembergischen Genossen Klage führen muß."[13]

Auch in den Programmdiskussionen und in der parlamentarischen Politik wussten die (männlichen) Meinungsführer der Partei zwischen erwünschten Frauenanliegen und zu vernachlässigenden klar zu unterscheiden. Seit dem Erfurter Programm (1891) forderte die Partei das allgemeine gleiche Wahlrecht für Männer und Frauen. Seit 1892 kämpfte sie gegen das in Preußen noch immer gültige „Koalitionsverbot", das Frauen die politische Organisation verbat. Es war auch die „Sozialdemokratische Partei", die als erste die Forderung nach dem Frauenwahlrecht im Reichstag (1895) einbrachte und sie verschaffte dieses den Frauen erstmals in den Wahlen zur Nationalversammlung (1919). Die Aufnahme von Forderungen, welche die tradierten Geschlechterrollen in der Familie zu sprengen drohten, war jedoch nicht durchsetzbar.

Lily Braun und der proletarische Feminismus

Das Festhalten an tradierten Geschlechtermodellen wird besonders in den Auseinandersetzungen um die Positionen Lily Brauns (1865-1916) deutlich. Die dem preußischen Adel entstammende Generalstochter hatte nach Distanzierung von ihrem Herkunftsmilieu den Weg in bürgerliche sozialreformerische Kreise, zunächst in die bürgerliche, dann in die proletarische Frauenbewegung gefunden. Wie ihr zweiter Mann, der sozialdemokratische Publizist Heinrich Braun, dem reformistischen Teil der Partei angehörend, erntete sie in den Auseinandersetzungen der 1890er Jahre um die zukünftige Ausrichtung der Partei viel innerparteiliche Kritik, nicht zuletzt wegen ihren Überlegungen zur Frauenfrage. Lily Braun teilte die Vorstellungen Bebels und Zetkins über die Emanzipation der Proletarierin durch bezahlte Lohnarbeit und die Erfüllung aller Emanzipationswünsche im Sozialismus. Doch sie kritisierte die Mehrfachbelastung der Frauen durch Berufs- und Familienarbeit und entwickelte Konzepte für eine Vergesellschaftung der privaten Haus- und Familienarbeit. „Ansätze dazu finden sich in den Kindergärten, Kinderhorten, in den vielfach entstehenden Krippen in der Nähe der mütterlichen Arbeitsstätte, die den Frauen ermöglichen, ihre Kinder zu nähren; in der Errichtung von Arbeiterwohnungen, die Zentralküchen, Kinderhorte, Gärten, Säle für gesellige Zusammenkünfte u. dgl. mehr umfassen", erläuterte sie in ihrem 1901 veröffentlichten Buch über „Die Frauenfrage. Ihre geschichtliche Entwicklung und wirtschaftliche Seite".[14] Dabei wird „die Regelung und Beschränkung der Arbeitszeit für Beamte, Bureauangestellte, Lehrer und ähnliche Berufsthätige die größte Bedeutung haben. Und, erst wenn diese Reform mit der Reform der Wohnungs- und Hauswirtschaftsverhältnisse Hand in Hand geht, wird die bürgerliche Berufsarbeit der Frauen nicht mehr mit dem Eintritt in die Ehe abzuschließen brauchen, sie wird sich auch leichter ermöglichen lassen, weil bei geringer Ausnutzung der einzelnen Platz für viele frei wird."[15] Doch ihre Idee, zur Finanzierung von entprivatisierter Haushalts- und Familienarbeit ähnlich der Bau- und Konsumgenossenschaften Haushaltsgenossenschaften ins Leben zu rufen, stieß in der Bewegung und über sie hinaus auf heftige Kritik. „Alle jene Gründe, mit denen die Sozialdemokratie vor Jahrzehnten der Selbsthilfe der Gewerkschaften entgegengetreten war, mit denen sie heute noch vielfach den Genossenschaften entgegentritt, – als Ablenkungen vom Hauptziel, der Verwirklichung des Sozialismus und vom allein wichtigen Kampf, dem politischen, als Versöhnungen des Proletariers mit dem Gegenwartsstaat, – wurden mir wie ein Hagel von Pfeilen entgegengeschleudert. [...] In den Blättern der Frauenbewegung fand mein Plan keinen Widerhall. Helma Kurz[16] rief Ach und Wehe über mich, die ich ‚alle Frauen aus der trauten Häuslichkeit in die Kaserne' treiben wolle. Keine der Führerinnen der Frauenbewegung begriff, daß die Befreiung der erwerbstätigen Frau von der Sklaverei der Küche eine ihrer Programmforderungen sein müßte. [...] Mein Vortrag erschien im Verlag des ‚Vorwärts' als Broschüre.[17] [...] Wanda Orbin (Clara Zetkin) ‚vernichtete' ihn in vier Leitartikeln, und ihre Autorität war viel zu gewichtig, als daß sich innerhalb der Partei irgendeine Stimme für ihn erhoben hätte."[18]

Die proletarische Frauenbewegung und der Internationalismus

Die langjährige Führungsfigur der deutschen proletarischen Frauenbewegung, Clara Zetkin, war am Wandel patriarchaler Geschlechterrollen wenig interessiert. Sie war vor allem in den 1890er Jahren darum bemüht, auf dem Me-

dienweg breiten Einfluss auf die weibliche parteinahe Leserschaft zu gewinnen und diese der Partei zuzuführen. Doch für ihr primäres frauenpolitisches Ziel, das Wahlrecht für Frauen, suchte sie nicht nur Verbündete in der deutschen Sozialdemokratie, sondern vor allem in der sozialistischen Internationale. 1907 wählte sie die in Stuttgart parallel zum „Internationalen Sozialistenkongress" tagende „Sozialistische Frauenkonferenz" zur Internationalen Frauensekretärin und benannte die „Gleichheit" zu ihrem Presseorgan. Auf Clara Zetkins Initiative hin beschloss der „Internationale Sozialistische Frauenkongress" in Kopenhagen 1910 die Einrichtung des „Internationalen Frauentages", welcher der internationalen Agitation für das Frauenwahlrecht dienen sollte. „Genossinnen! Arbeitende Frauen und Mädchen! Der 19. März ist euer Tag", hieß es im Aufruf der Gleichheit zum 1911 erstmals veranstalteten Internationalen Frauentag im Wilhelminischen Kaiserreich. „Er gilt eurem Recht. Hinter Eurer Forderung steht die Sozialdemokratie, stehen die gewerkschaftlich organisierten Arbeiter. Die sozialistischen Frauen aller Länder fühlen sich mit euch solidarisch. Der 19. März muß euer Ehrentag sein."[19] Diesem Aufruf folgend, bemühte sich die deutsche Sozialdemokratie um eine „wuchtige sozialdemokratische Kundgebung für das Frauenwahrecht"[20]. Der Parteivorstand bewertete die breitenwirksame Agitation als vollen Erfolg. „Die sozialdemokratische Programmforderung: ‚Volles Bürgerrecht der Frau', die zwar bei allen Wahl- und Wahlrechtskämpfen, im Parlament und unter den Massen des Volkes propagiert wurde, war mit dieser Kundgebung in den Mittelpunkt der Agitation gerückt und die proletarischen Frauenmassen treten als bewußte Träger dieser Forderung in den Vordergrund. Der Frauentrag legte Zeugnis ab von der hohen politischen Reife weiter Kreise proletarischer Frauen und er ward zu einem wirksamen Mittel zur politischen Erweckung und Schulung indifferenter Frauenmassen."[21]
Gegen Widerstände in der eigenen Partei setzte die proletarische Frauenbewegung in den folgenden Jahren durch, dass der Frauentag jährlich begangen wurde. Mehr und mehr entwickelte er sich auch zu einer Manifestation einer Antikriegsbewegung. Der konsequente Internationalismus Clara Zetkins sollte während des Ersten Weltkriegs schließlich zur Abkehr der Gründungsmutter der sozialdemokratischen Frauenbewegung von der Mehrheitssozialdemokratie führen. 1917 musste die entschiedene Pazifistin und nunmehrige Parteigängerin der USPD die Redaktion der „Gleichheit" niederlegen. Diesem Schritt folgte alsbald ihre Mitgliedschaft in der KPD.
Clara Zetkins Heimat war im politischen Sinne nie das Wilhelminische Kaiserreich gewesen, nicht die Weimarer Republik und nicht die KPD. Im Wesentlichen beheimatet im freilich stets neu zu definierenden proletarischen Internationalismus blieb sie nach außen hin diszipliniert ihrer letzten Wahlheimat, der KPD, treu und beschränkte sich in zunehmender Isolation auf leise private Kritik. Ihr Tod im Juni 1933 ersparte ihr lange Jahre eines zweifelhaften russischen Exils. Ihrem Einfluss auf die proletarische Frauenbewegung im Wilhelminischen Kaiserreich und auf internationaler Ebene ist es sicherlich zuzuschreiben, dass sich diese konsequent den allgemeinen Parteiinteressen unterordnete, aber auch, dass sich die Partei früh des Frauenwahlrechts annahm. Nicht zuletzt dürfte die breite Verankerung der Kritik an der Haltung der Sozialdemokratie zum Ersten Weltkrieg in breiten Kreisen der weiblichen Parteifunktionäre zumindest mit auf Zetkin zurückzuführen sein. Der Platz, den sie sich in der proletarischen Frauenbewegung erkämpft hatte, blieb nach ihrem Austritt aus der SPD in der Weimarer Republik unbesetzt.

Auf der Ziellinie kaltgestellt: Arbeiterbewegung und Geschlechterverhältnisse in der Weimarer Republik

Mit der Novemberevolution 1918 schien die proletarische Frauenbewegung auf ihrem Weg einen wesentlichen Schritt weitergekommen zu sein. Schon der „Rat der Volksbeauftragten" hatte am 12. November 1918 das allgemeine Wahlrecht für Männer und Frauen erlassen. Frauen stellten knapp zehn Prozent der Abgeordneten in der Nationalversammlung 1919 bzw. neun Prozent des ersten Reichstags 1920. Das waren weibliche Anteile am politischen Willensbildungsprozess, von denen wenige Jahre zuvor die Aktivistinnen nur geträumt hatten und die erst in den 1980er Jahren sichtlich überholt wurden. Die Nationalversammlung verankerte in der Verfassung die staatsbürgerliche Gleichberechtigung der Frauen. Damit waren wesentliche Eckpfeiler der Legitimation einer eigenständigen proletarischen Frauenpolitik gefallen. Brauchte es jetzt eigentlich noch eine proletarische Frauenbewegung? Auf der siebten Frauenkonferenz der SPD im Juni 1919 gab Marie Juchacz, Nachfolgerin Zetkins als Frauensekretärin im Zentralen Parteivorstand der SPD, Abgeordnete in der Nationalversammlung und einzige Frau im „Ausschuß zur Vorberatung des Entwurfs einer Verfassung des Deutschen Reichs", die Parteilinie in Sachen proletarischer Frauenbewegung in der Demokratie vor: „Wir Sozialdemokratinnen sind gewöhnt, neben den Männern zu arbeiten. Deshalb fällt es uns leicht, uns bei allen unseren besonderen Frauenbestrebungen in den Rahmen der Partei einzugliedern. [...] Eine Sonderorganisation dürfen wir Frauen nicht bilden. Aber wir müssen uns die Grundlagen schaffen, mit Genehmigung und Hilfe der Gesamtpartei zu den von uns verfolgten Zielen zu gelangen."[22] Eine ähnliche Linie verfolgten die weiblichen Mitglieder der KPD. Nun sollte sich rächen, dass die Sozialistinnen und Gewerkschafterinnen am herrschenden Geschlechtermodell grundsätzlich nicht gerüttelt und sich stets dem allgemeinen großen Ziel untergeordnet hatten. Denn auf dem Weg zur Gleichstellung auf dem Arbeitsmarkt und in der Familie brachten die Krisenjahre der Weimarer Republik mehr Rück- als Fortschritte, ohne dass sich eine breitenwirksame Gegenbewegung Gehör verschaffen konnte. Angesichts der heftigen Auseinandersetzungen um die Zukunft und Ausgestaltung der Weimarer Republik, angesichts von Wirtschaftskrisen und politischen Putschversuchen, welchen Stellenwert sollte da schon der Nebenwiderspruch in gewerkschaftlichen und parteipolitischen Programmdiskussionen einnehmen?

Bereits unmittelbar nach Kriegsende zeigte sich, dass in Sachen Geschlechterverhältnisse auf dem Arbeitsmarkt keine frauenfreundliche Politik zu erwarten war. Im Gegenteil, Gewerkschaften und Regierung waren sich darin einig, dass weibliche Beschäftigte oder Arbeitssuchende, die in den Kriegsjahren verstärkt in Männerarbeitsplätze vorgedrungen waren, nun den männlichen Kollegen nachgeordnet zu behandeln waren. Vor die große Aufgabe gestellt, die heimkehrenden Soldaten wieder wirtschaftlich einzugliedern, herrschte über alle Parteien und Parteiungen hinweg ein bemerkenswerter Konsens darin, dass „die Arbeitskraft der Frau dem Wirtschaftsleben wieder in einer ihrer Eigenart entsprechenden Weise einzuordnen (war), sei es durch Rückführung in die Familie, die mit allen Mitteln gefördert werden muß, [...] sei es durch Überführung in Berufe, die entweder schon vor dem Frieden Frauenberufe waren oder sich im Verlauf der wirtschaftlichen Entwicklung als für sie geeignet erwiesen haben. Als oberster Grundsatz muß gelten, daß den männlichen Arbeitskräften [...] eine ausreichende Zahl auskömmlicher Arbeitsplätze gesichert sein muß"[23]. Mit Hilfe einer Reihe von Verordnungen auf kommunaler und Länderebene wurde in den Anfangsjahren der Republik den Demobilisierungsanforderungen und der wachsenden Arbeitslosigkeit mit geschlechtsspezifischen Reglements begegnet, Maßnahmen, die in den Gewerkschaften eher Zustimmung als Ablehnung erfuhren. „Wenn die Zahl der arbeitslosen Männer in Groß-Berlin so erschreckend hoch ist, wie dies gegenwärtig der Fall ist", so beispielsweise die Berliner Gewerkschaftskommission in ihrem Jahresbericht für 1918, „so spricht der weitere Umstand mit, daß es eben nicht leicht und einfach ist, Frauenarbeit auf das frühere Maß zurückzuführen. Von den Frauen, deren Ernährer Opfer des Krieges geworden sind und die im Laufe des Krieges eine Existenz für sich und ihre Kinder gefunden haben, wird man nicht verlangen können, daß sie ihr Beschäftigungsverhältnis aufgeben, um Männer an deren Stelle zu setzen [...] Dagegen halten wir das Bestreben, parasitäre Elemente, das heißt solche, die es nicht unbedingt wirtschaftlich nötig haben zu arbeiten, aus dem Produktionsprozeß auszuschalten, für ein durchaus gesundes."[24] Bis ans Ende der Weimarer Republik wurde die bedrängte

Lage auf dem Arbeitsmarkt von Doppelverdienerkampagnen begleitet, die ein Ausscheiden der verheirateten Frau vom Arbeitsmarkt postulierten, ohne dass sich in den Gewerkschaften oder den ihnen nahestehenden Parteien nennenswerte kritische Stimmen dagegen erhoben. Wo hätten sich diese auch formulieren sollen? 1919 fand der einzige Gewerkschaftskongress des ADGB in der Weimarer Republik statt, auf dem die Organisation der Arbeiterinnen diskutiert wurde. 1929 scheiterte ein Versuch, endlich wieder einmal das Thema Frauenarbeit auf die Tagesordnung eines Gewerkschaftskongresses zu setzen. 1931 begrüßte der Bundesausschuss des ADGB den Aufbau von Wirtschaftssiedlungen am Rand der Städte als ein Modell zur Bewältigung der Arbeitslosigkeit unter anderem folgendermaßen: „Frau und Kinder können ihre Freizeit günstig verwenden für den Gartenbau und geringe Viehzucht. Die Frau wird somit wieder dem Haushalt zugeführt, und sie kann sich der Erziehung der Kinder widmen, wodurch gleichzeitig der Arbeitsmarkt entlastet wird."[25] Kaum verwunderlich ist daher der Rückgang des Anteils weiblicher Mitglieder in den freien Gewerkschaften während der Weimarer Republik. Er sank von 22 Prozent 1919 auf 14 Prozent 1930 ab.

1933-1945: Auf der Talsohle angekommen

Der mit 1933 vollzogene Wandel von der Demokratie zur nationalsozialistischen Diktatur traf die Gewerkschafterinnen doppelt, nicht nur als unliebsame Repräsentantinnen einer gleichgeschalteten und unterdrückten Arbeitnehmerorganisation oder ihrer politischen Parteien, sondern auch als Geschlechtswesen. „Die Welt des Mannes ist groß, verglichen mit der der Frau. Der Mann gehört seiner Pflicht, und nur ab und zu schweift ein Gedanke zur Frau hinüber. Die Welt der Frau ist der Mann. An anderes denkt sie nur ab und zu", so Adolf Hitler in einer Rede vor der NS-Frauenschaft 1934.[26] Konkret bedeutete dieses Programm die staatlich verordnete grundsätzliche Bestätigung bürgerlich-konservativ definierter Geschlechterrollen, nun freilich aufgeladen mit einem rassistischen Auslesekonzept und als Zwangspolitik durchgesetzt. Frauen wurden aus höheren Berufspositionen ausgesondert und ihre Ausbildungs- und Studienmöglichkeiten eingeschränkt. Als ihr eigentliches Arbeitsfeld hatte die möglichst große Produktion arisch reinen Nachwuchses zu gelten. Die alltägliche Praxis während des Zweiten Weltkrieges sah freilich häufig anders aus. Mehr und mehr wurden insbesondere kinderlose Frauen zu Lohnarbeit nicht nur motiviert, sondern auch zwangsverpflichtet. In den letzten Kriegsjahren stellten sie mehr als vier von zehn der Erwerbstätigen. Überdies sorgte die Abwesenheit vieler zum Kriegsdienst eingezogener Männer dafür, dass Frauen auch im Alltag und Familienleben männliche Handlungsräume eroberten oder erobern mussten. Ob freiwillig oder unfreiwillig erworben, ihr gesteigertes Selbstbewusstsein schuf sich in den Nachkriegsjahren sichtbaren Raum. Dies wird bei der Durchsetzung der Gleichberechtigung im Grundgesetz der Bundesrepublik deutlich.

Ein Neuanfang: Der Kampf um die Gleichberechtigung im Grundgesetz 1948

An der kriegsbedingt verschärften Mehrfachbelastung durch nicht immer freiwillige Lohnarbeit, die Bewältigung der Mangelökonomie und der Familienarbeit in häufig noch ohne männlichen Vorstand auskommenden Familien, änderte sich auch in der Nachkriegszeit wenig. Anders jedoch als in Weimar meldeten sich jetzt in den erneut gegründeten Gewerkschaften früh schon Frauen zu Wort. Mehr noch, sie begannen gewerkschaftliche Fraueninteressen zu formulieren und eigenständige Frauenorganisationformen zu erproben. Schon im März 1946 verabschiedete eine Gewerkschaftskonferenz in der Britischen Zone eine Entschließung zur Gleichberechtigung der Frau. Auch in allen Ländern der Amerikanischen Zone lassen sich zwischen 1946 und 1948 Frauenkonferenzen der Ge-

werkschaftsbünde nachweisen, die sich für Gleichberechtigung und gleichen Lohn für gleiche Arbeit einzusetzen begannen. Manche Gewerkschaft richtete sogar ein eigenes Frauensekretariat ein. Doch schon mit der Währungsreform 1948, als dem Arbeitslohn erneut ein realer Kaufwert zu entsprechen begann, zeichnete sich ab, dass weibliche Erwerbstätige wieder den heimkehrenden Männern auf dem Arbeitsmarkt Platz machen sollten. Entsprechend begann die Frauenerwerbsquote deutlich langsamer als die der männlichen Erwerbstätigen zu steigen. Auch die Mehrheit der männlichen Gewerkschaftsmitglieder wollte weiterhin oder schon wieder Lohnarbeit eher als Lebensabschnittsphase junger Frauen vor der Heirat denn als ernstzunehmenden Teil weiblicher Lebensplanung begreifen. Mit der Nachfrage von Frauen nach Arbeitsplätzen „wurden Kräfte entfesselt, für die vorläufig kein zweckvoller Einsatz gefunden werden kann“, so die zeitgenössische Gewerkschaftspresse.[27] Die zu gründende Bundesrepublik schien auf dem besten Weg, die Weimarer Arbeitsmarktpolitik zu wiederholen. In Sachen Gleichberechtigung wollten die Väter des Grundgesetzes gar hinter den Stand der Weimarer Verfassung zurück. Das von den Landesparlamenten der drei Westzonen mit Delegierten bestückte Gremium war seit dem 1. September 1948 mit der Erarbeitung einer vorläufigen Verfassung für die Bundesrepublik befasst. Zu den 65 stimmberechtigten Parlamentariern zählten auch vier Frauen. Es war die Juristin, Sozialdemokratin und hessische Landtagsabgeordnete Elisabeth Selbert, die vehement für die Gleichberechtigung der Frauen im Grundgesetz zu kämpfen begann.
„Männer und Frauen sind gleichberechtigt“, forderte Elisabeth Selbert, als Grundlage der Gleichberechtigung im Grundgesetz ohne wenn und aber einzubringen. Doch das Gremium mochte sich auf die hieraus folgende Verankerung von Gleichheitsgrundsätzen weder im Arbeits-, noch im Familienrecht verpflichten lassen. In der ersten Lesung im Hauptausschuss (3.12.1948) einigten sich die Parteien gegen die Stimmen der Sozialdemokratie auf den folgenden Wortlaut des Gleichheitsparagrafen.

„(1) Alle Menschen sind vor dem Gesetz gleich. […]
(2) Männer und Frauen haben dieselben staatsbürgerlichen Rechte und Pflichten.
(3) Niemand darf seines Geschlechtes […] wegen benachteiligt oder bevorzugt werden.“[28]

Zehn Tage später beschloss der Redaktionsausschuss, Absatz 2 als unnötig gänzlich zu streichen.
„In meinen kühnsten Träumen hatte ich nicht erwartet, daß der Antrag abgelehnt werden würde. Selbst in meiner eigenen Fraktion musste ich zunächst darum kämpfen. […] Es hat lange gedauert, bis ich mich in der eigenen Fraktion durchsetzen konnte und im Hauptausschuss den Kampf mit den Gewalten aufnahm“, schrieb Elisabeth Selbert in ihren Erinnerungen.[29] Als in der zweiten Lesung außer der SPD alle übrigen Fraktionen bei der Ablehnung der Gleichberechtigung blieben, mobilisierte Selbert die Frauenverbände und gewerkschaftlichen Frauen. Waschkörbeweise trafen die Protestschreiben ein. Wir „haben mit großem Befremden davon Kenntnis genommen, daß ein Teil der Mitglieder im Hauptausschuss des Parlamentarischen Rates gegen den Passus ‚Männer und Frauen sind gleichberechtigt‘ gestimmt haben und somit seine Ablehnung erfolgte“, schrieb beispielsweise das Frauensekretariat des Gewerkschaftsbundes Württemberg-Baden als Vertretungsorgan von über 90.000 dort organisierten erwerbstätigen Frauen.[30] „Die erwerbstätigen Frauen sind nicht gewillt, tatenlos zuzusehen, wie man der Frau gegenüber die in Deutschland traditionelle Untertanenrolle weiterhin festigen will, sie werden zu der dem großen Werk der neuen Verfassung als Wählerinnen nur dann ‚Ja‘ sagen, wenn sie in dieser Verfassung gleichberechtigt anerkannt werden.“[31] Vor dem Widerstand der Frauenverbände und Gewerkschafterinnen knickte der Parlamentarische Rat schließlich ein. Doch es sollte dem Bundesverfassungsgericht mit einschlägigen Entscheidungen bis in

die 1970er Jahre hinein vorbehalten bleiben, die nunmehr im Grundgesetz verankerte Gleichberechtigung auch im Arbeits- und Familienrecht zu erzwingen.

Windstille: 1949-1970

Auf der Basis der erfolgreichen gewerkschaftlichen Frauenpolitik in den Besatzungsjahren schien es in der jungen Bundesrepublik durchaus möglich, die männliche Orientierung gewerkschaftlichen Engagements zu brechen. So ist im Protokoll des Gründungskongresses des DGB von 1949 zu lesen, die Gewerkschaften betrachteten es „als eine ihrer vornehmsten Aufgaben", für die Verwirklichung der Gleichberechtigung auf sozialem und wirtschaftlichem Gebiet zu kämpfen. Auch die Forderung nach gleichem Lohn für gleiche Arbeit erhielt nun einen prominenten Platz in den Zielvorgaben der Gewerkschaften. Doch schon in den „Richtlinien für die Frauenarbeit im Deutschen Gewerkschaftsbund" wurde gewerkschaftliche Frauenarbeit nur noch als „Mitarbeit" in der allgemeinen Gewerkschaftsarbeit definiert und den DGB-Frauenausschüssen lediglich eine beratende Funktion zugesprochen.[32] Und so sollten zukünftig Frauenkonferenzen des DGB „die gewerkschaftlichen Forderungen herausstellen und unterstützen"[33]. Frauen blieben vorderhand Helferinnen für die großen allgemeinen Gewerkschaftsaufgaben. Ihre Chancen, Gewerkschaftsämter entsprechend ihres Anteils an den Mitgliedern zu erwerben, waren gering. Nach wie vor galten auch den Gewerkschaftern der BRD weibliche Berufsarbeit als Lebensabschnittsphase und Gewerkschafterinnen als mehr oder weniger unerwachsene kindhafte Wesen, deren Entwicklung zu fördern war. „Wenn wir von der Frau verlangen, daß sie hilft, Wirtschaft und Gesellschaft umzubauen, dann müssen wir immer wieder fragen, ob wir damit von ihr nicht zu viel verlangen. Wie kurz ist erst die Frau im öffentlichen Leben? Was muss sie alles lernen, um die Probleme überschauen und an der Gestaltung der Gesellschaft mitarbeiten zu können? Wie umfassend muß das Wissen sein, um z.B. die auf dem 3. Ordentlichen Bundeskongress des Deutschen Gewerkschaftsbundes [...] gehaltenen Referate zu begreifen und in der praktischen Arbeit anzuwenden! Diese Dinge fallen uns nicht etwa in den Schoß, und es ist nicht damit getan, daß wir uns ein großartiges Referat anhören. Unsere Aufgabe als Funktionärin ist, das Gehörte in die Tat umzusetzen. Können wir das schon?", so Marta Schanzenbach (SPD, MdB) in ihrem Referat über „Frauen, Mütter, Familien in der heutigen Gesellschaft" auf der „zweiten Bundes-Frauenkonferenz" des DGB 1955 in Dortmund.[34] Er trug den bezeichnenden Titel „Frauen helfen – bauen auf". Für die zukünftige Vorsitzende des Bundesfrauenausschusses der SPD (1958-1966) war vor allem eines wichtig: darauf bedacht zu sein, „daß das Einkommen des Mannes so hoch ist, daß nicht die Frau aus wirtschaftlicher Not gezwungen ist, einer Erwerbsarbeit nachzugehen, wenn sie vorschulpflichtige oder schulpflichtige Kinder hat"[35]. Nicht weiter verwundern muss wohl, dass der gewerkschaftliche Organisierungsgrad weiblicher Beschäftigter, der in den 1950er Jahren um die 17 Prozent lag, in den 1960er Jahren auf 15 Prozent zurückging. Es bedurfte der Neuen Frauenbewegung der 1970er und 80er Jahre außerhalb der Gewerkschaften, um frischen Wind in das spannungsreiche Verhältnis von Arbeit(nehm)er- und Frauenbewegung zu bringen.

Ein Alternativmodell? Gewerkschaften und Geschlechterrollen in der DDR

Alternativen zur Windstille in der BRD mochte die Ausformung der Geschlechterverhältnisse in der Arbeits- und Familienpolitik der DDR bieten. Schließlich versprach der Ausbau der Ostzone zur sozialistischen DDR die Chance, die Reichweite des Emanzipationsmodells der proletarischen Frauenbewegung des 19. Jahrhunderts in der konkreten Praxis zu überprüfen. Die Verfassung der DDR von 1949 postulierte nicht nur die Gleichberechtigung von

Mann und Frau. Artikel 18 versprach darüber hinaus explizit gleichen Lohn für gleiche Arbeit. In Absatz 5 des Artikels heißt es weiter: „Die Frau genießt besonderen Schutz im Arbeitsverhältnis. Durch Gesetz der Republik werden Einrichtungen geschaffen, die es gewährleisten, daß die Frau ihre Aufgabe als Bürgerin und Schaffende mit ihren Pflichten als Frau und Mutter vereinbaren kann."[36]

In der Praxis war die Führung der DDR bemüht, die erwünschte Frauenarbeit mit Familienaufgaben möglichst weitgehend vereinbar zu gestalten. Betriebsfrauenausschüsse, die seit 1952 als Frauenvertretungen institutionalisiert waren und ab 1965 dem Freien Deutschen Gewerkschaftsbund (FDGB) untergeordnet wurden, konnten Forderungen nach der Umsetzung der frauenspezifischen gesetzlichen Regelungen erheben. In der „Honecker-Ära" (ab 1971) zielten zahlreiche sozialpolitische Maßnahmen wie der Ausbau von Kinderbetreuungsplätzen oder das Recht, weitreichend Urlaub für die Betreuung kranker Kinder zu erhalten, darauf, die Berufstätigkeit von Müttern zu erleichtern. Auch der Eintritt vieler Frauen in traditionell Männern vorbehaltene Berufe charakterisiert die Arbeitsmarktpolitik der DDR. Zu den Folgen des Maßnahmenbündels zählte der Ausbau der Erwerbsquote von Frauen. 1980 gingen immerhin 87 Prozent der Frauen im arbeitsfähigen Alter einer bezahlten Berufstätigkeit nach.

Zweifellos erleichterten die Sozialmaßnahmen Frauen mit Familie die Erwerbsarbeit. Doch die einseitige Ausrichtung der Sozialpolitik auf Frauen bzw. Mütter statt auf Männer und Frauen bzw. Mütter und Väter trug dazu bei, traditionelle Geschlechterrollen in den Familien zu zementieren. Die gewährten Ausfallzeiten für von Frauen zu leistende Familienarbeit gingen nicht selten zu Lasten ihres beruflichen Fortkommens. Auf Führungspositionen in Wirtschaft und Gesellschaft waren und blieben DDR-Frauen ähnlich unterrepräsentiert wie in der Bundesrepublik. Letztlich bewiesen auch in der DDR patriarchale Denkmuster und Rollenzuschreibungen ein beachtliches Beharrungsvermögen. Insgesamt belegt die Geschlechtergeschichte der DDR, dass mit staatsbürgerlicher Gleichberechtigung und bezahlter Erwerbsarbeit alleine die Emanzipation des weiblichen Teils der Bevölkerung nicht im erwarteten Maß als Selbstlauf ausgestaltet werden konnte.

Und heute?

Der von der neuen Frauenbewegung in den 1970er und 1980er Jahren angeschobene Wandel in den Handlungsspielräumen von Frauen in Politik und Gesellschaft machte auch vor der Ausgestaltung der Arbeitswelt und den Gewerkschaften nicht halt. Frauen haben in den Bildungs- und Berufsausbildungsabschlüssen kontinuierlich aufgeholt. Große Bedeutung in der beruflichen Praxis besitzt aber nach wie vor in Deutschland das von der Politik geförderte und wohlfahrtsstaatlich abgesicherte männliche Ernährermodell, nachdem der Mann und Vater als Haupternährer der Familie gilt. Neueren Umfragen zufolge wünschen sich allerdings nur noch rund sechs Prozent der Familien mit Kindern unter sechs Jahren das männliche Alleinverdienermodell. Seit den 1980er Jahren steigt die Erwerbsquote von Frauen kontinuierlich an. Allein zwischen 1991 und 2009 erhöhte sie sich von 60,7 Prozent auf 70,3 Prozent. Viele Berufsbereiche im Dienstleistungs-, Bildungs- und Pflegsektor werden heute überwiegend von Frauen besetzt. Rund ein Fünftel der Frauen arbeitet in Teilzeit.[37] Es sind wohl überwiegend diejenigen Frauen, die Berufsarbeit mit Familienarbeit verbinden wollen oder müssen. Diesem Familienmodell stehen rund eine Fünftel der Mehrpersonenhaushalte gegenüber, in denen die Frau als Hauptverdienerin fungiert. Über alle Varianten der Lebensentwürfe hinweg gilt: Frauen verdienen nahezu ein Viertel weniger als Männer. In Führungspositionen in Politik, Gesellschaft und Arbeitswelt sind sie nach wie vor unterrepräsentiert.

Dies gilt auch für ihre Rolle in den Gewerkschaften. Doch sie sind dabei, ihren Einfluss im DGB zu verstärken. Dies drückt sich nicht zuletzt in den Mitgliedszahlen aus. Stand 1892 ein weibliches Gewerkschaftsmitglied 53 männ-

lichen gegenüber, so verringerte sich der Abstand über 1:11,5 im Jahr 1910 auf 1:3,6 1920. Erst in den 1980er Jahren konnte erneut ein ähnlich hoher Frauenanteil an der Mitgliedschaft erreicht werden. Heute steht ein weibliches Gewerkschaftsmitglied 2,1 männlichen gegenüber. Viele Einzelgewerkschaften haben seit den 1990er Jahren Quotenregelungen eingeführt, die eine Repräsentanz von Frauen ihrem Mitgliedsanteil entsprechend auf den DGB-Bundeskonferenzen gewährleisten. In Führungspositionen sind sie freilich nach wie vor unterrepräsentiert. Wie sehr weibliche Berufsinteressen in die DGB-Politik Eingang finden, ob Frauenfragen noch immer als Nebensache behandelt werden, bedürfte einer differenzierten Untersuchung.
Eine Publikation der Abteilung Gleichstellungspolitik des DGB aus dem Jahr 2004 bringt die Eigenperspektive bezüglich derzeit vorhandener Probleme mit weiblicher Partizipation in den Gewerkschaften auf den Punkt[38]: Frauen haben dank ihrer Mehrfachbelastung durch Berufs- und Familienarbeit noch immer weniger Zeit als Männer für gewerkschaftliches Engagement. Überdurchschnittlich häufig in Teilzeit beschäftigt, identifizieren sie sich weniger als Männer mit ihrer Erwerbsarbeit. Als Teilzeitbeschäftigte sind sie nicht selten von gewerkschaftlichen Informationen abgekoppelt. Häufig glauben sie noch immer, für gewerkschaftliches Engagement zu wenig kompetent zu sein. Insbesondere in männerdominierten Branchen und Unternehmensstrukturen fällt es ihnen schwer, ihren Anliegen Gehör zu verschaffen. Zu kämpfen haben sie aber auch mit kulturellen Ausschlussmechanismen und den männlich geprägten Organisationsstrukturen in den Gewerkschaften. Fazit: „Viele Gewerkschaften waren früher ‚Männergewerkschaften' und sind auch heute noch in ihrer Kultur und Politik männlich dominiert, obgleich Frauen keine marginale Mitgliedergruppe mehr darstellen."[39]
Das Autorinnenteam kritisiert die gängige „geschlechtshierarchisch geprägte Gesprächs- und Diskussionskultur", ferner „Geschlechterstereotype, die in der Gesprächs- und Diskussionskultur eine große Rolle spielen", dann beispielsweise, wenn „Aussagen, Kompetenzen, Wesens- und Verhaltensmerkmale von Frauen" geringer als Männern zugeschriebene Charakteristika geachtet werden.[40] Diese Beobachtungen treffen freilich nicht nur auf die Gewerkschaften zu, sondern spiegeln den aktuellen erreichten Stand in Sachen Gleichberechtigung in der Bundesrepublik.

1 Marx, Karl/Engels, Friedrich: Werke (MEW). Bd. 32. Berlin 1973. S. 582f

2 Protokoll der sechsten Generalversammlung des ADAV in Berlin vom 23. – 25. November 1867, abgedruckt in Dowe, Dieter (Hrsg.): Protokolle und Materialien des Allgemeinen Deutschen Arbeitervereins. Berlin Bonn 1980. S. 82

3 Lion, Hilde: Zur Soziologie der Frauenbewegung. Die sozialistische und die katholische Frauenbewegung. Berlin 1926. S. 30

4 Bebel, August: Die Frau und der Sozialismus. Nach der Jubiläumsausgabe unverändert. Stuttgart 1913. S. 3

5 Lion, Hilde: Zur Soziologie. S. 33

6 Ebd. S. 38

7 Protokoll des Internationalen Arbeiterkongresses zu Paris. 1889. S. 80. Zitiert nach: Zetkin, Clara: Ich will dort kämpfen, wo das Leben ist. Berlin 1955. S. 10f

8 Baader, Ottilie: Bericht der sozialdemokratischen Frauen Deutschlands an die Internationale Konferenz sozialistischer Frauen und den Internationalen sozialistischen Kongress zu Stuttgart 1907. In: Berichte für die Erste Internationale Konferenz sozialistischer Frauen. Stuttgart 1907. S. 3 – 20. Hier S. 6

9 Ebd. S. 7

10 Neunter Gewerkschaftskongress 1914. Organisation von weiblichen Angehörigen der Gewerkschafter. Diskussion. Frau Reimann. Zitiert nach: Losseff-Tillmanns, Gisela (Hrsg.): Frau und Gewerkschaft. Frankfurt a.M. 1982. S. 81

11 Zitiert nach Beavan, Doris/Faber, Brigitte: „Wir wollen unser Teil fordern …". Interessenvertretung und Organisationsformen der bürgerlichen und proletarischen Frauenbewegung im deutschen Kaiserreich. Köln 1987. S. 216

12 Protokoll über die Verhandlungen des Parteitags der Sozialdemokratischen Partei Deutschlands. Berlin 1902. S. 288

13 Protokoll über die Verhandlungen des Parteitags der Sozialdemokratischen Partei Deutschlands. Berlin 1906. S. 407

[14] Braun, Lily: Die Frauenfrage. Ihre geschichtliche Entwicklung und wirtschaftliche Seite. Leipzig 1901. S. 90

[15] Ebd.

[16] Lily Braun arbeitete in ihrem autobiografischen Schlüsselroman teilweise mit Pseudonymen; bei Helma Kurz handelt es sich wohl um Helene Lange.

[17] Braun, Lily: Frauenarbeit und Hauswirthschaft. Berlin 1901

[18] Braun, Lily: Memoiren einer Sozialistin. Bonn 1985. S. 647 – 649

[19] Die Gleichheit. 13.3.1911

[20] Protokoll über die Verhandlungen des Parteitages der Sozialdemokratischen Partei Deutschlands. Berlin 1911. S. 20

[21] Ebd.

[22] Protokoll über die Verhandlungen des Parteitages der Sozialdemokratischen Partei Deutschlands. Berlin 1919. S. 461

[23] Richtlinien des Kriegsamts über die „Überleitung der kriegswirtschaftlichen Frauenarbeit in den Friedensstand", erlassen kurz vor Kriegsende. Zitiert nach Rouette, Susanne: Sozialpolitik als Geschlechterpolitik. Die Regulierung der Frauenarbeit nach dem Ersten Weltkrieg. Frankfurt a.M. New York 1993. S. 93

[24] Zitiert nach Rouette (1993). S. 101f

[25] Protokoll der Sitzung des Bundesausschusses vom 10. August 1931. S. 288. Zitiert nach Losseff-Tillmanns, Gisela (Hrsg.): Frau und Gewerkschaft. Frankfurt a.M. 1982. S. 39

[26] Zitiert nach Nyssen, Elke: Frauen und Frauenopposition im Dritten Reich. In: Flessau, Kurt-Ingo/Elke Nyssen/Günter Pätzold (Hrsg.): Erziehung im Nationalsozialismus. „[...] und sie werden nicht mehr frei ihr ganzes Leben!". Köln Wien 1987. S. 23 – 43. Hier S. 27

[27] Zitiert nach Kopel, Mechthild: Für das Recht der Frauen auf Arbeit – Ein Kampf gegen Windmühlenflügel in den Jahren 1945-1960. In: „Da haben wir uns alle schrecklich geirrt ...". Die Geschichte der gewerkschaftlichen Frauenarbeit im Deutschen Gewerkschaftsbund von 1945 – 1960. Hrsg. vom Deutschen Gewerkschaftsbund. Pfaffenweiler 1993. S. 7 – 64. Hier: S. 15

[28] Zitiert nach Böttger, Barbara: Das Recht auf Gleichheit und Differenz. Elisabeth Selbert und der Kampf der Frauen um Art. 3 II Grundgesetz. Münster 1990. S. 182

[29] Ebd. S. 164

[30] Schreiben des Frauensekretariats des Gewerkschaftsbundes Württemberg Baden, 23.12.1948. Abgedruckt in: Böttger (1990). S. 209

[31] Ebd.

[32] Richtlinien für die Frauenarbeit im Deutschen Gewerkschaftsbund. 1949. Abgedruckt in: Derichs-Kunstmann, Karin: Frauen in der Männergewerkschaft. In: „Da haben wir uns alle schrecklich geirrt ...". (1993) S. 63 – 129. Hier: S. 79f

[33] Ebd. S. 80

[34] Schanzenbach, Marta: Frauen, Mütter, Familien in der heutigen Gesellschaft. In: Frauen helfen – bauen auf. Referate der 2. Bundes-Frauenkonferenz des DGB vom 12. Bis 14. Mai 1955 in Dortmund. Köln-Deutz 1955. S. 77 – 111. Hier: S. 79

[35] Ebd. S. 93

[36] http://www.documentarchiv.de/ddr/verfddr1949.html#18. Letzter Zugriff: 9.6.2012

[37] Vgl. Oschmiansky, Frank/Kühl, Jürgen: Dossier Arbeitsmarktpolitik. Das Ende des Ernährermodells, 10.11.2011, http://www.bpb.de/politik/innenpolitik/arbeitsmarktpolitik/55097/ernaehrermodell. Letzter Zugriff: 9.6.2012

[38] Tondorf, Karin/Jochmann-Döll, Andrea/Jenter, Anne: Repräsentanz und Beteiligung von Frauen und Männern in Gewerkschaften (= Positionen + Hintergründe). 4/2004

[39] Ebd. S. 42

[40] Ebd. S. 41

EINE AUSTELLUNG IST NIE ZUENDE

... diese Erfahrung machen fast alle Ausstellungsmacher: Sobald ein Projekt publik ist, laufen immer mehr Exponatangebote ein. Sogenannte „Deadlines“, die in internen Zeitplänen festgelegt sind, werden außer Kraft gesetzt, bis wirklich nichts mehr geht! So auch in diesem Fall: Der Bund freireligiöser Gemeinden Deutschlands bot zahlreiche Exponate an – Platz war jedoch eigentlich nicht mehr vorhanden. Trotzdem nehmen wir das Angebot an. Warum?

Die Geschichte der Deutschkatholiken und freireligiösen Gemeinden ist von Anfang an mit der liberalen, revolutionären 48er Revolution und der Arbeiterbewegung verbunden. Der Protest, den Johannes Ronge gegen die Ausstellung des Heiligen Rocks 1844 in Trier entfacht, mündet in einer Bewegung, die kirchliche Dogmen und Hierarchien ablehnt und deshalb attraktiv für alle wird, die emanzipativ und sozial denken und handeln. „Glaube“ steht dem nicht im Wege, er muss nur „frei“ sein können.

Aus der deutschkatholischen Abspaltung von der römischen Kirche entsteht durch die Verbindung mit den protestantischen Lichtfreunden der Bund freireligiöser Gemeinden Deutschlands. Zahlreiche Persönlichkeiten der demokratischen, Frauen- und Arbeiterbewegung zählen seitdem zu ihren Mitgliedern.

Zum 100. Geburtstag von Johannes Ronge werden auch in Görlitz 1913 die bis heute gültigen Leitsätze der Bewegung beschworen.

Der Erleuchtung, dem Morgenrot oder der Sonne entgegen: kaum ein Unterschied zwischen freireligiöser, sozialdemokratischer oder gewerkschaftlicher Ikonographie.

RESPEKTABLE HERREN UND HÄUFIG AUCH REVOLUTIONÄRE: „JOHANNES RONGE UND DIE MITBEGRÜNDER DER CHRISTCATHOLISCHEN GEMEINDE ZU BRESLAU“ AM 9. MÄRZ 1845

DAS „OFFENE SENDSCHREIBEN“ AN DEN TRIERER BISCHOF ARNOLDI UMRAHMT EINGEWEBT DAS BILD FÜR DEN AUFMÜPFIGEN KATHOLISCHEN PFARRER RONGE

Die Autoren

Torsten Bewernitz, Politikwissenschaftler:
Projektassistenz der Großen Landesausstellung „Durch Nacht zum Licht?" im TECHNOSEUM. Landesmuseum für Technik und Arbeit in Mannheim

Peter Birke, Historiker:
arbeitet am Soziologischen Forschungsinstitut Göttingen und an der Universität Hamburg, Fachbereich Sozialökonomie; lebt in Hamburg

Heiner Dribbusch, Historiker und Politikwissenschaftler:
Schreinerlehre, Arbeit in einem Mannheimer Metallbetrieb; Studium der Geschichte und Politikwissenschaft in Mannheim; Promotion zum Dr. rer. pol. in Bremen; Wissenschaftler mit Schwerpunkt Tarif- und Gewerkschaftspolitik am Wirtschafts- und Sozialwissenschaftlichen Institut (WSI) in Düsseldorf

Frank Engehausen, apl. Prof. für Neuere Geschichte an der Universität Heidelberg:
Seine Arbeitsschwerpunkte liegen in der deutschen Geschichte des 19. und 20. Jahrhunderts

Gunnar Gawehn, Historiker:
Promotion in Sozial-, Wirtschafts- und Technikgeschichte an der Ruhr-Universität Bochum; Wissenschaftlicher Volontär am TECHNOSEUM – Landesmuseum für Technik und Arbeit in Mannheim; Mitwirkung an der Großen Landesausstellung „Durch Nacht zum Licht?"

Matthias Hühnlein, Inhaber und Creative Director bei Hühnlein & Hühnlein I Die Architekten der Marke

Renate Hürtgen:
Studium der Kulturwissenschaften an der Humboldt-Universität Berlin; aktiv im Rahmen der betrieblichen und gewerkschaftlichen „Wende" in der DDR; bis 2012 Mitarbeiterin am Zentrum für Zeithistorische Forschung (ZZF) in Potsdam

Franz Jungbluth, Studium der Wirtschafts- und Sozialgeschichte und der Politischen Wissenschaften:
Promotion in Neuerer Geschichte; Wissenschaftlicher Volontär am TECHNOSEUM und Mitwirkung am Konzept der Großen Landesausstellung „Durch Nacht zum Licht?"; seit 2011 Programm Manager in der Geschäftsstelle des Geschichtswettbewerbs des Bundespräsidenten bei der Körber-Stiftung Hamburg.

Rita Müller, Historikerin:
seit 2001 wissenschaftliche Referentin am Sächsischen Industriemuseum Chemnitz

Werner Plumpe:
seit 1999 Professor für Wirtschafts- und Sozialgeschichte der Goethe-Universität Frankfurt am Main; Vorsitzender des Verbandes der Historiker Deutschlands (2008-2012); Vorsitzender des wissenschaftlichen Beirats der Gesellschaft für Unternehmensgeschichte

Sylvia Schraut, Studium der Geschichte; Professorin:
lehrt und forscht an der Universität Mannheim und der Universität der Bundeswehr in München. Ihre aktuellen Forschungsschwerpunkte liegen in den Bereichen Geschlechtergeschichte und Geschichte der politischen Gewalt.

Horst Steffens, Historiker und Oberkonservator am TECHNOSEUM:
Projektleitung der Großen Landesausstellung „Durch Nacht zum Licht?"

Peter Steinbach, Professor für Neuere und Neueste Geschichte II (Zeitgeschichte) der Universität Mannheim:
wissenschaftlicher Leiter der Gedenkstätte Deutscher Widerstand Berlin

Hans-Günter Thien:
seit 1984 Hochschullehrer an der Universität Münster, apl. Professor für Soziologie und Verleger des Verlags Westfälisches Dampfboot

Thomas Welskopp, Historiker:
2003/2004 Fellow am Center for Advanced Study in the Behavioral Sciences, Stanford, Kalifornien; 2008/2009 Forschungsstipendiat am Historischen Kolleg in München; seit 2004 Professor für die Geschichte moderner Gesellschaften an der Universität Bielefeld.

Danksagung

Ohne vielfältige Hilfe und Unterstützung hätte die Projektgruppe „Arbeiterbewegung“ am TECHNOSEUM Mannheim dieses Ausstellungsprojekt nicht realisieren können. Deshalb gilt unser herzlicher Dank zunächst den Kollegen Josef Mooser (Basel), Peter Steinbach (Mannheim) und Thomas Welskopp (Bielefeld), die in den beiden letzten Jahren als wissenschaftliche Beiräte uns kritisch begleitet, wertvolle Hinweise und fachlichen Rat gegeben haben. Trotz eigener beruflicher Belastung haben sie sich für uns immer wieder Zeit genommen.

Wichtig sind in solchen Projekten gerade lokale Netzwerke, die eine Ausstellungsidee weiter treiben und eigene Projekte einbringen: Ulrich Nieß, Hans-Joachim Hirsch und Walter Spannagel vom Institut für Stadtgeschichte/Stadtarchiv Mannheim danken wir dafür, dass sie mit der Ausstellung „24 Köpfe der Mannheimer Arbeiterbewegung“ einen engen lokalen Bezug zu unserer Ausstellung hergestellt haben. Klaus-Jürgen Becker vom Stadtarchiv Ludwigshafen war an diesem Projekt ebenfalls beteiligt und hat außerdem durch zahlreiche Leihgaben aus seinen umfangreichen Sammlungen unsere Ausstellung bereichert.

Das Projekt „Rhein-Neckar-Industriekultur e.V.“ engagiert sich in der Bewahrung und Erschließung des reichhaltigen industriellen Erbes der Region. Bei Hilde Seibert, Barbara Ritter und Veit Lennartz bedanken wir uns dafür, dass sie mit der Ausstellung „Hinein in den Konsumverein!“ eine lange vergessene genossenschaftliche Tradition der Arbeiterbewegung beleuchten. Sie werden tatkräftig unterstützt von Burchard Bösche von der Heinrich-Kaufmann-Stiftung, der auch unsere Ausstellung gefördert hat. Dem Mannheimer „Zukunftsforum Gewerkschaften“ danken wir für wichtige Denkanstöße. Nicht zuletzt zählt die Katholische Arbeitnehmer Bewegung (KAB) Nordbaden zu unserem lokalen Netzwerk; Ul Bergemann und Pater Burkhard Weghaus SJ danken wir für zahlreiche Hinweise und nützliche Kontakte.

Eine Ausstellung lebt von ihren Exponaten. Deutschlandweit haben wir nach Objekten recherchiert. Von Anfang an hat uns dabei das Archiv der sozialen Demokratie in der Friedrich-Ebert-Stiftung unterstützt, seine Sammlungen für uns geöffnet und eine Vielzahl wertvoller Leihgaben für die Ausstellung bereit gestellt. Ohne diese intensive Kooperation hätte unsere Ausstellung kaum gelingen können. Dafür bedanken wir uns bei Anja Kruke und ihren Kolleginnen und Kollegen in Bonn ganz herzlich.

Auch das International Institute for Social History in Amsterdam hat die Mannheimer Ausstellung besonders zuvorkommend gefördert. Für diese solidarische Hilfe bedanken wir uns vor allem bei Ella Molenaar, Marcel van der Linden und der kaufmännischen Geschäftsführung des Instituts.

Unter den deutschen Museen haben wir natürlich ein besonderes Augenmerk auf die Sammlungen des Stadtgeschichtlichen Museums Leipzig gelegt. An einem der traditionsreichen „Vororte" der Arbeiterbewegung wurden wir nicht enttäuscht: Volker Rodekamp, Doris Mundus, Christin Kaaden und Christoph Kauffmann haben uns tatkräftig unterstützt.

Sowohl das Haus der Geschichte der Bundesrepublik Deutschland in Bonn als auch das Deutsche Historische Museum in Berlin sind in unserer Ausstellung mit zahlreichen Leihgaben vertreten. Hier bedanken wir uns bei Manfred Mardinskij (Bonn) und Anne-Dorte Krause (Berlin) für ihre Geduld bei unseren manchmal drängenden Nachfragen.

Eine angenehm unkomplizierte Zusammenarbeit hat sich mit dem Saarländischen Bergbaumuseum in Bexbach ergeben. Dafür danken wir Rolf Bongard und Bernhard Maas ganz herzlich. Dasselbe gilt für Udo Achten, in dessen Sammlungen Schätze ruhen, von denen wir einige zeigen können.
Natürlich sind wir auch allen weiteren Leihgebern zu großem Dank verpflichtet. In ihrer Vielzahl können wir nicht alle einzeln aufführen. Aus der umfangreichen Leihgeberliste ist zu ersehen, wie groß die Unterstützung war.

Im Laufe einer solchen Projektarbeit ist man immer wieder auf große und kleine Hilfestellungen angewiesen. Für solche bedanken wir uns herzlich bei Achim Dresler, Jens Hildebrandt, Cora Jungbluth, Jens Kastner, Monika Kupczyk, Sara Lohoff, Ansgar Lorenz, Bärbel Maul, Dominik Seredinski und Lutz Wessels.

Zu unserem Katalog haben neben den wissenschaftlichen Beiräten weitere namhafte Kolleginnen und Kollegen beigetragen. Für ihre hervorragenden Aufsätze bedanken wir uns bei Peter Birke, Heiner Dribbusch, Frank Engehausen, Renate Hürtgen, Franz Jungbluth, Werner Plumpe, Sylvia Schraut

und Günther Thien. Das Schulheft zur Ausstellung wurde kompetent und routiniert erarbeitet von Hartmann Wunderer.

Zahlreiche Kolleginnen und Kollegen aus dem Haus haben das Ausstellungsvorhaben unterstützt. Ganz besonders danken wir Klaus Barth, Andrea Genrich, Thomas Herzig, Antje Kaysers, Frank Ketterl, Karlheinz Kleineidam, Rosalie Lang, Regina Lesniewski, Klaus Luginsland, Petra Memmer, Ingeborg Osen, Stefanie Roth, Jana Schmid und für die außerordentliche Gestaltung des Katalogs natürlich Heike Morath. Für die Schlussredaktion in einem knappen Zeitfenster geht unser Dank an Wolf-Diether Burak.

Last but not least: Sie werden die Ausstellung neben einem ausdauernd und gelenkig arbeitenden Roboter verlassen. Diese Installation ist der großzügigen Unterstützung von ABB Deutschland in Mannheim und ABB Robotics in Friedberg/Taunus zu verdanken.

Wir hoffen, dass Sie die von der Agentur Hühnlein & Hühnlein aus Eching am Ammersee gestaltete und realisierte Ausstellung genießen werden.

Die Leihgeber

Amsterdam, International Institute of Social History (IISH)

Augsburg, Staats- und Stadtbibliothek

Berlin, Bundesarchiv

Berlin, Deutsches Historisches Museum (DHM)

Berlin, Genossenschaftshistorisches Informationszentrum/Schulze-Delitzsch-Haus eG

Berlin, Sammlung Bernd Gehrke/Renate Hürtgen

Berlin, Staatsbibliothek

Berlin, Stiftung Preußischer Kulturbesitz

Berlin, Universität der Künste

Berlin, Universitätsbibliothek der Humbold-Universität

Bexbach, Saarländisches Bergbaumuseum

Biberach, Wieland-Museum

Bielefeld, Landeskirchliches Archiv

Bochum, Archiv für soziale Bewegungen

Bochum, Montanhistorisches Dokumentationszentrum beim Deutschen Bergbau-Museum (=Deutsches Bergbaumuseum)

Bochum, Sammlung Gunnar Gawehn

Bonn, Archiv der sozialen Demokratie der Friedrich-Ebert-Stiftung

Bonn, Collegium Leonium

Bonn, Stiftung Haus der Geschichte der Bundesrepublik Deutschland

Braunschweig, Handelskammer Braunschweig-Lüneburg-Stade

Braunschweig, Städtisches Museum

Chemnitz, Bibliothek der TU

Chemnitz, Deutsches SPIELEmuseum e.V.

Chemnitz, Sächsisches Industriemuseum

Chemnitz, Schloßbergmuseum

Chemnitz, Stadtarchiv

Crimmitschau, Historisches Archiv

Crimmitschau, Historische Sammlung

Crimmitschau, Textilmuseum

Darmstadt, Hessisches Landesmuseum

Darmstadt, Universitäts- und Landesbibliothek

Dortmund, DASA – Arbeitswelt-Ausstellung

Dortmund, Institut für Zeitungsforschung

Dresden, Sächsische Landesbibliothek – Staats- und Universitätsbibliothek

Düsseldorf, Sammlung Udo Achten

Düsseldorf, Universitäts- und Landesbibliothek

Frankfurt a.M., Universitätsbibliothek

Frankfurt a.M., Zentralbibliothek der IG Metall

Freiburg, Deutsches Volksliedarchiv

Freiburg, Universitätsbibliothek

Freiburg, Zündstoff - S. Klemz & M. Rau GbR

Friedberg/Taunus, ABB Robotics

Halle-Wittenberge, Universitäts- und Landesbibliothek

Hamburg, Gedenkstätte Ernst-Thälmann

Hamburg, Kleines KONSUM-Museum der Heinrich Kaufmann Stiftung

Hamburg, Museum für Kunst und Gewerbe

Hamburg, Staats- und Universitätsbibliothek

Hamburg, Staatsarchiv

Hannover, Technische Informationsbibliothek und Universitätsbibliothek

Heidelberg, Sammlung Klaus Staeck

Heidelberg, Universitätsbibliothek

Hofheim, Sammlung Bernd Beringer

Hofheim, Sammlung Horst Steffens

Jena, Thüringer Universitäts- und Landesbibliothek

Karlsruhe, Landeskirchliche Bibliothek

Kassel, Universitätsbibliothek

Kiel, Universitätsbibliothek

Koblenz, Bundesarchiv

Koblenz, Landeshauptarchiv

Köln, Universitätsbibliothek

Leipzig, Museum für Druckkunst

Leipzig, Stadtgeschichtliches Museum

Ludwigsburg, Staatsarchiv

Ludwigshafen, Bund Freireligiöser Gemeinden Deutschlands, K.d.ö.R.

Ludwigshafen, Sammlung Klaus Jürgen Becker

Ludwigshafen, Stadtarchiv

Mainz, Universitätsbibliothek

Mannheim, ABB Deutschland

Mannheim, KAB-Diözesansekretariat Nordbaden

Mannheim, rem – Reiss-Engelhorn-Museen

Mannheim, Sammlung Torsten Bewernitz

Mannheim, Sammlung Grit Arnscheidt

Mannheim, Institut für Stadtgeschichte/ Stadtarchiv

Mannheim, Universitätsbibliothek

Marbach, Deutsches Literaturarchiv

Marburg, Sammlung Friedrich-Martin Balzer

München, Bayerische Staatsbibliothek

München, Stadtarchiv

München, Universitätsbibliothek

Nicaragua, Nueva Vida Fair Trade Zone

Nordhausen, Museum Tabakspeicher

Nürnberg, Germanisches Nationalmuseum

Oelsnitz, Bergbaumuseum

Offenbach, Haus der Stadtgeschichte, Archiv

Recklinghausen, Stadtarchiv

Regensburg, Kunstforum Ostdeutsche Galerie

Reutlingen, Heimatmuseum

Rüsselsheim, Stadt- und Industriemuseum

Schlema, Museum Uranbergbau

Speyer, Historisches Museum der Pfalz

Stuttgart, Hauptstaatsarchiv

Stuttgart, Haus der Geschichte Baden-Württembergs

Stuttgart, Kolpinghaus

Stuttgart, Landesmuseum Württemberg

Stuttgart, Württembergische Landesbibiothek

Trier, Stadtarchiv

Tübingen, Universitätsbibliothek

Überlingen, Leopold-Sophien-Bibliothek

Ulm, Haus der Geschichte – Stadtarchiv

Wald-Michelbach, Überwalder Heimatmuseum

Weimar, Herzogin Anna Amalia Bibliothek

Weißenfels, Museum Schloss Neu-Augustusburg

Bildnachweis

ABB AG, Mannheim
S. 379

Archiv der Sozialen Demokratie der Friedrich-Ebert-Stiftung, Bonn
S. 74 (oben), 79 (oben und Mitte), 103, 108 (Mitte), 111 (unten), 126 (oben), 126 (Mitte), 150 (oben), 154, 168 (oben), 183 (unten links), 184 (oben), 184 (unten), 188, 189 (oben), 190 (oben, Mitte), 195 (oben), 199 (rechts), 200, 206, 216 (oben), 216 (links), 218 (oben), 220 (oben), 221 (2 Abb.), 222 (oben), 223 (oben), 228 (Mitte), 229 (rechts oben), 231 (Mitte), 233 (Mitte), 244 (unten), 247, 248 (Mitte), 250 (oben), 252 (oben), 256 (oben), 256 (Mitte rechts), 259, 268 (oben), 270, 271 (oben), 273 (oben rechts), 275 (oben), 277 (oben links), 277 (oben rechts), 278, 280 (3 Abb.), 281 (3 Abb.), 282, 283 (3 Abb.), 285 (unten), 288 (oben), 290 (unten), 314 (2 Abb.), 315 (3 Abb.), 323 (oben), 344 (2 Abb.), 351 (unten), 352 (unten links), 353 (unten), 368, 370 (oben), 371 (oben), 373 (3 Abb.), 374 (oben), 374 (unten rechts), 375 (oben rechts), 376 (oben), 379 (oben)

Bayerische Staatsbibliothek, München
S. 47 (Mitte), 68, 69 (oben)

Bergbaumuseum Oelsnitz
S. 288 (unten)

Bildarchiv preußischer Kulturbesitz
S. 101, 105 (oben: Dietmar Katz), 142, 143 (unten: Herbert Hoffmann), 144 (unten), 189 (unten), 193, 211 (unten), 258 (unten: Abisag Tüllmann), 291 (oben: Wolfgang Albrecht)

Bundesarchiv
S. 190 (unten links: Bild 102-00015/Georg Pahl), 201 (oben: Bild 102-11439/Georg Pahl; unten: Bild 146-1979-122-28A/o.Ang.), 207 (Bild 151-50-45A/o.Ang.), S. 241 (Bild 183-R74808/Schäfer), 244 (oben: Plak 004-014-006/o.Ang; Mitte: Plak 004-014-001/o.Ang.), 246 (unten links: Bild 183-2005-0923-524/Hage-Photo), 251 (unten: Plak 005-026-054/o. Ang.), 256 (unten: Plak 005-048-036A+B/o. Ang.), 269 (oben: Plak 004-014-007/AK; unten: Plak 004-012-031/Hoefler) 271(unten: Plak 104-TA4241-032/o. Ang.), 272 (unten: Plak 005-042-034/o. Ang.), 285 (oben: Plak 006-016-016/Grafik Werkstatt Bielefeld), 295 (oben: Bild 183-85755-0001/Werner Krisch), 313 (oben: Plak 100-026-034/Jupp Alt), 314 (oben: Plak 100-026-028/Dewag ; Bauer), 319 (oben: Sign. 54/1651-3), 348 (unten: B 145 Bild-F074340-0035/Lothar Schaack)

Bund Freireligiöser Gemeinden Deutschlands, K.d.ö.R., Ludwigshafen/Rh.
S. 440, 441

DASA Arbeitswelt Ausstellung, Dortmund
S. 134

Deutsches Bergbaumuseum Bochum
S. 163 (oben), 164, 165 (oben, Mitte)

Deutsches Historisches Museum, Berlin
S. 51 (rechts), 70 (unten), 82, 93, 109 (oben), 110, 111 (Mitte), 121 (oben), 123 (2. Abb. v. oben), 123 (unten), 125 (Mitte), 132 (unten links), 157, 166 (oben), 173 (unten), 176 (oben), 176 (Mitte), 178, 179, 182 (Mitte rechts), 183 (oben), 183 (Mitte), 185 (unten), 204, 216 (unten), 217, 220 (oben), 229 (oben links), 234 (oben), 234 (Mitte), 246 (links), 272 (oben), 298 (oben), 304 (oben), 308, 310 (oben), 312 (unten), 322 (oben), 326 (oben), 326 (Mitte)

Deutsches SPIELEmuseum Chemnitz
S. 335 (oben)

Deutsches Volkslied-Archiv, Freiburg
S. 129 (rechts)

Fotothek Dresden
S. 36

Germanisches Nationalmuseum Nürnberg
S. 44, 66 (oben)

Greifer, Erich
S. 158

Groß, Alfred
S. 191

Haus der Geschichte Baden-Württemberg, Stuttgart
S. 62, 63

Haus der Geschichte der Bundesrepublik Deutschland, Bonn
S. 251 (oben), 257, 258 (oben), 261 (oben), 268 (Mitte), 268 (unten), 274 (unten), 275 (unten), 279, 311 (oben), 312 (oben), 325 (Mitte), 337 (unten), 343 (unten), 351 (oben), 352 (oben), 353 (oben), 354 (unten), 363 (unten), 371 (Mitte), 371 (unten), 372 (2 Abb.), 376 (unten), 378 (unten)

Hauptstaatsarchiv Stuttgart
S. 168 (unten)

Heimatmuseum Reutlingen
S. 42 (Weber und Gnamm), 49 (Gerlinde Trinkaus), 174 (oben, Gerlinde Trinkaus)

Historisches Museum der Pfalz, Speyer
S. 45

Institut für Stadtgeschichte Mannheim
S. 143 (Mitte), 172, 176 (unten)

Institut für Zeitungsforschung, Dortmund
S. 133

International Institute of Social History, Amsterdam
S. 47 (links), 47 (oben rechts), 47 (Mitte unten), 50 (oben), 61 (unten), 69 (unten), 77, 79 (unten rechts), 85, 87, 88, 89, 90, 90 (Mitte), 98, 102 (rechts), 104 (unten), 109 (Mitte), 111 (oben), 121 (unten), 124 (unten), 132 (Mitte oben), 140, 141, 142, 143 (oben), 149, 156 (unten), 171 (oben), 171 (Mitte), 196, 199 (Mitte), 205, 208, 229 (unten), 277 (unten), 301 (oben), 310 (unten), 321 (unten), 338 (oben), 339 (4 Abb.)

KAB Ortsverband Unterer Neckar
S. 140

Klemz, Sascha
S. 374 (rechts)

Kommunikationsgewerkschaft DPV (DPVKOM)
S. 345

Kunstforum Ostdeutsche Galerie Regensburg
S. 37

Landesarchiv Baden-Württemberg, Stuttgart
S. 105 (unten)

Landesmuseum Württemberg, Stuttgart
S. 114 (unten)

Lindenau-Museum Altenburg
S. 301 (unten)

Museum für Kunst und Gewerbe, Hamburg
S. 209

Picture alliance/dpa
S.245 (oben: akg pictures), 245 (unten), 248 (oben), 252 (unten: Walter Grosser), 258 (Mitte: Chris Hoffmann), 260 (Klaus Rose), 262 (oben, Mitte: Wilhelm Leuschner, unten: UPI), 263 (oben: Hartmut Reeh, unten: Wilhelm Bertram), 290 (oben: Benno Wundshammer), 303 (Bernd Blumrich), 348 (oben), 348 (Mitte: Cornelia Gus), 357 (Zhou Tian), 359 (Israel Sanchez), S.360 (oben: Montserrat T Diez, Mitte: Robert Geiss, unten: Albert Olive), S.361 (oben: Jesus Diges, Mitte: Robert Geiss, unten: Sotiris Barbaroussis), 267 (Giehr), 304 (unten: Nelly Rau-Haering)

Sammlung Udo Achten
S. 135, 156 (oben), 253 (Tony Tripp), 254 (ganze Seite: Tony Tripp), 255 (ganze Seite: Tony Tripp)

Saarländisches Bergbaumuseum Bexbach
S. 160, 162 (unten), 163 (unten)

Sächsische Landesbibliothek – Staats- und Universitätsbibliothek Dresden
S. 109 (unten)

Sächsisches Industriemuseum Chemnitz
S. 114 (oben), 181, 229 (Mitte), 293, 287, 296, 297, 309 (oben), 311 (unten), 313 (rechts), 316, 318 (oben), 319 (oben), 320, 321 (Mitte), 322 (Mitte, unten), 323 (Mitte, unten), 324 (Mitte, unten), 325 (oben, unten), 326 (unten), 327 (oben), 329, 330 (Mitte), 332, 335 (Mitte, unten), 336 (oben), 338 (Mitte), 346, 370 (unten), 375 (untenl inks), 377, 378 (oben)

Schlossbergmuseum Leipzig
S. 334 (unten)

SPD Görlitz
S. 197 (oben)

Spiegel-Verlag, Hamburg
S. 348 (Spiegel-Titel)

Staatsarchiv Ludwigsburg
S. 42 (oben), 118, 119, 120

Staatsbibliothek Berlin
S. 126 (unten)

Stadtarchiv Chemnitz
S. 96

Stadtarchiv München
S. 97

Stadtarchiv Recklinghausen
S. 131

Stadtarchiv Ulm
S. 38

Stadtarchiv Trier
S. 66 (unten)

Stadtgeschichtliches Museum Leipzig
S. 42 (Mitte), 51 (oben), S.51 (Mitte), 54 (Mitte), 54 (unten), 55, 65, 71, 72, 73, 75 (oben), 75 (unten), 80/81, 100, 102 (oben), 104 (oben), 108 (oben), 108 (unten), 122 (unten), 123 (oben), 123 (3. Abb. v. oben), 123 (2. Abb. v. unten und Abb. rechts), 127, 128, 146 (oben), 167 (oben), 170 (unten rechts), 173 (oben), 174 (unten rechts), 182 (links), 183 (unten rechts), 195 (unten), 197 (unten), 198 (oben), 198 (unten), 199 (oben), 220 (unten), 222 (links), 222 (Mitte rechts), 223 (Mitte), 223 (unten), 227, 230 (oben), 291 (unten), 298 (unten), 318 (unten), 321 (oben), 324 (oben und Mitte), 328 (3 Abb.), 330 (oben), 330 (unten), 331 (3 Abb.), 334 (Mitte), 337 (oben)

Städtisches Museum Braunschweig
S. 40 (unten), 59 (oben), 60 (unten)

Stadtmuseum „Villa Böhm", Neustadt an der Weinstraße
S. 67

ullstein bild
S. 46 ullstein bild, 92 (unten links) ullstein bild – ullstein bild, 96 (unten links) ullstein bild – The Granger, 170 (unten links) ullstein bild – ullstein bild

Wilhelm-Leuschner-Stiftung Bayreuth
S. 210 Copyright Archiv-Nr. WLS BE 216)

Wikipedia
S. 139

Zentral- und Landesbibliothek Berlin
S. 50 (unten)

Alle weiteren Abbildungen
TECHNOSEUM
Fotograf Klaus Luginsland

Falls uns trotz sorgfältiger Recherche ein Fehler unterlaufen ist, setzen Sie sich bitte mit dem Museum in Verbindung.